PHILOSOPHISCHE TEXTE UND STUDIEN

Band 126

Uwe Hinrichs

Das Schwarze Loch

Performative Philosophie für das 21. Jahrhundert

GEORG OLMS VERLAG

Ich danke Herrn Dr. Norbert Junkes vom Max-Planck-Institut für Radioastronomie (MPIfR) Bonn für die freundliche Bereitstellung des Titelbildes.

Die Deutsche Nationalbibliothek verzeichnet diese Publikation in der Deutschen Nationalbibliografie; detaillierte bibliografische Daten sind im Internet über http://dnb.d-nb.de abrufbar.

ISBN 978-3-487-17044-2 (Print)

ISBN 978-3-487-17045-9 (ePDF)

Onlineversion
Nomos eLibrary

1. Auflage 2025

Besuchen Sie uns im Internet
olms.de

„Das Verständnis des Menschen muss vom Kosmos ausgehen."
Johann Gottfried Herder

„Die Zeichen eines großen Wandels sind nirgendwo deutlicher
zu erkennen als in dem unvollständigen
und noch unverstandenen Zustand
unserer physikalischen und kosmologischen Theorien. [...]
Ich bin davon überzeugt, dass es Zusammenhänge
zwischen der Art von Ideen gibt, über die wir in der Kosmologie nachdenken
und den Ideen, die man heutzutage in der Philosophie, Kunst, Theologie,
theoretischen Politologie und Soziologie hört."
Lee Smolin

"What one man calls God, another calls the laws of physics."
Nikola Tesla

Dieses Buch ist gewidmet
dem Andenken an
Nikolaj Aleksandrowitch Berdjajew
Russischer Philosoph

Книга посвещается
Николаю Александровичу Бердяеву
Русский Философ (1874–1948)

„Filosofia", mi disse, „a chi la 'ntende,
nota, non pure in una sola parte,
come natura lo suo corso prende

dal divino 'ntelletto e da sua arte;
e se tu ben la tua Fisica note,
tu troverai, non dopo molte carte,

che l'arte vostra quella, quanto pote,
segue, come 'l maestro fa 'l discente;
sì che vostr' arte a Dio quasi è nepote."

*

„Philosophie lehrt den, der sie bedenkt",
Sprach er, „nicht nur allein an einer Stelle,
Wie die Natur in ihrem Lauf sich senkt,

Aus Gottes Kunst und seiner Weisheitsquelle;
Läßt du dir die Physik gehn durch den Sinn
Triffst du nach kurzem Blättern auf die Stelle,

Wo sich die Kunst ihr, wie sie kann, gibt hin,
Wie Schüler sich vom Lehrer lassen leiten;
So ist sie gleichsam Gottes Enkelin."

Dante Alighieri
Die Göttliche Komödie, 11. Gesang, Vers 33–36

Inhaltsverzeichnis

I

INTRO: DER VORDERGRUND

Alles beginnt mit einem Rätsel, einem Geheimnis, einer zeitlosen Sphinx: mit mehr als nur einem Gesicht. Dieses Geheimnis umfasst das Mysterium, wie das Quantenwesen und das Wesen der Raumzeit, wie das Rätsel der Mikrowelt der Quanten und der Makrowelt des Alls sich auch in der Welt des Menschen („Mesokosmos") zeigt: Heisenberg und Einstein verbünden sich nun auf geheimnisvolle Weise mit Plato und Lao Tse und den Inkas, und es ist offenbar erst jetzt die Zeit gekommen, die seltsamen dunklen Bündnisse in der Welt näher auszuleuchten und fest mit der Philosophie zu verbinden. Und alles beginnt mit einer neuen Gewissheit: Quantenmechanik und Relativitätstheorie sind performativ fundiert, wie es die menschliche Welt dazwischen seit jeher ist. Unbestimmtheit und Relativität sind auch jene Säulen, auf denen das bewegliche Gebäude der performativen Philosophie steht. So wie die Klassische Physik historisch gewachsen ist auf der alteuropäischen Art zu denken, so wird die Neue Physik der Startpunkt sein für die zukünftige Art zu denken.

Die ganze performative Philosophie besteht letztlich nur aus einem einzigen Gedanken, aus einer einzigen Idee. Die ist einfach und doch universal: Es ist die allumfassende, universale Performativität. Diese ist das „Gamma" einer sich abzeichnenden Philosophie, das von der Natur selbst vorgegeben ist. Dieses Gamma gabelt sich in zwei Bereiche, die komplementär und spiegelbildlich zueinander sind: Aus einer *Singularität*, d. h. einem universalen, unsichtbaren Punkt Null, strömt der *performative Strom* der sichtbaren Welt. Performative Philosophie ist Philosophie der Singularität plus Philosophie der performativen Relativität. Singularität ist ein universales Wirkungsquantum der Natur; Performativität bezeichnet die autopoietische Selbsterzeugung der Welt. Beide stellen jeweils das Minimum und das Maximum an Performativität dar.

Das dafür verwendete Bild, wörtlich und metaphorisch, ist das des Schwarzen Lochs.

1. Vorwort

Wenn Friedrich Nietzsche, ein performativer Philosoph *par excellence* und *avant la lettre*, heute leben und sterben würde, würde er vielleicht sagen: „Was ich erzähle, ist die Geschichte des nächsten Jahrhunderts. Das Zeitalter der Philosophie ist vorbei; die liegt im Sterben. Ich sage, was kommt, was nicht mehr anders kommen kann: Das ist die Heraufkunft des performativen Zeitalters. Im 21. Jahrhundert wird es in all seinen Dimensionen, in all seinen Erscheinungsformen erkannt werden und in einer neuen Philosophie (die noch oder nicht mehr oder wieder diesen Namen trägt) kulminieren. – Und, ungeheuerlich: *Gott lebt*!"

Am Beginn des 21. Jahrhunderts, unter den Eruptionen und Wehen einer Zeitenwende, lichtet sich auch der Horizont der Philosophie und ihrer Geschichte. Immer deutlicher wird, dass es viele Geburtsorte der Philosophie gegeben hat, z. B. in Indien und China, in Afrika und Südamerika, und zweitens: dass diese Geburtsorte unter performativem Blickwinkel von sehr ähnlichen Prinzipien ausgegangen sind. Hier zeichnet sich eine Art globale „Achsenzeit" der Philosophie ab, ein ganzer „Achsenraum" (der die Welt ist), auch wenn die Zeiträume insgesamt einige Tausend Jahre und mehrere Kontinente umfassen können. (Angesichts der *Kognitiven Revolution* des Homo Sapiens vor ca. 70.000 Jahren gerade mal ein Zehntel). Es kommt nicht auf die Jahreszahl an. Die Kulturen des *Homo Sapiens Sapiens* haben weltweit, über Kontinente hinweg, in scheinbarer Isolation, aus den irdischen Bedingungen nicht nur ähnliche wirtschaftliche und ökologische Seinsweisen abgeleitet, sondern auch einen gemeinsamen geistigen Überbau geschaffen: einen Kosmos der Philosophie. Wie könnte es anders sein! Die alten Kosmologien und Mythologien bezeugen es seit den Anfängen auf ihre Weise.

Wenn wir heute wissen, wie die Materie im ganz Kleinen und im ganz Großen aufgebaut ist, wie sie funktioniert und sich verhält, dann ergibt sich, dass auch die Philosophien der Erde nach diesen Prinzipien in einem gewissen Gleichschritt (kulturell versetzt) funktioniert haben und weiter funktionieren – es wäre seltsam, wenn dies nicht so wäre: In der Philosophie des Alten Asiens, in China, Indien und Japan, in den weit zurücklangenden Philosophien der Südkontinente Südamerika und Schwarzafrika, in den alten oralen Traditionen der Native Americans, der Inuit oder der Aborigines zeigt sich an vielen Stellen jenes Prinzip der Welterklärung, das wir in diesem Buch unter dem Etikett ‚performativ' (und strukturell unter der Metapher des ‚Schwarzen Lochs') versammeln. Und auch die Philosophie des Antiken Europa, die viele immer noch definitiv mit Thales und Sokrates beginnen lassen, hat hier mächtig profitiert (was erst nach und nach ausgeleuchtet werden wird: Es ist eine Sache der Zukunft).

Die Welt ist performativ, *‚mundus performatur ergo est'*, sozusagen von Anfang an: Nur muss das Abendland diese alte Wahrheit heute erst mühsam wieder entdecken, sie wieder freilegen, weil sie durch hundert Spezialentwicklungen verdeckt, ja: verschüttet wurde (ganz besonders in Europa). Noch nicht einmal überraschend ist es da, dass wir ein solches Prinzip in der Natur selbst wiederfinden, nämlich in der Physik: ein direkter, unumstößlicher Beweis der Logik der Natur – ob nun der unbelebten oder der belebten Natur, ob im Mikrokosmos der Atome, dem Makrokosmos der Galaxien oder dem Mesokosmos der Menschenwelt. Alle Dimensionen, die sich heute in einer kosmischen Weltsicht abzeichnen, sind performativ fundiert: Sie beziehen den Performator, den Akteur, den Beobachter in alles direkt mit ein und mit ihm: seine *Handlung*.

Alle Philosophie war von Anfang an – Naturphilosophie. Viele große Philosophen, z. B. Leonardo, Jakob Böhme, Blaise Pascal oder Remi Brague, forderten, dass die Philosophie sich an nichts anderem als an der Natur selbst orientieren solle. „Wir haben eine ältere Offenbarung als jede geschriebene: die Natur. Diese enthält Vorbilder, die noch kein Mensch gedeutet hat." (Friedrich Wilhelm Schelling). Dies gilt überall, zu allen Zeiten und nun von Neuem: *heute*. Von Plato ist das Bonmot überliefert, die Natur sei ein Brief Gottes an die Menschheit, in dem aber *das Geheimnis nicht benannt* werde. „The more we know the immutable laws of nature, the more incredible miracles become for us." So sagte es Charles Darwin. Denn die Natur steht, so der Konsens, über den Zeiten, über den Ideologien, über den Epochen. Einstein selbst meinte ja, man müsse diese „*Principe*" nur der Natur ablauschen, und er hat dunkel vorausgeahnt, dass ihr Prinzip für *alle* Dimensionen gelte. (Die unbelebte Natur ist ja *eo ipso* bereits die Verkörperung eines universalen reinen Prinzips, weil niemand und nichts ein bezeichnendes Prädikat abgibt.) Und die Natur würfelt sich nicht ihre Prinzipien nach Belieben aus: „Wenn der Kosmos wirklich aus einem Guss ist, muss sich dessen Struktur in allen Bereichen, geistigen wie materiellen, auf eine Weise zeigen, die gleiche Grundlagen erkennen lässt." Dies sagte Blaise Pascal. „Im Kosmos und in der Welt gelten die gleichen Gesetze, es scheint etwas Einheitliches zu geben, das alles erklären kann." Das schrieb der Philosoph Heiko Reisch.

Hier erweist sich – auch dies ist nicht mehr vollkommen erstaunlich – dass sich die europäische Philosophie in ihrer speziellen Geschichte am weitesten von diesem einfachen Naturprinzip entfernt hat – unter der Vorherrschaft von Aufklärung, Logozentrismus, Humanismus und einer wie universalen Kausalität. Anstelle der Natur hat sie ein freischwebendes, selbsterfundenes, ja: selbstgenügsames Prinzip gesetzt: das der sogenannten Aufklärung. Es ist höchste Zeit, hier alte Bilder zu korrigieren, ob nun anthropologische, philosophische oder allgemein-wissenschaftliche. Vielleicht kann hier sogar einer zukünftigen *philosophia perennis* (d. i.: einer all-gültigen Philosophie) einer von vielen möglichen Wegen gewiesen werden, auf dem alle Weltgegenden, alle Kulturen sich in der Zukunft mit einer verbindenden Vernunft, einer neuen *ratio mundi* bewegen können. Die sich gerade mächtig entwickelnde „Interkulturelle Philosophie" (Ram Adhar Mall) leistet hier eine Art zukunftweisende Vorarbeit. Ein dringender Hinweis besteht zuerst darin, die konstative Überlastung der Philosophie, die *Last der Behauptungsphilosophie*, zu sehen: so, wie sie war und noch ist. Ob und wie sich dies dann lokal oder universal ausgestalten wird, ist eine Frage, die nicht *jetzt*, nicht *ante quem* beantwortet werden kann: Die nötigen Antworten werden sich erst noch zeigen, wenn die Fragen richtig gestellt werden (auch dies: ein *performativum futurum*).

Längst ist es kein Geheimnis mehr: Die (abendländische) Philosophie liegt seit einem Jahrhundert im Sterben und kann es doch nicht, weil sie ihre Aufgabe nicht erfüllt hat. So hat es der Philosoph Peter Sloterdijk ausgedrückt, und Theodor Adorno sagte: Die Philosophie erhalte sich dadurch am Leben, dass sie ihrer Bestimmung *nicht* nachkomme. Eine derart siechende Philosophie kann nur dann auferstehen und neu starten, wenn sie ihre Aufgabe, die sich jetzt unabweisbar abzeichnet, erfüllt: Das ist die Begleitung eines neuen Zeitalters, das sich überall ankündigt. Hegel sagte, eine Philosophie muss ihre Zeit in Gedanken fassen. Dazu muss sie sich in eine Revolution begeben, die nicht (nur) gegen das Alte aufbegehrt, sondern etwas schafft, was es noch nicht gibt: Dies ist eine Gratwanderung, nicht ohne Gefahren in diesen Zeiten. Und ob sie dies noch groß reflektieren muss – das ist nicht mehr das Wichtigste. Zu umschiffen sind jedoch die Klippen, die geistigen Meerengen des Zeitgeistes, der heute mächtiger austeilt als jemals zuvor. Die globalen Traditionen der Philosophie und der Wissenschaften sind hier eine reiche Ressource, eine Art Steinbruch, aus dem eine Kathedrale gezimmert werden kann. Philosophie im 21. Jahrhundert muss das Anthropozän erfassen, es begleiten, es deuten, nicht aber diskursiv fesseln; sie muss den Geist einer Zeitenwende, die noch nicht vollkommen absehbar ist, *selber mitvollziehen* (und darf das Risiko nicht scheuen): eine Herkules-Aufgabe, vielleicht aber auch eine federleichte Sache, wenn man es richtig anpackt. Sie muss das Denken in alten Oppositionen aufgeben und *durch sich selbst* ein TERTIUM erwischen, dieses Tertium selber in ihre Anlage mit hinein-implementieren: es *verkörpern.* Dieses Fundament aber – nach dem Diktum von Augustinus und Albert Einstein – kann nicht von ihr selbst gelegt werden, weil sich dann die alten Fallen, Aporien und Paradoxien einstellen, die die Philosophie nur wieder in sich selbst gefangen halten. Das Fundament der Philosophie ist selbst nicht philosophisch (wie die Ratio selbst nicht rational ist, die Liebe nicht liebevoll; das Auge sieht nicht sich selbst).

Wenn es für die Philosophie einen *Kairós* gibt, dann ist er *jetzt*; wieder einmal; und es ist zum ersten Mal ein Kairos mit globaler Reichweite. Schauen wir, in einem kurzen Überschlag, weit zurück (ein erstes Mal): Die philosophische europäische Antike war geprägt von den Anfängen eines spekulativen Konstativismus, eine diffuse Welt zu erklären, von den Vorsokratikern bis zur Metaphysik des Neuplatonismus; das Mittelalter war gefangen in dem Spalt zwischen Verstand und Glauben, zwischen Unio und Leidenschaft, in dem Gott erscheinen und verschwinden konnte: Dies erlitt Augustinus; die Neuzeit spielte die Zweiweltentheorie, die das Subjekt letztlich von Geist *und* Körper entfremdet: So wollte es Descartes; die Moderne träumt von der Idee einer unbegrenzten Machbarkeit, die Welt technisch zu verändern; die Postmoderne ist geprägt von der Chimäre einer unbegrenzten Diversität; die laufende Jetztzeit von einer nie-dagewesenen neuen Desorientierung, einer bis dato unbekannten Beliebigkeit, nicht nur in der Philosophie. Dies zeigt sich in vielen Phänomenen, von Konstruktionen einer „Nonphilosophie" (François Laruelle), einer „Unphilosophie" (Friedrich Jacobi), einer „Antiphilosophie" (Alain Badiou) – als wolle man von der Philosophie loskommen und es doch noch nicht kann. Die Dekonstruktion *aller* Philosophie wird begleitet von großen Bilanzen, die dann gleich 2.500 Jahre umfassen wollen und die Philosophie gleich pauschal zernichten („*alles falsch*!"; Marcus Gabriel). Dies sind nur einige *Symptome* – die aber deutlich zeigen, dass es hohe Zeit ist: dass die Philosophie zu Beginn des 21. Jahrhunderts selber mit einem Aufschrei auf ihre Lage zeigt, die sie selbst noch gar nicht in vollem Umfang überblicken kann. *Dernier cri – premier cri* (s. Kap. VI). Möglich ist, dass die Aura einer immer schneller voranschreitenden Digitalisierung, einer noch ganz unabsehbaren Künstlichen Intelligenz die schwierige Lage der Philosophie noch weiter kompliziert.

Die überwölbende Tendenz, jetzt etliche Bilanzen zu ziehen, wird aller Wahrscheinlichkeit nach in einen *gap* münden, in einen Graben des Übergangs, und dann irgendwann in einem neuen Licht wieder auf die Bühne der Weisheit drängen – im Gepäck einen anderen Blick auf die Welt: Das 21. Jahrhundert wird wahrscheinlich, unter dem Eindruck der interkulturellen Orientierung der Philosophie, von einer Abkehr, einer großen Relativierung von Aufklärung, von Humanismus und rationaler Vernunft geprägt sein, die die alte Schieflage zwischen *Ratio* und *Irratio* in eine neue Balance zu bringen versucht. Diese Balance erfordert die Anerkennung einer *neuen Draufsicht auf das Philosophieren* selbst, eines Philosophierens, das seinen Kampf mit einer weit zurückreichenden konstativ-rationalen Aufklärung nicht mehr kämpft, weil er nicht zu gewinnen ist oder: meist falsche Fährten legt. Notwendig ist eine Sicht, die endlich dem universalen Wesen der Welt in allen ihren Dimensionen Rechnung trägt; eine Sicht, die sich auch an den großen Quellen außerhalb Europas orientiert, aber über sie hinausgeht. Eine philosophische Wendung, die die Heidegger'sche Vision einer europäischen *Seinsvergessenheit* wenigstens in der Intention auflöst, wenn nicht: durch eine neue Art von philosophischem Tun – sie selbst vergessen machte. Der gordische Knoten, den die Philosophie sich durch die Zeiten selber geknüpft hat, kann nur durchschlagen werden, wenn eine Reihe alter Zöpfe abgeschnitten werden. Eine ganze Reihe von Tabus, die immer noch in der Szene wirken, müssen geschleift werden – Tabus, die die Philosophie *als eine Institution* seit vielen Jahrhunderten, nolens-volens, angesammelt hat. Sie betreffen das weitere Umfeld der Philosophen selber: Geschlecht, Alter, Psychopathologie, Autoritätenfurcht, Eurozentrismus; Kompensation, Konstativismus, Fakultätendenken, Narzissmus; Perversion, Krankheit, Torheit, Todesfurcht, Lebenshunger etc. Diese „Relativierung" wird in Kap. VI kritisch dargestellt. Und ein Zweites, womöglich noch wichtiger: Philosophie muss ihren eigenen Blickwinkel, die Richtung ihrer Methodik, um 180 Grad drehen: von spezialisierter Einzelforschung auf *interphilosophisch*; von *vertikal* auf *horizontal*; von *tief* auf *flach*; von *strikt-chronologisch auf achronisch/panchronisch*, von *linear* auf *spiralig*; von *patriarchalisch-maskulin* auf *genderneutral*. Um dies vorzubereiten, muss man sehen: Die Basis für eine *andere* Philosophie ist selbst einem universalen Prinzip der Natur abgeguckt. Man kann sie in 13 Sätzen zusammenfassen; wir schicken dies im Stichwort kompakt voraus (s. a. die Liste im Anhang).

13 Kernsätze der Performativen Philosophie

1. Mikrokosmos, Makrokosmos und Mesokosmos sind durch ein Mega-Merkmal miteinander verbunden: Dies ist eine universale Performativität, die in den drei Dimensionen jeweils verschieden zum Ausdruck kommt (‚*mutatis mutandis*').
2. Quantenmechanik und Relativitätstheorie zeigen, dass die Welt als Ganze performativ fundiert ist. Beide bilden die natürliche Basis für eine ‚Performative Philosophie'. Quantologie und Relativität gelten nicht nur in der Neuen Physik, sondern universal.
3. Die performative Universalität des unhintergehbaren *Hier&Jetzt* kommt auf verschiedene Weise zum Ausdruck: Im Mikrokosmos durch den Eingriffsakt des Beobachters (Niels Bohr), im Makrokosmos durch die Endlichkeit der Lichtgeschwindigkeit (Heino Falcke 311), im Mesokosmos durch die allgegenwärtigen „Kulturen des Performativen" (Erika Fischer-Lichte).

4. Als Symbol dient das Bild des *Schwarzen Lochs*: in der astrophysikalischen Realität wie in seiner metaphorischen und analogischen Lesart.
5. ‚Performativ' ist nicht *eines* unter vielen möglichen Paradigmen des Kulturbetriebes, sondern ein fundamentales, zeitunabhängiges Essenzial für alle Wissenschaft.
6. Performative Philosophie gründet sich auf zwei Grundgrößen, die selber nicht philosophisch sind:
   - ‚*Singularität*' ist der Name für die kleinstmögliche Grundeinheit, die sich in der unbelebten wie der belebten Natur in vielen Dimensionen nachweisen lässt. ‚Singularität' ist ein Terminus technicus für ein *Wirkungsquantum* im Planck'schen Sinne. Es ist eine Naturkonstante *und* eine Kulturkonstante. Singularität ist die kleinstmögliche Quelle für Performativität.
   - ‚*Performativität*' ist der Name für einen autopoietischen Mechanismus, der Dinge, Systeme, Einzelwissenschaften, Kulturen, Weltanschauungen, Werke etc. betreffen kann. Er folgt dynamisch aus der Größe ‚Singularität'. Er erzeugt sich selbst und ist dadurch ideell, substanziell, kausal, teleologisch – *unabhängig*. ‚Performativität' ist die größtmögliche Quelle von Ereignissen, Situationen und Prozessen.
7. Performative Philosophie greift auf Philosophien anderer Weltregionen und Kulturkreise zu: asiatische (Taoismus; Zen), uramerikanische (Anden-Philosophie; nordamerikanische Kosmogonien), afrikanische Philosophie, orale Traditionen *around the world*. Performative Philosophie ist global angelegt und schafft keine Hierarchien.
8. In Europa sind performative Spuren in der Philosophie nur verstreut aufzufinden, z. B. im Werk von Plato, Friedrich Nietzsche, Ernst Bloch, Martin Heidegger, Hans-Georg Gadamer, Jürgen Habermas, Peter Sloterdijk oder Nikolaj Berdjaev. Sie warten noch *in ihrem Zusammenhang* auf ihre detaillierte Erforschung.
9. Performative Philosophie entwirft ein neues Menschenbild mit einem flexiblen Bewusstsein, das den Herausforderungen und Umwälzungen in der Zukunft gewachsen ist. Sie hat neurologische, kognitive, psychologische und noch weitere Analogien, die sie selber widerspiegeln.

10. Performative Philosophie befindet sich im Schnittpunkt einer welthistorischen Wende, die sich am Beginn des 21. Jahrhunderts zeigt, und sie versucht, diesem Zeitpunkt Rechnung zu tragen.
11. Die Philosophie übernimmt im 21. Jahrhundert die Führungsrolle im Konzert der Disziplinen: Sie ist nicht selber exakt-substanzielle Einzel-Wissenschaft, sondern steht über den Wissenschaften und ihren Gegenständen.
12. Performative Philosophie mündet in ein neues, komplementäres Denken (Niels Bohr). Es will die typischen Spaltungen der Oppositionen, der Ideologien und der vielen „-ismen" überwinden. Vision ist ein holistisches Weltbild, eine *unio mundialis* – in vielen möglichen Varianten.
13. Ein Desiderat bleibt vorerst das Projekt einer ausführlichen *Performativen Geschichte der Philosophie*, die eine Revision der traditionellen Behauptungsphilosophien leistet und die performativen Grundlinien in der Geschichte der Philosophie rehabilitiert.

Warum Neue Physik?

Warum nun aber Neue Physik, warum Quantenmechanik und Relativitätstheorie als Grundsäulen, als erste Prinzipien für eine – *Philosophie*? Auf den ersten Blick erscheint dies weit hergeholt, da es dort ja nach verbreiteter Meinung vor allem um Kosmologie und Teilchenphysik geht, die im kulturellen Gedächtnis und im Common Sense seit jeher (und: immer noch) als ‚philosophiefern' rangieren. (Dies kann man das „Bertrand-Russell-Dogma" nennen). Auch sind die Theorien der Neuen Physik bereits 100 Jahre alt; sie wurden im 20. Jahrhundert weiterentwickelt und keine Naturwissenschaft, keine Technologie ist heute ohne das Tandem aus Alter und Neuer Physik mehr denkbar (und große Physiker wie von Weizsäcker, Einstein, Heisenberg oder Niels Bohr hatten die Neue Physik bereits philosophisch interpretiert.) Sie hatten – mit vielen anderen – gezeigt, dass die klassische Welterklärung Isaac Newtons nicht die einzige Art ist, die Welt zu sehen. Was Newton geleistet hat, ist sozusagen die wissenschaftliche Verankerung des Common Sense des Homo Sapiens in der sichtbaren Welt und in den Wissenschaften – eine unschätzbare Tat nach dem Ende des religiös geprägten Mittelalters. (Ohne Newton hätte es auch keine „Neue Physik" gegeben). Seine Physik hat die Welt des Menschen in der Neuzeit wunderbar plausibel erklärt und herrschte 300 Jahre lang vor: Die Welt war eine gottgeschaffene Maschine und lief nach Gesetzen ab, die sich dem erforschenden Menschengeist offenbaren und dann mathematisch festgeschrieben werden konnten. Jedoch: Diese Sichtweise trennte das Subjekt von der Objektiven Realität ab. Mit einer Konsequenz, die zu Newtons Zeit noch ganz unbekannt war: „Diese Trennung abstrahiert von der Performativität der Erkenntnis." (Ludwig Mayrhofer). Dies ist der springende Punkt, der direkt in die Neue Physik hineinführt.

Es ist so erstaunlich wie symptomatisch (und mitnichten verwunderlich), dass gerade jetzt (um 2020 herum) Bücher zur Neuen Physik ordentlich Konjunktur haben. Sie lesen sich einerseits oft wie späte *Rehabilitationen*, gleichzeitig aber auch implizit als noch dunkle Gedankenwürfe in eine noch unbekannte Zukunft hinein. Wir leben in einem neuen „Zeitalter der Unschärfe" (Tobias Hürter), einer „Zeit der Unbestimmtheit" (Gerhard Gamm), die offenbar ein ganz eigenes Potenzial entwickelt. Denn tief im Materie-Aufbau und hoch in der Welt der Galaxien verbergen sich Phänomene und Prozesse, die der Klassischen Physik auf den ersten Blick widersprechen und sie teilweise auch in Frage gestellt haben. Sie treten selber nur in einer schon fortgeschrittenen Forschung zutage, weil sie sich klassischen Methoden auf eine subtile Weise verschließen. Im ganz-Großen und im ganz-Kleinen wird plötzlich, wie in einer subtilen Zusammenschau, offenbar, wie die Welt tatsächlich funktioniert oder: wie sie *auch* funktioniert, was wir davon messen können und noch, dass es hier Geheimnisse gibt, die sich der analytischen Sprachregelung der Wissenschaften erst einmal verweigern. Es verbirgt sich hier ein mächtiger Hinweis darauf, dass eine neue Art zu denken gefordert ist – das oft belegte grenzenlose Erstaunen ihrer Entdecker spricht ja ohnehin für sich – ein untrügliches Zeichen einer Kehre. Dieses neue Denken heißt ‚Komplementäres Denken' (Kap. IV, 12). Es gibt sich vor allem anderen durch seine *performative Dimension* zu erkennen, genauer: über den substanziellen Einschluss des Beobachters, nicht nur in die Messung, sondern auch tief in den Resultaten selbst. Quantenmechanik und Relativitätstheorie sind aber nicht nur für Teilchenphysik und Astronomie relevant, sondern auch für den Mesokosmos – und erst recht für die Philosophie: Nur ist dies schwerer *direkt* erkennbar, weil menschliche Kultur dies verschatten muss. „Es scheint undenkbar, dass sie [sc.: Quantenmechanik und Relativitätstheorie] in irgendeinem auch noch so entfernten Zusammenhang mit unserem Alltag stehen könnten. [...] *Doch das ist eine Täuschung.* Viele der [...] kosmischen Ereignisse hängen [...] *in direkter Linie* mit uns zusammen." Deshalb, so sagt es der britische Physiker Marcus Chown, könnten die verschiedenen Ebenen nur *zusammen* erzählt werden. Dies soll in diesem Buch geschehen.

So, wie die Neue Physik die Klassische Physik revolutioniert hat, so kann es auch der traditionellen europäischen Philosophie ergehen: Gut möglich, dass die durchgängig-notorische Behauptungsphilosophie durch eine andere Art von Philosophie ergänzt (wenn nicht: ersetzt) werden wird; Zeit wäre es längst. Es ist diese *Möglichkeit*, die in das Bewusstsein des 21. Jahrhunderts einziehen muss – und nicht nur in jenes von Fachleuten und Philosophen, sondern auch von Laien. Der englische Physiker Stephen Hawking sagte hellsichtig: „Die Grundlagen der Relativitätstheorie und der Quantenmechanik sollten früher oder später von jedem verstanden werden, nicht nur von einigen Wissenschaftlern. Dann werden wir alle, Philosophen, Wissenschaftler und gewöhnliche Menschen, in der Lage sein, uns an der Diskussion der Frage zu beteiligen, warum wir und das Universum existieren."

Heute vollzieht sich eine Art Formbruch – eine Zeitenwende auch in der Welt der Philosophie, die selbst einen Quantensprung machen muss: heraus aus der Welt der konstativen Textberge, hinab in das Tal der performativen Ströme; heraus aus den Bibliotheken mitten hinein ins Wagnis einer neuen *Autopoiesis*. Genau wie im Quantenverhalten der Energiepakete gibt es hier keinen gleitend-linearen Übergang, sondern nur zwei diskrete Zustände: jenen vor und jenen nach dem Sprung; dazwischen tut sich eine Leere auf, ein *gap*, über den noch keine Aussagen gemacht werden können.

Heute wird klar, dass die Verhaltensweisen der Quanten wie auch, auf der anderen Seite, die inneren Eigenschaften von Zeit und Raum auf ein Faktum hinweisen, das von unschätzbarer Bedeutung für alle Wissenschaften, und ganz besonders für die Philosophie ist. Das, was in der Quantenphysik als „zufällig" oder „wahrscheinlich" gilt und das, was in der Astronomie als ‚relativ' verstanden wird, kommt *auf performative Weise* zustande: Es ist direkt abhängig von der Position, der Handlung und der Situation des *Beobachters.* Dies ist bekannt als „Kopenhagener Deutung" des Quantengeschehens (Niels Bohr). Es bedeutet (Details in Kap. II):

- Die Kopenhagener Deutung der Quantenmechanik fordert eine performative Interpretation der mikrokosmischen Resultate.
- Die Resultate der Speziellen Relativitätstheorie kommen über einen performativen Prozess zustande.

Dies ist bereits Performativität *par excellence.* Denn performativer könnten die Bedingungen im Kosmo- und Nano-Bereich gar nicht sein: Der Beobachter schafft im Experiment seine Resultate selbst *und durch sich selbst* und *durch sein Tun* und *über seinen Standort* mit, er wird selbst zu einem Teil des Resultats – und dies tritt unmittelbar, ja: unwiderlegbar hervor. „Der Wissenschaftler ist gegen seinen Willen in seine Resultate miteingeschlossen." (Richard Grossinger). Der Beobachter führt nicht nur das Experiment durch, er *ist* selber auch Teil dieses Experiments und des Resultats: Der Unterschied zwischen konstativer und performativer Position könnte krasser nicht sein. Wir haben hier ein Parade-Beispiel für das Thema ‚Performative vs. Konstative Wissenschaft'. Ja, hier scheint die Neue Physik sogar performativer zu sein als die Kulturwissenschaften selbst („päpstlicher als der Papst"), in denen Performativität heute erst wieder – oft mühsam – für den Kulturbetrieb konstruiert werden muss. Dies bedeutet: Der Mensch erzeugt durch seine beobachtende Aktivität die Welt mit, die er beschreibt, und die Materie verhält sich oft so, als wäre sie in ihren Resultaten auf eine geheimnisvolle Weise auf diese seine Aktivität *angewiesen* – ein Standardmerkmal im fortgeschrittenen Anthropozän. Zeit und Raum konstituieren sich in jedem Augenblick neu, und ihre Details sind vollkommen von der *Situation des Vollzugs* abhängig. *Die Welt ist performativ*: *„mundus performatur ergo est."* Physiker wie Niels Bohr und Werner Heisenberg hätten den Ausdruck ‚performativ' vielleicht verwendet, wenn sie ihn gekannt hätten. Er prägt erst seit kurzem die Kulturwissenschaften, ist aber als ein *universaler* Begriff noch nicht wirklich verstanden und auch nicht überall anerkannt. Anhand der Neuen Physik lässt sich vorerst eine grundständige Bedeutung von ‚performativ' feststellen:

- Der Beobachter erzeugt im Vollzug der Messung jene Prozesse selbst mit, die er misst. Damit sind Subjekt und Objekt des Forschungsprozesses nicht mehr strikt voneinander zu trennen. Beide sind gemeinsam in diesen Prozess eingeschlossen und fusionieren im Momentum des Beobachtungs-Prozesses.

Wie geht das Buch vor?

- Kapitel I skizziert den Vordergrund, vor dem sich die Performative Philosophie bildet. Dieser Vordergrund zeichnet die Grundlinien der welthistorischen Lage um den Wechsel zum 21. Jahrhundert herum in Umrissen nach. Es herrscht international nicht der geringste Zweifel mehr daran, dass die Welt jetzt an einem Scheideweg, einer Weggabel steht, an dem sich ihre Zukunft entscheidet. Die bekannten Stichwörter sind Klimawandel, weltpolitische Verschiebungen und Migrationen, Multikulturalität, Armut, neue Kriege, Bevölkerungsexplosion und digitale globale Vernetzung. Alle diese Phänomene sind Begleiter, Auslöser und Befeuerer des Anthropozäns, jenes Zeitalters, in dem der Mensch die Welt, in der der leben will bzw. muss, selbst erzeugt.
- In Kapitel II „Die Performativität der Neuen Physik" wird detaillierter erläutert, was Performativität in Quantenmechanik und Relativitätstheorie wirklich bedeutet und zweitens, dass Performativität ein fundamentales *Wirkungsquantum* des Naturaufbaus ist. Diese These ist von immenser Bedeutsamkeit – deshalb wird weit ausgeholt: Denn es ist nicht möglich, den Entwurf einer Performativen Philosophie zu verstehen, ohne seine Verankerung in der Neuen Physik zu kennen. Hier wird von Null an aufwärts argumentiert.

Zuerst wird das „Schwarze Loch" vorgestellt: Es dient dem Buch sowohl in seiner astronomischen als auch in seiner metaphorischen und analogischen Lesart als Leitbild. Schwarze Löcher sind dunkel, können aber durch helle Materie identifiziert werden. Eben dieses Phänomen ist nicht auf die Astronomie und das ferne Universum beschränkt, sondern eine universale Konstante in *allen* Dimensionen, auch im Kosmos des Allerkleinsten und erst recht in der Menschenkultur – was oft erst auf den zweiten Blick klar wird. Vor diesem Hintergrund wird erklärt, was es genau bedeuten soll, wenn gesagt wird, dass Makrokosmos und Mikrokosmos „performativ fundiert" sind: dass das Verhalten der Quanten wie auch die Resultate der (hier vor allem: Speziellen) Relativitätstheorie beide einem genuin performativen Prinzip folgen. Die Neue Physik gibt so den tiefen Grund ab für eine Neue Philosophie. Das ist ungewöhnlich. Und es ist der Grund dafür, warum die Performativität der Quantenmechanik und die der Relativitätstheorie im Buch einen ungewöhnlich breiten Raum einnimmt: Nur wer die Neue Physik in den Grundzügen kennt, ist in der Lage, die auf ihr aufbauende Philosophie und ihr Denken zu verstehen.

Neue Physik und Philosophie weisen darüber hinaus ein bedeutendes gemeinsames *Gamma* auf: Fast jede neue Philosophie (Sokrates, Descartes, Heidegger u. a.) erzeugt am Anfang einen leeren Punkt, ein minimales Wirkungs-Quantum: eine „Singularität", z. B. eine des Wissens (Sokrates) oder des Zweifels (Descartes) oder des Seins (Heidegger) oder des Verstehens (Gadamer). Philosophien sind, auf der anderen Seite, immer auch eigene Inertialsysteme und verhalten sich zueinander wie ganze Bezugssysteme im Raum: Sie sind in-sich stimmig, aber untereinander nicht ad-hoc kompatibel. Sie stellen große, ausladende performative Felder dar – für sich selbst als auch untereinander.

- Kapitel III „Singularitäten" weist nach, dass das universale Prinzip der Singularität auch im Mesokosmos vorkommt – also in der Lebenswelt der irdischen Kulturen und Zivilisation. Die Reichweite der Konstante ‚Singularität' ist unbegrenzt. Sie erscheint in Kognition und Sprache, in Spiritualität und Kunst, in Psychoanalyse und in der Aktivität des Gehirns, und sie wirkt in großer Intensität und Effektivität in der Philosophie. Der Lauf der Philosophie von Sokrates bis in unsere Zeit ist großräumig interpunktiert von großen singulär determinierten Phänomenen (Musterbeispiel: René Descartes' *Cogito*).
- In Kapitel IV „Performativität" wird die Perspektive umgedreht: von der Singularität als dem minimalen Pol in Richtung auf den anderen ge-

genüberliegenden, jetzt: maximalen Pol der sich entladenden performativen Aktivität. Basis ist, dass der Mensch durch-und-durch ein *Homo performans* ist – sowohl phylogenetisch in seiner Evolution als auch ontogenetisch in seinem individuellen Leben. Seine stärksten Kräfte als Philosoph mobilisiert er, wenn er nach seiner Natur philosophiert, d. h.: wenn er Philosophieren als einen schöpferischen, intuitiv erzeugten, performativen Akt vollzieht. So kann er, nach seiner eigenen unwiderruflichen Erfahrung, die Gesichter der Philosophie durchdringen und Ich, Sein, Welt, Ethik, Erkenntnis – ja: alle Kultur in einer performativen Dimension sehen, in der der Vollzug immer die Fakten dominiert. Performativität dominiert die soziale Welt, die sich durch diesen Faktor fortwährend selbst erzeugt („Autopoiesis"). Performatives Denken, Performative Vernunft ist Komplementäres Denken (Niels Bohr), das außerhalb und innerhalb der Philosophie erläutert wird. Komplementäres Denken, im Prinzip jenseits von Oppositionen, ist polyperspektivisches Denken, das am ehesten in der Lage sein wird, mit den sich ständig ändernden Bedingungen in einer multikulturellen und multipolaren Welt zurechtzukommen. Wie ein Beweis, wie eine Bestätigung blüht gerade jetzt die Erforschung der Improvisation auf: als ein neues universales Denkhandeln. „Performative Metaphilosophie" blickt zugleich auf traditionelle Philosophie und Performative Philosophie und ihre grundsätzlichen Unterschiede.
- Kapitel V „Performative Spuren ..." zeigt, dass Philosophien anderer Zeiten, Kontinente und Weltregionen das Performative schon immer integriert hatten. Hier sind sie den Europäern oft um Jahrhunderte (die Inka-Kultur), ja: Jahrtausende (Indien) voraus. Herausragend und für eine Performative Philosophie zentral ist dieser Befund, der zunächst eine begründete Arbeitshypothese ist: Viele Philosophien außerhalb Europas können indirekt oder sogar ganz explizit als Philosophien identifiziert werden, die einen performativen Kern haben:

Die *Zen*-Philosophie in China und Japan bezeichnet in der Praxis eine durch-und-durch performative Lebensform; schon chinesisch *tào* (*dào*) heißt in seiner verbalen Verwendung ‚durch Sagen handeln', d. i.: die performativ-kommunikative Umsetzung des *Weges*. Die altägyptische *ma'at* ist ein Prinzip der performativen Welterhaltung. Die präkolumbianische

Anden-Philosophie (‚*pacha*') ist geprägt vom Ideal holistischer Vollzüge, von einem tief-performativen, unhintergehbaren Sein-in-der-Welt. Die afrikanische (Bantu-)Philosophie weist in Vielem Merkmale auf, die man heute ohne Zweifel als ‚performativ' identifizieren würde (‚*ubuntu*'). Die islamische *ishrāq* beschwört die intuitive Schau des Lebensvollzuges. In der europäischen Philosophie sind starke, performative Züge eher rezessiv; sie sind am ehesten anzutreffen bei Plato, Nietzsche, Heidegger, Gadamer und Habermas (Cimino 2013). ‚Performativität' scheint ein globales, die Weltregionen verbindendes Merkmal zu sein.

- Im Kapitel VI „Hintergrund" wird die Situation der Philosophie an der Wende zum 21. Jahrhundert ausgeleuchtet – immer mit dem prüfenden Blick in ihre Geschichte. Dies geschieht einmal aus der Froschperspektive, gewissermaßen von unten – einer Perspektive, die sich vom Pathos aktueller weltweiter Jugend- und Protestbewegungen inspirieren lässt. Dann wird diese Situation noch einmal in der akademisch-klassischen Form dargestellt: aus der Vogelperspektive, von oben, aus der Höhe eines philosophisch gebildeten Supervisors. Zur Sprache kommen all jene Illusionen, Fehlhaltungen, Projektionen, Ressentiments und Holzwege, die die Philosophie zu allen Zeiten geprägt, aber auch in ihrer Spannweite eingeschränkt haben: Die Komplexe Alter, Geschlecht, Eurozentrismus, Nationalismus, Akademismus und Konstativismus sind die berüchtigten Spielfelder einer nun notwendig gewordenen *Relativierung* der (europäisch-abendländischen) Philosophie. Sie ist ein SINE-QUA-NON in Richtung auf eine Wende. Beide Sichtweisen (Frosch/Vogel) sind komplementär zueinander und beleuchten den Status Quo der Philosophie '21 aus zwei verschiedenen Perspektiven. Beide ergänzen sich: *Zusammen* nähern sie sich der Wahrheit an.

Am Horizont tauchen zuletzt mächtige Gretchenfragen auf, die die europäische Philosophie irgendwann wird beantworten müssen, wenn sie nicht den Anschluss an die globale Neuaufstellung der Philosophie verpassen will. Solche sind:

- Wie ist es zu erklären, dass die abendländische Kultur und Philosophie sich so weit von ihren performativen Wurzeln entfernt haben?

- Weshalb ist das Performative in der europäischen Philosophie mit den Zeitläufen ganz offensichtlich ins Hintertreffen geraten?
- Was ist das innere Motiv dessen, was man die überbordende Herrschaft der Behauptungsphilosophie, d. i., wenn man will: der *Konstativen Vernunft* nennen kann?
- Was kann das aktuelle Heraufziehen der performativen Philosophie, einer neuen *performativen Vernunft*, für die Zukunft bedeuten?

In einem *Anhang* wird die Performative Philosophie als Ganze abgerundet: Anhang 1 präsentiert noch einmal ihre wichtigsten Lehrsätze und Kernthesen. Anhang 2 bietet eine auf wenige Seiten verdichtete Zusammenfassung der Performativen Philosophie in einem kurzen *Essay*. Für manche Leser mag es nützlich sein, zuerst diesen Essay in einer halben Stunde durchzulesen: Er sagt kompakt, worum es geht. In Anhang 3 wird der Sinn und die Aura des Performativen in Aphorismen gezeigt.

Viele Philosophen sehen die Notwendigkeit einer philosophischen Kehre zum jetzigen Zeitpunkt. Und nie war die Mahnung Albert Einsteins dringender, drängender als heute.

- „Eine neue Art von Denken ist notwendig, wenn die Menschheit weiterleben will." Albert Einstein
- „Ich mag keine Philosophie, die alles nur erklärt. Ich liebe eine Philosophie, die Schwindel hervorruft." Zbigniew Herbert
- „Was fehlt, ist eine Denkkunst, [...] eine Logik, die kraftvoll und beweglich genug wäre, um es mit der Komplexität, der Unbestimmtheit und der Immersion aufzunehmen. [...] ein Denken auf der Ebene des *tertium datur*." Peter Sloterdijk

Hinrichs, Uwe (2018): Manifest der Performativen Philosophie. Berlin.

In diesem Buch wird möglichst wenig zitiert: nur wenn es wirklich notwendig ist. Auf Fußnoten wird generell verzichtet. Der genaue Fundort von wörtlichen Zitaten ist bei Bedarf schnell durch eine Suchmaschine festzustellen. Nach den Kapiteln wird meist eine maßgebliche Literaturangabe genannt. Im Literaturverzeichnis sind nur solche Titel aufgeführt, die für das Buch ausgewertet worden sind.

Der Gegenbegriff zu *performativ* lautet seit jeher *konstativ*. Das bedeutet: *nicht-performativ*, *nur beschreibend*, dann auch *behauptend*, *explizit*, *rational* etc. Es versteht sich, dass dieser Begriff relativ oft im Text erscheint.

Die angestammten Gebiete des Autors sind Linguistik und Philosophie. In Kap. II spielen Mikrophysik (Quantenmechanik) und Makrophysik (Spezielle Relativitätstheorie) eine Rolle als Hintergrund für Performative Philosophie. In der Neuen Physik bin ich kein Experte, habe mich aber nach bestem Wissen und Gewissen kundig gemacht. Alle Ungereimtheiten gehen selbstverständlich zu meinen Lasten. Kommentare und Anregungen sind jederzeit willkommen.

Vereinzelte Wiederholungen (z.B. Sokrates/Plato) sind beabsichtigt; sie zeigen dann eine andere Perspektive.

2. Weltformbruch

„Viele Anzeichen sprechen dafür, dass die gegenwärtigen Generationen durch einen Weltformbruch hindurchgehen, der an Tiefgang und Folgenreichtum mindestens ebenso bedeutsam ist wie jener, der vor 2500 Jahren die klassische Philosophie provozierte." (Peter Sloterdijk). Dies ist eines von vielen ähnlich gelagerten Zitaten, die alle – wie aufgrund einer inneren Notwendigkeit – den aktuellen Zeitenwechsel beschwören, oft noch begleitet von kritischen Sätzen zur Zukunft der Technologien, der Wissenschaften oder der Philosophie. Sie haben offensichtlich Konjunktur, nicht erst seit der Jahrhundertwende. Es begann schon früher, wie immer, wenn sich ein einschneidendes Epochendatum nähert. Um den Beginn des 21. Jahrhunderts herum befindet sich die Welt im Umbruch: Diese Erkenntnis hat sich bereits überall durchgesetzt und unterliegt keinem vernünftigen Zweifel (mittlerweile gehört es schon zum guten Ton in den Feuilletons, zur korrekten Haltung in den Talkshows, diesen Umbruch rhetorisch effektiv zu beschwören, zumal sich die Redefigur bereits flächendeckend angeheftet hat: Mythos und Wahrheit, Echtheit und Imitation verschränken sich hier unerbittlich, und es wird erst *post factum*, also in einigen Jahrzehnten, klar sein, zu welchen Anteilen). Allenthalben wird der Übergang als solcher beschworen, von einer Epoche zu einer kommenden, und die Grenze selber erzeugt negative wie positive Visionen: Danach befinden wir uns in einem *Zeitalter der Erschöpfung* (Wolfgang Martykewicz), im Blick das *Zeitalter der Einsamkeit* (Noreen Hertz), im Hintergrund ein *Zeitalter der Erkenntnis* (Eric Kandel) oder das *Zeitalter der Aufklärung*: die Kultur selber als eine Interpunktion von Zeitaltern, einschließlich Anfangszeit und Endzeiten – und von Quantensprüngen zwischen den Zeitaltern.

Immer schon hat es an großen Zeitenwenden diese Phänomene gegeben. Die Rhetorik des Auseinanderfallens (das Martin-Luther-Wort: *„die Welt aus den Fugen"*) hat eine lange Tradition, wurde zu Anfang des Jahrhunderts weltweit beschworen, wobei Deutschland sich ganz besonders angefasst, ja zuweilen apokalyptisch gab. Dadurch wird schnell verschleiert, dass der aktuelle globale Wandel tatsächlich eine einmalige, noch unabsehbare Wucht entfaltet, die in der Intensität, in der Qualität keine Vorläufer hat. Unbekannt ist nur, wie dieser Wandel genau aussieht und was die Konsequenzen sind. Sicher ist nur, dass es im Prinzip zwei Möglichkeiten gibt: Die Zivilisation ist ihrer Aufgabe am Punkt dieses Epochenwechsels gewachsen oder sie ist es nicht und fällt, verfällt auf eine noch unbekannte Weise. Es ist sehr wahrscheinlich die Alternative zwischen Rettung und Untergang, zwischen Chaos und einer neuen Ordnung. Theoretisch möglich ist, dass es etwas Drittes geben wird, weil der Prozess in die neue Zeit hinein noch dunkel ist und nur, sozusagen von außen betrachtet, sich innen und implizit *vollzieht.* Die Bücher von Yuval Harari, Wolfram Elsner, Parag Khannah und anderen entwerfen viele Szenarien, die sich angesichts der „Zeitenwende" abzeichnen: vom Vorlauf der Evolution des Menschen, der weltpolitischen Lage zwischen den Großmächten am Beginn des 21. Jahrhunderts bis hinüber in eine unabsehbare Zukunft mit verstärktem Klimawandel und neuen weltweiten Migrationen. Science-fiction-Literatur tut das ihrige noch dazu. Beschleunigt und zugespitzt hat sich alles auch durch neueste Katastrophen, die das apokalyptische Szenario befeuern und immer wieder als Menetekel gesehen werden: Der Krieg Russlands gegen die Ukraine, der Angriff der Hamas auf Israel sind vielleicht nur die sichtbare Spitze des Eisbergs, auf die sich alles konzentriert, auf die Vieles projiziert wird. Wie ein Magnet ziehen diese Kriege neue Visionen und Befürchtungen (Atombombe; Dritter Weltkrieg) auf sich und befeuern als das Unmögliche das Mantra vom Weltenbruch. So symptomatisch wie beunruhigend das Werk des deutschen Historikers Herfried Münkler, der von einer „Welt in Aufruhr" spricht.

Die Spatzen pfeifen es schon lange von den Dächern, von Malmö bis Malta, von Coimbra bis Minsk: dass etwas zur Neige geht und in seiner traditionellen Form nicht wiederkehrt: Dies ist die mentale, materielle und militärische Vorherrschaft des Kontinents Europa bzw. des anglophonen Abendlands, die in die Desaster des 20. Jahrhunderts mündete. Offenbar geht auch die weltweite Dominanz der USA in eine andere Phase über: Nach 500 Jahren könnte sie zu Ende gehen oder sich nach den Fehlschlägen im Fernen und Nahen Osten in einen strategischen Rückzug *auf den eigenen Kontinent* verwandeln. „Die Hauptachsen der neuen globalen Ordnung verändern sich." (Joschka Fischer). Danach werde der Globale

Süden eine immer stärkere Rolle spielen.[1] Noch unabsehbar jedenfalls sind jene Verschiebungen, die sich im asiato-afrikanischen Großraum anbahnen könnten, unter der anschwellenden globalen Präsenz Chinas, jener der USA im Indo-pazifischen Raum, angesichts der dunklen Visionen Russlands, der Supervision Indiens (des nunmehr bevölkerungsreichsten Landes), des zukünftigen Wachstums Afrikas sowie der schieren Geo-Existenz von Großmächten *in spe* wie Brasilien oder Mexiko. Die Phase neuer Blockbildungen ist noch längst nicht abgeschlossen. Die Historiker stimmen aber weitgehend überein, dass das 21. Jahrhundert vor allem von der Konkurrenz zwischen China und den USA bestimmt sein wird.

Die Zeit der Kolonisierungen fremder Weltregionen war der neuzeitliche Vorläufer des aktuellen Zustandes, der wie ein logischer Output aus der Vergangenheit herüberwirkt, die seit langem ihre Schatten voraus in die Zukunft wirft: Die historische Kolonisierung Afrikas, Australiens, Nord- und Südamerikas, großer Teile von Südasien, die russische Landnahme des nordasiatischen Kontinents – dies alles sollte die bewohnte Welt seinerzeit europäisch imprägnieren, im imperialistischen und egoistischen Macht-Interesse der europäischen Nationalstaaten, allen voran England, Portugal, die Niederlande und Russland. Nicht wenige Intellektuelle unken heute hinter vorgehaltener Hand, dass sich nun der Wind drehe und das historische Pendel von Süden zurück in den Norden der Weltkugel ausschlage: die Rache der Geschichte oder: sie wiederholt sich *vice-versa*.

Die demographische Gabel

Diese Gabel schwankt zwischen zwei extremen Polen, die die Ellipse der künftigen Bevölkerungsentwicklung prägen: Das Minus-Extrem sagt, dass bald nur noch wenige Prozent der Weltbevölkerung in Europa leben und über 90 % auf anderen Kontinenten. Dies gründet sich auf einen rein statistischen Faktor: Der Zuwachs in den indigenen Ländern Arabiens und Subsahara-Afrikas liegt zwei- bis dreimal über dem europäischen Quantum, China und Indien *sind* bereits Milliardenblöcke und werden

---

1 Interview in DER TAGESSPIEGEL vom 30.5.2024, S. 12.-13.

sich wahrscheinlich auf einem schwächer-wachsenden Niveau halten. Der andere Extrempol, der zur Zeit unter dem Signum von Populismus und Verschwörungstheorien steht, malt ein umgekehrtes Szenario: Danach wird in den nächsten Jahrzehnten eine Völkerwanderung vor allem in die europäischen Länder einsetzen, die die europäische Gesamtbevölkerung um das zwei- oder dreifache erhöhen wird, also auf 1 Milliarde bis eineinhalb Milliarden – damit hätte dann das relativ kleine, kleinteilige Europa die Bevölkerungsmarge von China und Indien erreicht. Europa hat immer noch das größte finanzielle, soziale und kulturelle – *Prestige* (ob gerechtfertigt oder nicht). Selbst seriöse Soziologen, die unter keinem Populismusverdacht stehen, halten es für möglich, dass Hunderte Millionen Menschen sich auf den Weg machen, Familien nachziehen und ihr Reproduktionsverhalten nur langsam verändern – abhängig von den Mikroprozessen der Integration des Ziellandes in Arbeit, Sprache und Kultur und davon, ob starre, aggressive Parallelgesellschaften verhindert werden können. Dann würden sich Mittel- und Westeuropa auf lange Sicht insgesamt auf ein weiträumiges, durchlässiges Besiedlungsgebiet zubewegen, das Dutzende, ja Hunderte von Ethnien nebeneinander beherbergt, mit großen autochthonen Minderheiten in Frankreich, Skandinavien und Deutschland – so wie es sich jetzt schon als Muster in bestimmten Vierteln der europäischen Großstädte abzeichnet. Möglich ist, dass sich die demographische Gabel auch als ein potenzieller Dreizack entpuppt; dann entwickelt sich zwischen den beiden Extrempolen – in einer Art selbstlaufender Eigendynamik – etwas anderes, eine Art Kompromiss: Große, lose Nationalstaaten mit beschränkter Grenzkontrolle und quasiautonomem, dabei aber europäisch vernetztem Migrations-Management. Denkbar ist diese Option nur, wenn es gelingt, den *homo europaeus* zu erneuern, der seine Traditionen nicht vergisst, sie aber in einer Art neuer, immunitärer Vernunft an die Herausforderungen einer neuen Zeit anpassen kann.

Herausforderungen und Chancen

Die größten Herausforderungen, denen sich keine Philosophie verschließen kann, ergeben sich vor allem Anderen aus *Globalisierung und Digita-*

lisierung. Das Internet, weltweite Migrationen und ein immer schneller dahinfliegender Tourismus für jedermann und zu jeder Zeit sorgen zusätzlich für die Begegnung und Durchmischung von Kulturen und Menschen. Die sprechen verschiedene Sprachen, sind von einer jeweils anderen Geschichte geprägt, gehören verschiedenen Menschen-Typen an und vertreten Weltsichten, die miteinander nicht ohne Weiteres kompatibel sind. Das alte babylonische Projekt würde sich so in moderner Form noch einmal wiederholen, jetzt aber mit einem neuen Fokus, sozusagen im aktuellen Gewand: Es verbreitet sich immer schneller eine neue Vielsprachigkeit mit unabsehbar vielen Graden der Kompetenz, es bilden sich neue Sprachmischungen, Mischsprachen, Migrantensprechs und Halbsprachen, es mehren sich die „Akzente", die nach Außen ein untrügliches Zeichen bleiben für das fortschreitende Stadium von Einwanderung, für die Folgegenerationen und deren Integration. Die großen monolithischen, hochschriftsprachlichen Systeme lassen überall Federn und machen einer neuen Diversität Platz. Die Normen geraten allenthalben durcheinander, und es bilden sich zwischen den Hochsprachen und den Umgangssprachen neue Hybride, neue Sprechnormen aus: Sie alle bilden die kulturelle Durchmischung noch einmal in den Sprachen ab.

Die Kommunikation *ist* ja längst, und nicht nur unter dem Druck des *world-wide English*, interkulturell – mit allen Risiken und Freuden, mit den überall diskutierten Fettnäpfchen und Gefahren. Die neue Begriffswelt der *Interkulturalität* (Földes, Yousefi, Mall) trägt dem bereits überall Rechnung. Es vervielfältigen sich die Perspektiven auf die Welt, auf die sogenannten Religionen und die Lebensentwürfe von Kontinenten, Staaten, Gruppen und Individuen. Damit wächst allmählich die Vision einer neuen *Immunität* heran, die nicht mehr sofort werten will, Vorurteile immer weniger duldet und kulturelle Unterschiede, Differenzen und Konflikte im Großen wie im Kleinen erst einmal als solche belässt und sie im Weiteren mit einer gereiften Vernunft einhegt. Es macht keinen Sinn mehr, eine Perspektive von vornherein zu verdammen oder zu vergöttern, wenn es von ihnen unendlich viele gibt, dazu noch in Echtzeit. Hier kämpfen zuweilen ein offiziell-codiertes Dogma der *correctness* mit einem anschwellenden Druck von unten, ein bereits schwächelnder Linksliberalismus mit einer europaweit, ja weltweit erstarkenden Rechten. Der moderne, sich weiter aufheizende Hype um Europa, um seine Zukunft und seine Demographie, um sein Schrumpfen und seine Überfremdung legt von allem ein beredtes Zeugnis ab. Die alten europäischen Identitäten schwinden unter Rumoren, unter dem Druck des Anderen, Fremden, Außereuropäischen, und es werden sich überall neue, hybride Identitäten bilden, die nicht sofort verstanden werden können. Und niemand wird sich heute mehr so weit hinauslehnen können und sich an eine festumrissene Identität klammern – sei es eine der Nation, der Sprache, der Religion oder des Berufes, ohne irgendwann in eine „Identitätsfalle" (Amartya Sen) zu geraten. Nur ein neues, performativ geprägtes Gamma ist hier in der Lage, für ein neues Bewusstsein und ein „anderes Denken" (Albert Einstein) zu sorgen.

Auf der anderen Seite erzeugt das Verblassen von alten – obsoleten oder ausgedienten – Identitäten noch etwas Anderes. Viele spüren, dass der Mensch in einer noch nie dagewesenen Weise aufgerufen ist, aus seiner selbstverschuldeten Eindimensionalität herauszutreten. Er soll sein volles, auch für ihn selbst noch ganz unabsehbares Potenzial entfalten, zum Wohl der Zeitgenossen und der Gesellschaften – unabhängig davon, wie diese modernen Gesellschaften nun genau aussehen werden. Auch dies – eine stumme Botschaft der Kulturen, eine Aufgabe der Zeitgenossen, und diese wird leichter zu bewältigen sein mit einem performativen Bewusstsein. Es gibt nicht nur ein neues, noch quasi ungeschriebenes Recht des Individuums, die eigene Vieldimensionalität unter neuen Bedingungen neu zu entdecken: also das sein zu können, was und wie es sein will. Dazu gehören Mut, Courage, Risikobereitschaft, wenn man will: *Gottvertrauen.* Niemand hat das eindrucksvoller formuliert als der Philosoph Giovanni Pico della Mirandola am Beginn der Renaissance vor 500 Jahren. In seinem Werk ‚*Oratio de hominis dignitate*' sagt er: „Der Mensch sei frei, ohne Gesicht, alles-seiend und grenzenlos." Hieran hat sich bestimmt nichts geändert, denn: „In Zeiten der Postmoderne und der Relativierung aller Werte kann das Ich [...] jede Rolle und jede Funktion, jedes Bild und jede Geschichte übernehmen." – so der Darmstädter Philosoph Gerhard Gamm. Das ICH ist Viele, noch ohne feste Orientierungen, und doch auf lange Sicht: unbegrenzbar und auf neue Formen aus.

Offenbar steht die westliche Menschheit heute am Beginn einer nochmaligen Renaissance, in der nicht die Orientierung an der Antike ansteht, sondern ein Zusammenführen des europäischen Erbes von zweitausend und mehr Jahren zu etwas Neuem, noch Unbekannten, das die Zukunft nach jenen Maßstäben gestaltet, *wie diese Zukunft selbst ist*: Eine performative Renaissance des Bewusstseins, das *in der Anlage* nicht mehr auf einzelne Weltregionen oder Glaubenssysteme begrenzt ist. Sollte hier etwas dran sein, dann nimmt auch das Wesen des *homo europaeus* an dieser Metamorphose teil, weil er anders nicht wird überleben können. Er steht ganz besonders in der Gefahr, unter dem Druck seiner Historie, seiner Kriege, der neuen Technologien und der Zeitläufe, der Migrationen und der klimatischen Verwerfungen, des Terrors und einer um sich greifenden Desorientierung auseinanderzufallen; also muss er sich neu erfinden. Nichts könnte dies besser, effektiver, nachhaltiger leisten als ein Bewusstsein, das die alten Grenzen sprengt und von einer neuen performativen Vernunft geprägt ist.

Eine Phase des Übergangs

In diesen Zeitläufen wird sich die abendländische Art, Wissenschaft zu betreiben, mit den Bewegungen ebenfalls radikal ändern und erneuern müssen, wenn sie den neuen Gegebenheiten in der Welt gerecht werden will. Sie ist mit allen Kräften schon jetzt dabei, ihre 2.000-jährigen Grundlagen zu erkennen und auch zu erkennen, welche Schieflagen sich aus ihnen ergeben haben. Große Repräsentanten der aktuellen Zeitläufe wie Peter Sloterdijk, John Gray, Walter Laqueur oder Gunnar Heinsohn weisen seit längerem unmissverständlich darauf hin, dass sich der europäische Kontinent – und wahrscheinlich mit ihm weitere Großregionen der Welt – an einer entscheidenden Epochenschwelle befindet: zwischen einem turbulenten historischen Vorlauf und einer unbekannten Zukunft. Und die Schwelle ist jetzt. Diese Schwelle wird insgesamt geprägt durch einen „liminalen Zustand“ (Victor Turner): Das ist eine diffuse Phase des Überganges ohne klare Konturen, von der noch ganz unbekannt ist, wohin sie führt. Sicher ist nur, dass dieser liminale Zustand sich *jetzt* zeigt. In ihm wird immer mehr offenbar, dass das immer weiter sich akkumulierende und verzweigende Detailwissen ebenso viel Nichtwissen, ja Unwissen miterzeugt, das dann wieder auf den Fortgang der Wissenschaften einwirkt: Es dreht sich eine Spirale des (Nicht)Wissens, die irgendwann von selbst zur Ruhe kommt oder mindestens: vorerst innehält. Denn in allen Dimensionen des menschlichen Forschens zeichnet sich sowohl das Vorherrschen eines neuen Nichtwissens ab, als auch – auf der anderen Seite – eine schier grenzenlose Diversität der Ansätze, Methoden, Theorien und Resultate, die kaum noch ein Experte zusammenfassen oder gar vergleichend auswerten könnte. Diese zwei Extreme widersprechen sich streng logisch eigentlich, existieren aber bis auf Weiteres durchaus nebeneinander.

Das neue Nichtwissen hat die europäische Art der Wissenschaft durch ihr Jahrhunderte überspannendes Wissenschafts-Ethos, ihre endlosen Detailanalysen, durch Isolationismus und ihr ungehemmtes Vorwärtsrasen selber mit heraufbeschworen: Sie kommt logischerweise immer wieder an einen dunklen Punkt, an dem letzte oder weitere Aussagen entweder nicht mehr möglich sind oder selbst wieder neue Unklarheiten, Missverständnisse und Paradoxien produzieren. Kurz im Stichwort:

- In der ganz großen Dimension zeugt die modische Begriffswolke aus Urknall, Paralleluniversen, *Steady-State*, *Big Crunch*, *Big Bounce*, Dunklen Energien, Schwarzen und Weißen Löchern nur davon, dass hier gar nichts entschieden ist und vorläufig auch nichts entschieden werden wird (nicht entschieden werden soll?). Es ist zu großen Teilen Populismus – und die einschlägigen Formate im TV transportieren eher die Weltsicht der Mittelschichten als echte Information über den Kosmos.
- In den kleinsten Dimensionen, in Atom und Atomkern, gelten die Newton'schen Gesetze nicht und die Quantenphysik der kleinsten Teilchen ist bis heute nicht zur Gänze verstanden. Es ist vollkommen unentschieden, ob die großen Theorien der Neuen Physik jemals zu einer einheitlichen Theorie zusammengeführt werden können.

Dies alles bezieht sich noch auf den Status Quo der Zehnerjahre. Durch den Ausbruch und die Verbreitung der Pandemie im Jahre 2020 haben Unsicherheiten, Vagheit, Falschinformationen und Chaos noch um einige Grade angezogen und ein langes Spurenfeld erzeugt. Noch niemand kann absehen, wie sich der Einbruch dieser Pandemie und ihrer Nachgeschichte langfristig auf das globale wie europäische Szenario, auf die Gesundheit der Menschen und die Mentalitäten auswirken wird – unabhängig davon, ob es sich letztlich um ein organisch-biologisches Geschehen, eine globale Inszenierung oder anteilig um beides handelt. Die Erforschung ist schwerfällig, unkoordiniert, zeitgeistbelastet und mit Ressentiments und nationalen Spiralen kontaminiert, und oft vermählen sich alte Ideologien mit neuen Dummheiten. Frühestens in zehn Jahren wird man etwas wissenschaftlich Gesichertes präsentieren können. Jeder ahnt aber, dass das Menetekel der letzten Jahrtausendwende durch die Pandemie noch einmal verstärkt worden ist. Als eine Art Zwischeneffekt von 2020 haben sich jedenfalls diese Fakten ergeben, jenseits von Verschwörungstheorien, Haltungskämpfen, Medienschelte und anwachsenden *correctnesses*:

- Klimasensationen, neue Weltmachtpolitik von Großblöcken, wachsende Armut und unabsehbare Migrationsschübe werden die Regel sein.
- Überall wächst das Bewusstsein davon, dass die typisch westliche Art zu leben und zu wirtschaften keine nachhaltige Zukunft hat.
- Überall entwickeln sich, individuell und kollektiv, die Weltbilder auf eine neue Art. Ihre Merkmale sind Polyperspektivität, Abbau von großen Wahrheiten und ideologischen Letztbegründungen. Die alteuropäische, logozentrische, ratio-fokussierte Art der Aufklärung entwickelt sich zurück und macht immer mehr dem Ausbau einer performativen Vernunft jenseits von Empirismus und Rationalismus Platz.
- Jenseits von einseitigen Definitionen der Welt, des Menschen und der Existenz fordern Solidarität, Nachhaltigkeit, Umweltbewusstsein und Kooperation statt Konkurrenz immer mehr ihre alten Rechte ein.

Elsner, Wolfram (2021): Die Zeitenwende: China, USA und Europa „nach Corona“. Köln.

Harari, Yuval N. (2018): 21 Lektionen für das 21. Jahrhundert. 4. Aufl.; München.

Khannah, Parag (2021): MOVE: Das Zeitalter der Migration. Berlin.

Münkler, Herfried (2023): Die Welt in Aufruhr. Die Ordnung der Mächte im 21. Jahrhundert. Berlin.

3. Anthropozän

- Performative Philosophie ist nach ihrer inneren Logik – zeitlich, deskriptiv, substanziell und in ihren Effekten – die Philosophie des Anthropozäns.

„Wir stecken in einem Epochenbruch, wir betreten ein neues Erdzeitalter. Die 12.000 Jahre alte Zwischeneiszeit geht zu Ende – und zwar durch menschengemachte Faktoren: die Erderwärmung, das Artensterben. Einiges deutet darauf hin, dass es im jetzigen Holozän die größte Biodiversität gab, die die Erde je gesehen hat. Die schönste Erde, die wir je hatten. Die ungewöhnliche klimatische Stabilität hat viel Leben ermöglicht – und viel Freiheit. Jetzt sind wir in einer Phase des Übergangs. Der Verlust und die Verwüstung diverser Biotope und Arten hat begonnen. Vieles ist nicht mehr aufzuhalten, aber alles ließe sich abmildern. In jedem Fall bleibt nichts, wie es war. Nicht ökologisch, und deshalb auch nicht sozial und nicht kulturell." (Eva von Redecker, Philosophin).[2]

Die anschwellende Rede von der jetzigen Scheidelinie zwischen Holozän und dem beginnenden *Anthropozän* (ANT) wird begleitet von einem auffälligen Hype um den Übergang von einem endenden kulturellen Zeitalter in ein neues: Der abendländisch-europäische geistige Horizont von Rationalität und Aufklärung, von Humanismus und europäischer Wissenschaftlichkeit bewegt sich in Richtung auf einen Horizont, der global ist und anderen Kontinenten und Weltregionen auf Augenhöhe gegenübersteht. Man könnte auch sagen: Eine Epoche der konstativen Weltsicht, die europäisch-abendländisch kontaminiert ist, macht einer neuen globalen Vernunft Platz – und es läuft: die *Transformation.* So wäre es jedenfalls zu wünschen. Dieser Umschwung fällt zeitlich zusammen mit einem parallelen Hype um alles Performative – am deutlichsten abzulesen an der Chimäre des *performative turn* in den Kulturwissenschaften. Diese Koinzidenz ist nicht zufällig; sie vermittelt durch sich selbst zwei bedeutende Dinge:

2 Quelle: Interview in DER SPIEGEL Nr. 21 vom 20.5.2023, 99.

- Das globale Aufscheinen von neuer Performativität im Abendland konditioniert die beteiligten Gehirne wie die Mentalitäten auf eine große Erkenntnis, die die Zukunft prägt: Der Mensch erzeugt selbst die Welt, in der er lebt (analog zum Beobachter im quantenmechanischen Experiment) – im Großen wie im Kleinen. Er erzeugt sie jeden Tag, jede Stunde, jeden Augenblick; und er ist selbst, als Individuum wie als kulturelles Sozialwesen – *verantwortlich.* Er lebt in dieser Welt als der Akteur-Beobachter, der eben diese seine Welt ständig neu erschafft: ein performativer Kreislauf.
- Umgekehrt bewirkt die mediale Schlagkraft eines wie immer gearteten Begriffs ‚Anthropozän', dass immer mehr, immer neue Bereiche der belebten und unbelebten Natur fast automatisch in performativen Perspektiven gesehen und dann auch: wieder so erzeugt werden. Der Mensch erschafft nicht nur seine Welt, sondern parallel auch den Modus, wie er seine Welt – erkennt und erhält. In *diesem* Sinne gilt das Wort des Philosophen Ludwig Marcuse: „Die nicht-menschliche (d. i.: wilde, unberührte, U. H.) Welt ist verschwunden."

Performative Philosophie ist die Philosophie des Anthropozäns – ganz einfach deswegen, weil sie das Kernmerkmal des Begriffes *‚Anthropozän'* – die performative Selbsterzeugung – selbst vertritt: Das Anthropozän ist in seiner allgemeinsten Definition, und noch unabhängig von allen Feinabstimmungen, jenes Zeitalter, in dem der Mensch das Bild der Erde, auf der er wohnt, selbst durchgängig erzeugt. Dies tut er nicht mehr nur unbewusst-automatisch, sondern mehr und mehr in vollem Bewusstsein, auch der Konsequenzen. Bewusst stellt er eine global-kapitalistische Seinsweise über die Harmonie mit den Prozessen in der Natur: Denn auch diese verändert er. Jenseits aller Wertung gilt: Der Mensch erzeugt seine Welt als ein autopoietisches System, das einer eigenen Logik folgt und sich selbst durch sich selbst erhält. Performative Philosophie ist *per definitionem* die Philosophie der Erzeugung der Welt durch den Menschen – unabhängig davon, wie dies im Einzelnen geschieht: *‚mundus performatur ergo est'.* Und diese Philosophie ist selber ein selbsterzeugendes System, das jene Elemente erzeugt, die es selbst enthält und erhält. Anthropozän und Performative Philosophie bilden ein Tandem und spiegeln sich logisch wie analogisch gegenseitig.

Viele Lesarten des Begriffs ‚Anthropozän‘

Um den wahren Kern einer (performativen) ‚Philosophie des Anthropozäns‘ zu sichern und ihn vor Fallstricken und falschen Fährten zu bewahren, ist es klug und notwendig, einige Lesarten des Herkules-Begriffes ‚Anthropozän‘ aufzublättern. Zunächst: Unsere Zeit wird nicht müde, das ANT zu beschwören – ganz so, als ob dies etwas unerhört Neues wäre. Tatsächlich ist auffällig, dass die *Rede* vom ANT gerade *jetzt*, am Beginn des 21. Jahrhunderts, in aller Munde ist – ganz unabhängig von den historisch *möglichen* Lesarten. Wir haben einen neuen *Hype* um das ANT – und dies hat seinen Grund. Er bedeutet, dass die Rede vom ‚Anthropozän‘ – wann immer man es beginnen lassen will – gerade in diesen Zeiten eine ungeheure *performative Bedeutung* neu aufbaut, d. h. ein *Symptom* ist, das nicht mehr unbedingt auf logische Argumentationsketten oder einen finalen Fakten-Check angewiesen ist. Der Begriff wird – *gebraucht*, genauso wie das, was er bezeichnet und wieder auslöst. Er hat seine Richtung geändert, er greift nun weit in die Zukunft aus. Das ANT befindet sich jetzt ganz offenbar an einem *peak*, einem unübersehbaren Wellenberg, von dem wir nur wissen, dass sein Inhalt die weitere Entwicklung für alle Zukunft bestimmen wird: Und hier trifft es sich mit der Vision einer allumfassenden Performativität. *Anthropozän* ist von nun an *immer*, weil der Prozess der spezifischen Erzeugung der Welt durch den Menschen irreversibel ist und immer weiter voranschreiten wird in neue Dimensionen, die sicher mit wachsender Performativität verbunden sein werden. Zum ersten Mal ist vollkommen unklar, auf welchen Wegen und mit welchen Ergebnissen dies geschehen wird. Und diese Einsicht – vielleicht das Wichtigste – ist jetzt in das kollektive Bewusstsein eingedrungen. Das faktische *fine-tuning* des ganzen Themas unter Historikern und Paläoanthropologen ist zwar nicht uninteressant (und erzeugt zugleich konferenzwürdige Diskurse) – im Großen und Ganzen und als *pool* von Argumenten jedoch nicht mehr wirklich relevant, weil alle imgrunde schon bescheidwissen.

Das Anthropozän ist das Zeitalter, in dem der Mensch die Welt nach dem Menschen formt; er übernimmt endgültig die Deutung dieser Welt und seiner eigenen Tätigkeit selbst. Der Mensch erzeugt die Welt, als ob sie ihm gehöre; er eifert dem Schöpfer selbst nach, ob er es weiß oder nicht. Und er wird sich dessen auf eine neue Weise – bewusst. Er spielt Gott, auch weil er sich seines Gottes, seiner Götter schon lange nicht mehr sicher ist. Dies mag hart in der Nähe zur Blasphemie liegen, aber es ist wahrscheinlich die Wahrheit. Die Menschheit ist damit zu einer geologischen Supermacht geworden, „ebenbürtig den Asteroiden und Vulkanen“: Die britische Umweltjournalistin Gaia Vince hat in ihrem Buch „Der achte Tag“ alles zusammengetragen, was man heute über ‚Anthropozän‘ sagen kann oder wissen sollte, alles, was man für die *basics* einer performativen Philosophie brauchen wird. Dafür reiste sie zwei Jahre um die Welt und wurde mit dem *Royal Society Winton Prize for Science Books* ausgezeichnet. Nach dem Erfinder des Begriffs, Paul J. Crutzen (2002), hatte sich der Planet zu weit von den noch im Holozän geltenden, weitgehend natürlichen Bedingungen entfernt: Der Mensch hatte irgendwann überall die Regie übernommen. Danach zeigt sich *Weltformbruch* auch im Bruch der geologischen Werte und Formen: Wasserversorgung, Regenwaldsterben, Ver-wüstung, Anstieg der Meeresspiegel, Pandemien, Artensterben, schlingernde Finanzökonomien, weltweiter Raub-Kapitalismus, Armut, Bevölkerungswachstum, Negative Künstliche Intelligenz, neue Kriege, Vernetzung von allem mit allem, unabsehbare Kontingenzen in allen Querverbindungen. Dabei ist das Anthropozän zutiefst performativer Natur: Der Mensch steuert alle Zyklen auf dem Planeten, ist zugleich Regisseur und Zuschauer, Täter und Opfer im *theatrum performativum mundi*. Und er ist von diesen Zyklen selbst wieder beeinflusst – eine autopoietische *feed-back*-Schleife. Er experimentiert mit der Welt wie in einem quantenmechanischen Versuch: Er ist allgegenwärtiger Beobachter, wie der Physiker in seinen Experimenten. Und alle Experimente spiegeln wieder auf ihn, den Menschen, als den Initiator der Prozesse, zurück. Der *peak* des Anthropozäns besteht heute vor allem darin, dass der Mensch nun selbst entscheiden muss, wie der Planet aussehen soll, auf dem er leben will und *wie* er auf ihm leben will – obwohl er es selbst noch nicht weiß: ein Paradoxon der Zeit. Und doch ist heute jeder einzelne Mensch zu dieser Entscheidung aufgerufen. Dazu braucht er eine Philosophie, die ein weltumfassendes Prinzip beschreibt und selbst wieder erzeugt: die *Performative Philosophie*, die Philosophie des Anthropozäns.

Wieviel Anthropozäne?

Werfen wir einen Blick auf die chronologische Kette der möglichen ‚Anthropozäne'. Wenn man die Logik der großen Erdzeitalter ganz orthodox nimmt, dann folgt das Anthropozän auf das Holozän, in dem der Mensch noch nicht seine Welt gestaltet oder: umgestaltet hat. Hier liegt also die erste, archaische Lesart: Das ANT beginnt, als der Mensch und seine hominiden Verwandten auf der Erde erscheinen und sie nolens-volens gestalten, auf die eine oder andere Art, also vor etwa 2–3 Millionen Jahren. Das Kernmerkmal ANT liegt hier in seiner schwächsten Variante vor: Denn natürlich prägt der Mensch, seit es ihn gibt, immer wenn er auftritt und sich vermehrt, seine Um-Welt, und sei es zunächst nur regional (Verschränkungen zu anderen Weltgegenden, die es gegeben haben mag und noch gibt, lassen wir beiseite). Damit sind wir bei den größten Größenordnungen der Zeiteinteilungen, der Äonen und Weltalter angelangt, die wir aus abendländischer Sicht noch einigermaßen übersehen können: Wir marschieren nun mit anthropozänischen Siebenmeilenstiefeln.

Nichts hat das Gesicht der Erde so radikal verändert wie der Aufbruch des Menschen aus Ostafrika vor ca. 150.000 Jahren: In mehreren Schüben besiedelte er Europa und Vorderasien, dann ganz Südasien und Australien, das heutige China und den Fernen Osten. Spuren des *Homo Erectus* und anderer Hominiden finden sich bis heute in vielen Regionen Asiens und Afrikas. Über die Landbrücke der Beringstraße kam der Homo auf den amerikanischen Kontinent und erreichte nach einigen Tausend Jahren Patagonien, Feuerland und die Südspitze Südamerikas.

Die sogenannte ‚*kognitive Revolution*' (Yuval Harari), die den modernen Menschen vor etwa 70.000 Jahren erfasste und ihn allen und allem überlegen machte, würde mit einigem Nachdruck ebenfalls ein Anfangsrecht für das ANT beanspruchen können, denn es ist dieser kognitive Quantensprung, der den modernen Menschen dann in die Lage versetzt, die Erde *nach seinem Belieben* zu verändern und zu erzeugen. Die finalen Kämpfe mit dem Neanderthaler vor etwa 30.000 Jahren stellten endgültig die Weichen für die Vorherrschaft des Sapiens Cro-Magnon, der schließlich das Gesicht des heutigen Menschenplaneten nach seinen Vorstellungen formen wird. Vor zehntausend Jahren starteten der Ackerbau, die Sesshaftigkeit und die Besiedlung, vom Vorderen Orient aus in Richtung auf Westeuropa; der Mensch rückte immer weiter nach Norden vor.

Dass die Portugiesen, die Engländer, die Niederländer, die Russen in der jüngsten Geschichte fast alle Kontinente für Jahrhunderte bzw. bis heute kolonisierten, ist sicher ein Highlight in einer anthropozänischen Sicht: eine mächtige Wendemarke des menschengemachten Einflusses auf den Planeten und seine Regionen, einschließlich der sich später daraus ergebenden Völkerverschiebungen, Vertreibungen und weltpolitischen Verwerfungen, deren Folgen bis heute zu spüren sind. Die Folgen waren Kriege, Unterdrückung, Weltmacht-Phantasien, Katastrophen, Unfrieden in globalen Ausmaßen. Wir nennen hier nur die frühen Globalisierungen unter dem Stichwort der „Welterkundungen", im Umfeld der imperialistischen Gewaltzüge von Iwan IV., Kolumbus, Cortez, Magellan und Vasco da Gama.

Schließlich sind es die großen industriellen und technischen Revolutionen, die das menschengemachte Zeitalter auf ein neues Level heben, von den großen Maschinenparks des 19. Jahrhunderts bis hin zur letzten Revolution der Atomphysik, der Kosmologie und der Digitalisierung im Laufe des 20. Jahrhunderts. Dies alles sind gewissermaßen die Leuchttürme, die das Themenfeld eines neueren ANT interpunktieren und seine vielen Gesichter zeigen. Man kann dies alles heute in vielen großen und kleinen Variationen nachlesen, nachhören und auf *Youtube* ansehen. (Und dazu: Die unabsehbare Diskussion über das Thema ‚*Anthropozän*' – ohne die Perspektive eines Konsenses – ist sicher ein weiteres Merkmal dieses Zeitalters).

Das Typische an der Begriffs-Konstruktion des ANT ist, dass es viele Anfänge gibt, viele mögliche finale Szenarien, viele Auslegungen – je nach den politischen oder ideologischen Interessen. (Der Begriff nimmt selbst das multiple Wesen seines Inhaltes an). Deshalb scheint es nicht klug, sich ein für alle Mal auf ein exaktes Datum festzulegen, nicht chronologisch, nicht historisch, nicht technologisch, weil immer ein falsches oder schiefes Bild entstehen würde. Festlegen kann man sich aber getrost auf das, was hier *nicht* unbestimmt ist, sondern im Gegenteil sehr bestimmt und mehr als bedeutsam: Das ist der historische Moment am Beginn des 21. Jahrhunderts: das JETZT – ein unbezweifelbarer PEAK des Anthropozäns in seiner letzten Variante, ein überdeutlicher kritischer Gipfelpunkt – ganz unabhängig davon, wann und wo man den ersten Anfang des ANT nun sehen will. Alle Welt spricht schon länger davon, dass sich die Menschheit heute an einem Punkt befindet, der sich schon bald entpuppen könnte als ein *point of no return*, wenn es schlecht läuft, als ein *point of a big turn ahead*, wenn es gut läuft. Niemand weiß das, aber jeder versteht, dass wir an einer Marke angekommen sind, an der sich irreversible Dinge entscheiden können und auch bald entscheiden werden. Der Klimawandel spricht weltweit eine Sprache, die alle verstehen, ohne dass man hier großartig weitere Erklärungen abgeben müsste.

Es ist klar: Alle großen Entwicklungen und Epochen, die die Historiker rekonstruieren (und damit auch wieder: *neu konstruieren*), sind anthropozän-verdächtig, weil sie die geistigen und materiellen Voraussetzungen und immer neue Dimensionen der stetig weiter fortschreitenden Menschen-Einwirkung schaffen. Das reicht von den frühen untergegangenen Kulturen über die großen Reiche und Vielvölkergebilde bis an den Rand unserer Epoche, in der sich die Kräfte der Welt neu sortieren.

Archäologen und Historiker werden diese Zeiten einst rekonstruieren, so wie sie heute die Spuren vergangener Weltzeitalter sammeln und zu einem immer konsistenteren Bild zusammensetzen. Sie werden konstatieren, dass das ANT von einem gewissen Zeitpunkt an eine streng präsentische, eine streng futurische Lesart annahm, die unumkehrbar ist: Von jetzt an geht das ANT in eine neue Qualität über, die jeden Einzelnen direkt, immer und überall betrifft. Im Zeitalter von Echtzeit, Welt-Raum und globaler Digitalität sind wir heute in der Lage, schon jetzt festzustellen, was zukünftige Experten hier im Einzelnen finden werden. Es ist im Ansatz schon alles bekannt: Das, was einst *rekonstruiert* werden wird, kann bereits jetzt im großen Umriss *präkonstruiert* werden. Die Spuren des aktuellen ANT, sein großflächiger, irdischer Fußabdruck, ist bereits überdeutlich und wissenschaftlich beweisbar auszumachen; die Zeichen eines möglichen globalen Menetekels stehen bereits lohend an der Felswand der Zukunft.

Im Folgenden geht es um viele ökologische Details, die sich in der aktuellen Phase des ANT auftürmen und diese Phase faktisch genauer identifizieren. (Experten oder weniger Interessierte mögen diese Passagen überspringen).

Fakten und Details

Die theoretischen Diskussionen werden gleißend überstrahlt von den geologischen Fakten, die sich jetzt, zur Zeit des ersten großen, unumkehrbaren *peaks* im ANT, immer deutlicher zeigen. Sie werden alles Weitere bestimmen. Denn, so scheint es: Wieder ist es die Natur, die allem ihr Maß und Unmaß vorgibt – ob der verursachende Mensch das nun will oder nicht, ob es ihm bewusst ist oder nicht. Der Natur ist das gleichgültig. Es sind „die vom Menschen hervorgerufenen Veränderungen der Biosphäre des Planeten, die sich in der Geologie, Chemie und Biologie unseres Planeten für Tausende oder Millionen von Jahren niederschlagen werden." (Gaia Vince). Der Mensch *hat* ja bereits in einer unfasslichen Weise in den irdischen Kreislauf auf vielen Ebenen eingegriffen und steht heute, teils fassungslos, teils gefasst, vor den sich überall zeigenden Auswirkungen, die er so nicht kennen, nicht erkennen *konnte* (oder: *wollte*). Es ist ein typischer Zug seines Wesens, dass er alles immer *trotzdem* tut: unter dem willkommenen Baldachin technisch-wissenschaftlicher Illusionen. Hier zur Vertiefung einige Details, in einem kompakten Fokus:

Fokus Anthropozän/Details

Die *Atmosphäre* der Erde wird nicht mehr nur von den natürlichen Quellen wie Sonne, Mond, Ozeanen, Licht, Tektonik, inneren Bewegungen und vielen uralten geologischen Kreisläufen beeinflusst. Sie ist heute ein chaotisches Amalgam aus Schall-, Radio- und elektromagnetischen Wellen, Kohlendioxid, Smog, künstlichem Licht und Zivilisationsmüll, der auf ihr selbst erzeugt wird. Das *Joint Space Operations Center* des *United States Strategic Command* zählte 2009 über 18.500 vom Menschen hergestellte Himmelskörper; es fliegen 600.000 Teile Weltraumschrott um die Erde, die größer als 1 cm sind. Dadurch unterscheidet sich die Lufthülle im ANT von allen anderen Weltzeitaltern, und ihre giftigen Spuren werden sie auf unabsehbare Zeit prägen. Die Menschen haben die Wasseransammlungen der Erde in einer unfasslichen Weise manipuliert, durch Flussumleitungen, Staudämme, angetriggerte Schwankungen des Meeresspiegels, durch wärmebedingte Abschmelzungen, sekundär durch Überfischung, Ausfischung, Algenwachstum und eine Verschmutzung der großen Wasseransammlungen durch Zivilisationsmüll der verschiedensten Art. Sekundär wird durch die Umverteilung von Wasser die Rotationsbewegung der Erde verlangsamt, mit ebenfalls unbekannten Langzeitfolgen. Absehbar ist ein weltweiter Süßwassermangel als vielleicht irreversibles Merkmal des ANT. Die Wälder der Erde, die Milliarden Jahre brauchten, um das Land zu erobern, binden jährlich etwa zehn Milliarden Tonnen Kohlendioxid und erneuern die Atmosphäre durch Photosynthese. Bis jetzt. Sie werden nun in stetig wachsendem Ausmaß gerodet – was wieder 20 % der CO2-Produktion weltweit verursacht – um den freiwerdenden Boden für CO2-produzierende Viehhaltung und Ausbeutung anderer Art freizumachen. Möglich ist, dass mit dem zukünftigen Abflauen des akuten *peaks* die meisten Regenwälder verschwinden und mit ihnen die dort heimischen Tierarten. Verschwunden oder irreversibel verändert werden irgendwann die meisten Merkmale sein, die noch vor dem ANT die Erde auszeichneten – also, *summa summarum*, die automatischen Kreisläufe der Natur, der Jahreszeiten, der Reproduktion, der Nahrungsketten, des Sauerstoffkreislaufs, der Regenzeiten usw. Gleichermaßen typisch für das ANT ist die Ausbeutung, ja die *Ausweidung* der Erde und ihrer Mineralien, Öle, Gesteinssorten, Kohlen und sonstwie gebundenen Metalle und Mineralien. Ständig bewegt der Mensch heute Hunderte von Milliarden Tonnen Gestein, exponenziell mehr als alle Flüsse, Gletscher etc. zusammen: Er ist der größte „Erdverschieber“ (Gaia Vince) des Planeten. *Last but not least* fällt der Scheinwerfer des Anthropozäns auf die weltweite Verschiebung der *Bevölkerungen*, die sich immer mehr in riesigen Ballungszentren sammeln – aus den verschiedensten Gründen – die wir immer noch „Großstädte“ nennen: In Wahrheit werden es bald staatengroße Konzentrationen von Energie, Licht, Maschinen und Menschen sein, die vom Weltall aus leicht auszumachen sein werden: die Welt ein Bienenstock, ein kosmisches Wabennest von vernetzten Mega-Monsterstädten.

Die „*Anthropocene Working Group*" will den Beginn des neuen Zeitalters denn auch konsequent rein geologisch festlegen, anhand von klar messbaren Ablagerungen an einem aussagekräftigen Ort auf dem Planeten. Das ist der neueste Trend. Unter 12 Kandidaten wählte sie den Crawfordsee in Ontario (Kanada). Hier seien die Schichten des *peak* des Anthropozäns genau zu erkennen: Gehalt von Industrie-Asche, Stickstoff-Isotope und Isotop Plutonium-239 aus Kernwaffentests. Eine offiziös-politische Entscheidung über den genauen Zeitpunkt des Beginns des Anthropozäns soll im August 2024 in Busan (Südkorea) getroffen werden (Nestler 2023).[3]

Dieser kurze Exkurs zum Geologischen muss hier genügen; das vollständige Szenario ist ja beschrieben: ein El-Dorado, ein Füllhorn der selbst-erfahrbaren Details des Anthropozäns. Wir haben hier nur einige große Mega-Trends angetippt. Um der Gerechtigkeit, eventuell der Fairness willen muss auch dies gesagt werden: Der *tipping point* des endgültigen globalen Umschlagens in sich-selbst-verstärkende irreversible Selbstläufer (vulgo: die Apokalypse) ist final noch nicht erreicht (2024), und es gibt einen Rest Vertrauen darauf, dass es den hochspezialisierten Technologien noch gelingen kann, die überall drohenden Folgen in den Griff zu kriegen: Der erste Schritt dazu ist ein allgemein verändertes Bewusstsein, wofür es gerade in den letzten Zeiten unübersehbare Bewegungen gibt. Dieses Bewusstsein ist es, das sich schließlich in einer anderen Art von Philosophie auskristallisiert.

Der israelische Historiker Yuval Harari hat kürzlich in einem großen Wurf all das zusammengetragen, was man wissen muss, um das Anthropozän über die pure Geologie hinaus noch besser in seinem Hintergrund und in seinem möglichen weiteren Verlauf zu verstehen. Seine gewaltige Trilogie erzählt die Vorgeschichte des Homo Sapiens, umreißt den Status Quo des ANT aus kulturhistorischer Sicht und entwirft ein Zukunftsszenario, das mehr als wahrscheinlich anmutet. Gerade zum richtigen Zeitpunkt trägt sein Werk hochinformativ bei zu einer neuen Sicht von Evolution,

---

3 Diese Entscheidung ist zunächst auf unbestimmte Zeit ausgesetzt worden.

Geschichte, Natur und Kultur – ohne Ressentiments und falsche *correctness*: ein Vademecum für das 21. Jahrhundert.

Vom Ende der Erzählungen

Ein weiteres Merkmal des Anthropozäns auf seinem aktuellen Gipfel spricht vom Ende der großen Erzählungen: Die Welt habe „Abschied zu nehmen von den Verheißungen der Moderne, von den Großen Erzählungen über Fortschritt und Vernunft, Arbeit und Emanzipation." (Thomas Assheuer). Nichts mehr versöhne, so Assheuer, die getrennten Wertsphären von Kultur und Politik, Recht und Moral. Und der Siegeszug des Wissens hinterlasse ein Pluriversum der Sprachspiele, eine Maskerade der Differenzen und der Diskurse. Es gäbe keine „Einheit der Vernunft in der Vielheit ihrer Stimmen." Die großen, oft epochenübergreifenden Erzählungen, die besonders Europa seit vorhistorischen Zeiten geprägt haben, haben offensichtlich ausgedient: Sie werden nicht mehr unhinterfragt geglaubt und können Zivilisationen nicht mehr zusammenhalten. Die Zeiten sind so divers geworden, dass keine Erzählung noch jene Bindungskräfte erzeugen kann, die für ihr Funktionieren nötig sind.

Und tatsächlich: Seltsam wirk-ohnmächtig erscheinen im 21. Jahrhundert die typischen Narrative von den griechischen Anfängen aller Wissenschaft, von der groß-ausformulierten, wie einmaligen „Achsenzeit" um 500 vor Chr., schließlich die Jahrtausend-Erzählungen der großen Religionen, die Chimären von der globalen Bedeutung der abendländischen Zivilisationen, von der Allmacht der sich immer weiter spezialisierenden Technologien. Seltsam verrannt und realitätsfern auch die Monster-Erzählung von der „Eroberung des Weltraums", die offenbar alle anderen Erzählungen mächtig ersetzen soll. Symptomatisch hallt dazu das Menetekel vom „Ende" (der Geschichte, der Philosophie, der Religionen etc.) durch die Medien – immer begleitet von der gefühlten Gewissheit, dass dies nicht die ganze Wahrheit sein kann.

Genauso wichtig wie ein Endzeit-Bewusstsein ist, dass parallel zur aktuellen Meta-Erzählung vom *Ende* der Zeitläufe zeitgleich auch sein positiver Zwilling mit auftaucht, genauer: *wieder* auftaucht (denn seine asiatische

Herkunft ist uralt): eine neue große Meta-Erzählung von der *Ganzheitlichkeit* allen Geschehens, die die überall beklagte Diversifizierung von allem in einer großen Perspektive auffangen kann (und perfekt von jeder mühsamen Kleinteiligkeit ablenkt). Fast jede Wissenschaft gefällt sich darin, die eigene Geschichte, die eigene Bedeutung, die eigenen Resultate nun ganzheitlich und für alle zu beschwören, mit der Vision einer künftigen, gewissermaßen inklusiven Interdisziplinarität. Es ist ein weiter Weg, das alles umzusetzen. Auch das Universum wird auf neue Art beschworen als eine riesige holistische Ganzheit mit Analogien in der atomaren und der kosmisch-galaktischen Welt (Michael Talbot); das menschliche Gehirn, noch weit komplexer, wird zum Modell eines holistischen Ganzen, in dem die Informationen über die Welt in einer nicht-seriellen Weise, also quasi überall, gespeichert sind, und das über die Geheimnisse einer universellen Vernetzung jederzeit zugreifen kann auf ein noch ungenutztes Potenzial. Auch der Mensch selber wird immer deutlicher, immer intensiver gesehen als ein organisches Ganzes (Johannes Huber), in dem die Erforschung der vielfältigen Wechselbeziehungen von DNA, Zellen, Nerven, Organen, Gehirn, Geist und Seele noch in den Kinderschuhen steckt. Parallel dazu wird östliche Spiritualität, besonders lautstark im Westen, wiedererweckt als eine ganzheitliche geistige Lebensform. Die Vision einer holistischen Weltsicht wird dabei oft wie der Stein der Weisen präsentiert, aufgefächert in hundert Verfahren und Methoden, von Ayurveda bis Zen. Auch die Philosophie wird ansatzweise beleuchtet bis hinauf zu ihren vorgriechischen Vorläufern in Old Europe, in Sumer, Babylon und Ägypten, zeitlich tief hinein bis in die alten „Philosophien der Weltkulturen". Und fast jedes Jahr erscheint eine neue Philosophiegeschichte – als ob sich langsam die Erkenntnis durchsetzt, dass das Ganze immer mehr ist als die exakte Summe seiner Teile und genau dies allen Kulturen noch rechtzeitig mitgeteilt werden müsse. Die Neuen Medien überbieten sich im Angebot immer neuer populistischer Clips, die gleich die gesamte Geschichte des Weltalls, danach die gesamte Erdgeschichte und die nächsten Jahrmillionen publikumswirksam in immer raffinierteren bunten Trickbildern ablaufen lassen. Dahinter, daneben, darüber tut sich immer deutlicher die Frage auf, was für eine Art Anthropozän die Menschheit anstrebt und ob sie – wenn auch unbewusst – bereits Vorbereitungen für Ziele trifft, die sie selber noch gar nicht ausformulieren kann (Beispiel Künstliche Intelligenz).

Das ANT ist die erste Epoche, in der der Mensch im großen Stil die Ausbalancierung von Systemen auf seinem Planeten selber übernommen hat, von Systemen, die er jedoch noch kaum wirklich kennt. Dabei stellt sich ein seltsames Paradox ein: Es spielt kaum eine Rolle, ob er sich technisch, substanziell etc. wirklich in den Details schon darüber im Klaren ist, was er da tut. Denn *dass* er in natürliche geologische Kreis- und Abläufe eingreift, die seit Urzeiten *ohne* sein Eingreifen vonstatten gegangen sind, ist bereits des Pudels Kern. Der Eingriff, besser noch: Die schiere *Möglichkeit* des Eingreifens, ihre Anvisierung: *ist* bereits die Veränderung; denn was irgend möglich ist, wird auch verwirklicht. Die große Gefahr ist, dass alles, was schiefgehen *kann*, auch irgendwann schiefgehen *wird* (‚Murphy's Gesetz'). Die konkreten Auswirkungen sind ja bereits selber eine Frage der Gradabstufung und es ist nicht klar, wie der Mensch, wie und ob die Menschengemeinschaft wirklich in die Kreisläufe eingreifen *sollte*, zumal nun offenbar wird, welche Schäden diese Eingriffe der Natur bereits zugefügt haben.

Das Ende der alten Erzählungen kann der Anfang sein für eine neue Erzählung, die vielleicht nicht mehr diesen Namen trägt. Dies wird eine Erzählung sein, die erst im 21. Jahrhundert und auf dem *peak* des ANT beginnt und sich selber weiter fortformuliert. Sie ist global, bildet sich erst in der Zukunft aus; eines ihrer Kernmerkmale wird ein polyperspektivisches Denken sein, ein performatives, komplementäres Denken, das sich allmählich jenseits der alteuropäischen Seinslage ausbildet. Auch durch dieses Denken trägt der Mensch global bei zur stetigen Erfindung jener Welt, in der er leben wird. „Der Mensch ist die Maschine, die ihre Lebenswelt kollektiv erfindet." (Wolfgang Prinz).

Ein weiter Blick zurück: Achsenzeiten und Zeitachsen

Ein bedeutender Kandidat für eine anthropozänische Sicht der Menschheits-Geschichte im Bereich ‚Geist' ist die sogenannte „Achsenzeit" um 500 v. u. Z. (Begriff: Karl Jaspers) – ein immer noch weitausstrahlender Kulminationspunkt der Geschichtsschreibung von Ideen und Wissenschaft, zumindest in Europa. In China und Indien, in Griechenland, Persien und Palästina entstehen – „voneinander unabhängig", so will es die offiziöse Wissenschaft – große religiöse, philosophische und physikalische Systeme, belletristische Jahrhundertwerke werden geschrieben, der Mensch ändert fundamental seine Weltsicht: In Asien erschafft er große ethische Visionen der Lebensführung (Lao Tse; Kon Fu Tse), in Nahost kommen große religiöse Systeme auf (Zoroastrismus; Monotheismus), und in Europa entsteht nach dem homerischen mythischen *peak* die Vision einer metaphysischen, logozentrischen, rationalen Welterklärung (Aristoteles; Platon mit einer sich anschließenden philosophischen Fernwirkung über die folgenden zwei Jahrtausende.)

Ohne Zweifel ist diese Zeit ein Höhepunkt in der mentalen Evolution: Er lebt von dem neuen Mythos, dass hier die vorhistorisch-mythische Zeit übergeht in eine logisch-rationale Epoche: in den Beginn von Wissenschaft und Philosophie im ägäischen Raum. Möglich erscheint heute, dass es viele solcher Achsen gegeben hat, sowohl vorher als auch nachher: ein Geflecht von Achsen mit verschieden großen Zeit-Intervallen. Es sind Achsen im Sinne von Kulminationspunkten der materiellen und kulturellen Entwicklung auf dem Planeten, und es mag irgendwann auch als ein typisches Zeichen von Eurozentrismus gewertet werden, dass man jene Zeit, in der die antike Wissenschaft in Griechenland erwacht, auf eine so besondere Weise heraushebt.

Vielleicht tut man heute gut daran, zu enge räumliche und zeitliche Eingrenzungen und Anbindungen zu relativieren bzw. ihre Einzäunungen zu verlassen. Wieso sollte man die Bewegungen des Weltgeistes auf Indien, China oder Ägäis beschränken, wo doch die Gegenbeispiele offenbar sind: Sie belegen Dutzende Male, dass sich ähnliche Änderungen und Revolutionen überall auf der Erde in einer Art von kontaktloser Verschränkung gebildet haben. Die lange Geschichte des Homo Sapiens scheint von „Achsenzeiten" und ideellen Höhepunkten geradezu interpunktiert – wieder Stationen mit Siebenmeilenstiefeln auf der evolutiven Bahn. Dann erschiene das Jaspers'sche Original nur als ein besonders markiertes Teilstück, eine Art Zwischenstufe: Im großen Bogen liegen um diese Stufe herum viele weitere Achsen mit flexiblen Raum- und Zeitkoordinaten. Die

Geschichte dieser Achsenzeiten ist ein Thema für eine Enzyklopädie und es würde wahrscheinlich darauf hinauslaufen, ein ganzes Kreuzgeflecht von „Achsen" auf dem Globus zu entdecken:

Wollte man die alteuropäische Methode der Trennung, ja: der Abtrennung von kulturellen Entwicklungen wirklich weiter beibehalten, dann muss man auch diese Frage stellen: Wieviel Achsenzeiten mag es auf dem Globus gegeben haben? Weiten wir die Zeit- und Raumbegriffe über den europäischen Horizont aus, dann zeichnen sich lose ab: die Achsenzeit (AZ) des Animismus und der kosmogonischen Weltentstehungsmythen: Immer schon haben die Menschen überall auf der Welt Mythen und Utopien in Erzählungen verpackt, um sich die Welt zu erklären (El Ouassil; Karig 2021). Dann: die vorhistorische Welt – eine einzige stumme Achse; da ist die Achse des Auszugs des Sapiens aus Ostafrika und seine verzweigende Verbreitung nach Norden und Osten; da ist die AZ der Sesshaftigkeit und der landwirtschaftlichen Revolutionen: Um die ganze Welt spannt sich eine waagerecht-horizontale „Raum-Achse", leicht nördlich des Äquators (Harari 2024, 103); dann ist da die AZ der (mono)theistischen Religionen, jene des logisch-kausalen metaphysischen Spekulierens, die AZ der Welteroberungen durch die Europäer. (Erwähnen wir noch, dass es Pyramiden überall auf der Welt gibt: im Iran, in Bosnien, in Peru). Hierzu passt haargenau die These, dass auch die kollektiven Mythen des Erdkreises auf eine gemeinsame Achse zu- und zurücklaufen, nämlich auf afrikanische Quellen *Out-Of-Africa* vor 100.000 oder mehr Jahren (Witzel 2013).

Wo ist *keine* Achsenzeit? Steht uns nun in der Zukunft die AZ eines performativen Globalismus' bevor? Eine Mega-Achse? Vieles spricht dafür, dass sich die Kulturen und Regionen wie in einem globalen Magnetfeld und unter der Ägide des Internets gemeinsam ausrichten auf eine neue Kultur des Kommunizierens. Kommen in unserer Epoche – mit Hegel zu sprechen – die Achsenzeiten und ihre Kulturen zu sich selber und schauen sich das ganze Muster von Außen an? Und es wäre geradezu unhistorisch, ja vielleicht gar: blasphemisch, wollte man die Bildung von Weltreichen, die Errichtung von riesigen spirituell motivierten Kulturbauten um 1000 und vieles andere von der Achsen-Perspektive ausnehmen.

Man kann zusammenfassend ohne weiteres annehmen, dass die Geschichte des Menschen von „Achsenzeiten“ geradezu interpunktiert ist, wenn man diesen Begriff nicht allzu eng und streng fasst. Da erscheint die Jaspers'sche ‚Achsenzeit‘ nun als eine bedeutende Durchgangsstufe, gewissermaßen als ein weit ausstrahlender *link*: Um diese Stufe herum liegt offenbar ein ganzes Arsenal an Achsen (wenn man die zeitlichen Grenzen nicht allzu eng zieht). Denn die historische Logik will es, dass die Zeitblasen offenbar umso größer werden, je weiter man zurückgeht. Die Jaspers'sche Achsenzeit mit ihrer 2.000-jährigen Strahlkraft bleibt am Ende des Tages etwas durchaus Besonderes, weil sie der Startpunkt ist für eine anti-performative, m. a. W.: konstativ geprägte Epoche der Aufklärungen, des Humanismus und dann, in der Neuzeit, einer weitausufernden Technologie und Wissenschaft. Möglich ist durchaus, dass die jetzt lebenden Generationen Zeugen einer performativen Renaissance werden, die in einer noch unbekannten Form an Weltbilder anschließt, die *vor* der europäisch dominierten Epoche liegen und jetzt wieder am Horizont auftauchen.

Vince, Gaia (2016): Am achten Tag. Eine Reise in das Zeitalter des Menschen. Darmstadt.

Assmann, Jan (2018): Achsenzeit. Eine Archäologie der Moderne. München.

II

DER PERFORMATIVE KOSMOS

1. Das Schwarze Loch

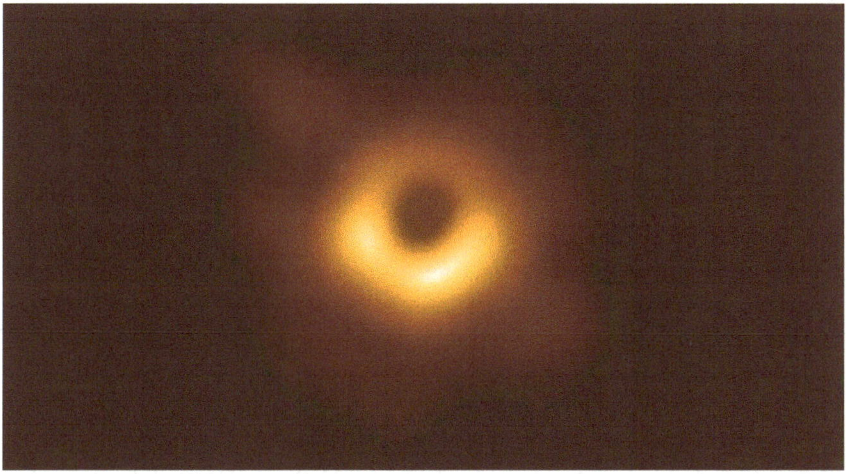

Das supermassereiche schwarze Loch im Zentrum der Galaxie Messier 87, aufgenommen vom Event Horizon Telescope (EHT) am 10. 4. 2019. Quelle: EHT Collaboration

> „Schwarze Löcher sind für uns die größte Chance aller Zeiten.
> Uns steht eine Umwälzung des Naturverständnisses bevor,
> wie es vor hundert Jahren die Relativitätstheorie Albert Einsteins war."
> Andrew Strominger

> „Nichts zieht das Interesse so unterschiedlicher Disziplinen gleichermaßen an. In den schwarzen Löchern fließen alle Mysterien des Weltverständnisses zusammen."
> Peter Galison

> „The Black Hole is a Source of Enlightenment."
> John A. Wheeler

„Schwarze Löcher sind so etwas wie die DNA unseres Universums." Was die Bonner Astrophysikerin Silke Britzen so metaphorisch wie korrekt ausdrückt, kann man noch einmal passend paraphrasieren: Die Grundaussage gilt nicht nur für den astrophysikalischen Sektor des Aufbaus der Welt im Großen, sondern sie gilt tatsächlich für das *gesamte* Universum, für alle seine Dimensionen: für den Makrokosmos genauso wie für den Mikro- und den Mesokosmos, also auch für die menschliche Alltagswelt. Strukturelle Analogien der Schwarzen Löcher gibt es auch in der sozialen DNA des Menschen, metaphorisch gesprochen: im Universum der sozialen Kommunikation. Dies klingt erst einmal exotisch; die Belege aber werden einfacher sein als angenommen.

Die Astronomie schickt sich heute an, erneut die Perspektive für alle Wissenschaften vorzugeben. Und die Philosophie ist heute, wie schon vor zweitausend Jahren, erneut aufgerufen, genau das abzubilden und auf eine neue Weise auszudrücken. Dazu müssen die Phänomene der Schwarzen Löcher auf die Alltagswelt heruntergebrochen werden, genauso, wie auf der wissenschaftspraktischen Seite hinausgegangen werden muss über die Fakultäten und ihr meist eng-spezialisiertes Expertenwissen. "Separating sciences by branch should be left in the 20th century." (Tat'jana Černigovskaja). „Die Zeit scheint gekommen, wo die Wege geistigen Forschens heterogenster Gebiete zu ihrem gemeinsamen Ursprung zusammenfinden." (Heinz Foerster).

„Schwarzes Loch" ist in diesem Buch ein Symbol, eine Metapher für einen allgemeinen und universalen Mechanismus, der *überall* in Natur und Kultur anzutreffen ist. Dieses Symbol wird hier zu einem Terminus technicus für ein universales Prinzip der Natur im Sinne Albert Einsteins: Es gilt im Großen wie im Kleinen und erst recht in der mittleren Dimension der menschlichen Zivilisation – unter jeweils wechselnden Bedingungen. Im Bild haben wir bereits so etwas wie eine weltweite Ikone, die dies stark symbolisiert, bereits ein ganzes Stück jenseits von der reinen Astronomie. Dies zeigen auch die enthusiastischen, sich zuweilen überschlagenden Kommentare der Astrophysiker selbst. Das Bild stellt das Grundprinzip dessen dar, was wir dann, gewendet, ‚Performative Philosophie' nennen. Aus diesem Grunde und aus dem alles überstrahlenden Grund einer universalen wissenschaftlichen Jahrhundert-Entdeckung durch die Astronomen stellen wir das Nötigste, was man über das Schwarze Loch wissen sollte, wenn man dieses Buch *über Philosophie* liest, voran. Falls

nämlich Peter Galison recht hat – und vieles spricht dafür – dann stehen Schwarzes Loch und zukünftige Philosophie in einem engen Verhältnis. Dieses Verhältnis auszuleuchten, ist ein Ziel dieses Buches. Deshalb ist Wissen über das Schwarze Loch (SL) bereits definitives Teilwissen über Performative Philosophie.

Um dies vorzubereiten, gehen wir hier bewusst das Risiko eines Missverständnisses, einer „konkretistischen Projektion" ein (und der Leser hat durchaus ein Recht, sich zunächst zu wundern, ja ernsthaft zu fragen, was denn ein Schwarzes Loch mit Philosophie zu tun haben soll). Dies ist genau der Punkt. Wir sind es vor allem der *Philosophie* schuldig, das Schwarze Loch relativ ausführlich in seinen physikalischen und astronomischen Details zu zeigen, weil von hier aus alle Analogien, Muster und Parallelen ausgehen – für die Performative Philosophie, aber auch für viele weitere Felder der Kultur. Schwarze Löcher sind eine Analogie für das, was den Kern einer Performativen Philosophie ausmacht, und sie sind eine Analogie für das, was sich überhaupt in der Natur des Menschenlebens abspielt – auch wenn sich dies nicht jedem auf den ersten Blick erschließen mag. Alles ist ja noch auf Anfang. Das Mysterium des Schwarzen Lochs ist, richtig verstanden, die Eintrittskarte in eine andere, zeitgemäßere Art zu denken.

Hierbei spielen, *nota bene*!, die Dimensionen, also die schieren Größenverhältnisse, im Prinzip *keine* Rolle: Wer das *astronomische* Schwarze Loch versteht, versteht das *allgemeine* Prinzip des Schwarzen Lochs leichter und dazu, dass es sich strukturell auch in anderen Dimensionen wiederfindet: Wer das Schwarze Loch versteht – und es ist relativ einfach – versteht die Performativität der Welt leichter und besser. Wer das Schwarze Loch versteht, versteht die Sprache der Natur leichter, und wer die versteht, ist nicht weit davon entfernt, ungeahnte Kenntnisse und Erkenntnisse über die Menschenwelt und sich selbst zu erlangen. Wer das Schwarze Loch versteht, ist mittendrin im Fokus der Performativen Philosophie und wird in der Lage sein, sie auf eben jene Weise zu verstehen, wie sie verstanden werden muss. Gehen wir an jenen ominösen Punkt im Jahre 2019.

Das Schwarze Loch wird sichtbar

Was war passiert? Die Präsentation des ersten realen Fotos eines Schwarzen Lochs im April 2019 durch die astronomische Elite löste eine wahre Gravitationswelle der Verwunderung, des Staunens, des Stolzes, des Triumphes aus, nicht nur bei den Experten: Es war ein großes öffentliches Ereignis, versehen mit einer Art Jahrhundert-Wert. Zum ersten Mal war es gelungen, *etwas Unsichtbares sichtbar* zu machen, ein uraltes Geheimnis des Universums zu lüften. Es rollte sogleich ein Tsunami der Superlative, es gab Luftsprünge der Wissenschaft, ein ganzer Strauß voller unentdeckter, zukunftweisender Botschaften wurde aufgemacht – so als wüssten die Physiker selber nicht recht, wie ihnen da geschehen war. Über 4,5 Milliarden Menschen sahen in den ersten Tagen das schier unglaubliche Bild an.

Die Eingangs-Zitate könnten in ihrem Überschwang weiter vermehrt werden: Sie drücken nach sehr langer Zeit wieder einen plötzlichen Impuls des Staunens aus, des Staunens ob der Größe des Objekts wie auch der durchaus ähnlichen Kapazität des menschlichen Geistes, hiervon etwas zu erkennen und in ein Bild zu bannen. Der Mensch staunte endlich wieder, über die Welt – so wie er es vor aller Geschichte immer schon getan hatte. Dies war ein Staunen, das sich auf andere Kulturfelder überträgt – und ganz besonders die Philosophie auszeichnen wird. Die Kette der Jahrhundert-Ereignisse – Kepler, Kopernikus, Galilei, Giordano Bruno, Bernard Zwicky, Edward Hubble – hatte nun eine neue Wendung hingelegt, ein neues Kettenglied hatte angedockt. *Heisenberg and Einstein are back*, so fühlte man plötzlich wieder, wieder einmal, nach einhundert Jahren. Möchte dem Menschen, auch dem spezialisiertesten, abgebrühtesten Experten hinter dem lauten Schrei etwa leise schwanen, dass das Schwarze Loch auch eine *Analogie* ist, eine Ana-Logik zur begrenzten (und doch grenzenlos-unfasslichen) Existenz auf dem Planeten, zu seinen Möglichkeiten und Grenzen – seinem vitalen Erkenntnis- und *Ereignishorizont* (um im rechten Bild zu bleiben)? Hier muss etwas dran sein – bedroht vielleicht nur von der menschlichen Hybris des unbegrenzten Erkennens, der „Machbarkeitshysterie“ (Paul Türcke) und der totalen Deskription um-jeden-Preis, die beide wie gefährliche Viren die Gesundheit des Forschens immer wieder bedrohen (und Blinde Flecken erzeugen). Bedroht auch von der typisch menschlichen Art, einen falschen, aber populären Mythos immer wieder einer wahren Erkenntnis vorzuziehen: Es ist einfacher so. Was vom Anfang der Welt kündet, seine Strahlung bis heute nicht verloren hat, überall im Universum *wirkt* – wie sollte das letztlich nicht weiterwirken, sich nicht ewig auswirken auf den Lauf der Zivilisationen, auf die Physiognomie der Welt, auf den menschlichen Geist und letztlich: auf den Geist seiner Philosophie, die sich ja mit eben dieser Welt befasst?

Jeder und jede hat mittlerweile eine Art dunkler Ahnung davon, dass der direkte Nachweis, ja das unzweifelhafte Bild eines Schwarzen Loches einen gewaltigen Schub bedeutet, ganz unabhängig von den physikalischen Details und dem medialen Echo. Hinter dem Wunder der Astronomie webt eine Intuition, eine Ahnung davon, dass das Wunder weit über die Physik hinausstrahlt, weit hinein in andere Felder von Natur und Kultur – man weiß bloß noch nicht, wie dies genau gehen mag. Es ist noch zu früh; die Erkenntnis wächst aber: Die Astronomen ahnen (wieder einmal) als erste, was hier vor sich geht. Vielen Wissenschaftlern ist schon klar, dass hier offenbar eines jener Prinzipien vorliegt, von denen Albert Einstein immer wieder sagte, wir müssten es nur der Natur ablauschen. Als ob die Natur oder Gott selber sagte: *Seht her; es ist so weit. Ich gebe Euch einen Hinweis.*

Formulieren wir das in einem Wort, wenn man will: einem Axiom:

- Im Schwarzen Loch verbirgt sich ein Prinzip der Natur, das überall wirkt: nicht nur in der Welt der Galaxien, sondern auch in der Alltagswelt des Menschen, ja sogar in der Mikrowelt der Atome und Quarks. Es ist, im besten Wortsinn, ein universales Prinzip, das sich in viele Phänomene verzweigt, und es ist ein einfaches Prinzip. Im Schwarzen Loch offenbart sich die Natur auf eine noch niemals gesehene Weise.

Zwei Geheimnisse birgt das Schwarze Loch: Niemand weiß, was dort vor sich geht, und zweitens: Die Entdeckung vieler Schwarzer Löcher birgt einen mächtigen Hinweis, die den *Homo Sapiens-Sapiens* auffordert, das Geheimnis *überall* zu suchen, *überall* fündig zu werden und die Welt neu zu sehen (und: die Philosophie danach auszurichten). Ist er schon so weit? Die Intuition der führenden Astronomen sagt: *Es ist so weit.* Die Wende der Weltbilder greift zur Zeit in alle Wissenschaften, in alle Felder der Zivilisation hinein, zieht immer mehr Forscher in ihren Bann. Und sie kommt offenbar zur rechten Zeit: noch rechtzeitig, bevor der Mensch vor lauter Technik und Hybris seine Welt irreversibel schädigt. Um dies irgendwie abzumessen, beschreiben wir zunächst *physikalisch*, um was es genau geht. Es ist notwendig. Was also war passiert, jetzt: in Fakten und Details?

Jahrhundert-Entdeckung

Am 10. April 2019, exakt um 15.07 Uhr, wurde die Internationale Astronomie wie vom Blitz einer Supernova getroffen. Es war wie in einem anderen Äon, die beisammenstehende Gemeinde blickte weltweit, ungläubig staunend, gen Himmel, so wie es ihre Ahnen vor tausend oder zehntausend Jahren schon so oft getan hatten: Nur diesmal *wussten* sie, was sie taten, wussten, was sie suchten, wussten, was sie sahen. Der Blitz war nicht sternenhell, sondern tief dunkel – oder: er war *beides*: ein berstender dunkler Stern. Präsentiert wurde der Welt ein Jahrhundert-Ereignis: das erste authentische Foto eines Schwarzen Lochs, ein Bote aus den unermesslichen Weiten des Alls, die schon Blaise Pascal in Staunen und Schrecken versetzt hatten. „Eine Offenbarung", so hieß es, „ein Triumph der Wissenschaft." Die Entdeckung, das leibhaftige Originalbild eines Schwarzen Loches, über das man jahrzehntelang nur Spekulationen angestellt hatte, ist in seiner astronomischen Bedeutung der Entdeckung des Urknalls oder der Quantenmechanik gleichzustellen: Im Jahr 2020 erhielten Roger Penrose, Reinhard Genzel und Andrea Ghez für ihre Forschungen zu Schwarzen Löchern den Nobelpreis für Physik; ebenso wurde der deutsche Physiker Heino Falcke im Jahre 2023 für seine Arbeit mit dem Balzan-Preis ausgezeichnet. Auch dies: ein deutliches Zeichen dafür, dass die Wissenschaften zu ahnen beginnen, dass hier etwas ganz Unerhörtes vor sich gegangen war. Denn, wir wiederholen es, in den Worten des Physikers und Harvard-Professors Andrew Strominger: „Uns steht eine Umwälzung des Naturverständnisses bevor, die mindestens so tiefgreifend sein wird, wie es vor hundert Jahren die Erschütterung von Raum und Zeit durch Einsteins Relativitätstheorie war."

Diese Umwälzung besteht nicht nur auf dem Felde der Astronomie. Wir verstehen Stromingers Satz als einen Appell, nun endlich in *alle* Richtungen zu denken: Jene Umwälzung besteht, genau besehen, darin, dass der Blickwinkel der Astronomie auf *alle* Dimensionen und Kulturfelder ausgedehnt wird, und zweitens darin, dass die Menschen in Zeiten der Globalisierung allen Wissens per Internet auch daran teilhaben können, wenn sie es nur wollen. Die Astronomen schenken der Welt nicht nur ein neues Wunder, sondern auch ein neues Bild der Lebenswirklichkeit, das seinen Weg aus den Tiefen der Spezialwissenschaften an die Oberfläche des realen Lebens findet. Die Astronomie – wie könnte es besser sein! – wird wieder zur Leitwissenschaft für die Philosophie, wie es schon einmal vor 2.500 Jahren war! Die Epoche der europäischen Philosophie geht in ihre zweite große Runde. Und das Mysterium des Schwarzen Lochs sitzt tief im Zentrum dieser global-ausstrahlenden Entwicklung.

Die Dimensionen des Schwarzen Lochs: wahrlich gigantisch, weder mit den Mitteln der Astrophysik noch mit dem gesunden Menschenverstand wirklich zu erfassen. Wir sehen etwas, was wir nicht sehen, nicht sehen können, weil es kein Licht gibt: Das fotografierte Schwarze Loch sitzt in einer Riesen-Galaxie mit dem Namen „Messier 87", kurz „M87", in 55 Millionen Lichtjahren Entfernung. Es wiegt so viel wie 6 Milliarden Erdensonnen, auch das ist nicht vorstellbar. Um sich hiervon jedoch überhaupt ein Bild zu machen, wurde auch die Logistik in über-irdische Dimensionen gehoben, ganz nach dem aktuellen Stand der Technik am Beginn des 21. Jahrhunderts: ein „absoluter Rekord an vermessender Präzision" (Johann Grolle). Acht Teleskope auf vier Kontinenten, darunter auch die Antennenschüsseln des „Alma"-Observatoriums in der chilenischen Atacama-Wüste, mussten synchron auf denselben winzigen Punkt im Sternbild Jungfrau ausgerichtet werden. Wellenlänge 1,3 Millimeter, wochenlange Belichtungszeiten. In den Zentren in Bonn und Boston wurde alles in jahrelanger Kleinstarbeit zum Bild eines virtuellen Teleskops von der Größe des Planeten Erde zusammengesetzt. Das Objekt nahm Kontur an, es wurde „sichtbar", weil es sich dunkel von seiner hellen Umgebung absetzte und so, durch eben diese Konturen, erst *lokalisiert* werden konnte. *Science fiction has turned into science facts.*

Wir sehen eine dunkle runde Zone von der gefühlten Größe einer Pampelmuse, umgeben von einem gleißend-gelben Lichtring, diagonal durchschossen von einem rötlichen Jet aus Strahlung. Kinder mögen sich erinnert fühlen an einen riesigen Donut, mit einem Schokoladenloch in der Mitte. Ein schwarzes Loch ist beides zugleich: ein sternefressendes Weltraummonster und im All eine ganz normale Erscheinung, die in der Entwicklung des Universums offenbar nicht nur folgerichtig, sondern auch notwendig war bzw. immer noch ist. Dies muss man erklären und wir fassen das Spezialwissen dazu in einem kompakten Fokus zusammen, soweit es für das Thema dieses Buches nützlich ist. Um zu verstehen, um was es sich bei Schwarzen Löchern genau handelt, können wir heute zwischen vielen verschiedenen Versionen und Dimensionen wählen, sozusagen von der hohen Fachliteratur über *Youtube*-clips bis hinunter zu Millionen von *google*-Infos. Da ist zum einen die Spezialforschung, das Innerste der entwickelten Astrophysik, die mit Namen wie Werner Heisenberg, Albert Einstein, Max Planck, Karl Schwarzschild, Stephen Hawking, Edwin Hubble, Paul Dirac oder Fred Hoyle verbunden ist. Hier bleibt der Laie weitgehend ausgeschlossen, weil die Geheimnisse von Quantenmechanik, Relativitätstheorien und Dunklen Energieformen letztlich nur mathematisch beschreibbar sind. Mathematik ist nicht für alle; das ist das Eine. Das Andere ist, dass die astrophysikalischen Fachdiskurse sich offenbar nicht ohne Weiteres von ihren Spezialsprachen entfernen können oder wollen; jedenfalls: *noch* nicht. Und die Fachliteratur füllt bereits ganze Bibliothekswände. In Zeiten der Popularisierung aber, wie heute, werden die Ergebnisse vieler Wissenschaften auch für breite Leserschichten aufbereitet, was sich gleich wohltuend auf Stil und Präsentation auswirkt: Es wird einfacher. Dies ist dann die Ebene von Spezialheften, TV-Dokus, populären Sachbüchern und Feuilletons, und jedermann behält die Freiheit, sich hier ein passendes Niveau zusammenzubauen. Johann Grolle stellt das astronomische Basiswissen über Schwarze Löcher anschaulich für alle dar: Mehr muss man nicht wissen, um die *philosophische* Analogie zu verstehen; und viel mehr wird der Laie auch nicht behalten können. Hier einige astrophysikalische Details daraus, die Quintessenz:

Fokus Schwarzes Loch

Albert Einstein hatte in seiner Allgemeinen Relativitätstheorie von 1915 gezeigt, dass sich Raum und Zeit unter extremsten Bedingungen stark verändern, sich gegenseitig beeinflussen und sich ineinander zur *Raumzeit* verknäueln: Raum und Zeit verzerren sich in Schwarzen Löchern genauso wie unter großen Geschwindigkeiten in den Weiten des Alls, weil die Gravitationskräfte alle anderen Kräfte dominieren oder die Geschwindigkeit des Lichts auch bei übergroßen Entfernungen der Vergleichsobjekte immer gleich bleibt, was bizarre Effekte erzeugt: Der Raum wird gekrümmt, die Zeit verlangsamt sich; all dies ist experimentell bestätigt. Der deutsche Physiker Karl Schwarzschild erkannte als erster die revolutionäre Sprengkraft dieser Theorie. In seiner Arbeit über das „Gravitationsfeld eines Massepunktes nach der Einstein'schen Theorie" entdeckte Schwarzschild 1916 ein Phänomen, dem der US-amerikanische Physiker John Archibald Wheeler später den Namen „Schwarzes Loch" gab: Ein minimaler Massepunkt mit unendlicher Gravitation zieht große Mengen Materie in sich hinein. Dabei wird der Raum so stark verformt, dass selbst Licht nicht mehr nach Außen dringen kann. Jede Art von Information verschwindet mit der Masse in einem dunklen, unmessbaren Ort, bei dem die Gesetze der klassischen Physik nicht mehr anwendbar sind bzw. andere, noch unbekannte, Gesetze gelten. Physiker nennen diesen einzigartigen unmessbaren Punkt deshalb „Singularität": Er *ist* – aber er ist nicht definierbar/messbar. Das „Lichtgefängnis" rund um den Schwarzen Punkt hat einen ganz bestimmten Durchmesser, der die Größe des Schwarzen Lochs insgesamt beschreibt (sogenannter „Schwarzschild-Radius"). Begrenzt wird das Schwarze Loch durch eine Art Horizontlinie („Event horizon", deutsch „Ereignishorizont"). „Ereignis" soll darauf hinweisen, dass jenseits dieses Horizontes wieder *beobachtet* werden kann, weil Licht da ist und in Richtung Erde abgestrahlt wird. Diese scharfrandige Linie markiert den Übergang zwischen dem Schwarzen Loch und jenen Materiemassen, die noch nicht in den Schlund eingezogen werden. Diese wirbeln mit unvorstellbarer Geschwindigkeit – bis zu 100.000 km/sec – um das Schwarze Loch herum, wobei sich die Gravitationskräfte und die Fliehkräfte lange die Waage halten. Die „Plasmahölle rund um die Schwerkraftmonster in den Galaxiezentren" (Johann Grolle) sendet dabei Licht unterschiedlichster Wellenlängen aus; es handelt sich offenbar um die strahlungsintensivsten Objekte im Universum. Dieses lodernde Feuer wird wieder von starken Magnetfeldern durchschossen, die dafür sorgen, dass sogenannte „Jets" aus reiner Strahlung weit hinaus ins All geschleudert werden, bis zu 5.000 Lichtjahre weit. Letztlich kann niemand sagen, was mit der Materie „geschieht", die in einem Schwarzen Loch verschwindet. Wahrscheinlich sitzt im Zentrum einer *jeden* Galaxie ein schwarzes Loch, wie die dunkle Spinne im hellen Netz. Und Schwarze Löcher finden sich auch außerhalb der Sterneninseln, sie gehören gewissermaßen zum Standard-Steckbrief des Universums. Die Größe schwarzer Löcher hängt von

Masse, Ladung und Drehimpuls ab. Sie können Ausmaße von einigen km bis hin zu vielen Milliarden km annehmen. Auch im Zentrum der Milchstraße befindet sich ein Schwarzes Loch von vier Millionen Sonnenmassen mit dem Namen „Sagittarius A", im Sternbild Schütze, und es ist 26.000 Lichtjahre von der Erde entfernt. – Der Hype um Schwarze Löcher hat nebenher einen Strom an kuriosen Theorien ausgelöst, z. B. die, dass „unser" Universum selber ein riesiges Schwarzes Loch sei (Nikodem Popławski) oder die, dass irgendwo auch unsichtbare *Weiße Löcher* existieren, die alle Materie wieder entlassen (Carlo Rovelli).

Genauso wichtig wie physikalische Details sind für dieses Buch die groben Strukturen, d. h. die einzeln unterscheidbaren Bestandteile des Gesamtphänomens „Schwarzes Loch", über die wir jetzt, sozusagen unwiderlegbar, verfügen. Es sind nur wenige und sie sind einfach. Hier sind sie:

- Das Schwarze Loch selbst, hier zuerst mit seinem innersten Kern, der unmessbaren „Singularität", die keine quantitative Ausdehnung hat; ein astronomisches Zero. Für *beides* verwenden wir den Ausdruck ‚Schwarzes Loch' (SL), manchmal also auch in einem eher umgangssprachlichen Sinn. Es kommt auf den Kontext und die Lesart an.
- Im innersten Punkt des Schwarzen Lochs befindet sich nach der Theorie ein Punkt mit extrem hoher Temperatur und Dichte. Diese „Singularität" hat keine Ausdehnung; Zeit und Raum sind nicht messbar.
- Um die Singularität herum dehnt sich eine dunkle Zone, das eigentliche Schwarze Loch. Innerhalb dieses Raumes wird alle Materie in den Schlund des SL in Richtung auf die Singularität gesogen; kein Licht, keine Information dringt nach draußen. Der Radius der dunklen Kugel hängt von der Masse, dem *spin* und der Ladung des SL ab. (Dieser Radius wird in der Physik „Schwarzschild-Radius" genannt.)
- Begrenzt wird diese dunkle Kugel durch einen hell strahlenden Ring aus Materie. Dunkles SL und helle Umgebung sind optisch scharf markiert (s. Foto). Die Physiker nennen diese scharfe Linie „Ereignishorizont", engl. „*event horizon*". „Ereignishorizont" soll bedeuten, dass diesseits von ihm die Welt, d. h. die Materie mit ihren Prozessen und Ereignissen, wieder sichtbar ist, jenseits davon, d. h. in Richtung des Schwarzen Lochs. aber nicht.

- Die Materie jenseits des Schwarzen Loches, die es umkreist, wird von dessen Gravitation angezogen und leuchtet dabei hell (glühendes Gas, Plasma). Für diesen hellen Materie-Gürtel verwenden die Astrophysiker auch den Terminus ‚Akkretionsscheibe'.

Schwarze Löcher sind im Universum eine Art Normalfall, und sie waren es von Beginn an. Jede der Milliarden Galaxien kreist wahrscheinlich um ein SL in ihrer Mitte. Es geht aber noch viel weiter. Das Beispiel der Milchstraße zeigt: Es finden sich wahrscheinlich überall unzählige kleinere Schwarze Löcher, die vom Ende massereicher Einzelsterne zeugen. Das Schwarze Loch ist in unzähligen Größen vorhanden: ein Standardfall im Universum.

Performative Phänomene im Schwarzen Loch

Neben der Speziellen Relativitätstheorie (s. u. Kap. II, 4) liefert auch die Allgemeine Relativitätstheorie Einsteins von 1915, die die Gravitation als eine geometrische Eigenschaft der vierdimensionalen Raumzeit beschreibt („Krümmung"), Zeugnisse für eine performative Fundierung. Der italienische Astronom Carlo Rovelli (2023, 30ff.) belegt – unter Berufung auf einschlägige Vorarbeiten des amerikanischen Physikers David Finkelstein – das performative Wesen von Phänomenen innerhalb dieser Theorie (ohne den Terminus zu verwenden). Fast überrascht es nicht, dass gerade das Schwarze Loch selbst den stärksten Beweis liefert: Zum ersten Mal erfahren wir genau, was im Ereignishorizont eines Schwarzen Lochs vor sich geht. Einfallende Dinge oder Personen werden, nach Covelli, keineswegs „zerdrückt oder spaghettisiert" (so die langjährige Katastrophenvision). Dies sind lediglich Phänomene, die der Beobachter aus weiter Ferne wahrnimmt, für den Reisenden vor Ort (im Loch) wäre alles normal. Denn für ferne Beobachter *diesseits* des Ereignishorizontes verlangsamt sich die Zeit jenseits von ihm potenziell bis zum Stillstand, während sie für die Reisenden *im* Schwarzen Loch selbst ganz normal vergeht. Es ist also alles eine Sache der Perspektive, der Beobachtung, des Beobachters, des Standorts, der wahrnehmenden Situation: „Der verzögerte Zeitablauf in der Nähe des Horizonts betrifft folglich die *Beziehung* zwischen dem Zeitanlauf an verschiedenen Orten. Nur in Bezug auf die Zeit eines fernen Beobachters kommt die Zeit am Horizont zum Stillstand." (ebd. 37; kursiv U. H.) – was dann – und nur dann – skurrile Phänomene („Spaghettisierung") erzeugt. Diese kommen nur als Momentaufnahme *in der Perspektive* zustande und ausschließlich als Resultat von *Beobachtung*. Sie existieren nicht außerhalb der Beobachtungssituation: Sie sind damit performativ determiniert.

Falcke, Heino; Römer, Jörg (2020): Licht im Dunkeln. Schwarze Löcher, das Universum und wir. Stuttgart.

2. Die performative Weisheit der Neuen Physik

- „Die Bedeutung des Messens für die Definition von Wirklichkeit ist eine Erkenntnis, welche die gesamte Physik des 20. Jahrhunderts durchzieht. Sie ist – auch heute noch – eine radikale Revolution des Denkens und bestimmt die Relativitätstheorie genauso wie die Quantenphysik. [...] Erst wenn ich etwas messe, wird etwas Realität. [...] Das Messen definiert nicht nur die Realität, es verändert sie auch."

Dies sagt der preisgekrönte Astrophysiker und Erforscher des Schwarzen Lochs Heino Falcke (2020, 65). Übersetzt heißt das: ‚*Das performative Handeln des Beobachters erzeugt in actu selbst die Realität.*' Hierin besteht das performative Gamma der Quantenphysik und der Relativitätstheorie, das beide direkt mit der Kulturwelt des Menschen verbindet. *Mundus totus performatur.*

„Ab und zu geschieht es, dass die Wissenschaft welthistorische Bedeutung gewinnt: nicht durch ihre technischen Folgen, sondern durch die Veränderung des Denkens." Dies sagte der große Physiker Carl-Friedrich von Weizsäcker, der auch ein veritabler Philosoph war. Seine Bemerkung zielte auf eben jene Neue Physik, die vor 100 Jahren das Weltbild revolutionierte: auf die Quantenmechanik Werner Heisenbergs und die Relativitätstheorie(n) Albert Einsteins. Weizsäcker erkannte sofort die magische Kraft dieser Physik, ihre unschätzbare Bedeutung für die Weltbilder und für die Philosophie der Zukunft: Er könnte seinen Satz mit besonderem Recht auch heute wiederholen. Was die Physiker um die vorletzte Jahrhundertwende jedoch noch nicht voll ermessen konnten: dass es um eine Eigenschaft geht, die jene gefühlte Magie nicht nur in der Physik, sondern *für alle Wissenschaften* erzeugt. Dies fassen wir vorab in eine Arbeitshypothese (und belegen sie unten im Detail):

- Quantenphysik und Relativitätstheorie erweisen beide, dass die Welt performativ fundiert ist: Im Innersten lassen sich quantenmechanische Resultate substanziell nur durch die Mess-Situation und den Akt des Beobachters selbst erklären. Im Außen zeigen die beiden Relativitätstheorien, dass Zeit und Raum keine absolute Bedeutung haben, sondern erst durch den Standort des Beobachters und die Vorgänge in der Messsituation ihre extremen Werte erhalten. Das bedeutet übersetzt: Die Neue Physik ist performativ konditioniert.

Hier ist es angebracht, kurz innezuhalten und etwas zu erklären, um nicht in eine begriffliche Falle zu tappen. Jedes Experiment wird ja notwendigerweise von Personen durchgeführt und ausgewertet, in diesem Fall: von Physikern. Das ist der *triviale* Aspekt des Messvorgangs. In der Alten Physik zählt aber nur das Resultat, nicht der Beobachter: Er wird im Resultat vernachlässigt. In der Neuen Physik jedoch werden der Beobachter und seine Aktion selbst zu einem substanziellen *intrinsischen Bestandteil der Resultate*: Sie *sind* sie gleichzeitig, sie fusionieren mit ihnen, sie sind selber substanzieller *Teil des Experiments. Sie bringen sie hervor.* Der Beobachter und sein Tun erscheinen selbst mit im Material, ja: *durch das Material.* Die Resultate wurzeln substanziell selbst in der Aktion dieses Beobachtens. Das bedeutet, dass hier Beobachter (Subjekt) und Welt (Objekt) nicht mehr getrennt werden können, weil dann die Resultate nicht erfasst werden können oder sinnlos werden. Während die Klassische Physik den Beobachter ausblenden kann, ist er in der Neuen Physik *direkt relevant*: Dort ergibt sich das Resultat zwischen den Objekten; hier ergibt es sich zwischen Objekt und Beobachter. Dort ist das Resultat konstativer Natur; hier ist es *performativer Natur.*

Sehen wir uns das etwas genauer an: das, was in der Quantenmechanik das Verhalten der kleinsten Teilchen steuert, hängt unmittelbar davon ab, was der Beobachter im Augenblick der Messung macht. Über allen Resultaten wirkt der Satz: ‚Ich [der Beobachter, der Experimentator, der Physiker] führe hiermit den Akt der Messung aus', kurz: ‚Ich handle und löse hiermit das Resultat direkt aus'. Dies ist der klassische ‚performative Hypersatz', den John L. Austin in die linguistische Sprachphilosophie einführte: ‚Ich sage dir hiermit [und vollziehe zugleich das Resultat'], z. B. „Ich verspreche es!" Das physikalische Resultat hängt direkt mit ab vom aktuellen *Vollzug* des Hypersatzes „Ich führe jetzt und hiermit das Experiment durch (und löse damit X oder Y aus)." Es ist in jedem Einzelfall einmalig, nicht exakt vorhersagbar, persönlich fixiert und durch die ad-hoc-Handlung erzeugt. Es ist per definitionem: *performativ determiniert.*

Dies gilt auch in der entgegengesetzten Dimension – für die Makrowelt und die dort wirkenden Relativitätstheorien: Die verformten Veränderungen von Zeit, Raum und Objekt, die Einstein im Rahmen der Speziellen Relativitätstheorie feststellte, hängen direkt ab vom Vergleich zweier Messsituationen aus zwei verschiedenen, weit entfernten, gegeneinander schnell bewegten Bezugssystemen. Weil die Lichtgeschwindigkeit als Informationsträger aber begrenzt ist, müssen sich dann Raum und Zeit im Experiment verändern – und zwar genau dann, wenn sie *festgestellt* werden. Sie verändern sich immer nur für *ein* Bezugssystem, für dessen Situation und seine Beobachter. Die Veränderungen von Raum und Zeit, die so gemessen werden, sind damit streng durch die Beobachtungssituation und damit: *performativ determiniert.*

Von der Mikrowelt und der Makrowelt ist es nur ein kleiner Schritt, ein geradezu leichter Sprung – wenn man will, ein Quantensprung der Erkenntnis: denn die performative These gilt natürlich erst recht für die Welt dazwischen, für die Welt von Zivilisationen und Kulturen des Menschen, den sogenannten „Mesokosmos" – also die Menschen-Welt, die zwischen dem ganz Kleinen und dem ganz Großen angesiedelt ist. Hier muss man gottlob erst gar nichts postulieren, nichts beweisen: Niemand bezweifelt ernsthaft mehr die grundlegende performative Konditionierung der Menschenwelt. Der Kultur-, Technik- und Wissenschaftsbetrieb der Zivilisationen ist seit jeher performativ geerdet, was die moderne Kulturwissenschaft nach jahrzehntelangen interdisziplinären Projekten heute ausdrücklich bestätigt: am nachhaltigsten im Projekt ‚Kulturen des Performativen', das 1999–2010 unter der Leitung der Theaterwissenschaftlerin Erika Fischer-Lichte durchgeführt wurde. Wir fassen zusammen und formulieren eine weitere Hypothese (die unten im Detail belegt wird):

- Mikrokosmos, Makrokosmos und Mesokosmos sind performativ determiniert.

Alle drei Dimensionen haben ein performatives Apriori, das in ihnen selbst und in jedem ihrer Resultate in irgendeiner Form zum Ausdruck kommt. Dies bedeutet, eine Stufe höher in der Abstraktion:

- Der Kosmos als Ganzer ist performativ determiniert.

Diese Erkenntnis ist vorerst maximal einfach; für eine performative Philosophie ist sie eine Arbeitshypothese, unter der sich alles Weitere entfaltet. Es spielt dabei keine Rolle, wieviel Dimensionen man annehmen will: Die gängigen drei (Mikro/Makro/Meso) stehen *pro toto* für alle weiteren denkbaren. Natürlich hat jede der drei Dimensionen ihre eigenen Gesetze, produziert eigene Phänomene, und diese suggerieren nach Außen auf den ersten Blick erst einmal große Differenzen. Akademisch ausgedrückt, stehen alle drei Dimensionen, wenn man sie direkt vergleichen will, unter einem starken *mutatis mutandis*, d. h. das Performative kommt in ihnen in vielen Phänomenen zum Ausdruck, die voneinander weit entfernt sein können. Denn für den Gesunden Menschenverstand haben die Atomwelt, die Welt der Galaxien und die menschliche Kultur auf den ersten Blick kaum etwas gemeinsam. Wir sagen aber und werden zeigen: Dies ist strenggenommen eine mentale Täuschung im Interesse des *Common Sense*. Denn auf den zweiten Blick erweisen sich die theoretischen Voraussetzungen sowie die Objektwelt überall als performativ grundiert. Wir formulieren das in einem weiteren Axiom:

- Die oft zitierten Differenzen zwischen Mikro-, Meso- und Makrowelt sind aufs Ganze gesehen sekundär; sie ändern, auch in ihrer Exotik, nichts am absoluten Primat des Performativen.

Weizsäcker sagte, im Jahre 1992, auch dies: „Die Naturwissenschaft ist der harte Kern der abendländischen Wissenschaften. Die Physik ist der harte Kern der Naturwissenschaft." Wir spinnen den Roten Faden jetzt weiter: Die Neue Physik ist der harte Kern der modernen Physik. Und die Philosophie war schon immer der Kern der Wissenschaften. In einem gar nicht so verwegenen Überschluss bedeutet das nunmehr: ‚Die Neue Physik ist der harte Kern der Philosophie. Und zuletzt: der Performativen Philosophie.'

In den folgenden Kapiteln werden die Hypothesen durch Fakten belegt.

3. Performativer Mikrokosmos: Quantenmechanik

„Manches spricht dafür, dass die Ära der Quantenphysik erst heute beginnt." Man darf den Physiker Ulrich Schnabel so interpretieren, dass die Quantenphysik erst heute, nach einhundert Jahren, wirklich aus dem Schatten der Naturwissenschaften heraustritt und sich auf vielen anderen Gebieten wiederfindet: weil das Bewusstsein des Menschen nun so weit ist. Die Arbeitshypothese lautet:

- Die Quantenmechanik beweist im Kleinen, dass die Welt performativ fundiert ist.

Wie geht das? Um dies wirklich zu verstehen, zeigen wir zuerst einige Bilder, die die Quantenwelt erzeugt, bei Experten wie bei Laien: Der Zauber des Fremden, ja Rätselhaften belegt die kognitive Wucht der Quantenmechanik (QM). Zahllos sind bis heute die Metaphern des Mystisch-Verborgenen, selbst bei ausgewiesenen Experten. Rätselhaft bleibt es immer dann, wenn man QM-Phänomene mit dem *Common Sense* des alten naturwissenschaftlichen Denkens betrachtet. Und in einer dafür nicht geeigneten Sprache, denn: "Quantum mechanics is only weird when it's being explained in non-mathematical terms." (Sabine Hossenfelder)

Wir fassen das Phänomen nun so:

- Das Rätsel der QM löst sich auf, wenn der performative Kern erkannt ist und er nicht in die Zwangsjacke konstativer Logik gesteckt wird.

Niels Bohr, der große Kopenhagener Physiker, sagte: „Wer behauptet, die Quantenphysik wirklich verstanden zu haben, der hat sie nicht verstanden." Und: „Wer über die Quantentheorie nicht entsetzt ist, der hat sie nicht verstanden." Ähnlich auch Carlo Rovelli (Marseille) oder der US-Nobelpreisträger Richard Feynman (und viele Weitere). Der Grund ist natürlich dieser: Wenn man ausschließlich mit dem logisch-analytischen Sezierapparat des Naturwissenschaftlers herangeht, dabei noch die objektiven Zwillingstürme Theorie und Experiment im Kopf hat – dann entzieht sich das Problem ins Unbestimmte, weil es in alter Sprache nicht darstellbar und damit auch nicht zu verstehen ist. Es ist offenbar nicht nur eine

Sache der Physik, sondern geht über sie hinaus. In der QM zeigen sich nicht nur die Grenzen der Natur, sondern auch: ihrer objektiven Beschreibung durch eine orthodoxe Wissenschaftssprache. Vielleicht zeigen sich hier auch die Grenzen des menschlichen Begreifens (ein starker Motor, daran zu arbeiten!). „Es gibt die erstaunliche Möglichkeit, dass man einen Gegenstand mathematisch beherrschen kann, ohne den Witz der Sache wirklich erfasst zu haben." (Albert Einstein). Wusste Einstein, dass der Witz im performativen Verstehen liegt? Er hat es jedenfalls: *verkörpert.*

Was ist der Hintergrund für den „Hype des Nichtverstehens"? Man kann die Phänomene der QM nicht *so* „verstehen", wie man die Nachrichten oder einen Kinofilm versteht – also nicht eins-zu-eins. Sie sind mit eingefahrenen Verstehens-Routinen auch nicht zu verstehen – und genau dies ist der Motor, der die Verwirrung, die Verwunderung erzeugt. Es gibt keine Sprache für die Beschreibung: Niemand kann in einer Sprache etwas beschreiben, das außerhalb ihrer Reichweite ist. Nötig ist deshalb eine *andere Art des Verstehens*: Diese andere Art setzt objektive Fakten und performativen Fluss in ein neues Verhältnis: in ein komplementäres. Um *das* zu verstehen, schauen wir auf die Fakten:

Was versteht man nicht?

Zunächst lässt sich sehr einfach sagen, *was* man nicht versteht: So kann man sich der Kränkung entziehen, *dass* man nicht versteht. Es ist ein bisschen wie bei einem Schwarzen Loch: Man weiß nicht, *was* vor sich geht, kann aber den Faktenkranz drumherum interpretieren und dann Schlüsse ziehen: Es gibt Symptome, Anzeichen, Bewegungen. Für Experten wie für Laien ist kaum zu verstehen, dass sich Quantenphänomene gegen ein konstatives Prädikat, gegen ein definierendes Etikett „sträuben". Mit dem gesunden Menschenverstand nicht zu „verstehen" ist, dass

- sich ein Objekt mal wie ein Teilchen, mal wie eine Welle verhält;
- ein Vorgang nicht vollkommen exakt in allen Details auf den Punkt analysiert werden kann;

- wir über bestimmte Prozesse und Stadien keine letzten Aussagen machen können;
- ein Resultat nur eine einmalige ad-hoc-Bedeutung hat (unbeschadet dessen, dass sie sich wiederholen mag);
- die *Beobachtung* eines Vorganges das Resultat selbst verändert: dass der Akteur selbst jene Phänomene erzeugt, die er dann auch nicht versteht – man kann ja auch das eigene Auge nicht sehen;
- der Physiker (dann später: der Linguist, der Soziologe, der Kritiker etc.) nicht verstehen kann, dass das Experiment ein Resultat erzeugt, dass er selbst – nach traditionellem Wissenschaftsverständnis – nicht versteht.

Diese sechs Punkte sind nicht alles, aber sie genügen, um zu zeigen: Die Quantenwelt ist von Phänomenen beherrscht, die nicht in das Alltagsverständnis der Zeitgenossen passen, aber auch nicht in den Werkzeugkasten des klassischen Physikers. Rätselhaft ist zweierlei:

der Effekt im Kleinen: Er kommt tief-performativ zustande, hat also kein definierendes Prädikat;

der Effekt im Großen: Zwei Physiken widersprechen sich scheinbar, gelten aber dennoch jeweils für sich. Dies ist das komplementäre Rätsel.

Beide Rätsel weisen weit über orthodoxes Denken hinaus. Ihre Effekte sind nicht berechenbar; sie folgen einer *eigenen* Logik, die den gängigen Routinen im Grunde widerspricht. Die erzielten Resultate des Physikers hängen *in der Substanz* ab von dem, was er in einem bestimmten Augenblick *tut*, also von einem performativen Akt. Und sein Selbstverständnis scheint gleichzeitig bedroht durch einen Widerspruch zwischen großen Theorien. Und es gibt ein noch größeres Rätsel: Hinter dem Widerspruch, ja: *im* Widerspruch selbst lauert der dunkle Graben des Übergangs: Er kann selbst nicht mitverstanden werden, weil er *zum Prozess selbst* dazugehört. Berührt ist eine andere Logik, die nicht mehr konsequent, nicht mehr kausal ist. Gibt es einen Weg, einen Startpunkt? Es gibt nur den physikalischen Weg: Er führt dann hinauf in die Philosophie.

Das Quantenphänomen lässt sich so auf den Punkt bringen:

- Quanten verhalten sich strikt so, dass sie die Performativität der Vorgänge sichern. Dies tun sie, indem sie das konstative Prädikat blockieren.

Wie dies zustandekommt, ist im Einzelnen durch physikalische Fakten zu belegen. Wie fing das an, was man nicht verstehen kann? (Experten mögen diese Passagen überspringen).

Die performative Mechanik der Quanten

Der amerikanische Physiker Thomas Young führte im Jahre 1802 jenen Versuch durch, der bis heute als Vorzeige-Experiment für das Verhalten von Quanten gilt: das sogenannte „Doppelspalt-Experiment"; er wollte damit den *Wellen*-Charakter des Lichts beweisen. Im Versuch schickt man Photonen oder Elektronen gleichzeitig durch zwei Spalte einer Blende (oder auch durch nur *einen* Spalt) und deutet dann, was man auf dem Projektionsschirm dahinter sieht. Man erhält entweder ein Interferenzmuster oder Punktspuren. Interferenz steht für *Welle*, Punkt für *Teilchen*. Kurioserweise stellt man fest: Sobald der Experimentator auf die Quanten direkt Einfluss nimmt (z. B. indem er die Spaltpassage des Photons extra markiert, etwa durch kurzwellige Röntgenstrahlen), springt das Ergebnis auf dem Schirm um, z. B. von Interferenz (Welle) auf Punkt (Partikel). Dies geschieht *im Moment des Eingreifens.*

Lichtquanten sind damit beides: Sie können sich als Welle verhalten oder auch als Partikel. Die Physiker sprechen hier vom „Welle-Teilchen-Dualismus", ein Begriff, der sich auf die apriori bestehenden *Möglichkeiten* bezieht. Quanten sind beides (oder: beides *nicht*) – und schon hier tut sich die Sprache schwer. In der Fachsprache sagt man: die Wolke der Apriori-Möglichkeiten „kollabiere" durch den Eingriff des Beobachters, und das löse ad-hoc das Resultat aus: Dies heißt nichts anderes, als dass es von der Mess-Aktion und dem messenden Beobachter abhängt, welches Resultat erscheint. Die neue Wahrheit ist, dass Quanten weder Welle noch Teilchen „sind"; sie können aber beides *im Vollzug* „werden": unter direkt-performativen Bedingungen. Sie sind nicht konstativ etwas, sondern werden es *in performa.* Das Gleiche gilt für den *spin* des Elektrons, über den erst durch den Eingriff des Physikers „entschieden" wird. (Einige Physiker, z. B. Amit Goswami, sind der Ansicht, der Physiker entscheide dies durch einen *Akt seines Bewusstseins*, d. h. durch einen mental-performativen Akt). Was so paradox und unverständlich klingt, ist ganz der Sprache der klassisch-deterministischen Physik geschuldet, die das, was nicht zu „verstehen" ist, in der alten Sprachlogik ausdrücken *muss*, um es überhaupt festzuhalten. Im Klartext heißt das nichts anderes als: QM-Resultate treten nicht als fester Fakten-Block auf, sondern ergeben sich erst im Augenblick des Vollzugs-Ereignisses. Dies heißt übersetzt:

- Das Verhalten von Quanten ist performativ determiniert.

Um dieses Axiom für die Philosophie weiter zu untermauern, blicken wir noch etwas weiter zurück: Als Max Planck, ein konservativ-klassischer Physiker, im Jahre 1900 die sogenannte Wärmestrahlung von Schwarzkörpern untersuchte, führte er Lichtteilchen ein, die unterschiedliche Wellenlängen aufweisen. Um Wellenlängen und Energien miteinander zu korrelieren, musste er in seine Gleichungen eine Konstante einbauen: Geboren war das „Planck'sche Wirkungsquantum": eine unveränderliche Größe in der Natur. Erst später erkannte die *community* und Planck selbst: Hier lag kein Messfehler vor, kein mathematischer Notbehelf, kein theoretisches Feigenblatt, sondern eine Naturkonstante, die die Physik revolutionierte und ein neues Weltbild begründete. Dieses Wirkungsquantum ist zwar unendlich klein, aber es ist *da* – eine ‚*quantologische Singularität*', die sich durch nichts in der Welt aus der Welt schaffen lässt. Sie ist im Wesen der Energie selbst versteckt: Die Natur gibt ein Geheimnis preis. (Es ist die Basisgröße für alle weiteren Singularitäten, s. Kap. III)

Des Pudels Kern, Plancks epochale Erkenntnis, war dies: Energie wird nicht linear, nicht kontinuierlich weitergegeben, sondern in diskreten Paketen, zwischen denen es keinen Übergang gibt; zwischen ihnen liegt eine leere Zone, die ohne Prädikat auskommt. Diese Pakete nannte Planck „Quanten". Albert Einstein hat dies im Jahre 1905 in der sogenannten „Lichtquantenhypothese" kanonisiert: Licht bestehe aus diskreten Energiepäckchen, den „Photonen", die nur im Ganzen erzeugt und abgegeben werden können. Dieser *Quantensprung* war praktisch die „Geburtsurkunde der Quantentheorie" (Carlo Rovelli), und dafür hat Einstein auch den Nobelpreis bekommen.

Der Schluss lautet: Das Verhalten von Quanten ist nicht exakt vorhersagbar, es lässt sich nicht vorausberechnen, man kann den Einzelfall nicht konstativ extrapolieren und sich dann auf ihn verlässlich beziehen, was wie eine empirische Kränkung aussieht. Negativ formuliert:

- Das Verhalten von Quanten ist im Wesen antikonstativ.

Für den Beobachter ist das Resultat *zufällig*: Man kann nur einen *Wahrscheinlichkeitswert* angeben, nach welchem X oder Y eintritt: z. B. Welle oder Teilchen. Quanten „sind" also nicht das Eine oder das Andere, aber sie *erscheinen* ad-hoc, im-Prozess, *als Etwas*. Dies war das revolutionär Neue und relativiert erst einmal einen logisch-konstativen Grundzug von Wissenschaft überhaupt. Wenn die Resultate *substanziell* vom Eingriff des Beobachters abhängen, sind sie *performativ konditioniert*. Ob das nach einem Naturprinzip geschieht, ist möglich, aber in einem konstativ-eindeutigen Sinne nicht feststellbar. Quantengleichungen „beschreiben nicht, was mit einem physischen System passiert, sondern nur, wie ein physisches System von einem anderen physischen System *wahrgenommen* wird." (Carlo Rovelli), m. a. W.: wie es ad-hoc *beobachtet* wird. Dies ist für sich selber auch ein Quantensprung in der Methode, im Grundverständnis der Vorgänge, die beobachtet werden. Die final-konstative Deskription muss ausgesetzt oder umgangen werden, weil sie *nicht möglich* ist. Wir haben also keinen planbaren Vorgang; wir haben ein performatives Ereignis.

Die Heisenberg'sche Unbestimmtheitsrelation

- „Die Erkenntnis der Unbestimmtheitsrelation, die wir Werner Heisenberg verdanken, hat einen umwälzenden Einfluss nicht nur auf unsere gesamte Naturerkenntnis, sondern wir dürfen annehmen, dass sie auch die Philosophie der Zukunft beeinflussen wird." Dies sagte der Physiker Arnold Hildesheimer. „Das Unbestimmt- und Reflexivwerden aller Bestimmungen des Wissens und Handelns [...] scheint eine wichtige Funktion moderner Selbst- und Weltverhältnisse zu sein. Unbestimmtheit lässt sich am Scheitern aller anthropologischen Versuche, das Wesen des Menschen zu bestimmen, ebenso bestimmen wie an den antinomischen Strukturen moralischer Prinzipien oder auch an den Schwierigkeiten, die sich für die Naturwissenschaften [...] aus der prinzipiellen

Unbestimmtheit ihrer Gegenstände ergeben." (Gamm 2000, 7). Das beginnende 21. Jahrhundert ist nicht nur eine Zeit der Ungewissheiten, sondern auch der Unbestimmtheit: Heisenberg ist überall.

- Das „Doppelspaltmodell" modellierte das Grundverhalten von Quantenobjekten – ob es nun Photonen, Elektronen, Neutronen oder noch andere Teilchen sind. Dies gilt mit noch größerem Recht für das, was unter dem Namen „Heisenberg'sche Unbestimmtheitsrelation" (UBR) weltbekannt geworden ist. Die UBR wird im Bereich Quanten die bevorzugte Zitierquelle für alles Performative sein: Ihr Wesen ist dabei, sich in alle Wissenschaften hineinzuverbreiten. Für eine performative Philosophie ist sie zentral: Die Unbestimmtheitsrelationen in performativ geprägten Philosophien lassen sich nur verstehen, wenn man ihren naturwissenschaftlich erforschten Grundzug kennt.

Nirgendwo im Mikrokosmos zeigt sich das performative Prinzip einer nicht-fassbaren Singularität mächtiger als hier. Ehrfurchtsvoll sprechen moderne Physiker, z. B. Harald Lesch, vom „Heiligen Gral der Physik", dem „Diamanten" der Disziplin, von einem absoluten Jahrhundertereignis (das jetzt schon einhundert Jahre alt ist). Und dies bedeutet übersetzt: Es zeigt sich hier ein Prinzip der Natur, das der menschliche Forschergeist zwar aufgegraben hat, aber auch nach 100 Jahren (noch) nicht endgültig versteht – eine große Hypothek nicht nur für die Physik, sondern auch für Philosophien der Zukunft. Möglicherweise zeigt sich hier auch eine einmalige Chance, einen Grundzug der europäischen Wissenschaften in Frage zu stellen und gleichzeitig zu erneuern: Wenn die Philosophie hier etwas für sich erkennen kann, wird sie imstande sein, einen Großteil ihrer Holzwege für immer zu verlassen. Und tatsächlich: Die Erkenntnisse des großen Leipziger Physikers und Philosophen Werner Heisenberg (die in einem nächtlichen inspirativen Moment auf Helgoland vor ihm erschienen), liefern den Schlüssel, mit dem man die verschlossene Schatztruhe des Materieaufbaus einen Spalt öffnen kann. Er legte einen weiteren Grundstein für ein neues Weltbild, und nicht nur für die Physik. Wir werden sehen, dass jene ‚Unbestimmtheit' ein Muster-Phänomen im Sinne dieses Buches ist, ein Paradebeispiel, der *performative Prototyp* einer Singularität, der in einer dunklen Weise verweist auf ein eingeschlossenes Drittes, das die Unbestimmtheit als ihr dunkles Zeichen benutzt. Die Bestandteile des performativen Prinzips erscheinen hier wie auf dem Präsentierteller:

- Es erscheint eine letzte leere Stelle, nämlich eben jene Unbestimmtheit, die als Ganze nicht gefasst werden kann und deshalb kein eindeutiges Prädikat trägt. Deshalb ist diese Stelle stark performativ interpretierbar. Es liegt der Typus einer *methodischen Singularität* vor, die nicht aufgehoben werden kann.
- Der Beobachter, der das Experiment durchführt, erzeugt durch sein Handeln wieder das Resultat mit – auch dies eine urperformative Methode.

Um was geht es im Einzelnen? Die UBR beweist, dass es unmöglich ist, den Impuls und den Ort eines subatomaren Teilchens gleichzeitig mit beliebiger Exaktheit zu messen: Wenn der eine Wert genauer wird, verschwimmt der andere, *vice versa*. Es ist also unmöglich, für beide Größen *gleichzeitig* ein gültiges Prädikat zu präsentieren: Das eine Prädikat verwischt zugleich das andere und umgekehrt; wir haben einen oszillierenden *gap*. Heisenberg stieß hier an eine Grenze der Natur, die durch nichts überschritten werden kann, und dass hier keine Spekulation vorliegt, kann man daran sehen, dass die Unbestimmtheit selbst sogar in eine einfache Formel gefasst werden kann: $\Delta\ \mathrm{p} \cdot \Delta\ \mathrm{q} \sim \mathrm{h}$. Diese Formel kreist sie mathematisch ein, nicht aber substanziell.

Fokus Legende von $\Delta p \cdot \Delta q \sim h$. Auf der rechten Seite der Formel, der „Ungleichung", finden wir einen konstanten Wert vor, der sich nicht ändern und niemals Null werden kann: h bezeichnet das sogenannte Planck'sche Wirkungsquantum. „Des Weiteren gilt, dass das Produkt auf der linken Seite der Relation entweder größer oder gleich diesem bestimmten konstanten Wert sein muss. Dabei bezeichnet Δp die Ungenauigkeit des Ortes eines beliebigen Teilchens und Δq die Ungenauigkeit seines Impulses, womit gemeint ist, dass sich das Teilchen *irgendwo* innerhalb von Δp aufhält und einen Impuls besitzt, der (sc.: *irgendwo*) innerhalb des Bereichs Δq liegt." (nach Camejo 2006, 62ff.; *kursiv* U. H.). Wollte man nun das physikalische Ideal einer vollkommenen Genauigkeit erreichen, müssten die Werte für die Ungenauigkeit von Δp und Δq möglichst klein werden. Dies aber ist unmöglich, denn, wie in einem System kommunizierender Röhren, führt ein kleineres Δp automatisch zu einem größeren Δq. Man kann also nur das Eine oder das Andere haben. Je genauer man wird (auf der einen Seite), desto ungenauer wird man (auf der anderen Seite).

Das System lässt sich nicht in die Karten gucken. Oder: Es bleibt eine Zone, die sich nicht *bestimmen* lässt: eben die „Unbestimmtheit".

Von außerordentlicher Wichtigkeit ist: Es handelt sich bei UBR wieder nicht um einen Fehler des Physikers, nicht um ein technisches Manko in der Messvorrichtung, nicht um eine Zufälligkeit oder eine experimentbedingte Abweichung, die man durch Fortschritt oder vielleicht durch eine andere Mathematik in den Griff bekommen könnte. Was vorliegt, ist eine *Naturkonstante*, ein weiteres *essential* des tiefen Materieaufbaus, eine *Eigenschaft* der Materie. Wir fassen dies in ein Axiom:

- Ein Quantum Unbestimmtheit ist dem Naturaufbau im Mikrokosmos inhärent. Im Umkehrschluss formuliert: Die tiefste Grundlage von Performativität ist der Natur immer schon inhärent.

Unbestimmtheit ist eine Konstante der QM, und man kann pointiert sagen: Sie *bestimmt* sie. Heisenberg hat ein großes Geheimnis gelüftet: Die Perfektion der Natur liegt offenbar im Imperfekten, in der minimalen Abweichung, nicht im perfekten 1:1-Verhältnis – eine bedeutende Erkenntnis für alle Wissenschaft und im Besonderen: für die Philosophie. Wenn man sich von mathematischen Details löst, lassen sich hier mit überwältigender Deutlichkeit die performativen Bedingungen, die in der Quantenmechanik wirken, einzeln belegen. Die grundlegenden Quanten-Eigenschaften der Materie sind performativ konditioniert. Unbestimmtheit, Kontingenz und Vollzug sind Grundgrößen der Quantenmechanik; sie sind ebenfalls Grundgrößen von Performativität. Die Liste:

Performative Grundeigenschaften des Quantenverhaltens

- *Unbestimmtheit*: Weil es unmöglich ist, den Ort und den Impuls eines Teilchens gleichzeitig beliebig genau zu messen, bleibt zum Schluss immer eine dunkle Zone. Diese minimale Zone liegt auf einer von beiden Seiten oder, besser gesagt, über dem Experiment als Ganzem: ein resultatives Zero, eine Nullstelle. Über diese Unbestimmtheit kann im Prozess keine Aussage gemacht werden, weil sie selbst nicht beobachtet werden kann: ein prädikatives Loch. Der *gap* zwischen Ort und Impuls erscheint *im Vollzug*: Es ist sinnlos zu fragen, ob er auch außerhalb der Messung da ist. Quanten haben überhaupt keine festen „Bahnen", auf denen sie sich bewegen; was „tatsächlich" vorliegt, ist so etwas wie eine diffuse Wolke der Wahrscheinlichkeiten-in-Bewegung, aus der heraus sich dann *durch den Vollzug der Beobachtung* ein Resultat manifestiert. Wir stellen fest: *Unbestimmtheit* bezeichnet eine nicht-hintergehbare dunkle Zone, für die es im Vollzug des Experiments und *per definitionem* kein konstatives Prädikat gibt. Diese Zone ist *performativer Natur*, weil sie nur *im Vollzug* existiert. Unbestimmtheit ist damit so etwas wie ein *methodisches* Schwarzes Loch im Kleinen; sie erwächst aus einem dunklen Punkt, für den es keine feste statisch-konstative, abrufbare Information gibt: In das Innere der Unbestimmtheit kann man nicht hineinsehen; man hat nur ein Resultat *post festum*, von dem aus man auf den singulären dunklen Punkt *schließen* kann.

- *Kontingenz*: Es gibt keine kausale Zielgerade, auf der die vorausberechneten Daten an einem fixierten Zielort eintreffen. Es gibt nur Wahrscheinlichkeiten, die sich auf die eine oder auf die andere Art manifestieren können, sozusagen als eine „Wahl" des Quantums. Es gilt reine Potenzialität. Jedes Resultat hat deshalb einen *einmaligen* Charakter, auch wenn es sich irgendwann wiederholen sollte: Niemand kann sagen, wann das ist und wie es genau ausfällt; man kann nur sagen, *dass* es irgendwann der Fall sein wird: eine statistische Größe. In Reinkultur zeigt das der Zerfall radioaktiver Substanzen: Niemand kann exakt sagen, *wann* und *wie* bestimmte Atomkerne zerfallen, allenfalls, *dass* sie zerfallen. Hier wird oft das berühmte Beispiel von „Schrödingers Katze" beigebracht: Ob die Katze in der Box tot oder lebendig ist, kann man ausschließlich dadurch feststellen, dass man selber nachsieht und *dadurch* einen Zustand, *ihren* Zustand auslöst. Auch hier „kollabiert" die Realität und zeigt dann eine lebendige oder eine tote Katze. Ohne Beobachter, ohne Experiment, ohne Vollzug ist da eine *black box*, die keine Informationen hat. Ohne Öffnung bleibt alles *unbestimmt*. Ein Quanten-Experiment ist offenbar mit einem negativen Überschuss ausgestattet, mit etwas Unerkennbarem weil Uneinholbarem, das sich durch keine Definition, keine Maßnahme *ante quem* einfangen lässt. Die Kontingenz ist graduell stark.

- *Vollzug*: Messresultate von Quantenprozessen hängen vom Mess-Vollzug des Beobachters ab. Der Vollzug steuert das Resultat vor, beeinflusst die Wahl und erzeugt es qua Handlung, gewissermaßen *durch den Eingriff*. Die Quantenwelt besteht aus sich-vollziehenden Ereignissen, nicht aus feststehenden Dingen oder Sachverhalten. Sie ist *per hanc definitionem* performativ gepolt und nicht konstativ.

Unbestimmtheit, Kontingenz, Wahrscheinlichkeit, Vollzug und Personen-Gebundenheit sind starke Merkmale der Quantenmechanik; sie sind ebenfalls starke, integrale Merkmale von Performativität. „Eine Messung enthüllt keinen zuvor existierenden Zustand der Dinge", sagt Christopher Fuchs vom Perimeter Institute im kanadischen Waterloo. „Es ist etwas, das ein Akteur mit der Welt anstellt und das zur Schöpfung eines Resultates führt, einer neuen Erfahrung für diesen Akteur." Man könnte genausogut sagen: Eine Messung erzeugt kein klassisch-konstatives Resultat, das man im Newton'schen Sinne gleich in ein „Gesetz" gießen könnte. Sie erzeugt ein performatives Resultat, das sich unhintergehbar aus dem Augenblick ergibt – mit dem „Gesetz", dass sich automatisch kein statisches Gesetz ergeben kann. Wenn es den Begriff ‚performativ' nicht schon gäbe, müsste man ihn für die Verhältnisse in der Quantenwelt geradezu erfinden! Performativer geht es eigentlich kaum und man fühlt sich bisweilen gedrängt, die Quantenmechanik als eine *‚performative Physik'* zu charakterisieren, um ihren Kern zu treffen und die oft beschworenen Unerklärlichkeiten aufzulösen. Dies würde bedeuten: Ein ausgereifter Begriff ‚Performativität' ist imstande, die klassischen Aporien der Quantenmechanik zu beseitigen.

Die zentrale Botschaft der QM ist, dass die klassischen Denkkategorien der alten Physik in ihr nicht oder nur eingeschränkt oder in einem anderen Modus gelten. Sie sind offenbar sekundär bzw. parallel und *specialiter* gültig. Anders formuliert: Die Gesetze der Klassischen und der Neuen Physik gelten *beide* – und es mag ein neues Denken erfordern, dies auch wirklich – *zu denken*. Wer hier verstehen will, muss ein wenig selber „wie ein Quantenobjekt denken" und alteuropäisches Denken verlassen. Im Umkehrschluss heißt das: Wenn man auf den Gesetzen der Klassischen Physik nicht kategorisch besteht, gibt es in der Quantenmechanik keine

Widersprüche. Es geht um jene Merkmale der Quanten, die nicht in die Erklärungsmuster der klassischen Newton'schen Physik passen und so etwas wie ein neues physikalisches Weltbild begründen. Bemerkenswert ist, dass die neuen Quanteneigenschaften fast immer mit dem Merkmal ‚performativ' einhergehen oder sich direkt aus ihm ergeben. Unbestimmtheit, die performativ herleitbar ist, wird zu einer Art Signum der Quantenphysik.

Nach dem Physiker Paul Dirac beschreibt das Prinzip der Unbestimmtheit „ein neues allgemeines Grundprinzip, das an Wichtigkeit dem Relativitätsprinzip gleichzukommen scheint." (Farmelo 131).

4. Der performative Makrokosmos: Relativitätstheorie

- Die Relativitätstheorien Albert Einsteins beweisen im Großen, dass die Welt performativ fundiert ist.

Ein erstes Schlaglicht auf die Situation werfen einschlägige Anekdoten, die für sich die Aporien der (Speziellen) Relativitätstheorie (RT) bezeugen. Bis heute hält sich das Bonmot, es gebe ohnehin nur einen Menschen, der die Relativitätstheorie wirklich verstanden habe. Als Einstein das hörte, soll er gesagt haben: ‚Interessant. Diesen Menschen würde ich allzu gern kennenlernen!' Auf der Überfahrt nach New York erklärte Einstein dem späteren israelischen Präsident Chaim Weizmann die Relativitätstheorie. Weizmann: „Als wir in Amerika ankamen, hatte ich den Eindruck, dass *er sie verstanden hatte.*"

Solche Anekdoten, von denen es viele gibt, zeigen, dass auch hier ein neues Verstehen notwendig ist, das alte Blockaden überwindet. Will man die Mirakel der RT logisch-rational verstehen, ist man verloren; sie verlieren ihren Zauber. Denn RT-Phänomene und ihr rationales „Verstehen" treten in einer seltsamen Weise auseinander und hinterlassen einen sich weiter öffnenden *gap*. Ein Verstehen im intuitiven, will sagen: im *performativen* Modus des unmittelbaren Vollzuges, kann die Getrennten offenbar wieder zusammenführen. Einstein wusste das, beließ es aber offenbar lediglich als einen Zug in seinem Denk-Modus. Ein chinesischer oder indischer Kollege würde sich vielleicht gar nicht groß wundern: Für sie wäre es normal, dass man etwas Unlogisches *gerade dann* nicht verstehen kann, wenn man es logisch nachformuliert. Wieder baut sich ein sprachliches Problem auf: Es ist unmöglich, in der Sprache der Klassischen Physik Dinge zu formulieren, die jenseits von ihr liegen.

Eine Beschreibung der performativen Determination der Speziellen Relativitätstheorie klingt so: „Das grundsätzlich Neue an Einsteins Lehre ist die Erkenntnis der Beziehung zwischen Beobachter und beobachtetem Gegenstand." [...] „Es ist das Hauptcharakteristikum der modernen Physik, dass der Beobachter in das Experiment mit eingeht und ebenso wichtig ist wie der beobachtete Gegenstand." (Hildesheimer 1953, 121). „Gemäß den

Erkenntnissen der Relativitätstheorie hängt die Definition von Gleichzeitigkeit oder räumlicher Entfernung von der Wahl des Bezugssystems ab. Sie ist relativ zum Bezugssystem. Damit finden Elemente, die den Zustand des Beobachters miteinbeziehen, Eingang in die Beobachtung, denn das Bezugssystem wird durch den Beobachter festgelegt." (Emter 1995, 28). Die Resultate der Relativitätstheorien hängen also ebenfalls *substanziell* vom Vollzug der Beobachtung durch den Beobachter ab: Sie sind damit performativ determiniert.

Es ist deshalb höchste Zeit, nach der Quantenmechanik auch die Relativitätstheorie einer „Kopenhagener Deutung" zu unterziehen; dass dies nicht schon geschehen ist, ist ein weiteres Rätsel, das die Neue Physik erzeugt. Vielleicht ist es eine Sache der Zukunft: „Das tiefe Eindringen in die Relativitätstheorie, das hat eigentlich gerade erst angefangen." (Dirk Lorenzen). Was die ganz große Dimension mit der ganz kleinen Dimension (der Quantenmechanik) verbindet, ist, dass beide, auf den ersten Blick, vom *Common Sense* der Leute weit entfernt zu sein scheinen. Um hier besser zu verstehen, muss man noch ein paar Stolpersteine beseitigen.

‚Relativ' vs. ‚performativ'

Hilfreich ist zu wissen, dass der Begriff ‚relativ' in dem Begriffsnamen ‚*Relativitätstheorie*' gar nicht von Einstein selbst stammt, und er selbst soll von diesem Wort nicht begeistert gewesen sein. Zuerst hatte ihn Max Planck verwendet, bis schließlich auch Einstein ihn für seine Theorie gebrauchte. Einstein selbst hatte mit seiner epochemachenden Arbeit von 1905 (Titel: *„Zur Elektrodynamik bewegter Körper"*) nämlich gar nichts Relatives im Auge, sondern wollte im Gegenteil etwas ganz Anderes: Er wollte etwas „Absolutes" zeigen: dass nämlich im ganzen Kosmos, für jedes einzelne Bezugssystem, *hier- wie dortselbst*, in jeder Entfernung, für alle Geschwindigkeiten die gleichen Bedingungen herrschen, wobei „ ... für alle Koordinatensysteme, für welche die mechanischen Gleichungen gelten, auch die gleichen elektrodynamischen und optischen Gesetze gelten." – so Einstein im Jahre 1905. „Der Ausdruck ‚Relativitätstheorie' darf nicht mit der verbreiteten Aussage ‚Alles ist relativ' in Zusammenhang gebracht werden. Das wäre das Gegenteil von dem, was Einstein beabsichtigte; ihm ging es gerade darum, unsere Standortgebundenheit auszuschalten." So sagte es der Philosoph Christian Thies mit der wünschenswerten Klarheit. Womit man zu kämpfen hat: Das ist der populistische Hype des Begriffs *relativ*, die Konfusion von *absolut* und *relativ* – und das alles vor der kosmischen, alles überschattenden Dimension der Dinge.

Das Genialische von Einsteins Theorie liegt in jedem Fall jenseits dieser semantischen Barrieren, die der Zeitgeist immer von Neuem aufstellt. Wir nehmen die Spur auf: Natürlich kann man verschieden große, weit entfernte Bezugssysteme miteinander in Kontakt bringen, zumindest theoretisch. Einstein hat gezeigt, dass Zeit und Raum keine festen Größen sind, die für alle Bezugssysteme gleichzeitig und gleich gelten, sondern für jedes Bezugssystem – nah oder weit entfernt – und für jeden Beobachterstandort einen *eigenen* Wert annehmen, der mit anderen Standorten *nicht* übereinstimmt. Je größer nun die kosmischen Dimensionen und Geschwindigkeiten sind, umso deutlicher werden die Unterschiede zwischen diesen einzelnen Bezugssystemen.

Es sind zwei verschiedene Welten mit eigenen Wertigkeiten, räumlichen wie zeitlichen. Strenggenommen ist es nicht möglich, sie gleich-zeitig zu vergleichen, weil man aus seinem eigenen Bezugssystem nicht fliehen kann und nicht in zweien zugleich sein kann. Unternimmt man dieses *Unding* trotzdem und vergleicht Unvergleichbares, erhält man kuriose Verformungen von Raum und Zeit, weil man Räume und Zeiten vergleicht, deren Daten nicht in *einer* Zeit, nicht in *einem* Raum übermittelt werden können. Im Moment der Beobachtung deformieren sich die Größen 'Zeit' und 'Raum', weil der Informationsträger, das Licht, dem JETZT immer hinterherhinken muss (deshalb gibt es kein allgemeingültiges „Jetzt", kein allgemeingültiges „Dort"). Der beobachtende Mensch hat keine Möglichkeit, festzustellen, was Zeit und Raum in einem phantastischen all-kosmischen immer-identischen Rund „sind". Die Werte für Zeit und Raum *müssen* im „aktuellen" Vergleich zweier weit entfernter Bezugssysteme instabil werden und erzeugen dann – von *einem* Punkt aus betrachtet – die kuriosen Resultate und Bilder. Dem Beobachter erscheinen dann *im Moment der Beobachtung* (ob praktisch oder theoretisch) phantastische Phänomene:

Verformungen von Zeit und Raum. Diese hängen vom Augenblick der Beobachtung ab: Sie sind performativ determiniert.

Die Zeit wird gedehnt

„Die absolute, wahre und mathematische Zeit verfließt an sich und vermöge ihrer Natur gleichförmig und ohne Beziehung auf irgendeinen äußeren Gegenstand. Sie wird auch mit dem Namen ‚Dauer' belegt." Dies ist die Definition von ‚Zeit' in den Worten von Isaac Newton. Man kann sie eine ‚konstative Definition' nennen. Seit dem 17. Jahrhundert ist sie eine Säule der Welterklärung der klassischen akademischen Physik, der Schul-Physik und des gesunden Menschenverstandes. Sie formuliert nicht nur eine Wahrheit, die für die Lebenswelt des Menschen maßgeblich ist und bleibt; sie ist auch die (historisch notwendige) Grundlage für den Vorlauf in Richtung auf die späteren Relativitätstheorien wie auch der Quantenmechanik: Sie bildet den korrekten Hintergrund, um irgendwann jene Dimensionen zu verstehen, die mit der Neuen Physik ins Spiel kommen. Diese Zeit-Definition hat etwas vollkommen Unerschütterliches, Unbezweifelbares an sich, und sie gibt die menschliche Wahrnehmung und die „reale Objektivität" der Wirklichkeit scheinbar vollkommen wahrheitsgetreu und plausibel wider. Sie ist, wir sagten es, eine durch-und-durch konstative Definition der Zeit und vollkommen und unzweifelhaft *real.* Mit großer Sicherheit hat die Evolution dem Menschen *diesen* Zeitbegriff als den geltenden eingepflanzt, weil er mit ihm am besten zurechtkommt und über ihn nicht weiter nachdenken muss. Der Begriff beschreibt, so vermeint der naive Zeitgenosse, eben „wissenschaftlich", was er jeden Tag selbst erfährt. Er bildet den Common Sense unmittelbar und mit Fakten untermauert ab: Einen besseren Dienst konnte Newton seinen Zeit-Genossen und der Nachwelt nicht erweisen. Die Botschaft ist: ‚Die Welt ist so, wie wir sie wahrnehmen und weist unveränderliche Gesetze auf – und dies ist auf eine unmittelbare, wissenschaftliche Weise einleuchtend und duldet keinen Widerspruch.'

Newtons Physik steht, das darf man nicht vergessen, letztlich immer noch auf der Grundlage der Logik des Aristotelischen Weltbildes, und was seit über 2.000 Jahren die europäische Zivilisation geprägt hat, muss unhintergehbar wahr sein. Newton hat der Physik eine große *konstative Wahrheit* geschenkt, weil man sie überall voraussetzen, sich immer auf sie beziehen kann, weil sie unveränderlich ist und weil sie sich in widerspruchsfreien Sätzen ausformulieren lässt. Und sie bestätigt das „normale" Leben. Dies ist die eine Seite. Heute wissen wir, dass dieser Zeitbegriff neben seiner eigenen Wahrheit auch eine evolutiv notwendige Illusion erzeugt, die dem Menschen die Stabilität seiner Wahrnehmung garantiert. (Es wird eine Aufgabe des *Homo futurus* sein, Illusion und Realität in einem neuen *Tertium* miteinander zu fusionieren). Denn es gilt, mehr denn je: „Im 21. Jahrhundert müssen wir uns von der Newton'schen Metapher von der gleichförmig fließenden Zeit endgültig verabschieden." (Tat'jana Černigovskaja).

„Bewegte Uhren gehen langsamer." Wie ein Asteroid, wie eine Blasphemie schlagen solche Sätze von oben auf das hehre Gebäude der Newton'schen Physik, des allgemeinen Zeitbegriffes und des gesunden Menschenverstandes. Das logische Gerüst der Welt und mit ihm die Basis des Verbürgt-Normalen scheinen zu kippen. Der Laie wundert sich, wehrt ab oder hält erstmal inne. Kann man der Wissenschaft vertrauen und wenn ja, wie sollte das gehen? Wie ist es möglich, dass es mehrere und andere Zeitbegriffe gibt, und womöglich noch *zugleich*? Und wo bleibt er, der Durchschnittsmensch, mit seinem vermeintlich unumstößlichen Zeitgefühl? Mittlerweile berühmt, auch weit über die Astronomie hinaus, ist das sogenannte „Zwillings-Paradoxon". In seiner einfachsten Form geht es so:

> „Das Zwillingsparadoxon, auch Uhrenparadoxon, ist ein Gedankenexperiment, das in der speziellen Relativitätstheorie einen scheinbaren Widerspruch beschreibt. Ein Zwilling fliegt mit nahezu Lichtgeschwindigkeit zu einem fernen Stern, während der andere Zwilling auf der Erde zurückbleibt. Der eine rast, der andere ruht. Anschließend kehrt der reisende Zwilling mit derselben Geschwindigkeit wieder zurück. Nach der Rückkehr auf die Erde stellt sich heraus, dass der dort zurückgebliebene Zwilling älter geworden ist als der Gereiste. Dies ist eine Folge der Zeitdilatation." (Wikipedia)

Nennen wir die beiden Zwillinge: Tereza, die auf der Erde bleibt, und Stella, die mit halber Lichtgeschwindigkeit oder mehr zu den Sternen reist. Die

Zeitdehnung gilt aus Terezas Perspektive, für Stella in ihrem Raumschiff ist alles normal. Dies ist der Sinn, wenn man von zwei „Bezugssystemen" redet. Wir haben *zwei verschiedene Zeiten*, weil wir zwei verschiedene Standorte und zwei verschiedene Geschwindigkeiten haben. Im Ergebnis sieht das so aus: Hin- und Rückweg zum nächsten Stern dauern 10 (Erden-)Jahre. Der Faktor der Zeitdehnung beträgt 0,8. Stella ist bei ihrer Rückkehr nur um 8 Jahre gealtert, sie ist nun zwei Jahre jünger als Tereza. Wenn die Geschwindigkeit anwächst, wird die Differenz immer größer. Wenn Stella noch schneller wäre, also z. B. mit knapp Lichtgeschwindigkeit reisen würde, würde nach ihrer Rückkehr kein Mensch, wenn er beide zusammen sähe, mehr an Zwillinge denken.

Unter den Bedingungen sehr großer kosmischer Geschwindigkeiten und Entfernungen gibt es keine strenge Gleichzeitigkeit von der Art, wie wir sie von unserem Sprachgebrauch kennen. Das liegt daran, dass die Geschwindigkeit des Informationsträgers *Licht* begrenzt ist. Deshalb *verändert sich die Zeit selbst*, um den Widerspruch zwischen zwei weit entfernten Bezugssystemen auszugleichen. Denn: Verschiedene Bezugssysteme haben prinzipiell verschiedene Zeiten, und ‚Gleichzeitigkeit' gilt streng nur innerhalb *desselben* Bezugssystems. Vergleicht man jedoch die Abläufe in verschiedenen Bezugssystemen – die *zueinander* ‚relativ' stehen – erhält man verschiedene Zeitangaben, je nach Entfernung, Geschwindigkeit, Beschleunigung und Ort des Beobachters. Das Fazit daraus lautet:

- Zeitliche Angaben jeglicher Art hängen direkt und ausschließlich ab von den beteiligten und verglichenen Bezugssystemen. Im selben Bezugssystem sind sie im Prinzip konstativer Natur; zwischen zwei Bezugssystemen sind sie relativer, genauer: performativer Natur.

Dies ist im Kosmos so wie auf der Erde, also überall. Die konkreten Angaben zu einem Zeitpunkt *t* hängen direkt ab von den jeweils geltenden situativen Bedingungen des Vollzuges der Messung durch den Beobachter. Wenn man also von den Zeitangaben in zwei verschiedenen Bezugssystemen spricht, gibt es zwei verschiedene Zeiten. Außerhalb dieses *settings* hat es keinen Sinn, von ‚Zeit' oder ‚Gleichzeitigkeit' zu sprechen. Damit ist ‚Zeit' *performativ determiniert.* Im Axiom:

- Zeitdilatation ist als Phänomen ein Symptom für performative Determinierung: Sie ergibt sich nur als Output einer direkt-performativ vollziehenden Gesamtsituation zwischen zwei voneinander weit entfernten Bezugssystemen.

Die Dehnung der Zeit ist als Phänomen kein Esotericum der Extremphysik, keine große Ausnahme und keine Laune der Natur, sondern eine Eigenschaft der Zeit-im-Großen, wenn diese Zeit beobachtet wird: eine *Konstante* der Natur. Sie gilt natürlich überall im Universum. Im mittleren, gezielt irdischen Bereich ist sie nur unendlich klein, weil die Bezugssysteme hier sehr nahe beieinander sind und sich nicht wirklich schnell bewegen. Deshalb kann die Dilatation hier praktisch vernachlässigt werden. Sie wurde aber bei einem Versuch mit Atomuhren und Verkehrsflugzeugen bei einer Erdumrundung als solche nachgewiesen („*Hafele-Keating-Experiment*"; „*Around-the-World Atomic Clocks*"). Dasselbe kann man beim Uhrenvergleich in großen Höhenunterschieden feststellen. Die gemessene Abweichung der bewegten Uhr beträgt dann Bruchteile von Nanosekunden, also so gut wie Null. Es kommt, alles-in-allem, nicht auf die Größe dieser Differenz an, sondern auf die Struktur: nicht auf das WIEVIEL, sondern auf das DASS. ‚Zeit' ist ihrem Wesen nach performativ; weil dieser Anteil aber auf der Erde gegen Null geht, dominiert auf dem Planeten die Sichtweise als ‚konstative Zeit': Es ist die Zeit des Gesunden Menschenverstandes und der Zeitgenossen.

Der Raum wird gestaucht

„Der absolute Raum bleibt vermöge seiner Natur und ohne Beziehung auf einen äußeren Gegenstand stets gleich und unbeweglich. Der relative Raum ist ein Maß oder ein beweglicher Teil des ersten, welcher von unseren Sinnen durch seine Lage gegen andere Körper bezeichnet und gewöhnlich für den unbeweglichen Raum genommen wird." (Isaac Newton). „Der Raum ist unendlich ausgedehnt, d.h., er setzt sich monoton ohne Ende in seinen drei Dimensionen fort. Er ist homogen, besitzt also keine ausgezeichneten Punkte; und er ist isotrop, weist also keine ausgezeichneten Richtungen auf. Dieser so beschriebene Raum dient den Körpern gewissermaßen als unendlich großes Gefäß." (Ernst Schmutzer).

Dies ist die Definition von ‚Raum' in den Worten von Isaac Newton, mit der kommentierenden Ergänzung eines modernen Astrophysikers. Neben der „absoluten Zeit" ist dieser „absolute Raum" die zweite Säule der Welterklärung der Klassischen Physik, die Basis des traditionellen Weltbildes (zumindest im Abendland). Sie formuliert nicht nur eine Wahrheit, die für den *Common Sense* des Menschen maßgeblich ist und bleibt; sie ist auch die historisch notwendige Grundlage für die spätere Relativitätstheorie und die Quantenmechanik: Sie bildet den Hintergrund, um jene *Abweichungen* vom irdischen *Common Sense* irgendwann zu verstehen, die mit der Neuen Physik ins Spiel kommen. Es ist eine im Tiefsten konstative Definition von ‚Raum' und stellt für den Erdenbürger jene Sichtweise bereit, die seinen realen Sinn bestätigt und sichert. Dass es sich strenggenommen wieder um eine Illusion handelt, ist für die Funktion irrelevant. Auch hier ergibt sich, wie auch bei dem Faktor *Zeit*, für die Zukunft die mentale Herausforderung, beide Sichtweisen *widerspruchsfrei* zu vereinen.

„Bewegte Objekte schrumpfen." Wieder ein Satz, der die normale Wahrnehmung auf den Kopf stellt, ja: ihr hohnspricht, wenn man ihn nur-wörtlich nimmt. Objekte, die sich, sagen wir, mit 60 % oder mehr der Lichtgeschwindigkeit bewegen, sind, von einer ruhenden Warte aus betrachtet, in Bewegungsrichtung optisch gestaucht – in eben genau demselben Sinne, wie die Zeit „gedehnt wird" und die Uhren „langsamer gehen".

Imgrunde haben wir hier – ganz analog zu der Zeit – eine ‚Raumdilatation', eine Dehnung des Raums, nur in umgekehrter Richtung – und dies ist vielleicht der Grund dafür, dass ein Begriff ‚Raumdilatation' in der Astrophysik bislang *nicht* auftaucht. Man kann auch dazu sagen: ‚*Stauchung des Raums*'; ‚*Objektkompression*'. Um das zu verstehen, sehen wir uns eine reale Situation an, die im Moment noch wie ein Gedankenexperiment anmutet, deren Resultate und Konsequenzen aber längst bewiesen sind. Man kann sogar berechnen, wie dieser Verkürzungsfaktor aussieht (nach der sogenannten „Lorentz-Formel"): Bei sehr hoher Geschwindigkeit und sehr weiter Entfernung kommt die Verkürzung in die Nähe eines Viertels oder Drittels des Objektes: Ein vor dem ruhenden irdischen Beobachter vorbeifliegendes Raumschiff sieht dann aus wie ein Riesenflugzeug mit zerknautschter Nase, während aus der Sicht des Raumfahrers die Erde aussehen würde wie ein blau-grün-braunes Rugby-Ei mit entsprechend verzogenen Karikatur-Kontinenten.

Dass hier die unmittelbare Anschaulichkeit, sozusagen für Dritte, fehlen muss, ändert, wie bei der Zeit auch, nichts am Phänomen selbst (das ja durch die genannte ‚Lorentz'-Formel bestätigt wird.) An der Realität des Gedankenexperiments und dem Resultat gibt es mathematisch-logisch nichts zu zweifeln. Die zentrale Frage ist auch nicht, in welcher Interpretation von ‚real' sich die Objekte befinden. Des Pudels Kern ist, dass das Resultat *auf performativem Wege* zustande gekommen ist: *Raumkompression* besteht nur in jenem Augenblick, wenn zwei gegeneinander sehr schnell bewegte Bezugssysteme „verglichen" und in einer Fiktion von „Gleichzeitigkeit" angesehen, d. h. beobachtet werden; sie ist ein ad-hoc-Ereignis. Wieder spielt, wie oben, die begrenzte (Licht-)Geschwindigkeit der Informationsübertragung die Hauptrolle. Raumkompression ist ein performatives Phänomen. Bleibt man bei nur *einem* Bezugssystem (/Erde/ oder /Raumschiff/), ist alles „normal", arbeitet man aber mit zwei Bezugssystemen „gleichzeitig" (/Erde/ ↔↔ /Raumschiff/), ergeben sich „Anomalitäten". Im ersten Fall sind die Verhältnisse und ihre Resultate konstativ; im letzteren jedoch performativ, d.h. sie bestehen nur im Vollzug.

Zusammenfassend kann man sagen:

- Aussagen wie „die Zeit vergeht langsamer" oder „Objekte schrumpfen" haben keinen konstativen Wahrheitsgehalt im Sinne der orthodoxen Physik. Sie kommen unter strikt-performativen Bedingungen zustande. Dies ist der tiefere Sinn der Rede der Physiker von der „Relativität".

5. Performativer Mesokosmos: Lebenswelt

„Es ist durchaus möglich, dass sich die Große Natur in der kleinen menschlichen Natur zeigt." (Ram Adhar Mall)[4]
„Alles, was der Makrokosmos enthält, erfindet der Mikrokosmos symbolisch von neuem, weil er als Mikrokosmos eben dem Makrokosmos genau entspricht." (Richard Grossinger)[5]

Ein Mitarbeiter im Berner Patentamt sagte in abendlicher Runde zu dem jungen Einstein: „Albert! Du kannst dich doch nicht einfach bei der Physik bedienen und sie dann ganz unbekümmert auf ein vollkommen anderes Gebiet anwenden!" Einstein: „Wieso nicht?" Wenn man diesen Einsichten folgt, dann ist der Mesokosmos, also das Feld der menschlichen Kultur und Zivilisation, eine Dimension, die sich vom Mikro- und Makrokosmos lediglich in der Größe, der Ausdehnung unterscheidet: Er ist inmitten, zwischen den anderen beiden Dimensionen gelagert (wiewohl er insgesamt wohl näher am Mikrokosmos ist). „Das Verständnis des Menschen muss vom Kosmos ausgehen." – so sah es schon Johann Gottfried Herder. Wenn man in den Mesokosmos eintaucht, darf man niemals vergessen, dass singuläre Phänomene ihren Ursprung in der Natur selbst haben und dann in der menschengemachten Methodik wie in einem selbstprovozierten Spiegelbild wieder auftauchen (Wirkungsquantum; Unbestimmtheitsrelation usw.).

Dies trifft auch auf das Phänomen des Schwarzen Lochs zu: „Wenn wir entdecken, dass selbst die subtile Logik, die Schwarze Löcher regiert, auch hinter den Abläufen in unserem Gedächtnis und unseren Entscheidungen steht, fühlen wir uns als Teil desselben globalen Strömens, des gleichen Flusses." [...] „Auch wenn wir Schwarze Löcher zu verstehen versuchen, sind wir nicht reiner Verstand; sind wir nicht Teil einer anderen Welt als der der Objekte, die wir zu verstehen suchen." (Rovelli 2023, 137; 140).

4 Mall (2015, 322).
5 Grossinger (1988, 65) spricht von „Mikrokosmos", meint aber damit den ‚Mesokosmos' im Sinne dieses Buches, also die zivilisatorische Dimension der menschlichen Kultur.

Das System des Schwarzen Lochs lässt sich im Bereich Mesokosmos auf ungezählten Kulturfeldern und Wissenschaften zeigen – in einer strukturellen Analogie, versteht sich. *Singularität* und *Performativität* bilden, nach dem physikalischen Vorbild, auch woanders immer ein System. Kapitel III blättert an einigen Musterbeispielen das Phänomen der Singularitäten auf: Sie sind der Beleg für die Universalität dieses Wirkungsquantums, das in der Philosophie schon immer gewirkt hat, heute aber überall identifiziert werden kann: Dies ist die Basis der Performativen Philosophie.

Die Performativität des Mesokosmos ist leicht zu beweisen (s.u. „Kulturen des Performativen"): Dies ist eine wirklich komfortable Lage. Man soll es sich aber nicht zu leicht machen, denn Performativität ist beileibe keine Angelegenheit eines begrenzten Paradigmenwechsels, sondern ist universal, allgegenwärtig. Die Performativität des Mesokosmos wirklich ganz zu durchschauen kann deshalb nur gelingen, wenn man es fertigbringt, sie als Ganzes von Außen zu betrachten, ja, zu beobachten: am besten mit jenem Hintergrundwissen der mikro- und makrokosmischen Perspektiven. Im menschlichen Alltag, dem irdischen Mesokosmos, gelten dieselben Strukturen und Gesetze wie in den anderen Dimensionen auch: Die irdische Welt ist ja ein Teil des Universums. Dies gilt gerade dann, wenn diese Strukturen und Gesetze *nicht offensichtlich* sind: Sie sind in der Lebenswelt aus sozialen Gründen verdunkelt. Das Verständnis des Menschen und seiner sozialen Welt ist aber heute und in der Zukunft nur möglich, wenn die *essentials* aus dem Makro- und Mikrokosmos berücksichtigt werden. Es wäre seltsam realitätsfern, wollte man das noch leugnen. Dieses einfache Faktum ist auf die verschiedenste Weise verborgen, verschattet, verschleiert oder verdrängt. Nicht ohne Grund: Singularitäten können im sozialen Kosmos nur implizit funktionieren. Dies ist das erste Mysterium, das über allen sozialen, kulturellen und humanen Singularitäten liegt. Im sozialen Leben sind sie an das menschliche Miteinander angepasst: Sie erscheinen nicht so radikal wie in den anderen zwei Dimensionen (Mikro-/Makrokosmos), sondern in einer sozialen Verkleidung, einer Camouflage. Sie treten nicht explizit hervor, sondern bleiben verdeckt: Sie können in aller Regel nur implizit vollzogen werden. Sie sind strikt performativer Natur.

Wie der Kosmos in all seinen Dimensionen, ob Mikrokosmos oder Makrokosmos, war auch der Mesokosmos, also die Lebenswelt des Menschen und alles Lebendigen, immer schon performativer Natur. Es kann also niemals um die Frage gehen, *wann* eine Dimension performativ „geworden" sei; dies wäre so unsinnig wie das Problem, *wann* eine Naturkonstante etwa entstanden sei. Sie *war* ja schon immer. Das performative Gamma wird aber immer zu einem besonderen Zeitpunkt durch Menschen entdeckt und dann durch sie erfasst; oft durch eine wissenschaftliche Methode (wie in der Neuen Physik) oder durch eine spezielle Ästhetik des *doing* (wie z. B. in der Kunst).

Für den Mesokosmos gilt also umso mehr das Axiom, dass er immer schon – zu jeder Zeit und an jedem Ort – performativ gewesen ist. Dies war er in all seinen internen Dimensionen: z. B. in den alten Mythen und Kosmogonien, in den oft zitierten typischen Geschichtsepochen wie Antike, Mittelalter und Neuzeit, auf seinen typischen Kulturfeldern wie Wissenschaft, Literatur, Theater, Kunst, Sprache u. v. m. Wirklich bedeutsam, wenn nicht: seltsam, ist nur, dass die Performativität des Mesokosmos in allerjüngster Zeit mit großem Aufwand und unter viel Applaus und Hype, wiederendeckt, mit einem Paradigmenwechsel verkleidet und dann detailliert und interdisziplinär erforscht wird – so, als müsse die Wissenschaft eine ganze neue Epoche vorbereiten (oder ein virtuelles Versäumnis endlich nachholen).

Eine performative Philosophie ist daher in der komfortablen Lage, auf eine ausgearbeitete Performativität des kulturellen Mesokosmos zurückblicken und zugreifen zu können. Gleichzeitig stellt sie verwundert fest, dass ihre eigene Disziplin, die Philosophie, von der performativen Welle *nicht* miterfasst worden ist, m. a. W.: auf eine seltsame Weise ausgespart worden ist (sieht man von theatralischen Phänomenen wie der *„philosophy of performance"* ab, die keine Philosophien sind, sondern Bühnen-Inszenierungen). Dies schreit geradezu nach einer Erklärung. Um diese vorzubereiten, muss man näher auf die Performativität des Mesokosmos sehen:

„Kulturen des Performativen"

Ziel des ein Jahrzehnt andauernden Großprojekts[6] (Fischer-Lichte; Kolesch 1998) war offenbar, die Perspektive des Performativen nach rückwärts zu öffnen und das performative Paradigma vom Odium einer ebenentdeckten Aktualität am Scheitelpunkt der Jahrhunderte 20/21 zu befreien. Performativität sei, so die These, dabei ein kulturelles Großphänomen, das mit Textualität organisch abwechselt, die lineare Entwicklung von Kultur an markanten Stellen unterbricht und immer wieder neu aufstellt. Dabei verwendet das Projekt einen maximalen Begriff *performativ*, der nach Art eines schwingenden Rhizoms, eines *umbrella-terms* enthalten kann: wirklichkeitskonstituierendes Sprechen nach J. L. Austin; kreative Aktualisierung der Sprachkompetenz; Rituale und Zeremonien; Inszenierung; Umsetzung des Potenzials einer weitläufigen Aktion von Energie (spontane „*performances*"). Offenbar ist ein solcher Begriff breit und weit genug, um vieles zu integrieren, was irgendwie mit pragmatisch-aktiven Prozessen assoziiert werden kann (hier leuchtet die Eigen-Performativität des Projektes auf). Der *diapason* reicht denn auch (Auswahl) über eine Vielzahl von Einzelprojekten: von der Rolle von Emotionen in der Literatur des Mittelalters über das Theater im Shakespeare-England, über eine Ästhetik von Risiko und Ritual bis hin zu anglo-osmanischen Kulturkontakten.

Der Projektbereich „Performativität in der Moderne" richtet sich auf die Theorie und die Bandbreite der Anwendung von kulturellen Aspekten in der Kulturszene: Ästhetik des Performativen, Museums- und Ausstellungsinszenierungen, sprachliche Performanz (grammatisch und umgangssprachlich), Montagen/Collagen mit Synästhesie-Effekten und der Bereich von Text- und Musiktheater. Es ist unabschließbar (auch dies: ein echt-performatives Phänomen).

---

6 https://www.geisteswissenschaften.fu-berlin.de/v/sfb-kulturen-des-performativen/teilprojekte/index.html.

„Die Erzeugung der Welt“

Unter den Titeln „Die Verwandlung der Sophia“ (i. e.: „der Wandel der Weisheit“) und dem Programm „Die Erzeugung der Welt“ sind die in der Wissenschaft etablierten Disziplinen bereits in performativer Perspektive dargestellt worden – mit dem Ziel, sie dadurch zu verbinden („Interdisziplinarität“). Performativität ist wahrscheinlich das stärkste, effektivste Instrument, Interdisziplinarität tatsächlich und konkret zu verwirklichen (Hinrichs 1991; 2018a, 73–207). Die performative Vision in jeder Disziplin ist die autopoietische Selbsterzeugung (Maturana/Varela). Die Disziplinen werden hier nicht noch einmal rekapituliert, sondern pointiert unter einem Kernsatz zusammengefasst. Jede Disziplin steht für einen weiteren Baustein im Bereich ‚performativer Mesokosmos‘. Angegeben wird ein maßgeblicher Repräsentant (s. ausführlich ebd.):

Performative Sprache: Performativität ist etwas, das die gesamte Sprache erfasst: das System genauso wie die Anwendung. Im System regiert ein vollausgebautes Repertoire an performativ einsetzbaren Zeichen: von expliziten Verben wie *auffordern* bis zum Universum der sprachlichen Metakommunikation. Alles Sprechen ist gekennzeichnet von expliziten und impliziten Verwendungen, die jede Kommunikation vorantreiben, indem sie sie über Leerstellen des Verstehens stetig neu erzeugen. (Ekkehard König)

Performative Kunst: Neben der Beschreibung, der Dokumentation, der Notierung und der professionellen Interpretation des Kunstwerkes erscheint seine performative Dimension zwischen Autor, Werk, Rezeption und Betrachter. Diese ist offen, kontingent, dynamisch und von einer eigenen Energie. Das Kunstwerk wird so zwischen beiden Dimensionen immer wieder neu aktiviert und entsteht immer wieder neu im Auge des Betrachters. (Dorothea von Hantelmann)

Performative Religion: Religionen, auch die sogenannten Buchreligionen, werden mehr und mehr gesehen als Aktivität und Schöpfung von Personen. Religionen werden performativ ausgeübt und erzeugen dadurch mit jedem Akt ihre Wirkkraft neu. Buddhistische, islamische, christliche etc. Standards erzeugen sich selbst ständig neu durch das Handeln, durch das Tun, durch das Gebet des Individuums. (Hartmut Rupp)

Performative Ökonomie: Es ist eine Binsenweisheit der Ökonomie, dass die Aktionen und Kommunikationen der *player*, Agenten und Plattformen den Verlauf ökonomischer Prozesse nicht nur massiv beeinflussen, sondern auch immer wieder neu hervorbringen. *Selffullfilling prophecy* ist hier ein zentraler performativer Faktor. Die Klassische ‚Unsichtbare Hand' ist immer noch eine mächtige performative Wirkkraft, die, selber unsichtbar, die sichtbaren Hände steuert. (Michel Callon)

Performative Rechtsprechung: Der moderne Jurist weiß nicht nur um das Performative in der Jurisdiktion: Er erkennt die Lücke, die zwischen Gesetzestext und Urteil besteht und erkennt sie ausdrücklich an. Er weiß, dass auch die Begriffe ‚legal' und ‚legitim' nicht zusammenfallen müssen. Jeder Fall ist ein *Casus sui generis* und wird durch Seitenkräfte des Tat- und Personenkontextes und des Zeitgeistes mitbestimmt. Und der Jurist weiß auch, dass die juridische Performativität bis weit in den Hintergrund der Rechtsfindung reicht. (Sabine Müller-Mall)

Performative Geschichtsschreibung. Sie ist ein genialer Akt des Schreibstils, weil sie die Lücke zwischen dem, was war und dem, was geschrieben wird, tendenziell aufheben will. Damit wirkt sie stereotypen Altlasten entgegen, die wieder neuen Stereotypen auf Leserseite entgegenwirken. Der performative Historiker geriert sich als eine fiktiv-literarische Figur, die eine Vision des Augenzeugentums entwirft, die der Leser gern als Illusion akzeptiert. (Stephan Jäger)

Performative Pädagogik: Im Mittelpunkt des pädagogischen Handelns steht mehr und mehr der unmittelbare Vollzug, die Arbeit mit und am menschlichen Körper – anstelle des Zitates von Regeln, Gesetzen und theoretischen Erkenntnissen. Erziehung und Bildung vollziehen sich mit Hilfe der Inszenierung. Mit der Konzentration auf den Körper gewinnen die Wahrnehmung, Realisierung und Erforschung von Erziehungs- und Bildungsprozessen neue Perspektiven. (Christoph Wulf)[7]

Performative Medien: Jeder weiß inzwischen, dass die sozialen Netzwerke Performativa *par excellence* sind. Sie kreieren das HIER&JETZT, wenn möglich in Echtzeit und Echtraum. Influencer und Userin fusionieren zur performativen Kommunikationsgemeinschaft, die ohne Rekurs, ohne

---

7 Formulierungen nach Wulf; Zirfas (2007; Klappentext).

Begründung, ohne konstatives feed-back auskommt. Inszenierung ist alles. Neue Medien sind über ihre Größen wie *likes, follower* etc. ein exakter statistischer Gradmesser für die unaufhaltsam ansteigende Performativität der Zeitläufe und des 21. Jahrhunderts weltweit.

Unter Stichwörtern wie „Performativität“, „performative Kultur“, „Kulturen des Performativen“ und weiteren, ähnlichen liefert das Netz mittlerweile eine unüberschaubare Fülle an Spezialstudien, zuerst im Bereich „Geisteswissenschaften und *‚performances‘*“, dann auch im Bereich Naturwissenschaften. Sie alle belegen die allseitige Durchdringung des humanen Mesokomos mit Performativität – wie auch immer diese selbst definiert oder ausgeprägt sein mag. Stichwörter sind z. B. (*google*):

- „performative Hochschule/Gesellschaft”
  https://www.ssoar.info/ssoar/handle/document/81268
- „performative Geographie”
  https://www.jstor.org/stable/24577018
- „Performativität und Dichtung”
  https://hasp.ub.uni-heidelberg.de/journals/bunron/article/view/666
- „Performativität und Sozialforschung“
  https://www.researchgate.net/publication/300578039_Die_Performativi tat_der_qualitativen_Sozialforschung
- „Performativität und Sexualität“
  https://muse.jhu.edu/article/709627 (alle: 3.1.2024)

Damit kann *grosso modo* gelten, dass die performative Grundierung des Mesokosmos in allen notwendigen Details beschrieben worden ist, in jedem Fall in einer ausreichenden Weise für den Hintergrund einer performativen Philosophie. Die historische Seite kann aufgefasst werden als ein Auf-und-Ab, ein Oszillieren zwischen konstativ geprägter Textualität und inszenierter Performativität. Dieser Punkt wird aber letztlich insoweit strapaziert, als er in seinen möglichen Dimensionen erst jetzt entdeckt und deshalb zwangsläufig *überdimensioniert* dargestellt wird. Es ist ein Anfang. Die wichtigste Botschaft ist hier ohne Zweifel eine *ex negativo*: dass das performative Gamma aller Kultur, aller Wissenschaft bis hinauf in unsere Zeit weitgehend ausgeblendet, verdrängt, marginalisiert, umgedeutet, wenn nicht: tabuisiert wurde – um die historische Vorherrschaft des europäischen textualistischen („konstativen") rationalen Geistes im Laufe der Epochen zu sichern. *Ex positivo* lautet die Botschaft der aktuellen Performativitätsforschung, dass die Philosophie hier ein Feld vorfindet, das ihre Zukunft entscheidend bestimmen wird.

6. Das Neue Weltbild

- Die Änderungen, die die Neue Physik in die Weltbilder hineinträgt, sind die strukturelle Grundlage für performative Weltbilder und eine performative Vernunft der Zukunft.

Performative Philosophie ist der Begleiter, das Analogon zum Weltbild der Neuen Physik. Um es zu verstehen, muss man sich dieses Weltbild in den Grundzügen anschauen.

Details: Vor gut einhundert Jahren haben die Pioniere der Neuen Physik, Max Planck, Albert Einstein, Werner Heisenberg und andere ihre Disziplin revolutioniert und unser Weltbild um Dimensionen erweitert. Dieses neue Weltbild nannten sie „relativistisch“, weil sich erwiesen hatte, dass Raum und Zeit keine absoluten, „ewigen“ Größen sind, sondern voneinander abhängen und ineinander übergehen, im ganz Großen wie im ganz Kleinen. Dass Quanten nicht genau messbar und festzulegen sind; dass Uhren langsamer gehen; dass der Raum schrumpft; dass etwas gleichzeitig gleich und verschieden sein kann: Das alles sind keine Eskapaden eines närrischen oder boshaften Gottes, keine Ausgeburten mondäner Esoteriker; es ist physikalische, beinharte *Realität* – nur: dem Sinn des Common Sense notwendig verborgen und ihm erst einmal: *fremd*. Alles hängt davon ab, was der Beobachter tut und wo er sich befindet, ja es scheint sogar so zu sein, dass er selbst es ist, der die Resultate seiner Messungen *selber miterzeugt* und sie dann, gewissermaßen von Außen, interpretiert. Er fusioniert mit der Materie, die Materie mit ihm und seinem Tun. Diese Interrelation ist bereits vielfach experimentell nachgewiesen und unterliegt keinem vernünftigen Zweifel mehr. Das kann man dann „relativistisch“ nennen, weil absolute Größen (z. B. Lichtgeschwindigkeit) mit nichtabsoluten Größen (mehrere Bezugssysteme; Standorte) wechselwirken. Das Weltbild, das sich hieraus ergibt, ist performativer Natur.

Alles in allem haben wir also eine absolut-relative Beziehungskonstellation. Wenn man unter „relativistisch“ dann den *substanziellen Einbezug* von Beobachter, Messung und Situation versteht und auf den *Prozess* sieht, dann passt der Ausdruck „performativ“ mindestens genauso gut, weil er genau darauf abhebt und zugleich eine viel weitere Extension hat. ‚Performativ' erfasst den Weltbezug der Neuen Physik erst richtig: Mit ihm stellt sich dieser Bezug vom Kopf auf die Füße. Denn hier tritt Performativität ganz offen zutage: Der Mensch erzeugt durch seine beobachtende Aktivität unmittelbar die Welt mit, die er misst, und die Materie verhält sich oft so, als wäre sie auf eine geheimnisvolle Weise auf diese seine Aktivität, *auf seinen Vollzug angewiesen*. Das Axiom lautet:

- Das Weltbild der Neuen Physik ist seinem tiefsten Wesen nach performativ. Dadurch unterscheidet es sich fundamental vom Weltbild der Klassischen Physik, das konstativ ist. (Eine Fusion bleibt ein Projekt der Zukunft).

Das, was auf diese Weise performativ erscheint, zeigt sich automatisch auch als relativistisch; vieles was ‚relativistisch' genannt wird, wird erst durch performative Verfahren wirklich verständlich. Und da dieser Befund nicht auf zwei ausgewählte Dimensionen beschränkt sein kann, sondern natürlich universal gilt, ergibt sich ein heuristisches Prinzip, der Natur unmittelbar abgelauscht: „Der Forscher muss der Natur jene allgemeinen Principe [sic!] gleichsam ablauschen, indem er an größeren Komplexen von Erfahrungstatsachen gewisse allgemeine Ziele erschaut, die sich scharf formulieren lassen." (Albert Einstein). Quantenmechanik und Relativitätstheorie haben der staunenden Menschheit demonstriert, wie die Welt im Kleinsten und im Großen gebaut ist, dass im Kosmos und im Atomkern ein analoges Prinzip wirkt – ohne dabei die großen Traditionen zu beschädigen. Dieses *performative Wirkungsquantum* zeigt sich im Großen wie im Kleinen als ein geheimnisvolles Zero: Es lässt kein konstativ-eindeutiges Prädikat zu, weil der performative Mechanismus unhintergehbar ist. Wir können hier deshalb – in einem weiteren Axiom – sagen:

- Die tiefere Bedeutung der Termini ‚relativ' und ‚relativistisch' ist ‚performativ', und zwar in dem Sinn, dass alle Dimensionen des Kosmos in einer nichttrivialen Weise durch Standort, Situation und Vollzug der Beobachter und der Beobachtung substanziell mitbestimmt sind. Der Terminus ‚relativ' ist noch dem Geist der traditionellen Physik geschuldet; der Terminus ‚performativ' zeigt den Geist der Neuen Physik besser.

Der Herrgott hatte mit dem Wunderwerk von Einstein, Heisenberg und Planck einen Diamanten der Wahrheit in die Menschenwelt geworfen und etwas von seinen Schätzen preisgegeben. Durch die neue Parallelität von Neuer und Klassischer Physik wird erkennbar, welchen Quantensprung das *Bewusstsein* des Menschen *jetzt*, im 21. Jahrhundert, machen muss, um beide Weltbilder übereinzubringen und so *neue Weltbilder* zu erzeugen. Der Wissenschaftler der Zukunft muss Physiker und Philosoph zugleich sein, er wird etwas von einem Universalisten haben, und er muss ein wenig wie ein Quantenelement denken, ja: *wie ein Quantum sein können.* (Um Trüffel zu finden, muss man die Nase eines Wildschweins haben.) Der Philosoph der Zukunft muss fähig sein, zwischen Philosophien zu navigieren sowie gleichzeitig von der Philosophie zu abstrahieren. Philosophien sind für ihn je verschiedene Bezugssysteme, mit gleichen Rechten, gleichen Werten, mit eigener Zeit und eigenem Wirk-Raum. Wenn diese Systeme aber direkt miteinander verglichen werden – eine Ursünde der Philosophen – ergeben sich, wie in der Neuen Physik, immer dieselben Kuriositäten und Aporien. Physiker wie Philosophen der Zukunft haben im Idealfall die Fähigkeit, zwei Bezugssysteme *zugleich* zu sehen und gewissermaßen *zwischen ihnen* zu denken, d. h. ihr Denken nimmt in diesem Sinne etwas davon an, was man gemeinhin mit ‚*Relativität*' bezeichnet. Ein solcher Denkgrund ist damit nicht nur ein Spätprodukt der Neuen Physik, sondern ein mächtiger Impuls für den Sapiens des 21. Jahrhunderts: eine neue, eine andere Art zu denken.

Der Wissenschaftler, der auf diese Weise komplementär denkt, sollte das, was er sagen will, selbst *verkörpern* und es *dadurch* jeden Zweifels entheben. Er muss es selbst – *erfahren haben.* Er muss es selbst – *erzeugen.* Ideal wäre, wenn er *direkt autobiographisch* mit dem, was er sagt, verbunden wäre. Er muss es selbst – *sein.* Es ist nicht leicht. Die Entwicklung zeigt aber, dass alles möglich ist. Es ist deshalb höchste Zeit, sich dieser Botschaft überall zu stellen, und ganz besonders: in der Philosophie. Und der Laie der Zukunft – der Zeitgenosse – wird seinen Blick auf das Beispiel lenken, das eine veränderte Realität überall ausstrahlt: Dadurch ist er am Wirken neuer performativer Weltbilder selbst beteiligt.

Die erste, unumgängliche Frage ist: Was gibt uns die Physik von Heisenberg, Einstein und anderen an die Hand, um eine neue Philosophie zu ermöglichen, die nicht mehr in alte Fallen tappt und die Welt neu sehen kann? Wie sieht eine Philosophie aus, die die Neue Physik widerspiegelt, ja: selbst nach ihren Prinzipien funktioniert? Und hier muss man einen Moment innehalten, um keine falschen Fährten zu legen: Die Frage ist *nicht, nota bene*!, wie Quantenmechanik und Relativitätstheorien philosophisch *interpretiert* werden können (worüber es genug Literatur gibt). Dies nenne ich das *philosophische Missverständnis* – eine Falle eigener Art. Dieses Missverständnis prägt so gut wie ausschließlich alle Verbindungen, die es bis jetzt zwischen Neuer Physik und Philosophie überhaupt gibt. Man muss diese Frage vom Kopf auf die Füße stellen. Die philosophisch vorrangige, einzigartige Frage ist vielmehr:

- Wie sieht eine Philosophie aus, die selber quantenmechanische und relativistische Züge trägt und damit auf eine neue Weise mit dem Naturaufbau kompatibel ist? Wie sieht eine Philosophie aus, die in diesem Sinne performativ ist?

Das, was uns Quantenmechanik und Relativitätstheorien, Atomkernphysik und Kosmologie heute ermöglichen, ist die philosophische Vision einer neuen Weltsicht, die für alles und alle auf dem Globus gilt, die die Traditionen hochschätzt und eine noch unbekannte Zukunft so gestaltet, dass sie das Leben auf diesem Planeten nicht bedroht, sondern fördert. Denn die Prinzipien, die im Kleinsten und im Größten wirken, sind universal und gelten für *alle* Dimensionen, für die unbelebte und belebte Natur, für Pflanzen, Tiere und Menschen, für unsere Welt der Zivilisationen und des Kulturbetriebes. Böse Zungen könnten aus heutiger Sicht durchaus sagen, es sei so etwas wie ein Skandal, dass die Wege, die die Neue Physik vor einhundert Jahren für alle gewiesen hat, nicht längst auch in den Wissenschaften begangen worden sind. Aber: *Besser spät als nie.*

Rückblick

Anfang des 20. Jahrhunderts wirkte das Heraufkommen der Neuen Physik wie ein Erdrutsch, und der Mensch erschien als Entdecker, der sich an Gottes Geheimnisse wagte – ein Hauch von Blasphemie durchwehte die

Akademien. Es war wie ein Asteroiden-Einschlag, der gleich ein neues Weltbild hervorbrachte, ohne jedoch das alte auszulöschen: Die klassische Physik wurde eher ergänzt und erweitert als ersetzt, und heute weiß man, dass beide Physiken sich gegenseitig befruchten: Keine ist allein ‚richtig' oder ‚falsch'; ihr Zusammenwirken erweitert aber das logische und wissenschaftliche Bewusstsein immens, weil es auf ein noch unentwickeltes *Tertium* hinweist, dessen sich sowohl der Experte wie der Laie bewusst zu werden hat. Auf deren dereinstige ‚Vereinigung' – Stichwort *Fusion* – dürfen Physiker und Philosophen gleichermaßen gespannt sein: *Tertium datur* – dies ist die lateinische Zauberformel für die endgültige Überwindung eines alten Denkens in Oppositionen, in logischen Gegensätzen und in dominierenden Theorien. Es ist das Signum des *Komplementären Denkens* – das ein performatives Denken ist und in der performativen Philosophie zum Ausdruck kommt. (Kap. IV, 12).

Wir sagten, was im Kleinen und Großen gilt, gilt auch für die mittlere Dimension. In den Kulturwissenschaften, also im sogenannten ‚Mesobereich', haben wir eine besondere, ja eigentlich seltsame Situation: Das, was eigentlich seit jeher selbstverständlich sein sollte, wird in jüngster Zeit erst wieder in aufwendigen Projekten konstruiert und mit einer „performativen Wende", mit einem aufwendigen „Paradigmenwechsel" unterlegt – als wenn ein solcher überhaupt notwendig wäre. (Der Grund dafür liegt in einer historischen, typisch europäischen Abkehr von allem Performativen – wir kommen darauf zurück). Alles sieht aus wie ein Paradox: Die Neue Physik scheint auf den ersten Blick gewissermaßen *performativer* als die Kulturwissenschaften selbst zu sein, die erst wieder extra auf den performativen Zug aufspringen müssen (und sich oft in der Diskussion von etlichen ‚Paradigmen' verlieren). Die Physiker hätten den Ausdruck ‚*performativ*' vielleicht verwendet, wenn sie ihn gekannt hätten. Denn die Neue Physik zeigt uns unmissverständlich, dass es das Moment des *Vollzuges* ist, das alle Prozesse und Substanzen bestimmt: des Vollzuges der Beobachtung, der Messung, des Aufbaus und der schieren Anwesenheit der Physiker und ihrer *Handlungen*. Alle fließen im Projekt des Experiments ineinander und erzeugen zusammen jenen Vorgang, der dann vermessen wird, immer aber eine substanzielle *Spur der Vermessung* selbst aufweist: einen intrinsischen *gap* oder einen Überschuss – was kein Gegensatz sein muss. Dieses Moment gilt genauso oder: erst recht in der Menschenwelt, was sofort einleuchtet: Es bezieht den beobachtenden Menschen in alles mit ein und macht ihn selbst damit zum Erzeuger und Gestalter seiner Welt, die er untersucht – ganz gleichgültig, wie er dies dann wertet, interpretiert oder ausnutzt: Es ist unhintergehbar, irreversibel und eine universale Konstante. Natur und Menschenwelt sind damit auf die gleiche Weise geerdet: Wir nennen dies behelfsmäßig ‚performativ', weil uns die Sprache, in der wir sprechen und schreiben müssen, noch keinen geeigneteren Begriff zur Verfügung stellt. Die Philosophie fasst dies folgerichtig in den Begriff der ‚*Performativen Philosophie*': Performative Philosophie folgt somit einem allgemeinen Prinzip, das die Naturwissenschaften vorgeben.

Die Kehrseite der Revolution des Weltbildes

Revolutionen produzieren fast immer und ziemlich schnell eine Kehrseite, weil der Umschwung vielen gar zu heftig erscheint – eine Art Gegenspiegelung. Diese Kehrseite bremst dann eine mögliche, ins Universale zielende Geltung ab und führt ein Element der Trägheit in den Wissenschaftsprozess ein: eine Relativierung eigener Art. Wirklich neue Erkenntnisse stoßen so gut wie immer und sofort auf einen Widerstand, den dann der jeweils geltende Horizont der Wissensproduktion ins Feld wirft: Es tritt das auf, was Michel Foucault die „Epistemie" eines Zeitalters nannte, Thomas Kuhn das herrschende Paradigma – eine Art bremsende Trägheit des Zeitgeistes. Jede tiefe mentale Wende erzeugt wie automatisch erst einmal Widerstand oder Ignoranz, die ihre Zeit andauert (bis eine der nächsten Generationen den Sprung vollendet). In einem Wort: Die neuen, unfasslichen Erkenntnisse über die Welt und ihren Aufbau sind bis jetzt zum größten Teil auf Physik und Astrophysik beschränkt geblieben. Allenfalls fanden und finden Diskurse statt über ihre Bedeutung für die Philosophie, jedoch keine über eine Philosophie, die *selber* Quanten- und Relativitätswesen hätte. (Dies kann man eine ‚philosophical failure of physics' nennen.) Mit dem Begriff „Quantenphilosophie" (Heisenberg, Weizsäcker, Warnke) meint man bis jetzt durchweg ‚philosophische Ausdeutung der Quantenphysik', nicht aber *‚Philosophie mit Quantencharakter', was etwas vollkommen Anderes ist. Das Problematische an dem Tandem *Neue Physik* : *Philosophie* ist bis heute:

- Quantenphilosophie begegnet physikalischen Fragen lediglich mit sekundären philosophischen Ausführungen (Dürr; Lazarovici 2012, 110);
- Sammelbände, die „Philosophie der Physik" heißen, befassen sich fast ausschließlich mit physikalischen Fragen. Eine Philosophie mit Quantencharakter wird nirgendwo entworfen (Esfeld 2012).

Es gilt also heute wie damals: „Die der Quantentheorie entsprechende Philosophie ist noch nicht befriedigend entwickelt worden. Ich vermute, dass es dazu einer noch radikaleren Abkehr von den traditionellen Theorien von Raum und Zeit bedarf, als es die Relativitätstheorie erforderte." (Bertrand Russell). Man kann, *summa summarum*, nicht wirklich davon sprechen, dass Moderne und Postmoderne, Jahrtausendwende und der Beginn einer neuen Zeitrechnung von eben einer solchen Revolution geprägt gewesen wären (obwohl sie es verdient hätten). Es wurden obendrein mit der Zeit mächtige Mythen geschaffen, die das gängige europäische Denk-Paradigma schützen. Diese Mythen stehen einer physikalisch inspirierten Performativen Philosophie entgegen:

- *Mythos 1*: Quantenmechanik und Relativitätstheorie gelten als mathematisch kompliziert und als für den gesunden Menschenverstand schwer zu verstehen; sie werden dann *als Theorien des Realen* verdrängt und verleugnet. Ihnen wird ein Nischen-Platz in Physik und Astronomie zugewiesen, nicht aber in den Welten jenseits der Naturwissenschaft. Damit geht ihr philosophisches Potenzial verloren.
- *Mythos 2*: Beide Theorien gelten als nur für Experten verständliche Spezialphysik, die sich mit Dimensionen beschäftigt, die für den Normalmenschen unvorstellbar klein bzw. unvorstellbar groß sind und damit außerhalb seiner Lebenswelt angesiedelt sind. Dies ist ein Mythos, der den Sinn der Neuen Physik ausblendet und die soziale Illusion des *Common Sense* sichert. Verbunden damit ist die tiefe Überzeugung, dass Neue Physik und Neues Denken miteinander nichts zu tun haben können.

Beide Mythen sind nicht nur Mythen, sie sind auch falsch. Denn die Grundaussagen der Neuen Physik sind einfach, viel einfacher als z. B. Wirtschaftstheorien oder die Geheimnisse von PC-Software oder Künstlicher Intelligenz, denen sich die Menschen sofort unterwerfen. Und sie werden beinahe „selbstverständlich", wenn man performativ denkt. Die Neue Physik kann von Laien ohne weiteres verstanden werden – abhängig davon, wie sie *präsentiert* wird. Ihre Grundaussagen gelten nicht nur für die Physik, sondern sind universell. Ihre Mystifizierung aber dient psychologisch offenbar auch der Abwehr „großer" Wissenschaft bzw. den abweichenden Interessen des breiten Publikums auf der anderen Seite. Sie schützt zuverlässig vor Neuem Denken und sichert erst einmal den Altbestand des Wissens und der Methoden. Die Mythen belassen die Revolution also dort, wo sie einst begonnen hat, und verweisen die Wissenschaften auf sich selbst zurück.

Sogar Vertreter der Neuen Physik wie Heisenberg und Einstein folgten gern dem *Common Sense* und vertraten die These, dass die kleinsten und größten Dimensionen sich im Wesen fundamental von der mittleren Sphäre entfernen, in der sich die menschliche Kultur abspielt. Die Welt der Physik mache aus unserer alltäglichen Perspektive eine „verkehrte Welt" (Georg Wilhelm Hegel), die sich „von der Lebenswelt entferne" (Bertrand Russell). Dies ist wahr und falsch, beides zugleich: Es ist unmittelbar richtig und doch auf eine subtile Weise irreführend. Alte Sprache blockiert so Neues Denken. Der „Fremde-Welt-Mythos" beschwört ein im wahrsten Sinne kosmisches Missverständnis herauf. Bislang können wir nur feststellen, dass es starke Indizien dafür gibt, dass die basalen Erkenntnisse im Prinzip für alle Dimensionen gelten. „Ich fordere Sie dazu auf, in beide Richtungen zu schauen. Denn der Weg zum Wissen von den Sternen führt über das Atom, und wir haben wichtige Kenntnisse über das Atom von den Sternen erhalten." (Sir Arthur Eddington). Ergänzen könnte man: ‚Auch der Weg zum Wissen in den menschlichen Kulturen kann nicht das Wissen über Atome und Sterne ausklammern, ohne auf eine schiefe Bahn zu geraten.' So legt es Richard Grossinger (1988) durchgängig dar. Performative Philosophie zeigt, dass das Wissen von den extremen Dimensionen zu vertieftem Wissen über die Menschenwelt führt.

In diesem Kielwasser hat es sich in vielen Wissenschaften eingebürgert – oft eher unausgesprochen als direkt – einen tiefen Graben zu ziehen, der die Astronomie noch weiter von den „Common-Sense-Wissenschaften“ absondert. In der Physik und weit darüber hinaus hat sich mit der Zeit eine weitere, ebenfalls verquere Sichtweise festgesetzt. Danach habe die Neue Physik die Klassische Physik ihrer Grundlagen beraubt. Die Erkenntnisse Einsteins und Heisenbergs hätten die klassischen Vorstellungen von Zeit und Raum aus den Angeln gehoben und ein jahrtausendealtes Weltbild zerstört. Quantenmechanik und Relativitätstheorie hätten gezeigt, wie die Welt im Tiefsten funktioniert und damit die Welt der Newton'schen Physik diskreditiert. Nichts wäre falscher, fataler als das. In Wahrheit spielen hier Hysterie, Dramatisierung und eine falsche Hypostasierung die Hauptrolle, die dann gefährliche falsche Fährten legen. Wir nennen dies „das relativistische Missverständnis“. Die Neue Physik zeigt nicht, wie die Welt *in Wahrheit* funktioniert (ohnehin eine sinnlose Formulierung), sondern, dass sie selbst so etwas ist wie ein *missing link*, durch das man, im Bunde mit der Klassischen Physik, nun immer mehr von dem verstehen kann, wie die Welt tatsächlich „in Wahrheit“ funktioniert.

Es hat sich auf diese Weise ein schweigender Konsens etabliert, der vor allem bewirkt, dass die Wissenschaften voneinander getrennt bleiben und das vorherrschende Weltbild nicht grundsätzlich gefährdet wird – jedenfalls nicht über das tolerable Maß hinaus. *Last but not least*: In Europa haben vielleicht zwei verheerende Weltkriege zusätzlich dafür gesorgt, dass das Neue Denken Heisenbergs und Einsteins sich nicht wirklich in andere Wissenschaften verbreiten und dort entfalten konnte: Die Apokalypse blockiert selbst geniale Ideen.

Heute, am Beginn einer neuen Zeitrechnung, beginnen Experten wie Laien zu verstehen, dass keine Physik für sich allein die Wahrheit vertritt, sondern dass man das Denken in polaren Oppositionen aufgeben muss: Gefragt ist ein fusionierendes Denken, das alte Oppositionen auflöst, diese transzendiert und in ein *Tertium* mündet, das sich über die meisten Probleme erhebt. Die Zukunft wird auch den letzten Mythos entzaubern, der auf einer strikten Trennung von *Mikro-*, *Makro-* und *Meso-* besteht: Es gibt nur *einen* Kosmos; dieser aber hat viele Dimensionen.

Dies gilt genauso für die Philosophie. Mit Worten im Sinne des dänischen Physikers Niels Bohr: Neues Denken ist *komplementär*, ja sogar: *synchron komplementär*, und das Phänomen der ‚Komplementarität' muss nicht nur erkannt werden, sondern es muss auch in ihm *gedacht* werden. Es muss in ihm: *gelebt* werden. In der Praxis erscheint über den Polen ein Tertium, das sich immer nur *vollzieht* und kein konstatives Prädikat zulässt: Dieses Tertium ist im Wesen performativ.

- Performativität muss heute als ein universales Prinzip erkannt werden und sich philosophisch auskristallisieren.

7. Noch einmal: Singularität und Performativität

Bevor die Reihe der Singularitäten und der performativen Ströme im Einzelnen ausbuchstabiert werden, ist es nützlich, das Grundsätzliche der beiden Dimensionen noch einmal an wenigen Beispielen zusammenzufassen.

1. Beide sind Teile des Gesamtsystems PERFORMATIVE PHILOSOPHIE. Diese Grundordnung liegt allen Dimensionen des Kosmos zugrunde, was durch Fakten belegbar ist.
2. Beide werden in diesem Buch getrennt dargestellt (Kap. III und IV). Dies hat didaktische und hermeneutische Gründe. Singularitäten und Performativitäten gehören jedoch systemisch und funktional immer zusammen.
3. „Singularität" ist der Startpunkt, „Performativität" der Name des folgenden Stromes. Die Terminologie mag verbesserungswürdig sein; es steht aber z. Zt. keine geeignetere zur Verfügung.
4. Die Erscheinungsweise beider Größen ist in den Dimensionen divers („*mutatis mutandis*") – so auch innerhalb *einer* Dimension. Die flexible Phänomenologie ändert jedoch nichts an der grundlegenden Funktionalität.

Im Schema und an einem Musterbeispiel:

Bereich	Singularität	Performativität
MESOKOSMOS		
Alltagsleben	der Blinde Fleck	das Gespinst der Illusionen
Sprache	la *différence*	die Dynamik der Kommunikation
Psychoanalyse	der letzte Punkt des Unbewussten	die Dynamik der Analyse
Gehirn	last Black Box	die cerebrale Aktivität/Kreativität
Philosophie	Sokrates' Nichtwissen	der Gang der Maieutik
MIKROKOSMOS		
Elektron	die letzte Unbestimmtheit	das Quantenverhalten
MAKROKOSMOS		

Bereich	Singularität	Performativität
Schwarzes Loch	‚Singularität'	Akkretion

Weder die Reihe der Singularitäten (Kap. III), noch die der philosophischen Performativitäten (Kap. IV) ist „vollständig". Sie zeigen das Grundprinzip an möglichst markanten Beispielen. In der Philosophie begründet dieses Prinzip die Performative Philosophie.

8. Gibt es eine Definition der „Performativen Philosophie"?

‚Performative Philosophie' ist kein fester Begriff; eher ein Chamäleon, ein Bund aus losen Enden, ein *umbrella-term*, ein Rhizom (s. a. Kap. IV, 4). Wir können hier den Versuch machen, einige Bestandteile herauszufiltern, aus analytischem Interesse. In der Praxis zeigt sich immer wieder, dass sich Facetten, Lesarten und Konnotationen überlappen können und dass die jeweils geltende aktuelle Lesart vom Kontext des *Hier&Jetzt* bestimmt wird, also selbst etwas Performatives an sich hat. Die Liste dient dazu, einen Begriff und eine Intuition von ihm zu erzeugen, ohne ihn gleich mit logischen oder rationalen Elementen zu überfrachten. Die Liste unterliegt im Prinzip keiner festen Ordnung, keiner Hierarchie.

1. *Die Koinzidenz.* Dies ist eine philosophische Äußerung, die das, was sie propositional aussagt, auch gleichzeitig illokutiv (daher: „Koinzidenz") vollzieht (zeigt, auslöst). Dies ist der Idealfall, der in der semiotischen Struktur auf John L. Austin zurückgeht. Er liegt formal dann vor, wenn ein Hörer post quem sagen könnte: ‚Indem er sagte *‚Jede Philosophie ein schöpferischer Akt!'* hat er genau dies gleichzeitig gezeigt."
2. *Das Schöpfertum.* Philosophie ist selbst ein schöpferischer, kreativer Akt des philosophierenden Menschen. Er drückt in seiner Philosophie sich selbst aus, setzt sie mit jedem Denken, Sagen, Hören und Tun in Leben um. ‚Performativ' meint selber das unmittelbare Erzeugen philosophischer Werte und Inhalte, repräsentiert durch das Sein des Philosophen. Er verkörpert das, was er sagt. Diese Version ist sehr alt, findet sich an allen Geburtsorten der Philosophie, in der einen oder anderen Form, z.B. in Afrika und in Südamerika, in Asien und Ägypten. Repräsentant: Nikolaj Berdjaev.
3. *Die Methode.* Plato und Sokrates haben das performative Moment an den vermuteten Anfang der Philosophie um 500 v. u. Z. gesetzt und die mündlich-dialogische Form der Philosophie unsterblich gemacht. Repräsentanten: Sokrates und Plato.

4. *Der Vollzugssinn von Philosophie.* Seit einigen Jahrzehnten ist es üblich, den Vollzugssinn einer Philosophie zu erforschen. So tritt neben der propositionalen Sachinformation eine neue Dimension der Rezeption von Philosophie in den Vordergrund. *„Was wollte Philosoph X – bewusst oder unbewusst – mit seiner Philosophie vollziehen, bewirken, auslösen?"* Zitierbeispiele sind die Ausführungen von Sybille Krämer zu John L. Austin, von Antonio Cimino zu Martin Heidegger, von der jüngeren Nietzsche-Forschung zu Friedrich Nietzsche (Federico Celestini), von Katrin Wille zur Behandlung von Philosophie im privaten Briefverkehr von Philosophen. Keine Philosophiegeschichte der Zukunft kommt ohne diese Dimension, die sich noch in den Kinderschuhen befindet, aus. Repräsentant: Antonio Cimino.
5. Eine grundsätzliche *Gleichsetzung* jeder ernsthaften Philosophie mit einer anderen, ohne Ranking, ohne Hierarchien. Jede Philosophie hat damit ein eigenes „Bezugssystem", das nicht ohne Not aufgebrochen werden sollte.
6. *Radikaler Reduktionismus.* Reduktion philosophischer Entitäten bis auf einen nicht weiter reduzierbaren Rest, auf ein letztes Zero. Von diesem Zero startet dann eine performativ geerdete Philosophie mit Novum-Potenzial. Repräsentanten: Nikolaus von Kues, René Descartes, Ernst Bloch.
7. *Universalismus*: der einfache, d. h. nicht-komplizierte Nachweis der performativen Fundierung aller kosmischen Dimensionen.
8. *Ex negativo*: die immer weiter fortschreitende Entfernung von spekulativer Behauptungsphilosophie in Richtung auf eine expressiv-emotionale Vollzugs-Philosophie. Repräsentant: Friedrich Nietzsche.

Diese „Definitionen" genügen, um die Bandbreite des Begriffs anzudeuten. Diese Bandbreite bewegt sich von einem Minimum in Richtung auf ein Maximum, das etwa in einer großen expressiv-ruptiven Philosophie zum Ausdruck kommen kann, z. B. bei Friedrich Nietzsche. In einer anderen Ausdrucksweise kann man sagen: Es gibt eine dialogische, eine phänomenologische, eine stilistisch-explosive, eine pragmatisch-kommunikative, eine prozessuale, eine metaphilosophische Lesart, wobei verschiedene Gradabstufungen der performativen Stärke eingeschlossen sein können.

III

SINGULARITÄTEN

‚Singularität' ist ein behelfsmäßiger Ausdruck, der Physik entlehnt. Es handelt sich um ein minimales Wirkungsquantum, das in allen Dimensionen wirkt. Es wird hier als ein universales Wirkungsquantum postuliert und konzipiert, das alle wissenschaftlichen, alle natürlichen und kulturellen Prozesse, alle Philosophie etc. steuert. In jedem Schwarzen Loch west eine Singularität. Im Mikrokosmos erscheint der minimale Punkt z. B. als Unbestimmtheitsrelation, im Makrokosmos als unüberbrückbare Differenz zwischen zwei Bezugssystemen, im Mesokosmos auf allen Kulturfeldern. Im Mesobereich der Menschenwelt jedoch verbirgt sich die Singularität metaphorisch, analog, implizit, divers: nach Art eines Chamäleons. Ihre äußere Erscheinungsform ist vielfältig; ihre quantitative Ausdehnung kann wechseln.

Nach Aristoteles soll jegliches Philosophieren mit einem wortlosen *Staunen* beginnen – Staunen angesichts der Welt und *dass* sie ist und dass sie *so* ist. Dies kann man am besten so übersetzen, dass am Anfang allen Philosophierens eine Singularität steht, wenn man will: eine mentale Singularität der Wahrnehmung, der Anschauung angesichts des Wunders der Schöpfung. Diese Singularität hat kein Prädikat vor sich oder über sich, es gibt keine Kausalität und keine Herleitung; es gibt keinen konstativen Satz, der das Staunen *in actu* substanziell erfassen könnte: Es ereignet sich einfach. Denn wäre das nicht der Fall, wäre das Staunen kein Staunen mehr, kein Ereignis, sondern nur eine nominale Behauptung, die dem Diskurs und damit dem Verlöschen ausgesetzt wäre. Die Singularität des Staunens wird aus einem apriorischen, dunklen Raum heraus erzeugt. Staunen war am Beginn der Philosophie, am ausgeprägtesten wohl in den Kosmogonien und sublimiert in den Mythologien des Erdkreises; Staunen ist auch heute – angesichts der Welt ’21 und der neuen, niedagewesenen Möglichkeiten der Philosophie: Am Anfang von allem steht wieder eine urphilosophische – *Singularität.*

Singularitäten sind oft tabuisiert: wenn nicht in ihrer schieren Existenz, dann in ihren sozialen Funktionen.

1. Alltagsweltliche Singularität: der Blinde Fleck

- Der Blinde Fleck ist eine soziale Singularität, die im gesamten Sozialkörper, seinen Interaktionen und Kommunikationen, wirkt.

Viele moderne Astronomen, z. B. Lee Smolin oder Carlo Rovelli, sind der Meinung, dass es Schwarze Löcher in allen Dimensionen gibt. Der Kosmos ist unteilbar. Im Bereich *Mesokosmos* wäre es jedoch unklug, ja vielleicht sogar unglücklich, die Terminologie des astrophysikalischen Schwarzen Lochs in jedem Einzelfall und in allen Details immer dogmatisch beizubehalten, weil sich dann allzu leicht Missverständnisse und Verschränkungen mit der astrophysikalischen Realität einstellen könnten. Dies gilt zumindest für das gegenwärtige Stadium der Erkenntnisgewinnung. Insbesondere für den Bereich des Sozialen ist es besser, eine verwandte Terminologie zu verwenden, die die Struktureigenschaften des Schwarzen Lochs (die natürlich vollkommen erhalten sind) leichter auf die soziale Welt zu projizieren gestattet. Die Wahl ist auf den Ausdruck ‚*Blinder Fleck*' (BF) gefallen, weil er wissenschaftlich geläufig ist (Augenheilkunde) und umgangssprachlich sofort verstanden wird. „Ein blinder Fleck [...] wird nicht bewusst als schwarzes Loch wahrgenommen, da das Gehirn durch die Farben der umliegenden Bereiche [...] die fehlende Information ergänzt." (*google*). Es ist eine schöne Koinzidenz, dass auch umgekehrt die Astronomen ihr Schwarzes Loch oft auch als „Blinden Fleck des Universums" bezeichnen: So ist der blinde Fleck das Schwarze Loch im sozialen Universum des Menschlichen. In seiner Struktur und seinen einfachen Eigenschaften entspricht er exakt den sonst verwendeten Symbolbegriffen ‚Schwarzes Loch' und ‚Singularität': Es gibt ad-hoc nichts zu sehen, aber um den ominösen Punkt herum gibt es eine faktische Umgebung, die in irgendeiner erkennbaren Beziehung zum BF steht. Über diese Umgebung kann man den Blinden Fleck eindeutig identifizieren.

Der soziale Blinde Fleck: Er ist jene Stelle, jener Punkt, der in einer Interaktion nicht ohne Weiteres umgangen, nicht ohne weiteres aufgelöst werden kann – jedenfalls nicht, ohne in der aktuellen Interaktionsblase einen unsozialen Schaden anzurichten. Ein einfaches Beispiel dafür ist mitten aus dem Leben gegriffen, und es ist ganz beliebig: Wenn man einen Witz erzählt und erklärt zugleich die Pointe, ist alles hin: Die nämlich muss implizit, dunkel, stumm, ein Blinder Fleck bleiben, um zu funktionieren: Sie darf nicht konstativ-explikativ auftreten, sonst kann sie performativ nicht funktionieren: eben als Witz.

Im sozialen Alltag sind Blinde Flecke überall, ja geradezu flächendeckend verbreitet: Sie sind ein *sine-qua-non* des sozialen Lebens (wie Schwarze Löcher ein *sine-qua-non* des Universums sind). Ihr bedeutsamstes Merkmal ist, dass sie im sozialen Miteinander nicht identifiziert werden (was sie mit dem Tabu, dem Geheimnis und auch dem Mythos verbindet). Dies gehört zum Standard, zur impliziten Übereinkunft, es sichert ihre Funktion. Die Abschattung von Blinden Flecken sichert ihre vielfältigen sozialen Aufgaben (und wird durch einen Konsensus zweiter Ordnung garantiert). Es ist sicher nicht verkehrt, den BF zu sehen als eine soziale Konstante, als ein universelles soziales Wirkungsquantum, das die *vita socialis* am Leben und am Laufen erhält. Die Evolution hat sich aus guten Gründen dafür entschieden, den Mechanismus des BF gut zu tarnen, hauptsächlich deshalb, damit er störungsfrei funktioniert und sich nicht selber schadet. Sie hat den Menschen und seine Gesellschaften, in welcher Dimension, auf welchen Spielfeldern auch immer, auf die Macht des dunklen Mechanismus' geeicht.

Das Prinzip des Blinden Flecks

Das Prinzip des Blinden Flecks besteht darin, dass die soziale Aufmerksamkeit auf etwas Anderes gelenkt wird, damit das, worum es tatsächlich und wahrhaftig geht, zwischen den Subjekten ungenannt aufscheinen und *gelten* kann. Der Umweg geht über ein *Aliud*, ein beliebiges Objekt, ein Vehikel. Zugleich ermöglicht die Blindheit des Flecks das, was wir Performativität nennen: Es gibt kein Prädikat, keine aufliegende Aussage, die die vom BF ausgehende Aktivität stört. Man kann es auch Illusion nennen oder Als-Ob oder Mimikry oder unbewusste Täuschung oder Leere. Jeder Mensch als ein soziales Wesen muss diesen Kunstgriff beherrschen, um mit anderen leben zu können. Dieses Wissen kann nicht explizit gelehrt werden, weil das den spontanen Lernprozess behindert. BF wird durch das Beispiel jeden Tag vorgelebt, dann folgt auf das *learning* das *doing*. Es ist eine Sache der sozialen Intelligenz. Durch dieses universale Prinzip, abgestuft in einzelnen Kulturen sowie auch kulturübergreifend, wird menschliches Zusammenleben, ja: die Stiftung von praktischem Lebenssinn erst ermöglicht und stetig realisiert. Es festigt den Zusammenhalt der Individuen, weil jeder das Prinzip auf die gleiche Weise anwendet. Die Kulturen beweisen das jede für sich: Man denke nur daran, was in der japanischen, arabischen oder indischen Welt alles *nicht* gesagt werden kann und wieviele Fettnäpfchen hier für Fremde jederzeit bereitstehen.

Das Prinzip BF ist mit Sicherheit keine Erfindung der Neuzeit, sondern wurde von der Evolution von langer Hand vorbereitet und immer weiter fortentwickelt; vulgo: das Spiel von Lüge und Wahrheit. Archaische Völker haben ihren Mythenkult, gesichert durch starke Tabus und Verbote, auf diese Weise erhalten. Unsere Zeiten haben dieses Prinzip nur verfeinert, angepasst und im sozialen Raum und seinen Interaktionen in ungezählten Ritualen immer weiter variiert. Es ist dafür da, die Geltung von Sinneinheiten als WAHR, d.h. handlungsleitend und konsensfähig, als in der Situation unhintergehbar und absolut zu sichern, so wie, sagen wir, der Mythos auf Neuguinea die Weltsicht der Maori sichert, der Wakan jene der Nordamerika-Indianer, das *dreaming* die der Aborigines, die Göttermythen die Weltsicht der Alten Griechen. Zugrunde liegt die universale Einsicht, dass menschliche Handlung, ja menschliche Existenz letztlich nicht auf einer expliziten Wahrheit ruhen kann, sondern immer auf die implizite Geltung eines Aliud, eines Anderen, einer Konstruktion, eines fernen Etwas, das nicht analysiert wird, angewiesen bleibt, wenn man will: auf einer Wahrheit zweiter Ordnung. Das typische für unsere Zeiten ist, dass dieses Prinzip alle Bereiche des zivilisatorischen Lebens durchdrungen hat und wie ein eigener Mythos die moderne Lebenswelt prägt. Wie dies im Einzelnen funktioniert, auf welchen Ebenen der gesellschaftlichen Kommunikation es wirkt, welche reichhaltige Morphologie es hat und wie die Bestandteile dieses Prinzips im Einzelnen zusammenwirken, soll hier an Musterbeispielen dargestellt werden. (Der Blinde Fleck ist so universal wie das Schwarze Loch.) Das kann nur in einem Umriss erfolgen, weil es imgrunde ein Thema für eine Enzyklopädie ist. Dieser Umriss ist der soziale Widerschein einer performativen Philosophie.

Dass dieses Prinzip in den Sozialisationen nicht allgemein kommuniziert wird, hat seinen guten Grund im Wirken des Prinzips selbst: durch Offenlegung, Explizit-machen und Analyse wird seine Wirkmächtigkeit im sozialen Verkehr außer Kraft gesetzt oder bedroht: Die soziale Interaktions-Maschine kann nicht mehr frei laufen: Das Performative aber will frei sein. Das Prinzip BF besagt über sich apriori, dass es nur wirken kann, solange es nicht auf einer Metaebene verbalisiert wird (dass dies hier zwangsläufig und gewissermaßen theoretisch und dokumentarisch geschieht, steht auf einem anderen Blatt). Alle kennen den BF aus dem Alltagsleben; nehmen wir einige Beispiele: Der erfolgreiche Professor muss von seinem privilegierten Rede- und Deutungsrecht Gebrauch machen und darf es nicht ohne Not thematisieren, oder anders: Wer seine Rolle in einer Situation mit Worten seziert, macht ihre naive Ausübung sehr wahrscheinlich zunichte. Wer ständig über seine Gefühle spricht, wird sie früher oder später blockieren. Wenn der Zauberer seinen Trick erklärt, ist der ganze Zauber weg. Kurz: Was man erst noch schaffen will, soll man nicht zerreden. Die folgenden Kapitel dienen dazu, diesem Prinzip nachzuspüren mit dem Ziel, es in eine Philosophie einzuspeisen. Der Blinde Fleck ist eine soziale Singularität, die in ungezählten Varianten erscheint.

Blinde Flecke überall: eine Konstante des Sozialen

Hier genügt eine beschränkte, kurze *tour d'horizon*, die die Reichweite und, im wahrsten Sinne, den Horizont des Prinzips andeutet. Dabei wird nach dem Modell der umgedrehten Pyramide verfahren: vom Kleinsten hinauf zum Größten.

- Der *vorgeschobene Grund* wird jeden Tag hunderttausendmal angewendet, hierin der Notlüge verwandt. Aufgrund dieses Phänomens sagen bekannte Sachbuchautoren, dass jeder Mensch am Tag 100–200-mal ‚lügt'. ‚Ich bin spät dran', ‚ich muss noch arbeiten', ‚ich habe schon was anderes vor', ‚ich fühle mich heute nicht' usw.usw. – etwa so lauten die vorgeschobenen Gründe, von denen viele bereits zum Standard-Repertoire der Zeitgenossen gehören. Einige Etagen höher, in Diplomatie, Politik und im Kulturbetrieb, sind vorgeschobene Gründe fest etabliert: Man nehme nur die jährlichen Entscheidungen des *Eurovision Song Contest*, die als hochqualifizierte Musik verkauft werden, oft aber nur politisch motiviert sind. Hier sind der Phantasie keine Grenzen gesetzt. Das explizite Satz-Vehikel deckt den BF ab, und dieser stellt den wahren Grund für ein Verhalten dar, das sozial nicht kompatibel wäre oder stört oder verpönt ist etc. *Nota bene*: Sprecher wie Hörer kennen in der Regel beide das Manöver und den wahren Grund; beide spielen das Spiel mit, halten es dunkel, und beide wissen auch das. Dies verbindet sie stumm. Es ist ein tiefgeerdetes Sprachspiel im Wittgenstein'schen Sinne, das im Großen von der Gesellschaft mitgetragen wird. Es ist ein soziales, performatives Essenzial.

- In diesen Zeiten, die mehr und mehr performativ, d. h. von Fakes, Halbwahrheiten und Inszenierungen geprägt sind, werden in einem perfiden Neusprech ständig neue Begriffe erfunden, die durch das Mittel des BF helfen, unliebsame Konnotationen zu löschen. Das ‚Sondervermögen' verweist die unliebsamen Staatsschulden in einen Blinden Fleck; die ‚militärische Sonderoperation' versucht, das Ungeheuer des menschenrechtswidrigen Angriffskrieges zu vernebeln; der Bestattungsunternehmer spricht davon, ‚wenn das Schlimmste eintreten sollte', um das Wort vom Tod zu bannen. Aus dem US-amerikanischen Korrektheits-Jargon fließen massenweise BF-funktionale Begriffe ein vom Typ *mentally challenged* ‚geisteskrank' oder *with special needs* für ‚behindert'. Auch hört man in US-Filmen immer mehr „Stellvertreter-Wörter" wie *call* für *decision*, *issue* für *problem* u. v. a. m. Im Deutschen breiten sich in den Diskursen immer neue *correctness*-Wörter aus wie *festsetzen* für *verhaften*, *zurückführen* für *abschieben*, (Preise) *aufrufen* für *fordern*, *Einwanderungsgeschichte* für *Migrationshintergrund*. Alle verhüllen als Vehikel das eigentlich Gemeinte (und dessen unliebsame Konnotationen) in einem blinden Fleck.
- Jeder kennt die obligatorischen Pilotendurchsagen kurz vor dem *take-off* und kurz vor der Landung. Sie kommen nüchtern, unaufgeregt und sonor daher und sind exakt zeitlich vor den kritischen Flugzonen platziert.

Beispiel Landung: ‚Das Wetter ist gut, die Temperatur beträgt 20 Grad. Wir landen in ca. 15 Minuten!‘ Im BF steckt die Botschaft ‚Flugtechnisch alles in Ordnung‘, die in expliziter Form nur Unruhe stiften würde.

- Die Notlüge ist das am weitesten verbreitete (und allseits akzeptierte) Schmiermittel, um soziale Abläufe geschmeidig und inhaltlich kompatibel zu halten. Notlügen prägen den sozialen Alltag in Schulen, Institutionen und Betrieben. Sie sind in allen Sprachen zuhause und oft wird die BF-Funktion durch bestimmte Adjektive markiert, vgl. englisch *white lie*, französisch *pieux mensonge* ‚fromme Lüge‘, russisch *lož' vo spasenie* ‚Rettungslüge‘. Sie sind wesentlich effektiver als Wahrheiten. Keine Ehe, keine Beziehung, kein Rollen-Tandem (Lehrer-Schüler etc.) kommt ohne Notlügen aus. ‚Sie haben eine schöne Wohnung‘, ‚das Essen war sehr lecker‘, ‚ich radle jeden Tag 30–40 km‘ sind äußerst effektiv, um zu schmeicheln, Höflichkeit auszudrücken, zu trösten, anzugeben oder sich von der besten Seite darzustellen (*first date*) usw. Der Mechanismus ist immer der gleiche: Im BF verbirgt sich die Wahrheit, die aus guten Gründen nicht ausformuliert wird.
- Fast alle sozialen Rituale, Gesten, Attitüden, Körpersprach-Facetten etc. hat die Evolution in langen Zeiträumen aus archaischen Pendants entwickelt, die zu ihrer Zeit eine andere Funktion hatten. Der Sapiens ist somit ein Tier, das sich in einer Zwei-Welten-Welt eingerichtet hat. Von diesen zwei Welten ist die eine die grundlegende archaische, mit Wurzeln in der Eine-Million-Jahre-Dunkelheit der Primatengeschichte, die andere ist jene, in der der Mensch in seiner Lebenszeit aktuell funktioniert. Die erste Welt ist dunkel und wird im sozialen Umgang normalerweise nicht thematisiert, die zweite Welt ist hell und findet sich potenziell zu jeder Tages- und Nachtzeit in Aktion. Ein Beispiel: Menschen, die sich begegnen und eine gewisse räumliche Distanz unterschreiten, sehen sich ritualisiert kurz an, für den Bruchteil einer Sekunde: Sie bestätigen die Anwesenheit des Anderen und bannen die Aggression. Würde man sie hiernach fragen, würden sie das entweder leugnen oder als Zufall oder als Neugier rationalisieren. (‚Wer ist das in meinem Blickfeld, kenne ich ihn/sie?‘) o. ä. Dies wäre das helle Vehikel, das den BF sichert. Und der BF: Das ist das soziale ‚lasering‘ zwischen Individuen, die einander nicht kennen.

- Die bekannte ökonomische Theorie der Unsichtbaren Hand (Adam Smith) trägt den BF bereits auf die Ebene der Gesamtaktivitäten einer großen Gemeinschaft, einer Stadt oder eines ganzen Landes und schließt so unbegrenzt viele Menschen mit ein. Die Unsichtbare Hand ist ein performativ gepoltes Großunternehmen. Die Theorie besagt, dass das im Prinzip ungeregelte, von egoistischen Eigeninteressen bestimmte wirtschaftliche Verhalten des Einzelnen im Endeffekt einen bestmöglichen Zustand für alle herbeiführt. Die ‚Unsichtbare Hand' ist ein schlagendes Synonym für einen diffusen BF, der sich über das gesamte ökonomische Spielfeld erstreckt: Er bildet, wenn man so will, eine Blinde-Flecken-Landschaft, die sich selbst überlassen bleibt. Das Vehikel – ebenso diffus – das den BF schützt und sichert, wird repräsentiert durch die ungezählten Sichtbaren Hände und die Prozesse, die am Geschehen beteiligt sind.
- Wir nähern uns jetzt den obersten Etagen der umgedrehten Pyramide. Es ist vor allem aus der Geschichtswissenschaft bekannt, dass eine Wissenschaft niemals das exakt darstellen kann, was sie vorgibt, zu erforschen und zu dokumentieren. Die Historiker wissen, dass die Geschichte immer anders war, als sie beschreiben und was sie dann, zusätzlich, ausgewählt interpretieren. Daran ändert auch der Versuch einer performativen Geschichtsschreibung nichts, der das Problem nur auf die Ebene des Stils und der Emphase verschiebt. Das schlagendste Beispiel ist wohl der Hitlerkomplex, der etwa so viel Literatur hervorgebracht hat, wie es Unbekanntes in seiner Genese gibt. Zumindest dieses Symptom mag etwas Licht in das Dunkel des 20. Jahrhunderts bringen. Es ist durchaus möglich, dass es sich mit anderen Wissenschaften ebenso verhält.

Es ist möglich, dass sich die Dinge in vielen weiteren Wissenschaften ähnlich verhalten. Diese immer drohende Möglichkeit wird durch Isolation, Fakultäten-Denken und einen nur zögerlichen Willen zur Interdisziplinarität immer weiter befördert. Es liegt nahe: dass auch eine hochspezialisierte Soziologie nicht wirklich wird sagen können, was eine Gesellschaft ist; dass auch eine Enzyklopädie zum Unbewussten nicht final herausbekommt, wie dieses Unbewusste in Wahrheit funktioniert; dass selbst eine weitausgreifende Sekundärliteratur nicht ergründen kann, was einen genialen Roman wie ‚Ada oder das Verlangen' (Vladimir Nabokov) im Innersten ausmacht. *In extremo*: Eine fortgeschrittene Vernunft wird niemals annehmen, dass ein noch so filigranes bildgebendes Verfahren zeigen kann, wie das Gehirn nun tatsächlich funktioniert. Man muss hier ehrlich sein und darf sich nicht einer grassierenden Illusion beugen, auch wenn sie noch so wissenschaftlich-technologisch daherkommt.

Was aber bleibt, ist: Immer tut sich zwischen dem, was der Gegenstand einer Wissenschaft ist und der emsig-beschreibenden, oft auf Experimenten basierenden Leistung dieser Wissenschaft eine Lücke auf, ein unausfüllbarer *gap*. Der zeigt sich dann, wenn das Individuum in der Lage ist, beide Pole: das, was ist und das, was in einem ewigen Mangel beschrieben werden soll, zugleich denken kann und keinen von beiden Polen favorisiert. Nur in diesem komplementären Denken wird sich herausstellen, was durch wissenschaftliche Verfahren am Ende wirklich zutage kommen kann. Zumindest dies: eine neue Art der Intuition, die jenseits von Subjekt und dem Fetisch einer unerreichbaren ‚Objektivität' steht.

Die Illusion

„Die Illusion, die uns erhöht und begeistert, ist uns lieber als zehntausend Wahrheiten." (Anton Tschechow). Und Friedrich Nietzsche sagte, dass jede Art von Kultur damit beginne, dass eine Menge Dinge verschleiert würden. Er meinte damit, dass ein „gemeinsamer Irrtum" die Lebenswelt besser in Gang halte als eine schroff-grobe Wahrheit (zitiert bei Marcuse). Wir erreichen damit die oberste Fläche der umgedrehten Pyramide; sie ist zugleich die allumfassende Grundierung des Menschenwesens, jedenfalls die des kulturangepassten sozialen Menschen. Er ist ein Tier, das von der Illusion lebt; er ist, um der langen Liste der *homines* eine schöne Zeile hinzuzufügen: *Homo illusionis*. Illusionen beherbergen jenes soziale Material, das um den tief-inneren Blinden Fleck der Wahrheit kreist und diese unsichtbar in ihrem Kokon hält. Samira El-Ouassil und Friedemann Karig haben in ihrem Buch „Erzählende Affen" ausführlich beschrieben, wie konstruierte Geschichten und ihre Illusionen unser aller Leben bestimmen.

Im Grunde ist der Hang zur Illusion ein starkes Alleinstellungsmerkmal, das den Menschen tatsächlich vom Tier unterscheidet. Kein Tier braucht eine Illusion, weil es seine eigene Wahrheit selbst lebt. Es ist nicht übertrieben, zu sagen, dass in der Menschenwelt alles, was ist, von einer Wolke überwölbt wird, die das unter dem bunten Baldachin der Illusion noch einmal absichert. Ohne Illusion kein Überleben. Der Common Sense hat es so eingerichtet, dass die geheimnisvolle Arbeit des menschlichen Hirns für tausend Gelegenheiten eine plausible Illusion, ein wohlfeiles Narrativ bereitstellt, das den Alltag geschickt zu bewältigen hilft. Tief in der Illusion verbirgt sich eine ihr oft widersprechende Wahrheit, die jetzt eine großflächige Landschaft von Blinden Flecken erzeugt. Illusion ist ein altes mentales Spezialverfahren jener Performativität, die das Implizite verlässlich absichert, indem sie ein letztes deklaratives Etikett ausspart. Illusion ist das *sine-qua-non* der menschlichen Existenz; da sie implizit-dunkel bleibt (wie der Mythos, wie das Tabu), ist sie ein performatives Essenzial.

Illusionen gehen auf uralte, vorhistorische Sichtweisen zurück. Seit archaischen Zeiten konstruiert sich der Mensch Mythen und Kosmologien, weil er die Wahrheit nicht erkennen kann, und, falls er sie erkennen könnte, ihr nicht gewachsen wäre. Davon zeugen noch heute die Ausdrücke, die die kosmische Wahrheit in eine wohlfeile Illusion kleiden: *Die Sonne geht auf / geht unter*; darüber die „unbeweglichen" Fixsterne in unserer „Heimat", der Milchstraßen-Galaxie. Immer wiederkehrende Fehlleistungen in den Medien von dem Typus, Galaxien seien „tausende Lichtjahre" entfernt, die Milchstraße enthalte „viele Millionen Sterne" bis hin zur Mystifizierung der „Weltraumfahrt" unterfüttern zuverlässig die kosmische Illusion. Auf das Konto der Evolution geht auch der Glaube, dass Zeit und Raum jeweils identische, messbare Größen seien, die dem menschlichen Bewusstsein vollkommen plausibel und evident zur Verfügung stünden. Der zivilisierte Zeitgenosse ist zutiefst überzeugt davon, dass seine rationale Weltanschauung die Welt so anschaut, wie sie nun einmal ist. So gut wie alle Menschen glauben auch, dass ihre Sprache alles genau so, wie es ist, ausdrücken könne und dass sie selber dieses Instrument in einer 1:1-Weise perfekt beherrschten; das Gegenteil ist der Fall. Direkt verbunden damit ist die Illusion, dass Sprachen und literarische Werke – Lyrik, Drama, Roman – von einer gebildeten Schicht bravourös beschrieben und exakt, d. h.:

verbindlich gedeutet werden könnten. Dahinter steht die bequeme Illusion, dass das Wissen eine geradlinige, linear ansteigende Kurve beschriebe und letztlich alles, was man wissen kann, adäquat erfasst werden könne. Dies kann man eine epistemische Illusion nennen.

Natürlich steht im Mittelpunkt von allem die Illusion, dass die menschliche Identität identisch und selbstverständlich sei und dem Geist jederzeit zugänglich. Das leiste dann sein Träger, der Mensch, da das Gehirn auf eine überschaubare, rationale und logische Weise arbeite, die er selbst jederzeit und unter normalen Umständen verlässlich kontrollieren könne. Diese Sichtweise mündet, gewissermaßen noch oberhalb der Pyramide, in eine Zweiwelten-Theorie um einen grandiosen Blinden Fleck des Existierens herum:

- ILLUSION bezeichnet jene Welt des Sichtbaren, Glaubhaften, Unbezweifelbaren, in der der Zeitgenosse lebt, arbeitet und gedeiht – eine Riesen-Cloud aus Glück und Unglück, aus Erfolg und Misserfolg, aus Planen und Ausführen, aus Hoffnung und Resignation, aus Aktion und Gegenaktion, aus Bewegung und Ruhe.
- Ihr BLINDER FLECK weist auf jene unterliegende Welt des Unsichtbaren, auf eine Art subtiler Tiefensemantik, die vom täglichen Bewusst-Sein ausgeschlossen wird, in den Individuen aber tief innen verankert sein muss.

Damit ist die Illusion nur die soziale durchgängige Praxis einer Zweiwelten-Situation, die in allen sozialen Gemeinschaften funktioniert: In der gröbsten, einfachsten Version lautet sie so: Im Außen, nach Außen wird die Fassade gezeigt, deren Basis die Konstruktion aus Sachinformation und ‚Wahrheit' ist: ein Prior des Konstativen. Nach Innen, im Innern wirkt aber dunkel die eigentliche Wahrheit, die die soziale Bewegung von unten steuert: ein Prior des Performativen. Der Blinde Fleck ist das stärkste Merkmal der Zweiwelten-Praxis.

Im Mesokosmos sind die Beispiele für Blinde Flecke nicht etwa nur philosophischer, tiefenpsychologischer oder esoterischer Art, sondern in der Alltagswelt überall präsent und verankert. Sie sind so selbstverständlich wie Frühstücken oder Busfahren. *Nota bene*: An der Existenz in einer Blase von Illusionen und Blinden Flecken ist absolut nichts Verwerfliches. Es war und ist: Menschenwelt. Die Evolution hat es nicht ohne Grund so eingerichtet und dem Sapiens sein Überleben bis heute gesichert. Philosophen wie Immanuel Kant fühlten sich berufen, diese allumfassende Blase platzen zu lassen und dem Menschen jene nackte, ungeschminkte Wahrheit zu präsentieren, die der Blase zugrunde liegt. Offenbar haben solche Brüche in der Wissenschaftsentwicklung ihre eigene Logik, und es ist nur eine Frage der Zeit bis zur nächsten kopernikanischen Revolution. Kant, Freud, Descartes, Darwin, Einstein – um nur fünf zu nennen – haben Illusionen in großem Maßstab zerstört, was in den berühmten „Kränkungen" zum Ausdruck kommt (Kap. VI). Sie haben damit den Boden bereitet für neue Typen von Illusionen, deren Schicksal sich im 21. Jahrhundert erst noch entscheiden wird.

Wie im Weltall auch, kann die Ausdehnung dunkler Flecken auch im sozialen Universum riesige Werte annehmen: In großen Gesellschaften kann der Glaube an Dinge wie Kapitalismus, Konsum, Religion X, Astronautik oder Künstliche Intelligenz nur gesichert werden, wenn die Wahrheit, dass es sich hier lediglich um *Konstruktionen* im Interesse des Staates oder der Wirtschaft handelt, permanent im Schwarzen Loch eines Blinden Flecks verschwindet (Harari 2024, 143f.).

Blinde Flecke, Abweichungen, gaps, leere Stellen

Die Mesowelt hat neben ihren flächendeckenden Standards des sozialen Miteinanders noch viele andere Bereiche, in denen das Prinzip der Singularität, da es ein universales Wirkungsquantum ist, wirkt. Die Lebenswelt der Menschen ist der eigentliche Tummelplatz für Blinde Flecken der verschiedensten Art, denn sie ist voll von gemeinsamen, wohlfeilen, plausiblen, sozial willkommenen Irrtümern. Es wäre seltsam, wenn es nicht so wäre. Hier gibt es nichts zu beweisen oder zu fordern. Blinde Flecke, *gaps*, leere Zonen und minimale Abweichungen zeigen sich überall im Körper von Kultur und Wissenschaft. Es gibt sie wie Sand am Meer; sie stellen die poröse Grundierung der Lebenswelt dar. Im Alltag der Menschen erscheint bereits eine Vielzahl an minimalen Abweichungen, die oft gar nicht bemerkt werden. Sie ergeben sich oft dann, wenn man auf die Alltags-Routinen genauer sieht – ja: Die Abweichung scheint selber ein strukturelles Essenzial zu sein, das sich auf vielfache Weise auskristallisiert. Schauen wir uns um (einige Beispiele für tausend weitere):

- Einen schwachen, sehr weit entfernten Stern sieht man nur dann deutlich, wenn man knapp an ihm vorbeisieht. (Auch den medizinischen blinden Fleck kann man nur dann ausmachen, wenn man von ihm mit einer gewissen, messbaren Distanz – absieht).
- Den angepeilten semantischen Punkt einer Äußerung trifft man effektiver, wenn man knapp an ihm vorbeizielt.
- Eine philosophische Einsicht kommuniziert man nur dann wirklich effektiv, wenn man sie nicht wörtlich ausdrückt.
- Eine Aussage, eine Behauptung dringt dann effektiver durch, wenn sie nicht hundertprozentig der absoluten grammatischen korrekten Norm nachgebildet ist (sondern eine spezielle Leerstelle aufweist).
- Der schwungvolle, schwarz-getuschte chinesische Kreis lebt vom μ einer winzigen, flexiblen Abweichung.
- Die arabische Schrift lebt von den minimalen Abweichungen zu den Figuren der Geometrie (Kreis, Linie, Halbkreis, Vertikale), die der Schrift etwas ‚Schwingendes' verleihen.
- Die perfekte Aussprache einer Sprache X ist angewiesen auf die unbewusste Lücke zwischen orthographischer Vorgabe und mündlich-spontaner Realisierung.
- Die Unsichtbare Hand in der Wirtschaft kann nur dann ordentlich arbeiten, wenn sie nicht im Detail ausformuliert (und kontrolliert) wird.
- Der nicht sichtbare Teil einer Figur (im gestaltpsychologischen Experiment) ist jener Teil, der das Ganze erst – konstituiert.

Die Natur selbst gibt dieses universelle Wirkungsquantum vor. Es prägt die Lebenspraxis.

Die Bestandteile des Blinden Flecks

Streng-analytisch besteht der soziale Blinde Fleck aus 7 Teilen. Sie wirken im BF immer zusammen, werden hier im dokumentarischen Interesse getrennt.

Das laute *Vehikel*, das Fahrzeug, der in der Situation schwebende Ballon, die Aussage, um die herum sich alles abspielt. Beispiel: die Notlüge.

Der stumme Satz des *Blinden Flecks.* Dies ist die ungenannte, implizit bleibende *Wahrheit.* Dieser Satz fasst an dieser Stelle in Worte, was in der Situation nicht in Worte gefasst werden soll, nicht gefasst werden *darf.* Es ist der semantisch-kognitive Hintergrund des gesamten *settings* der Situation und des Redens – das, was die Linguisten eine stumme *Konvention* zwischen den Sprechern einer Sprache nennen. Der BF unterliegt einem mehr oder weniger strengen *Tabu* und sichert durch eben dieses Verbot sein Funktionieren und z. B. die stille Evidenz jener Wahrheit, die von der Notlüge eingehegt wird.

Die stumme Übereinkunft, das Vehikel, sozusagen stellvertretend, als eine Wahrheit auf Zeit anzuerkennen. Diese Übereinkunft ist fest eingebettet in Größen wie soziale Rolle, kommunikative Kompetenz, Identität der Gruppe etc. Die performativ-strikte Einhaltung erfordert ein gewisses Maß an sozialer Schauspielerei. Deshalb kann man diese theaterreife Leistung *Mimikry* nennen. Das innere Wesen der *Mimikry* ist, analog zum Blinden Fleck, dass sie *als solche* ebenfalls tabu ist, d. h. nicht als *Mimikry* erscheinen darf, sondern als ‚natürliches Verhalten'.

Die Umlenkung, die Drehung, den semantischen Quantensprung von BENENNEN (implizit) auf SEIN (explizit), von 2 auf 1. Dies ist der *Spin,* der über den BF springt. Er ist als Anlage fest in der kognitiven Disposition verankert, wird früh erlernt, ständig wiederholt und dadurch schnell automatisiert.

Die *Sicherung* als wichtigste Funktion der ganzen Konstruktion. Gesichert werden die Handlung und die unmittelbare Geltung einer Bedeutung. Diese kann nicht, jedenfalls nicht ohne Probleme, verbalisiert werden, weil die Sicherung dann nicht mehr funktioniert. Sie besteht nur implizit.

Der BF kann natürlich theoretisch auch aufgelöst werden, kann explizit werden: der Bruch der sozialen Regel – das ganze Gegenteil der Sicherung. Dies ist die Sünde, die Bruchstelle in der Tiefen-Achse der Kommunikation, die Entzauberung des kleinen Zaubers, die laute Verletzung der schweigenden Übereinkunft, die Störung der geheimen Semiose. Wir wählen aus einer Sprache der *native americans* das Gegenstück zum ‚Tabu' und nennen dessen Verkehrung „*Noa*": das, was verbotenerweise (unnötigerweise, sinnloserweise, peinlicherweise) explizit ausgesprochen wird. Wenn der Witz langatmig erklärt wird, wenn die Strategie offenbar wird, wenn das Geheimnis verraten wird.

Noa löst gewöhnlich aus: *Rauschen*, Störung, Verwirrung, einen toten Punkt, Schrecksekunde, *eine rote Warnlampe*, ein kleines *Mayday*. Kein Autor sollte davon sprechen, nunmehr sein Lebenswerk krönen zu wollen; kein Liebespaar sollte zu lange die Gründe und Abgründe ihrer *Beziehung* diskutieren; kein Zauberer sollte seinen *Trick* erklären (es sei denn er hätte noch einen besseren im Petto). Kein Mensch sollte einem anderen dessen Wesen erklären; es könnte alles als Bumerang zurückprellen. Der *Noa*-Fehler besteht darin, den Blinden Fleck nicht zu achten, sondern ihn ohne Not preiszugeben. Die Folgen können verheerend sein: der *flow* im Eimer, das Lebensspiel abrupt unterbrochen, die Blase geplatzt, die Beschädigung fatal; *the end of the game*. *Noa* überführt das, was unbewusst bleiben soll oder muss, in ein Sekunden-Bewusstsein. Es löst einen winzigen *gap* aus, eine Art minimaler *madness*. Unvergessen bleibt die typische *Noa*-Äußerung eines deutschen Politikers aus den Zehnerjahren: „*Ein Teil meiner Antwort würde die Bevölkerung verunsichern*", die einen Sturm aus Entrüstung und Spott nach sich zog, eine Spur, die nie mehr ganz gelöscht werden konnte. Die Signifikanz des *Noa* wird dadurch erwiesen, dass sein Aussprechen meistens sofort verwischt oder geleugnet oder umgelenkt oder überhört oder repariert wird, wenn irgend möglich. Das Übergehen, die unbedingte Vermeidung von *Noa* gehört also – in der Theorie – zum Konzept des Blinden Flecks dazu. Der slowenische Philosoph Slavoj Žižek beschreibt anhand von Jaques Lacans Philosophie anschaulich und witzig, wie das dunkle NOA-Prinzip das gesamte soziale Miteinander bestimmt – in einer jeden Gesellschaft. Seine These, übersetzt: Wenn die natürliche Performativität durch konstativen Eingriff ohne Not aufgehoben wird, erleidet das soziale System Schaden: Sein autopoetischer Mechanismus wird außer Kraft gesetzt.

Vehikel, Blinder Fleck, Mimikry, Spin, Sicherung, Noa und *Rauschen* sind die sieben *essentiellen* Bestandteile des Blinden Flecks als einer hochwichtigen zwischenmenschlichen Einrichtung der sozialen Kommunikation. Zusammen formen sie den harten Kern der sozialen Maschine, und dieser Kern garantiert den Zusammenhalt des sozialen Atoms, solange es nicht willkürlich gespalten wird. Sie alle sind *in actu* untrennbar verzahnt; sie bilden ein kleines Räderwerk-in-sich, ein subtiles Maschinchen der sozialen Kommunikation. Dieses famose Ding muss nicht unbedingt rein-sprachlich surren, kommt aber vor allem anderen über Sprache zum Ausdruck und ist so am leichtesten zu identifizieren. Ich nenne das ganze Gebilde, mehr aus technischen Gründen und behelfsmäßig, eine *Kugel*, in die sich die Sprecher begeben und in der sie miteinander Kontakt haben. Es ist ihre aktuelle, ad-hoc nicht hintergehbare *Sphäre* der Interaktion (im Sloterdijk'schen Sinne).

In der Realität interessiert nur, dass das Perpetuum mobile funktioniert – nicht, wie es gebaut ist. Der Blinde Fleck ist das Zentrum der Kommunikation und der Interaktion des Homo Sapiens in seinen Gesellschaften: Er ist eine Art *sozialer Singularität.* Vermutlich ist er, wenn man die kulturell verschiedenen Ausprägungen herausrechnet, eine globale Universalie. Ohne die Institution des BF würde kein Sozialleben funktionieren – wahrscheinlich würden Chaos, Aggression, Missverständnisse und unabsehbare Konflikte sich in alle Richtungen Bahn brechen. Das Prinzip BF funktioniert wie eine soziale Klammer, die den Volkskörper zuverlässig beisammenhält, ja: ihn am Ende vor Erosion schützt. Das Prinzip BF wirkt in *allen* sozialen Dimensionen, von den Grundlagen einer Gesellschaft bis hin zu vergleichsweise winzigen BF in Gesprächen und Dialogen des Alltags.

Was macht der Blinde Fleck – akademisch formuliert? *Er verdunkelt den Signifikanten,* blendet ihn aus; d. h. er setzt das dunkel, um was es eigentlich letztlich geht (und von dem implizit alle wissen mögen). *So wird die soziale Singularität gesetzt.* Sie sichert auf diese Weise die performative Geltung von etwas. Der Signifikant bezeichnet eine Art harter Wahrheit in der sozialen Tiefensemantik, die aber verborgen bleiben soll: Es ist der

Inhalt des Blinden Flecks – es ist jene Information des schwarzen Punkts, die nicht nach außen dringt: Sie wird im BF festgehalten. Im Letzten weist der Blinde Fleck also klar die bekannte Schwarzes-Loch-Struktur auf: Er setzt ein winziges SL ins Gewebe des Sozialen, das im prototypischen Fall schwarz bleibt.

2. Spirituelle Singularität: *enlightenment*

- Das Phänomen des buddhistischen *enlightenment* ist der leere Startpunkt aller spirituellen Erkenntnis, dann auch der Disziplinen in einer Performativen Philosophie. Es ist die am tiefsten gelegene mentale Singularität.

Der Renaissance-Philosoph Giovanni Pico della Mirandola, sagte einmal: „Die Philosophie sucht die Wahrheit, die Theologie findet sie und die Religion besitzt sie." Ergänzen kann man: „Die entwickelte Spiritualität erfährt sie." Sie erfährt sie stumm, schockartig, implizit, in einem helldunklen Blitz; sie erfährt sie in der ihr eigenen Singularität, die den Menschen in einer performativen Plosion erfasst und ihn auf einen Punkt ohne Ausdehnung verweist. Dies erzeugt jene *tabula rasa*, auf der der performativvitale Jet hinausstrahlen kann und sekundär die Performative Philosophie erzeugt.

Das Bild vom Urknall, die Metapher des Schwarzen Lochs, die Rede von der Singularität als Keimzelle aller Performativität hat ihren stärksten Widerhall, ihre stärkste Analogie in diesem *Big Bang* der menschlichen Spiritualität: deutsch ‚Erleuchtung', englisch ‚*enlightenment*', russisch ‚*prosveščenie*', italienisch ‚*illuminismo*', griechisch ‚*diafőtisē*'. Es ist das menschliche Pendant zur Geburt der Materie: die Wiedergeburt der menschlichen Wahrnehmung der Welt. Deshalb muss alles, was über Singularitäten im Bereich *Mesokosmos* gesagt werden kann, hier beginnen. Es ist der geistigmentale, zutiefst anthropische Startpunkt der performativen Philosophie. Ein besseres Beispiel für geistig-seelische Singularität lässt sich kaum denken: Wie über die erste Sekunde der Materie kann man über die erste Sekunde der geistigen Wiedergeburt nichts sagen: zu dicht die Materie, zu chaotisch die Neuronen, zu diffus Zeit und Raum, zu arm die Sprache, zu schockierend das Ereignis, zu wild die Bewegung, zu einsam das Menschlein. Dies will die Metapher des Lichtes sagen, die überall verwendet wird: Es gibt eigentlich kein Wort dafür. Die erste Sekunde ist namenlos.

Alle Religionen haben in ihrer Tradition Versuche gemacht, das festzuhalten, was nicht dem Verschwinden anheimgegebenen werden dürfe, europäische wie vor allem außereuropäische: Ob das frühe Christentum (‚Wüstenväter'), die griechische oder sufisch-persische Spiritualität, der chinesische und japanische Zen-Buddhismus, der Hinduismus – noch gar nicht zu reden von australischen, afrikanischen, amerindischen oder nordasiatischen Schamanismus-Traditionen – haben seit Urzeiten Ausdrücke für hohe mystische, meditative oder mentale Ausnahmezustände, die aus einer Singularität hervorgehen. Lateinisch *gloria*, griechisch *hierós gámos*, japanisch *satori* 悟り, chinesisch *qíshí* 启示, hindi *samadhi* समाधि, arabisch *bathin* باطن – all diese Ausdrücke bezeichnen keine esoterischen Luftschlösser, sondern die Anfangs-, Zwischen- oder Endpunkte einer außergewöhnlichen, jedoch alles in allem natürlichen geistigen Entwicklung, mit einer starken Rückkopplung in den Alltag. Sie sind im Prinzip für jeden Menschen zugänglich. Und es kommt in dieser globalen Sicht nicht auf lokale und substanzielle Unterschiede an. Relevant allein ist jener Punkt ohne Ausdehnung, der kein Prädikat, keine verbale Definition duldet. Von dem alles ausgeht; der vollkommen dunkel ist. Wie er sich dann *post factum* ausgestaltet, ist durchaus sekundär.

Eine ausformulierte Exegese, gar eine „Erklärung" dieser Phänomene, die imgrunde ein planetarisches Merkmal darstellen, fehlt. Die singuläre Nullstelle gehört seit den Zeiten des historischen Buddha bis heute zu den philosophischen *essentials* östlicher Weisheitslehren, ob sie nun indisch, chinesisch oder japanisch inspiriert sind. Es existieren überall, beispielhaft im Zen-Buddhismus, strikte Gebote, über jenes Ereignis keine Worte zu verlieren, um es nicht zu beschädigen. Augenfällig ist die strukturelle Analogie zum Schwarzen Loch: Das Einzige, was man über den heißen Kern sagen kann, ist ein allgemeines *DASS* sowie das Vorliegen einer Zone, die keine Information nach Außen gibt. Wenn man sich vor übertriebener Symbolik hütet, kann man ruhig sagen: Es gibt keine direkte Information, aber es gibt einen *Ereignishorizont*, auf dem einige Daten kreisen, Phänomene, über die man Sätze bilden kann, die dann eine Art Dokumentation sind. So zeigt sich die schwarze Struktur des *enlightenment*, die zugleich eine starke Analogie zu vielen anderen Phänomenen und Prozessen abgibt. Reden und Analysieren verfälschen die Singularität, weil sie sie nicht einfangen können und nur falsche Fährten legen. Natürlich kursieren auf dem Ereignishorizont versprengte Bausteine, die auf einer Kreisbahn einige

Auskunft geben. Diese Auskünfte sind selber ambivalent und gerade deswegen sind sie *zugelassen*: Sie geben nicht wirklich faktische Auskunft, sie geben aber Akzidentien preis, die von verschiedenen Seiten kommentiert, entgegengenommen, ironisiert, kombiniert oder in Metaphern gesteckt werden: Am Beispiel Zen sind es vereinzelte Äußerungen der Zen-Meister, Fragen der Schüler, Texte der Zen-Literatur, das Wissen der Historiker, die Koans als Instrument, die Pseudo-Antworten der *Teishos* usw.: eben der ganze quasi-faktische und praktische Horizont um die dunkle Singularität herum. Hieraus kann man ein Mosaik schaffen, das dann so etwas wie eine ikonische Auskunft gibt.

Was kann man hier sagen, ohne auszurutschen oder in die Falle des Analytischen zu tappen? Es gibt sprachliche Zeugnisse. Jaggi Vasudev, ein moderner indischer Weiser mit dem populären Namen *Sadhguru*, leitet in Coimbatore (Indien; Tamil Nadu) ein Schulungszentrum für den indischen Yoga. Man kann ihm vertrauen. Er wagt es, eine explizite Beschreibung seiner eigenen Erfahrungen abzugeben (eine Seltenheit; eine Ausnahme), und es gibt keinen Grund, ihm nicht zu glauben. Er lässt sich klugerweise nicht wörtlich über das Erlebnis selbst aus, aber er deutet vorsichtig den inneren Ring an, der sich um die eigentliche Singularität legt. Zumindest erhalten wir einen Eindruck von dem *Symptom*. Wir hören: Das logische Denken bricht ein, die Welt zerspringt, Subjekt und Objekt lösen sich auf, die Zeit dehnt sich, der Raum verformt sich und schwindet. Wir hören, dass es keine Worte gibt und wir hören von Freude und der Einheit von Körper, Geist und Seele, und sei es für einen unnennbaren Moment. Wir lesen vom Verschwinden des Ich, der Auflösung seiner Grenzen. Die Wahrnehmung wird offenbar auf eine geheimnisvolle Weise neu justiert. Näher können wir noch nicht herankommen. Hier ist sein Bericht.[8]

> "One afternoon I just went and sat on a small hill which was in the town where I grew up. Till that moment I always thought this is me and that is somebody else. There is now issue that this is somebody else, but there is somebody which is me. For the first time I did not know which is me and which is not me. What was me was just spread all over the place. I thought this madness lasted over

8 https://www.youtube.com/watch?v=p5nzZEOm2YE (2.3.2024).

five or ten minutes. But when I came back to my normal state of being, four and a half hours had past, I was sitting right there, fully conscious, eyes open, I sat there at three o'clock in the afternoon and now it was seven thirty in the evening. Sun has set and I thought it were only ten minutes, but for and half hours had passed, for the first time in my world life, tears were flowing and my shirt is completely wet."

„*Enlightenment*" ist der verbreitetste Name für eine Version spiritueller Singularität, die seit den Zeiten des historischen Buddha den Buddhismus prägt, heute aber auch in den Ländern des Westens besonders populär ist. Die Fülle an Zitaten, Angeboten, Bewegungen und Veranstaltungen bezeugt nicht nur die Größe des historischen Buddha, sondern auch die mächtige Notwendigkeit, wenn man will: die Unerreichbarkeit des geistig-seelischen Ereignisses selber. Durch die Zeiten hat es nichts von seiner Faszination, nichts von seiner Einfachheit, nichts von seiner Genialität verloren. Hier ein weiteres authentisches Zeugnis jenes Erlebnisses eines Anonymus in lyrischer Form – jener Form, die sich noch am ehesten dem Phänomen annähern kann.

„Die Welt die entbrannte verbrannte am einzigen Tag meines Hierseins:
Ein jubelnder Juli zerriss ihn, den irdischen Schleier, die fetzende Haut,
Vom Antlitz der Welt, zerriss mir den Kokon, die tausendste Wabe
Im Bien'stock der summenden Welt. Der Mittag der brach und zerbrach
Und brach sich die brechende Bahn zu der Welt in der Welt und glühend
Zerplatzte die Hülle des Eis, die Schale, der Panzer des kriechenden Tieres:
Der See in Sankt-Peter des Mittags um elf, als der Himmel erblasste,
War glühende Lava, war fließende Eiszeit, war Heisenbergs Berg und
Satoris Saturn, der umkreiste und kreißte im Bauch der Erkenntnis,
War Eckarts Vision und Pascalis, Descartes' und Spinozas Exil,
Doch der Berg wars, der schleuderte Caesiums Zäsur so exakt auf den Punkt:
Die Zeit und der Raum die flossen-verflossen im Loch des Gewes'nen,
Und Mittag war Morgen und Abend und Gestern und Niemals und Jetztzeit,
War Buddhas Erwachen, das dehnte die Zeit und verkrümmte den Raum,
Und das tastende Menschlein von höherer Hand, auf kosmische Weisung,
Aus kosmischen Höh'n aus kosmischem Holze ins rasende Spielwerk
Gesetzt war: milliardenes Rauschen – die Nano-Sekunde des Seins
(Das Gamma der Planckischen Rechnung, noch vor aller Zeit, allem Raum,
Die erste Picosekunde, das große Geheimnis, war göttliche Interpunktion.)
Und aus Níchtsein und Sein erreicht' mich das lautlose hörbare Wort,
Die schweigende Schale, die Perle der Auster, die dröhnende Unruh

Der Welt und zeigte mir zitternd-erzitternd das irdische Mark:
Und Zen-Patriarchen der Goldenen Felswand, Smaragde des Wissens,
Die stiegen herab in ebener Reihe vom Felsen des So-Seins,
Und legten den flirrenden sirrenden Geist des Samadhi zu Füßen des Bergs.
Und legten den Finger I-Nengs, das Schweigen Hu-Nangs, den dröhnenden
Schlag, den schwebenden Halbsatz, den Schrei Yakusáns, das Mond- und
Das strahlende Sonnen-Gesicht, den Spiegel der Ewigkeits-Qual,
Den fliegenden Schatten des Augenblick-Blicks, der behende drapiert
Und flambiert war, garniert und saniert und kopiert – auf den wartenden Tisch
(‚Ich wusst' schon – wie mir geschah und wusste doch nie, was geschah').
Dazu noch ein Stücklein des Neuen Jahrhunderts, das Zeitstück der Meister,
Den Schneebaum der Tagwelt, die gleißende Nacht, den Lotus im See.
Die Kalophonie der níchtenden Welt zerstob sie, des Buddhas Natur!"

Das Dunkel des *enlightenment*; sein Horizont

Über *enlightenment* etwas zu schreiben, ist noch schwerer, als über Tao oder Zen etwas wirklich Substanzielles zu sagen. Es markiert eine eigene Dimension der Nichtsagbarkeit (hier sind alle in der gleichen Situation). Wir müssen hier immer mit einem Paradox kämpfen (bei Singularitäten eigentlich nichts Besonderes) – in diesem Fall aber mit einem Paradox der reinen Darstellung. Alles was man sagen kann, scheint sich selbst eben *durch den Akt der Formulierung* schon wieder aufzuheben, ja: zu *negieren* – auch dies ein Reflex einer besonderen Singularität. Ereignis und Beschreibung treten auseinander, je weiter Beschreibung und Reflexion fortschreiten. Zum Zweiten ist zu beklagen, dass *enlightenment* besonders im Westen seit dem Ende des letzten Jahrhunderts zu einem Modeartikel verkommen ist, der in profitablen Wochenendkursen an ein Massenpublikum verschleudert wird. Und zum Dritten: Eine ausufernde Psychoszene mit Tausenden von „Experten" arbeitet zielsicher an der Aushöhlung dessen, was sie so vollmundig vermitteln will. Trotzdem gehen wir auf dieses Glatteis, besonders aus einem Grund: Es gibt kein besseres, intensiveres, wirkmächtigeres Beispiel für Singularität in der Dimension des Kulturellen (Mesokosmos). Und es gibt genug Dokumentationen und Quellen, sodass wir so falsch nicht werden liegen können. Wir kreisen das Schwarze Loch ein, balancieren auf seinem Horizont. Das japanische ‚Satori' mag hier stehen für alle Formen, alle überhaupt möglichen Varianten des *enlightenment* (und stellvertretend für alle möglichen Begriffe).

Seit jeher steht das buddhistische Erwachen des historischen Siddhartha Gautama in den Kulturen als Musterbeispiel für den ominösen Punkt X. Im weiteren Umkreis erscheinen Mose, Mohammed, weitere Heilige und vielleicht ungezählte, unbekannte *privati* und *illuminati*. Buddhas Erwachen soll sich unter einem Baum in Maha-Bodhgaya in Nordindien in einer Vollmondnacht des Jahres 528 vor Chr. ereignet haben, was man historisch als eine Art Beginn der Tradition der Spirituellen Singularität sehen kann. Mit Sicherheit hat es mystische Tiefenerlebnisse zu allen Zeiten gegeben, in der Gestalt des Buddha haben wir aber so etwas wie eine datierbare Historisierung der spirituellen Singularität, deren nachmaliger Ausweis die „Religion", zuweilen auch: die *Philosophie* des Buddhismus ist, der ‚Mittlere Weg', die ‚Vier Edlen Weisheiten' und der ‚achtfache Pfad'.

Details

Im Netz wird behauptet, dass heute 20.000 bis 30.000 erleuchtete Menschen auf dem Planeten leben (manche Schätzungen gehen bis zu 70.000). Das wäre einer unter ca. 250.000. Präsentiert wird im Netz auch eine „Liste erleuchteter Menschen" aus aller Herren Länder. Es gibt genug Grund, ausdrücklichst vor den Blasen der Erleuchtungsindustrie zu warnen, weil besonders in westlichen Ländern eine unentwirrbare Verquickung von Mode, Geltungssucht, Profit und Pseudowissen herrscht – ein Paket, das von Laien kaum aufzuschnüren ist. Und das Netz sorgt obendrein für weitere unkontrollierbare Verbreitung. Das gefährlichste Warnzeichen ist die Verdinglichung, die Vermarktung und der deskriptive Diskurs von *enlightenments*, der durch das Faktum und den schieren Modus der Präsentation schon sich selber zu widersprechen scheint. Auf der anderen Seite ist aber klar: Mystische Augenblickserlebnisse, d. h. solche *ohne* direkt-kognitive Zielrichtung auf Ideen oder Philosophien, sind vollkommen real und tausendfach belegt. Wer sind die Träger? Die chinesischen Zen-Patriarchen der letzten tausend Jahre, japanische Roshis, ungenannte Sadhus auf dem indischen Subkontinent, große Mystiker wie Augustinus und

Thomas, Jakob Böhme oder Hans Georg Jacobi, große Mystikerinnen wie Hildegard von Bingen, Mechthild von Magdeburg oder die heilige Birgitta von Schweden; schließlich islamische Sufimeister wie Al-Ghazali, Rumi oder Javad Nurbaksh. Vertrauenswürdig sind in unseren Zeiten auch der Advaita-Lehrer Mooji, der heute in Portugal wirkt. Spirituelle Singularität ist – *real*; sie scheint gerade aus der historischen Versenkung aufzutauchen.

Wir nähern uns nun von der wissenschaftlichen Seite ein weiteres Stück an das Phänomen an. Der Psychoanalytiker Carl Gustav Jung vermutete, „die Erleuchtungserfahrung sei ein Durchbruch unbewusster Inhalte ins Bewusstsein. Im vollkommenen Vollzug scheint die Ganzheit der menschlichen Psyche mit all ihren bewussten und unbewussten Inhalten auf." Man könnte auch sagen: Aus dem singulären Minimum des *satori* sprudelt in einem performativen Sturm der ganze unbegrenzte Ozean des unnennbaren, unbezähmbaren Wissens, das auf keine Daten oder Fakten angewiesen ist. Experimente an japanischen Universitäten mit Zen-Meistern haben tatsächlich langgedehnte Alphawellen gemessen, im Wellenfundus des Normalgehirns eine Ausnahme. Offenbar bricht das gelernte Netz aus Kausalität und Logik zusammen und schafft eine Art *tabula rasa*, macht einer anderen Weltsicht Platz, die sich gerade erst, *im-Moment*, bildet und sich dann weiter fort-bildet. Neurologen haben signifikante Veränderungen in der neurologischen Struktur des limbischen Systems festgestellt, das ja für die Organisation von Emotion, Aufmerksamkeit, Kurzzeitgedächtnis etc. zuständig ist. In jedem Fall ist unbestritten, dass die Architektur des cerebralen Zellmaterials und die der synaptischen Verbindungen bleibend *verändert* ist: Die Forschung stellt hier z. B. eine plötzliche Steigerung der Aktivität in den Regionen der Frontal- und Partiallappen sowie dann eine radikale Abnahme dieser Aktivität fest, also eine intensivierte Amplitude (Waldman, Newberg 2016). Wahrscheinlich ist, dass das metasprachliche Begleitbewusstsein extrem markiert ist: Es ist beschleunigt, kann ad-hoc aufblitzen; aber es kann auch schweigen, ruhen.

Vermutlich ist vor allem der *Modus der Kommunikation* zwischen Nervenzellen verändert, also die synaptische Kommunikation in bestimmten Regionen: Über das WIE gibt es keine Daten. Absolut wahrscheinlich ist, dass in Teilen des Cortex neue, vielleicht außergewöhnliche Verschaltungen gebahnt werden, eventuell über neue Kommunikationen mit älteren

Hirnteilen, z. B. mit solchen des limbischen Systems. Wahrscheinlich ist die interne Zell-Kommunikation partiell beschleunigt, forciert auf eine nichtlineare Weise schnelles Denken und ist damit sicher innovativ. Erleuchtete denken anders, schneller, außerhalb, oder gar nicht. Beweisen kann man hier gar nichts – und das ist wahrscheinlich auch gut so. Es entsteht eine grundsätzlich veränderte Wahrnehmung der Welt, die sicher ein holistisches Potenzial hat und sich auch körperlich auswirkt (Gestik, Bewegung, Ruhe, Aktivität, „Aura" etc.). Die Wahrnehmung ist, das kann man sagen, genauer, bunter, runder, so detailliert wie auch allgemein, hell, in-sich wie außer-sich. Die Welt hat ein anderes Gesicht. "In his survey of more than one thousand people who have experienced *enlightenment*, Newberg has also discovered that in the aftermath they have had profound, positive life changes. Enlightenment offers us the possibility to become permanently less stress-prone, to break bad habits, to improve our collaboration and creativity skills, and to lead happier, more satisfying lives." (Waldman, Newberg). Postuliert werden muss hier eine Note, die kaum je erwähnt wird, aber im höchsten Maße wahrscheinlich ist (Vasudev, Krishnamurti, Suzuki bestätigen es): Die sinnliche Wahrnehmung der Welt ist insoweit verändert, als dass *post-quem* der Tag, die Stunde, die Szene, der Augenblick – immer wieder als *neu* erlebt werden kann: performativ runderneuert, gewissermaßen. Jede Zeiteinheit kann sich gerieren als eine Neuauflage *jenes Momentes* in der weiter fortschreitenden Zeit (und dabei immer qualitativ-neue Wahrnehmungen erzeugen). Dies ist: der *performative Nucleus* der spirituellen Singularität aus neurologischer Perspektive.

Hier wird die Psychologie weiter forschen, und es ist zumindest fraglich, ob man auf diesem Wege zu wirklichen Erkenntnissen kommen wird. Je mehr Daten man hier zusammenträgt, umso mehr wird sich das dunkle Objekt der Erforschung womöglich entfernen. Es ist nicht zu weit hergeholt, wenn man erst einmal konstatiert, dass *das Geschehen* Ähnlichkeit mit Rauschzuständen, mit psychopathologischen Episoden, mit Hypnose, mit einer Sonderart von *madness* haben mag (alles Metaphern für psychische/psychogene *Singularität*) – nur ist alles selbst ausgelöst, von innen, und nicht durch irgendeinen Fremdstoff von außen. Erleuchtung ist offenbar ein tief-endogenes Großereignis, von begrenzter Dauer, aber mit weitesten Auswirkungen.

Was Carl Gustav Jung beobachtete: Mit ‚Vollzug', ‚Ereignis', ‚Eintritt' ist ein plötzlicher Einbruch gemeint, eine Art Blitz aus Erkenntnis und deren Gegenteil. Das, was durchbricht, ist vollkommen unbekannt und es ist klar, dass es hier kein substanzielles Prädikat, keine Definition, kein Etikett, kein Korrelat geben kann, weil das ontologisch nicht möglich ist und weil keine ad-hoc-beobachtende Instanz da ist. Ohne Zweifel haben wir einen performativen *peak*, eine Art performative Supernova.

Was individuell und im Einzelnen genau passiert, ist für die Singularität des *enlightenment* nicht von entscheidender Bedeutung: Wir sehen vor allem auf die Materie, die sich auf dem umgebenden Horizont bewegt; aller Wahrscheinlichkeit nach gibt es hier individuelle, kulturelle und sogar kognitiv-methodische Unterschiede: Die japanische „Rinzai-Schule" z. B. setzt auf den plötzlichen Durchbruch, die „Soto-Schule" auf einen langsam-linearen Aufbau des Ereignisses. Dieser Durchbruch kann sich an irgendeinem Ding, einem beliebigen Ereignis, einer jeden Situation entzünden.

Östliche Religionen (Zen; Tao; Nirvana u. a.) fußen auf einer Singularität, die nicht wirklich einen Namen hat: ein letztes Nichts, das aber nicht Nichts ist. Östliche Spiritualität weist, mehr als westliche oder südliche Religionen, tiefinnen ein Schwarzes Loch ohne Definition auf. Die spirituelle Variante des ‚Dunkels' war hier ein metaphorischer, symbolischer Ausdruck dafür, dass es in ihrem inneren Kern eine letzte Zone gibt, die substanziell nicht beschrieben werden kann: Sie kann nur *um*schrieben, angedeutet oder durch Allegorien eingerahmt werden: Definiert werden kann sie nicht. Sie erfüllt damit die Bedingung einer Singularität. Von außen kann man über eine Anzahl von Indizien auf jenes Schwarze Loch schließen: Sie bilden den Ereignishorizont des spirituellen SL. (Ausführlich zu Tao, Nirwana und Zen in diesem Sinne s. Hinrichs 2014). Spiritualität ist in vielen Erscheinungsformen eine Quelle für Singularitäten auf der geistig-seelischen Ebene: Das, was man über *enlightenment* sagen kann, zielt genau auf jenen unnennbaren letzten Punkt, der schwarz bleibt. „Whether we talk about enlightenment or endarkenment or whatever else, we always talk around it, never *it*." (Jaggi Vasudev).

Wenn sich der Buddha heute mit Jiddu Krishnamurti, Daisetsu Suzuki, Hildegard von Bingen, Schihab Suhrawardi, Javad Nurbaksh und Alan

Watts zusammensetzen könnte, würden sie eine Resolution in sieben Sprachen herausbringen, deren Schlusssatz übersetzt lautete: „*Es ist vollkommen unmöglich, am beginnenden 21. Jahrhundert eine Philosophie zu erzeugen, die nicht auf einer göttlich-inspirierten Sicht der Dinge beruhte.*" Auf dieser Spur liegen Interpretationen, die das *enlightenment* in Zusammenhang bringen mit der Epiphanie des Heiligen Geistes (*pneumatofóroi psychaí* „geisttragende Seelen") (Cäsarea 1993, 141f.).

3. Kognitive Singularität: *Geistesblitz*

- Der sogenannte „Geistesblitz" ist eine mental-geistige Singularität, aus der sich eine Idee, ein Werk, eine neue Wissenschaft ergießen können.

Die kognitive Singularität (KS) ist mit der spirituellen verwandt, aber nicht mit ihr identisch: KS hat ein direktes Objekt: Sie ist direkt und konkret fokussiert auf eine Idee, eine Erkenntniskette, eine Argumentation, eine Art Forschungslogik. KS ereignet sich oft im Rahmen einer Wissenschaft, eines Schaffensprozesses, ergießt sich dann in ein Werk. Dies ist bei der spirituellen Singularität grundsätzlich nicht der Fall, die einen mystischen Zug behält. Der schwarze Mechanismus ist aber auch hier ganz klar: Ein undefinierbarer dunkler Punkt Null wird umgeben von etwas Neuem, noch Unabsehbarem, Unbekanntem, das hell strahlt – aber nichts über die singuläre Quelle aussagt.

Mit „KS" wird hier das bezeichnet, was in der Literatur auch „Geistesblitz" heißt; oft ist auch die Rede von „Raptus", „Erweckung", „Vision" oder „Sternstunde". Es geht aber nicht um das mystisch-spirituelle Erleuchtungserlebnis wie im Buddhismus, sondern um eine plötzliche objektive Erkenntnis, eine neue Idee – ein durchaus sachgebundener Schritt, der meist auch eine Vorgeschichte hat. KS hat zu tun mit Fortschritt, mit Erfindung, mit ideeller Intuition, oft wird ein genialer *shift* hinzugedichtet. Es ist ein Talent da, das heraussticht, oft fällt, bedacht oder unbedacht, das Wort vom *Genie*. Genannt werden Augustinus, Ibn Sina, Leibniz, Caravaggio, Michelangelo, Goethe, Pascal, Tesla, Van Gogh, Heisenberg. Die Reihe setzt sich weiter fort in Musik und Malerei, in Dichtung und Wissenschaft und umfasst alle Kultur und Technik (Lange-Eichbaum; Kurth 1989).

Es wird plötzlich eine Art Lösung für ein Problem gefunden, die einen großen Schritt über alles hinausgeht, was bis dahin über Argumentationen, logischen Disput, Diskurse etc. hin- und hergewälzt worden ist und offenbar schon länger – wohl unbewusst – auf einen dunklen Punkt der Entscheidung, eine Art *Kehre* hinsteuerte. Etwas Neues tritt plötzlich ruptiv ins Bewusstsein, das das erlebende Subjekt selbst nicht kannte, das es förmlich in den Augenblick hineinreißt, es übermannt. Ein vertikaler Jet der Erkenntnis bricht sich Bahn, der gewaltig zurückströmt. Keine Mystik, keine *Unio*, denn: Ein Problem wird gelöst (oder: beseitigt), eine neue Richtung entdeckt, die mit dem alten Problem, mit der alten Richtung allenfalls noch den Namen gemein hat. Die biographische Literatur kultiviert diese Dinge, erhebt sie oft zum Markenzeichen eines Philosophen, Künstlers oder Dichters, und manchmal kann man kaum noch entscheiden, was Legende, was Wahrheit ist, und was tatsächlich passierte. (Wir wollen nicht verhehlen, dass auch das individuelle Psychogramm eines Philosophen die Heraufkunft einer Singularität begünstigen, wenn nicht: auslösen kann). Dabei machen sich auch Geistesblitze oft an einem Ding fest, einem Objekt, gleichsam einem Fetisch, der als „Blitzableiter" fungiert: die Fächerpalme bei Goethe, der Baum bei Walter Benjamin, ein Streichholz bei Rudolf Carnap (Geier 2002).

Oft ist das zentrale Ereignis genau datierbar, manchmal bis auf die Stunde, es wird zur Legende, und es liegt biographisch oft zwischen dem 20. und 35. Lebensjahr. Manchmal wird das Datum auch von der Person selbst festgehalten: denn an den genialen Fingerzeig und den Wandel in der Persönlichkeit schließt sich oft die produktive Seite an: eine intensive Periode des Schaffens, eine neue Sicht der Dinge, eine neue Ordnung der Welt und ihrer Wahrnehmung, die dann große Werke, einen neuen Stil hervorbringt, ja manchmal die Geistesgeschichte geradezu fortprägt: Ernst Blochs *Utopie*, das tausende Seiten umfassende *Prinzip Hoffnung*, ist hier das leuchtende Musterbeispiel. Und in Fällen wie bei Dante, Spinoza oder Shakespeare ist über das singuläre Ereignis vielleicht nur weniger bekannt geworden.

Die Dunkelziffer ist mit Sicherheit hoch – entweder weil die Subjekte überhaupt Stillschweigen wahren oder weil manche Ideen niemals realisiert wurden und deshalb unbekannt blieben. Manfred Geier hat in seinem Buch „Geistesblitze" gezeigt, dass man in Grundzügen sogar eine ganze Geschichte der Philosophie an jenen Blitzmomenten entlangschreiben kann. *Nota bene*: So interessant die Ideen als solche sein mögen – es kommt hier nicht auf ihre *substanzielle* Relevanz an, sondern nur auf den Mechanismus und die Struktur: Die Philosophie mag für das erlebende Subjekt der auslösende Motor sein, für das Phänomen als solches ist es im Prinzip beliebig: sei es das SEIN, das ICH, die NATUR, die

RAUMZEIT, die SPRACHE, der AUGENBLICK, die Idee der EWIGEN WIEDERKEHR etc.: Diese Begriffe umreißen nur die mentale Materie, die sich in Richtung auf die Singularität zusammenzieht. Und: Es *muss* nichts Philosophisches sein.

Bevor es zu einer kognitiven Singularität kommt, lässt sich ein typischer Dreischritt feststellen, der sich oft erst im Nachhinein zeigt, eine Art innere Interpunktion, die auch in den Biographien in den Details beschrieben wird. Es beginnt mit Krisenerfahrungen in Jugend und jungem Erwachsenenalter, die oft genetisch vorbereitet sind und dann lange andauern können. Daraus ergibt sich mit der Zeit in langen Perioden des Denkens und Fühlens eine Art auswegloser Situation, ein Dilemma, das durch Nachdenken nicht gelöst werden kann (hier denke man an das Koan im Zen-Buddhismus). Der dritte Schritt wird zum „Blitze des Gedankens, der in sich selbst einschlägt und sich von da aus seine Welt erschafft" – wie es der Philosoph Georg W. F. Hegel formulierte: das performative Gewitter, der große Übergang. Ein weiteres universales Merkmal ist, dass es *per definitionem* kein Prädikat, kein Etikett, keine Herleitung, kein Reflexivum gibt: Es gibt keine Bezeichnung für das, was passiert. Es liegt vor: ein mentales Schwarzes Loch. Was passiert, ist immateriell. Von hier aus ergibt sich jedoch in einem *post-festum* die konkrete *Werkidee*, wenn man will: eine Materialisierung der KS, die in ihrer Ausarbeitung, ihren Verzweigungen das weitere Leben bestimmt: Aus dem singulären Zero-Zustand entpuppt sich das performative Wunderwerk des daraus folgenden *Werks*. Hier die bekanntesten Beispiele, die in der Philosophie-Szene immer wieder zitiert werden (die Chronologie spielt keine Rolle):

Philosophen in der Singularität

- Friedrich Nietzsche erlebte seine absolute kognitive Singularität am 6. August 1881, „6.000 Fuß über dem Meer", wie er selbst notierte, am pyramidalen Sulej-Felsen am Silvaplanersee in der Nähe des kleinen Ortes Sils-Maria im schweizerischen Oberengadin. Es war Mittag, 90 Minuten Wanderung lagen hinter ihm, *high noon*, seine beste Zeit. Die uralten Wurzeln der indischen Mythologie und der antiken Kosmologie leuchteten in ihm wie ein Blitzgedanke auf. Er hatte dies schon lange quasi-rational begriffen, wurde aber jetzt ganz *in persona ergriffen*: Das konstative Gerüst schlug, über einen singulären Punkt Null, abrupt um in das performativ-explosive Ereignis. Der Gedanke der *Ewigen Wiederkehr des Gleichen* war der Schlusspunkt unter einer langen geistigen Wanderschaft, nach einer Periode der Krankheiten, Hyperempfindlichkeiten und physischen wie psychischen Abnormitäten. In einem Ewigkeits-Augenblick wandelte sich das nihilistisch-pessimistische NEIN des leidenden Denkers in das alles überstrahlende JA des neuen Menschen, so sah es Nietzsche selbst: die ewige Wiederkehr *dieses* Augenblicks, des *ungeheuren* Augenblicks, Ausbruch des performativen Vulkans. Das Ewige, das Nietzsche sieht, ist nicht das gewordene Vergangene, auch nicht das noch-Werdende der Zukunft, sondern ausschließlich der jetzige Augenblick, in dem sich nicht-hintergehbare Singularität zusammenzieht, in eine Gegenwart ohne Ausdehnung. Das formlose *Hier&Jetzt*, durch das plötzlich die gesamte Performativität der Existenz leuchtet. Nietzsches Blitz ist auch die ruptive Befreiung von der Diktatur alles Konstativen in einer plötzlichen Einsicht, die über alle Zweifel erhaben ist. Die Idee, die hier entspringt und alle Fesseln abwirft, ist das erste Element eines neuen performativen Stromes, der sich dann in seine Philosophie ergießt.

- Jean-Jacques Rousseau befindet sich nach fast vier Jahrzehnten am Ende eines zerrissenen, bis dahin orientierungslosen Lebens, verwirrt von hundert zufälligen, unbefriedigenden, oft kurzen und ergebnislosen Tätigkeiten. An einem heißen Oktobertag 1749 wandert er kurz nach Mittag eilig auf der Landstraße in Richtung des Gefängnisses von Vincennes, um seinen Freund Denis Diderot in der Haft zu besuchen. Da fällt sein Blick auf die Preisfrage der Akademie der Wissenschaften von Dijon: ‚*Hat die Wiederherstellung der Wissenschaften und Künste dazu beigetragen, die Sitten zu läutern*?' Wieder ist es der Tropfen, der das Fass eines ganzen Lebens zum Überlaufen bringt. Rousseau wird hineingerissen in einen Strudel zwischen höchster inhaltlicher Konzentration und tiefer meditativer Einsicht; er sieht in einem Lichtermeer seinen künftigen Lebensinhalt aufleuchten: Das ist der Entwurf seines ursprünglichen natürlichen Ichs, das mit den Schablonen einer künstlich und technisch aufgeklärten Welt unter keinen Umständen übereinzubringen ist. Rousseau gewinnt den Preis der Akademie. In der Folge wird er, selbst wie verwandelt, diese seine Grundidee breit ausarbeiten, ungeachtet der Reaktionen, die er damit im Land provozieren muss. Seine KS wandelt sich, schießt selber ein in den performativen Jet.

- Die Geschichten sind sich alle ähnlich, die Strukturen wiederholen sich, es wechseln nur die Gesichter, die Umstände und die Zeiten. Am 25. März 1787 wurde Johann Wolfgang von Goethe – wie auch Rousseau im 37. Lebensjahr – von der Idee einer botanischen Philosophie überwältigt, von der er selbst sagt, dass er darüber nichts sagen könne: „Wenn ich nur jemandem den Blick und die Freude mitteilen könnte, es ist nicht möglich." René Descartes erlebte im Alter von 23 Jahren, in der Nacht zum 11. November 1619, eine Serie von drei Initial-Träumen. Diese Träume waren voller Licht und Blitz und warfen ihn weit zurück auf sein Lebensthema des denkenden zweifelnden Menschen-Subjektes, auf das berühmte COGITO, das, wie es oft programmatisch heißt, die Philosophie der Neuzeit einleitete. Ernst Bloch, auch er erst um die 20 Jahre alt, entdeckte das ‚*Dunkel des gelebten Augenblicks*' (dieses entdeckte *ihn*!), aus dem er seine helle Utopie des ‚*Prinzip Hoffnung*' entwickelte: Bloch ist ein Musterbeispiel dafür, dass sich aus einer einzelnen, einzigen Singularität eine Wort- und Bilderwelle von 1.600 Seiten ergießen kann, ein Maß, ein Unmaß für eine performative Explosion. Dem Physiker und Philosophen Werner Heisenberg offenbarte sich bei einem Kuraufenthalt auf Helgoland 1927 in einer Nacht das Geheimnis der ‚Unbestimmtheitsrelation' (Kap. II), einer neuentdeckten Konstante im Naturaufbau. Nikolaus von Kues erlebte am Ende des Mittelalters am eigenen Körper den Zusammenfall der Gegensätze, das Epizentrum seiner Philosophie. Was wir überall haben, ist die Phänomenologie der Kognitiven Singularität, deren materieller Ereignishorizont die Werkideen und ihre Ausführungen sind. Der „Vorsokratiker" Parmenides wurde – mehr als einmal – heimgesucht von einer mystischen Vision des wie erstarrten, unbeweglichen SEINs, neben Heraklit die erste große Philosophie im ägäischen Raum des 5. Jahrhunderts vor Chr. Und immer zog der Moment der KS den performativen Jet der Ideen nach sich, die dann als „das Werk" Eingang finden in die Geschichtsbücher des Geistes und in die Philosophie.

Dies sind einige Musterbeispiele. Aus ihnen lassen sich die zentralen Größen des Prinzips ableiten:

- eine uneinsehbare, nicht weiter analysierbare ausdehnungslose dunkle Zone (KS) auf der einen Seite;
- eine bestimmte Menge von umgebenden Anzeichen auf der anderen Seite, die direkt auf diese Zone hinweisen;
- eine sich an die Singularität anschließende Zeit der Erzeugung, des Schaffens, der Produktivität: einer neuen Kreativität.

Schwarze Löcher der Kognition: ein Nullpunkt, in den nicht hineingesehen werden kann, der aber umgeben ist von rotierender Materie, von der Akkretion der Fakten, jener Anzeichen, die von der Gravitation des Ereignisses reden: Das ist die Vorgeschichte aus Fakten und Erlebnissen; das sind die näheren Umstände der KS-Situation selbst; das ist die Nachgeschichte des nachfolgenden Werkes, die sich über das ganze Leben erstrecken kann und sich in der anschließenden Rezeptionsgeschichte verliert. Anhand dieses *Materials* können Aussagen gemacht werden über die Singularität als Ereignis, nicht aber als *Substanz* (es ist keine da – jedenfalls keine, die identifiziert werden könnte). Die KS-Zone ist überall gleich, identisch: Die Singularität ist tief in jenem Augenblick verborgen, als sich in der Folge bestimmter Gehirnimpulse eine neue Verschaltung anbahnte, die es vorher nicht gab: Sie kann nicht kausal begründet werden, sie kann nicht reflexiv zurückverfolgt werden, sie bringt aber einen neuen Inhalt hervor. Alles geht zurück auf einen winzigen dunklen Punkt, der nicht rekonstruiert werden kann, sondern *sich ereignet, sich vollzieht* und eine neue Art gedanklicher Substanz hervorbringt: *le point performative.* Ja mehr noch: Könnte die Vorgeschichte des Ereignisses lückenlos und logisch rekonstruiert werden, auch noch womöglich vom Autor selbst, hätte es *dieses* Ereignis wahrscheinlich niemals gegeben; das Paradox ist sozusagen das Gütesiegel der Singularität: *ihr Motor.* Wir haben hier zweifellos eine *black box* vorliegen, obwohl es Vermutungen gibt, dass es sich auch hier, pauschal gesagt, um einen Einbruch unbewusster oder vorbewusster Inhalte in das Bewusstsein handeln könnte und neue synaptische Vernetzungen in den Neocortex implementiert werden. Dies mag so sein, und es würde nur die KS *als solche* belegen. Faktische Rekonstruktionen sind hier sicher sinnlos, nicht nur aufgrund der Myriaden von Schaltungen: Jede Konstruktion hinkt dem Ereignis um ein uneinholbares Quantum hinterher.

Der andere Teil, die Menge der *Anzeichen*, astronomisch gesprochen: die *Akkretion* jenseits der Singularität ist umso leichter auszumachen. Es ist das ganze Paket aus der Situation, den Emotionen, der physiologischen Reaktion, der Idee selbst, der gewandelten Persönlichkeit und langfristig der Nachgeschichte der neuen Produktivität und der Werke. Es gibt emotionale, physiologische Begleitszenarien: Philosophen berichten, fast übereinstimmend, von physischen Sensationen wie Tränenausbrüchen und Lachanfällen, von ozeanischen Glücksgefühlen oder einem Verlust des normalen Zeitempfindens, von Schwitzen und Frost, von Schwindel und Kopfbrausen, im Ganzen: von einem liminalen geistig-seelischen Ausnahmezustand, der körperlich durchschlägt (in den Symptomen der spirituellen Singularität, dem *satori*, ähnlich). Die Geburt der Idee: Das ist die substanzielle Manifestation – ob es die Magie des COGITO, die Idee der Ewigen Wiederkehr oder quantenmechanische Formeln sind – das ist immer nur der individuelle Output, gewissermaßen die kreiselnde Materie im Halo der Singularität.

Kognitive Singularität ist der Punkt Null, der eine neue, später auch ausformulierbare Erkenntnis hervorbringt. Diese Erkenntnis wäre auf anderem Wege *nicht* erschienen, oder es wäre eine *andere* Erkenntnis erzeugt worden, weniger radikal. Auf diese Weise ist sie an die Singularität gekettet. Für jenen Punkt Null gibt es *in actu* kein Prädikat, was durch die Nähe zu Traum, Ekstase, Ausnahmezustand und Rausch noch einmal belegt wird. Es gibt in der Singularität kein Referenzobjekt, das deskriptiv zu erfassen wäre. Was zu erfassen ist und auch erfasst *wird*: Das ist der performative Strom *als solcher*, der sich im Rückstoß ergibt und sich in das kulturelle Feld ergießt: der neue Geist, der aus dem Werk spricht.

Geier, Manfred (2003): Geistesblitze. Eine *ANDERE GESCHICHTE* der Philosophie. Reinbek.

Lange-Eichbaum, Wilhelm; Kurth, Wolfram (1989): Genie, Irrsinn und Ruhm. Die Philosophen und Denker. 7. Aufl.; München und Basel.

4. Linguistische Singularität: *la différence*

- Sprachliche Singularität ist tief im Sprachkörper wie in der Sprechtätigkeit des Menschen verborgen und kommt naturgemäß in vielen verschiedenen Phänomenen zum Ausdruck.

„Wir leben nicht in den Wörtern, sondern in deren Schatten." (Vladimir Nabokov). „Die Sprache ist dem Menschen gegeben, um seine Gedanken zu verbergen." (Charles M. de Talleyrand). Zwei Metaphern für linguistische Singularität (LS). Auf keinem Spielfeld zeigt sich das Phänomen *Singularität* in einer solch vielfältigen, ganz und gar diversen Weise – außer vielleicht noch in der Psychologie des Alltagslebens. Die hier präsentierten vier Bereiche stehen stellvertretend für Dutzende weitere, die sich überall im Sprachkörper verstecken. Singularität ist hier – *zuhause*. Auch wenn sich sprachliche Singularität außerordentlich divers präsentiert, bleibt es doch dasselbe Phänomen und kann im Detail beobachtet werden. Immer befindet sie sich an einem Punkt, der keinen Inhalt hat und am Anfang oder am Ende einer Kette liegt.

Eine semiotische Singularität

Es verwundert nicht, dass der allerfrüheste Eintritt in die Sprache über eine Singularität erfolgt: Diese ist der Garant für den reibungslosen, störungsfreien Erfolg dieses Eintritts. Dies ist eine Singularität, die linguistisch zwar theoretisch beschrieben werden kann, aber im Alltag lediglich *zum Ausdruck kommt*: in der praktischen Kommunikation mit dem Kleinkind, im *Vollzug*. Jenseits des primären Singsangs der Müttersprache (der tief-performativen Grundierung in der Mutter-Kind-Dyade) erfolgt das Manöver der Versprachlichung der Welt und der Dinge. Die Überbrückung des Grabens zwischen Sprachwort und Welt erfolgt über eine semiotische Singularität, d. h. über eine leere Stelle zwischen sprachlichem Zeichen und seiner Anwendung.

Zum Kleinkind sagen die Eltern: „Dies ist ein Tisch!" und das Kind glaubt, weiß, sieht sofort: *Dies IST ein Tisch.* Kein Zweifel möglich; absolut sicher; es kann nichts anderes gelten. Die Eltern sagen es ja, sie wissen es; daran ist nicht zu zweifeln, das Urvertrauen garantiert es. Was ist passiert? Die Eltern sagen nicht: *„Wir haben uns mit anderen Sprechern unserer Gemeinschaft darauf geeinigt, dass wir dieses Objekt mit den vier Holzbeinen durch die deutsche Lautfolge / *tɪʃ* / benennen, und zwar zu allen möglichen Zeitpunkten und unter allen möglichen Umständen." Dieser Satz steht aber ungeschrieben über dem Blinden Fleck zwischen den redenden Menschen, er ist tabu in einem direkt-funktionalen Sinn, bleibt ungesagt, eine anwesende-abwesende Chimäre, und trotzdem: Es ist die Essenz der ersten sprachlichen Sozialisation. Auf seine schweigende Geltung wird mit der *Handlung* des Sprechens jedesmal implizit hingewiesen; jede konstative Metasprachlichkeit bleibt streng ausgeblendet. Jeder Teilnehmer ist geprägt von dieser Leerstelle und hat sie automatisch tief innen festgezurrt. Sie *gilt.* Dies ist der Punkt Null, der Blinde Fleck – ein kleines Schwarzes Loch der Interaktion: ein kleines Zero des Meta. Es erscheint in der Kommunikation als ein semiotischer Defekt. Die absolute, d. h. metasprachlich *nicht-kommunizierte* Geltung des wahren Mechanismus' wird durch die Blindheit des Flecks gesichert und dadurch, dass sich jedes vernünftige Mitglied der Gruppe an die Übereinkunft hält. Die Sprecher halten diese stille Übereinkunft unbewusst ein, damit sie handlungsfähig bleiben und die Verständigung möglichst reibungslos läuft. Das Kleinkind nimmt den Satz „Dies ist ein Tisch." (der strikt-wörtlich genommen vollkommen unsinnig ist, ja fast eine „Verrücktheit") instinktiv als eine performative Metonymie auf, d. h. es akzeptiert den Satz als Information und performative Anweisung, dass das Zeichen /TISCH/ so-und-so als eine sprachliche Handlung *angewendet* wird (Geier 2002, 319f.).

Der französische Maler René Magritte hat sein berühmtes Bild von 1926 *„La trahison des images"*, das eine wunderschöne, vollkommen geformte schwarz-braune *Pfeife* zeigt, mit dem Satz Ceci n'est pas une pipe *‚Dies ist keine Pfeife'* überschrieben. Auch er spielt mit dem beschriebenen Mechanismus und löst ihn für einen Moment auf. Sein Bild ist ein typischer Fall von *Noa*, der die Wahrheit-als-solche sagt, aber fremd und kurios bleibt, weil Bild und Kommentar in ihrer konkreten, wörtlichen Dimension den dichten performativen Mechanismus der Bezeichnung auflösen würden.

Sprache lebt also von Anfang an aus der Singularität heraus. Oft scheint es ohnehin so zu sein, dass alles, was einer sagt oder schreibt, nur das Echo einer zugrundeliegenden Singularität sei, die selber keinen sprachlichen Ausdruck hat. Viele große Geister, z. B. der Philosoph Giorgio Agamben, haben versucht, dieses unfassliche Paradox durch ein zündendes Bonmot auszudrücken: Danach habe Gott dem Menschen die Sprache auch deshalb mitgegeben, damit er, der Mensch, vor sich selber (und vor anderen) überzeugend *verbergen* könne, wie er in Wahrheit denkt. Und wenn man die 6.000 Sprachen der Welt ansieht (und einige davon kennt), dann wird mit der Zeit immer deutlicher: Das Wesen einer Sprache steckt zu einem guten Teil in dem, was sie *nicht* sagt, denn man sagt, auf Chinesisch, auf Griechisch, auf Quechua einfach *andere* Dinge (und verschweigt wieder andere). Die Sprache: das sicht- und hörbare Versteck, der sicht- und hörbare Ereignishorizont ihrer verborgenen Singularität.

Dabei leben alle Menschen von den ersten Jahren an mit der Illusion, dass sie mit Sprache alles ausdrücken können, was sie sehen, fühlen und denken. Die Evolution hat es weise so eingerichtet, weil sonst kein Erdenbürger zwanglos in die Sprache hineinwachsen könnte. Diese Illusion ist nur eine von vielen, die für den Alltag unbedingt notwendig sind. Alles Gesprochene und Geschriebene habe danach einen einzigen, quasi unwandelbaren, durch Laut oder Buchstaben festgelegten Sinn, und das Gegenteil wäre offensichtlich unsinnig: Auf der Ebene der Linguistik zeigt sich dieser Glaube als „Prinzip der Ausdrückbarkeit“ – eine typische wissenschaftliche Chimäre: Nach der landläufigen Meinung und dem *Common Sense* sei Sprache vor allem dazu da, die Welt exakt zu beschreiben, ihre Vielfalt exakt auszudrücken und kausale Argumentationslinien aufzubauen, die genau als solche auch wieder verstanden würden – so will es das abendländisch-pädagogische Ideal seit jeher. Nur wenige erfahren, dass hier überall auch der Mangel versteckt ist: Man versuche nur einmal, einen indischen Sonnenuntergang zu beschreiben, das Timbre von Romy Schneiders Stimme, Manets Kunst, einen Orgasmus. Arme Sprache! Und doch arbeitet die Sprache unermüdlich daran, ihren Mythos aufrecht zu erhalten: Er ist hochnotwendig. Denn der Glaube an die Sprache sagt:

Mit Sprache organisiert man die Gesellschaft, entwickelt man Kommunikationen, verbreitet man Meinungen, Urteile, Texte, Bücher etc. Sprache stand und steht pauschal für: *Klarheit, Bedeutung, Kausalität.* Dante, Goethe, Tolstoj bezeugen danach die Allgewalt der Sprache, und die 6.000 Sprachen in der Welt bezeugen den Mythos 6.000 Mal. Sprache gilt als das überragende Alleinstellungsmerkmal des Homo Sapiens, das ihn von allen anderen Lebewesen unterscheidet. Sprache schafft ihre eigene Illusion mit und sichert so insgeheim das Funktionieren der Gesellschaft, deren Zeichen sie ist.

Eine ganzheitliche Erfassung der sprachlichen Singularität ist ein Projekt der Zukunft, und die Linguistik ist noch weit davon entfernt. Ihre Darstellung könnte z. B. ein spezieller Teil einer „dunklen Grammatik" einer Sprache sein (die es noch nicht gibt). Wir können also auf eine solche Vorarbeit nicht zurückgreifen. Deshalb führen wir einige typische Phänomene an und zeigen an diesen Musterbeispielen, wie sich sprachliche Singularität konkret auskristallisiert.

Singularität in der Sprache ist ein wahres Chamäleon: Sie zeigt sich in hundert Farben, Formen und Variationen. Es ist ein Stoff-Berg für eine ganze Qualifikationsarbeit, eine kleine Enzyklopädie. Es gibt offenbar in der natürlichen Sprache und ihrem Gebrauch eine ganze dunkle Landschaft, eine Arena wilder Tiere, die noch auf ihren Dompteur warten. Sprache existiert ja, wie schon angedeutet, im Volke, in den Schulen, in der Wissenschaft, im Common Sense als ein *superhelles* System, das man sich lernend, gewissermaßen als Block, aneignen soll. Dieses System sei nachprüfbar, eindeutig, systematisch, lehr- und lernbar, gewissermaßen 1:1: So betreibt es die Linguistik seit jeher. Die Praxis zeigt aber, dass die Sprachwelt sich teilt in eine helle und eine versteckte dunkle Seite; das Bewusstsein der Zeitgenossen wird von ersterer geprägt, ihr Unterbewusstsein von letzterer. Dies sind einige Phänomene der sprachlichen Singularität:

Man kann nicht alles sagen

In der Linguistik kursiert seit jeher das „Prinzip der Ausdrückbarkeit" (John Searle), das die Illusion der Ganzheitlichkeit unterstützt und scheinbar bekräftigt: Alles, was man meinen kann, könne man jederzeit auch sagen. *Von wegen*! Anscheinend ist es gerade andersherum: Eine spezielle Art, eine subtile Version von Singularität scheint sogar die Basis zu sein für den sprudelnden Reichtum auf der anderen Seite: für ihre ausufernde Performativität, für Dichtung und Poesie, für Einzelsprachen und viele Versionen von Kommunikation. Noch niemand hat es bisher unternommen, die Phänomenologie der sprachlichen Singularität als ein Ganzes darzustellen; immer nur treffen wir auf isolierte, separate Phänomene, die wie Satelliten außerhalb des Systems kreisen oder in einer anderen Wissenschaft ein Einzeldasein führen, wie z. B. die Theorie der *différence* bei Jaques Derrida oder das Dilemma bei Ludwig Wittgenstein, dass man schweigen müsse über das, worüber man nicht sprechen kann. Der Philosoph Thomas Metzinger drückt es so aus: „Wir können eine unfassbare Anzahl von Dingen in all ihrem herrlichen phänomenologischen Reichtum, ihrer sinnlichen Tiefe und ihrer Subtilität erleben, ohne dabei die Mittel zu besitzen, sie zuverlässig zu identifizieren. Wenn das aber so ist, können wir eigentlich nicht über sie sprechen." Er selber spricht vom ‚Prinzip der Unaussprechlichkeit', weniger pathetisch und auch realistischer wäre ‚Unausdrückbarkeit'. Am deutlichsten ist das im Sprachkörper selber angelegt: Jedes sprachliche Zeichen ist bereits ein hochkomprimiertes Produkt seiner vielen Bedeutungen und Lesarten. Man nehme beliebige Wörter wie *Bremse*, *verteilen* oder *weißlich*: Sie umgreifen schon immer eine Vielzahl von möglichen Bedeutungen, die sie formal auf einen Ausdruck zusammenziehen. Auf der anderen Seite inszeniert die Sprache ihr NICHTS, wie um das Prinzip offen zu *zeigen*: Jede Sprache erzeugt qua Gebrauch bereits eine Vielzahl an Stellen, die nicht ausgedrückt zu werden brauchen, nicht ausgedrückt werden sollen, manchmal nicht ausgedrückt werden *dürfen* (‚Zero'): Sprachen haben z.B. dunkle Morpheme (russ. *dom<u>Ø</u>* ‚Haus'), dunkle Artikel (*Mütter<u>Ø</u>*), dunkle Prädikate (arab. *Ahmad <u>Ø</u> mudaris* ‚Ahmad ist Lehrer'), lexikalische Lücken (**Verfrühung*) bis hin zu *gaps* von ganzen Halbsätzen, die sich im Gespräch „von selbst verstehen“ – am deutlichsten im Russischen: *ty – kuda*? ‚du – wohin?‘ = ‚wo willst du jetzt gerade hingehen?‘

‚Sprache ist reich, bunt, allmächtig‘; *‚Sprache ist arm, lückenhaft, ohnmächtig‘*. Beides ist richtig und der *gap* zwischen diesen zwei Wahrheiten erfordert ein Kunststück, einen Zaubertrick der Komplementarität im entwickelten Intellekt, wenn man will: in der entwickelten Vernunft. Das größte Hindernis sind hier die pädagogischen Illusionen, die die Kulturszene wie die Schulszene brauchen: dass es nur eine Frage der Bildung und der Offenheit sei, die *Relativität* der Sprache hinter ihrem gewaltigen Deckengemälde versteckt zu halten. Dass es nur eine Frage des Talentes, der Intelligenz, der Bildung sei, alles auszudrücken, was die Welt bietet. Und trotzdem: Es wirken Singularitäten, Quantenräume ohne Prädikat, leere Punkte zwischen den Wahrheiten, die wie ein stummer Motor die Kommunikation antriggern – ob man dies nun will oder nicht.

Sagen ist nicht gleich „Sagen“

Sagen und „Sagen“ sind zwei Paar Schuhe und noch schwieriger ist es, das einfach zu erklären. Es *ist* so verwirrend, es ist so schwer darstellbar, wie es klingt. Aber wir alle folgen dieser Regel jede Stunde. Auf den Punkt (und reichlich abstrakt) formuliert: Die spontane *Anwendung* von Sprache eilt ihrer *Erklärung* immer eine uneinholbare Strecke voraus. Zwischen etwas Sprachlichem und seiner Erklärung tut sich immer ein Graben auf, den man nicht schließen kann, weil man auch zwei Situationen nicht miteinander identifizieren kann. Zwischen Sprache und Metasprache tut sich so eine nicht aufhebbare Lücke auf, eine Singularität, die unhintergehbar ist und außerhalb bleibt. Dabei ist die reflexionslose Anwendung vor allem ein performatives Phänomen, ihre Erklärung vor allem ein konstatives Phänomen.

Nehmen wir als ein Beispiel unter vielen den auffälligsten Fall: den Sprachwandel. Sprache wandelt sich etwa so: Ein bestimmter Sprachgebrauch ereignet sich irgendwann zum ersten Mal. Nehmen wir die neudeutsche Umgangssprache: Da werden Laute verschleift (*er brauch_; sie mach*^{ng}), Kasus verschoben (*aus den Lager heraus*) oder die Artikel vertauscht (*in ZDF; in Tschad*). Fragt man bei den Sprechern nach, sagen sie, sie haben die korrekten Formen (*braucht, machen, aus dem Lager, im ZDF*) verwendet (die einzig voll-bewusst sind); die tatsächlich gebrauchten Formen werden geleugnet (und zehn Minuten später wieder spontan gebraucht). Linguisten können davon ein Lied singen. Zwischen beiden Sphären, zwischen dem vorbewussten und dem bewussten Sprachgebrauch klafft eine scharfe, unausfüllbare Lücke, die eine Lücke zwischen Sprache und Metasprache ist; sie ist nicht überbrückbar: ein performatives Unikum. Und doch bewirkt sie, dass sich mit der Zeit im Sprachgebrauch eine Schneise, ein *Trampelpfad* (Rudi Keller) ausbildet, schließlich ein neuer Weg, den immer mehr Zeitgenossen gehen: Irgendwann gebrauchen alle die neue Form. Sprachwandel fußt direkt auf jenem singulären unbewussten *gap*, der die spontane *Anwendung* vor ihrer *Erklärung* zuverlässig sichert. Der Igel ist immer schon da, wo der Hase erst hinsteuert. Das performative Moment ist von seinem konstativen Zwilling niemals einzuholen. Dies hat die Autorität Sprache selbst so eingerichtet: als menschengemäß. Dieses Prinzip funktioniert auf allen Ebenen der Grammatik und ist wahrscheinlich für alle Sprachen gültig. Und je intensiver man versucht, beide Ebenen künstlich übereinzubringen, desto tiefer wird der Graben.

Die Sprache liebt das Spontane

Man kann die interaktive Bedeutung von etwas Sprachlichem nicht verabreden. Sprache liebt das Spontane, sträubt sich gegen das Allzu-Bewusste. (Sie will frei sein, obschon sie genau das nicht ist). Schauen wir in ihr Mark: Ein jeder Satz, so banal er auch sein mag, ist umgeben von einem *Halo* aus Ungesagtem, aus Lesarten, Nebenbedeutungen, Einfärbungen und Gefühlen, aus Erinnerungen und Assoziationen – die alle stumm bleiben. Die Linguistik hat hier einen ganzen Baukasten an persönlichen Wirkungen und Effekten angelegt, die sie in den Sektoren Semantik und Pragmatik durchdekliniert. Die Fachbegriffe sind Legion und lauten z. B. *Illokution, Konnotation, Präsupposition, Metapher, Ironie* etc. Sie müssen hier nicht ausgebreitet werden (vgl. dazu Hinrichs 2014): Es sind die persönlichen Farben von Sprecher und Hörer, deren Intentionen und Motive, die sich überschneiden, ergänzen oder auch beißen können. Hier liegt ein unbestrittenes Verdienst der Sprachwissenschaft: Sie sensibilisiert ihre eigenen Leute und die Studenten für diesen Halo (was dann, wenn es gut geht, in irgendeiner Weise später der Gesellschaft zugutekommt.)

Was aber zu kurz kommt, ist etwas Anderes, etwas Dynamisches, Prozesshaftes. Die Bedeutung einer beliebigen Äußerung, die jenseits der reinen Sachinformation liegt (aber doch in ihrer Nähe), ist ein wahres Chamäleon. Der Satz „*Ich bin doch jeden Abend zuhause*!" kann, je nach Situation, sein: reine Sachinformation, eine pure Wiederholung, eine vorsichtige Einladung, eine Andeutung, ein Vorwurf; man kann damit verblüffen, erschrecken, jmd. übergehen, ironisch, freundlich oder anzüglich sein: das ganze Universum der sogenannten Illokutionen und Perlokutionen. Es bleibt offen, was genau gilt, auch Kombinationen sind möglich, je nach Situation und Person. Die Regel ist wohl, dass immer *irgendeine* von den möglichen Zweit- und Dritt-Bedeutungen im Gespräch tatsächlich *gilt*, und dass beide, Sprecher wie Hörer, das dann im besten Fall ähnlich sehen. Wahrscheinlich bildet sich so etwas wie eine Wolke, eine dunkle *cloud of speech act meanings*, aus der heraus unbewusst eine Wahl getroffen wird, die dann das Gespräch triggert, vorwärtstreibt oder auch bremst: Eine Wolke aus Wahrscheinlichkeiten, die dann im Dialog kollabiert und ganz nach Quantenmuster eine Bedeutung – *erzeugt*. Der Satz – jeder Satz – ist nur eine Insel im Meer seiner möglichen Lesarten: Sprache in Aktion besteht eben nicht nur daraus, was man wörtlich sagt, sondern zu einem größeren Teil daraus, wie man *handelt*, was man miteinander *macht*, wie man sich gegenseitig *steuert*, was man *nicht* sagt, was man damit *meint*. Untrennbar sind beide Blöcke, sagen wir pauschal: *Proposition* und *Illokution*, miteinander verwoben. Eine Symbiose der menschlichen Art.

Das ist die Theorie. In der Praxis des Alltags ist es vollkommen unmöglich, in expliziter Weise irgendeine absolute Geltung aus dem Halo der Bedeutungen verbindlich festzulegen. Das würde die stumme implizite Aushandlung ad absurdum führen und nur Störung verursachen. „Das war jetzt ein Vorwurf", „Ich rate dir nur etwas", „ich bin verblüfft", „du bist merkwürdig arrogant" sind Muster-Beispiele für Meta-Versuche, die meist gleich krepieren oder ausgeblendet oder überspielt werden, weil sie sofort einen neuen Halo auslösen, der oft negativ ist. Das Gesagte und das Gemeinte kommen niemals vollkommen überein, eben weil die Leute und ihre Situationen verschieden sind. Wenn sich das Gemeinte wieder in etwas Gesagtes verwandelt („Ich meine damit, dass ..."), erscheint ein neues stummes Gemeintes sofort auf der Bühne der Kommunikation. Die Regel lautet: Es ist vollkommen unmöglich, sich *auf der Sachebene* über den empathischen Halo einer Äußerung verbindlich zu verständigen; es geht nur: performativ. Versucht man es wörtlich, stellt sich ein Regress ohne Ende ein, dessen chaotisches Ungemach zu besichtigen ist z. B. im Theaterstück ‚Wer hat Angst vor Virginia Wolfe' (Edward Albee), oder in der lächerlichen Tragik des Nicht-mehr-weiter-Könnens, die Anton Tschechow in der Figur des Iwan Dmitritsch Tscherwjakow in der Erzählung ‚*Der Tod des Beamten*' verewigt hat.

Sprachliche Singularität: Der Regress aus Bedeutungen und Interpretationen endet, zumindest in der Theorie, an eine leeren Nullstelle, die keinen Inhalt mehr hat. Der Reigen setzt sich selbst fort, weil das Ziel paradox ist und sich selber untergräbt. Es bleibt zum Schluss eine letzte Singularität offen, von der nichts mehr ausgesagt werden kann – außer: dass sie *da ist.* Ein kleines schwarzes Loch der Kommunikation. Von hier aus ereignet sich dann, stumm und im performativen Vollzug, jene Bedeutung, die *gilt* und das Gespräch voranbringt.

Jaques Derrida: *la différence*

Seit über 100 Jahren, seit Ferdinand de Saussure, gilt es als ausgemacht, dass Sprache ein System von Zeichen sei – niemand zieht dies heute ernsthaft in Zweifel. Das sprachliche Zeichen bestehe aus Ausdruck und Bedeutung, französisch: *signifiant* und *signifié.* Wie immer die Relation zwischen beiden auch aussehen mag: Die semantische Bedeutung erscheint niemals als solche, sondern wird nur durch den lautlichen Ausdruck repräsentiert: *quid pro quo.* Das ist so trivial wie wahr. Hier könnte man ein phantastisches Bild malen und sagen: Der Sprache liegt ein Schwarzes Loch von semantischen Inhalten und Bedeutungen zugrunde, in das ständig neue Bedeutungen hineingezogen werden, die aber niemals konkret und sichtbar erscheinen. Die Lautsprache selbst mit ihren 100.000 Wortschnuppen bildet die rotierende helle Akkretionsscheibe auf dem – sichtbaren wie hörbaren und lesbaren – Ereignishorizont alles Sprachlichen.

Der französische Philosoph Jaques Derrida hat mit seiner Philosophie der *déconstruction* eine linguistische Theorie der sprachlichen Singularität geschaffen, wenn man will: ihre französische Variante. Sie strahlt weit aus in andere Geisteswissenschaften, auch in Deutschland. Die Grundlinie ist etwa diese: Der Schreiber eines Textes oder der Sprecher einer Äußerung kann sein Thema immer nur nach-ein-ander in der Zeit präsentieren. Die Wörter, die eigentlich synchron gemeint und so auch voraus-gedacht sind, erscheinen immer nur linear getrennt, nacheinander. Jedes Wort hat verschiedene Lesarten und dazu noch, je nach Kontext und umgebendem Text, minimale Abweichungen in den ad-hoc-Bedeutungen, die auch noch kontrastieren mit der festeingespeicherten Grundbedeutung des hoch- und schriftsprachlichen Codes. Dadurch kommt es zu ungezählten zeitlichen Versetzungen. Derrida schließt daraus, dass es keine festen Blockidentitäten von Wörtern und Bedeutungen geben kann, sondern: dass die Bedeutungen von Wörtern in einem steten Fluss, einer ständigen Fluktuation sich befinden. Hier scheint ein stetiger *Mangel* durch, der der Produktion von neuen Wörtern in neuen Zusammenhängen dunkel zugrundeliegt. Durch die ständige, tägliche, ja stündliche Wiederholung von Sätzen und Wörtern bricht das Konstrukt einer festen, immer-identischen Wort-Bedeutung *qua actione loquendi* zusammen und macht letztlich einer ‚Bedeutung' Platz, die nicht mehr für einen jeden Einzelfall exakt definiert werden kann (und dies auch nicht benötigt). Denn das, was wiederholt wird, wird nie in exakt derselben Form, nie in exakt derselben Bedeutung wiederholt, schon weil die Situation immer eine andere ist, wie auch die beteiligten Sprecher und Hörer. In jeder Wiederholung stellt sich deshalb eine subtile minimale *Abweichung* ein, die in der Regel gar nicht wahrgenommen wird, aber immer *da ist.* Ja, vielleicht ist die sprachliche LS dieser Art sogar ein subtiler Motor der Kommunikation. Die unbewusste Abweichung, eben jene uneinholbare *différence,* wird benötigt, um die Illusion der unwandelbaren Gleichheit von Wörtern wie von Bedeutungen für den Alltag der Leute aufrechtzuerhalten und zu *sichern.* Das französische Verb *différer* bedeutet neben ‚unterscheiden' auch ‚aufschieben': Eine ‚endgültige Bedeutung' wird nicht etabliert, sie ist zeitlich versetzt anwesend nur in einer Vielzahl von Querverbindungen, die sich ständig verändern: Bedeutungen werden so *aufgeschoben* und die Aufschiebung selber ist eine Variante der linguistischen Singularität, denn die Lücke *zwischen* zwei Aufschiebungen hat kein Zeichen: Es ist ein linguistischer Quantensprung. Derridas *différence* meint somit eine *horizontal versetzte* Bildung von Bedeutungen, die ständig in Bewegung ist und sich jedem Festhalten entzieht. Sie ist nie abgeschlossen, sie ist unbestimmt. Deshalb sieht er in ihr „etwas Unsagbares", das sich jeder Definition entzieht. Man kann auch sagen: eine Singularität eigener Art, von der aus die Bildung von Bedeutungen immer weiter fortschreitet, ohne dass sie kontrolliert werden könnte.

Wie ein Gravitationszentrum liegt Singularität im Zentrum ihrer sprachlichen Varianten. Fast scheint es so, dass der sprachliche Himmel übersät ist von kleinen Schwarzen Löchern – evolutive Spuren der Heraufkunft von Sprache vor Äonen. Niemals vergessen darf man, dass neun Zehntel der hominiden Evolution so gut wie sprachlos vor sich gingen und die stumme Zeigegeste und die Mimik das Feld beherrschten. Es könnte gut sein, dass die Singularitäten so etwas sind wie Spuren des dunklen Hintergrundes, aus dem heraus sich allmählich Sprache herausentwickelte. Heute ist sprachliche Singularität das wohl wichtigste Analogon mit noch unabsehbarer Wirkkraft in andere Bereiche hinein.

Sprachliche *correctness*

Die politisch korrekte Meinung ist ein Tummelplatz für sprachliche *gaps*. Sprachliche Singularität kommt nicht nur in der semiotischen Abstraktion zum Ausdruck, sondern ganz konkret in der Verschiebung von Wörtern (s. o. Derridas *différence*!) Oft legt sich der politisch-korrekte Ausdruck wie selbstverständlich über die unten rumorende Leerstelle, die die wahre, die eigene, die authentische Meinung zu etwas enthält, die oft genug unbewusst ist und es lange bleiben kann. Auch dies ist ein US-Erbe und breitet sich als soziales Phänomen mit immer neuen Inhalten endemieähnlich aus. Der originale Inhalt kann hier besonders brisant, besonders gefährlich sein und kann eine Stigmatisierung nach sich ziehen, die man so schnell nicht wieder loswird. Deshalb wird die Leerstelle umso intensiver verborgen, oft mit ergänzenden Argumentationen, die sie zusätzlich sichern. Eine bestimmte Sorte von Lexemen wird selber zu dunklen Flecken, die nicht mehr aufgehellt werden; sie werden durch andere Lexeme ersetzt, z. B. durch *Roma* und *Sinti, Inuit, native americans, Afroamerikaner* oder *Subsahara* (statt: *Schwarzafrika*). In Deutschland war der Prototyp der politisch-korrekten Meinung oft linksliberal-rotgrün geprägt; seine Verletzung konnte Exkommunikationen, politischen Bann und Stigmatisierung nach ziehen (‚rechte Ecke'; ‚Rassismus', ‚*old-school*' etc.), seine stetige Befolgung wurde meist mit einem Gruppenbonus belohnt. Als Musterbeispiel verfolge man die Wortreihe von *Migrationshintergrund* bis zuletzt *Einwanderungsgeschichte*, von *Asylbewerber* bis *Schutzsuchende* – Ausdrücke, die alle paar Monate durch neue Wörter ersetzt werden. Jeder neue Ausdruck löscht dabei eine alte, unliebsam gewordene politische Nebenbedeutung.

Der irische Sprachakrobat James Joyce inszenierte die „Selbstkonfrontation der Sprache" in seinem Jahrhundertwerk „Finnegans Wake" und nannte das „Drama der Selbstkonfrontation der Sprache" eine „*coincidentia oppositorum*" – also eine Singularität *par excellence*. Die Joyce-Übersetzerin Ingeborg Horn kleidete dies in die Worte vom „Urdrama, das die Sprache als solche überall mit sich selbst austrägt, in ihrer immer neu notwendigen ursprünglichen Selbstunterscheidung zwischen primären und sekundären, originalen und epigonalen, schöpferischen und nachahmerischen, wahrhaftigen und scheinhaften, lebendigen und toten Sprachformen – oder zwischen Buchstabe und Geist, Name und Wort, [...] prosaischer und poetischer Logik usw. – wie immer man die zwei Grundcharaktere der Sprache [...] benennen will." (Joyce 1989, 19f.)

Derrida, Jaques (2004): Die *différence*. Ausgewählte Texte. Ditzingen.

5. Cerebrale Singularität: *Black Box Brain*

- Cerebrale Singularität ist so tief, so fundamental im Gehirn verankert, dass sie weder theoretisch noch auch experimentell beschrieben werden kann. Sie muss so verborgen sein, weil jede explikativ-helle Aufdeckung die grundlegenden unbewussten Funktionen des Gehirns gefährdet.

„Despite extensive research, scientists still don't know exactly how the human brain works, and what it hides in its darkest corners." (Sofija Ševardnadze). „Wenn die mentalen Objekte der Philosophie, der Kunst und der Wissenschaft einen Ort haben sollen, dann im tiefsten Inneren der synaptischen Spalten, in den Hiatus, den Intervallen und Zwischenzeiten eines nicht objektivierbaren Gehirns." (Deleuze, Guattari 2000, 110). Dem entspricht, dass Introspektion und Intuition nur erscheinen können, wenn sie nicht-bewusst gesucht werden, m. a. W.: wenn eine tiefe Singularität frei wirken kann.

Die Entstehung von Bewusstsein – was immer das im Einzelnen genau sein mag – kann man sich vorstellen als einen unablässig sich selbst erzeugenden Prozess der Transformation (Niklas Luhmann, s. Gripp-Hagelstange 1997, passim), wobei es unmöglich ist, die letzte Quelle dieses Prozesses in der tiefsten Tiefenstruktur aufzudecken, und schon gar nicht: sie selbst bewusst zu machen. Jeder Gedanke ist erst einmal ein unbeobachteter, dunkler; er ist für sich selbst intransparent, was auch durch reflexive Selbstbeobachtung niemals ganz aufgelöst werden kann. Dass das Bewusstsein sich selbst durchschaue, ist nur eine bequeme Illusion (Bourdieu 2017, 18). Blaise Pascal sagt, er könne ein Werk nicht beurteilen, wenn er es gerade erschafft. Dies wäre also eine weitere Nullstelle, ein singulärer Algorithmus im Geschehen der cerebralen Aktivität.

Die dunkle Nullstelle am Boden der cerebralen Aktionen hat ihren evolutiven Grund. „Das Gehirn hat sich in der Evolution herausgebildet als Organ, das dem Menschen [...] hilft, [...] im Kampf um Überleben und Fortpflanzung zu bestehen. Es ist nicht dafür geschaffen, sein eigenes Funktionieren zu entschleiern und zu verstehen." (Störig 2016, 834f.). Auf den großen Physiker und Philosophen Carl Friedrich von Weizsäcker geht der Gedanke zurück, dass das menschliche Bewusstsein durch seine Aktivität das beeinflusst, wenn nicht: verändert, was es gerade misst. Der Beobachter ist auch hier eingeschlossen. Er sprach vom „Einbruch der Subjektivität" ins Objektive (Neuser 1996). Dieser „Einbruch" hat starke Ähnlichkeit mit dem sogenannten „Kollaps", der in der Quantentheorie das Mess-Resultat auslöst.

Die Intuition vieler Philosophen über die Uneinsehbarkeit, über eine letzte dunkle Singularität in der cerebralen Aktivität von Wahrnehmung und Informationsverarbeitung wird heute naturwissenschaftlich gestützt: Ein mächtiger, sich verstärkender Trend auf dem Spielfeld von Bewusstseinsphilosophie und Physik zielt darauf ab, die Hirnaktivität im letzten Grunde auf quantenphysikalische Effekte (s. Kap. II) zurückzuführen (Wechsler 1999, 79ff.). Danach führt der große britische Physiker Roger Penrose die „Nichtkalkulierbarkeit des Mentalen" (ein performatives Essenzial) zurück auf quantenphysikalische Prozesse und Effekte im subneuralen Bereich (sog. ‚Mikrotubuli'), mit anderen Worten: auf eine cerebral-neurologische Singularität. Geist also ist letztlich nicht berechenbar, durch keine Algorithmen einzuholen. Spirituelle Meister, Künstler und Eingeweihte aller Zeiten haben immer wieder darauf hingewiesen, dass Zustände wie tiefe Aufmerksamkeit, Bewusstheit etc. keinen festen Ausgangspunkt haben, ja sogar: einen solchen gar nicht vertragen. Sie kommen aus dem Dunkel.

Unendlich sind die Zitate, die das Rätsel, die Uneinsehbarkeit, die kaum abschätzbare Kapazität des menschlichen Gehirns besingen. Mit einiger Sicherheit kann man sagen: Nirgendwo in der Wissenschaftslandschaft ist die Diskrepanz zwischen dem, was man erforschen will und den Resultaten aus ausgeklügelten Experimenten etc. größer als hier. Ganz abgesehen von den Detail- und Datenfluten über Größe, Konsistenz, Energie etc. bleibt *ein* Faktum vollkommen unberührt: Das Gehirn ist eine *black box*, die nur noch schwärzer wird, wenn man analysierend in sie hineinsehen will – und nach irgendwelchen Merkmalen oder Anomalien sucht, die dann als Erklärungsfiguren für *genius* etc. herhalten sollen. (Selbst die 40-jährige „bizarre Odyssee" (Carolyn Abraham), die die Forschung mit Einsteins Gehirn anstellte, endete irgendwann im Regal eines unbekannten Museums in Chicago). Hier am Zellmaterial unbedingt etwas finden zu wollen – das kann man das cerebrale Missverständnis nennen (‚*cerebral failure*').

Die lange, unabsehbar lange Entwicklung des Gehirns hat dazu geführt, eine cerebrale Singularität zu entwickeln, die imstande ist, unter allen möglichen Umständen die Kontrolle über Geist, Psyche, Körper und sich selbst zu behalten. Es ist dabei offensichtlich jenem universalen Prinzip gefolgt, nach welchem die unbelebte Natur selber verfährt. Die Evolution, wäre sie eine Person, hat diesem Prinzip eine allmächtige, übermächtige Bedeutung verliehen, die das Überleben der Spezies letztlich gesichert hat, jedenfalls der des *Homo Sapiens.* Es ist durchaus möglich, dass eben jene genialische Eigenschaft des menschlichen Gehirns die Konkurrenz mit den anderen Menschenrassen entschieden und das Überleben *dieser* Spezies ermöglicht hat (inclusive des gewaltigen geistigen und technologischen Fortschritts). Diese Glanzleistung besteht ganz offensichtlich darin, sich selbst vor der eigenen Reflexion zu schützen, und zwar in einer mehrfachen Sicherung.

Wie kann das gehen? In einem Wort:

- Das Gehirn verfügt nicht über eine konstativ-identische Organisation, sondern über eine performativ-nichtidentische Organisation.

Es ist entweder nicht möglich oder unzureichend oder einfach vergeblich, bestimmte Hirnfunktionen wie Sprache oder Emotion in einen fest umgrenzbaren Teil zu verlagern, den man dann mittels sogenannter bildgebender Verfahren sichtbar, identifizierbar und letztlich: *korrigierbar* macht. Immer mehr Forscher sind sich heute einig, dass das Gehirn (wie der Mensch als Ganzer) ein holistisches System ist mit einer flexiblen und selbstgesteuerten Verteilung seiner Funktionen (Huber 2017). Die fortgeschrittene Hirnforschung entdeckt z. B. gerade mithilfe bildgebender Verfahren, dass die Sprach-Areale der linken Hirnhälfte immer in aktivem Kontakt mit weit entfernten Arealen stehen: dem Subcortex, dem limbischen System, der Amygdala, den Kleinhirnhälften und noch weiteren (Turker, Kuhnke 2023).

George Orwell hat in „1984“ die Methode des „*double-thinking*“ eingeführt: ein eher politisch-negatives Verfahren, das aber das komplementäre Potenzial des Menschen anspricht: zwei gegensätzliche Konzepte auf einmal zu denken. Möglich ist, wie es der US-Neurologe und KI-Forscher Jeff Hawkins beschreibt, das Gehirn als einen Mega-Pool von diversen Weltmodellen aufzufassen – „*a thousand brains*" – mit dem es stetig Weltmodelle erzeugt – je nach Bedarf. Assoziiert ist hier zugleich das performative Potenzial des Gehirns, das seine Weltmodelle *in actu* selbständig nach Art eines Theaterstücks inszeniert (Baars 1998). Es ist selbst – der *Regisseur.*

Die größte Leistung des menschlichen Gehirns besteht vielleicht darin, das eigene Funktionieren vor sich selbst verborgen zu halten. Dies könnte man auch so übersetzen: Die größte Leistung des Gehirns besteht darin, sich selbst eine unhintergehbare Singularität zu implementieren und dadurch auf der anderen Seite eine größtmögliche Performativität zu sichern. Das Gehirn hat einen uneinholbaren Vorsprung vor sich selbst: Das ist der Punkt. Es entscheidet selbst und lässt offen, was dieses „selbst" bedeuten mag. Vielleicht noch in der Astronomie und auf dem Gebiet der Spiritualität stößt man so schnell, so kompromisslos, so eindeutig auf Singularität wie beim Gehirn. Nirgendwo kristallisiert sich Singularität so deutlich aus. Dass sich das Gehirn im Laufe seiner langen Evolution eine letzte dunkle unzugängliche Zone implementiert hat, spricht für die überragende Bedeutung von Singularität für alle Dimensionen überhaupt und für alle menschliche Kultur im Besonderen.

Vorboten der hochmächtigen cerebralen Singularität sind einige Indizien, die die Spezialforschung seit langem bestätigt:

- Von den ersten drei Lebensjahren haben wir fast keine Erinnerung, jedenfalls keine bewusste: ein Ruheraum des Impliziten Gedächtnisses ohne bewussten Zugang.
- Heute ist man weit davon entfernt, der exakten Funktionsweise des Gehirns auf die Spur zu kommen, obwohl die Anstrengungen intensiver werden; oft mag es scheinen, dass gerade diese Anstrengungen keine echte Aufhellung bewirken, sondern nur zusätzliche Komplizierungen.
- Das Implizite Gedächtnis hat eine weit größere Kapazität als das Explizite.
- Das Gehirn verändert sich mit jeder Aktivität; im Prinzip sind diese Veränderungen nicht berechenbar. Es ist ein Chamäleon der Selbstorganisation, wiewohl es natürlich auch über einen Bestand an festem Weltwissen verfügt.

- Die niemals abreißende philosophische Diskussion um den „Freien Willen" ist ein Exerzierfeld für die These, dass das Gehirn selbst nur zu gern die Illusion der Freiheit bedient: Es richtet so etwas wie ein „Chaos-Element", eine intrinsische Differenz ein, die ihm (und seinem Träger) eine „Mikro-Indeterminiertheit" garantiert (Baggini 2017) – ein anderes Wort für ‚cerebrale Singularität'.

All diese (und viele weitere) Indizien sprechen dafür, dass das Gehirn selbständig in einer Weise arbeitet, die von Außen nicht ohne Weiteres kopiert und verstanden werden kann: Vielleicht liegt hier der Schlüssel zu einem Geheimnis, das sogar „das Gehirn selbst" nicht lösen mag. Wenn es eine Person wäre: Es wäre ihm sicher keine Information über seinen geheimsten Mechanismus zu entlocken (weil es keine zur Verfügung hat). Es wendet im Alltag hundert Tricks an, um sich den dunklen Nullpunkt zu sichern und ihn so für das tägliche Leben nutzbar zu halten. Und sehr wahrscheinlich ist, dass es dafür ein neurologisches Korrelat gibt.

Die Erforschung der Unbewussten Informationsverarbeitung (UIV) setzt spät ein und musste sich erst aus dem Schatten der Bewusstseinsforschung herausarbeiten. Und hier zeigt sich, dass sie viel ergiebiger als ihre große Schwester ist und eine Vielzahl staunenswerter Ergebnisse vorweisen kann, die mehr über die geheime Arbeitsweise des Gehirns aussagen als alle Bewusstseinsforschung. 90 % und mehr der Informationsverarbeitungsprozesse sind nichtbewusst, das Nichtbewusste steuert unser bewusstes Leben: Es ist der Herr im Haus, die bewussten Prozesse sind das Personal, die Dienerschaft.

Der cerebralen Singularität steht auf der anderen Seite das unbegrenzbare Potenzial der cerebralen Aktivität und Energie gegenüber (wobei noch unentschieden ist, wieviel wir davon wirklich ausnutzen). Viel spricht dafür, dass die „Navigation des Denkens" bei allen Menschen nach performativen Prinzipien vor sich geht. Das Team um den Leipziger Neuropsychologen Christian Doeller stellt neuerdings fest, dass jene Räume, in denen Bilder, Szenarien oder Begriffe gespeichert sind, ständig „im Geiste neu erzeugt" werden, um dann die aktuelle Navigation des Tages zu starten. Die Räume werden performativ aktualisiert.[9]

Die Unbewusste Informationsverarbeitung (UIV): Implizites Wissen

„Man muss völlig umdenken und sich darüber klar werden, dass das Bewusstsein nur einen ganz kleinen Teil unseres Gehirns umfasst. Und wenn wir bewusst sind, sind nur begrenzte Teile des so genannten assoziativen Cortex aktiv. Man kann sagen, ungefähr 90 Prozent des Gehirns sind unbewusst, nämlich das gesamte Gehirn außerhalb des Cortex und ein großer Teil der Großhirnrinde selbst ... Ich erlebe mich selbst als denkend, fühlend, wahrnehmend oder entscheidend, und nehme die 90 Prozent, die mich dazu bringen, nicht wahr." (Gerhard Roth). Nur 0,1 % der aktuellen Vorgänge werden uns tatsächlich bewusst. Das liegt an der unfasslichen Differenz zwischen dem unbewussten schnellen Signalsystem, das eine Kapazität von ca. 15 Mio Bits/s hat und dem bewussten langsamen Signalsystem, das eine Kapazität von ca. 60 Bits/s hat (das entspricht gerade mal einer 8-stelligen Telefonnummer).

Die anschwellende Konjunktur der UIV-Forschung, der einschlägigen Literatur (Kahnemann; Eagleman) sowie die steigende Popularität auch außerhalb der reinen Wissenschaft zeugen davon, dass der Zeitgeist sensibler wird für das, was wir ‚Singularität' nennen. Die Bedeutung dessen, was die forschende Wissenschaft nicht substanziell erfassen, einordnen und analysieren kann, wird größer. Das Geheimnis, das sich tiefinnen in der Arbeit des Gehirns verbirgt, zieht die Menschen offenbar an, weil sie ahnen, dass hier auch ein Geheimnis *ihrer selbst* und der Welt im Allgemeinen verborgen sein könnte.

Die UIV arbeitet auf dem Feld des Alltags, der Zeitgenossen, des sozialen Lebens, d.h. im Zentrum des Mesokosmos. Sie führt Experimente durch, die belegen, so gut wie ohne Ausnahme, dass das Gehirn den dunk-

9 Zitiert bei Johann Grolle: So sehen Gedanken aus. In: DER SPIEGEL Nr. 5 v. 27.1. 2024, S. 96–99.

len Punkt Null seiner Singularität tausendfach einsetzt, um seinem Träger das Leben zu erleichtern, ja letztlich: das soziale Überleben zu sichern. Wir präsentieren im Schnelldurchlauf einschlägige Erkenntnisse, die möglichst weit auseinanderliegen; sie stehen für hundert und ungezählte weitere.[10]

- Das Gehirn entscheidet in Notfällen blitzschnell und autonom über rettende Maßnahmen, die den Körper vor Verletzungen, Verbrennungen, Fleischwunden, Verätzungen, Unfällen und Schlimmerem bewahren (heiße Herdplatte etc.). Dies tut es, indem es die bewussten Instanzen umgeht; dadurch ist es etwa 100mal schneller und sofort vor Ort („Libet-Effekt"). "*Brain makes decisions before consciousness steps in.*" (Tat'jana Černigovskaja). "*Decisions are caused by unconscious brain processes, then consciousness kicks in later.*" (John-Dylan Haynes). Der Zeitfaktor kann auch ausgedehnter sein. So warnte das implizite, intuitive Gedächtnis einen Rennfahrer anhand von winzigen Indizien vor einem nahen Unfallstau, der Fahrer bremste ab und kam heil davon (Lemke 2003). Und jeder kennt das unbestimmte, warnende ‚Bauchgefühl', heute Nacht lieber nicht mehr auszugehen.
- Augustinus sagte von sich, sicher wisse er, wie alle anderen auch, was *Zeit* sei, wenn er aber gefragt würde, was Zeit denn tatsächlich sei, könne er es nicht sagen. Dieses Phänomen trifft auf sehr viele Dinge, Gefühle, Werte, Gewohnheiten und auf jede Menge abstrakter Begriffe zu. Wer kann schon sagen, was denn *Freiheit, Tugend, Eifersucht, Liebe, Sympathie* eigentlich bedeuten, woher sie kommen, wie sie gelernt werden, warum sie scheitern usw. Jeder lebt in einer Blase dieser subjektiven und sozialen Phänomene und niemand könnte sofort mit einer hieb- und stichfesten Definition dienen (zumal hinter allen auch noch eine unabsehbare Spezialforschung und eine ganze Ratgeberszene stehen.) Hier kollidiert das implizite Wissen, das unbewusst oder vorbewusst ist, mit dem explizit-bewussten Wissen, das oft genug angelernt, wiederholt oder nur zitiert ist. Dazwischen liegt eine Lücke, die nicht überbrückt werden kann, jedoch aufgrund der *Illusion* der Macht alles Bewussten immer weiter fortbesteht. Es scheint sogar so zu sein, dass die bewusst-definitive Ausformulierung von *Zeit*, *Liebe*, *Freiheit* etc. das Gegenteil

---

10 Einige Beschreibungen gehen zurück auf Passagen in Hinrichs (2014).

bewirkt: Es macht sich oft Unsicherheit und Desorientierung breit, eine Art Kurzschluss zwischen zwei Wissens-Modi, die ad-hoc nicht kompatibel sind.

- Versuchspersonen, die in einem Millisekundenblitz ein einschlägiges Bild, z. B. das eines Brotes, zu sehen bekamen, identifizierten es doppelt so sicher, wenn sie vorher den Rahmen, hier also: eine *Küche*, in Normallänge zu sehen bekamen. („*Priming*").

Hunderte weitere Resultate aus der experimentellen Wahrnehmungs- und Sozialpsychologie bestätigen die noch nicht vollständig erkannte, noch unsortierte Allmacht von Implizitem Wissen, Impliziter Wahrnehmung und des Impliziten Gedächtnisses. Rolf Dobelli hat hier gezeigt, wie der gesamte menschliche Alltag durchzogen, durchwoben, ja: durchtränkt sein kann von Effekten, die eine dunkle Stelle überspringen und auf die Wirkung des Impliziten zurückgehen. Das Gehirn spiegelt z. B. Sympathie, Kontrolle, Gelegenheit, Abwehr etc. vor – nur um etwas zu verschatten und dadurch letztlich etwas anderes zu *erreichen*, das den Leuten selber gar nicht einmal genau bewusst sein muss. Impulse aus den implizit arbeitenden Teilen des Gehirns steuern und manipulieren das menschliche Verhalten, um unliebsame, verpönte oder gefährliche Inhalte zu neutralisieren oder ganz auszuschalten; die Illusionen, die das bewusst-explizite Gedächtnis dazu erzeugt, „helfen".

Implizites und Explizites Gedächtnis verhalten sich zueinander wie die Spitze des Eisbergs (explizit) zu den Neun Zehnteln unter Wasser (implizit). Sie sind miteinander in dem Sinne nicht kompatibel, als sie nicht *zugleich* aufgerufen werden können; auch können sie nicht zugleich *wirken*. Etwas Implizites kann *per definitionem* nicht explizit sein und umgekehrt. (Das Unbewusste im psychoanalytischen Prozess kann nicht gleichzeitig bewusst sein, *vice versa*). Es gibt viele Beispiele dafür, dass das Implizite Wissen, z. B. das implizite Lernen und sein spontanes Arbeiten, durch das Eingreifen von explizitem Wissen gestört, wenn nicht: gelöscht wird: So geht z. B. das Erfassen von grammatischen Regeln einer Sprache leichter, wenn diese Regeln vorerst *nicht* klar-explizit bekannt sind (Lemke 2003, passim).

- Implizites Wissen ist tief, schnell, resistent, stetig verfügbar, quantitativ übermächtig, dem Diskurs entzogen, dunkel, unbegrenzt und unbewusst.
- Explizites Wissen ist weniger tief, langsam, nichtresistent, flüchtig, quantitativ unterlegen, diskursiv, hell, begrenzt und bewusst. (Kahnemann)

Die Experimente belegen, dass Implizites und Explizites Wissen in Kontakt stehen können; das heißt aber nicht, dass dieser Kontakt auch exakt und in allen Details *beschrieben* werden kann. Das WIE ist weitgehend unbekannt. Das Gehirn verfährt aber ohne Zweifel nach einer komplementären Methode (im Sinne Niels Bohrs): Beide Wissensarten gelten; beide sind für die Verarbeitung des Wahrgenommenen zuständig, wenn auch nicht streng-gleichzeitig. *Irgendeine* Art eines feed-backs kann sicher unterstellt werden. Das Gehirn nutzt den *clash*, die Inkompatibilität, das dunkle Komplement zwischen beiden Modi als eine einzigartige Singularität. Sie ist jenes Instrument, das gestattet, die Steuerung von allem in einer optimalen Weise zu leisten, in einer Weise, die durch keine bewussten Prozesse, durch bemühte Reflexionen o. ä. gestört wird. Intuitiv kann vermutet werden, dass es so etwas geben wird wie ein diffuses Oszillieren zwischen EXPL und IMPL, das im Endeffekt den stummen Prior des Impliziten immer wieder erzeugt und dadurch sichert. Wir bemühen das Bild einer universalen, beweglichen Steuerungszentrale, in der die Singularität jenen Punkt markiert, von dem alles ausgeht. Sicher ist, dass diese Art der Steuerung nur *bis zu einem gewissen Punkt* analysiert oder dargestellt werden kann; jedenfalls kann dieser Punkt *per definitionem* nicht in einer explizit-klaren Weise erscheinen; man erinnere sich hier an die Natur bestimmter Quantenmechanismen. Es bleibt etwas von Geheimnis und es ist bis auf Weiteres vollkommen offen, ob man sich dies lokal-begrenzt oder holistisch oder in einer noch verborgenen Weise vorzustellen hat. Es wäre gut, wenn die exakte Forschung diese *Unbestimmtheit* nicht als einen Mangel ansehen würde, sondern als ein Wirkungsquantum, das eine zentrale Funktion erfüllt. Dieses Wirkungs-Quantum ist universal, kommt aber im Bereich *Gehirn* natürlich auf eigene, man möchte sagen: cerebrale, Weise zum Ausdruck.

Die berühmte Frage, an der sich Plato, Kant und Einstein die Zähne ausgebissen haben – wieso wir die Welt überhaupt verstehen können – kann nun im Ansatz beantwortet werden: Das Hirn hat in seiner Evolution eine perfekte Illusion des Verstehens geschaffen, die mit dem kompatibel ist, was wir intuitiv unter ‚Verstehen' verstehen. Wir können nicht verstehen, wie sich das im Einzelnen genau verhält, aber wir können verstehen, *dass* es so ist, und wir können aus demselben Grund verstehen, dass wir uns diese Fragen stellen können, ohne sie definitiv zu beantworten.

Oder andersherum: Wenn wir wirklich im Detail exakt verstehen würden, wie das Gehirn dieses Kunststück hingekriegt hat, wie es also genau arbeitet, würden wir die Erfahrung machen, dass sich nach einer Inkubationszeit des Wissens wieder neue, unverstehbare Dinge auftun – ein kleiner Abgrund der Kontingenz. Der absolut wirksame Trick des Hirns besteht vielleicht darin, dunkle, uneinsehbare Zonen zu halten, die, sollten sie durch einen Quantensprung oder eine Mutation der Erkenntnisfähigkeit aufgehellt werden können (was mitunter Jahrhunderte dauert), gleich wieder neue dunkle Zonen schaffen, die als solche perfekt getarnt, will heißen: geschützt sind. „Eco konstatiert einen psychischen Apparat, der in Gestalt einer Black Box ein nicht näher begründetes ‚*noli me tangere*' auszusprechen scheint." (Sven Achelpohl über Umberto Ecos ‚Kant und das Schnabeltier'.)

Černigovskaja, Tat'jana (2022): Как мозг нас обманывает, почему врут честные люди и как прокачать интеллект. (‚Wie das Gehirn uns täuscht, warum ehrliche Leute lügen und wie man den Intellekt „aufpumpt"'.) https://www.youtube.com/watch?v=Zda7-SQMfEU

Kahnemann, Daniel (2012): Schnelles Denken, Langsames Denken. 2. Aufl.; München.

Polanyi, Michael (1985): Implizites Wissen. Frankfurt am Main.

6. Psychoanalytische Singularität: *le sinthome*

- Unbewusste Singularität im psychoanalytischen Prozess sichert sowohl die Grundprozesse der Interaktion (Übertragungen etc.), als auch die rechte Platzierung inhaltlich-substanzieller Erkenntnisprozesse.

Alle großen Theorien und Modelle der Psyche gehen seit Jahrzehnten davon aus, dass der Untergrund aller psychischen Aktivität aus einer dunklen Zone, einem unaufhellbaren Feld hervorgeht: aus dem Unbewussten – gleichgültig, ob man hier ein individuelles (Sigmund Freud), ein kollektives (Carl Gustav Jung) oder noch andere Modelle des Unbewussten („unendliches Unbewusstes", Ignaçio Matte Blanco) annimmt. Mit gutem Recht kann man hier von einer unmessbaren *Singularität des Unbewussten* sprechen, aus der heraus sich die ganze performative Aktivität des Bewussten entfaltet und ergießt. Das Unbewusste – ein schwarzes Loch.

Der französische Psychoanalytiker François Lacan hat eine Theorie der psychoanalytischen Singularität geschaffen, die bis heute nachhallt, z. B. im Werk des Philosophen Slavoj Žižek. Das Sinthom (‚*le sinthome*') ist in der Lacan'schen Topographie der Psyche (sog. „Borromäischer Knoten") die innerste Zone des Realen, mit der sich der Analysand zuletzt zu identifizieren hat. Es ist sein letzter Grund, von dem er konkret nichts weiß; er organisiert sein „Genießen" (*jouissance*) des Seins von dort aus. *Sinthome* entzieht sich jeder Interpretation, es hat keinen Ausdruck: ein psychoanalytisches Zero. Damit erfüllt es strukturell den schwarzen Mechanismus.

Es ist vor diesem Hintergrund durchaus erstaunlich, dass die Psychoanalyse den Komplex ‚Performativität' bis vor Kurzem fast gänzlich unbeachtet gelassen hat: Seit den Zeiten von Austins Einführung in den 1960er Jahren hat es, soweit zu sehen, keine Berührungen gegeben. „Eine für die psychoanalytische Behandlungspraxis anschlussfähige Theorie der Performativität steht bis heute aus." (Benjamin Bardé). Man könnte genauso gut andersherum sagen: ‚Eine Sicht des psychoanalytischen Prozesses, der anschlussfähig wäre für Performativität, steht bis heute – unverständlicherweise – aus.' Erstaunlich ist diese Lage auch deswegen, weil das Tandem Psychoanalyse vs. Sprache/Linguistik bereits ein veritables Echo hatte, schon seit den 1970er Jahren. Wir sehen hier die typische Situation einer künstlichen Fakultäten-Trennung, die am Ende des Tages immer zulasten von Erkenntnis geht. Hier stehen Psychoanalyse (PSA) und Performativität nicht allein. Noch erstaunlicher sind die nun ins Licht tretenden Erkenntnisse, dass der psychoanalytische Dialog praktisch und theoretisch voller performativer Phänomene steckt. In Überblicken anlässlich der 100 Jahre Psychoanalyse werden immerhin, bewusst oder unbewusst, performative Phänomene angeführt (die nicht so genannt werden): so die unbewusste *selffullfilling prophecy* des Analysanden, der Körper („*what comes to the body*?"), das inszenierte *Spiel* zwischen beiden Protagonisten, die undefinierbare Macht des Unbewussten (“*The power of the unconsciousness is stronger than the power of the psychoanalyst*") (Bhatten 2015). Umgekehrt scheint Performativität „wie gemacht", um die Eigenarten des psychoanalytischen Dialogs neu verständlich zu machen. Der Behandlungsprozess der PSA kann ein mustergültiges Spielfeld sein für die aktive Phänomenologie alles Performativen. Was könnten beide Seiten hier profitieren!

Nach einer Entwicklung von 100 Jahren verliert die orthodoxe Psychoanalyse heute allgemein an Bedeutung zugunsten von (kürzerfristigen) Gesprächstherapien, psychologischem Training, Medikationen und einem ganzen Strauß von Therapien auf einem weitläufigen Psychoterik-Markt. Eine große Bedeutung erhält jedoch ein mächtiger Trend, der in vielem an den allgemeinen Zeitgeist anschließt: Theorie und Praxis der Psychoanalyse legen mehr und mehr Wert auf die *Aura* der therapeutischen Situation, auf Körpersprache und Rollenspiel, auf szenisches und atmosphärisches Verstehen, auf Intuition und eine Fokussierung nicht (nur) auf die Sprache, sondern auf den *Halo* der gesamten Kommunikation. Dies ist der Moment, an dem Performativität ins Spiel kommt. Ein großes Verdienst kommt hier dem Psychoanalytiker Benjamin Bardé zu, der das ganze Thema 2015 aufgeschlüsselt hat. Nach 100 Jahren ist dies nicht nur angemessen und notwendig, und es ist sicher keine reine *coincidence*.

Man könnte auch sagen: Die Psychoanalyse entdeckt ihre performative Dimension: Die war sicher immer schon latent im Spiel, wird jetzt aber identifiziert und findet explizit Eingang in Theorie und Praxis (in die Ausbildung?).

Psychoanalytische Singularität: Der psychoanalytische Dialog ist durchzogen von einem Netz an dunklen Punkten und defekten Zeichen (noch zusätzlich zu jener Derrida'schen *Differenz*, die den Sprachgebrauch ohnehin bestimmt). Wir haben ein Meer an kleinen kommunikativen schwarzen Löchern, die uneinsehbar sind, weil sie das *Unbewusste* bergen: ingestalt von Bedeutungen, Reflexen, winzigen Spuren. Über diese *gaps* im psychoanalytischen Dialog steuert dieser nicht nur sich selbst: Die Partner steuern sich gegenseitig, unabhängig davon, ob sie davon wissen oder nicht. Rekonstruiert wird das Freud'sche Trieb-Subjekt-Objekt, in dem „das Scheitern der Prädikation an Stelle des unsagbaren und unsichtbaren Unbewussten systematisch mit enthalten ist." (Bardé) Der Analytiker verweigert das angestrebte Prädikat, gibt keine Bestätigung aus den Breiten des *Common Sense.*

Der dunkle Punkt hat offenbar ein neurologisches Korrelat. Die tiefste Repräsentation des eigenen Selbst (Thomas Metzinger: „phänomenales Selbst") ist eine nichtsprachliche Größe. Ihre ständig erfolgende ad-hoc-Aktivierung geht so rasend schnell vor sich, dass sie nicht mehr ganzheitlich als ETWAS erkannt werden kann. Das Individuum sitzt einer selbsterzeugten Illusion auf: Es ist „Niemand" und bleibt sich „unerkennbar selbst verstellt". Dies kann man eine *egologische Singularität* nennen: Das Selbst agiert von einem dunklen Zero aus, das kein Prädikat zulässt. „Das Selbst ist in sich immer auch ein Anderes, das es selbst nicht ist." (Metzinger, zit. bei Bardé)

Performativität: Dynamische Verfahren der psychoanalytischen Behandlungstechnik wie ‚Szenisches Verstehen' (Alfred Lorenzer), ‚Handlungsdialog' (Rolf Klüwer) oder ‚*enactment*' (Theodore J. Jacobs) haben seit einigen Jahrzehnten eine besondere Konjunktur. Von heute aus gesehen rufen sie sofort und unmissverständlich *Performativität* als Handlungsform auf den Plan. Aus zwei Gründen:

- Alle kommen ohne ein sprachliches Prädikat aus; sie sind streng nonkonstativ;
- Sie führen die Größe ‚Handlung' bereits im Begriffsnamen vor.

Es ist lange bekannt: Der psychoanalytische Dialog ist eine zweiseitige interaktive Wirkungseinheit, eine Handlungsblase, deren Bewegungen immer wieder und stetig neu erzeugt werden: in einer *feed-back*-Schleife, d. h.: einer dynamischen autopoietischen Einheit. ‚Handlungsdialog' und ‚*enactment*' benennen fast wörtlich die *basics* der performativen Sprech*akt*theorie seit Austin und Searle. Selbst der Wahrheits-Anspruch bezieht sich nicht in erster Linie auf *facts*, sondern auf den darüber liegenden performativen Sprechakt: Liegt Behauptung, Andeutung oder Trotzhaltung etc. vor? Das kommunikative *enactment* ist universal: Der österreichisch-amerikanische Philosoph und Psychologe Paul Watzlawick würde sagen: ‚*Man kann nicht* nicht *handeln*'. Der psychoanalytische Dialog ist kein Austausch von konstativen Faktenblöcken oder bemühten Beziehungsdefinitionen, sondern *erzeugt* diese erst unmittelbar im Vollzug. Er ist vor allem Anderen: *ein performatives Großereignis ohne Ende*. Von Außen kann er beschrieben werden als ein sich selber fortschreibendes Netzwerkgeflecht von illokutiven, perlokutiven, kollokutiven (inauditiven, perauditiven usw.) Sprechakten und Hörakten, deren Akteure nolens-volens jenem dunklen Wellengeflecht nachfolgen, das sie selber durch Reden (und Schweigen) erzeugen. Eben durch diese gemeinsame Aktivität erzeugen sie jene Differenzen, Paradoxien und Spuren, die den Dialog ausmachen.

Wenn ICH und DU im Dialog sich ständig neu setzen und neu definieren, sind jene Größen, die sie selbst ins Werk setzen, *performativ*. Damit sind Übertragung und Gegenübertragung, die beiden Säulen des psychoanalytischen Prozesses, *performative Größen*. „Das „klassische" Modell der Übertragungsneurose [...] ist nach heutigem Stand des Denkens und Wissens einer metaphysischen Subjekts-Philosophie zuzuordnen." Damit meint Bardé: „Das, was als Übertragung bezeichnet wird, erscheint in dieser Perspektive als ein Phänomenbereich, der in den *Bewegungen des performativen Geschehens* im Rahmen der Behandlung selbst erst hervorgebracht und erzeugt wird." (Bardé 2015, 161; *kursiv* U. H.).

Bardé, Benjamin (2015): Performativität und psychoanalytischer Prozess. In: Picht, Johannes (Hg.): Musik und Psychoanalyse hören voneinander. Bd. 2. Gießen, 145–182.

Lacan, Jaques (2017): Das Sinthom. Wien.

7. Philosophische Singularität: Quadratur des Kreises

- Philosophische Singularität ist ein regelmäßiges Phänomen in der Geschichte der Philosophie; sie interpunktiert die Dynamik der Entwicklung von Philosophie an besonders markanten Stellen des Übergangs zwischen Ideen und Epochen.

Philosophische Singularität (PS) als ein übergreifendes *strukturelles Phänomen* ist bis jetzt kein eigener Gegenstand in der Philosophie. Und dies, obwohl sich von Sokrates bis Jaques Derrida durch die gesamte Geschichte unübersehbare Spuren finden, die nur darauf warten, verknüpft zu werden. In der Antiken Philosophie zeigt PS die erste große Relativierung des puren Faktenwissens an; im Mittelalter bedeutet PS den Kampf mit der Theologie; in Neuzeit und Moderne markiert PS eine letzte Gewissheit von Existenz und Kommunikation, die vielleicht den fehlenden Gott ersetzt. In der Postmoderne und im laufenden Jahrhundert könnte die Lehre von der PS die Quelle sein für eine performative Philosophie, von der sie ein Teil ist.

PS vereinigt eine ganze Reihe von Singularitäten in je verschiedener Ausprägung. Ein knappes Dutzend sind hier versammelt; mit Sicherheit könnten sie weiter vermehrt werden. Sie belegen in einer stetigen Analogie die zentrale, wegweisende Rolle von Singularitäten in der Geschichte der Philosophie. Zum Kontrast ist das chinesische Tao dazugestellt: Dies deutet an, dass hier eine weltweite Konstante vorzuliegen scheint, gewissermaßen ein minimales philosophisches Wirkungsquantum. Hier eine kurze Zusammenfassung *modo academico* der im Bereich ‚Philosophie' gefundenen Singularitäten. Die Termini sind vor allem Orientierungshilfen; der heiße Kern der PS bleibt in allen Varianten als gestaltloser Punkt unveränderlich.

- logisch-semantische Singularität: Heraklit und Zenon
- dialogische Singularität: Sokrates und Plato
- religiös-theologische Singularität: Augustinus und Thomas
- philosophisch-epistemische Singularität: Nikolaus von Kues

- metasprachliche Singularität: René Descartes
- ontologische Singularität: Martin Heidegger
- hermeneutische Singularität: Hans-Georg Gadamer
- chrono-logische Singularität: Ernst Bloch
- kosmische Singularität: Lao Tse
- metaphysische Singularität

Philosophische Singularität unterscheidet sich in der Struktur nicht von solchen in anderen Bereichen des Mesokosmos, wie auch nicht von Singularitäten im Mikro- oder Makrokosmos. Alle Singularitäten weisen, wie die Elektronen eines Atoms, zentripetal auf den strahlenden Kern, auf die unveränderliche Konstante. Aus dieser Konstante gehen die Philosophien – jetzt: zentrifugal – hervor, was die Philosophen oft mit einer geistigen Kehre in ihrem Werk selber anzeigen. Alle Singularitäten haben, wie überall, ein janusköpfiges Wesen: Nach unten zeigen sie den singulären Punkt an; nach oben weisen sie auf die Möglichkeit einer explosiven Performativität alles Werkhaften. Am Beispiel der Gadamer'schen Verstehenslehre oder des Bloch'schen ‚Dunklen Augenblicks' wird besonders klar, wie symbiotisch-eng Singularität und Performativität miteinander verflochten sein können.

Manchmal widersprechen Philosophen mit dem, was sie durch ihre Philosophie tun (bewirken, erzeugen, auslösen) gerade dem, was sie in ihren Philosophien in langen Exegesen beschreiben. Das Performative widerspricht dabei dem Konstativen: ein „performatives Paradox". Zwischen diesen beiden Dimensionen tut sich ebenfalls eine unschließbare Lücke sui generis auf, die keine von beiden Dimensionen exakt beschreiben kann. Diese Lücke ist „zugänglich" nur für den Geist, der aus sich heraus komplementär (im Sinne Niels Bohrs) sehen und denken kann. *Singuralitas philosophica ultima.*

Nirgendwo hat die Singularität eine solche geistige Höhe, eine solche Dichte erreicht wie in der europäischen Philosophie. (Nur der chinesischen ‚Philosophie' des Tao vergleichbar). Die Philosophie hat damit in ihrer 2.500-jährigen Geschichte immer wieder den Startpunkt aller Zivilisation und Kultur nachgezeichnet – ohne davon jedesmal unbedingt explizit etwas zu wissen. (Erst vom Ende her wird dies deutlich). Es spricht für sich und es spricht Bände, dass so gut wie jeder große Umschwung in der

Philosophie mit einer Singularität begann: Sie stellt so etwas dar wie den Kulminationspunkt, den *tipping point* für neue Entwicklung. Die antike Philosophie mit Sokrates, das Mittelalter mit Augustinus und Thomas, die Neuzeit mit Nikolaus von Kues, die Moderne mit Heidegger, Gadamer und noch anderen: Jedesmal leuchtet eine gewaltige Singularität auf, die dann gleich auf Jahrzehnte, wenn nicht auf Jahrhunderte ausstrahlt. Das 21. Jahrhundert mag unter dem Druck jenes ‚Weltformbruchs' (Sloterdijk) eine Singularität eigener Art erzeugen; die ist noch dabei, sich auszukristallisieren.

Die Philosophie ist, ähnlich wie die Sprache und der gesamte Mesokosmos, voll von Singularitäten der verschiedensten Art. Auch dies erscheint in heutiger Sicht als natürlich, wenn nicht: als selbstverständlich. Wir blicken deshalb halb verwundert, halb konsterniert auf die Versionen von philosophischer Singularität, wie auch auf das durchaus seltsame Faktum, dass die gerade in Europa so ausgeprägte Metaphilosophie hier noch keine Zusammenschau, kein verbindendes Netz erstellt hat. Ist dies ein Blinder Fleck eigener, eigentümlicher Art? Jeder Philosoph, jede Philosophie, die wir hier präsentieren, markiert ein Intervall in einer Kette von Intervallen, an der sich die Singularitäten entlangarbeiten, von Sokrates über Nikolaus von Kues bis hin zu, sagen wir, Martin Heidegger. Möglich ist, dass die Singularitäten durch einen intrinsischen Mechanismus immer wieder verdeckt wurden: durch die schiere Substanz in den einzelnen Philosophien, durch den Nimbus großer Namen, durch einen transzendentalen Blinden Fleck. Die Strahlkraft einer Philosophie kann durchaus die Macht der zugrundeliegenden Singularität verschatten, die Substanz kann die Struktur verschatten. Fast scheint es, aus einer Außenperspektive, als sei die Philosophie in Europa immer dabei gewesen, nach einer großangelegten Letzten Wahrheit zu suchen und habe es nicht vermocht, auf dem dunklen, unbegrenzten Grund der Singularität eine Kathedrale der Performativität zu bauen, von etwa gleichen Ausmaßen. Das soll man nicht falsch verstehen: Große Werke wie die *Confessiones* des Augustinus, die *Utopie* von Ernst Bloch, die *Sphären* Peter Sloterdijks sind ohne Zweifel Welt-Literatur und belegen schon durch sich selbst die Macht des performativen Stromes.

Erneut setzt an dieser Stelle Staunen ein, so wie es in Sachen Philosophie sein soll: *Philosophische* Singularität ist im Kreise der Singularitäten strenggenommen nichts Besonderes, ja, man würde es fast seltsam finden, wenn man hier über Gebühr lange suchen müsste. Dies hat vor allem zwei Gründe: PS ist letztlich nur *ein* Fall unter vielen auf den Spielfeldern der menschlichen Kulturen in der Mesowelt. Sie begann einst und beginnt immer wieder mit einem Nullpunkt des fassungslosen Staunens über die Welt (Aristoteles), des Staunens über das Geheimnis der Welt (Albert Einstein) und darüber, dass wir offenbar einen – wenn auch winzigen – Teil davon verstehen können. Auch schließt sich gleich das Staunen über das Ausmaß des Nichtwissens an, das sich angesichts des Universums zeigt (wie auch das Ausmaß der menschlichen Hybris über die Reichweiten des linearen Erforschens.)

PS als ein weitausgreifendes Phänomen beginnt also dynamisch mit einer Singularität der Wahrnehmung, die der Output einer bestimmten philosophischen Methode ist. Die hat kein Prädikat, weil der Mensch keine unmittelbare Antwort hat, nicht haben kann, keine Antwort auf das So-Sein dessen, was er meint, wahrzunehmen. Die Wahrnehmung hat deswegen kein Prädikat, weil der einzelne Philosoph, die einzelne Philosophie unter universalen, sozusagen achronischen Bedingungen verschwindet, d. h. in aller Regel nur eine begrenzte Aussagekraft für die eigene Zeit hat. Der Philosoph ist immer schon, man möchte sagen: apriori, in eine Singularität des (Nicht)Wissens eingegossen, eingesponnen – was er akzeptieren und bekämpfen kann, zur Freiheit nutzen oder zur Fesselung des Geistes: Es liegt an ihm. Nur: Abschaffen kann er sie nicht. Der Mensch in seiner Welt, der Philosoph in seiner philosophischen Welt: Sie imitieren strukturell (ohne viel davon viel zu wissen) das erste Prinzip der Natur, das wir „Schwarzes Loch“ nannten: Sie befinden sich mitten in einem Schwarzen Loch der Wahrnehmung – was schon oft formuliert wurde (Platos Höhlengleichnis; Kants Reine Vernunft; Konrad Lorenz’ evolutiv-angepasstes Apriori). Dies ist auch das nichthintergehbare dunkle Essenzial des Philosophen, seine erste allgemeine Singularität, die er reflektieren, aber nicht beseitigen kann. Und dies schlägt sich auch in seinen Methoden nieder:

Philosophie löst in ihrer typisch abendländischen analytischen Methodik zuerst gezielt alle Ganzheiten auf (Musterbeispiele sind Sokrates, Descartes, Kant, Adorno, Derrida). Wir fragen hier nicht: *warum*?, sondern sehen, was passiert: Auf der Suche nach immer kleineren Bestandteilen stößt der Philosoph irgendwann, quasi vorhersagbar, auf eine dunkle Zone, die nicht weiter auflösbar, noch auch substanziell gleich wieder auffüllbar ist: Man muss sie hinnehmen, man muss innehalten. (Dieses Phänomen kann man bei Leukipp oder Zenon ebenso auffinden wie in der neuesten Teilchenphysik). Weil nun der philosophische Geist rastlos ist, wissbegierig, getrieben und unruhig, begibt er sich tief hinein in den singulären Anfangspunkt und startet dann von hier aus neu: Dem Philosophen widerfährt so etwas wie ein *rebounce*-Effekt – ein gewaltiger Rückstoß an Energie, der ihn aus dem Zero der Singularität hinauskatapultiert in den performativen Strom seiner Ideen. Er wirft das in die Welt, in seine Welt, was wir als die performative Kehre, den performativen Output sehen, der sich dann *post festum* als weitverzweigende Lehre, als eigene Ideenwelt auftut und kundtut.

Die PS ist (wie auch die Neue Physik) geradezu prädestiniert, das Wesen des Singularitäts-Prinzips besonders eindringlich zu demonstrieren, u. a. dadurch, dass sie den typisch menschlichen, um nicht zu sagen: hominiden Untergrund dieses Prinzips zeigt. Dies tut sie oft, und es ist nicht möglich, alle Einzelfälle hier zu besprechen (ein Zukunftsprojekt), aber wir können uns an die Hypothese halten, dass am Anfang fast jeder veritablen Philosophie ein solches Prinzip wirkt (vielleicht weil dies der effektivste Auslöser der performativen Ströme ist). Dies kann kein Zufall sein: Es war offenbar vor 2.500 Jahren nicht anders als im Mittelalter, in der Renaissance wie in der Neuzeit, in Moderne und Postmoderne, und es wird sich auch in der Zukunft zeigen. Das Neue zeigt sich zuerst in der Verhüllung des Alten, in dessen radikaler Rückführung: Immer ist es ein letzter Punkt, an dem sich das uralte Prinzip auf eine neue Weise wiederholen will. Offenbar überfiel die explosive Erkenntnis der Singularität die Philosophen immer wieder, auch wenn sie sie jeweils verschieden ausgedrückt haben. So, als wäre es jedes Mal das erste Mal: ganz und gar unerklärlich, rätselhaft, geheimnisvoll, vergleichbar hier durchaus mit der kognitiven Singularität des sogenannten Geistesblitzes, nur jetzt: philosophisch radikal gewendet, radikal fokussiert auf Philosophisches. Fast scheint es, als wiederhole eine jede Zeitenwende immer wieder aufs Neue einen Raptus an Singularität – so als ob das Große Prinzip immer wieder (fast rituell) wiederholt werden müsste, um eine Zeitenwende, eine neue Epoche einzuläuten. Möglich ist, dass sich der Wissenschaftsprozess überhaupt auf eine solche, nichtlineare, eher spiralige Weise vollzieht, wie es Thomas S. Kuhn im Jahre 1962 postuliert hat. Es zeigt sich auf diese Weise eine stetige Neu-Erdung von Erkenntnis, die mit einem neuen Prozess auch der Erkenntnistätigkeit selbst einhergeht.

Es ergibt sich hier ein Verdacht – dass die Philosophen selber nach dem Prinzip eines Blinden Flecks verfahren. Es erscheint nach Außen ein bunter Strauß an Substanzen: logische PS, metasprachliche PS, epistemische PS, hermeneutische PS u. v. m. Sie spielen die Rolle von Vehikeln, an denen sich das zugrundeliegende dunkle Prinzip der Singularität inhaltlich auskristallisiert. Wäre das so, würde sich die philosophische Bewegung insgesamt *metonymisch* vollziehen: Das dunkle Prinzip selber wird an einer bestimmten philosophischen Substanz illustriert – vielleicht weil es anders nicht möglich ist. Singularität in einem wirklich philosophischen Sinne meint also in erster Linie nicht das plötzliche Aufleuchten von neuer Erkenntnis, sondern bezieht sich in einer relativistischen Weise auf die philosophische *Methode* im engeren Sinn, einer Methode, die langsam, allmählich, jedoch genauso zwingend hinführt zu einer dezidiert philosophischen Singularität – gewissermaßen auf dem Soto-Weg des Denkens mit dem Endpunkt eines leeren Punktes. Im Mittelpunkt steht hier nicht die subjektiv-psychische, sondern die logisch-philosophische, zu einem guten Teil rationale Dimension. Die Philosophen haben ihren PS-Punkt auf eine je eigene, eigentümliche Weise gefunden: Insofern sind sie nach Außen und in ihrer spezifischen Philosophie verschieden, ja sie müssen es sein. Im Innern aber sind sie gleich: Der letzte Punkt ist immer eine leere, nicht weiter reduzierbare Zone, eine Singularität eben, ein Schwarzes Loch, aus dem heraus sich dann die aufschlagende Substanz, das „Denkgebäude“, die Philosophie X oder Y entwickelt (die dann den Ruhm begründet und die Rezeptionsgeschichte prägt).

Die Geschichte der Philosophie also: ein Füllhorn von Singularitäten, die über die gesamte Spanne von 2.500 Jahren verstreut sind. Sie wiederholen sich regelmäßig, ja fast: vorhersagbar. Singularitäten, und mit ihr das gesamte Prinzip, sind ohne Zweifel philosophische Konstanten oder genauer: Sie funktionieren als ein Wirkungsquantum eigener Art. Diese

Konstanten: Sie ahmen das Prinzip der unbelebten Natur nach, bestätigen es, folgen ihm unbewusst. Wir können hier nur mit Siebenmeilenstiefeln das gelehrte Land durchqueren und allenfalls einen Rahmen für die Zukunft abstecken – gewissermaßen den unverzichtbaren Kernbestand versammeln, die Leuchttürme der philosophischen Singularität. Wie überaus fruchtbar dieses Prinzip in der Philosophie ist, zeigen die vielen Versionen, in denen es auftritt. Wir wählen die wichtigsten, die augenfälligsten aus und geben ihnen behelfsmäßige Namen, die keinen Anspruch auf logische oder präzise Ausschließlichkeit erheben, dafür aber erst einmal plausibel sind. Im *short-cut*:

In der Klassischen Philosophie Europas tauchen zuerst logische Singularitäten auf (Heraklit) und solche des Wissens (Sokrates); im Mittelalter sind sie religiös-theologisch geprägt (Thomas von Aquin), am Ende des Mittelalters dagegen epistemisch (Nikolaus von Kues); am Beginn der Neuzeit haben sie vor allem denkmethodischen Charakter (René Descartes), später, in unseren Zeiten, erscheinen ontologische (Martin Heidegger), zeitliche (Ernst Bloch) und hermeneutische Singularitäten (Hans Georg Gadamer) und noch weitere. Die Erscheinungsform ändert sich – aber immer bleiben es: Singularitäten.[11]

11 Die Ausführungen zu Nikolaus von Kues, Martin Heidegger und Ernst Bloch lehnen sich zum Teil lose an die Kapitel in Hinrichs (2014) an.

8. Logisch-semantische Singularität: Heraklit und Zenon

Die Geschichte der (europäischen) Philosophie beginnt, um 500 vor Chr., gleich mit einer besonderen Singularität – auch dies ist typisch, bezeichnend, schon weit vorausweisend. Wir nennen sie logische oder logisch-semantische Singularität (LS), weil sie über ein Paradox zustandekommt, das dem Gesunden Menschenverstand scheinbar hohnspricht: Das ist die Fusion von offenkundigen Gegensätzen. Als ob Heraklit das Denken der Neuen Physik vorausgeahnt hätte oder Hegels Dialektik in einer einfacheren, radikaleren Form, erscheint hier bereits das Geheimnis *des anderen Denkens* (das sich dann später in vielfacher Form zeigen wird). Heraklit scheint die *Aufforderung* des Denkens im 21. Jahrhunderts vorwegzunehmen, scheinbar ganz außerhalb seiner eigenen Zeit.

Zu unserem Glück sehen wir also bereits hier, lange vor der klassischen Periode der Philosophie, ein halbes Jahrhundert vor Sokrates und Plato, die mächtige Wirkung von Singularität: Dies haben Nietzsche, Heidegger und viele andere auf ihre Weise betont. Hegel sagte gar, es gebe keinen Satz des Heraklit, den er nicht in sein eigenes Werk hätte übernehmen können. Und es ist gar kein breites Werk, noch nicht einmal ein zusammenhängender Text, kein ausladendes Buch: 126 Satz-Fragmente sind es, von denen man nicht einmal weiß, ob Heraklit selber sie so verfasst hatte oder ob sie aus einem Text herausgeschnitten wurden.

Heraklit hat, vielleicht als erster, *Singularität inszeniert*, in seinen Sätzen, seinen Formulierungen, seinen Widersprüchen, *in seiner Person*, und damit der Philosophie einen mächtigen Impetus versetzt. Er hat PS in der *Form*, im *Stil* gezeigt, auf eine Weise, die wir heute klar ‚performativ' nennen würden. Nicht nur seine Gedanken formulieren Paradoxes, sondern Heraklit widerspricht sich offen selbst: Er sagt, er wolle alles bis ins Detail sorgfältig erklären, was er dann aber mitnichten tut – der erste Fall eines *performativen Widerspruchs*, der nicht zufällig, sondern absichtlich gesetzt ist. Eine Mahnung an alle Späteren, seinen Erkenntnissen nicht blauäugig, nicht naiv, nicht in trivialer Manier gegenüberzutreten. Wie sieht das aus?

Von seinen 126 Sentenzen befassen sich gut zwei Dutzend mit offenen Widersprüchen, Gegensätzlichkeiten, Paradoxien. Die bekanntesten sind diese:

- „In dieselben Fluten steigen wir und steigen wir nicht: Wir sind es und sind es nicht.
- Eins, das allein Weise, will nicht und will doch auch wieder mit Zeus' Namen benannt werden.
- Säue baden sich in Kot, Geflügel in Staub oder Asche.
- Das Kalte wird warm, Warmes kalt, Nasses trocken, Dürres feucht.
- Krankheit macht die Gesundheit angenehm, Übel das Gute, Hunger den Überfluss, Mühe die Ruhe.
- Und es ist immer ein und dasselbe was in uns wohnt: Lebendes und Totes und das Wache und das Schlafende und Jung und Alt. Wenn es umschlägt, ist dieses jenes und jenes wiederum, wenn es umschlägt, dieses.
- Man kann nicht zweimal in denselben Fluss steigen. [...] In dieselben Fluten steigen wir und steigen wir nicht: Wir sind es und sind es nicht.
- Denn beim Kreisumfang ist Anfang und Ende gemeinsam.
- Der Weg auf und ab ist ein und derselbe.
- Meerwasser ist das reinste und scheußlichste: für Fische trinkbar und leben-erhaltend, für Menschen untrinkbar und tödlich.
- Unsterbliche sterblich, Sterbliche unsterblich: Sie leben gegenseitig ihren Tod und sterben ihr Leben."

Es ist sein Material, aus dem sich seine Art von PS generieren lässt. Die mag er gespürt haben, er hat sie aber nicht mit einem Terminus benannt. Die Natur liebe es, sagt er noch, sich zu verbergen, und dies tut auch Heraklit selbst. Er inszeniert sein Motto – verborgene Vereinigung sei besser als offene – gleich auch selber: ein performatives Meisterstück. Welche Gestalt nimmt nun seine PS an? In kürzester Form wird ein Paradoxon ausgesprochen. Die offiziöse Philosophie hat sich die Mühe gemacht, die heraklitischen Gegensätze nach logischen Typen zu ordnen: Dann erhält man eine kleine Typologie von sieben Paradoxien, die die Rahmenbedingungen auffächert. Gegensätze ergeben sich: Wenn die Perspektiven wechseln, wenn die Personen konträre Ansichten haben, wenn das Entgegengesetzte irgendwie beteiligt ist, wenn ein Zustand in einen anderen Zustand umschlägt, wenn die Lesarten von Objekten wechseln etc.etc. Solche Analysen bringen etwas Ordnung in die scheinbare Unordnung; sie rühren aber nicht an des Pudels Kern, ja lenken gar noch von ihm ab, legen leicht eine unsichere Fährte von Akzidentien, hin zum vermeintlichen Grund.

Natürlich sind jung und alt, Schlafen und Wachen, der Weg hinauf und hinunter, der Fluss heute und morgen immer beides zugleich, je nach Perspektive, Situation und Denkweise, je nach der *Interpretation*: Sie sind einmal gleich, dann wieder auch unbestritten ungleich. Heraklit nimmt so, 2.500 Jahre vorher, das *Prinzip der Komplementarität* (Niels Bohr) vorweg, in dem heute auch Phänomene aus Alter und Neuer Physik stehen (*Welle vs. Partikel* etc.): Beides gilt, aber nicht streng-gleichzeitig.

Heraklit tut, was später Sokrates, Wittgenstein, Derrida und viele andere Philosophen auch tun werden: Sie graben den Gesunden Menschenverstand, das normal-synthetische Weltbild des Normalbürgers auf, kreuzen das Diachrone und Synchrone gegeneinander und ziehen das implizit-sichere Wissen auf den Opfertisch der Explizität. Heraklit zeigt (in einer besonderen Methode), dass dem Phänotyp der einfachen Dinge, der Alltagsbegriffe, Gegensätze zugrundeliegen – was der Bürger allenfalls intuitiv weiß, sich aber wohlweislich hütet, die schützende Hülle des Impliziten ohne Not von seiner Welt zu reißen. Was macht Heraklit genau? Schicken wir voraus, dass er wohl verschroben war, sich und anderen ein Rätsel: Deshalb hieß er bei den Zeitgenossen „der Dunkle". Sein Paradox bedroht die Orientierung, birgt Chaos, erzeugt „Dunkelheit", wie wenn man Fische aus dem Süßwasser ins Salzwasser setzt. Mit „Verstehen" ist da nichts mehr, weil die Steuerung des sicheren Hintergrundwissens fehlt und das rein-Explizite eine falsche Fährte der Sprach-*Anwendung* legt. Aber: Er präsentiert so seinen *logos*, und wir nehmen zu seinen Gunsten an, dass er keinen anderen Weg hatte. Ja: Um diesen seinen dunklen *logos* einzukreisen, stellt er dunkel das dar, was anders nicht ausformulierbar ist. Er muss zeigen, was sich anders nicht zeigen lässt; ein Dilemma, das vieles erklärt: Alles spricht dafür, dass sein *logos* das ist, was wir „Singularität" nennen, ein schwarzes Loch des Weltsinns, der sich nur *in dieser Form* offenbaren kann und *deshalb* den Diskurs flieht: deshalb die ruptiven Satzfetzen. Heraklit: „Die schönste Harmonie entsteht durch Zusammenbringen der

Gegensätze." Wieder ein Paradox, eine kleine Ohrfeige für den Leser: Er redet davon, was er nicht tut, und zeigt so, was er auf andere Weise nicht sagen kann. Es ist sein Performativum, das frei *da ist.*

Die Heraklit'sche Heldentat ist zeitlos, und sie ist bis heute als ein Phänomen einer philosophischen Singularität nicht ausreichend erkannt, nicht gewürdigt. Seine Singularitäten sind so etwas wie der dunkle Fluss, der immer gleich, immer anders ist.

Zenon von Elea

Verwandt mit Heraklits Paradoxa sind logische, mathematische und performative Paradoxien, die alle an einem letzten Punkt ohne Ausdehnung enden, der keine Definition, kein konstatives Prädikat über sich duldet. Sie zeigen über die Methode des Zählens, Analysierens und Reduzierens selbst, dass sich wie-von-selbst leere Singularitäten einstellen, die einen Endpunkt markieren und diesen wieder auch *nicht abschließend* markieren. Singularitäten sind immer von Dilemma und Paradox umgeben. Immer gilt: Paradoxien sind keine Entitäten der Natur (die Natur ist nicht paradox), sondern ergeben sich aus der typisch menschlichen Sichtweise auf die Natur. Sie entstehen aus einem Konflikt zwischen der Natur und der typisch-menschlichen Natur.

Wählen wir Paradoxien, die noch auf Aristoteles zurückgehen und dann durch Zenon von Elea berühmt wurden („Zenon-Paradoxien"). Es werden Singularitäten eigener Art erzeugt. Nehmen wir (für viele andere) das berühmte Paradox des Pfeil-Fluges, in einfachster Form: „Im Pfeil-Paradoxon denkt Zenon von Elea über die Wirklichkeit von Bewegung nach. Zenon sagt, ein fliegender Pfeil nehme in jedem Moment seiner Flugbahn einen bestimmten, exakt umrissenen Ort ein. An einem exakt umrissenen Ort befinde sich der Pfeil in Ruhe, denn an *einem* Ort könne er sich nicht bewegen. Da sich der Pfeil in jedem Moment also in Ruhe befinde, müsste er sich insgesamt in Ruhe befinden. Paradox: Wir nehmen aber auch an, dass der Pfeil fliegt." (Wikipedia)

Logische Singularitäten ergeben sich aus der offensichtlichen Verschiedenheit der Perspektiven: Der *Common Sense* der Bewegung widerspricht dem logischen Kalkül der unendlich vielen Ruhezustände: Bewegung und Nichtbewegung gelten beide, aber nicht streng-gleichzeitig. Für ein *tertium* gibt es kein eindeutiges Prädikat, sondern nur eine Nullstelle, die gleichzeitig *ist* und *nicht ist*, je nach dem, wie man es sehen will. Festhalten muss man, dass sowohl unendliche Teilbarkeit (Pfeilparadox), wie auch unendliche Vervielfältigung die LS auf zweierlei Art zeigen:

- Sie laufen auf ein minimales Quantum zu, das in seiner Ausdehnung nicht mehr definiert werden kann;
- Sie erzeugen über Komplementarität (*Common Sense* vs. logisches Kalkül) zumindest theoretisch ein leeres *tertium*, das keine Definition hat.

Die Liste der Paradoxien in den Wissenschaften ist mittlerweile unendlich, und nicht alle erzeugen auch Singularitäten (sondern oft nur Widersprüche oder rabulistische Verdrehungen.) Sie bilden aber ein Minimal-Muster für Singularitäten ab, eine Art logischen Algorithmus, der vielen Singularitäten zugrundeliegt.

Gängige Paradoxien ergeben sich z. B. durch die alltagssprachliche Fusion von

- Objektsprache und höhere, metasprachliche Sprachstufen: *‚Alle Kreter lügen', sagte der Kreter.* (Lügt er oder sagt er die Wahrheit?)
- Proposition und Illokution: *Ich will dir ja nicht zu nahetreten, aber du solltest schon mal auf deine Frau besser aufpassen.* (Tritt er ihm zu nahe oder nicht?) (Performatives Paradox)
- Proposition und Antiproposition: *Ja nisam u stanju da govorim ni jednu celu rečenicu na srpskom jeziku.* ‚Ich bin nicht imstande, auch nur einen ganzen Satz auf Serbisch zu sagen'. (Sie sagt es und verneint es im selben Satz).

Offenbar sind Paradoxien im Bereich Mathematik, Logik, Pragmatik und Sprachlichkeit nicht nur nichts Besonderes; sie begegnen praktisch auf Schritt und Tritt. Nur aus dem Alltagsgeschehen hält man sie möglichst heraus, jedenfalls in der wörtlichen, expliziten Form. Möglich ist, dass sie zum logischen, ja lebenspraktischen Erbe des Menschen gehören, mit anderen Worten: dass sie eine Quelle darstellen nicht nur für die Denk- und Forschungsprozesse als solche, sondern auch für die Inspiration der

Experten. Eine große Studie zu Paradoxien würde wahrscheinlich ergeben, dass sie so etwas sind wie das Salz in der Suppe des täglichen Einerleis. Man stößt hier an die kaum noch verwegene These, ob nicht der Widerspruch zwischen Sagen und Handeln, zwischen Sagen und Sein, zwischen Sagen und Meinen, zwischen Meinen und Verstehen, ein Grundelement des hominiden Miteinanders ist und, auf seine Weise, die Maschine des sozialen Betriebes effektiv am Laufen hält. Dadurch, dass dieser Widerspruch das soziale Miteinander mit jener Anzahl dunkler Punkte versorgt, die seinen dynamischen Ablauf offenhalten und garantieren. Wie das geschieht, lässt sich durch eine einfache Struktur erklären. Es ist ja der paradoxe Widerspruch zwischen zwei Seiten selbst, der keine abschließende Sicherheit zulässt: Er erzeugt zwischen ihnen eine performative Kraft, die dort verborgen liegt und dann frei flottieren kann.

9. Dialogische Singularität: Sokrates und Plato

Die klassische Philosophie Europas beginnt, nach einem unantastbaren Konsens, mit Sokrates und Plato, im 5. Jahrhundert vor unserer Zeitrechnung. Sie beginnt mit einer großmächtigen Variante von Philosophie im performativen Modus, deren Form auch später nie wieder in dieser Intensität erreicht wird. In *diesem* Sinne hatte Alfred Whitehead recht mit seinem vielzitierten Bonmot, alle Philosophie in Europa sei eine Fußnote zu Plato. Man kann dieses Faktum nicht deutlich genug betonen:

- Der Anfang der Klassischen Philosophie in Europa vollzieht sich in einer Großoffensive von Performativität.

Sokrates führte auf der Agorá von Athen mündliche Dispute, sein Modus war die Kommunikation von Angesicht zu Angesicht; seine Gespräche waren erfüllt von Gefühlen, Empathie, Frage-und-Antwort-Pingpong, Körpersprache, Lachen, Erstaunen; die Argumente wurden umspielt von einem ganzen Universum von einschlägigen Sprechakten: Da wurde nicht nur gefragt und geantwortet, sondern auch unterstellt, etwas vorgeworfen, etwas vorgeschlagen, es wurde verführt, geleugnet, bestätigt, angezweifelt, ausgeblendet, übertrieben, es wurde auf etwas angespielt, es wurden Argumente verworfen, dann wieder aufgenommen und erneut abgestritten. Sokrates' Gesprächspartner waren erstaunt, verwundert, zerknirscht, überrascht oder besänftigt, je nach dem Verlauf, der nie vorhergesehen werden konnte, sondern sich immer spontan nach seinen eigenen Gesetzen (und Sokrates' Steuerung) entwickelt. Die Dialogpartner stoßen im Rededuell und im semantischen Hin-und-Her regelmäßig (und beinahe notwendig) an eine letzte Nullstelle, einen Wartepunkt des Innehaltens, einen schwarzen Punkt des Nicht-mehr-Definierens, an dem sich die geäußerten Substanzen zurückziehen. Und es scheint, als habe Plato dies in seinen Dialogen mit voller Absicht so eingerichtet. Dies ist performativ *par excellence*: Beide Partner lassen sich aufeinander ein, beide lernen dazu, beide führen ein kleines Theaterstück mit unbekanntem Ende auf, beide nehmen einen Zuwachs an Wissen aus der Situation mit (und geben dies dann an andere weiter). Sokrates *inszenierte* Philosophie, führte sie auf, mit großem Ernst, mit spielerischem Unernst, wenn es sein musste – immer mit offenem Ausgang (oder der Illusion davon). Er wuchs selbst darin, betrieb Philosophie als ein persönliches Training, als Übung im Wissen und im Leben. In diesem Sinne war Sokrates nicht nur der erste Philosoph, sondern auch der erste, der eine Spielart der Performativen Philosophie vertrat, ohne dies ausdrücklich als ein Verfahren zu kennzeichnen. Philosophieren war für ihn offene Tat, zweiseitige Handlung, eine ernst-ironische Veranstaltung. Er war ohne Zweifel der erste, den man mit allem Recht als performativen Philosophen bezeichnen kann.

Sokrates betrieb, um sein performatives Tun recht in Szene zu setzen, eine *Singularität des Wissens*: „Οἶδα οὐκ εἰδώς", transliteriert *„Oîda ouk eidōs"*. Mit Sokrates beginnen die *Singularitäten des Wissens*, die dann in den folgenden 2.000 Jahren immer wieder in verschiedenem Licht aufleuchten, z. B. bei Nikolaus von Kues. *„Ich weiß dass ich nicht_ weiß"* – so heißt es korrekt. (Das Čechische drückt diese subtile Nuance als einzige Sprache grammtisch klar aus: *vím že nevím*). Vom historischen Sokrates wissen wir nicht viel; der Sokrates aus den Dialogen ist Platos Sprachrohr. Sokrates selbst hat, hierin den Kynikern ähnlich, nichts geschrieben. Man darf sogar annehmen, dass er etwas hatte gegen die Fixierung seines Tuns in Schrift und Text – nicht aus politischen Gründen, sondern weil er fühlte, dass er damit den performativen Impetus seiner Philosophie aufs Spiel setzen würde.

Trotzdem dürfen wir aus anderen Quellen annehmen, z. B. der *Apologie* (Sokrates' Verteidigungsrede an den Athener Senat am Tage seines Todes), dass er eine eigene dialogische Methode entwickelt hat, um sich und seinen Gesprächspartner näher an die Wahrheit heranzubringen. Erkenntnis wird nicht als konstativer Block vermittelt, nicht didaktisch und als kompakte Lehre, sondern entwickelt sich im Gespräch (eine urperformative Methode, die später Hans-Georg Gadamer aufnimmt). Keine andere Singularität hat es zu solchem Ruhm gebracht, gekleidet in Sokrates' kühne Sentenzen, was natürlich besonders an der Person des Sokrates liegt, der für sein Wirken in den Tod gegangen ist.

Wie kommt Sokrates nun methodisch auf den singulären Nullpunkt, der Quelle des Nichtwissens? Alles liegt in der Methode: Das Weltwissen von einzelnen Menschen wird durch tausend *W*-Fragen aufgegraben: Die gängigen, selbstverständlichen Begriffe werden Schritt für Schritt aus der Naivität des impliziten Wissens herausgelöst: ‚Was ist *Tugend*, was ist *fromm*, was ist *gerecht*, was ist *Freiheit*, was ist *tapfer-sein*; wie geht das vor sich; weshalb siehst du das so?' etc. Im Gespräch draußen auf dem Markt, so will es die Legende, ergeben sich ständig Leerstellen des Verständnisses, die durch immer neue Fragen aufgefüllt werden, die wieder zweifelhafte Antworten hervorbringen etc.etc. Dadurch wird so etwas in Gang gesetzt wie ein Kreislauf aus Fragen und Verstehen und Nichtverstehen, von dem sich Sokrates selbst nicht ausnimmt. Sokrates gräbt das implizite Wissen auf, wie der Bauer mit dem Pflug: In jeder Furche des vermeintlich sicheren Wissens erscheinen neue kleine Gräben, die selber wieder umgegraben werden. Im Dialog entwickelt sich so, in meisterhafter Didaktik, die Auflösung des vermeintlich sicheren Wissens, gefolgt von einem neuen, eben erst erlangten Wissen, das auch selber niemals hundertprozentig sicher sein kann: Dies lehrt der Dialog selber. Dies wäre die Geburt eines neuen Wissens, das gleichzeitig selbstreflexiv ist. Daher der Ausdruck ‚Maieutik' ‚Hebammenkunst'. Sokrates: ein Geburtshelfer des Wissens.

Über die performativen Inszenierungen des Sokrates ist man versucht, Plato zum „ersten" performativ arbeitenden Philosophen zu ernennen, der alles schriftlich festhält: Die Züge liegen offen auf der Hand. Keine Philosophie könnte performativer dargeboten werden als Platos 34 Dialoge. Es ist im besten Sinne interaktive Philosophie, die über die Substanz des Textes direkt die Personen miteinbezieht, sie zu Mitschaffenden macht – eine urperformative Methode. „Die Szenerie des Dialoges verbindet sich mit dem Drama der Argumente und dem Charakter der argumentierenden Personen. [...] Es sind Argumentations-Dramen, sodass man oft nicht einmal Philosoph sein muss, um einer Bühnenaufführung „atemlos" zu folgen." (Höffe 39). Auch Hans-Georg Gadamer schreibt Platos Philosophie einen tief-performativen Zug zu: " ... that the word only finds its worth through its reception and agreement by the other."

Und noch mehr: Immer gibt Plato der mündlichen, ungeschriebenen Rede den Vorzug vor den fixierten Textzeilen. Auch das ist *performativité par excellence*. Wie als ein Kontrast-Programm steht der formalen Eleganz der Dialoge die berühmte Ideenlehre gegenüber: ein konstativ-spekulativ geprägter Block, der in seiner letztlichen Unbeweglichkeit den Einfluss von

Parmenides und Anaximander zeigt (‚*apeiron*‘ ‚das Unbegrenzte‘, übertragen: ‚der erste unbewegte Beweger‘). Möglich ist, in metaphilosophischer Perspektive, dass Plato, der über breite orientalische Erfahrungen verfügte, hier einen Widerspruch zwischen Form und Substanz erzeugen wollte (bewusst oder unbewusst). Ein solcher wäre durchaus geeignet, auf einer höheren Ebene einen transzendenten konstativ-performativen Widerspruch zu schaffen, der dann auf Seiten der Hörer und Leser neue Erkenntnisse auslösen kann.

Als Paradebeispiel lese man den ‚Lachos‘-Dialog Platos: Sokrates geht mit Lachos und Nikias auf einen konstativen Marathon des minutiösen Nachfragens, löst die Begriffe in alle Einzelteile auf, mit immer neuen Aspekten, Situationen, Nuancen und Ereignissen, mit hundert Einwänden und Seitenargumenten. Natürlich kann man eine Maschine, die vollkommen zerlegt ist, nicht einfach wieder zusammensetzen – und wenn, dann erhält man eine andere Maschine. Dazu kommt, dass jede Antwort begründet werden muss und hier einem kausal-ethischen Zwang unterworfen ist. Damit kommen Philosoph und Partner in ein Dilemma, das (von Sokrates) durchaus beabsichtigt ist: Das Resultat ist *Aporie*, Ratlosigkeit, Innehalten, Nichtwissen, Labyrinth; es geht nicht weiter. Die vielen Repliken scheinen sich oft gegenseitig zu neutralisieren. Alle drei wissen nun (oder sehen sich genötigt, zu akzeptieren), dass sie nicht genau wissen, *nichts Genaues wissen*. Die implizite Naivität des selbstverständlichen Bescheidwissens ist erodiert. Der Nullpunkt des Nicht-mehr-weiter-Wissens, ist aber nicht (nur) Konfusion, sondern erzeugt am Ende eine lichte Stelle, auf der sich auf neuem, intuitiv-performativem Grund eine tiefer-geerdete, jetzt ganz individuelle Version von *tapfer*, *gerecht*, *Tugend* etc. herausbilden kann. Sokrates' Maieutik bedient sich also des schwarzen Mechanismus', einer Dialektik eigenster Art: qua Singularität, in einer Kette von Singularitäten, die Welt neu zu erzeugen.

Das Neue Wissen, auf beiden Seiten, geht hervor aus einer nicht weiter reduzierbaren Nullstelle des Nichtwissens, des Nicht-mehr-Bescheidwissens, die selber ein neues Wissen spontan hervorbringt. Man mag dieses Verfahren in europäischer Manier dialektisch nennen, wichtiger ist aber: Das – nun relative – Wissen geht hervor aus einer *Singularität des Wissens*, einer *epistemischen Singularität*, die sich über immer neue

Stadien des Wissens/Nichtwissens als eine Konstante festsetzt. Damit steht eine *Singularität* am Beginn der europäischen Philosophie. Bedenkt man, dass Sokrates (und Platos schriftlich niedergelegte Philosophie im Munde des Sokrates), summa-summarum die gesamte Philosophie Europas in irgendeiner Weise geprägt haben, kann dieses Faktum kaum unterschätzt werden. ‚*Nichtwissend weiß ich*', so wörtlich übersetzt, buchstabiert nun in einem durchaus ‚logischen' Sinn die Singularität noch einmal aus: Zwischen *nichtwissend* und *wissend* bildet sich eine leere Zone aus, die sich im sokratischen Gespräch immer weiter fortschreibt, aber nicht definiert werden kann: Sobald man versucht, über sie etwas Substanzielles zu sagen, ist man schon wieder in der Spirale aus *Nichtwissen/Wissen* gefangen und gelangt an einen neuralgischen Punkt. Abgesehen vom Wissen, erscheint hier auch: eine Art *methodischer* Singularität.

Es ist unmöglich, der Gestalt des Sokrates gerecht zu werden, ohne seine performative Leistung von verschiedenen Winkeln aus zu beleuchten. Hatte er Vorläufer? War seine Methode eine Reaktion? Fühlte er sich berufen (oder gar sein Chronist Plato?), eine andere Weltsicht zu korrigieren? Um hier eine Antwort zu finden, werfen wir einen Blick auf jenen Vorlauf, der dann auf die Gestalt des Sokrates zuläuft:

Die Vorsokratiker

Die sogenannten Vorsokratiker, eine Handvoll weiser Männer, gelten als erste griechische philosophische Bewegung im weiteren ägäischen Raum, ehe dann der große Sokrates in Athen die Bühne betritt. Sie stehen seit jeher symbolisch für den Übergang von einer alten mythischen Weltsicht in eine neue Epoche, die die Welt rational erfassen will. (Musterhaft ist hier die Religionskritik des Xenophanes.) Es sind Visionäre, die den Urgrund des Weltgeschehens mit einer neuen Begriffswelt ergründen und festhalten wollen; es ist der erste große Versuch, den Himmel der vielen Götter zu ersetzen durch einen neuen Himmel der Logik, der Substanz und der Argumentation. Was vor sich geht, ist eine Art Revolution der *konstativen Welterkenntnis* – eine Zeitenwende. Zu erkennen sind neue konstative Systeme der Welterklärung, Ausgeburten des Geistes, die vor allem Versuche sind, die Unendlichkeit des Kosmos und der Schöpfung in eine Begrifflichkeit zu zwingen – um staunend etwas von dem zu begreifen, was unbegreiflich bleibt.

Konstatives System 1: die *physis* (‚Natur') zu ergründen im Quadrat mit den Größen *archē* (‚Ursprung'), *lógos* (‚rationaler Verstand') und *kósmos* (‚die sinnvolle Ordnung des Weltganzen').

Konstatives System 2: Der Urgrund der Weltentstehung sei *Wasser* (Thales), *Luft* (Anaximenes), *Feuer* (Heraklit), *Erde* – und schließlich deren ganzheitliches Wechselspiel (Empedokles).

Konstatives System 3: die kosmologische Zahlenlehre des Pythagoras, die die Welt in einer Art quantitativ gegründeter Sphärenharmonie im All zu beschreiben und einzufangen sucht.

Vorsokratiker stehen für den Beginn der konstativen Vernunft, in der sich das andeutet, was dann in immer neuen Spielarten die Grundlinie der europäischen Philosophie ausmachen wird: die Welt rational zu verstehen und dann darüber mit allen Kausalitäten *aufzuklären.* Es ist dies eine non-performative Weichenstellung, die das performative, m. a. W.: mystische, magische, vorrationale Element für unabsehbare Zeiten in den Hintergrund der Philosophie verbannt. Noch ganz ungeklärt ist bis heute, inwieweit die Vorsokratiker mit ihrem historischen Start-up in Milet, mit ihrem zeitlosen Einfluss die europäische spekulative Behauptungsphilosophie mit hervorgebracht haben. Man muss dies im Auge behalten, sonst ist es unmöglich, sowohl die konstativen als auch die performativen Spuren bei Sokrates und Plato richtig zu erfassen und zu deuten.

Es kann nicht falsch sein, die Methode des Sokrates *auch* als einen aktiven Protest gegen die spekulative Philosophie seiner Vorgänger zu sehen, vielleicht auch gegen die schriftlichen Niederlegungen (obwohl von den Vorsokratikern nicht allzu viel erhalten ist). Sokrates veranstaltet ein Wettrennen der konstativen Argumente und lässt alles auf einen Effekt zulaufen, den man ‚performativ' nennen muss: Jenseits aller Argumente und jenseits des Widerstreits der schieren Fakten schält sich am Ende wie von selbst jener Effekt heraus, der mindestens eine neue Einsicht, ein neues Verständnis des eigenen Wissens möglich macht. Eine neue Facette des Wissens bis hin zu einer neuen Sicht auf die Welt. Und beides war am Beginn des Gesprächs nicht abzusehen: Es hätte auch scheitern können (und oft ist es auch gescheitert). Die Hebamme der Worte fördert etwas zutage, was vorher buchstäblich noch nicht da war.

Platon (2013): Die großen Dialoge. Köln.

10. Religiöse Singularität: Augustinus und Thomas

- „Mittelalterliches Denken ist christliches Denken. Es gibt demzufolge nur ein einziges übergeordnetes Prinzip, dem alles untergeordnet wird, und das ist der christliche Gott. Er wird als unendlich und vollkommen beschrieben, menschliches Denken demgegenüber als endlich und fehlbar. Deshalb sind im Mittelalter nicht Verstand oder Vernunft das Maß der Dinge, sondern der Glaube. Für Philosophie ist das keine gute Zeit, denn sie muss sich der Theologie unterordnen." (Reisch 2017a)

Das Mittelalter ist die Zeit einer weitausladenden religiösen Singularität (RS), die sich in ihrer quasi-philosophischen Ausgestaltung über 1.000 Jahre hinzieht, von Augustinus bis zu Nikolaus von Kues. Diese Zeit ist geistig erfüllt von einer Vielzahl von Tandems, von scheinbaren Oppositions-Systemen mit zwei Polen: zwei Antipoden, die sich unaufhörlich umkreisen, einander anziehen und abstoßen, jedoch so gut wie nie zusammentreffen: Gott vs. Welt; Gott vs. Sein; Religion vs. Philosophie; Glaube vs. Wissen; Erkenntnis vs. Offenbarung; Vernunft vs. Mystik; Liturgie vs. Diskurs und noch weitere. Es sind Gegensatzpaare, die sich mit der Frage beschäftigen: Wie lassen sich Gott und Mensch, Himmel und Erde, Vision und Verstand übereinbringen? Ihre Symbiosen bleiben immer relativ, lösen sich nie in ein absolutes Ganzes der philosophischen Erkenntnis auf; sie bleiben ineinander verstrickt, was die schier unendlichen Mühen zeigen, mit denen sie in den Schriften abgehandelt werden. Man fühlt sich an kosmische Systeme erinnert: Zwei Sterne umkreisen sich, ohne dass ein Ende oder ein Ergebnis wirklich abzusehen wäre. Und doch stellt sich im Mit- und Gegeneinander von Theologie und Philosophie *qua actione* etwas ein, was offenbar für sich selbst nicht ohne weiteres direkt ausformulierbar ist: eine letzte leere Zone, eine Singularität. Unentscheidbar ist, ob Gott in dieser Zone aufscheint bzw. als eine mentale Vision tatsächlich berührt ist. Die mittelalterliche Hysterie um Gottesbeweise jedenfalls weist in diese Richtung: versuche etwas zu explizieren, was sich der Explizierung entzieht. *Mutatis mutandis*: versuche, in ein Schwarzes Loch hineinzusehen, obwohl es kein Licht und keine Information gibt.

Singularität kristallisiert sich hier zwischen zwei Polen aus, und es scheint durch die Jahrhunderte nicht möglich gewesen zu sein, religiöse Singularität als ein *Tertium* nicht der Substanz, sondern wenigstens der höheren *Erkenntnis*, jenseits der Oppositionen, wirklich zu erfassen – ausgenommen vielleicht durch Thomas von Aquin, auf eine spezielle, quasi unwiederholbare Weise. Vom Ende her gesehen erscheint das Mittelalter *en bloc* wie die Zeit eines Großen Krieges zwischen zwei Mächten – zwischen der menschlichen Vernunft und der göttlichen Offenbarung, zwischen Wissen und Glauben. Aus der Vogelperspektive betrachtet war dieser Krieg vielleicht sogar *notwendig*: um die Menschen, den Geist und die Geschichte darauf vorzubereiten, dass irgendwann eine Neue Welt heraufkommt: die Neuzeit.

In einem großen Bogen über den mittelalterlichen Zeitläufen kann man davon ausgehen, dass der Widerstreit der beiden großen philosophischen Achsen mit Ende der Antike nicht aufgelöst war. Zu unterscheiden sind, stark vergröbernd:

- Die mystisch-idealistische Achse mit Vorläufen im Orient (Babylon, Ägypten): Plato – Plotin – Neoplatonismus: von hier das irrational-mystische Element, das sich hinter Theologie und Theosophie verbergen mag;
- Die weltlich-rationalistisch-systematische Achse mit Aristoteles – Stoa – Araber – Albertus Magnus – Scholastik: von hier aus das rational-aufklärerische Element, das sich innerhalb der Philosophie am Leben erhält und dann am Beginn der Neuzeit sich wirklich Bahn bricht.

Dieses unaufgelöste Erbe ist der historische wie philosophische Hintergrund für den mächtigen Dualismus zwischen Offenbarung und Vernunft, der das Mittelalter beherrscht. Er spiegelt sich in den einschlägigen Disputationen wider. Offenbar kann innerhalb eines Zeitalters eine Frage nicht gelöst werden, weil es noch keine Antwort gibt, die Zeit noch nicht reif für eine Revolution ist. Die meisten Einführungen in die Philosophie des Mittelalters stellen es als unanfechtbare Wahrheit dar, dass diese Philosophie mehr oder weniger *Theologie* sei und manchmal so, dass die Theologie Inhalte der Philosophie aufnehme, umforme: Philosophie im Mittelalter, so man sie als solche wirklich ausmachen will, ist natürlich ohne Zweifel *christliche* Philosophie, und hier ist der typische Konflikt schon im Begriff, zum Greifen nah, abgebildet. Bei so gut wie allen Vertretern der mittelalterlichen Philosophie kann man Passagen für oder gegen den Primat *eines* Pols finden, jedoch auch für eine zu Teilen erfolgende Fusion, z. B. von Glaube und Wissen – wobei es dann immer Verwerfungen, Verklumpungen, Dellen gibt. Diese Fusionen haben sich in lateinischen geflügelten Worten erhalten, z. B. *credo ut intelligam* ‚ich glaube, um zu erkennen' (Anselm von Canterbury), *intelligam ut credam* ‚ich suche zu erkennen, um zu glauben' (Augustinus); *fides quaerens intellectum* ‚der Glaube sucht das Verstehen' (Augustinus); *deus est intellegere* ‚Gott ist Denken/Erkennen' (Meister Eckart). Doch fast immer kommt es, konkret oder performativ im-Vollzug, zu einem *ranking* von Glaube und Wissen, ob nun beabsichtigt oder nicht, ob bewusst oder unbewusst. Der Regelfall ist eine Hierarchisierung zugunsten des *Religiösen*, die zwar hie und da in Frage gestellt wird, aber nie durchbrochen, nie wirklich aufgelöst wird. Auch wenn der Vernunft durchaus zugetraut wird, intellektuell so etwas wie *Wahrheit* zu erkennen (Anselm), erreicht sie doch nie die Höhe der Offenbarung. Und hier greift der quantologische Effekt des Komplementären, in einer Aura aus Unbestimmtheit: Je deutlicher der eine Pol, der Glaube, hervortritt, desto mehr verschwimmt die Vernunft – *vice versa*. Eine Unbestimmtheitsrelation des Religiösen.

Augustinus eröffnet die Spannung zwischen (christlicher) *auctoritas* und *ratio*: „Auf dem Weg zur Erkenntnis Gottes kommt der *auctoritas* [...] ein zeitlicher Vorrang zu, den sachlichen Vorrang aber hat die Vernunft." [...] „Das ist nun auch das Verhältnis, das von Augustinus ausstrahlend für das ganze Mittelalter gegolten hat. Der λόγος [logos], dass Jesus Christus die geoffenbarte Wahrheit sei, die uns aus der Sünde befreit, galt als Voraussetzung. Diese Wahrheit konnte und kann nur *geglaubt* werden. Alles weitere war dem philosophischen Argument überlassen." (Trawny 2013, 4f.). Und Augustinus: „Ist unser Erkennen auch objektiv und wahr, so reicht es doch nicht aus. Über dem Reich der – philosophischen, metaphysischen – Erkenntnis wölbt sich das andere Reich der übernatürlichen Wahrheit. Es ist nicht möglich, auch dieses durch bloße Anspannung der natürlichen Denkkraft zu durchdringen." (Störig 2016, 289 über Augustinus).

Dem puren Vernunftdenken entzogen waren gerade die Geheimnisse des christlichen Glaubens: Die Dreieinigkeit Gottes, seine Menschwerdung und die Auferstehung des Fleisches seien „übernatürliche Wahrheiten, die wir nur als Inhalt der göttlichen Offenbarung gläubig hinnehmen können." (ebd.; kursiv U. H.). Bei Meister Eckart finden wir schließlich Gott als das vollkommen Jenseitige, über das gar nichts ausgesagt werden kann. Selbstentäußerung und Aufgehen in Gott kann sich bei Eckart nur in der mystischen Schau ereignen, wo das Vernunftdenken keinen Zugang hat. Dies gilt auch andersherum: Die göttliche *trinitas* kann nur dann in die Welt und in den Menschen kommen, wenn die – vollkommen entzogene – ‚Gottheit' sich entschließt, sie durch *das Wort* zu offenbaren und so zum christlichen Gott zu werden.

Die Lücke zwischen Glaube und Wissen ist nicht zu schließen – dies ist so etwas wie das Alleinstellungsmerkmal der mittelalterlichen Philosophie. Beide können aber in ein Verhältnis treten, sich teilweise durchdringen und symbiotisch Elemente des Anderen in sich aufnehmen. Man kann sagen, dass Glaube und Wissen in einer bestimmten Weise umeinander oszillieren – wie genau der Abstand oder die Nähe nun im Einzelfall auch ausfallen mögen. Dadurch erzeugen sie eine *singularitas sui generis.*

Alle (mittelalterlichen wie auch aktuellen) Diskurse über *Glaube vs. Wissen* usw. kreisen wie eine Akkretionsscheibe aus Wörtern, Argumenten, Zuständen und Beweisen um eben diese Singularität, die sie nicht, jedenfalls nicht mit Worten, fassen können. (Auch das Sprechen über Mystik ist ja selbst keine Mystik). Diese typische Nichterfassbarkeit gipfelt in der Kultur der vielen *Gottesbeweise*, die *als ein Syndrom* das Mittelalter prägen, wie um noch einmal zu demonstrieren, wie ohnmächtig die Sprache sein kann angesichts dessen, was sie beschreiben oder erkennen will. Dabei führen sich Gottesbeweise – seien sie intentional, ontologisch, teleologisch etc.etc. – in einer subtil-performativen Weise selber ad absurdum: Je intensiver man rhetorisch beweisen will, umso weiter entfernt sich das, was bewiesen werden soll, und der Mensch auch vom Menschen – ein weiteres Paradox, das im Mittelalter wirkt, eine Art performativer Rache der Argumentationen. Denn durch den schieren Vollzug der schriftlichen wie mündlichen Diskurse schält sich allmählich eine weitere Singularität heraus, die von keinem dieser Diskurs mehr eingefangen werden kann.

Eine tiefe Intuition mag aber selbst großen Geistern wie Augustinus oder Thomas angekommen sein, dass es genau das ist, worum sich die vielen Worte drehen. (Nicht von ungefähr ereigneten sich ja in deren Leben, wie im Leben vieler weiterer, Kehren, Konversionen, in denen sich eine singuläre Energie *ad personam* auskristallisiert). Wir können sagen, dass religiöse Singularität auf Gott weist, obwohl keinerlei Gotteserfahrung hinter solchen Sätzen stehen muss. Deshalb ist dieser Satz auch zugleich wahr und unwahr und dies wiederum schafft die Vision einer weiteren Singularität, von der letztlich nur noch zu schweigen ist. Glaube und Vernunft sind die beiden Säulen der mittelalterlichen Philosophie, zwischen denen eine unschließbare Lücke sich auftut – gleich, ob man sich für eine Säule, eine Paarung oder gegen beide entscheidet. Religiöse, theologische Singularität schafft über lange Zeiten ein Signal, das am Ende den Übergang in die Neuzeit ermöglicht. Wenn man es noch anders und final formulieren will: Singularität, besonders der religiös-theologischen Art, verträgt sich nicht mit Sprache. Trotzdem ist sie eine Singularität, die in ihrer absoluten Unhintergehbarkeit in einem Paradox wieder auf sich selbst verweist. Zuletzt erscheint hier Spinozas Lehrsatz Nr. 15 aus seiner Ethik:

„Alles, was ist, ist in Gott, und nichts kann ohne Gott sein oder begriffen werden.“

Dieser Lehrsatz mag eine pantheologische Geltung entwickeln, die auch für die Situation von Wissenschaft und Kultur in diesem Jahrhundert gilt.

Ein kurzes Wort über Mystik

Neben dieser rational geerdeten Religiösen Singularität existiert noch eine andere Variante, die vollkommen irrational geerdet ist – ebenso mächtig, ebenso lange in der Zeit sich erstreckend: die Mystik. „Unterhalb des zweitausendjährigen Platonismus, der die Philosophen beherrschte, ist die tausendjährige Mystik die stärkste Unterströmung gewesen. [...] die *Unio mystica*, Vereinigung mit dem Unbekannten Gott, ist abhängig von den Zeiten; die Vehikel dahin wechseln mit der Technik.“ (Marcuse 93f.). Alle Weltalter und historischen Zeiten brachten Mystiker hervor: die Wüstenväter, die Sufis, die Yogis; dann die „Europäer“: Plotin, Hildegard von

Bingen, Aldous Huxley, Jacob Böhme, August Strindberg oder Swedenborg (Sloterdijk 2007). Im Wesen der Mystik, am stärksten in der Gestalt des Meister Eckart, tritt Religiöse Singularität in ihrer intensivsten Form hervor. Es ist das, was wir umschreiben müssen mit einer Formel wie „absolutes Nichtoffenbarwerden" einer ersten oder letzten Ursache, mit dem „Grundlosen" aller möglichen Abgründe der menschlichen Erfahrung. Das ist: Schwarzes Loch *par excellence*, Uneinsehbarkeit, noch hervorgehoben durch die Vergeblichkeiten aller Formulierungen, die drumherum kreisen mögen: „Die Ablehnung aller Vorstellungen vom Absoluten, die größte Leistung der Mystik, ist das sicherste Fundament." (Marcuse).

Johann Wolfgang von Goethe beschreibt das dunkle Mysterium in Sprachbildern, die sinnbildlich genau den Mechanismus des Schwarzen Lochs beschwören.[12] „Das Wahre, mit dem Göttlichen identisch, lässt sich niemals von uns direkt erkennen; wir schauen es nur im *Abglanz*, im Beispiel, Symbol, in einzelnen und verwandten Erscheinungen; wir werden es gewahr als unbegreifliches *Leben* und können dem Wunsch nicht entsagen, es dennoch zu begreifen. Dieses gilt von allen Phänomenen der fasslichen Welt."

Flasch, Kurt (2020): Das philosophische Denken im Mittelalter. Von Augustin bis Macchiavelli. Ditzingen.

12 Aus dem „Versuch einer Witterungslehre", zitiert bei Wehr (2010, 122). Wehr sieht hier deutlich den Einfluss von Theosophie bzw. mystischer Philosophie (Jakob Böhme, Friedrich Christoph Oetinger) auf Goethe.

11. Epistemische Singularität: Nikolaus von Kues

„Docta Ignorantia"

Auch an der Schnittstelle vom Mittelalter zur Neuzeit, um die Mitte des 15. Jahrhunderts, befindet sich ebenfalls ein gewaltiges Schwarzes Loch, eine allesdurchdringende Singularität: die des Nichtwissens – jetzt aber methodisch gewendet. Es ist wieder eine epistemische Singularität, wie schon im dialogischen Modus bei Sokrates und Plato: eine Singularität des Wissens/Nichtwissens, zwischen denen sich ein unschließbarer Spalt auftut. Sie trägt das Motto *„docta ignorantia"* ‚gelehrte Unwissenheit', besser: ‚gelehrtes Nichtwissen': So meinte es ihr Schöpfer, der Theologe, Jurist und päpstliche Legat Nikolaus von Kues. Nach der Fusion von Religion, Theologie und Philosophie, die tausend Jahre lang das Abendland beherrschte, trennt diese mächtige Singularität nun beide endgültig und macht aus der „Magd" der Theologie eine neue, gleichberechtigte Herrin am Hofe der Philosophie. „Wahrheitssuche und Gottsuche sind nicht mehr nur unantastbare Wesenheiten, sondern treten auf als skeptische Erkenntniskritik. Zwischen Glaube und Erkennen, zwischen Welt und Welterkenntnis (zwischen Subjekt und Objekt) tut sich ein Spalt auf, der durch nichts mehr geschlossen werden kann: Das Menetekel, das Odium der Neuzeit. Die Wahrheit der subjektiven Erkenntnis und die Wahrheit des objektiven Seins der Welt sind nicht identisch, sie treten auseinander und hinterlassen dabei eine winzige Zone, eine unüberbrückbare Kluft." (Hinrichs 2014)

Wie kommt der Kusaner zu seiner Singularität (die ihn gleich einer mystischen Eingebung auf einer Überfahrt nach Venedig traf)? Auf zweierlei Weise:

- In der Tradition von Pythagoras und Heraklit über Zahl und Mathematik: Je genauer ich messe – z. B. den Kreis mittels Vielecken – desto größer wird die Zahl der Ecken, umso kleiner wird der nichterfassbare Rest (der sich heute in der Zahl π manifestiert). So ist es mit der Quadratur des Kreises, mit spitzen und stumpfen Winkeln, mit zwei Parallelen etc. Nähern sich nicht Kurve und Quadrat einander an, wenn man sie unendlich groß denkt?" (Helferich 2005, S. 115). „Der kleinste spitze und der größte stumpfe Winkel koinzidieren im Unendlichen." (Spierling 2008, S. 136). Vielheit und Einheit schließen sich nicht aus, sondern sind zwei Seiten *einer* Münze; im Unendlichen heben sich die Gegensätze auf: Objekt und Subjekt kommen zur Deckung. Dieses unfassbar-Unendliche nennt Cusanus *Gott* – der jedoch nicht mehr der mystische *DEUS* des Mittelalters ist. Cusanus erfasst hier den Kern: Die Makrowelt der Dinge und die Mikrowelt des Messens sind verschieden, gelten aber beide: Sie sind *komplementär* – so würde man es heute sagen.

- Mathematik und Mystik, Theologie und Philosophie erkennen so auf vielen Wegen dasselbe: den unteilbaren Rest des Nichtwissens, der in Gott aufgehoben sein mag – aber auch dies wäre durch Menschen nicht erfassbar. Dadurch wird die Cusanische Singularität gleichzeitig vielfach bestätigt und unterliegt so keinem vernünftigen Zweifel.

Die letzte Entität kann nur nominell benannt werden – zu erfahren ist sie nicht. Sie erfüllt so das schwarze SL-Prinzip: Sie stellt eine uneinsehbare Singularität dar, der sich der Mensch allenfalls von Außen über Zeichen und Symptome annähern kann: eine neue intuitive Einsicht des erwachten Subjekts in die Begrenztheit seiner Erkenntnisfähigkeit. Singularität ist nun im-Letzten nicht mehr auf mystische Augenblicksschau angewiesen, sondern wird durch Prozesse der Vernunft, gewissermaßen kontrollierbar, erzeugt.

Das Unerhörte bestand für den Kusaner darin, dass zwei aufeinander bezogene Wahrheits- oder Messprozesse sich niemals vollkommen decken können – so wie die exakte Quadratur eines Kreises niemals gelingen kann, weil immer ein unausdrückbarer – und sei es ein unendlich kleiner – Rest zurückbleibt. (Dies könnte man fast wörtlich auch für die Quantenmechanik sagen). So können subjektiver Geist und objektive Wahrheit – auch wenn sich der Annäherungsprozess ins Unendliche fortsetzen mag – niemals vollkommen zur Deckung kommen, weil sich ein uneinholbarer Subjekt-Objekt-Regress einstellt, der logisch in einen *gap* mündet. Die dunkle Zone setzt sich in der Distanz zwischen religiöser und profaner Welterkenntnis fort – und dies ist das wirklich Neue: Sie sind auf diese Weise unüberbrückbar voneinander getrennt. Es gibt keinen absoluten, mit sich selbst identischen Punkt. Was sich einstellt, kann man mit einem modernen Ausdruck ohne Weiteres eine strukturelle ‚Unschärfe‘ nennen – eine dunkle Zone, die sich nicht aufhellen lässt. Nikolaus sieht hier einen „Zusammenfall der Gegensätze“ (‚*coincidentia oppositorum*‘), der letztlich auf eine dunkle höhere Entität zeigt, diese aber nicht mehr substanziell erfassen kann. Diese Entität, obwohl von der Vernunft über Denk- und Schließprozesse anvisiert und von ihnen ausgelöst, kann nicht mehr analytisch gefasst, geschweige denn explizit beschrieben werden: Der unsichtbare dunkle Punkt ergibt sich am Ende der Kette, oben auf dem Dach des Denkgebäudes. Das philosophische Schauen kommt so an ein vorläufiges Ende: Alles Wissen beruht auf einem (wenn auch winzigen) beweglichen Element der Unwissenheit oder es führt zu ihm hin. Dies ist der Kern von Kues' Hauptwerk, der *Docta Ignorantia*, der ‚Gelehrten Unwissenheit‘, die keine Tatsachen-Unwissenheit ist, sondern eine neue intuitive Einsicht des erwachten Subjekts in die Begrenztheit seiner Erkenntnisfähigkeit.

Nikolaus von Kues beendet durch seine eigene, selbsterfahrene Singularität das Mittelalter und markiert zugleich den Beginn der Neuzeit – auch wenn dies vereinfachend klingen mag. Um das Schwarze Loch der Unwissenheits-Singularität herum befindet sich auch jener leere Raum, in dem sich das erwachende Subjekt seiner selbst bewusst werden kann – nicht mehr an die Hypothek des Religiösen gefesselt, noch nicht überschattet von den Herausforderungen der neuzeitlichen Zukunft. Fast kein Wunder, dass sich Nikolaus auch in seinem persönlichen Leben als ein Singulus, wenn man will: als Vision des Individualisten, inszeniert hat: Nie war er ein Mitglied eines Lehrkörpers, er hatte keine Rückbindung an scholastisches Denken, er schrieb keine ausufernden Summen oder Kommentare. Er war nur: Nikolaus von Kues.

12. Metasprachliche Singularität: René Descartes

- Dico: „Cogito ergo ..“ Am Beginn der neuzeitlichen Philosophie steht ein mächtiger performativer Satz.

Einhundertfünfzig Jahre später blüht die Saat, die der Kusaner gesät hatte, vollends auf und erzeugt eine philosophische Revolution: Wieder steht eine Singularität am Anfang: dieses Mal eine übermächtige, die über die Jahrhunderte bis in die Geschichte der modernen europäischen Philosophie ausstrahlt. Viele Experten sagen bis heute, dass hier die Philosophie der Neuzeit begänne: durch das Werk des René Descartes.

Das 17. Jahrhundert war darauf aus, die Philosophie ohne das Religiöse, ja: *jenseits* des Religiösen, neu zu konstruieren, nach dem Muster der Naturwissenschaften, ja: eigentlich der Mathematik – sie dadurch unantastbar zu machen. Dazu musste sie eine sichere, absolut unantastbare Methode der Erkenntnis finden. Eine Erkenntnis, die nicht mehr der Vergangenheit verpflichtet wäre, aber für die Zukunft dafür umso geeigneter. Mathematiker René Descartes war geradezu prädestiniert für die Aufgabe, die Philosophie zu einer Art „Universalmathematik“ (Hans Joachim Störig) zu machen. Kein Wunder, dass dabei herauskam: eine Singularität in der Methode.

Descartes' Methode – das ist das überlieferte Mantra – ist die des allumfassenden Zweifels; diese Methode erinnert strukturell an einen Trichter, der die ganze Welt hineinzieht und unten nur einen einzigen Output hat: Am Ende von allem zeigt sich eine neue Größe, die ein neuer Anfang ist, eine Art philosophische Supernova. Descartes zweifelt alles an, um zu sehen, was seinem universalen Zweifel standhält. Was er anzweifelt, sind nicht nur die Welt und ihre Dinge, auch das Wissen, der soziale Umgang, die Kommunikationen über die Welt, bis hin zur eigenen Wahrnehmung dieser Welt. Er zweifelt überhaupt alle sinnliche Wahrnehmung, alle Erfahrung, alle Apriori, sogar die Grundsätze der Mathematik an – denn wer wollte absolut garantieren, dass dies nicht alles womöglich Teufelswerk, Einbildung, Halluzination oder pathologische Vision sei – also Täuschungen überall? Vielleicht sei die Welt, so Descartes, nur ein Traum, den die

Menschen in einem langen irdischen Schlaf sehen, ohne die reale Welt (welche?) jemals erfahren zu haben? Wir wissen nicht mit Sicherheit, ob diese Chimären aus den ‚Meditationes' Koketterie, Tagtrauminhalte oder seriöse Realia sind; wir unterstellen aber, dass Descartes den Ozean des Zweifelns selbst durchmessen hat (zumal ihn dies alles ingestalt dreier Initialträume in einer Nacht eingeholt hat). Er selbst sagt es so (zit. bei Störig 2016: 359):

> „Beginne ich nun also das Philosophieren damit, dass ich schlechthin alles in Frage stelle, so gibt es doch etwas, das ich nicht nur nicht bezweifeln, dass mir vielmehr, gerade indem und je mehr ich zweifle, immer gewisser werden muss: nämlich die einfache Tatsache, dass ich jetzt, in diesem Moment, zweifle, das heißt denke. Alles, was ich von außen wahrnehme, könnte Täuschung sein, alles, was ich denken mag, könnte falsch sein – aber im Zweifel werde ich jedenfalls meiner selbst als eines denkenden Wesens gewiss. [...] Mit dieser Gewissheit habe ich zugleich das Kriterium und Musterbeispiel der Wahrheit in der Hand."

(Wir lassen außen vor, dass selbst der Akt des Zweifelns noch in Zweifel gezogen werden könnte: Er könnte ja ein halluzinatorischer Teufelsstreich sein, von dem Descartes selbst kein Bewusstsein hätte. Aber auch *wenn* Descartes so weit gegangen wäre: Immer noch bliebe das Subjekt an seinem Platze übrig, dessen Existenz nicht geleugnet werden kann.)

Der Mensch mag am Aufbau der Welt zweifeln, an Gott verzweifeln, von seinen Sinnen durch eine zweifelhafte Realität getäuscht. Und wenn sogar die Mathematik voll von Paradoxien, Unendlichkeiten, Rätseln und Scheinproblemen ist: Wie kann ich dann wissen, ob ich die Natur als solche begreife oder nur das, was ich von ihr begreifen *kann*? Zweifel ist an allem möglich, aber *dass* ich zweifele, wenn ich zweifele – das unterliegt keinem Zweifel, jedenfalls keinem vernünftigen (oder man tritt aus der Philosophie und der Sprache überhaupt aus): *Ich zweifle, also bin ich* (der, welcher zweifelt): *Ich* zweifle; ich *zweifle*: ich *bin*, ich *existiere*! Weil ich es bin, der zweifelt. *Ohne jeden Zweifel*! (Was Descartes nicht sehen konnte oder nicht sehen wollte: dass auch ein Modus *zweifeln* etwas Menschengemachtes und damit Unsicheres war, etwas, was sich *post quem* als etwas ganz anderes herausstellen konnte.) In letzter Konsequenz hätte es heißen müssen: ‚*Ich tue oder sage etwas oder irgendetwas – also bin ich da*'.

Wichtiger ist deshalb die Erkenntnis, dass Descartes einen metasprachlichen Mechanismus nutzt und sich eben dadurch aus dem Diskurs über Sachen und Fakten heraushebt. *Dico: cogito ergo sum* ‚Ich sage, dass ich zweifle ..' Dies ist der eigentliche geniale *shift*, der durch die Oberfläche der (damaligen) Zeit stößt und kreativ wird, weil das Individuum plötzlich von der Substanz entbunden ist und frei oszillieren kann. Will man ganz genau sein, dann nutzt Descartes einen *meta-kommunikativen* Mechanismus, indem er das, was der Philosoph kommuniziert – mit sich selbst oder mit anderen – auf eine höhere Ebene transzendiert. Denn *dass* er sagt, *dass* er sagt und zweifelt, ist die letzte, vernünftig nicht mehr hintergehbare Stufe, die gewissermaßen noch den Zweifel am Zweifel aufhebt oder: beide gegeneinanderstellt. Erzeugt wird so eine letzte Singularität, die – *dico per hoc ‚ich sage hiermit'* – ohne Zweifel performativen Charakter hat. Dieser Schritt macht ihn frei, um *tabula rasa* mit allen religiösen, weltanschaulichen, interpretatorischen etc. Implikationen mit der Welt zu machen und sich in Richtung eines neuen Startpunktes zu bewegen. Heute würden die Linguisten sagen: Er nutzt die semantische, die logische Macht eines performativen Hypersatzes aus – *dicens cogito/dubito ut X.* Dies ist ein Satz, der über allen objektsprachlichen Sachinformationen steht (linguistisch ausgedrückt, ist er illokutiver Natur und dominiert die Informationen seines Propositionalsatzes, also das, was angezweifelt wird.) Dieser Supersatz bezeichnet die *Handlung* des Philosophierenden, nicht seine Erkenntnisse; das was er *tut*, nicht das, was er konkret *sagt.* Dieser Zaubersatz mit seiner Macht wird in Descartes' Denken zu einem methodischen Instrument, das eine ganze Philosophie, ja eine ganze Epoche begründet. Dies muss man festhalten:

Descartes erzeugt durch den Modus des universalen Zweifels im letzten Ende einen Nullpunkt, der vernünftigerweise nicht mehr dem Zweifel unterliegt. Dies wird erreicht durch einen unendlichen Regress des Zweifelns, der am Schluss sich selbst stoppt: nämlich genau an der Stelle, an der vernünftigerweise nicht weiter gezweifelt werden kann: Der Zweifel bestätigt sich in unendlicher Wiederholung schließlich selbst und hebt sich dadurch in einer performativen Pirouette selbst auf.

Diese radikale Ausmerzung des Zweifels, die *singularitas dubii*, eröffnet ein neues philosophisches Universum: das philosophische Werk des René

Descartes. Die Philosophie der Neuzeit beginnt also, *nota bene*!, mit einem *metakommunikativen Hypersatz, ‚dubio ergo sum'*, der in performativer Gewandung lautet: *‚ich teile (mir, anderen) etwas mit, ergo: bin ich'*. Sein *Cogito-Ergo-Sum* ist am Ende – keine rein konstative Erkenntnis, sondern – ein performativer Satz. Nicht: **Facio ergo sum*, sondern: *Performo dubium ergo sum* usw.

René Descartes führte den vitalen kognitiven Zweifel, gepaart mit dem (meta)kommunikativen Akt, als ein mächtiges Werkzeug in die Philosophie ein, triggert eine kommunikative und kognitive Spirale an. Methodisch und strukturell ist dies wie ein Schwarzes Loch, hinter das nicht zu blicken war (und das die endlosen theologischen und philosophischen Universalienstreitereien der Vergangenheit gleich mit aufsaugte). Im Schwarzen Loch scheint sich das Unbekannte eines neuen Subjekts zu befinden, das in seiner Erkenntnistätigkeit nicht mehr auf Religiosität angewiesen ist, sondern aus sich selbst heraus strahlt. Und: Zu definieren war es nicht, nicht substanziell, es *war* einfach. „Descartes' große Idee war es, das Denken in einen streitlosen Raum zu versetzen." (Peter Sloterdijk). Dieser streitlose Raum wird durch den metakommunikativen Regress geöffnet. Descartes' Großer Zweifel läutete den endgültigen Abschied vom Mittelalter ein und machte den Weg frei für das Technologie-Zeitalter: wieder durch eine irreversible Singularität.

Von hier aus entfaltet sich, gewissermaßen in einer kreativen Kehre, wie in einem performativ-explosiven Jet, Descartes' Philosophie (*res cogitans*; *res extensa*; *Gott*; *Wille* etc.) Mit aller Konsequenz wendet er überall die gleiche Qualität einer messerscharfen, untrüglichen Intuition an, die ihn zum *Cogito* geführt hat und nun sein Werk hervorbringt.

13. Ontologische Singularität: Martin Heidegger

- Im Zentrum der Philosophie Martin Heideggers steht eine mächtige, einzigartige philosophische Singularität: die sogenannte ‚ontologische Differenz'.

So bezeichnet er seine Entdeckung: die Lücke zwischen Seiendem und Sein. Heidegger wirft der gesamten (abendländischen) philosophischen Tradition vor, diese Lücke nicht beachtet zu haben und damit den philosophischen Sündenfall verursacht zu haben („Seinsvergessenheit"). Gleichzeitig werde die Erkenntnis dieser Differenz, so Heidegger, dermaleinst ihre Aufhebung sowie einen Neustart der europäischen Philosophie überhaupt ermöglichen. Diesen Neustart konnte er jedoch selbst nicht erleben.

Diese spezielle, ontologische Ausprägung einer genuin philosophischen Singularität war bis zu Heidegger unbekannt, und es ist fraglich, ob sie *nach* Heidegger wirklich verstanden, aufgearbeitet und philosophisch angemessen gewürdigt worden ist. Heidegger gilt deshalb als ihr Schöpfer und es ist anzunehmen, dass er sie *in persona* auch wirklich zutiefst selbst erfahren hat. Es ist *Heidegger'sche* Singularität, und wieder ist es kein Zufall, dass sie in seinem großen Zielstreben steht: die abendländische Philosophie abzuschließen, zu überwinden und neu zu entwerfen. Seine PS ist in tiefer philosophischer Sprache dargestellt in seinem Hauptwerk ‚Sein und Zeit' von 1927. Das ist ein Jahrhundert her, und man darf sagen, dass sie bis heute nicht nur nichts von ihrer Brisanz, ihrer explosiven Durchschlagskraft, verloren hat, sondern diese womöglich in der Zukunft erst noch entfaltet.

Beginnen wir hier: Heidegger hat die europäische Philosophie der ‚*Seinsvergessenheit*' geziehen. Ein großes Wort, voll tiefer Wahrheit, in seiner philosophischen Schärfe kaum übersetzbar. Was bedeutet es? Die Frage nach dem Sein, so Heidegger, sei immer falsch gestellt worden oder: noch gar nicht *wirklich* gestellt worden. „Die Seinsvergessenheit ist die Vergessenheit des Unterschiedes des Seins zum Seienden." (Martin Heidegger). Dies beträfe, nach Heidegger, die griechische Philosophie einschließlich des christlichen Mittelalters genauso wie den neuzeitlichen

Subjektivismus von Descartes bis Nietzsche. Die europäische Metaphysik, so Heidegger, habe das uranfängliche SEIN aus den Augen verloren, weil sie es seit jeher wie einen *Gegenstand* behandele: als Idee, als Gott, als Vernunft, als Welt, als Denkgebäude – als „immer schon Vorhandenes". So wurde

- zum Objekt, was nicht Objekt ist und es nicht sein darf;
- SEIN immer schon ungeklärt (und unbewusst) vorausgesetzt.

SEIN und Seiendes hätten sich so immer unlösbarer verschränkt: Das bloß Seiende habe gewissermaßen stellvertretend auch das Sein selbst mitvertreten, es vereinnahmt, es unkenntlich gemacht. Dies habe die fundamentale „ontologische Differenz" verwischt – in Heideggers Augen ein Geburtsfehler der Philosophie. So sei sowohl die ontologische Qualität des SEINs wie auch die archaische Seins-Erfahrung als vor- oder unbewusstes In-der-Welt-Sein in Europa im Horizont der Zeit verlorengegangen – es sei das Sein *vergessen* worden (Ruffing 2007, 239). Denn, so Heidegger: „Die Metaphysik des Abendlandes [...] denkt nicht das Sein selbst, weicht vor dem Rand völliger Dunkelheit zurück. [...] Die Seinsvergessenheit ist das ‚Verhängnis des Abendlandes'." Das Sein bleibt, obwohl ständig benannt, selbst *ungedacht*. SEIN entzieht sich so doppelt ins Dunkle, Unauffindbare: in ein schwarzes Loch. Derridas *différence* hat zu großen Teilen im Sinn, diesen verlorenen Unterschied auf der Ebene der Sprache wieder sichtbar zu machen („Punkt tiefer Dunkelheit"): „Es gilt, die Spur [des Seins] vor dem Seienden zu denken. Aber die Bewegung der Spur ist notwendig verborgen, sie entsteht als Verbergung ihrer selbst." (Jaques Derrida). Was fast esoterisch klingt, meint nur: Wir können mit analytischen Mitteln dem SEIN nicht bis zu seinem Grund folgen.

Heidegger ist der Ansicht, die Europäer hätten seit Plato Metaphysik auf eine grundsätzlich irreführende, ja: das Sein verfälschende Art betrieben. Der Geburtsfehler dieser Metaphysik bestünde darin, Sein und Seiendes nicht nur nicht sauber abgegrenzt, sondern verwechselt zu haben, und das obendrein auf eine subtile, unerkennbare Weise: So habe sich der *Mangel* über Jahrhunderte fortsetzen können. Im Laufe der Zeit fossiliert, so Heidegger, diese latente Unerkanntheit des SEINs und mutiert in der Philosophie schließlich zu einer Art unverdächtiger Normalität. Die Philosophen hätten alles Nur-Seiende, also die objektiv erfahrbare Welt, so behandelt, als wäre sie schon das Sein selbst. Jedoch: *„Das Sein des Seienden ist nicht selbst ein Seiendes."* (Heidegger). Ein guter Ausdruck für das, was hier in den Begriffen vor sich geht, wäre ‚metonymisch': Das Seiende wird de facto so aufgenommen, als wäre es – *pars pro toto* – zugleich auch das, was erst hinter allem Seienden stehe: nämlich das SEIN selbst. So sei das Sein selbst verborgen, vergessen, verdrängt worden – ohne Chance, dass diese Verborgenheit jemals würde aufgedeckt werden können, weil sie ja noch niemals *unverborgen* gewesen sei – als ihre eigene Wahrheit. Die ontologische Differenz sei nivelliert worden. So wisse bis heute niemand, so Heidegger, was der ‚Sinn von Sein' eigentlich sei – geschweige denn, so könnte man ergänzen: was der Sinn der *ontologischen Singularität* eigentlich sei. In der ‚ontologischen Differenz', der Lücke zwischen Seiendem und SEIN, verbirgt sich die Heidegger'sche Singularität. Sie bezeichnet wohlgemerkt nicht das SEIN selbst, sondern nur die Differenz zum Seienden. Diese Differenz umreißt Heidegger in ihrem Horizont; er beschreibt sie nicht substanziell selbst, und dies muss man so interpretieren, dass dies nicht möglich ist. Niemand kann in das Schwarze Loch einer ontischen Singularität hineinsehen (ohne nach einem solchen Versuch eine neue Singularität *eo actu* zu beschwören). Dies sieht aus wie ein quantenlogischer Mechanismus, der eine letzte unaufhebbare Unbestimmtheit hinterlässt.

Macht Heidegger nun irgendwo den Versuch, diese Differenz aufzuheben, sie gar zu löschen? Natürlich weiß er, *muss* es gewusst (geahnt!) haben, dass das mit Sprache, auch mit der Heidegger'schen Spezialsprache, nicht möglich ist. Aus einem einfachen Grund: Jede Formulierung, so tief sie auch gehen mag, wäre schon durch sich selbst an den Komplex ‚Dasein', also an Objekt Welt und Subjekt Mensch, gefesselt. Unmöglich, mit Sprache zu formulieren, was sich ganz jenseits von Buchstaben, Schrift, Kommunikation, ja: auch jenseits des Philosophierens, befindet. Heidegger spricht aber durch seine Rede von der Seinsvergessenheit indirekt die Singularität an: Sie ist und bleibt ein Schwarzes Loch, das keine substanzielle Information über sich selbst zulässt. Heidegger geht deshalb einen anderen Weg, den Weg des wahren Philosophen: Er passt seine persönliche Erfahrung von *Seinsgewärtigung*, seine tiefe Intuition des *Sinns von Sein*, in seine Philosophie ein. Sein Fernziel ist, das darf man unterstellen, die pure

Wiederherstellung der ontologischen Differenz, nicht aber die explizite Ausformulierung der ontischen Nullstelle.

Der streng-ontologische Zugang Heideggers kreist eine Größe SEIN ein, die *vor* allem Dasein, *vor* allem Philosophieren liegt. Dieses Sein ist *grosso modo* jenes, das sich angesichts der Welt und des Menschen schon immer von selbst versteht. Dieses SEIN selbst wird jedoch nicht erreicht, bleibt außerhalb – mit einem schönen, typisch Heidegger'schen Satz: „SEIN *ist* nicht". SEIN entzieht sich nicht nur der Sprache, sondern letztlich auch dem Philosophieren. Heidegger fragt nach dem gestaltlosen wie namenlosen Apriori, das hinter dem Seienden (Welt) und dem Dasein (Mensch) ist. Ein Apriori, das, im kantischen Sinne, nichts zu tun hat mit Wahrnehmung oder Erfahrung. Dieses Apriori kann man, da es keinen anderen Ausdruck gibt, ‚Sein' nennen – obwohl das keine glückliche Wahl ist. Dieses Sein, so Heidegger, sei etwas, das „vor-ontologisch" sei – er meint wohl damit: der Sprache wie aller Wissenschaft entzogen. Er kreist dieses Schwarze Loch, das SEIN, mit Worten ein: Hineinsehen kann er nicht. Letztlich möglich ist auch dies: Heidegger wollte mit seiner Sprache zeigen (in wahrhaft performativer Weise), dass etwas, nämlich sein SEYN, *nicht* beschrieben werden kann, nicht alltagssprachlich, nicht philosophisch. In dieser performativen Aporie scheint aber zuletzt ein Funken dessen auf, worum es Heidegger immer ging.

Fundamentalontologie

Wie geht Heidegger im Weiteren konkret vor? In seinem Hauptwerk *Sein und Zeit* aus dem Jahre 1927 gräbt er diesen letzten dunklen Punkt mit einer fundamental-ontologischen Archäologie des menschlichen Daseins auf, die auch eine neue Begrifflichkeit aufblättert. Seine „Existenzialien" zeichnen die Struktur seiner Fundamentalontologie, die das SEIN einkreist. Es sind die Satelliten, Ausformungen, Akzidenzien des Seienden: die Akkretionsscheibe des Seins. Nur so scheint es ihm möglich, beide ontisch-ontologischen Größen erst einmal voneinander zu unterscheiden, um sich irgendwann dem SEIN zu nähern, das unmarkiert hinter Mensch und Welt steht. Die wichtigsten *Stichwörter* sind: Menschliches *Da-Sein* in der Welt ist *Sorge.* Im Angesicht von *Zeitlichkeit, Existenzangst* und *Tod* entdeckt der Mensch vor dem *Nicht-Sein* in freier *Entschlossenheit* auch das *Sein,* sofern er sich nicht an Gerede, triviale Neugier und Technik verliert (an das *Man*). In der *Zeitlichkeit* entdeckt der Mensch, dass sein In-der-Welt-sein ein Dasein zum Tode ist. Erst von hier aus vermag er über sein Dasein hinauszublicken und kann etwas von dem erahnen, was hinter seinem Dasein ist: das SEIN. SEIN kann sich so *als ontische Erfahrung* dem Menschen zuwenden oder sich von ihm abwenden. Es kann sich von außen *vollziehen,* ohne dass es exakt identifiziert werden könnte. Der Einzelne – nicht Herr, sondern Hirte des Seins – kann offen bleiben und warten, ob sich seine (nicht selbst verschuldete) *Seinsverlassenheit* in einer authentischen Lebenspraxis wandelt in etwas, was man „Seinsgewärtigung" nennen könnte – in die unverhoffte *Anwesenheit* von Sein. SEIN kann – sich *zeigen.* „Soll der Mensch aber noch einmal zum Sein finden, muss er vorher lernen, im Namenlosen zu existieren." (Martin Heidegger).

Der dunkle, unnennbare Punkt (‚SEIN') hellt sich so zwar nicht auf, aber er kann verortet, eingekreist werden: Heideggers ontologische Analyse des Da-seins mündet schließlich in die Erkenntnis, dass das Wesen des SEINs *nicht vom (menschlichen) Dasein her* rekonstruiert werden kann, weil es sich bei diesem Versuch nur immer weiter ins vor-argumentative, vor-logische Dunkel entziehe. Heidegger hat der Metaphysik eine Singularität geöffnet: Es ist der leere Punkt zwischen Seiendem und SEIN. Von diesem Punkt kann sowohl die Vision eines *Tertium* ausgehen, die ohne Zweifel die Metaphysik transzendieren und erneuern könnte, als auch die Vision eines ganzen philosophischen Werkes. Man darf auch hierüber nachdenken: Wäre dies vor 2.500 Jahren geschehen, wäre die Geschichte der Philosophie vielleicht anders verlaufen. Heidegger hat die ontologische Differenz in die Philosophie eingeführt, eine neue Art Singularität, obwohl er den einen Partner, das SEIN, nicht beschrieben hat (wohl ahnend, dass das nicht möglich ist). Dies ist in der Tat ein scharfer *cut,* ein Punkt Null, der dann einer neuen Philosophie freie Bahn brach. Sie beeinflusst alle folgenden Philosophien (z.B. den Existenzialismus).

14. Chrono-logische Singularität: Ernst Bloch

- Ernst Blochs Philosophie der Utopie geht aus einer zeitlich-chronologischen Singularität hervor: dem ‚Dunkel des gelebten Augenblicks'.

Diese Singularität war der Angelpunkt einer Vision, die der Leipziger/Tübinger Philosoph im Alter von 20 Jahren erfuhr. Sie prägte sein Denken und steht am Anfang seines Lebenswerkes ‚Das Prinzip Hoffnung'. Dieses Werk beginnt so, als wolle Bloch seine erlebte Singularität in Worte fassen: ‚*Wir fangen leer an*.' Wieder einmal entwickelt sich eine große philosophische Vision, Blochs *Utopie*, aus einem Punkt, der keine Ausdehnung, kein Prädikat hat. Blochs Werk modelliert in seiner Entstehung, seinem Werden das performative Prinzip in einer Weise, als hätte der Autor selber davon gewusst. Er setzt das unmittelbar Erfahrbare, den performativen Urmoment, scharf ab von seiner konstativen Erkenntnis durch das Individuum, die immer schon bewusstes Erleben, Wertung, Einordnung voraussetzt. Bloch ahnt, dass die Singularität selbst nicht beschreibbar ist, weil sie *nur*, d. h.: *ausschließlich* erlebt wird und eben nicht ausformuliert werden kann. Jede konstative Sprachformel löscht diesen Augenblick. Bloch weiß, dass die Singularität nicht hintergehbar, um nicht zu sagen: unzerstörbar ist und noch, dass sich aus ihr ein mächtiger Strom der Erkenntnis und der Worte ergeben wird. Bloch gebraucht das Bild des Blinden Flecks (Jung 2016):

„In ihm [sc. dem Augenblick] ist ausgesprochen, dass wir an der Stelle, wo wir uns in jedem Augenblick befinden, nicht sehen. Erst wenn dieser Augenblick vergangen ist oder zuvor, wenn er noch erwartet wird, haben wir eine Ahnung von ihm. Aber sonst läuft durch die ganze Welt hindurch das Dunkel des Unmittelbaren, erscheinend im Jetzt seiner Zeitform und Hier seiner Raumform. [...] Der im Jetzt sich Befindende lebt zwar besonders unmittelbar, ebenso wird der Augenblick durchaus gelebt. Aber gerade weil der Lebende, das Geleb-te so unmittelbar sind, werden sie eben nicht er-lebt, es fehlt ihnen der Abstand, der zum Bewusstwerden nötig ist. Gar das nur punktuelle Jetzt, worin die Lebenden sich unmittelbar aufhalten, ist am meisten dunkel." Das schwarze Loch des Seins.

Bloch erkennt, dass jene Singularität von der Forschung nicht erkannt, nicht beschrieben ist, und das, obwohl dieses „Noch-Nicht-Bewußte, Noch-Nicht-Gewordene [...] den Sinn aller Menschen und den Horizont alles Seins erfüllt. Dies blühende Fragengebiet liegt in der bisherigen Philosophie fast sprachlos da." (Martin Heidegger) Singularitäten sind, nicht nur bei Bloch, nicht erforscht, weil sich alle Singularitäten dieser Erforschung und ihrer naiven Ausformulierung *qua singularitate* widersetzen. Was an ihrer Stelle erforscht wird, das sind die Begleiter, die Akzidenzien, das Historische, das sich um die Singularität herum ansammelt und sich immerfort dreht, beschrieben und diskutiert wird etc. *Nota bene*: *Singularität* gilt laut Bloch für *jeden* Augenblick (und nicht nur für ausgewählte Vorzeige-Augenblicke). Die Vision der existenziellen Utopie kann so abgeleitet werden aus einem jeden einzelnen Augenblick, weil er, wie alle Augenblicke, dunkel, noch unbestimmt, undefiniert und vollkommen kontingent ist. Wie bei allen Singularitäten gibt es auch hier kein konstatives Prädikat und erst recht keine Wertung. „Der gelebte Augenblick selber bleibt mit seinem Inhalt wesentlich unsichtbar." (Bloch). Die Augenblicks-Singularität ist in der Existenz, im Sein selbst verborgen und zeigt sich stetig in ihrer unverstellten Phänomenalität. Sie macht alles Weitere möglich. Bloch selbst umschreibt seine Singularität, indem er sie *ex negativo* charakterisiert:

„Auf das Nicht bezieht sich das Dunkel des gelebten Augenblicks: Das Nicht, also der Mangel oder das, was sein kann, ist im gelebten Augenblick dunkel, ergibt sich im gelebten Augenblick, allerdings unscharf, unbewusst hinsichtlich der Konkretheit und hinsichtlich des Etwas, das dem Mangel abhilft." [...]. „[...] fällt also das Dunkel des gelebten Augenblicks in seiner völligen Tiefe mit der essentiellen, noch nicht da-seienden Existenzweise des Zielinhalts zusammen [...]. Wir haben kein Organ für das Ich oder Wir, sondern liegen uns selbst [sic!] im gelben Fleck, im Dunkel des gelebten Augenblicks, dessen Dunkel letzthin unser eigenes Dunkel, unser Unbekanntsein, Vermummt- oder Verschollensein ist." (Bloch 1964; passim, zit. bei Hinrichs 2018a).

Dunkler-Augenblick und Utopie sind die beiden Pole der Bloch'schen Werk-Ellipse: Singularität und explodierende, weit hinauslangende Performativität der unbegrenzten Gedankenströme. In diesem Sinne ist Bloch ein performativ grundierter Philosoph, wie auch Plato, wie auch Descartes – wenn auch: unter je eigenen Bedingungen. Dies kann man dadurch sicher belegen, dass er auch die zerstörerische Kraft von konstativen Prädikaten, die sie am falschen Platz erzeugen, benennt: Wenn man die dunkle Singularität versucht zu beschreiben, sie ding-fest zu machen, verschwindet ihr magischer *impact*. Ist ein Prädikat erstmal gesetzt, kann man es nicht wieder zurückholen.

„Blochs ‚Dunkel des gelebten Augenblicks' kann als eine Grundlegung für das Performative generell verstanden werden. Es ist eine unerschöpfliche Quelle des Performativen. Möglich ist, dass Bloch dies auch so gesehen hat; er hat es bloß anders genannt, es war ja auch noch vor der Zeit. Seine Utopie ist nicht kommunikatorisch oder intersubjektiv oder pragmatisch gestimmt, sondern kommt von seiner politisch-marxistischen Grundierung her oder ist zumindest durch sie vorgeprägt. Aber eben genau dadurch können heutige Forscher dreierlei lernen: Dass Performativität in eine ontisch-vitale Grunddimension verweist; dass sie genetisch etwas Vorprädikatives, wesentlich Vorsprachliches, Vordiskursives ist; dass das Explizit-Machen des performativen *impacts* ein scharfes Schwert ist, mit dem in der heutigen Diskurslandschaft nicht vorsichtig genug umgegangen wird. Blochs Philosophie weist darauf hin, dass das Performative selber noch einer praktischen, vitalen etc. Fundierung bedarf. Die Leipziger „Philosophie des Empraktischen Denkens" nimmt diesen Gedanken auf." (ebd.)

15. Hermeneutische Singularität: Hans-Georg Gadamer

- Für Hans-Georg Gadamer ist Verstehen eine Lebensform, die sich performativ selbst fortzeugt: im kommunikativen System der Dyade. Seine hermeneutische Singularität ist Kern einer universalen performativen Lebenspraxis.

Von Alpha bis Omega ist das Verstehen des Heidelberger Philosophen performatives Verstehen, das von einer Singularität ausgeht. „*Verstehen entsteht erst im Gespräch.*" (Gadamer). Dies ist ein wahrer Glücksfall, weil es – gerade in einer Disziplin wie der Hermeneutik, der Verstehenslehre – besser, einleuchtender, quasi unwiderlegbarer, d. i.: *verständlicher* gar nicht geht. Insofern nimmt Gadamer im Rahmen der philosophischen Singularität eine Sonderstellung ein; seine Hermeneutik der Singularität (die er nicht so nennt) wirkt im besten Sinne selbst wieder hermeneutisch und so weiter fort: Sie expliziert in Inhalt und Methode, für jeden sofort einsehbar, den subtilen Mechanismus von Singularität und Performativität in der Philosophie und speziell, der Verstehenslehre. Dies geschieht vor allem in seinem Hauptwerk ‚Wahrheit und Methode' von 1960 und, so kann man ergänzen: durch seine eigene Lebenspraxis und sein Wirken in Deutschland, in den USA und weit darüber hinaus.

Gadamers durch-und-durch performatives Verstehen bezieht sich nicht nur auf Auslegung von Sprache oder Texten. Sein Verstehen bezieht sich auf alles, was in der Welt ist: Handlungen, Kunst, Rituale, Institutionen, Geschichte, Kulturen, Religionen, Philosophien – „alles, was in seinem Sinn erkannt (oder verdeckt, missverstanden, expliziert, neu ausgelegt) werden kann, ist Gegenstand des Verstehens." (Angehrn 2004, 775). Verstehen ist universal; es ist analog: zum Leben. Sein Verstehen ist eingerahmt von Termini, die die performative Situation benennen, wenn Verstehen sich ereignet: Sprecher&Hörer, Sprechen&Hören, Gespräch, Dialog, Zuhören, Nicht-Rechthabenwollen etc. Verstehen-von-etwas ist ihm kein einmaliger Akt, sondern entsteht erst Schritt für Schritt im Gespräch – es ist die Gadamer'sche performative Methode (Sokrates' Maieutik nicht unähnlich).

Hermeneutische Singularität (HS), paradox genug, kommt bei Gadamer zustande erst *im Prozess der Bildung von Verstehen selbst.* Es greift nicht direkt auf Ideen, Texte, auf Gehörtes oder Gelesenes zurück, sondern entsteht erst in der Interaktion von Personen. Es bildet sich, wenn sich das Eigene nicht absolut setzt und sich so dem Nicht-Eigenen annähert. Es ist im-Prozess und so als performativ definiert.

Gadamers Hermeneutik ist heute aktueller denn je. Denn noch niemals war das Verstehen des Fremden so aktuell wie heute: Weltweit nimmt der Kontakt der Kulturen zu, fast jeden Tag unter aller Augen, durch Migration, durch das Internet, über Instagram und TikTok, über globale Kommunikation in Echtzeit. Das Fremde, das man ad-hoc gar nicht vollständig verstehen *kann*, ist in jedem Augenblick präsent. Das Management der aktuellen Migrationsströme erfordert ein solches Bewusstsein sofort und unmittelbar: Ohne diese Art des Verstehens kann man nicht helfen und schafft nur Barrieren.

Gadamers Verstehens-Singularität ergibt sich mit drängender Notwendigkeit, wenn die eigene Kultur auf andere Kulturen trifft. Kontakt von Sprachen, Milieus, Verhaltensweisen, Ritualen, Religionen, Kleidung, Verdiensten und Meinungen ist mittlerweile die Regel. In großen Städten leben Hunderte von Nationalitäten miteinander, ein Drittel der Bevölkerung ist bereits zwei- oder mehrsprachig. Die Wissenschaft spricht von ‚Interkultureller Kommunikation' und meint damit zunehmend: die Normalität.

„Horizontverschmelzung"

Was passiert, wenn man mit dem Fremden, mit den Fremden in Kontakt tritt? Das eigene und das fremde Verstehen treten erst einmal auseinander, widersprechen sich, überschneiden sich, sie fallen jedenfalls nicht zusammen. Das ist schon so, wenn man nur nach dem Weg fragt oder seine Telefonnummer weitergibt. Wie könnte es anders sein! Beide Seiten haben erst einmal ihre *Vorurteile*, die sie aus ihrer Biographie mitbringen. Gadamer ist einer der wenigen Philosophen, die dies *gutheißen* – ohne diese (notwendigen) Voreinstellungen würde man überhaupt nichts verstehen, denn „das was man nicht kennt, kann man gar nicht verstehen.“ (Gadamer). Wie wahr. Alles geht aber darauf hinaus, dass man sich dessen auch bewusst werde. Dies geschieht, dies kann geschehen in einem Kreislauf des Verstehens und Nichtverstehens, das sich selber – wie automatisch – vorantreibt. Jedes Gespräch, das auch tatsächlich eines ist, zeigt das.

„Ein Gespräch setzt voraus, dass der andere Recht haben könnte.“ (Gadamer). Im 21. Jahrhundert gibt es keine festgezimmerten Wahrheiten, es gibt aber eine *mélange* aus Wahrheiten, Halbwahrheiten, Lügen und *fakes*; es gibt ein Kaleidoskop von Perspektiven und Nuancen, und es gibt ein neues Recht, anderer Meinung zu sein. Und wer sich von vornherein auf einen Block des Rechthabens versteift, zieht schnell den Kürzeren; er schadet sich selbst und den eigenen Möglichkeiten. Nichtverstehen ist der Normalfall, der mitnichten beunruhigen sollte: „Denn gerade in Zeiten weltweiter Wanderungen und globaler Überschneidungen von Kulturräumen wird Nichtverstehen (oder Nicht-Alles-Verstehen) zu einem alltäglichen Phänomen.“ (Hetzel 2009, 206f.). Nichts ist hier schädlicher als ein bemühtes, falsches Hundertprozent-Verstehen, das echtes Verstehen nur behindert. Ein Nichtverstehen, das neutral bleibt und nicht wertet, kann sogar eine subtile *Übereinstimmung* erzeugen, weil beide ja zu einem Teil – nicht verstehen und wissen: „Ich verstehe, dass du nicht alles verstehst.“ Gelingende Kommunikation wäre damit auch – „an ein Nichtverstehen gebunden.“ (Andreas Hetzel)

Der nächste Schritt: Jeder hat seinen eigenen Horizont; das muss wohl so sein. Im *Gespräch*, der Arena von Annäherung und Fremdeln, nähern sich beide Horizonte einander an. Das Fremde trifft auf das Vertraute, und auf beiden Seiten wird es zu einem *trigger*. Das Unbekannte wird ins Eigene eingebaut. Es verändert sofort und stetig den Verstehenshorizont, der schon beim nächsten Schritt nicht mehr derselbe ist. Man verlässt das Gespräch *bereits als ein Anderer*. Das klingt erst einmal hergeholt; zweifellos ist dies aber in der Tiefenwirkung tatsächlich so. Geht dieser Prozess lange genug oder wiederholt sich, beginnen beide Horizonte miteinander zu verschmelzen und erzeugen auf beiden Seiten etwas Neues.

„Dabei fängt das Fremde an, das Eigene zu beeinflussen, und umgekehrt: Beide Horizonte nähern sich einander an, wie zwei Sprachen, die man gleichzeitig gebraucht. Über den fremden Horizont beginnt man, den eigenen besser zu verstehen, über den eigenen Horizont beginnt man, den fremden besser zu verstehen. Ob es sich hier um zwei Religionen, zwei Sprachen, zwei Kulturen oder zwei Personen handelt, ist im Prinzip nicht ausschlaggebend. Beide Horizonte nähern sich, wie zwei Sternsysteme, einander an und beginnen irgendwann, lautlos miteinander zu verschmelzen." (Hinrichs 2018a, 169). Und je genauer Horizont 1 bestimmt werden soll, umso mehr verschwimmt Horizont 2 in der Unbestimmtheit.

Sie nähern sich *asymptotisch* einander an; die „Horizontverschmelzung" (Gadamer), in der die Anteile des Eigenen und des Fremden sich verändern und ständig umeinanderkreisen, ist niemals vollständig. Es bleibt immer, auf beiden Seiten, ein Rest, der sich der Beschreibung entzieht. Er funktioniert wie ein unsichtbarer Kompass; er ermöglicht neues Verstehen des Eigenen wie des Anderen, ein Verstehen, das nicht unter der Diktatur irgendeiner Wertung steht. Gadamer hebt diesen dunklen Punkt nicht auf, sondern nutzt ihn als Motor für alles weitere. Dies ist die *Singularität*, die sich aus dem *hermeneutischen Zirkel* des Verstehens / Nichtverstehens ergibt. Sie garantiert eine stetige Kontingenz, einen Nucleus der Unvorhersagbarkeit, der alles Folgende prägt.

Noch nie war eine Revolution des Verstehens so notwendig, so alltäglich, so brandaktuell. Noch nie war performatives Verstehen so dringend wie heute – ganz jenseits von Einzelsprachen, Religionen und Kulturen. Vielleicht auch: jenseits der Individuen. Und immer mehr Menschen beginnen zu erkennen: Es geht nicht nur um Kulturen in Übersee oder Ostasien, sondern auch um all das, was man selbstverständlich meint zu kennen, und sei es das eigene Land, die eigene Familie, das tägliche soziale Umfeld, ja: sich selbst. Vieles ist oder wird fremd, die eigene Identität eingeschlossen – ohne dass man viel davon *weiß*. Das Bewusstsein einer irreversiblen Singularität (und der performativen Möglichkeiten!) – ist einer der Schlüssel für einen neuen Verstehenshorizont, der sich in der Zukunft immer weiter ausbilden und ausbreiten wird.

Performatives Verstehen bezieht sich im Prinzip auf alles, in einem besonderen Maße und in einem besonderen Sinn aber auf das Verstehen von Sprache und Kommunikation. Ganze Bibliothekswände sind geschrieben worden über Verstehen und Missverständnisse, über das Auseinandertreten der Verstehenshorizonte zwischen den Geschlechtern (Deborah Tannen), über das (Nicht-)Verstehen des Fremden und des Eigenen. Der Hype der Verstehensliteratur sagt, dass Verstehen generell problematisch geworden ist: hauptsächlich deswegen, weil die pädagogische Kultur immer noch geeicht ist auf das falsche Ideal eines 1:1-Verstehens, das nur Verwirrung produziert: Es ist unnatürlich, unsozial und inhuman. Immer mehr setzt sich die Einsicht durch, dass eine jede Äußerung einen ganzen Halo mit sich führt, dessen aktuelle Schnittmengen auf Sprecher- wie auf Hörerseite nur gering ausfallen. Die Regel ist, dass die Anteile, die *nicht* übereinstimmen, viel größer sind. Eine einfache Äußerung wie „Draußen ist es noch ziemlich kalt“ kann ziemlich viel bedeuten, von *„Lass uns nach oben gehen!“*, *„Ich möchte zuhause bleiben“*, *„er will mich verführen“*, *„wir müssen Kaminholz holen und nachlegen“*, *„der Wetterbericht spinnt mal wieder“*; man kann sich geschmeichelt fühlen, abgewiesen, unverstanden; man kann einen Vorwurf heraushören, Zuwendung, Ironie, Besserwisserei und was noch alles! (Jede Sprache hat hierfür ein ganzes Großsystem an Zeichen organisiert.) Performatives Verstehen bedeutet, sich nicht vorschnell auf eine Deutung X festzulegen, sondern hier im Prinzip offen zu bleiben. Es bedeutet, zu sehen, dass Sprache nicht alles ist, dass Aura, Atmosphäre, Stimmung, Körpersprache, Mimik etc. oft eindeutiger sind als alles sprachlich Formulierte. Es bedeutet, sich auf seine Intuition zu verlassen, auch wenn sie nicht immer zu 100 % richtig sein kann. Die Singularität mündet so auf der anderen Seite in ein unendliches Feld der Performativität, d. h. von pragmatischen Interpretationen, und wer sich ausschließlich auf sein sprachliches Wissen verlässt, gerät schnell ins Hintertreffen. Gadamers „Horizontverschmelzung“ vollzieht sich auch dadurch, dass die Leerstellen, die sich in jedem Gespräch, in jeder Interaktion einstellen, als solche erst einmal belassen werden (und nicht sofort in metasprachliche Erklärungsversuche umgewandelt werden).

Gadamer war, unter anderem, ein Schüler Heideggers. Möglich ist, dass er von ihm auf das Prinzip der Unbestimmtheit in Kommunikation und Verstehen hingewiesen wurde.

16. Kosmische Singularität: Lao Tse

- Die chinesische Philosophie des Tao wiederholt die Singularität des Naturgeschehens im Makrokosmos und formt daraus eine philosophische Metaphysik: Die Welt ruht auf der Polarität der Prinzipien Yin und Yang, die ihren Gegensatz transzendieren und so auf Tao weisen.

Das Wort ‚TAO' 淘 [13] umreißt die typisch chinesische Art, eine grundlegende universale Singularität zu präsentieren. Diese ist in ihren Facetten zugleich kosmisch, philosophisch, emotional, empathisch, rational-intellektuell, lebenspraktisch und abstrakt, transzendent und anwendungsbezogen. Sie ist bipolar und unausgesprochen-implizit gerichtet auf ein ungenanntes Tertium, für das das Wort „Tao" nur ein Terminus ist (‚Weg'). Das entspricht der überlieferten chinesischen Mentalität. Singularität des *Tao* mündet in eine Alltagspraxis, in eine Art kollektiver Ethik des sozialen Lebens.

Um zu verstehen, was *Tao* sein kann, ist es nützlich, das Bild des Schwarzen Lochs zu bemühen. Es ist unmöglich zu sagen, was ES ist: Aus dem Tao selbst gibt es keine Information. Wir haben eine Zone, die leer ist oder uneinsehbar. Das *„Tao-Te-King"* des Lao Tse beginnt sofort mit dem Schwarzen Punkt der Singularität. „Das nennbare Tào – ist nicht das absolute Tào." „Das Namenlose ist der Ursprung des Universums (von Himmel und Erde)." Um die Singularität herum sehen wir aber ihre Satelliten, die Schlüsse auf ES ermöglichen. Sie sind die mentalen, philosophischen Akzidentien, die den Schluss auf etwas andeuten, das man behelfsmäßig mit „Tao" benennt.

Der Horizont des *Tao* Horizont wird geprägt durch das Gegensatz-Paar *YIN* und *YANG*:

- *YIN* ist Schattenseite: dunkel, unsichtbar, ungleich, empfangend, passiv, unklar, abnehmend, intuitiv, weiblich, ganzheitlich; assoziiert mit der Erde.

13 Die folgenden Passagen lehnen sich an das Kapitel in Hinrichs (2014) an.

- *YANG* ist Sonnenseite: das Helle, Sichtbare, Unterschiedliche, Positive, Gleiche, Zunehmende, Bewegte, Rationale, Aktive, Partielle, Männliche; assoziiert mit der Sonne.

Alle Dinge (Ereignisse, Kommunikationen, Situationen, Dinge etc.) haben eine *Yin-* und eine *Yang*-Seite. Beide befinden sich in ständiger Bewegung und steuern sich gegenseitig. „Was einmal das Dunkle und einmal das Licht hervortreten lässt, das ist der *Sinn* (Tao)." (Fritjof Capra). Es gibt keine Definition, sondern: Möglichkeiten, Wahrscheinlichkeiten. Beide schließen sich gegenseitig nicht aus, sondern sind komplementär. In ihrem Zusammenspiel symbolisieren sie die Lebenskraft, die selber ungenannt bleibt oder sich hinter ‚Tao' verbirgt. Das inzwischen weltweit berühmte Symbol ist das der geschwungenen Kugelhälften, die dynamisch ineinandergreifen und ein Element der anderen Seite mitenthalten (s.u.). Viele Umschreibungen weisen im *Tao-te-King* auf die Singularität, definieren sie aber nicht: ‚*Ein guter Fahrer ist ohne Wagenspur*'. Sie illustrieren so, dass es kein Prädikat gibt: Die Blockade lenkt direkt auf das hin, was nicht benannt werden kann: So sichert Lao Tse die Singularität als solche. Es gibt kein *konstativ*; aber es gibt das Tao, das sich der Sichtbarkeit entzieht. Lao Tse gebraucht Wörter wie ‚unaussprechlich', ‚unbestimmbar', ‚Nicht-Sagen', ‚Nicht-Tun' etc. Dazu schafft er Paradoxa, die auf die Singularität hinweisen: ‚*Den Weg zu planen erscheint als Unebenheit.*'

Es kann nicht schaden, die altchinesische Systematik der beiden Prinzipien aufzurufen, das *YIN-YANG-Puzzle*, das ein Musterbeispiel ist für die Phantasie und den Reichtum des chinesischen Denkens. Das, was man so schwer systematisieren kann, wird in einem System dargestellt – um hernach davon abzusehen und einen Schluss zu ziehen: ein weiteres Prinzip im Umkreis des *TAO*.

Das *Trigramm* zeigt die Kernstruktur des Systems. Hier die beiden Grundpositionen, aus denen sich alles andere aufbaut: Tian ‚Himmel' und Kun ‚Erde':

		Bedeutungen, Assoziationen; Begriffe (Auswahl)
☰	Himmel	Ausdehnungsenergie; das wärmende Prinzip der Sonne, durchdringend und befruchtend. Das himmlische erzeugende (= männliche) Prinzip. Kopf, Führer, Kraft, Stärke, höhere Ordnung; Angriff, Kampf, Konfrontation, feindliches Eindringen.
☷	Erde	Empfangende Energie; Ergebnis, Gewinn, Akzeptanz. Das irdische (= weibliche) Prinzip.

Abb.: Die Grundstruktur des YIN-YANG-Diagramms nach dem ‚I Ging' ‚Buch der Wandlungen'

Durchgezogene Linie steht für YANG, unterbrochene Linie für YIN, untere Ebene für ‚Mensch', mittlere für ‚Erde', obere für ‚Himmel'. Es ergibt sich ein Grundmuster von 8 Trigrammen (chinesisch ‚*Ba Guo*'). Durch vielfältigste Kombinationen ergibt sich ein System aus 64 Positionen, die einmal für sich bestehen, aber auch ineinander übergehen können. Beachten muss man dies:

- *YIN* und *YANG* sind kein isoliertes Gegensatzpaar wie ‚positiv' und ‚negativ', folgen keiner kausalen Logik und fügen sich nicht abendländischen Denkroutinen.
- *YIN* und *YANG* haben zu allen Zeiten eine Bedeutung, die sich mit westlichen Auslegungen niemals vollkommen deckt.

YIN und *YANG* implizieren einander, jedes von beiden ist auf das andere ausgerichtet. Es handelt sich um ein Begriffspaar, das sich nicht strikt wie *plus gegen minus* verhält. Isolieren kann man 5 Merkmale:

- Alle Dinge haben zwei Aspekte: einen Yin-Aspekt und einen Yang-Aspekt – wie Nacht/Tag; Frau/Mann etc.
- Yin und Yang hängen voneinander ab, sie sind komplementär.
- Jeder Yin- und jeder Yang-Aspekt kann weiter in Yin und Yang unterteilt werden.
- Yin und Yang erschaffen einander. Die Aktivität des Körpers (Yang) wird von seiner physischen Form (Yin) genährt; die physische Form des Körpers wird durch seine Aktivität geschaffen.

- Yin und Yang verwandeln sich ineinander. Es gibt Grade, Stadien, Abstufungen. Wie die Farben gehen Yin und Yang ineinander über. Ein gutes Beispiel dafür sind die Anima des Mannes und der Animus der Frau.

- YIN und YANG sind im Sinne von Niels Bohr *komplementär*, sie ergänzen sich, obwohl sie sich strenggenommen widersprechen, nämlich dann, wenn man von einem Partner strikt abstrahiert. Beide Partner sind in dem Sinne dualistisch, als ein Ding einmal YIN, ein anderes Mal unter anderen Bedingungen YANG sein kann, je nach Perspektive. Auch wenn jedes Ding YIN- und YANG-Anteile haben mag, wird sich ihr Verhältnis nie vollkommen exakt bestimmen lassen: Es bleibt zu einem winzigen Grad *unbestimmt*, weil die Feststellungen des analysierenden Wissenschaftlers aus der Metaperspektive selber wieder neue YIN- und YANG-Anteile produzieren, die sich im Objekt widerspiegeln müssen und es dadurch verändern. Man versuche nur, die YIN- und YANG-Anteile in einem Menschen eindeutig zu identifizieren. Es gibt immer nur eine Annäherung.
- YIN und YANG sind im Einstein'schen Sinne *relativ*, weil sie in verschiedenen Bezugssystemen jeweils sehr unterschiedliche Gradabstufungen voneinander annehmen und ineinander übergehen können, abhängig von Perspektive und Beobachter. YIN und YANG bewegen sich wie die beiden Pole einer Ellipse, wie zwei Sternsysteme, die sich gegenseitig anziehen, umeinander rotieren, ohne dass sich YIN oder YANG vollständig isolieren könnten. YIN und YANG zeigen in rein-chinesischer Ausprägung eine Eigenschaft der Quantenobjekte: Sie sind entgegengesetzt *und* ergänzend; sie sind *beide* YIN *und* YANG. Die relativen *YIN-/YANG*-Anteile eines Dings/Ereignisses lassen sich nicht vorher bestimmen, sondern immer erst ad-hoc: Die real-wirksamen *YIN/YANG*-Anteile eines Dings sind damit *performativ bedingt.*

Fast ist man versucht zu sagen: Sie sind potentiell Welle (YIN) *und* Teilchen (YANG), und was sie im Einzelfall sind, ist eine Sache des Standortes, der „Messung". Wenn nun gesagt wird, *„beide zusammen sind das TAO"* (Helferich 518), so schimmert hier der typisch abendländische Reflex durch: Etwas „ist" nicht *TAO*; es kann im Einzelfall YIN oder YANG werden, und zwar mit einer gewissen Wahrscheinlichkeit. (Konstatives) Sein und (performatives) Werden treten auseinander und doch wieder nicht: Es gibt keine Sprache, um dies exakt zu formulieren. YIN und YANG repräsentieren einen Dualismus, der statistisch wohl existiert, im Endvollzug des Experiments aber nicht selbst *anwesend* ist. TAO „ist" das, was beide zugleich sind oder sein können, mit der Bemerkung, dass dieser Satz streng genommen ohne Sinn ist. TAO kann nicht bestimmt werden, weil es hier apriori nichts zu bestimmen gibt. TAO ist in der analytischen Darstellung – wie hier – ohne festlegenden Namen; es ist aber in einem Verstehensakt höherer Ordnung durchaus real. Wenn man sagt, das TAO entstehe „zwischen" YIN und YANG, so ist das zwar semantisch strenggenommen vage, jedoch anschaulich genug, um es hier anzuführen.

Abb.: YIN (schwarz) und YANG (weiß)
als behelfsmäßiges Symbol des TAO

Spuren des TAO sind unermesslich weit und sichtbar und tun sich in allem, was wir sagen, sehen und tun, kund; der Ursprung der Spuren selbst bleibt aber unaufhellbar, unergründlich und begrifflich nicht benennbar; er liegt hinter den sichtbaren Prinzipien. Alles, was YIN oder YANG sein kann (also buchstäblich alles), muss aus dieser Quelle kommen und weist auf sie zurück. Was „ist" TAO? Es ist ein allgemeines, zeitloses, universales Prinzip, das zwar zu einer bestimmten Zeit – um 600 v. u. Z. – heraufgekommen ist, aber – wie der griechische *LOGOS* oder das indische *BRAHMA* – für alle Zeit gilt. Die Singularität des TAO hat auch heute nichts von ihrer fundamentalen Bedeutung verloren.

- Chinesisch *tao* (*dao*) heißt u.a. ‚Sagen', *te* (*de*) heißt ‚Kraft'. Die semantische Figur ‚durch Sagen die Kraft in Bewegung setzen, in-Kraft-setzen' findet sich in vielen außereuropäischen Philosophien als ein philosophisches Essenzial, z.B. in Südamerika, in Afrika, in Ägypten, in ungezählten nichteuropäischen Oralen Philosophien (Kap. V, 1). Diese Figur ist eine performative Figur.

17. Metaphysische Singularität '21: Nichtwissen

Von der Macht des Nichtwissens

- „Das bekannte Universum ist, weil eingebettet ins Unbekannte, weitgehend unbekannt." (Erich Unger). „Das Wesen des Universums bestimmt sich eher durch das, was wir nicht wissen, als durch das, was wir zu wissen glauben." (Ludwig Marcuse). Transzendentales Nichtwissen ist die Quelle einer metaphysischen Singularität.

Die 2.500 Jahre alte Singularität des allgemeinen wie philosophischen Nichtwissens hat durch viele Jahrhunderte hindurch immer neue Philosophien erzeugt – ein archaisch-performativer Zug der Wissenschafts-Entwicklung wie der Kulturgeschichte allgemein. Am Beginn des 21. Jahrhunderts ist die Lage neu: Altes philosophisches Nichtwissen geht ein in eine neue Spirale aus universalem Nichtwissen und vermeintlichem Wissen. Nichtwissen erweist sich heute – ein schönes Paradox – als eine Art leerer Horizont über allen Arten des Wissens. Nichtwissen zeigt sich heute als ein Januskopf mit zwei positiven Gesichtern:

- „Wissenschaft basiert auf der Grundlage, dass es Dinge gibt, die wir nicht wissen." (Carlo Rovelli am 14.11.2023)
- Nichtwissen ist zugleich die stärkste, unendliche Quelle für eine neue Metaphysik, die auf dieser Art der Singularität aufbaut.

Beide Sätze sind Paradoxa, und sie widersprechen sich nicht. Dies wird immer mehr *reflektiert*, ohne jeden Beigeschmack von altem Wissenwollen oder Wissenmüssen, und das Mysterium des Nichtwissens gilt für die exakte Wissenschaft ebenso wie für Philosophie. In diesen neuen Zeiten ist erfahrenes Nichtwissen ein SINE QUA NON für eine noch oder: wieder mögliche Metaphysik, die nicht (und: nie wieder) angewiesen sein wird auf Spekulation, Behauptungswissen, Gedankenakrobatik oder Faktentabellen. In ihrem Gestus des Nichtwissens steht die Metaphysik der Wissens-Singularität der modernen Physik sogar näher als den klassischen Geisteswissenschaften (die weiter von einem Ideal des linearen Wissens erfüllt sind). Der performative Mensch weiß, dass das Tandem aus absolutem Nichtwissen und relativem Wissen ein sich selbst forterzeugendes, autopoietisches System ist, das *durch diesen Prozess* am Ende eine Neue Metaphysik ermöglicht. Der Philosoph steht mit diesem Wissen noch am Anfang, und es gilt Nietzsches hellseherisches Wort, damals wie heute: „Wir beginnen gerade erst, *nicht zu wissen*." (‚Der Wille zur Macht'). Wir wissen nicht, was Nietzsche mit diesem Satz genau gemeint hat. Er könnte gemeint haben: wir sind dabei, die Macht des Nichtwissens, ja vielleicht: die metaphysische, epistemische Power des Nichtwissens neu zu entdecken (und damit erneut mit Sokrates zu gehen). Und dies könnte bedeuten: aufgrund dieses Wissens (des Nichtwissens) vielleicht eine neue Metaphysik zu erzeugen, die nicht spekulativ, nicht behauptend, nicht diffus, d. h. nicht mehr metaphysisch im alteuropäischen Sinne ist. Und: aufgrund und inmitten eines neuen Denkens eine neue Transzendenz zu erschaffen, über die man nicht mehr diskursiv streiten muss. Wenn man den Satz auf das 21. Jahrhundert projiziert, dann bedeutet er: Wir sind dabei, uns der Relativität allen Wissens bewusst zu werden und das Nichtwissen als wertvolle Ressource zu betrachten, aus der eine neue Art von Wissen hervortreten kann. Dieses Neue Wissen ist das intrinsische Wissen des *homo performans*, das ihn gegen die Verwerfungen des notorischen europäischen Bescheidwissens immunisiert, ihn davon freimachen kann.

„Wenn du dich der Wahrheit nähern willst, darfst du keine Vorannahmen machen, nicht unbewusst und nicht bewusst. Wenn du nicht *tabula rasa* gemacht hast, wirst du dich der Wahrheit nicht nähern können." So ein anonymer indischer Guru. Die Wahrheit, um die der Mensch in dieser Zeit nicht herumkommt, ist in diesem Fall eine ganze Kaskade von Wahrheiten, die sich am Beginn des 21. Jahrhunderts verdichten.

Zuerst: Wissen und Nichtwissen sind offenbar ein ewiges Tandem, auf dem Homo Sapiens schon immer unterwegs ist. Eine Naturkonstante, ein System, das nach dem Prinzip kommunizierender Röhren funktioniert: Nichtwissen und Wissen steigen und fallen und dirigieren sich gegenseitig. Und dazu gehört noch eine andere Art Wahrheit, eine Art Meta-Wissen: Das Alleinstellungsmerkmal des Wissenskosmos für die Jetztzeit ist, dass sowohl das vermeintliche Wissen, als auch das mitwachsende Nichtwissen in ihren wahren Dimensionen, ihrer Verschränkung mehr und mehr erkannt werden. Ein Blick ins Internet und in eine beliebige *Google*-Liste beweist das eindrucksvoll: Das Nichtwissen ist ebenso groß, wenn nicht größer, und es ist ebenfalls unbestimmt, genau wie die meisten Sorten des Wissens. Heute sind beide noch viel unbestimmter als in der Vergangenheit, weil durch die Medienrevolution neue diffuse Dimensionen dazugekommen sind, die die Ausmaße vollkommen unübersichtlich machen und für die die meisten Menschen noch keinen Filter haben. Auch wenn weder der eine noch der andere Block eingegrenzt werden können, ist zu hoffen, dass sich beide mit der Zeit gegenseitig relativieren – und wenn es durch das schiere Bewusstsein von der Beschränktheit des Wissens und der Unbeschränktheit des Nichtwissens ist. Nichtwissen, so könnte man es sagen, gebärdet sich heute immer mehr wie ein Schwarzes Loch, das von dem Ereignishorizont des vermeintlich sicheren Wissens hell eingekreist ist.

Das Dunkel des Nichtwissens lugt überall hervor, als wollte es sagen: ‚Seht! Ihr habt die Naturweisheit ja klar von Augen, ihr schafft sie durch Euer Forschen ständig neu – ohne viel davon zu wissen.' Hinter unserem Alltag und hinter dem Common Sense lauern überall intrinsische Wahrheiten. Es ist wichtig, dies als etwas quasi-Normales zu sehen. Unerklärliches schwirrt in allen Dimensionen, sobald wir die Brandmauern allgemeiner Gewissheiten einreißen; das Rätsel ist allenthalben da, und die Fakten stehen symbolisch für das Geheimnis, das sie beherbergen:

- Die Sonne rast mit 900.000 km/h durchs All und steht doch still.
- Wie konnte der große Hegel die Existenz als solche vergessen?
- Wie kann das soziale Leben quasi reibungslos funktionieren, obwohl es auf Illusionen, Mythen und Blinden Flecken beruht?
- Wieso ist die Lichtgeschwindigkeit so exakt begrenzt?
- Wie konnten die Europäer das SEIN vergessen?
- Wieso desavouiert niemand das Projekt der ‚Eroberung des Weltalls' in seiner unfasslichen, vollkommen weltfremden Hybris?

Fragen dieser Art ergeben sich überall, und man fragt sich, wie das sogenannte normale Leben an den Geheimnissen – echten wie konstruierten – einfach so vorbeirauschen kann. Immer offensichtlicher wird, dass in Zeiten des sich immer stärker ansammelnden Detailwissens das Nichtwissen ebenso mitwächst. In allen drei kosmischen Dimensionen (Mikrokosmos,

Makrokosmos, Mesokosmos) zeichnet sich, je mehr man zu wissen glaubt, ein schleichendes Vorherrschen eines nebelhaften Nichtwissens ab, das sich oft mit der Maske des Halbwissens oder des aktuell-interessanten Wissens tarnt. Und: Es gibt keinen Roten Faden zwischen den Dimensionen, sodass sich in jedem Bereich ein eigener *peak* des vermeintlichen Wissens einnisten kann. Man blicke auf die schier endlose Zahl von Ansätzen, Methoden, Theorien und Resultaten, die kaum noch ein Experte zusammenfassen oder gar vergleichend auswerten könnte. Dieses Nichtwissen hat die abendländische Art der Wissenschaft durch ihre endlosen Detailanalysen, ihren Konkurrenzdruck und ihre Wachstumsideologie selber mit heraufbeschworen: Sie kommt logischerweise – auch hier – an einen dunklen Punkt, an dem letzte oder weitere Aussagen entweder nicht mehr möglich sind oder selbst wieder neue Unklarheiten produzieren.

Der Mensch des 21. Jahrhunderts ist ohne Zweifel mittlerweile bereit, wenigstens zu erkennen, dass er sich in einer Blase des Nichtwissens befindet, obwohl er sicher nicht exakt sagen könnte, was diese Blase eigentlich ausmacht. Aber diese vorerst noch allgemeine Erkenntnis ist sein wichtigstes Pfund, mit dem er für die Zukunft eine Art des Neuen Wissens aushandeln kann. Dieses Neue Wissen von den Dimensionen des Nichtwissens wird sich zukünftig emanzipieren von dem Karussell aus vermeintlich sicherem Wissen, aus Halbwissen, Unwissen und den Millionen Informationen, die das Netz jede Sekunde bereitstellt; denn würde der Mensch sich allen Ernstes auf das allgegenwärtige *trash-and-fake*-Wissen einlassen, wäre er verloren. Man muss hier den Spieß umdrehen. Es geht nicht darum, was wir alles noch und noch wissen werden: Diese Frage ist müßig, überflüssig und sicher auch falsch, weil sie sich immer selbst widerlegt.

Metaphysische Substanzen, die alten großen philosophischen Fragen und die großen Antworten, sind ein schwarzes Sammelbecken des Nichtwissens – nicht aus philosophischer Einsicht, sondern weil ihre Satelliten, die naturhaften Bedingungen selbst (die Lichtgeschwindigkeit; die Kräfte etc.), niemals ein WARUM beantworten können. Allenfalls ein WAS: Dieses WAS liegt aber lediglich in einer wissenschaftlich-humanen Manier vor: Die Naturkräfte z.B. sind noch nicht einmal in ihrem So-Sein bekannt (geschweige denn in ihrem Zusammenhang), sondern nur als Resultate physikalischer Experimente und Messungen – eine sehr relative Angelegenheit. Von der Physik zu einer substanziellen Meta-Physik gibt es keinen Weg; es gab nie einen. Über allem liegt ein SEMPER IGNORABIMUS, das, wie es scheint, durch nichts aufgehoben werden kann. Zunächst geht es darum: Was werden wir niemals wissen? Die wichtigsten Fälle:

Semper Ignorabimus: ‚Wir werden es niemals wissen'

Dies ist das sprachliche Symbol für das goldene Nichtwissen, das für eine performative Philosophie außerordentlich bedeutend ist, weil es symbolisch steht für das Schwarze Loch des Nichtwissens, das durch nichts und niemand aufgehellt werden kann, weil es keine zugänglichen Informationen gibt. *Semper Ignorabimus* ist eine Formel für metaphysische Singularität: eine Zone, die hypothetisch einen Inhalt haben mag, aber niemals einen kommunizierbaren Ausdruck. Eine große Kränkung – so groß wie die Chance, auf ihr zu wachsen. Niemand, wirklich niemand kann heute guten Gewissens sagen, er könne auch nur annähernd wissen, WO er sich im Weltenrund befinde, WER er sei, WAS die Schöpfung bedeute, WIE die Zukunft aussehe, WANN alles zu Ende ist etc. Nie waren feste Antworten auf die letzten Fragen in weitere Fernen gerückt als heute, u.a. deswegen, weil sich das technische Wissen so schnell und so exponenziell vermehrt: Es gibt hundert Antworten – und alle: zugleich. Einschlägige Aperçus, neue geflügelte Worte und Buchtitel sprechen ganz für sich:

- ‚Warum ist überhaupt etwas und nicht nichts?' (Gottfried Ephraim Leibniz, allenthalben wieder zitiert)
- ‚Was soll das Ganze eigentlich?'
- ‚Warum es die Welt nicht gibt' (beide Markus Gabriel)
- ‚Gibt es die Welt überhaupt?' (Hermann Holt)
- ‚Warum gibt es die Welt?' (Lee Smolin)
- ‚Gibt es alles oder nichts?' (Jim Holt)
- ‚Was können wir letztlich überhaupt wissen?' (Josef Honerkamp)

Das *Semper Ignorabimus* umfasst also das, was wir nicht, niemals, unter keinen Umständen sicher wissen werden – beurteilt nach dem Stand des

21. Jahrhunderts. Und das, was wir nicht wissen können, wird vielleicht so etwas sein wie die Basis für eine höhere Art von Wissen. Dies mag zu einem intrinsischen Merkmal der performativen Vernunft werden. Alle Menschen sind darüber hinaus durch das Band des Goldenen Nichtwissens unlösbar miteinander verbunden, jenseits von allen Weltanschauungen, Religionen, Philosophien und Spiritualitäten. Smarte Zeitgenossen sind hier durchaus imstande, die dunkle Sphäre einer ersten Solidarität zu erzeugen, also aus der vermeintlichen Ohnmacht des *Semper Ignorabimus* eine neue globale Macht zu machen. Eine globale Immunität gegen alle Versuchungen vermeintlichen Wissens.

Leuchttürme des absoluten Nichtwissens sind die großen, letzten, physikalischen und metaphysischen Fragen, das „ewige Nichtwissen" – wahrscheinlich ein unbewusster Motor für die globale Forcierung des Wissens-Betriebes. Die Astronomie ist auch hier Vorreiter. *Semper ignorabimus*: In der ganz großen Dimension, also 13,8 Milliarden Jahre seit dem Anfang bzw. Lichtjahre seiner sichtbaren Entfernung, ist nicht zu entscheiden, ob das Universum statisch oder dynamisch sei; dann: ob es auf ein Ende zugeht oder sich wieder zusammenzieht; schließlich: ob es einzig sei oder nur eine Blase in einem Mega-Universum unzähliger Universen etc. Es ist vollkommen unwahrscheinlich, dass diese Fragen jemals beantwortet werden können. In den kleinsten Dimensionen, im Atom und unterhalb des Atomkerns gelten die Newton'schen Gesetze nicht und die Quantenphysik der kleinsten und allerkleinsten Teilchen ist nicht wirklich verstanden. Dies hat u. a. den Grund, dass die Instanz des Forschers-Beobachters selber durch seine Aktivität jene Gesetze mitschafft, die er dann „objektiv" zu beschreiben versucht: Er versucht, einen performativen Strudel konstativ zu erfassen und muss scheitern, weil er Subjekt und Objekt aufspaltet und diesen Spalt selber nicht mehr schließen kann. Nach jetzigem Wissensstand werden wir nicht wissen, wie das zusammengehen soll.

Die metaphysische Singularität beweist sich selbst durch ein einfaches Phänomen. Produziert man konstative „Anworten" auf die großen metaphysischen W-Fragen, erzeugt man einen Nonsens eigener Art, der sich als Vision, als Jenseitsschau, als hanebüchene Spekulation tarnen kann. Sachgebundene Antworten – egal wie sie ausfallen – begehen eine Ursünde gegen die Natur selbst: Sie lösen vermeintlich die Singularität auf und beschädigen damit den schwarzen Mechanismus, den die Natur nicht ohne Grund erzeugt. Hier die „kompakten 10“ des Nichtwissens:

- *Semper Ignorabimus 1*: Wieso gibt es die Welt und das Universum überhaupt? Die uralte Frage von Gottfried Wilhelm Leibniz, warum es etwas gibt und nicht: nichts, kann man nicht beantworten, und wenn man es tut, begibt man sich leicht in die Aura von Torheit. Vielleicht gibt es sie, weil es in dieser Welt so ist oder so scheint oder weil wir es uns unwiderruflich einbilden können, ohne in unlösbare Widersprüche zu geraten. Dass aber einer wie Leibniz sie stellt – kann ihr heutiger Sinn hierin liegen: dem Leser ein Fenster zu öffnen, das sonst geschlossen bliebe. Leibniz meinte die Frage nicht rhetorisch oder ironisch oder gar zynisch, sondern exakt so, wie er es sagte. Sein Fingerzeig: Das, was wir sehen und vermeintlich wissen, ist mitnichten so selbstverständlich, wie es uns erscheint – was die Neue Physik ja eindrucksvoll bestätigt. Wir können das alte Kantische Rätsel niemals lösen: ob das, was wir mit den Sinnen erkennen, auch das ist, was tatsächlich, was in Wahrheit, was real ist. Wir können die „Dinge an sich“ nicht erkennen, weil wir aus dem Gewölbe des Daseins und der Wahrnehmung nicht einfach heraustreten können. Und wir können noch nicht einmal genau sagen, was der Sprachgebrauch aussagt und was wir mit ‚objektiver Realität‘ meinen, da wir ja uns ja immer nur subjektiv äußern können und uns in den Grenzen der Sprache bewegen. Wir können nur versuchen, uns auf eine relative und zeitbegrenzte Definition zu einigen, was wir unter ‚objektiver Realität‘ verstehen wollen und hoffen, dass ein solcher Konsens auch irgendwie noch die Leute erreicht.
- *Semper Ignorabimus 2*: Was war vor dem Urknall und was wird nach dem Ende des Alls sein? Die Tatsache, dass man solche Fragen überhaupt ernsthaft stellt, kann man einstufen als eine besondere Art des Unwissens, denn unser Sonnensystem hat noch Milliarden Jahre vor sich und das Universum selbst ist hier vollkommen unbestimmt. Es gibt kein „vor“ und „nach“, ungeachtet aller hysterischer TV-Clips und wilder Exoten-Theorien, die dazu dienen mögen, von allem abzulenken und die Menschen auf eine perfide Weise zu beherrschen (und Forschungsgelder zu aquirieren). Und trotzdem: Niemandem ist es verwehrt, die

Zeitspanne von X Milliarden Jahren zu sehen als ein Interim: als eine ewige Option.

- *Semper Ignorabimus 3*: In den Beginn des Universums, d. h. den superkurzen Moment vor der ersten Hundertstel Sekunde, haben wir keinen Einblick. Dies ist die Urform der Singularität, die gleich darauf die Urform der Performativität gebiert. Es gab weder Zeit noch Raum noch sonst etwas, das physikalisch beschreibbar wäre. Genauso ist es am anderen Ende der Skala: Alles, was jenseits von sagen wir 14 Milliarden Lichtjahren liegt, ist von einem Schleier umgeben (wird aber oft mit einer Phantasiestrecke von 90 Milliarden Lichtjahren angegeben). Wir kennen nur die Strecke von 10^{-35} bis ca. 10^{35} m, und das zum größten Teil nur theoretisch, also: erschlossen; alles Vorher und Nachher ist dunkel und unbekannt (Steven Weinberg)
- *Semper Ignorabimus 4*: Niemand weiß bis heute, wieso die gegenseitige Vernichtung von Materie und Antimaterie, die auf den absoluten Anfang folgte, einen winzigen Rest übriggelassen hat, aus dem heute das sichtbare Weltall besteht. Die Natur ist also so etwas wie ein winziger Überschuss an Materie, den wieder kein Forscher erklären kann. Wieso also war der glühende Brei der ersten 300.000 Jahre nicht vollkommen symmetrisch-homogen, sondern durchsetzt mit winzigen Verwerfungen, aus denen sich dann das All, wie wir es heute kennen, entwickelt hat?
- *Semper Ignorabimus 5*: Wieso sind die Standardwerte der vier Grundkräfte auf einen unveränderlichen Wert festgelegt: Da ist die starke Wechselwirkung, die den Atomkern zusammenhält; die schwache Wechselwirkung, die den radioaktiven Zerfall von Atomkernen managt; die elektromagnetische Wechselwirkung und die Gravitation. Die Unterschiede in den Dimensionen sind von so unfassbarer Ausdehnung, dass man keine Verbindung erkennen kann außer jener, dass alle diese Kräfte vermutlich aus einer einzigen Urkraft stammen. Aber wer oder was hat die Werte, die Unterschiede festgelegt und wieso gerade diese? Die Natur ist verschwenderisch genug, hier eine fast unendliche Liste aufzumachen. Wir fassen uns kürzer: Wir leben irgendwo auf einer winzigen Temperatur-Strecke zwischen minus 273 Grad Celsius (Weltall-Durchschnitt) und 10^{35} Grad Celsius (Temperatur um den Big Bang herum). Was ist mit den Spannen jenseits dieser Marken? Auch die Ge-

schwindigkeit des Lichts ist unveränderlich, sogar unter allen denkbaren Umständen – ein ewiges Rätsel, ein Kuriosum nach der Klassischen Physik, ein Essenzial der Relativitätstheorie. Warum ist gerade Wasserstoff der Urstoff des Universums, und warum macht die Menge gerade 10^{60+X} kg aus? Und woher kam diese Materie? Wo ist die am Beginn des Urknalls vernichtete Antimaterie? Das Wesen des Universums bestimmt sich offenbar durch das, was wir *nicht* wissen als durch das, was wir zu wissen glauben.

- *Semper Ignorabimus 6*: Der Mensch mit seiner Meter- und Kilometer-Welt steht ungefähr in der Mitte der kosmischen Dimensionen zwischen Makro- und Mikrowelt (er ist dem Elektron näher als der Sternen-Dimension), und er hat bis heute nicht wirklich eine Vorstellung davon, was das für sein Bewusstsein, für seine Hirnstruktur, für seine Neurobiologie wirklich bedeutet oder: bedeuten könnte. Er steht gerade erst am Anfang. Stellen wir einmal die große Frage: Ist ein einzelner Homo Sapiens der Jetztzeit, ein normaler Zeitgenosse, der nicht Astronom ist, sich bewusst, dass er in Cuxhaven, Schleswig-Holstein, Deutschland, Europa, dem Globus, Position drei im Sonnensystem, im Seitenarm einer Spiralgalaxie, irgendwo im Haufen von lokalen Galaxien, schließlich auf der Nadelspitze einer Galaxiengirlande in Milliarden Lichtjahren Entfernung sitzt und sich in jeder Sekunde mit unvorstellbaren Geschwindigkeiten fortbewegt?
- *Semper Ignorabimus 7*: Das menschliche Gehirn verfügt über etwa 100 Milliarden Nervenzellen (etwa so viele Sterne hat eine Galaxie; etwa so viele Galaxien gibt es), Zellen, die durch 100 Billionen Synapsen miteinander verbunden sind. Trotz einer unablässigen Forschung, trotz neuer bildgebender Verfahren, auch angesichts einer sich rasend schnell fortentwickelnden Nanomedizin etc. scheint es unmöglich, zu zeigen, wie das menschliche Gehirn im Einzelnen tatsächlich funktioniert. So unmöglich, wie die genaue Konstellation eines Vogelschwarms oder die Positionen der Kugeln auf einem Billardtisch in einer Einstellung zu beschreiben. Der Grund könnte sein, dass das Gehirn als selbstorganisierendes System einen dunklen Schutz eingebaut hat, wenn man will, ein unbeherrschbares Quantum, das die Autonomie des ganzen Apparates garantiert.

- *Semper Ignorabimus 8*: Die Gottesfrage zählt so sicher zum absoluten Nichtwissen, wie die Religionen versuchen, dieses Nichtwissen durch Umschreibungen, Dogmen, Beweise, Dispute und Gebote zu unterlaufen. In diesem logischen Sinne sind Religionen in ihrer Vielfalt konkrete Beweise der Anschauung für eine megalomanische Version von Nichtwissen und zweitens dafür, dass eine solche Version für das Überleben der menschlichen Gruppe offensichtlich notwendig war und noch ist.

Die Frage, was nach dem Tod ist, hat dieselbe Dimension wie die, was vor der Geburt war. Was ist, wenn man sich von allen religiösen (Auferstehung des Fleisches; Jenseits), spirituellen (Wiedergeburt), esoterischen oder existenzphilosophischen Visionen (Sein zum Tode) löst? Wenn man die überirdische Höllenmacht der Nichtbeachtung, d. h. auch: die Potenz des universalen Nichtwissens in das eigene Leben integriert und hier einen unwiderlegbaren performativen Drive hinzugibt? Dann könnte sich etwas ergeben, was für die Zukunft des Homo performans von wahrhaft immenser Bedeutung ist.

- *Semper Ignorabimus 9*: Wir wissen nicht, was die „kognitive Revolution" (Yuval Harari) ausgelöst hat, was der Mensch ist und was die Spätform des Homo dazu gebracht hat, sich zum Sapiens zu entwickeln. Wir wissen auch nicht, was genau den *shift* vor ca. 70.000 Jahren plötzlich ausgelöst hat, der den Homo Sapiens für alle Zeiten vom Tier unterscheidet. Gab es vielleicht in seiner Evolution irgendwann den Quantensprung einer speziellen Intelligenz, der sich durch die Darwin'schen Annahmen nicht vollständig erklären lässt? Hier ist nur Spekulation. Auch ist es nicht möglich, darüber, was Größen wie Geist, Seele, Bewusstsein überhaupt sind, etwas wirklich Verlässliches zu wissen, und es scheint, je genauer die Wissenschaft hier gräbt und forscht, umso stärker stellt sich die gefühlte Impression des Hamsterrades ein.
- *Semper Ignorabimus 10*: Niemals werden wir die Philosophen und ihre Philosophien kennenlernen, die im Dunkel der Zeitläufe versunken sind, ohne dass von ihnen etwas auf dem Markt zu kaufen gewesen wäre; und niemals auch jene Genies, die unbekannt geblieben sind und hinter den berühmten Namen ihrer allseits bekannten Stellvertreter verschwanden. Niemals werden wir genau wissen, was der letzte Punkt

im Innern eines Genies sein mag, auch wenn die Genieforschung das unbeirrt vorgibt, zu erforschen. Fragen nach der Formel für Genie, Wahnsinn oder Kunst sträuben sich per se gegen eine diskursive, logische Antwort, nicht weil sie in irgendeiner Ewigkeit nicht irgendwie beantwortet werden könnten, sondern weil die Bedeutung von ‚Genie‘ etc. nicht in einer sprachlogischen Beschreibung aufgehen kann. Der *diapason* des *Ignorabimus* ist also wahrscheinlich noch viel größer, als hier umrissen werden kann.

Durch endloses, ungebremstes Forschen wird die Spirale aus neuem Wissen und Nichtwissen nur immer weiter angetrieben. Hans-Georg Gadamer sagte: Wenn der Mensch nicht lernt, mit seiner Art des Forschens und seiner forcierten Wissenschaftlichkeit umzugehen, wird er sich mit Sicherheit seinem Abgrund nähern.

Die Liste des *Ignorabimus* umfasst nicht nur die große kosmische Dimension oder die Quantenebene; sie setzt sich im Menschlichen weiter fort. Die Lebenswelt stellt genügend Beispiele zur Verfügung, die uns eine wissenschaftliche Demut ermöglichen. Dem *absoluten* Nichtwissen (*Semper ...*) steht offenbar ein *relatives* Nichtwissen gegenüber, das den Status Quo der Jetztzeit charakterisiert: das, was wir noch nicht wissen, was wir vielleicht einmal wissen werden, was wir nur zu einem kleinen Teil wissen etc. Hier blättern viele prominente Wissenschaftler ein privates, intuitiv-gestütztes, noch ganz implizites *Nunc Ignorabimus, Sed Credemo* auf, z. B. über den wahren, eher rezessiven Stellenwert des Bewusstseins (Robert R. Provine) oder die Identität von Realität und Information über sie (Anton Zeilinger), über ein Denken jenseits von Zeit und Raum (Carlo Rovelli), über eine noch grundlegendere Theorie hinter der Quantenphysik (Lee Smolin) – oft, *nota bene*, mit direkter performativer Relevanz (Brockmann 2008).

Man darf sich im Übrigen keinen Illusionen darüber hingeben, dass das Nicht-Informiertsein, auch: das Nicht-wissen-wollen einen viel größeren Umfang hat, als man normalerweise zugeben würde. Das, was wir einigermaßen sicher zu wissen glauben, ähnelt der hellen Eisbergspitze, unter sich eine dunkle Masse von Ignoranz verbirgt. *Dieses* Nichtwissen betrifft weite Teile der Lebenswelt des bürgerlichen Kulturmenschen: Sprache und Literatur, Genetik und Politik, Ökonomie, Psychologie und Philosophie

– um hier nur einiges zu nennen. Nicht, dass das zu verurteilen wäre: Es *war* immer so und es *ist* so. Und es wird durch die neue Inflation der Wissensbestände noch befeuert; es macht sich eine *Erschöpfung des Bescheidwissens* breit. Und trotzdem ist ein jeder im Recht, hier auszutreten und sich dem Zwang nicht zu beugen. Hier einige Dinge aus den Grauzonen des Wissens – eine Zone, die das alltägliche Nichtwissen andeutet – Alltags-Satelliten um den Kern des Semper Ignorabimus herum:

- Niemals wird das Individuum X eine konstativ-konkrete Antwort auf die Frage finden, wie es dazu gekommen ist, dass Individuum Y im Jahr 2004, in New Orleans, in der US-Südstaatenkultur, in der amerikanischen Sprache, mit dieser oder jener intellektuellen und seelischen Ausstattung eine Zeitlang auf diesem Planeten herumgeht und: zu welchem Ende.
- Natürlich werden wir niemals exakt wissen, wie sich eine Spinne, ein Pottwal, eine Schleiereule fühlt (obwohl eine gewisse Spezies von populären Dummköpfen nicht müde wird, dies vorzugeben). Niemals werden wir wissen, wie ein Japaner, ein Paw-Nee, ein Russe wirklich tickt. Niemals wird ein Individuum wissen, was in seinem Nachbar, seinem Kollegen, seiner Frau tatsächlich vorgeht. Und niemals wirst du ganz genau wissen, wie du dich selber fühlst und zuletzt: wer du selber – *bist*. Denn jedesmal, wenn wir dies konstativ festlegen wollen, entzieht es sich ins Nebulöse.
- Zuguterletzt frage man einen Zeitgenossen, was eine Mondfinsternis ist, welchen Vorteil die Winterzeit hat, warum der Himmel blau ist oder wo die Azteken einst siedelten. Wo liegt Andorra genau? Und wie weit ist die Sonne weg? Auch unsere Lebenspraxis ist von Nichtwissen durchzogen und es ist gut, zu sehen, dass dies kein Fehler, keine Sünde ist, sondern zum menschlichen Wesen dazugehört. Alles andere liegt im Ermessen des Individuums.

Vielleicht niemals werden wir wissen, ob wir durch die Dimensionen des Nichtwissens wie des Wissens gerettet werden oder scheitern werden. Dies gilt sicher für die große Dimension der „Menschheit" genauso wie für die kleinere Dimension des Lebens und des Alltäglichen. Zum Nichtwissen gehört, auf der anderen Seite, dazu: die Illusion, dass wir über diese Dinge zukünftig verlässliches Wissen erlangen können, durch Forschung, durch Erfahrung, durch Intuition, durch Bildung, durch Kommunikation etc. – wobei uns diese Illusion als ein nützliches Konstrukt ebenfalls verborgen bleibt. Der erste bedeutende Schritt, das Nichtwissen zu überwinden – ist, es zu erkennen und anzuerkennen. Der zweite Schritt ist, dieses Wissen performativ in die Welt zu setzen, es – auf welche Art auch immer – zu *zeigen*. Dies ist dann geeignet, eine neue Art von (reduktiver, minimaler, unangreifbarer) Metaphysik auch in der Philosophie zu etablieren.

IV

PERFORMATIVITÄT

1. Noch einmal zur Performativität des Mesokosmos

Die Performativität der Philosophie geht methodisch aus vom performativen Wesen jener Dimension, in der sie mit allen anderen Kulturfeldern beheimatet ist: Das ist der Mesokosmos (Kap. II, 5). Er ist das Zwischenstück zwischen dem Mikrokosmos der Quanten und dem Makrokosmos des fernen Alls und die natürliche Sphäre der Lebenswelt, der ungezählten Kulturen und Zivilisationen des Menschen und ihrer Geschichte. Dass der Mesokosmos nichts anderes ist, nichts anderes sein kann als performativ, ist in der großen historischen Perspektive wohl etwas Selbstverständliches, und verwunderlich ist eigentlich nur, dass diese Erkenntnis jetzt, um die letzte Jahrhundertwende herum, mit solcher Verve, mit einer neuen, immensen Aufmerksamkeit herausgestellt wird und so gut wie alle Wissenschaften aufs Neue erfasst (sog. „Paradigmenwende").

Ein Grund für diese Entwicklung könnte sein, dass sich in dieser Zeit erstmalig (und vielleicht: weltweit) ein Bewusstsein dafür entwickelt, wofür das Etikett „performativ" steht. Alle Kulturen, Wissenschaften, Felder und deren kleinteilige Systeme und Subsysteme entwickeln sich nach dem Prinzip der Autopoiesis im Sinne von Maturana/Varela: Zumindest kann ihre Erzeugung durch den Menschen als ein solches selbsterzeugendes System begriffen, beschrieben und verstanden werden. Vor allem dieses Phänomen wird durch den Terminus „performativ" bezeichnet – und es ist im europäischen Wissenschafts- und Kulturbetrieb durchaus etwas Neues gewesen. Heute ist vor allem neu, dass das Performative ein Gamma ist, das alle Disziplinen (später: die Philosophien) miteinander verbindet.

Losgelöst, erlöst von allen Fragen, Zweifeln und Engpässen ist die Welt des Menschen heute unwiderlegbar als *real anzusehen*, nicht weil sie „existiert" oder von bestimmten Philosophierichtungen von Neuem als real postuliert wird (Marcus Gabriel; Maurizio Ferraris), sondern weil sie *erzeugt* wird – von einem jeden Menschen, an jedem Tag, in Millionen Situationen, überall auf der Welt, sei es in China, in Argentinien, in Oslo oder in Udaipur. Durch dieses Primum der sinnfreien Erzeugung, die kein Ziel, keinen Wert an sich, keine allgeltende Bedeutung, keinen verborgenen Sinn hat, erübrigen sich Fragen, die nach etwas fragen, wonach sinnvollerweise nicht gefragt werden kann (ohne Verwirrung zu stiften). Die Realität der Welt ist unhintergehbar real, weil sie, die Welt, unwiderlegbar, unablässig *erzeugt* wird – z. B. auch durch dieses Buch, durch den Leser. Die Welt ist real, die Welt IST, nicht weil sie bewiesen, beschrieben, verglichen, analysiert werden würde, nicht weil sie fotografiert, gemalt, in Enzyklopädien gesperrt oder hundertmal erzählt werden würde, nicht weil sie in Billionen von Daten verwandelt, gespeichert und abgerufen werden könnte, nicht weil sie pendelt zwischen apokalyptischen Katastrophen und hochfliegenden Zukunftsplänen, zwischen *fake* und Faktum – nein, sie IST nur deshalb, weil sie sich in einem jeden Moment selbst erzeugt, durch wen oder was im Einzelfall auch immer, begleitet von Myriaden Phänomenen, die erst einmal keine Ordnung erkennen lassen. Was erzeugt wird, kann nicht ad-hoc geleugnet werden; was kommuniziert wird, kann nicht als Kommuniziertes geleugnet werden (was gedacht wird, nicht als Gedachtes geleugnet werden: das Descartes-Dogma). Die Welt als Ganze ist ein sich-selbst-erzeugendes System im Sinne von Maturana und Varela, eine Autopoiesis – und vielleicht ist dies der einzige stimmige Grund dafür, dass sie bis auf den heutigen Tag noch immer und ohne jeden Zweifel – existiert. In einem Wort:

- Die Welt – eine sich-selbst-erzeugende Autopoiesis, ein performatives Perpetuum Mobile. Die Welt wie sie erscheint und wird (vulgo: „wie sie ist") erzeugt sich selbst in Symbiose mit dem, der dieses Erzeugen sieht oder betreibt – und durch den Akt der Wahrnehmung selbst mit fortgezeugt und dadurch beständig ein Anderer wird. Die Welt befindet sich auf einer performativen Achse zwischen Beobachter/Erzeuger und einem Großen Rezeptor, was allein schon eine sich beständig fortschreibende Performativität garantiert. Dies vollzieht sich jeden Tag myriadenmal, es bildet ein performatives Multi-Perpetuum in ständiger Bewegung. Von Innen wird die Welt von einer Vielzahl von Singularitäten erzeugt und zeugt sich selbst fort in unendlichen Strömungen von Performativität. Die Welt setzt sich so zusammen aus einer Unzahl von performativen Einheiten jeder Größe, jeder Dimension – und erinnert darin an die Leibniz'schen Monaden. Es sind feste Einheiten, die womöglich untereinander in Kontakt stehen und interagieren. Von Außen braucht das System keinen Zuschub – dieser wäre allenfalls sekundär.

Möglich ist, dass die Welt durch eben einen solchen mächtigen autopoietischen Prozess – der wissenschaftlich noch nicht vollkommen verstanden worden ist – sich noch nicht selbst zerstört hat. Ja, möglich ist sogar dies: Würde die Menschheit diesen geheimnisvollen Prozess der Autopoiesis der MUNDO bis in alle Einzelheiten enträtseln und wirklich verstehen (und dann: manipulieren, imitieren, diskutieren) – dann würden die Experten auch hier mit stolzer Technik eingreifen, tausend Diskurse auslösen und die Selbsterzeugung der Welt damit *ad finitum* gefährden. (Gottseidank ist das Erkenntnisvermögen der Wissenschaft, zu ihrem eigenen Schutz, begrenzt.) So würde nur der natürliche autopoietische Prozess gestört, ja vielleicht zerstört. Dieses trifft auf die Welt im Allgemeinen zu, in jeder ihrer Dimensionen (die ja letztlich auch nur Menschenwerk sind). Sie befindet sich jetzt, am Beginn des 21. Jahrhunderts, offensichtlich an einem Punkt, an dem sie von einem Zeitalter der Ratio und der Aufklärung übergeht in ein performatives Zeitalter. Die Neuzeit geht nach 4–5 Jahrhunderten ihrem Ende entgegen, und dieses Ende markiert den Beginn von etwas Neuem, das im Kern noch unbekannt ist. Die performative Essenz von allem ist, wie erwähnt, bereits für viele Geistes-, aber auch einige Naturwissenschaften behandelt worden, so z. B. für Ökonomie, Linguistik, Literaturwissenschaft, Rechtswissenschaft, Geschichtsschreibung, Theaterwissenschaft, Religionsdidaktik, Geologie und Kunst (allgemein Fischer-Lichte; Kolesch 1998; Hinrichs 2018a).

Ausgesprochen seltsam ist, dass die Philosophie von diesem Megaprozess nicht miterfasst wurde, und dass dies noch nicht einmal bemerkt oder erklärt worden ist: Der vielbeschworene Paradigmenwechsel hat gerade vor der Philosophie Halt gemacht (wenn man von einer populistischen *performance*-Strecke absieht). Von einer Performativen Philosophie *stricto sensu* kann man heute jedenfalls nicht sprechen. Kurios übrigens, dass auch die Neue Physik in dieser Lage ist. *Nota bene*, dass das performative Gamma gerade für *solche* Wirk-Bereiche nicht beschrieben wurde, in denen es am frappantesten aufzufinden gewesen wäre: eben in der Philosophie und der Neuen Physik. Dabei hätte sich die Philosophie aus ihrem historischen Dilemma, aus ihrer intrinsischen Zwickmühle aus metaphysischer Spekulation, rationaler *Systemiose*, neurologischer Einseitigkeit und nihilistischen Holzwegen mit einem Schlag befreien können. Der gordische Knoten, so könnte man es sagen, blieb notorisch geschürzt (sollte er geschürzt bleiben?).

Für die Performativität der Philosophie ergeben sich hier drei Grundforderungen, die noch nirgendwo erfüllt sind:

- Auch die Philosophie muss begriffen werden als ein selbsterzeugendes autopoietisches System, sowohl als Ganze, als auch in ihren Teildisziplinen.
- Dieses performative Gamma, die Erzeugung der Welt, muss sich abkoppeln von den Universen der klassisch-europäischen Behauptungsphilosophie, aber auch von wissenschaftlichen Trends, Moden und bemühten „Paradigmenwechseln". Nur so wird sie höhere Authentizität gewinnen und wahren können.
- Die Philosophien der Welt müssen in einer dezidiert performativen Perspektive neu gesehen werden. Dann wird klar werden, wo und wie in ihnen Performativität verborgen ist, die eingehen kann in eine interkulturell-universale performative Philosophie.

2. Philosophische Performativität

- Der Kosmos in seinen drei Dimensionen (Mikro-, Makro- und Mesokosmos) ist performativ fundiert. Die Philosophie befasst sich per definitionem mit allen Dimensionen, d. h. mit der Welt als Ganzer. Also ist sie selbst notwendig: performativ.

‚*Mundus performatur ergo est.*' Dies ist das allesüberwölbende Grundsatz-Motto der Performativen Philosophie. ‚Mundus' umfasst hier alle drei Dimensionen: den Mikrokosmos der Quantenmechanik, den Makrokosmos der großen Entfernungen und Geschwindigkeiten von Bezugssystemen und den mittleren Bereich der menschlichen Zivilisation. ‚Performativität' bezeichnet jetzt also den logischen, wenn man will: systemischen Gegenpol zum Pol ‚Singularität' (Kap. III): Dies waren die beiden Zentralgrößen des Schwarzes-Loch-Bildes. (Und wenn es nicht das Risiko der Begriffsverwirrung gäbe, könnten wir mit einigem Recht in einer schönen Analogie von einem ‚Weißen Loch' sprechen: das unbegrenzte nach-Außen-Dringen von allem.)

Natürlich steht am Anfang aller Philosophie das zutiefst performative Wesen des Menschen und der Welt, in der er als *homo sapiens* lebt. Der Mensch im Mesobereich ist genauso notwendig performativ, wie es auch die anderen Dimensionen sind. Das ist das unhintergehbare, unaufhebbare Apriori seiner Existenz, vom ersten bis zum letzten Augenblick, zu allen Zeiten, überall auf der Welt. Seine tiefinnere Performativität ist das natürlichste von der Welt, da der Mensch dieselben Eigenschaften aufweisen muss, wie sie auch im Mikro- und Makrokosmos nachgewiesen werden können. Er ist ja ein Kind der Natur. Die performative Anthropologie ist das natürliche Herzstück einer Performativen Philosophie – weil sie auf die Person zielt und auf deren allgegenwärtige Situation.

In der Philosophie erstreckt sich das performative Gamma im Prinzip auf alle jene Felder, die die Philosophie als eine konstruierte „Wissenschaft" seit jeher in ihren sogenannten „Disziplinen" ausformuliert und ausagiert: Dann gäbe es neben einer performativen Anthropologie eine performative Metaphysik, Ethik, Ästhetik usw. Es ist klug, gleich hier zu sagen, dass sich die alte schematische *old-school*-Aufteilung in solche „Disziplinen“ mit dem performativen Gamma eigentlich nicht wirklich verträgt: Aufeinander prallen hier konstative Ordnungsprinzipien und wildes aufschießendes Wissen, und das Eine kann das Andere kontrastieren, es behindern oder auch fördern. Es ist gut, dies vor aller Argumentation zu wissen und es dann nicht zu vergessen; es ist ein Stolperstein weniger, ein Verstehens-Risiko weniger.

Die Philosophie sollte in ihrer eigenen Domäne heute den Mut aufbringen, nicht das Dilemma des Fakultätendenkens und des Isolationismus zu wiederholen, von denen die Wissenschaftslandschaft insgesamt seit jeher geprägt ist. Sie hat nicht nur das Recht, sondern auch die historische Pflicht, die Vision einer neuen *Einheit* auch in ihrer eigenen Repräsentation zu vollziehen und damit ein internes Beispiel dafür zu geben, dass Interdisziplinarität auch und gerade für ihre eigenen „Disziplinen“ gilt (ein schönes Wortspiel). Performative Ethik, performative Ästhetik etc. sind ohne enge Verzahnung mit performativer Anthropologie, ja: performativer Ontologie nicht zu denken. Hier muss man nicht nur Grabenbildung vermeiden, sondern das Ideal des *aus einem Guss, aus einem Stück* auch selbst vollziehen. Performative Philosophie muss so auch formal ihren uniquen, universalen Inhalt darstellen und entsprechend vollziehen. Sie ist es sich (und den anderen Wissenschaften) schuldig. *Unio performativa* ist nicht ein intellektuelles Konstrukt, sondern zeigt das Wesen performativer Philosophie selbst an.

Natürlich hat performative Philosophie – wie alle Wissenschaften – methodische, subjektive, ethische, ontologische etc. Aspekte – schon deswegen, weil sie zugleich auf eine ungenannte Anzahl von anderen Wissenschaften und Kulturfeldern ausstrahlt und diese direkt affiziert. Performative Ökonomie, Rechtsprechung, Geschichtsschreibung etc. sind nur die *äußeren* Satelliten, die mit den genannten innerphilosophischen Aspekten korrespondieren. Performative Philosophie wird deshalb hier mit einer gewissen personen- und situationsbezogenen Logik entwickelt, ohne dass dies unbedingt eine strenge Hierarchie anzeigen würde. Im Mittelpunkt steht überall das *animal performativum*: der Mensch. Dies ist eine innere Notwendigkeit in Europa, die sich in der Philosophie programmatisch erst entwickeln musste.

Philosophien, die wirklich tief und apriorisch (man möchte sagen: fraglos) von Performativität geprägt sind, sind vor allem außerhalb Europas zu finden (ausführlich Kapitel V). Sie verwenden für ihr innerstes Wesen gar keinen besonderen philosophischen Fachausdruck, weil sich das performative Gamma in ihnen von selbst versteht. (Der Fisch braucht keinen Begriff vom Wasser). Geschätzt 90 % aller philosophischen Materie waren und sind gebunden in der Oralen Philosophie auf allen Kontinenten, die unbegrenzbar weit hinauf in Geschichte und Vorgeschichte reicht und so gut wie undokumentiert ist: Sie lebt aber seit je in Mythen, Kosmologien, Rätseln, Erzählungen, Ritualen und Welterklärungsszenarien. (Hier liegt ein unendliches Forschungsfeld zukünftiger Philosophien, im Besonderen von performativer Philosophie; neue Grundlagen für eine *philosophia perennis*).

Schon die ältesten dokumentierten bzw. in Zeugnissen verschrifteten Philosophien außerhalb Europas sind in performativer Hinsicht zweifach ausgelegt: Sie sind allgemein geprägt von einer umfassenden antikonstativen Aura, sowie, zweitens, speziell von einer performativ zu begreifenden philosophischen Größe, die sowohl das Individuum als auch das soziale und natürliche Universum prägt. Im alten Ägypten heißt diese Größe *ma'at*, im alten Südamerika *pacha*, in Afrika *ubuntu*. Im mittelalterlichen Arabien leuchtet die Philosophie des *ishrāq*, im buddhistischen Asien das *zen*. Der Hinduismus und das Leben der Hindus sind seit jeher geprägt vom *karma* – einer Größe, die der Mensch selbst erzeugt, aufbaut und abbaut und die ihn wiederum prägt und neu erzeugt – und sich eben dadurch selber als ein autopoietisches Schicksals-System kreïert – ob er es will oder nicht: ein endloser performativer Kreislauf. In Europa sind performative Spuren nachweisbar bei Plato und Sokrates, bei Friedrich Nietzsche, bei Martin Heidegger und Hans-Georg Gadamer – aber tatsächlich auch bei Kant und Hegel. Der russische Philosoph Nikolaj Berdjaev hat seine Vision des Performativen in einen einfachen, unvergesslichen Satz gekleidet: ‚Alles Philosophieren – ein schöpferischer Akt!'. (Details in Kap. V).

Autopoietische performative Systeme

Die Teilsysteme einer performativen Philosophie sind selber performativ: Sie sind jeweils für sich ein autopoietisches, sich selbst nach-erzeugendes System. Über ihre Struktur spiegeln sie selber das Wesen der Allgemeinen Performativen Philosophie wider, gewissermaßen im Kleinen. Alle gehen zurück auf den Status, den Punkt der vitalen Singularität, dessen Generalsymbol das Mysterium der Spirituellen Singularität ist (das wiederum die physikalische Singularität *in exsistentia humana* widerspiegelt). Alle Fakten, Werte, Postulate, Interpretationen, Eigenschaften, z. B. in Ethik oder Ästhetik, sind nach dem allesbestimmenden Zero angeordnet: Ohne dieses Zero wären sie lediglich spekulative Impressionen mit alt-philosophischem Anstrich, die schutzlos den Diskursen und Rezeptionen des scholastischen Philosophie-Betriebes ausgeliefert blieben. Die performative Autopoiesis ist das Zentrum, das die Akzidentien der Disziplinen umkreisen. Insofern sind alle diese Disziplinen einer performativen Philosophie intrinsisch und untrennbar miteinander „verwandt". Sie haben ein gemeinsames Zero (mathematisch formuliert, bestehen sie aus einer unendlichen Reihe von // 0 : 1 //-Sequenzen, die, nach dem Leibniz'schen oder dem modernen PC-Muster, den philosophischen Raum füllen: ein dyadisches, niemals abreißendes *perpetuum performativum*. 0 steht für das Zero der Singularität, 1 steht für das variable performative Material.)

Hier wird eine Reihe dieser Einsen aufgeblättert – ohne Anspruch auf eine Vollständigkeit, die ohnehin nicht erreichbar wäre – obendrein sicher auch irrelevant, wenn nicht gar: ohne wirklichen Sinn (jedem Rezeptor bleibt es unbenommen, hier autonom fortzufahren).

Die autopoietischen performativen Systeme, vorab in einem Schlüsselsatz:

- *Animal performativum*: In Kommunikation, in einer Situation werden zwei Iche erzeugt, die es so bis dato nicht gab.
- *Performative Intelligenz*: Der performative Intellectus agiert und reagiert auf jeden Reiz anders, lernt hinzu und verändert sich dadurch.
- *Performative Metaphysik*: befindet sich jenseits des Komplexes *Metaphysik / Antimetaphysik*. Ihre Quelle ist das Tandem aus uranfänglichem

absoluten Nichtwissen und dem sich schnell wandelnden relativen Wissen von der Welt und allem Kulturellen.

- *Performatives Sein*: Durch den Moment wird Sein erzeugt, das keinen Rück-Halt hat, sondern sich beständig fortzeugt. Es bringt durch sich selbst eine neue Seinsgewärtigung hervor ohne Anlagen in Vergangenheit oder Zukunft. Dadurch bildet es sich stetig neu.
- *Performatives Erkennen*: Das Objekt erscheint im Augenblick als eine neue, einmalige Herausforderung; als eine solche offenbart sie sich einer ebenfalls neuen Wahrnehmung, in einem performativen Akt des Erkennens. Er wirkt auf das Erkannte und auf sich selbst zurück und lässt beide in einem anderen Licht erscheinen.
- *Performative Ethik*: Jede Verhaltenseinheit reproduziert die performative Urquelle und eine stetige neue Verantwortung des Individuums für sein Verhalten.
- *Performatives Wissen*: Die Blase aus Nichtwissen und Wissen nimmt einen stetig wechselnden Status ein und verändert dadurch laufend ihren Wissens-Status-Quo.
- *Performative Weisheit*: sieht und erlebt, dass zwischen der sokratischen Weisheit des NICHT und der kosmischen Weisheit des ALLES kein großer Unterschied besteht; im Extremfall: keiner. Ihr intrinsischer Kern ist die fortschreitende Veränderung.
- *Performatives Denken*: ist Komplementäres Denken. Es kann zwischen Positionen oszillieren, enthält sich schneller Wertungen, arbeitet polyperspektivisch, rechnet mit der Möglichkeit eines *Tertium Datur*, das ohne besondere Form ist. Das Denken wird so selbst wieder in einem performativen *feed-back* fort-erzeugt und verändert.
- *Performatives Handeln*: erscheint als eine neue Art von *Improvisation*, die aus der Musik heraustritt und sich hinbewegt zu allen anderen Kulturfeldern, z. B. Wirtschaft, Rechtsprechung oder Kommunikation. Improvisation ist performatives Management aller sozialen und kulturellen Aktivität in einer Zivilisation.
- *Performative Metaphilosophie*: führt keine konstativ-argumentative Exegese philosophischer Probleme durch. Sie weist implizit auf den Standort einer Performativen Philosophie – möglicherweise vor einem Hintergrund aus Vergangenheit und Zukunft der Philosophie.

3. Der Mensch: *animal performativum*

- Der Mensch arbeitet *qua vita* an jenem Leben, das er selber schafft.

Der Mensch ist ein performatives Tier, sowohl in der Evolution, also phylogenetisch, als auch in seiner Lebenszeit, also ontogenetisch. Dies ist der Kern einer performativen Anthropologie.

Performativität, das wesenlose, prädikatlose Sein und Handeln, ist das ureigenste Gamma des Menschen: „Die gesamte menschliche Geschichte findet auf diesem von der Biologie definierten Spielfeld statt." (Harari 2024, 56). In seiner allgemeinsten und umfassendsten Konstitution ist der Mensch also, vor allem anderen, ein *homo performans*, gleichgültig, in welcher Perspektive. In seiner Grundausstattung ist er nicht rational, nicht vernünftig, nicht sozial: So unfertig er nach der Geburt ist, so archaisch-performativ ist sein primäres Wesen. *Performans* ist er vor allen seinen anderen Eigenschaften und Zuschreibungen, die man seit je versucht, als universelle Alleinstellungsmerkmale in Formeln auszudrücken wie *homo / faber, loquens, cogitans* etc. – gebildet nach dem der Paläoanthropologie entliehenen Muster ‚*homo habilis*'. *Performans* ist er, ganz unabhängig von Sprache, Schrift und Kultur. Er war und ist es schon immer und wird es aller vernünftigen Voraussicht nach auch bleiben. ‚*Performativ*' ist jenes Merkmal, das ihn mit aller Natur, aber auch mit den Tieren verbindet. Wichtig ist, im Auge zu behalten, dass ‚performativ' ein Rhizom-Begriff ist und selbst etwas Performatives an und in sich hat: hier heißt er so viel wie: vor aller Reflexion, vor aller Analyse, vor Sprache, auch noch vor allem Sozialen; er heißt auch: körperlich, subjektiv, *eo ipso*. Der Begriff hat hier also eine primäre, archaische, vorkulturelle, dem puren Sein verwandte, ‚empraktische' – wenn man will: eine apriorische – Bedeutung: Sie betrifft den „Grund unseres Seins, in dem Unbewusstes und Vorbewusstes, Bewusstsein und Selbstbewusstsein, Es, Ich und Über-Ich noch ununterschieden eins sind." (Volker Caysa). Dies ist reine, archaische Performativität, d. h. vor allem anderen: ohne jede Reflexion, ohne Akzidentien, ohne zielbewusstes Handeln – eine Art von vorsprachlichem Sein, das durch sich allein in die Welt strahlt. Der Mensch ist das Wesen, das sich und das

Seine unmittelbar vollzieht, ob er das nun will oder nicht; er ist es bereits in seinem schieren Dasein, in der Sichtbarkeit, im Handeln, später dann im Sprechen, im Verstehen, im Nichtverstehen, im Schweigen – was dann immer weitere Vollzüge erzeugt. Durch die Geburt (wenn nicht schon vorher) wird er unwiderruflicher Teil einer Welt, die sich selbst vollzieht, in der er sich selbst vollzieht. Ab dato steht er in einem nie abreißenden Kontinuum von Vollzügen: Er ist vollkommen auf ‚Vollzug' geeicht. Und hier steht er im Fokus nicht nur der eigenen Vollzüge, sondern auch im Netzwerk der Vollzüge aller Anderen.

Performative Phylogenese

Blicken wir zurück: Die lange, Millionen Jahre währende Evolution hat den Homo Sapiens ausgestattet mit einem performativen Apriori, das ihm das Überleben ermöglichte und schließlich seine Dominanz über alle anderen Menschenrassen gesichert hat, zuletzt über seinen Bruder, den Neanderthaler. Im Dunkel seiner Herkunft ist das Menschenwesen ein Wesen des Zeigens, von Gestik und Mimik (Tomasello 2009) – ein Erbe, das klar auf seine Verwandtschaft mit den Menschenaffen verweist. Wittgenstein und Heidegger haben hier ein-für-alle-Mal klargemacht, dass ‚Zeigen' etwas zutiefst Performatives ist – vor allem deshalb, weil man nicht zugleich das auch zeigen kann, was man durch Sagen tut: eine Art sprachlicher Unbestimmtheitsrelation. Mindestens während neun Zehntel seiner Evolution war Homo Sapiens so gut wie ausschließlich auf das angewiesen, was wir heute „performativ" nennen, d. h. das rein Performative war noch unbeeinflusst von jeder bewussten Reflexion und war noch kein ‚gemachter' (und schon gar kein kultureller) Wert. Der Mensch ist ein Geschöpf des reinen Handelns, Zeigens, Vollziehens. Dies hat die Leipziger Philosophie „Empraxis" getauft (Caysa; Benkert 2016). Und es ist ganz und gar unwahrscheinlich, dass dieses grundständige Wesen sich nicht bis in unsere Zeit in seinen Grundzügen erhalten haben sollte.

Bevor er über eine entwickelten Lautsprache verfügte, war der Mensch imstande, einfache soziale Handlungen vor anderen, mit anderen zu vollziehen, darunter solche, die man heute als performative Sprechhandlungen beschreiben würde, also z. B. *jmd. warnen, auf etwas hinweisen, locken, abweisen.* Keine Rolle spielt hier, wann genau oder wie Sprache entstanden ist: in jedem Fall ist der Zeitraum, in dem es nur vorsprachliche Performativität (P.) gab, unendlich viel länger als jener mit einer ausgebauten sprachlichen P. Heute weiß man, dass auch Tiere über codierte Sprachlaute in einer Weise handeln, die man heute als ‚performativ' bezeichnen würde: Löwen zeigen durch Brüllen ihren Territorialanspruch an, Erdmännchen warnen sich mit Pfeiflauten vor Greifvögeln, Singvögel empfehlen sich durch Gesänge als Brutpartner, Hippo-Männchen schüchtern den Gegner mit Maulaufreißen ein etc. Auch in der Menschenwelt haben archaische Laute irgendwann eine bestimmte soziale Bedeutung entwickelt, eventuell angetriggert durch Schmerz, Freude, Erstaunen oder Imitation. Das geschah irgendwann vor 1.5 Mio. oder 1 Mio. Jahren, zog in langen Intervallen sozial-organisierende Sprachformen nach sich und brachte schließlich, wahrscheinlich mit dem Auszug aus Afrika, die ausgebildete, grammatisch durchorganisierte Sprache hervor. In allen drei langen Stadien wurden performative Handlungen kommuniziert: Homo habilis *fordert* brüsk ein Steinwerkzeug zurück; Neanderthalensis *befiehlt* kategorisch, weiterzumarschieren; irgendein *Cro-Magnon schlägt vor*, an einem bestimmten Ort Rast zu machen usw.

Mit der kognitiven Revolution um 70.000, später im Zuge der landwirtschaftlichen Revolution mit Sesshaftwerdung um 10.000, begann die verstärkte Ausbreitung des Menschen und das, was wir unter Kultur, Geschichte und Zivilisation verstehen (Yuval Harari). Die Kulturgemeinschaften schufen sich ein exponenziell anwachsendes Repertoire von performativen Handlungen und (sehr viel) später das entsprechende Vokabular in den Einzelsprachen. In jeder Sprache gibt es heute Tausende von Bezeichnungen für performative Sprechakte (*versprechen*; *sich entschuldigen*; *danken*; *gratulieren* usw.); parallel entwickelt jede Einzelsprache ein typisches Instrumentarium von Formen, die Äußerungen performativ abtönen, z.B. durch Floskeln (*ehrlich gesagt*) oder Partikeln (*doch, ja, eben*) – besonders intensiv in der gesprochenen Umgangssprache.

Performative Ontogenese

Genauso alternativlos, genauso mächtig zeigt sich die performative Prägung im Verlauf des Einzellebens. Die sogenannte Ontogenese des Sapiens beginnt mit reiner Performativität; sie schließt auf dem Sterbebett mit einer letzten performativen Geste: So ist die Lebensspanne eingerahmt zwischen zwei Stadien reiner Performativität. Gehen wir mutig noch einen oder zwei Schritte vor die Geburt zurück. Lassen sich Spuren einer performativen Anlage in der Zeit vor der Geburt nachweisen? Es liegt im Trend der Zeit und des Zeitgeistes, dem ungeborenen Fötus einen eigenen Seelenraum zuzuweisen (Ludwig Janus): Danach beginne das psychische Menschsein bereits im Uterus, mit allen Emotionen und Traumatisierungen, was später einen immensen Einfluss auf die Biographie des Kindes und des Erwachsenen habe – also auch auf seine performative Entwicklung. Neuere Forschungen belegen, dass Fötus und Kleinkind bereits mit allen Fähigkeiten ausgestattet sind, die für das Leben nötig sind – darunter Imitation, ein Grundwissen vom Gegenüber und eine Art noch stummer, performativer Empathie, die bis zu einer rudimentären Perspektivübernahme geht (Hackenbroch/Koch 2024).

Mit diesen Ergebnissen ist bereits direkt das performative Dasein, das *Dort-Sein* des Fötus berührt – zumindest wird es jetzt theoretisch fassbar. Nehmen wir die ‚Psychoanalyse des Ungeborenen' (Janus) für einen Moment ernst: Dann liegen auch die praktischen, vor allem körperbezogenen, Grundlagen für Performativität in dieser archaischen Zeit, denn Emotionen und Verletzungen jeder Art provozieren ohne Zweifel eine stumme, archaische Antwort, d. h. eine pränatale Art von passiver Performativität. Diese wird grundgelegt in der intimen „Sonosphäre" (Peter Sloterdijk) zwischen Mutter und Kind, einer physiologisch-urpsychischen Vorbereitung auf alle späteren Interaktionen: Es könnte wohl sein, dass das bewusstlose Horchen und Hören des Fötus die Basis ausbildet für alle Performativität des extrauterinen Lebens. Und nach den Forschungen der pränatalen Psychiatrie sei es so, dass man früheste positive Kräfte des *bonding* und *responding* zwischen Mutter und Kind im späteren Leben (und in der psychoanalytischen Therapie) unwillkürlich wiedersucht und auch findet.

Die intrauterine *performative Symbiose* von Mutter und Kind hat ihr Pendant im Extrauterinen. Man muss nicht betonen, dass das, wenn es tatsächlich so ist, erhebliche Auswirkungen nicht nur auf die postnatale Lebenspraxis haben muss, sondern auch auf die Art der performativen Grundierung des Kindes und späteren Erwachsenen. Blicken wir auf den Beginn der Mutter-Kind-Interaktion in der hellen Welt nach der Geburt. Bevor das Kind sprechen und über Symbole kommunizieren kann, ist es in der Symbiose mit der Mutter ein Wesen der stummen Imitation, des Sehens, Horchens, Fühlens und des archaischen Körperhandelns. Das Kind ist, obwohl relativ unfertig, vom ersten Moment an in der Lage, auf die Mutter zu „antworten": Hier muss gar nichts gelernt oder eingeübt werden. Das Angeboren-Performative beherrscht allen Anfang und man kann folgerichtig sagen, dass der Säugling ausgestattet ist mit einem performativen Apriori, ja einer langen Reihe solcher Apriori – wie immer das im Einzelnen aussehen und erforscht werden mag. Und dies ist durchaus in einem reinen Kantischen Sinne gemeint: Das performativ-affektive Grundverhalten des Säuglings ist als solches von der Erfahrung vollkommen unabhängig (wird natürlich durch sie dann verstärkt, entwickelt, moderiert etc.). Wäre es anders, würde die automatische Interaktion zwischen Mutter und Kind empfindlich gestört, wenn nicht: unmöglich gemacht. Davon weiß die gute Mutter instinktiv, was ihr erlaubt, von aller Reflexivität ohne jeden Kompromiss abzusehen, ja – eine solche, wo es nur möglich ist, gar nicht erst zuzulassen. Alles Nichtperformative würde dem Kind und der gedeihlichen Interaktion mit der Mutter schaden, würde Verzögerungen und Irritationen auslösen. Die performative Symbiose, da sie pränatal gestartet ist, setzt sich nach der Geburt unter anderen Umständen fort. Wie von selbst wird die selbstlose Fähigkeit zur Spiegelung durch spezielle Neuronen aktiviert: Die Endlos-Spiegelung von Mutter und Kind setzt den unaufhaltsamen performativen Prozess in Gang – ein erstes selbsterzeugendes, selbst-fortzeugendes autopoietisches Etwas, das man kaum ein „System" nennen möchte, weil es davon noch weit entfernt ist. Es ist die Grundlage für alles Weitere.

Neuere Forschungen zur Mutter-Kind-Symbiose schreiben dem Säugling bereits sehr früh eine Fähigkeit zu einer relativen Autonomie zu. Der „kompetente Säugling" (Martin Dornes) zeige danach bereits in frühesten

Entwicklungsstadien Regungen einer relativen „Selbständigkeit", d. h. eine psychophysische Bereitschaft, im performativen Austausch mit den Eltern und mit Anderen eine Position einzunehmen. Danach wäre der Säugling – ohne dass er dies erst lernen oder „erfahren" müsste – in der Lage, von Anfang an ein „eigenständiger" performativer Player im Mutter-Kind-Pingpong zu sein und sich hier schnell zu seinem eigenen Besten weiterzuentwickeln.

Mit der Herrschaft des Internets erreicht die performative Selbsterzeugung des Menschen eine neue Dimension; böse Zungen sehen hier bereits eine *performative Perversion* herüberdrohen. Die bestände in einer neuen Diktatur von Echt-Zeit und Echt-Raum. Die autopoietische Endlos-Erzeugung des Menschen in den sozialen Medien vollzieht sich in einer, wie es scheint: irreversiblen, exponenziellen Explosion, die das Bild eines schüttelnden Kaleidoskops provoziert. Das Selbst konstruiert sich permanent neu, es oszilliert beständig zwischen seinen performativ-erstellbaren Facetten. Der Selfie- und Bilder-User ist gefangen in einem Meer punktueller performativer Selbstinszenierungen: Er wechselt sein aktuelles Ich hundertmal, erfindet es ständig neu, um so eine virtuell-reale Fiktion des Ich aufrechtzuerhalten; *„JETZT&HIER!"*. Die *self-performance* wird zur Grundlage des täglichen Daseins; die selbsterzeugende Blase steuert auf einen performativen *peak* zu, der sich am Ende immer wieder selbst anschauen will (El Ouassil, Karig 2023, 195–210).

Die immense Bedeutung alles Performativen lässt sich auch *ex negativo* belegen. Neudeutsche Mütter entwickelten, warum auch immer, in den letzten Jahrzehnten (im Gefolge der antiautoritären Erziehung) eine unheilvolle Tendenz, den *flow* des spontan-performativen Handelns zu durchbrechen, zu ersetzen durch sein vitales Gegenteil: die langatmig-konstative Erklärung der Situation nach Art von pädagogischen Ratgebern (Kita, Kindergarten, Vorschule etc.). Spuren dieses Trends sind in Städten wie Berlin bis heute zu beobachten. Noch weitgehend unbekannt sind die psychischen und sozialen Langzeitschäden der wehrlosen Schützlinge.

Die performative Situation

Zu einem jeden Zeitpunkt, an einem beliebigen Ort ist der Mensch – wie jedes andere Lebewesen, jedes andere Ding auch – unhintergehbar gebunden an eine Situation, die ihn performativ definiert. Das klingt trivial, und doch bestimmt es alles. Viele Sprachen der Welt zeigen das dadurch an, dass sie sogar verschiedene grammatische Formen für den Sprecher verwenden, abhängig von der performativen Situation, in der das Gesagte spielt: Die Sprache Kambodschas, das Khmer, hat z.B. Dutzende von Wörtern für ‚Ich', je nach dem, mit wem dieses Ich gerade spricht (Haarmann 2021). Andere Sprachen wie Bulgarisch oder Türkisch können extra ausdrücken, ob der Sprecher die erzählte Situation selbst miterlebt hat, z. B. Bulgarisch oder Türkisch).

Der *performative Ort* ist die einmalige, unwiederholbare *Situation*, die kommunikativ im Fokus steht. Als solche ist sie im Prinzip ohne geographische oder lokale Koordinaten; sie trifft hier jedenfalls keinen Vorzug. Es ist jener Raum, in dem sich der performative Austausch in einer bestimmten Situation in einer Folge von Augenblicken vollzieht. Meist ist er durch das soziale Ambiente auf eine natürliche Weise begrenzt, z. B. im Musterfall von Institutionen oder durch die Anwesenheit der Teilnehmer. Vergleichbar wäre hier eine Momentaufnahme auf einem Snooker-Billardtisch mit seinen Dutzenden farbiger Kugeln, mit dem Sekundenstatus eines wogenden Vogelschwarms, mit einer Momentaufnahme in der Altstadt von Delhi. Alles steht nur ein einziges Mal in einer bestimmten Konstellation, mit allen Möglichkeiten, Risiken, Gefahren und Analogien: ein kleines performatives Universum, das sich niemals exakt *so* wiederholen wird.

Die *performative Zeit* ist der Augenblick, der vielleicht auf viele Arten definiert werden kann, sich dann aber im Vollzug dieser Zeit allen eindeutigen Festsetzungen wieder entzieht. Möglich ist, dass dieser Augenblick ein neurologisches oder kognitives Korrelat hat. Als solche ist performative Zeit ohne chronologisch-relevante Ausdehnung, eine Art Nucleus des *Jetzt*; von Außen erscheint sie als eine diskrete Quantelung von vielen Augenblicken. Ihre Skala ist aber *in dem einen Augenblick*, der performativ und situativ aufscheint und *bewusst* wird, ausgeblendet. Der Augenblick in seiner mehr physiologischen, mehr kognitiven, seriellen Lesart ist jene

Zeitspanne, in der eine bestimmte Situation besteht und noch auf dem Wege ist zu ihrer mentalen und sozialen Verarbeitung. Menschen sind und agieren fast ausschließlich in solchen augenblicksbestimmten Situationen, ohne davon viel zu wissen. Eine Situation hat mindestens einen Augenblick, und ein Augenblick ist immer schon eine Situation: Beide bilden einen einmaligen Zusammenschluss. Einen Augenblick muss man nicht statisch begrenzen: Er wird ja automatisch begrenzt durch den *möglichen* Eintritt eines Prädikats, einer Reflexion, einer Wertung und durch die sichere Intuition, dass er vergangen ist und von einem anderen Augenblick abgelöst wird. In Blochs Terminologie ist „das Dunkel des gelebten Augenblicks" der Moment, der noch für sich, sozusagen in seinem ganzen performativen So-Sein, *da* ist. Welch mächtige Bedeutung die performative Zeit erlangen kann, drückt die Philosophie am besten aus: „*Erleuchtet* nennt das Zen einen Menschen, der die Freiheit wiedergefunden hat, ‚im Augenblick' zu sein." (Christoph Helferich).

Performativ-konstative Sozialisationen

In der weiteren performativen Lebens-Perspektive ist alles Konstative, Diskursive, Logisch-Argumentative erst einmal vollkommen sekundär. In den Sozialisationen gehen von nun an zwei Prozesse *grosso modo* Hand in Hand:

- In Vorschule, Schule und Hochschule, in den Institutionen und auch im Elternhaus beginnt nun das Konstative, Rationale, vermeintlich Logische in Gestalt eines überall angeforderten wie bestätigten *Common Sense* vorzuherrschen. Überall eingefordert werden *Erklärung* und *Rechtfertigung* – zwei konstative Ungeheuer des Abendlandes. Eine Art alltäglicher Aufklärung beginnt, das Kind, den Schüler, den Studenten zu beherrschen, in jedem Fall: herauszufordern. In den unabsehbaren Prozessen des Lernens und Lehrens wird der konstative Modus des Lebens jeden Tag immer stärker, immer alternativloser eingeübt – im Normalfall solange, bis dieser Modus beim Erwachsenen als „natürlich" gilt und in Fleisch und Blut übergeht.

- Dadurch verschiebt sich langsam das Verhältnis *performativ* : *konstativ*. Herrschte erst das Performative absolut, wird es jetzt eingeholt, überwölbt, zurückgedrängt und mehr und mehr geprägt vom Konstativen, Analytischen – von der allseitigen Pflicht zur Analyse und zur Reflexion des sozialen Handelns. Eingeübt wird der typisch europäische Ritus des allseitigen, allzeitlichen *Begründens* (von Sachverhalten, Meinungen, Entscheidungen etc.), der für die Arbeitswelt noch unabdingbar scheint. Sicher ist, dass sich im Fortgang des Erwachsenenlebens das ursprüngliche Verhältnis *performativ* : *konstativ* (vor allem in westlichen Gesellschaften) negativ, d. h. stark in Richtung *konstativ*, verschiebt. Die Gesellschaft erzeugt so im ureigensten Interesse die Illusion einer für das Überleben unabdingbaren konstativen Vernunft, die sie dann selbst über ihre Werte und Regeln zu garantieren hat – auch dies: ein sich selbst verstärkendes Tandem. Westliche Gesellschaften sind dicht bevölkert von immer neuen Typen des Konstativismus, die ihre Vertreter in die Institutionen schicken, um dort die Kontrolle zu sichern. Dies mag bis weit über die Lebensmitte so bleiben und sich mit der Zeit immer weiter selbst verstärken: Gewohnheiten neigen dazu, zu fossilieren, Narrative auszubilden und sich für unanfechtbare Wahrheiten auszugeben. Das Erwachsenenleben ist jedoch immer auch interpunktiert von etlichen performativen Unterbrechungen – wenn man will: des Irrationalen, Intuitiven – die sich immer wieder an der Oberfläche des Gemeinlebens zeigen. Die Praxis der monogamen Ehe, die Therapieszene, die Verbrechensforschung liefern hier genug Beweise.

Nota bene: Auch während seines bewussten Lebens und durch die Sozialisationen hindurch und trotz des stetigen Anwachsens alles Konstativen bleibt der Mensch im Innersten durchaus ein performatives Wesen – nur wird dies durch Institutionen, Anpassungszwänge, Illusionen und die Medien auf tausend Arten verschattet. Im Heranwachsen bekommt der/die Jugendliche das soziale dyadische Modell („Zweiweltenmodell") geliefert, das trainiert und stetig eingeübt wird, bis es in Fleisch und Blut übergegangen ist: Alle bewegen sich auf der konstativen Oberfläche des Sozialen und Sachlichen, mit dem stummen Zweck, den archaischen performativen Untergrund möglichst *unbeschädigt* zu belassen. Der nämlich steuert das Soziale, wenn auch: uneingestanden. Output ist eine subtile Balance *kon-*

stativ : *performativ*, die von Kultur zu Kultur, ja sogar von Individuum zu Individuum ein anderes Gesicht annehmen kann.

Philosophen, spirituelle Zirkel und Künstler suchen deshalb unermüdlich – gewissermaßen als Gegengewicht – nach Wegen, das Konstative in seiner Allmacht zu relativieren oder wenigstens eine stabile Balance zu schaffen und zu erhalten: Offenbar gibt es im Menschen ein performatives Grundbedürfnis, das sich durch keine Art von rationaler Aufklärung auslöschen lässt. Denn es ist klar, dass der vitale, primäre Urgrund von Performativität sehr viel älter ist und damit auch stärker als jede Art von gelerntem, konstativem Überbau. Dieser Urgrund ist mit Sicherheit viel fester, viel tiefer verankert als alles Konstative, das sich in allen Perspektiven erst später entwickelt und immer einem dunklen Zweifel ausgesetzt bleibt. Der archaisch-performative Urgrund mag durch die Lebenspraxis und in den Höhen und Tiefen von Familie, Karriere und Job verdrängt werden, sich ins *back-stage*, ins Un- und Vorbewusste, in den Hintergrund der Alltäglichkeit zurückziehen; er bleibt aber mit Sicherheit kognitiv und neurologisch identifizierbar. Wäre dies nicht so, wäre der Mensch in der Absolutheit der Welt verloren: Er wäre aller sich entwickelnden, aller drohenden Konstativität schutzlos ausgeliefert und würde sein Selbst, das auf dem Grund performativ fundiert bleibt, beschädigen. Das Performative: ein archaischer, finaler Schutzschild des Individuums.

Performative Identität

Während die Sozialisierungen und die Weitergabe durch die Generationen fortschreiten, hat sich in den Ländern des Abendlandes eine typische Art von Identität und des Selbst herausgebildet: fest umrissen, unflexibel, stetig, objektorientiert, unproblematisch und auf eine subtile Art ‚selbstverständlich': lebenslang gültig, sozusagen. Man *ist* eben so. Dies zu sichern, wird meist parallel dazu ein Mythos erzeugt, der die Identität als etwas Gottgegebenes, Prädisponiertes, ja genetisch bedingtes Etwas sieht, das sich im Leben nur geringfügig ändert, ab der Lebensmitte dann so gut wie gar nicht mehr. ‚Identität' richtet sich so im Laufe der Zeiten als eine Art sozialer Standard ein, der in seinen Grundfesten unveränderlich ist.

Dies entspricht vollkommen den auch in anderen Bereichen sichtbaren Strukturen der Weltanschauung, der Religion, des Berufes und der vielen sozialen Rollen wie Vater, Freund, Lehrer oder Handwerker. Danach sei der Mensch an seine Identität gebunden, die ihm vermeintlich das soziale Leben und sein Glück sichert. Man kann auch sagen: Dies sind die Grundfesten der bürgerlichen Identität, deren Basis Vernunft, *Common Sense*, Kausalität und eine daran angepasste Ethik sind. Wie einen Personalausweis trägt der *Homo sapiens sapiens acculturatus* diese Identität mit sich, um sich jederzeit und an jedem Ort als mit sich selbst identisch ausweisen zu können.

Es ist jedoch unmöglich, die Identität eines erwachsenen Menschen zu einem bestimmten Zeitpunkt festzulegen und exakt zu beschreiben, weil eine solche Definition nicht nur deskriptiv vollkommen unzureichend bleiben muss, sondern weil sie sich in performativem Sinne selbst ad absurdum führt. Die Definition als solche produziert immer auch einen *gap*, ein leeres Quantum, das ihr essenziell zugehört und für grundständige Kontingenz sorgt, die ebenfalls eine Konstante ist.

Dagegen lässt sich die Heraufkunft einer performativen ‚Identität' (gibt es schon einen anderen Ausdruck?) wohl schon umreißen. Im 21. Jahrhundert merkt der Mensch auf Schritt und Tritt, dass seine angelernte, wie feuerfeste Identität immer öfter zu einer Falle wird, zu einer „Identitätsfalle" (Amartya Sen). Diese Falle schnappt immer dann zu, wenn sich der Zeitgenosse mit dem Fremden, mit ganz unbekannten Situationen konfrontiert sieht und die alte Identität nicht mehr funktioniert. Immer weniger kann er mit seinem erworbenen Panzer der *identitas X* den Bedingungen einer neuen, sich schnell und schneller verändernden Welt gerecht werden. Für das performative Ich ist eine solche bürgerlich-starre Identität kontraeffektiv und behindert die im Menschen angelegten geistigen und seelischen Fähigkeiten; sie schränkt sein Potenzial ein, das im Prinzip unbegrenzbar ist. Feste kulturelle, ethnische, nationale, professionelle, soziale Identitäten sind für ihn ein Auslaufmodell – wenn interessant, dann allenfalls als Spielfeld des Springens und Wechselns. Identität in ihrer alteuropäischen Ausprägung gehört für ihn zu den nützlichen, aber durchschaubaren Illusionen: Sie ist allenfalls ein Baldachin über der Lebenswelt des Normalbürgers.

Spirituelle Werke und Aussagen vieler spiritueller Meister – nehmen wir Jiddu Krishnamurti und Alan Watts für hundert Andere – sprechen überall davon, dass die feste Identität des Menschen eine nützliche Illusion ist, die eher machtpolitischen Interessen diene. Die letzte, tiefste Stufe des „Ich" ist nicht-bewusst: Das „phänomenale Ich" (Thomas Metzinger) kann sich nicht selbst erkennen; es bleibt für sich selbst „verstellt". Wäre es das nicht, könnte es nicht agieren. Hier liegt die neurologische Spur der Ego-Singularität. Niemand kann direkt zeigen, *wer er ist*; niemandem kann direkt gezeigt werden, *wer er sei.*

Das ICH, so hatte es Michael Bachtin formuliert, müsse *ein Anderer* sein, um sich überhaupt als einen Fokus zu erfahren. Im Roman „Stiller" von Max Frisch weigert sich der Held, „ich" zu sagen, um sich nicht mit der Rolle, die die anderen Personen ihm aufzudrücken versuchen, identifizieren zu müssen. So bleibt er frei. Und heute breitet sich mehr und mehr die Einsicht aus: Je mehr ein Mensch um sein Ich kreist, umso weniger wird er von diesem Ich erfahren. Das Ich der Zukunft hat keinen unmittelbaren, sofort-identifizierbaren Ausdruck mehr: Es ist multipolar, hat viele Perspektiven. Das klingt noch akademisch, analytisch, aber die nächsten Generationen werden immer klarer erfahren, was das praktisch heißt. Die Erscheinung des Ich ist auf diese Weise *notwendig performativ*, grundsätzlich unbestimmt, deshalb: flexibel. Sie fußt auf der Abwesenheit eines allgemein-gültigen substanziellen Prädikats, was die Gesellschaft immer mehr wird akzeptieren müssen. Diese Abwesenheit eines eindeutigen Prädikats wird zu einer performativen *conditio-sine-qua-non* des sozialen Lebens.

Der performative Mensch ist im Idealfall ein Chamäleon im Dschungel des Sozialen und Kulturellen. Denn das Subjekt ist in seiner tiefsten Verfasstheit nichtidentisch, implizit, dunkel, nichtdiskursiv, letztlich nicht endgültig zu erreichen; es kann zwischen den Fixpunkten möglicher Identitäten oszillieren. In Zeiten, in denen sich unabsehbar viele Menschen, Kulturen und Sprachen in Echtzeit überall begegnen, ist eine eingleisig definierte Identität nur hinderlich, wird zum Nachteil des Individuums. In diesen Zeiten erhält der Mensch die Chance, selber ganz konkret zu erfahren, dass sein eigenes Selbst sich dem Anderen, „Fremden" nur dann öffnen kann, wenn es bereit ist, einen Teil der eigenen Identität aufzugeben, um Teile einer fremden Identität für eine Zeit anzunehmen (Gadamers „Horizontverschmelzung"). Er kann sich damit der Wahrheit seiner eigenen „Identität" (das Wort will kaum noch passen) annähern: Er selber verfügt in seinem performativen Apriori über alle Möglichkeiten, seine „Identität" beständig zu verändern und fortzuentwickeln, im Kontakt mit anderen und der Welt. Subjekte sind apriori immer kontingent, flexibel, kreativ und zu jeder Zeit lernfähig, müssen diesen Kern aber durchsetzen gegen die Chimären einer sozial gewollten festen Identität und gegen die Barrieren, die die Kultur und die Gesellschaft, in der sie leben, überall aufstellen. (Noch ist es so, dass alle Parteien, Gruppen, Verbände etc. eine feste Identität einfordern).

Das oszillierende Modell einer flexiblen Identität breitet sich heute – unter dem Zwang der Globalisierung – immer stärker aus. Performative Identität bildet sich prozesshaft im-Augenblick, in der Interaktion, im Abgleich mit der Gegenwart des Anderen und der Situation. Das Ich – und nicht nur die geschlechtliche, soziale oder individuelle etc. Identität – ist performativ: Dies zeigt sich in der Interaktion und dynamisch in dem, was und wie man wird, indem man auf eine bestimmte Weise spricht, hört und sich verhält (Butler 2003). Der *Homo performans* ist dabei wie eingebacken in den Vollzug: Dies ist sein Lebenspfund, seine Überlebensgarantie im Sozialen. Intuitiv weiß er um die soziale Macht des Konstativen, von Reflexivität und Ratio, unterwirft sich ihr aber nicht. Intuitiv weiß er, dass Performativität etwas wesenhaft Soziales ist, angewiesen auf die Interaktion (akzeptiert aber fallweise durchaus die Illusion des Gegenteils). Der Output des performativen Geschehens zwischen Individuen ist im Prinzip immer emergent, ja randomisiert, letztlich aber wahrscheinlich auch nicht vollkommen zufällig. Die jeweils für eine Situation geltende Identität der Akteure ist fluid, gilt auf Zeit, bedient sich der Inszenierung und wird durch kleine Rituale interpunktiert und durch sie begrenzt. Wird sie jedoch *definiert*, gehört die Wandlung, die Abschattung aller Definitionen zu ihrem Kern. Im Musterfall der Zukunft wird sie zwanglos durch den Anderen erst ausgelöst. Performative Identität wird nicht intentional wiederholt, dauert nicht an, ist flexibel und wird nicht konstativ konserviert – auch wenn die Erinnerung dies vortäuschen mag. Performative Identität ist im Vollzug einmalig, neu, jedesmal anders, und dies ist wahrscheinlich das

Merkmal, das in der Beschreibung am meisten Befremden auslöst, nichtsdestoweniger aber zwanglos umsetzbar ist, sobald keine Ego-Fixierung mit all ihrem Ballast im Spiel ist. (Performative Identität steht so in der Gefahr, in die Nähe einer klinisch relevanten multiplen Identität geschoben zu werden – was ein fatales Missverständnis wäre.) In sozialen Rollen gestaltet sich performative Identität zwischen den Polen Inszenierung und Authentizität aus, in der gewissen Intuition, dass es in der sozialen Welt ohnehin keine direkt vermittelbare Identität gibt.

Der Mensch ist reich, flexibel, vielfältig, ausgestattet mit einer meist ungenutzten, noch ganz unausgemessenen *Kapazität des Seienden*. Im Idealfall, der in der Zukunft immer breiteren Raum einfordern wird, entwickelt sich performative Identität in jedem neuen Kontakt. (Dies wäre eine echt-performative Neuauflage der Habermas'schen ‚Idealen Sprechsituation', s. Kap. V, 9). Dabei ist es im Prinzip gleichgültig, wann, wo und mit wem dieser Kontakt stattfindet: Er findet im Normalfall ohnehin jeden Tag statt. *Homo performans* ist somit auch im sozialen Kontakt potenziell ein Chamäleon, das den Anderen instinktiv auffordert, ebenfalls eines zu sein: um sich dadurch mit ihm gemeinzumachen. Er nimmt etwas – ohne genau zu wissen, was das denn nun genau sei – vom Anderen in sich selbst auf und gibt es, ohne es zu werten, verändert zurück. Er wird zu einem unmessbaren Stück, für eine unmessbare Zeit, selbst der Andere – und überwindet seine Hemmung, dies auch selbst auf Zeit – *zu sein*. Instinktiv pflegt er diese Art der Unbestimmtheit, ohne auf ihr zu bestehen, macht sie zu einer Eigenschaft, die mit der Zeit in Fleisch und Blut übergeht. Dies ist das Talent, dass der performative Mensch in der Zukunft aufweisen wird. Gleichzeitig ist es der beste, wirkungsvollste Beitrag zu einer gewaltlosen Existenz, mit anderen Worten: zur Sicherung des Friedens – zwischen Personen, Gruppen, Nationen.

Die „Identität" des entwickelten performativen Menschen ist sich bewusst, dass sie im Wesen multipel ist und sich zusammensetzt aus vielen Facetten. Diese Facetten können frei flottieren, behindern sich nicht, sondern reagieren auf aktuelle Zustände des Individuums oder seines Gegenübers. Sie suchen und finden die für eine Situation angemessene Konstellation, was irgendwann instinktiv und wie automatisch vor sich geht. Klar ist, dass es hier viele Abstufungen und Grauzonen geben wird, je nach Veranlagung, Talent und individueller Biographie.

Der amerikanische Soziologe Erving Goffman geht davon aus, dass das Ich in all seinen Szenen immer ein leicht verändertes, neu konstituiertes Ich ist, „ein Produkt einer erfolgreichen Szene und nicht ihre Ursache." Und Jia Goffman pflichtet bei: „Das Selbst ist kein festes organisches Ding, sondern eine dramatische Wirkung, die aus einer *Performance* hervorgeht." (zit. bei El Ouassil, Karig 128; kursiv U. H.). Dies heißt unmissverständlich und definitiv: Das Ich ist performativ, nicht konstativ. Theoretisch wie praktisch ist hier mit eingeschlossen, dass performative Identität-im-Kontakt eine skalare Erscheinung ist: Sie kann – je nach Individuum, Talent, Befindlichkeit, Tagesform, Sympathie etc. – viele Grade annehmen, ist aufwärtsmobil und abwärtsmobil. Performative Identität ist, wie das afrikanische *ubuntu* (Kap. V, 3), eine *Identität in der Aktion mit Anderen.*

Die Skala reicht in der Theorie von Null, d.h. dem Fehlen jeglicher Empathie und der Blockade aller imitativen Zwischentöne, bis zu einem annähernden Wert 100, d. h. bis zu jenem Zauberstück, das in der Kultur- und Comedy-Szene z. B. als perfekte Parodie aufscheint. Dazwischen liegen alle möglichen, ungezählten *shades of performative behaviour*, die sich automatisch nach Sympathie, nach Talent, nach Bereitschaft etc. ein- und auspegeln. Es sind Zwischentöne des Grau zwischen Schwarz und Weiß. Eingeschlossen in die performative Freiheit, die sich so mit der Zeit einstellt, ist, dass Standards und Verfahrens-Züge, die performativ einmal erzeugt worden sind, bei etwa folgenden Kontakten nicht kategorisch eingefordert, nicht „zurückgefordert", nicht mehr wie-selbstverständlich erwartet werden; sie sind im Prinzip kontingent und diskursiv nicht verhandelbar. Dies setzt sowohl Vertrauen wie auch Verantwortung auf beiden Seiten voraus. Die auf diese Weise wechselseitig unterstellte performative Vernunft ist vorrangig gekennzeichnet durch eben solche relative, unbestimmte – Freiheit.

Die bereits erwähnte amerikanische Philosophin Judith Butler hat mit der performativen Konstruktion (statt: einer reflexiv-konstativ-beschreibenden Konzeption) von ‚Geschlecht' eine mächtige Bewegung angestoßen: „Gender is more what we do than what we are." Das Performative befindet sich hier an der Grenzlinie zwischen sozialer und biologischer Identität und, wie zu erwarten, macht Butler keine definitiv-explizite Aussage (weil eine solche Aussage offenbar bereits als maskulin halluziniert und von der *community* als unkorrekt gebrandmarkt würde). Soziale Identität wird *immer* performativ hergestellt und gesichert; die biologische Identität wird ebenfalls performativ *dargestellt* und bestätigt (wie denn auch sonst!), u. zw. weil sie biologisch-physiologisch eindeutig identifizierbar ist. Die soziale Gruppe will es so: ein Phänomen der Redundanz und des sozialen Sprach- und Gesellschaftsspiels.

Vermutlich ist das Multiple des menschlichen Ego gar nichts revolutionär-Neues. Es war schon immer da, nur wurde es durch Kultur und Pädagogik, durch Zeitläufe und Moden immer wieder verborgen und entstellt. (Wurde das Multiple auch durch die Verläufe der Philosophie aufgehalten?). Dichter haben schon immer den hominiden Reichtum betont; sie sprechen von einem Wissen, das sich jetzt langsam wieder in das kulturelle Bewusstsein hineinbegibt. Das Ich ist existenz-löslich; was man von ihm formulieren kann oder sollte, wissen die Dichter schon immer besser als mancher Psychologe:

> „Als ein vielfältiges und unstetes Wesen ist [der Mensch] in der Lage, alle die widersprechenden Systeme hinzunehmen, welche von anderen Philosophen konstruiert wurden. Er ist einen Augenblick Positivist und im nächsten Mystiker; bald vom Gedanken an den Tod verfolgt, bald ein dionysisches Naturkind; ein Pessimist und, bei einer Veränderung in der Liebe oder in der Leber oder auch nur eines Wetters, ein überschwänglicher Anhänger des Glaubens, dass Gott in seinem Himmel und auf Erden alles wohlbestellt hat." (Aldous Huxley).

> „Du bist Gast hier, Zaungast, Zeitgast, Zufallsgast. Beobachter, wenn es gut gerichtet war, des kuriosen Weltenlaufs, der Karibus, der Geschichtswellen, des Vogelzugs, des Tagesrunds, der Vielfalt der Natur wie der Einfalt des Menschen, *vice versa.* Blickst kopfschüttelnd, ehrfürchtig, geblendet auf die Semiose der Kommunikation, das Worten der Welt. Hast von der Kunst und der Verzweiflung geleckt, kennst den trivialen Bogen, das tausendgesichtige Mosaik, wenn ER es gut mit dir gemeint hat. Kennst Altstadtgewimmel, Tibeterhimmel, Strassengebimmel. Warst Inder, Portugiese, Schwed wie Kaffer. Bist Betrachter, Mitspieler, Mitwisser des Geheimnisses des irdischen Lebens, versagst dich, wenn der Krug übervoll ist; siehst voller Entzücken, Bedecken, Erschrecken die schemenhafte Silhouette des Meisters, *deines* Meisters, wie er

sich am Horizont zu schaffen macht, sich an der Lebenslinie entlangdrückt, er, der die Drehung der kuriosen Kugel für einen Moment anhalten kann. – Du bist Gast; zeige dich auf die Gastfreundschaft wie auf ihre Versagung gleichermaßen vorbereitet. Sei auf das Leben wie auf den Tod gleichermaßen vorbereitet." (Anonym)

4. Performative Intelligenz[14]

- Nach neuesten Hirnforschungen scheint Intelligenz bereits ganz allgemein auf einen angeborenen Satz aus performativen Grundfähigkeiten, wie etwa perspektivische Empathie, zurückzugehen (Hackenbroch/Koch 2024). Der Mensch schafft dann seine Art der Intelligenz in der Praxis immer wieder selbst mit.

Performative Intelligenz ist eine Form der Intelligenz, die potenziell alle anderen Arten von Intelligenz umfassen kann, aber auf keine von vornherein festgelegt ist. In Zeiten weltweiter Kulturkontakte wird sie in der Zukunft immer mehr an Bedeutung gewinnen. Jenseits des logisch-rationalen IQ wird performative Intelligenz über Intuition in einer beliebigen Situation entwickelt. Sie entzieht sich der strikten Definition sowie strengen experimentellen Messmethoden.

Die Intelligenz des Menschen ist performativ durch-und-durch; wie könnte es anders sein! So bildet sie sich, so zeigt sie sich. Und dies: unabhängig davon, ob ihr Träger davon weiß oder nicht, unabhängig davon, ob diese Intelligenz bereits reflexiv geworden ist oder nicht. Es ist vor allen Debatten und Beschreibungen sinnvoll, verschiedene Stufen einer Performativen Intelligenz (PI) zu unterstellen: Auf einer archaischen, naturhaften Grundierung baut eine sozial gepolte PI auf, die später bewusst und reflexiv werden und so – im Verbunde mit konstativ-rationalen Anteilen – eine neue Reife erreichen kann. Dies ist die vorerst letzte Schicht, die man annehmen sollte: Die Zukunft wird in ihrer globalen und interkulturellen Orientierung eine weitere, dann neue, weiter ausgereifte PI hervorbringen.

Eine ‚Performative Intelligenz' ist bis zu diesem Zeitpunkt (2024) kein Teil der Intelligenz-Debatten. Dies ist durchaus seltsam, weil in den letzten Jahrzehnten heftig um einen zeitgemäßen Begriff von ‚Intelligenz' gerungen worden ist (s. Rost 2009). Die große, übergreifende Tendenz ist diese: *Around the world* entfernt man sich von der alteuropäischen Konstruktion

---

14 Einige Ideen und Passagen sind angelehnt an das Kapitel ‚Performative Intelligenz' in Hinrichs (2018a).

des logisch-rationalen IQ-Messung und bewegt sich, immer beschleunigter, auf einen Intelligenz-Begriff zu, der Emotion, Empathie, Subjektivität, Emphase, Intuition und noch weitere nichtkonstative Komponenten und Facetten wenigstens berührt (‚*Multiple Intelligenzen*'; Gardner 1999), also im Prinzip performative Züge. Ein zweites Ergebnis ist, dass es trotz einer wahren Flut an immer neuen Intelligenzbegriffen keinen Konsens gibt darüber, was Intelligenz nun am Ende sei und wie man sie darzustellen habe. Ist der Sapiens (noch) nicht intelligent genug, um eine Vision davon zu haben, wie eine Intelligenz des 21. Jahrhunderts aussehen sollte?

Trotz eines neueren internationalen Hypes um die Intelligenzen zeichnet sich kein Entwurf einer Intelligenz ab, der stark-performative Grundzüge in sich aufgenommen und philosophisch oder ethisch begründet hätte. In Zeiten anwachsender Interkulturalität ist dies durchaus ein Versäumnis, und man ist geneigt, die Gründe für diese Art des Mangels in den europäischen Wissenschaftstraditionen selbst zu sehen, die kein Auge, kein Ohr für eine neue Art humaner Intelligenz entwickelt haben, die sich mit Recht ‚performativ' nennen dürfte. In der Gegenwart und, mehr noch, in der Zukunft wird sich in der Weltgemeinschaft eine Art (viele Arten) einer Intelligenz entwickeln, die nicht mehr (nur) auf nationales, rationales, kulturelles, wissenschaftliches und textuelles Wissen aufbaut, sondern eine neue Art der Flexibilität erzeugt, die den neuen Herausforderungen zwischen den Kulturen entgegenkommt. Eine Intelligenz, die etwas von einem ‚Rhizom' an sich hat: ‚Rhizom' ist ein zutiefst antikonstatives Konzept und passt haargenau auf die Umrisse einer neuen Intelligenz, die nicht auf Dogmen, Experimente, nicht auf feste Linien oder Theorien zurückgreift, sondern in einer bestimmten, einmaligen Situation sich selbst erzeugt: Der französische Philosoph Gilles Deleuze und der Psychiater Félix Guattari verwenden für Fälle wie ‚*Performativität*' den Begriff ‚*Rhizom*', der aus der Botanik stammt. Vom Stamm des Rhizoms aus verzweigen sich die Komponenten von Performativität in immer neuen Varianten: Aktiviert ist meistens nur *eine* Komponente – sie steht im Fokus, im Scheinwerferlicht des Geschehens; die anderen sind sozusagen deaktiviert, gleichsam abgeblendet und befinden sich im Augenblick des Vollzuges *backstage*. Jedes Kulturfeld, jede Disziplin erzeugt eine andere Anordnung, eine eigene Variante des Rhizoms. Eine PI erzeugt und entwickelt eine Art Verzweigung, wenn man will: ein kaleidoskopartiges Geflecht nichtkonstativer Züge, auf die sie jederzeit zugreifen kann.

Fokus ‚Rhizom'. Der Begriff des *‚Rhizoms'* ist auch im Detail bestens geeignet für alles Performative. Nach der gängigen Definition von Deleuze und Guattari gibt es einige grundlegende Merkmale. 1. Konnexion: Alle Punkte können miteinander verbunden werden, müssen es aber nicht. 2. Heterogenität: Alle Punkte bleiben eigenständig und unabhängig. 3. Vielheit: versteht sich von selbst. 4. Bruch: Das Rhizom kann an irgendeiner Stelle gebrochen werden, existiert aber trotzdem weiter, vielleicht in anderer Form. 5. Kartographie – ein anderes Wort für Mosaik oder Puzzle: Die Karte des Rhizoms ist offen, sie kann an einer Stelle auch demontiert oder umgekehrt werden. Deshalb ist *‚Vollständigkeit'* kein definierendes Merkmal. Das Rhizom ist in Bewegung und erzeugt sich ständig selbst neu (wie die Bilder in einem Kaleidoskop). Seine Morphologie ist performativ.

Auf dem Wege zu einer performativen Intelligenz

Intelligenz wird heute mehr und mehr als ein ganzheitliches Gestalt-Phänomen gesehen, das sich weiterverzweigen kann und flexibel ist. Ausgehen muss man von einem scheinbaren Paradox: Zum Einen gibt es unendlich viele ‚Intelligenzen', sobald sich nur jemand findet, der eine neue Intelligenz konstruiert und dann der Flut an Intelligenz-Varianten eine neue Variante hinzufügt. Zum Anderen ist ‚performative Intelligenz' etwas, das Anleihen machen kann bei einer jeden Art von Intelligenz, ohne sich von ihr bestimmen oder gar definieren zu lassen, sogar bei der alten IQ-Intelligenz, die immer noch auf dem Grund der Debatten schwelt. (PI mag sogar schwanken und ausschlagen, immer abhängig von der Situation und vom Individuum: Sie kann durchaus zwischen IQ-Werten wie 80 und 120 oszillieren). Immer mehr Forscher verstehen, dass Intelligenz – will man an diesem Begriff überhaupt weiter festhalten – etwas ist, dass den gesamten Menschen erfasst, ohne ihn künstlich in Komponenten wie *Körper, Geist, Seele* etc. aufzuspalten. Intelligenz ist eine holistische Eigenschaft des Sapiens, die sich auf allen Kontinenten, Weltgegenden und Kulturen in der gleichen Anlage findet, sich nur immer anders ausgestaltet. Dazwischen bilden sich in Zeit und Raum nicht nur immer neue Varianten einer humanen Intelligenz aus, sondern ebenso auch immer neue *gaps* zwischen den Partnern, sodass ein bemühtes Ranking sich immer mehr erübrigt und zuletzt immer mehr Kopfschütteln erzeugt bzw. sich irgendwann von selbst erledigt.

‚Intelligenz' entzieht sich so immer schneller, immer schwerer fassbar, einer nationalen, kulturellen, psychologischen oder sprachlichen Definition, und sie kann immer weniger in plausible Argumentationen wirklich eingefasst werden. In Wende-Zeiten wie diesen muss der gordische Knoten aller konstativ gepolten, aber auch vieler antikonstativen, oft nur gegenbildlich entworfenen Intelligenzen durchschlagen werden. Jeder einzelne Mensch ist unwiderruflich dazu aufgefordert, an den Zirkeln und Wirbeln der Intelligenzen selber teilzunehmen und hier auf eine eigene Entscheidung, durch eine eigene, tiefgeerdete Intuition hinzuarbeiten. Dies ist das performative Gebot der Stunde. Dazu muss der Sapiens seine Naturgaben aktivieren: seine Fähigkeit zu imitieren, zu schauspielern, an der Inszenierung des Lebens teilzunehmen, ohne hier in konstative Fallen zu tappen. Er spielt seine Rollen und weiß selber niemals zu 100 Prozent, wie groß nun der Anteil des Spieles, wie groß der Anteil seriösen Ernstes ist und wie sich beide überlappen und ineinander dringen (und etwas Neues erzeugen). Der entwickelte Sapiens greift dabei zurück auf seine Ressourcen, die ihm schon als Kind das Leben leichter gemacht haben oder es gar das eine oder andere Mal gerettet haben: auf den Wechsel der Identität, auf den Sprung, den Quantensprung zwischen seinen eigenen Seinsweisen. Performative Intelligenz ist eine Intelligenz, die sich erst in einer konkreten Situation vollzieht und sich immer neu entfaltet – je nach Thema, Gesprächspartner und Atmosphäre. Sie provoziert kein festes Prädikat (allenfalls einen Schwarm oszillierender Prädikate). Es ist die Intelligenz des 21. Jahrhunderts, die, richtig entwickelt und eingesetzt, eine *Intelligenz des Friedens* ist. Wir umreißen die Vision einer performativen Intelligenz in einer Merkmalsliste, die keinen Anspruch darauf erhebt, abgeschlossen zu sein. Sie umfasst Merkmale und Züge vieler Intelligenzen, die in der Forschung isoliert sind und auch isoliert voneinander beschrieben werden (angelehnt an Hinrichs 2018a); im Kern bildet sie aber immer eine *intelligentia sui generis.*

Merkmale performativer Intelligenz

1. Performative Intelligenz ist bestimmt von dem Gedanken der *Inszenierung* allen sozialen Lebens. Für PI ist eine soziale oder individuelle Rolle nur eine zufällige Lesart der unveränderlichen Grundsituation des Menschen: jener der *Aufführung* seines Lebens, seiner Taten und Worte als ein jeweils einmaliges *Ereignis* vor und mit Anderen. PI zeigt ein grundständiges Talent aller Menschen: das des Schauspiels, der Imitation, des Spielens.
2. PI macht bewusst, dass alle Interaktion eine Wiederholung ist und weitere Wiederholungen erzeugt; gleichzeitig treten im Einzelfall ihre Einmaligkeit, ihre Zufälligkeit und ihre Unwiederholbarkeit hervor.
3. PI entscheidet im Prinzip nicht (oder: nicht sofort) über wahr und unwahr, logisch oder unlogisch, gelingend oder misslingend.
4. PI ist an keine individuelle, soziale, kulturelle etc. Identität gebunden und traut diese Freiheit auch anderen zu. PI erzeugt und entwickelt eine spezielle Identität grundsätzlich *in* der Interaktion selbst. PI ist variabel und kann ihre Erscheinungsform im Moment ändern und anpassen.
5. PI ist Situations-Intelligenz und eingestellt auf *Emergenz*: auf die Offenheit von Verlauf und Ergebnis einer Situation.
6. PI ist nicht fokussiert auf eine bestimmte Art der Intelligenz, sondern nur auf den Modus des *Vollzuges*; PI gibt dem WIE und WO und WER den Vorzug vor dem WAS.
7. PI ist nicht intentional, nicht strategisch, nicht auf eine bestimmte Wirkung bedacht.
8. PI ist flüchtig: Sie richtet sich automatisch nur auf die unmittelbare Gegenwart des Vollzuges.
9. PI ist in moralischer, ästhetischer, ideologischer Hinsicht neutral.
10. PI ist unmittelbar evident und muss nicht erst erschlossen oder begründet werden.
11. PI ist nicht messbar und in Modellen und Strukturen nur beschränkt beschreibbar.
12. PI heißt, auf die stetige Erdung und Bestätigung des EGO, der sogenannten Identität, zu verzichten. Identität entwickelt sich performativ

immer wieder neu, ganz nach Situation und Gesprächspartner. PI heißt auch, auf eben diesen Prozess ohne Rückhalt zu vertrauen. Niemand ist stets derselbe.

13. Ultraradikale PI bestünde in einem schauspielerischen Glanzstück: etwas von der Aura des Gegenüber spontan mit in das Eigene aufzunehmen – und wenn es nur eine Geste des Augenblicks wäre. Und es wäre beileibe nicht nur uneigennützig: „Das Ich muss ein Anderer in Bezug auf sich selbst werden, um sich zu erleben." (Michail Bachtin).

Performative Intelligenz ist evolutiv wahrscheinlich die älteste Intelligenz, zumindest in ihrem inneren Kern. Zugleich ist sie die Intelligenz der Zukunft (wollte man den ‚Intelligenz'-Begriff überhaupt noch weiter verwenden). Dies gilt ganz unabhängig vom kulturellen Stand der Region in der Welt. Sowohl in der Evolution als auch im menschlichen Erdenleben steht die Imitation an erster Stelle: ein primatoïdes, ja äffisches Erbe, das der Homo Sapiens direkt in seine Art der Kommunikation übernimmt. Er spielt Theater und ist selber Regisseur seiner wechselnden Rollen. In der Grundverfasstheit hat PI etwas von einem Kaleidoskop, das in jeder Situation neu zusammengeschüttelt wird; im Erscheinungsbild etwas von einem Chamäleon, das seine Farbe der Situation anpassen kann, aber nicht muss. Sie ist in der Anlage nicht mehr geprägt von speziellen „alteuropäischen" Bedingungen wie Faktenwissen, nur-rationaler Vernunft oder kausaler Logik. Sie bewahrt einen universalen, dabei höchst flexiblen Grundcharakter. Sie ist so etwas wie ein hominider Grundzug, der an keine Epoche, nicht an Hautfarbe, Zivilisation, Religion oder Nation gebunden ist. Deshalb verhält sie sich zu anderen Intelligenzen etwa wie eine Stadt zu ihren Straßen und Plätzen – wie ein überwölbendes Dach über all dem, was sich unter ihm abspielen mag. Das alles mag auf den ersten Blick utopisch klingen, aber für jede Utopie kommt die Zeit.

„Wir sind nicht intelligent genug, zu wissen, was Intelligenz ist." (Hans Magnus Enzensberger)? Vielleicht. Auf die minutiöse Beschreibung käme es auch nicht mehr an. Wir *müssen* es nicht exakt wissen. Der Mensch ist aber intelligent genug, sein uraltes performatives Erbe zu allen Zeiten und überall anzuwenden. Wir werden intelligent genug sein, zu akzeptieren, dass Performative Intelligenz etwas ist, was sich einer direkten Definition entzieht (und deshalb: umso effektiver wirken kann!).

5. Performative Metaphysik

- Der Philosoph setzt performative Metaphysik in philosophisch geerdetes Leben um, indem er auf die konstative Spekulation der zeitlosen W-Fragen verzichtet und ein grundständiges Nichtwissen (‚Semper Ignorabimus') existenziell in Leben umsetzt.

Der Abschnitt über „Metaphysische Singularität" (Kap. III, 17) hat versucht, den Kulminationspunkt alles Metaphysischen zu Beginn des 21. Jahrhunderts zu zeigen. Danach ist der „Sinn" des Universums und der Welt – das metaphysische Gamma seit je – heute eher dadurch bestimmt, was wir *nicht* wissen, als dadurch, was wir wissen oder zu wissen meinen. Alle großangelegten kulturellen, religiösen, technischen, digitalen etc. Projekte belegen das über die schiere Anstrengung immer wieder, sozusagen *ex negativo*. Je höher der Anspruch, desto fataler geriert sich oft das, was man hinterher, post quem, genötigt ist, einzusehen. Der Hype um die physikalische „Weltformel" zeigt dies in aller Monstranz, und man möchte sich kaum ausmalen, was geschieht, wenn diese Formel einmal unumstößlich feststeht.

Und trotzdem wäre es unklug, unphilosophisch, ja: riskant, den Komplex ‚Metaphysik' in einer Performativen Philosophie einfach beiseite zu lassen. Hierfür gibt es drei gewichtige Gründe:

- Die gesamte europäische Philosophie ist von Anfang an geprägt von Metaphysik – ob nun positiv als gewaltige Exegese, ob negativ als Antimetaphysik, oder in einer Renaissance „nachmetaphysischen Denkens" (Habermas);
- Gefühlte 90 % der irdischen Existenz des Homo waren geprägt von einer archaischen Metaphysik, die kosmologischen, mythologischen, animistischen, schamanistischen, phantastischen Charakter hatte. Es gibt heute keinen Grund mehr, diese Zeiten als nichtmetaphysisch oder gar als nichtphilosophisch herabzuwürdigen;
- Heute gibt es unzweifelhaft eine Renaissance alles Religiösen und Spirituellen. Mythos und Mystik zeigen sich überall, wie in einer Art Auferstehung. Es ist, trotz allen Populismus', nicht abzusehen, was dies letzt-

lich erzeugen mag. Möglich ist, dass Metaphysik, in welcher Form auch immer, ihre alten Rechte aufs Neue zurückfordert. Kann es eine philosophische Metaphysik geben, die nicht mehr auf konstative Begründungen angewiesen wäre? Das offensichtliche Paradox sagt: Man kann sie – *denken.*

„Wir haben zum nachmetaphysischen Denken keine Alternative." (Jürgen Habermas). Um dem nachzugehen, ist es nützlich, zuerst hinter den sprachlich-logischen Konstativismus zurückzugehen: Es gibt dazu keine Alternative, in dem Sinne, dass alles sprachlogisch-Codierte die Aporien nur aufrechterhält. Und hier behält Habermas auf eine unbeabsichtigte Weise recht: Zu lösen ist der gordische Knoten der Metaphysik nur durch eine andere Art *Kommunikativen Handelns*; dies wäre dann: nach-nach-metaphysisches Philosophieren.

Das Geheimnis der Welt *kann* keine Sprache haben. Große Literatur zeigt dieses einfache Faktum ja in einer sehr direkten Weise. Sie weist auf das Geheimnis hin, erreicht es aber nicht: Das, was in der Philosophie ‚metaphysisch' hieße, mag im ‚Faust', in ‚Finnegans Wake', in Borges ‚Blauem Tiger' vorhanden sein – es ist bloß nicht in einer Sprache beschreibbar. Es ist aber: *zeigbar*. Allenfalls erfüllen die *Worte* eine dunkle Funktion der Akkretion: Sie zeigen auf das Schwarze Loch des Geheimnisses, das sie umschreiben. Es zersprüht in tausend Varianten, sobald man nur ein Iota davon anzurühren wagt, und dass das Geheimnis *da ist*, mag man daran sehen, dass es immer weiter verschwindet, je näher man ihm zu kommen meint.

Die Sprachlosigkeit spiegelt so das Allgemeine Prinzip der Welt (‚Schwarzes Loch') auf einer performativ-impliziten Metaebene wider: Es gibt kein Prädikat, keinen Ausdruck, kein Zeichen. Wir können uns Unvorstellbares nicht vorstellen, schon gar nicht: in einer semiotischen Kodierung. Man kann es aber – in einer wieder unbeschreibbaren Art – *schauen*. Dies hat gar nichts Esoterisches an sich: Es ist einfach die Wahrheit, die es zu akzeptieren gilt. Die Impression der Esoterik stellt sich ohnehin nur ein, wenn man den Versuch macht, dies exakt und breit auszuformulieren (Capra 1985). Längst ist ja bekannt, schon als geflügeltes Wort, dass die letzte Wahrheit keinen Ausdruck hat. Es braucht also in der Zukunft ein neues Bewusstsein, das mit dem deduktiv-logischen

Bewusstsein der Geschichte kaum noch etwas gemein hat. Wir können das ein Bewusstsein der Performativen Vernunft nennen, das selber im Wesen performativ, ganzheitlich ist.

Blicken wir kurz auf die allgemeine Lage, in einem kurzen Retro: Metaphysik hat heute schlechte Karten, sowohl in der Philosophie als auch im öffentlichen Sprachgebrauch, der immer gleich etwas Unsichtbar-Abstraktes assoziiert (und fürchtet). Über Metaphysik wird heute eher geschwiegen (Braun; Stephan 19f.), was auf der anderen Seite der Naturwissenschaften zuweilen eine seltsame Kompensation mit spirituellen Begriffen erzeugt, so bei Fritjof Capra, Nikola Tesla, Ulrich Warnke u. a. Die Zeichen der Zeit stehen ohnehin nicht auf hoher Philosophie, sondern eher auf Niederschwelligkeit, Einfachheit, Populismus und Schnell-Verständnis, ob in der Philosophie, im Internet oder im allgemeinen Kulturbetrieb. *Philosophie für alle.* Überall klingt es nach Experiment, Kürze, Effektivität, Inklusion und *common sense* (obwohl sich gerade dieser zur Zeit in einem tiefgehenden Wandel befindet). Und Metaphysik im altphilosophischen Sinne wird vorrangig ausgeblendet, als ob dies eine verstrahlte Zone wäre. Kurioserweise geht das „Schweigen über die Metaphysik" einher mit Phänomenen einer neuen Spiritualisierung in den Naturwissenschaften – also so etwas wie eine versetzte Kompensation (Braun; Stephan 19f.). Ein metawissenschaftliches Paradoxon.

In der Philosophie selbst ist deshalb die vorherrschende Rede von einem *nach*metaphysischen Zeitalter und von *nach*metaphysischer Philosophie (Jürgen Habermas). Dazu kommt, dass sich der alte Begriff ‚Metaphysik' ohnehin bis zur Unkenntlichkeit verändert hat und kaum noch für einen ernsthaften Gebrauch zu taugen scheint. Es ist immer gut, sich daran zu erinnern, dass das europäische Philosophieren mit Metaphysischem begonnen hat: Und wenn die Philosophie in Europa tatsächlich, bewusst oder unbewusst, bis heute von Plato bestimmt ist, dann ist ihre Geschichte – trotz oder auch: wegen aller Gegentendenzen – von Metaphysik geradezu geprägt, vielleicht gerade dann, wenn sie sich antimetaphysisch oder nichtmetaphysisch gibt. Denn selbst in der so harschen wie bemühten Ablenkung von der metaphysischen Begrifflichkeit im 20. Jahrhundert scheint etwas von einer dunklen Prägung, einer dunklen Anhaftung vorhanden zu sein (wie das Theistische in den Atheisten). Weiterblickende Philosophen würden sich vielleicht gar nicht einmal groß wundern, wenn es in Zukunft eine Renaissance der Metaphysik gäbe. Sie scheint ihr altes Recht einzufordern.

Möglicherweise hat die Metaphysik im Hintergrund der Zeitläufe nur gewartet, um jetzt in einer veränderten, an den Zeitenlauf angepassten Form wieder aufzutauchen: als Neue Religions-Sichten, als Anti-Hype, als ein Neues Denken in einer neuen Komplementarität, die Metaphysik wieder möglich macht, jenseits von alten Oppositionen (Metaphysik vs. Anti-Metaphysik vs. Nachmetaphysik) sowie unbelastet von transzendentalen Altlasten. In den Anfängen der europäischen Philosophie waren Naturwissenschaften und Philosophie, waren Physik und Metaphysik noch nicht scharf voneinander getrennt – und dies wurde als vollkommen natürlich empfunden. Diese Trennungen sind erst im Mittelalter und in der Neuzeit eingetreten, beide Male zum Nachteil der Philosophie: Erst wurde sie von der Theologie abgespalten, ihr untergeordnet und von ihr vereinnahmt (als „*ancilla theologiae*" ‚Dienstmagd der Theologie'), dann wurde sie streng und strikt und fern gegenüber den erwachenden Naturwissenschaften platziert. Parmenides' SEIN, das UNBEWEGTE bei Aristoteles, Jaspers' UMGREIFENDES, Heideggers SEYN (und viele ähnlich gelagerte Begriffe) sind metaphysische Chimären: Sie enträtseln nichts, sie beschreiben nichts, sie weisen auf nichts Substanzielles hin – ja: Sie erscheinen in ihrem Text-Auftreten oft auf eine seltsame Weise – entleert. Durch ihre schiere Präsenz, ja: ihre reine Kommunikation (der sie ja nicht entkommen können) erzeugen sie in der performativen Gemeinschaft aus Autor und Leser eine Sphäre der Behinderung: Sie behindern ausgerechnet das, was sie eigentlich ausdrücken, was sie *zeigen* wollen. Das *signifiant* beschädigt das *signifié* – ein semiotisches Desaster – und zwar so, dass es desto irreversibler, desto diffuser wird, je öfter es in die laufenden Diskurse geworfen wird. (Die Rezeptionsgeschichten der Philosophie singen ein Lied davon). Dieser moderne ungesteuerte Nominalismus – der heute schärfer ausgeprägt ist denn je und auch noch auf vieles Andere zutrifft – besteht eben nicht nur darin, dass ein Wort erfunden wird, sondern vor allem Anderen darin, dass dieses Wort *qua communicatione* durch seinen unbegrenzbaren performativen *impact* eine falsche Fährte produziert, die eher von allem wieder fortführt. Nicht ausdenken, wenn eine zukünftige Kritik der Konstativen Vernunft mit der Idee zu arbeiten begänne, dass dies auch auf viele weitere Begriffsgrößen der Philosophie zutreffen sollte: In den Blick geraten hier gleich Platos Ideen, Leibniz' Monaden, der Cartesische Zweifel bis hin zu den antimetaphysischen Attitüden in der Kulturkritik des 20. Jahrhunderts.

Es scheint an der Zeit, einen Versuch zu machen, die Spaltungen und Irritationen, die die Abteilung Metaphysik allenthalben hervorgerufen hat, aufzuheben und sie wieder kompatibel zu machen: mit einem naturwissenschaftlichen Blick auf die Welt und auf die Rätsel, die die Natur immer wieder für die Wissenschaftler bereithält (und neue hinzufügt!). Jede ernstzunehmende Perspektive auf eine dereinstige *philosophia perennis* – in globalen Zeiten und langfristig ohne Alternative – kann gar nicht anders verfahren. Die uneingrenzbare, sich in Echt-Zeit rauschend und uneinholbar verändernde Lebenswelt, gleich welcher Kultur oder Sprache, auf allen Kontinenten, ist jetzt zweierlei:

- die bunte Lebenskugel des Materiellen und Geistigen, wie sie immer schon da war. Sie schüttelt sich jeden Augenblick, wie ein Kaleidoskop, neu zurecht. Sie tut dies heute exponenziell schneller, bunter, ungreifbarer als jemals zuvor.
- Der Mensch ist deshalb davon entbunden, ihre „Logik" in immer neuen Schablonen zu verfolgen und festzuhalten. Alles, was der Fall ist, ist heute auf neue Weise gebunden an ein neues Nichtwissen, das in seinem Glanz, seiner neuen Macht, zurückweist auf all jene Singularitäten, die sich von der Spiritualität aus auf alle Bereiche der Lebenswelt erstrecken. Ihr „Sinn" ist unlösbar an das Neue Nichtwissen geknüpft und damit an jedes einzelne Individuum, das eine neue Verantwortung hat, in seinem Tun und Sagen davon zu zeugen. Die strenge konstative Sinngebung hat sich in die pädagogische Nische zurückgezogen, trifft aber jeden Tag auf die Wahrheit eines neuen performativen Essenzials. Nichtwissen, sorgsam gehegt, ist das Feld, auf dem sich eine neue Metaphysik anpflanzen lässt – nicht nur für die akademische Welt, sondern für das einzelne Individuum. Wir halten das fest:
- Nichtwissen in einer nicht-pädagogischen, nicht-plebeïschen, nicht-diskriminierenden, wenn man will: in einer astronomisch geprägten

Variante, enthält die Kraft, eine neue, performative Metaphysik zu etablieren.

Deshalb hat Metaphysik heute einen viel größeren, noch gar nicht abschätzbaren *diapason*. Metaphysik ist zugleich alles und auch nichts – so unglaublich das klingt. Sie ist nicht auf eine „Disziplin“ o. ä. festgelegt, sondern ist überall. In ihr kommt eine *Art zu sehen* hervor. Sie ist etwas Philosophisches, zugleich aber *in praxi* auch außerhalb von ihr. Sie wölbt sich nicht mehr als starrer, transzendentaler Weisheitshimmel über den Niederungen des philosophischen Tagesgeschäfts. Dass der Mensch frei ist, sich selber befreien kann von der Diktatur des letzten linearen Bescheidwissens: Das ist eine Errungenschaft der Jetztzeit und öffnet das Tor zu einer neuen Art von Wissen, das noch niemand definieren kann. Der Mensch ist nicht länger Sklave des Wissens, sondern Herr über Nichtwissen und Wissen.

Der Philosoph '21 weiß: Er kann nur dann etwas über metaphysische Größen erfahren, wenn er zuerst zurückgeht auf einen Status Quo, wo metaphysische Sinngebung noch keinen konkreten Sinn hat, weil eine metaphysische Eingebung gerade erst ad-hoc stattgefunden hat. Erst dann können sich Wege zeigen, allmählich andere metaphysische Inhalte zu erzeugen (auf die das alte Wortungetüm ‚Metaphysik‘ kaum noch passen will). Dies wäre so etwas wie ein Abschied: sowohl von dem alteuropäischen Hochgewölbe als auch von den neueuropäischen Niederungen der Postmoderne, wie auch letztlich von der Versuchung, die sich nähernde Zukunft wieder mit einem konstruierten philosophischen Metasinngebäude zu überfrachten.

Es ist vielleicht nicht zu weit vorausgegriffen, wenn man Metaphysik (wollte man den Terminus tatsächlich beibehalten) als ein entwicklungsfähiges Synonym zu ‚Philosophie‘ überhaupt begreift, mit der Möglichkeit weiterer Differenzierungen, wenn sie sich ergeben. Aristoteles, der Begründer der Metaphysik, sprach (ohne diesen Terminus zu verwenden) von der „Ersten Philosophie“, weil sie theoretisch die Grundstrukturen jener Wirklichkeit untersucht, die der Untersuchung der Natur („Physik“) vorausgeht („Zweite Philosophie“). Heute gibt es eine geradezu ins Auge fallende Notwendigkeit, hier die Reihenfolge umzudrehen: Die Physik (die Neue Physik) geht allem voraus, indem sie das einfachste gemeinsame

Merkmal von Mikro- und Makrokosmos zeigt. Ihr folgt eine Meta-Physik (performative Metaphysik), die diese Struktur auf die gesamte Lebenswelt des Homo Sapiens projiziert: auf den Mesokosmos. Dies ist der zukünftige Sinn von Metaphysik, die mit einem alten Terminus eine neue Sicht auf die Welt bezeichnet. Sie liegt auf einer Linie mit anderen Subdisziplinen: Es gibt hier keine Hierarchien mehr. Meta-Physik kommt heute, im allerwörtlichsten Sinne, tatsächlich *nach* der (Neuen) Physik.

Performative Metaphysik (PM) gründet, hier der physikalischen Quantenmechanik folgend, auf der kleinsten Einheit, die den physikalischen wie den Lebensprozessen zugrunde liegt; sie bildet den unhintergehbaren Startpunkt für eine Performative Philosophie: der Singularität des Nichtwissens (Kap. III, 17). Die Singularität hat, wie die Astrophysik am deutlichsten zeigt, keinen Inhalt – jedenfalls keinen, den man mit Begriffen klassischer Wissenschaften beschreiben könnte. In diesem Sinne ist Singularität in der Mesowelt das universale Zeichen für eine weitausgreifende negative Ontologie.

Es ist gut und nützlich, dass man neuerdings von einer ‚minimalen Metaphysik' redet. Eine solche würde sich abheben von einer maximalen Metaphysik, die mit großen Philosophien und Philosophen und deren Systemen verbunden ist wie z. B. mit Aristoteles, Thomas oder Schelling. Sie bliebe im Wesen ja immer spekulativ. Performative Metaphysik ist vor allem anderen minimale, ja: minimalistische Metaphysik – und zwar in einem wortwörtlichen Sinne: Sie zeigt, wie das performative Gamma einen nichtspekulativen Zugang ermöglicht oder: einen solchen gar nicht erst unternimmt.

PM kann die Phänomenologie der sichtbaren Welt heute auf eine höchst effektive Weise unterlaufen und übersteigen:

- Die Mesowelt ist von quantologischen und relativistischen Phänomenen durchgängig geprägt: Hinter der kompakt-materiellen „Physik" der zivilisatorischen Alltagswelt liegen die beiden performativen Weltprinzipien. Die Unbestimmtheit der Blinden Flecke des sozialen Lebens und die innere Relativität der selbsterzeugenden autopoietischen „Systeme" des Ich, der Sprache, der Ethik, der Kunst, des Verstehens sowie der Philosophie als deren Navigator. Neue PM projiziert damit die Mechanismen und Phänomene der Neuen Physik auf die Kulturwelt des Menschen.

- PM oszilliert in einem unabschließbaren autopoietischen Prozess zwischen alten Oppositionen wie Metaphysik vs. Antimetaphysik; Wissen vs. Nichtwissen; Wahrheit vs. Schein; Sein vs. Da-Sein und Weiteren. PM ist in diesem strukturellen, vitalen Sinn eine komplementäre Größe, die durch Komplementäres Denken – wenn man will: durch Komplementäres Sein – zu ihrem physisch und sinnlich erfassbaren Ausdruck kommt.

PM besteht zu einem großen, durch-und-durch innovativen Teil in einem speziellen performativen Großverfahren: sich von allen „großen" metaphysischen W-Fragen komplett zu lösen – und diese Lösung selbst als einen quasi-metaphysischen Akt zu begreifen, der ein gewaltiges, neometaphysisches Potenzial erzeugen kann. Ein im Wesen performativ erfüllter Mensch könnte zu einer Sicht der Welt gelangen, in der deren Physis ihm direkt erscheinen mag als eine riesige performativ gepolte Metapher, eine große Metonymie über das Wesen der Welt (das selbst nicht in Erscheinung tritt).

Dies ist der heiße Kern einer Performativen Philosophie. Er mag sich sekundär auf alle Zweige einer Klassischen Philosophie erstrecken, dann auch auf alle Felder des Alltags. Genau wie die orthodoxe Metaphysik hat auch performative Metaphysik vorläufig keine Antworten auf die klassischen ontologischen Fragen aus der maximalen Metaphysik wie „Was ist die Welt?", „Was ist der Mensch?", „Gibt es einen Gott?" „Was ist Materie?", „Was ist Zeit?", „Was ist Leben?" oder „Was ist Geist?" im Weiteren dann: „Was ist ‚Möglichkeit'?"; „Was ist ‚Veränderung'?"; „Was ist ‚Freiheit'?" etc. *W*-Fragen dieser Art führen bereits in ihrer sprachlichen Formulierung die Illusion mit, dass es hier rationale Antworten geben könne oder solche, die einen Erkenntnisfortschritt bringen könnten. Seltsamerweise wird die offiziöse wie populäre Philosophie nicht müde, diese Fragen als „typisch philosophisch" anzupreisen – nicht bemerkend, dass dadurch etwas ganz und gar Unphilosophisches ausgelöst wird: nämlich die Auflösung solcher Komplexe in unübersehbare diskursive Details und wohlfeile Meinungen.

Deshalb werden solche sokratischen Paradefragen hier ohne Perspektive zurückgestellt. Es sind nicht-ungefährliche Pseudofragen, weil sie den prototypischen Inhalt, den jeder Mensch ohnehin kennt, zerlegen und vorgeben, insinuieren, ihn logisch oder semantisch zu verbessern, was unmöglich ist. Denn eine jede *mögliche* Antwort (immer eine von vielen) greift den schieren Inhalt solcher Fragen bereits substanziell an, greift jenes kollektive Apriori an, über das die meisten Menschen ohne Philosophie bereits verfügen und bereits vernünftig nach diesem ihrem Fundus handeln. Jede Frage gefährdet mit der Fiktion einer als sachlich *möglich* phantasierten Antwort einen noch vernünftigen Eigensinn: Jede Frage, wird sie explizit in den Raum gestellt, erzeugt sofort eine grobe konstativ-sachliche Strahlung, die eine performativ-intuitive Antwort geradezu: verhindert (oder, noch fataler, einen Diskurs-Jet anfeuert, der das ganze Bild von Materie, Zeit, Mensch etc. auf eine schiefe Ebene verschieben kann). Die explizit-konstative Äußerung vom Typ „Zeit ist .." verträgt sich nicht mit dem implizit-performativen Kern eines ZEIT IST .. Beide beißen sich, sind streng-synchron inkompatibel. Das kalte Benennen der konstativen Sache verträgt sich nicht mit dem heißen Innern des impliziten Wissens.

Dieses Exempel soll bedeuten: Metaphysische Antworten sind im Prinzip nicht verträglich mit dem durchaus metaphysischen apriorischen impliziten Wissen des Homo Sapiens, der solches Wissen ja bereits über Äonen angesammelt hat und schon immer damit lebt. Diese Grundtatsache wird von vielen philosophisch schreibenden Autoren oft wie automatisch ausgeblendet. Alle typisch-klassischen metaphysischen Fragenkomplexe nach den Grundstrukturen des Seins oder jenen der Wirklichkeit behandelt eine Performative Ontologie nicht, weil dies typische Fragen einer diskursiven Behauptungsontologie sind, die in ihrem Wesen konstativ, spekulativ und konstruktiv-systematisch bleiben und letztlich auf Konkurrenz aus sind. Sie verfälschen das, was sie ansprechen, notwendigerweise. Sie sind, in einem Wort, a-performativ, ja: kontraperformativ, weil eine solche explizit-gewirkte Anlage die performative Perspektive im-Ganzen behindert. Sie können nicht Ausgangspunkt, nicht Zielpunkt einer performativen Ontologie sein.

Das Einzige, was man definitiv und obendrein in einem klassisch-konstativen Sinn sagen kann, ist dies: Die Welt – was immer sie im Einzelnen sein oder nicht sein mag – ist performativ: *Mundus performatur – ergo est.* Die Neue Physik hat endgültig erwiesen, dass die Welt seit ihrem Beginn in jedem Augenblick erzeugt wird: Sie wird in jedem Augenblick vollzogen – auch in diesem Akt des Niederschreibens und des Lesens. Als WAS sie jeweils vollzogen wird, ist nur eine Frage des zufälligen Weltausschnitts und hier durchaus sekundär, und es ist prinzipiell gleichgültig, ob dieses zufällige Resultat nun in bestimmten Begriffen beschrieben wird oder nicht.

6. Performatives Sein

- Performative Ontologie ist eine Ontologie sui generis. Sie beschreibt und analysiert nicht das SEIN, sondern vollzieht es. Nur im Vollzug des Seins kann sich der Philosoph und seine Ontologie der Substanz des lateinischen ENS / des griechischen TO ŌN / Ē OUSÍA annähern.

Performatives Sein ist als solches im deskriptiv-konstativen Modus nicht zu erfassen. Dies ist die erste, absolut primäre negative Definition des Seins (die sich *als solche* bereits selbst angreift). Denn um im konstativen Modus dargestellt zu werden, müsste SEIN fixierbar, reflektierbar, analysierbar, definierbar, *identifizierbar* sein – was es *per definitionem altiorem* nicht sein kann. Einen ersten Hinweis auf performatives Sein gibt jene ontologische Differenz (zwischen Sein und Seiendem), die Martin Heidegger gemeint hat, aber nicht beschreiben konnte (weil sie nicht zu beschreiben ist). Es liegt vor: ein letztes, unhintergehbares ontisches Wirkungsquantum, das nicht weiter analysierbar, nicht konkret zu erfassen ist: ein letztes Zero ohne Prädikat, eine letztes Null-Stelle, aus der der weltliche Strom alles Zähl- und Messbaren hervorströmt.

Wir müssen hier versuchen, etwas Nicht-Formulierbares zu formulieren, um wenigstens eine Boje auf dem Meer des Seienden zu haben. Dazu ist es unumgänglich, sich den Verwerfungen und Klammerungen zu fügen, die eine syntaktisch-semiotische Sprache in jedem Satz erzeugt. Etwas Unsagbares zu sagen: mit einem minimalen, jederzeit bewussten Rest, außerhalb oder innerhalb des Quadrates.

- Sein ist ausschließlich *erfahrbar* – dies ist sein tief-performatives Wesen. In einem grandiosen performativen Akt (s. ‚Spirituelle Singularität', Kap. III, 2) wendet sich *Sein* dem Individuum zu. Jedes deskriptive Prädikat würde es irreparabel verändern, umlenken, beschädigen – es wäre nicht mehr: SEIN. Die Urerfahrung des Seins – in Reinkultur im *satori* erfahrbar – bricht auf das Individuum ein und strahlt aus auf die verbleibende Lebenszeit. Es ist damit in der Welt, aber nicht als ein objektiv-identifizierbarer Teil von ihr, sondern dunkel-präsent in jeder Faser des So-Seins. Damit ist klar: SEIN kann nur nach dem Prinzip des

Schwarzen Lochs Teil einer Philosophie sein: Es ist selber uneinsehbar dunkel, ist jedoch als etwas Unnennbares identifizierbar an Akzidenzien um es herum, gewissermaßen an der ontischen „Akkretionsscheibe des Seins". Damit ist auch klar: Alle klassische Ontologie verbleibt mehr oder weniger im Rahmen dieser Akkretion, kommt aber niemals über sie hinaus. Jede versuchte sprachliche Deskription (einschließlich dieser Bemerkungen) wird gewissermaßen ins Schwarze Loch des Seins hineingezogen, und es gibt nicht wirklich eine substanzielle Information.

Nikolaj Berdjaev (Kap. V, 9) hat der Philosophie hier den entscheidenden Weg gewiesen, schon vor einem Jahrhundert – seltsamerweise, bemerkenswerterweise zu einer Zeit, in der auch die Neue Physik entstand (genauso wie auch Heideggers ‚Sein und Zeit'). Das selbsterfahrene Hohe Sein kann sich nicht eindeutig im Konkreten zeigen, weil es keine Form, keine Gestalt hat; es kann aber nach Außen treten: Es kann sich gerieren als ein spirituell-inspiriertes, spirituell-geerdetes *Schaffen*: Philosophie, philosophieren als ein intuitiver schöpferischer, i.e.: performativer Akt, ganz jenseits der rational-philosophischen Argumentation.

SEIN ist somit nicht als ein Gegenstand, nicht als ein System, nicht als etwas Wissenschaftliches, nicht *im Seminar* lernbar und lehrbar. Im besten Fall zeigt der lehrende Philosoph etwas aus seiner Erfahrung, falls diese denn vorhanden ist und sich ihm selbst in einem ontischen Kairós gezeigt hat. Es ist eher der Ausnahmefall. In diesem aber besteht der *tao*-Sinn (China), der *pacha*-Sinn (Südamerika), der *dharma*-Sinn (Indien) des Philosophierens, das im-Ideal keinen Unterschied mehr macht zwischen Vollzug und seiner Darstellung, zwischen performativ und konstativ: Es nähert beide asymptotisch einander an. Vollzug zeigt ein lebendiges Ding; das Ding wird Vollzug. Nur der Philosoph, der selber aus-gezeichnet ist, wird dieses Kunststück wirklich vollbringen, und er hat eine riesige Verantwortung, nicht nur sich selbst und den Anderen gegenüber.

Der erste Grundstein, die erste Erdung des Performativen ist gestaltlos. Diese Gestaltlosigkeit *in irgendeiner Form* zu erfassen, ist eine Zukunftsaufgabe, vor allem für die Philosophie Europas, die dies nicht wirklich kennt. Möglich ist, dass die Heidegger'sche Vision einer *Seinsgewärtigung*, noch unerfasst und unerlöst, sich irgendwann, irgendwo noch ereignet: Dies wäre ein grandioser performativer Basis-Akt, der ganze Philosophien befruchten könnte. Die Gestaltlosigkeit, das Formlose des Ersten Seins erinnert an Aristoteles (‚ápeiron') an Augustinus, an Nikolaus von Kues. In einer Philosophie des Performativen ist diese Gestaltlosigkeit aber nichts Religiöses, nichts Logisches, nichts Metaphysisches – sondern ergibt sich einzig und allein aus der performativen Welle, die persönlich in einer intuitiven Sensation erfahren wird. Dies wäre gewissermaßen der Rinzai-Aspekt der Erlangung des Urperformativen; sein Soto-Aspekt bestände in der Lehre, in der Übung, gegebenenfalls in der Lebensführung, in der Meditation, in der Askese, auch: im Yoga.

Hier ist es leicht, zu assoziieren: etwas von Magie, von geistig-seelischem Zauber, von Esoterik, von Verschränkung etc. Dies alles liegt deshalb nahe – weil es den streng antikonstativen *impact* der Seins-Erfahrung weiter ausmalt und eine wohlfeile Spur legt, der man leichter folgen kann. Dies ist nicht ungefährlich, weil es von der performativen Urerfahrung eher wegführt, als sie wirklich erhellt. Das Alleinstellungsmerkmal des performativen Seins ist am Ende ausschließlich der ominöse Punkt des *Ereignisses*, des Erlebens, soll heißen: die strikte Abwesenheit von Reflexion und Prädikat, die die Quelle, die Aktivität des Performativen sichert.

Für den performativen Menschen spielt es keine Rolle, ob die ‚Realität der Welt' philosophisch begründet werden kann oder nicht, ob sie verworfen, angezweifelt oder fixiert werden kann. Dies sieht er als ein akademisch-philosophisches, letztlich in einem Sinne scholastisches Problem an, das sich immer noch nicht von den Leitplanken der europäischen Orthodoxie lösen kann. In jedem Falle sieht er selbst klar, dass die Evolution den Menschen an das Reale der Welt in einer Weise angepasst hat, die logisch, plausibel und genial zugleich ist. Er sieht den offensichtlichen Parallelismus des Realen und Seiner selbst, stellvertretend für alle hominiden Individuen: Wie die Welt sich jeden Augenblick erzeugt, so erzeugt sich der Mensch in jedem Augenblick selbst und ist sogar noch davon befreit, dies theoretisch oder philosophisch begründen zu müssen. *Homo performatur ergo est.* Er ist wie die Welt selbst, wie die Natur selbst, und existiert deshalb auf eine quasi-notwendige Weise in ihr. (Und er kann ein kosmisches Bewusstsein entwickeln, weil er selbst Teil dieses Kosmos ist.) Sein *Sein* ist so performativ wie alles andere auch – wie könnte es auch anders sein! In diesem Sinne ist sein Sein nichts Besonderes, es ist nicht etwas, was so nicht hätte erwartet werden können.

Der performativ-ontologische Vollzug des Seins ist eine Methode, jene falschen Fährten und schiefen Bilder zu verhindern, die durch spekulativ-konstative, diskursive Deskriptionen des Seins entstehen können (und die Geschichte der Philosophie prägen). Deshalb hat performative Ontologie (PO) zunächst nichts zu tun mit den Ontologie-Varianten aus der Geschichte der Philosophie, nehmen wir als Eckpunkte die ältere, absolute Ontologie nach Parmenides oder die neuere existenzialistische Ontologie nach Martin Heidegger.

Alles Sein ist von vornherein performativ. Sein ist ontischer Vollzug, jenseits aller Begriffe und Theorien. Es ist vor allem: Sein-im-Augenblick; es ist Sein-im-Raum-ad-hoc. Dies ist die naturgegebene performative Grundierung allen Seins. In der Epoche der Digitalisierung legt sich auf diesen primären, zeitlosen performativen Grund eine sekundäre, jetzt zeitgebundene Variante performativen Seins: Das *Hier&Jetzt* wird durch mittlerweile unüberschaubare Prozesse in den digitalen Medien noch einmal transzendiert: Es wird als Echt-Zeit und Echt-Raum noch einmal inszeniert. Auf die alte Performativität des Seinsvollzuges legt sich eine neue Performativität vielfältigster und ständig wechselnder *performances*, und es ist möglich, dass beide mehr und mehr – am Ende: undurchschaubar – fusionieren. Das alte performative Gamma des Seins hat heute eine neue, digital-inspirierte Qualität angenommen.

- Performatives Sein hat im 21. Jahrhundert mit der Entwicklung des Internet eine neue, unumkehrbare Qualität angenommen.

Dies ist der Alltags-Reflex, der sich jeden Tag unzählige Male ereignet und eben dadurch immer neue, sicher auch: immer schnellere, immer flüchtigere Reflexe hervorbringt. Was Humberto Maturana für die biologische Kognition erkannt hat, kann genauso gut auf die Welt als Ganze angewendet werden. Die ‚Autopoiesis' (Maturana) „verabschiedet sich von einer Auffassung der Welt als einer Ansammlung von zu erkennenden beobachterunabhängigen Objekten" und postuliert einen „ständigen Akt der Hervorbringung einer Welt im laufenden Prozess des Lebensvollzugs." (Maturana/Varela). Das ist performative Welterzeugung *par excellence*, projiziert in den Fortlauf des Alltags und verstärkt durch digitale Präsenz. Performative Welterzeugung, Erzeugung des performativen So-und-So-Seins der Welt ist aber nicht nur eine Sache alltäglicher Handlungsvollzüge. Sie hat ihren Urgrund in einer maximalen Ontologie, die den Weltvollzug auch theoretisch zu fassen versucht. Diese Ontologie umfasst die analoge und die digitale Version des performativen Vollzuges zusammen.

Man kann das Sein der Welt nicht erfassen; man kann es nicht wirklich, nicht konkret, nicht explizit *mit Sprache* erfassen. Man kann nur das je eigene *Dasein* im Rahmen einer Fundamentalontologie beschreiben, mit einem angepassten Begriffsapparat. Das hat Martin Heidegger getan. Diese seine Fundamentalontologie (*Dasein; Sorge; Angst; Sein-zum-Tode; Zeitlichkeit; das MAN; Entschlossenheit; Vollzug des Seins*) bleibt aber eine sekundäre Ontologie, weil sie seine archaische, die *primäre* Frage nach dem *Sein als Solchem* nicht beantwortet. Es ist dieses Paradox zwischen der Forderung und der Unmöglichkeit, SEIN zu beschreiben und philosophisch zu erfassen, das hinführen kann zu einer primären Ontologie, die jetzt performativ fundiert wäre. Heidegger hat der europäischen Philosophie deshalb mit Recht *Seinsvergessenheit* vorgeworfen; sie habe die ontologische Differenz nicht beachtet und dadurch das archaisch-fundamentale Sein aus den Augen verloren. Viele Kritiker haben das angemerkt, dahingehend, dass das Sein zwar angesprochen, aber nicht selbst *gedacht* werde. Wenn jedoch versucht wird, dieses Sein selbst zu denken, begibt sich der Philosoph, noch ehe er sich versieht, in eine Zwickmühle. Die besteht aus der unentscheidbaren Zwinge zwischen der immobilen Ontologie eines ruhenden absoluten Seins (Parmenides) und der dynamischen Ontologie eines ewigen Werdens (Heraklit). Heute erscheint diese Zwinge als eine unaufgelöste Zerrung zwischen konstativer Behauptungsphilosophie und einer dynamischen, prozessualen, vollziehenden Philosophie. Dieses Dilemma kann der Philosoph nicht mit Argumenten auflösen, weil jedes Argument das Dilemma weiter verschiebt, weiter verschärft und er sich letztlich unbewiesener Dinge auf eine Seite schlagen muss. Dann geht er das Risiko der Kritik und eines unabsehbaren Folgediskurses ein, der jede ontologische Vision nur weiter beschädigen kann. Es stellt sich ein konstativ-performatives Paradox ein, aus dem der Ontologe nicht einfach aussteigen kann, weil er selbst Teil dieses Dilemmas ist.

Sein kann man nicht durch Worte oder Argumente erfassen. Ob man es durch einfachen Vollzug erfassen kann, ist vollkommen unentschieden und eher eine spirituelle Frage, abhängig von den Fähigkeiten eines Individuums. Niemand könnte sagen, wie denn dieser Versuch konkret aussähe. Oder er geriete schnell in die Falle konstativ eingefärbter Spekulation. Versucht man trotzdem, Sein bewusst zu vollziehen, zieht sich das Sein zurück. Ein fügt sich nicht ein in die Mechanismen des Philosophierens; ‚*Sein IST nicht*.' (Heidegger); Sein ist nicht: *ontisch*. Gott hat keine Ontologie, keine Metaphysik (und keine Religion). Heideggers Wort von der ontologischen Differenz weist aber einen Weg. Er selber markierte die ontologische Differenz, die sich einstellt, wenn man das Sein selbst so darstellt, als wäre es selber ein Objekt des Daseins, das man mit Begriffen und Kategorien analysieren könnte. Klar ist, dass sich Sein so nicht einfangen lässt. Das wäre derselbe Irrweg, der sich auftut, wenn man die Liebe zwischen zwei Menschen einfangen wollte über die vielen Dinge, die sie gemacht oder gesagt haben. Man darf die Akzidenzien nicht mit der Substanz verwechseln; man darf das Schwarze Loch nicht mit der umkreisenden Materie verwechseln. Das wäre ein konkretistisches Missverständnis. Eine Sackgasse.

Wie bewahrt die Welt ihre ursprüngliche, unangetastete Performativität, wenn sie, außer durch sich selbst, im Bewusstsein des beobachtenden Menschen repräsentiert wird? Wie kann der Mensch in seiner Subjektivität, in seiner sozialen Existenz die Performativität der Welt (nicht: seine eigene!) bewahren, sich ihr gegenüber als gerecht erweisen, ohne in esoterische oder subjektivistische Fallen zu tappen? Der Idealfall, der auch das einfachste Muster zeigt, sieht so aus:

- Der performativ geprägte Mensch der Zukunft ist sich der ontologischen Differenz latent bewusst – bewusst in dem Sinne, dass er sie als ein Automaticum verinnerlicht hat.

Dies mag man sich als ein Oszillieren vorstellen zwischen jenen Größen, die die ontologische Differenz (Heidegger) ausmachen. Das intuitive Wissen davon, dass diese Lücke niemals geschlossen werden kann, weder theoretisch noch praktisch – dies ist jener Motor, der die performative Autopoiesie, die unablässige performative Selbsterzeugung des Menschen, betreibt, vorantreibt und so immer wieder erneuert: ein performatives ontisches Perpetuum.

Das bedeutet: Der performative Mensch kennt – idealerweise – das Wesen von vielen Ontologien, übersetzt: von Weltanschauungen, und hier ganz besonders seine eigene, so wie sie sich per Anlage und Lebenspraxis herausgebildet hat. Er sieht, dass es unendlich viele Weltsichten gibt, und dass sie nicht überbrückt werden können (und auch nicht: *sollen*). Er weiß intuitiv, dass keine irdische Instanz so etwas wie SEIN erfassen oder mit einem Prädikat versehen kann von der Art „*SEIN* ist dies oder das." Er sieht, dass er sich zwischen zwei Fronten befindet, von denen die eine (SEIN) unsichtbar, unerfassbar ist, die andere aber mannigfach ist und individuell auch noch verschieden. Jeder Versuch, dies in einem konstativen Modus auszudrücken, zerstört den performativen Grund. Der einzige Weg, der offensteht, ist, dass er klar die Lücke erkennt, die sich zwischen beiden Fronten ergibt, und dass diese Lücke nicht schließbar ist, nicht durch Philosophie, nicht durch Rationalität, nicht durch subtile Systeme, Konstruktionen oder Argumentationen. Er hat die ontologische Differenz *in sich* – eingesetzt nicht über irgendwelche abstrakten Begrifflichkeiten, sondern durch seine eigene Lebenserfahrung. Er weiß, dass sie kein Prädikat hat, dass sie nicht konkret „ist", aber dass sie – *west*. Sie ist, da sie ohne Bezeichnung ist, nur in reinem performativen Bewusstsein erfahrbar, und sie ist nicht diskutabel. Sie ergibt sich als reines Phänomen aus einem komplementären Dauerzustand, der beide Fronten kennt, ihnen aber nicht verpflichtet ist. Insofern ist SEIN – transzendent.

Aus der ontologischen Singularität (z. B. in der Heidegger'schen Variante) ergibt sich im Umkehrschluss das, was man ‚performatives Sein' nennen kann. Dass die Welt performativ fundiert ist, muss man nicht mehr beweisen, nicht diskutieren: Hier ist die Natur unbestechlich und hat für alle Zeiten ihr Wort gesprochen. Sie ist es schon immer – auch ohne den Menschen. Die performativ-ontologische Grunderfahrung – die viel gemeinsam hat mit spiritueller Singularität – könnte sich nun daran machen, sich mit all jenen sekundären Fragen der klassischen Metaphysik zu befassen, die den traditionellen ontologischen Kanon ausmachen. Die absolut meisten dieser Fragen – s. o. ‚*Semper Ignorabimus*' – sind aber nicht beantwortbar oder besser: nicht vernünftig beantwortbar, zumal alle Antworten unbeweisbar bleiben, kulturell vorgeprägt, spekulativ, anfechtbar, auch: sinnlos – vergleichbar mit den zahlreichen Gottesbeweisen in den Hóchzeiten der mittelalterlichen Philosophie. Auch ist dazu alles schon gesagt. Ist es möglich, dass eine performative Metaphysik hier eine neue Perspektive stellt? Man stelle sich einen Menschen vor, der durch das *enlightenment* gegangen ist, die Welt kennt, jedoch kaum etwas über sie *sagen* kann, weil eben dies in einer Sprache geschehen müsste, die ihrem Inhalt nicht mehr folgen kann. Und weil er weiß, dass jede Aussage über die Welt zugleich ein unauffindbares Minus produziert (Wittgensteins „Beulen, die sich der Philosoph an den Grenzen der Sprache holt.") Dies ist aber auch die Situation für eine performative Metaphysik, und man muss den *linguistic bias* immer miteinrechnen, wenn hier einschlägige Versuche gemacht werden. Ja, es geht vielleicht so weit, dass nur in den *gaps*, die die beschreibende Sprache unweigerlich produzieren muss (Derridas *différence*) etwas von performativ-metaphysischer Wahrheit aufscheinen kann. Es liegt jenseits jeder logisch-rationalen Information.

‚Seinsgewärtigung'

Ein Begriff ‚Performatives Sein' ist vor allem anderen daran interessiert, nicht weiter im Schatten einer lang-tradierten Seinsvergessenheit zu existieren, die das Sein mit begrifflich-expliziten Sprachoperationen einfangen will. Diese Gefahr besteht dann, wenn sie weiter an der Enzyklopädie von Kategorien und Systemen arbeitet, die ohnehin unendlich ist. ‚Performatives Sein' ist daran interessiert, die unausgesprochene Heidegger'sche Vision einer neuen, noch undefinierten *Seinsgewärtigung* einzufangen – und zwar nicht nur in der philosophischen Theorie, sondern vor allem in der Lebenspraxis. Die Vision eines performativen Seins besteht darin, eine neue *Seinsgewärtigung* zu erzeugen: Die ist ein autopoietischer Mechanismus, der vollkommen performativ erfüllt ist. Seinsgewärtigung ist zum Einen ein theoretischer, ontologischer Begriff; zum Anderen aber ist er unbestimmt, individuell, flexibel und in der Ausrichtung interaktiv. Performatives Sein „ist": beides zugleich. In einer Formel:

- ‚Seinsgewärtigung' ist eine neue Existenzform, die den vitalen Modus der performativ erfüllten und erwachten Existenz bezeichnet.

Und wenn dies nur in einer Vision möglich wäre: Das performative Individuum hat genug Kraft, genug Vertrauen, genug: *Glauben*, dass diese Vision eines Tages Realität werden würde. Sein *Sein* tut immer schon so *Als-Ob*. Eine Seinsgewärtigung, die nicht auf eine Region, ein Land, eine Sprache, einen Kontinent beschränkt ist, muss global sein und wird durch die weithin herrschende Diversität von Weltanschauungen nicht substanziell tangiert. Sie steht frei über den Kulturen und gründet auf einer Potenzialität, die allen Menschen gemeinsam ist. Performative Seinsgewärtigung schattet alle ontologischen Exegesen als ihre Begleiter ab, weil ihre Analytik nichts zur Gewärtigung des Seins und ihrem gelingenden Vollzug beitragen können, da sie ja vollkommen performativ, im *Hier&Jetzt*, geerdet ist. Sie gründet gerade auf einem umgreifenden Nichtwissen über *Sein*, das eben jene Freiheit gewährt, auf eine andere Weise – *zu sein*. ‚Gewärtigung' drückt eben genau dies aus, und es ist möglich, dass Heidegger selbst dies im Innern gesehen hat; er hat es aber nicht nach Außen in die Diskurse getragen – vielleicht sogar in weiser Absicht. In ihrer Phänomenologie gründet sich die performative Gewärtigung auf die vitalen Bedingungen des Individuums; es hat ungezählte, unzählbare Erscheinungsformen.

Möglich ist, ‚performatives Sein' theoretisch mit einigen Philosophien lose zu verbinden, wenn hier auch nicht identifiziert werden darf. Denn *Sein* im traditionell-ontologischen Sinn trägt immer ein konstatives Definiendum, eine argumentative Schleppe mit sich herum. Aber allenthalben: Im Sinne Kierkegaards wäre performatives Sein ein „Prozess, [...] eine Folge der Momente, in denen er [der Mensch, U. H.] jeweils die Synthese aus Unendlichkeit und Endlichkeit vollzieht, welche der erfüllte Augenblick darstellt." (zitiert bei Störig 593). Im Sinne Heideggers wäre performatives Sein der Vollzug des Da-Seins, die radikale Fokussierung dieses Daseins auf das allesbestimmende performative ICH BIN (keine Person, sondern: *performative state of being*), das sich des unterliegenden Dunkels gewärtig zeigt. Im Sinne Ernst Blochs wäre performatives Sein ein Sein, das sich der Dunkelheit des Augenblicks genauso inne ist wie der daraus folgenden Möglichkeit einer realen Utopie, die sich aus dem Augenblick heraus entwickeln kann. Im zen-buddhistischen Sinne wäre performatives Sein eines, das sich außerhalb alles Sprachlichen ereignet (aber das Sprachliche nicht meidet) und das *satori* post quem aus dem Augenblick in die Lebenspraxis übersetzt. Hier stößt radikal-performative Ontologie an eine mystische Grenze: an die pure, alles Objektiven entkleidete Philosophie des *enlightenments* (Kap. III, 2; Schahabeddin Sohrewardi: Kap. V, 7).

Performativer Seins-Vollzug ereignet sich auf allen denk-baren Ebenen, die in eine performative Philosophie mit eingehen. Er erscheint im Vollzug des Alltags, in der Sicht auf die Situation und den Augenblick, im Erleben des Körpers, in der sozialen Interaktion, im alltäglichen Verhalten, im Erkennen, in der Kunst usw. Performatives Sein ist noch vor aller Interaktion Körper-Sein, Körper-Vollzug, *Empraxis* (Stekeler-Weithofer). Performatives Sein unterscheidet apriori Leben und Philosophie, was nicht heißt, dass beide sich nicht einander annähern, ja auch zusammenfallen können. Es entzieht sich der kongruenten oder erschöpfenden Beschreibung: Es weiß instinktiv um die Macht und die Gefahren alles Konstativen, nutzt dieses Wissen aber als flexibles Instrument, um das Performative ungehindert ins Werk zu setzen.[15]

Der alt-metaphysische Anspruch der uralten W-Fragen hat sich bis heute nicht geändert, auch nicht angesichts der Fortschritte in der modernen Physik, die sich immer schneller auf die Chimäre einer ‚Weltformel' hinzubewegen scheinen. Dieser Anspruch ist aber dabei, sich zurückzuziehen, dergestalt, dass alles Metaphysische sich abseits aller Diskurse in die Wirklichkeit jenes Individuums umsetzt, das dafür einen Sinn, eine Verantwortung hat. Außerdem stehen solche Fragen heute unter einem weiter anschwellenden IGNORABIMUS, hauptsächlich aus diesen Gründen: Zum Einen liegen sie jenseits des menschlichen Erkenntnis-Horizonts (das wusste man schon immer), zum Zweiten sind alle Antworten nicht nur schon einmal gegeben worden, sondern auch in der Mühle einer unabsehbaren modernen Diversität oft bis zur Unkenntlichkeit erodiert; und zum Dritten wächst die Intuition, dass alle Antworten nur Stolpersteine sind auf dem Weg hin zur Verwirklichung der eigentlichen Frage-Inhalte. Es gehört zu einem wachsenden performativen Bewusstsein dazu, diese Erkenntnisse

15 Diese Passage ist angelehnt an Hinrichs (2018a).

nicht nur anzunehmen, sondern sie auch durch Handeln, durch Verhalten, durch Sein – jeden Tag umzusetzen.

Eine performative Ontologie nimmt die Metaperspektive in den Blick. Klassische Fragen wie die angeführten weisen zuallererst darauf hin, dass der Mensch sich angewiesen meint, durch konstativ-faktische Antworten seine Grundverfasstheit des Nichtwissens zu mildern. Und zweitens, dass er mitnichten erfüllt ist von einem performativen Geist, der ihm einflüsterte, dass ein wahrhaftiges performatives Bewusstsein auf diese Fragen nicht angewiesen ist (ohne die Frage zu entscheiden, ob und wie man sie beantworten könnte.) In einem gewissen Sinn sind die metaphysischen Kernfragen – werden sie immer wieder nach Kinderart gestellt – ein Beleg für ein noch niederschwelliges Stadium der philosophischen Reife einer Menschheit, die noch nicht erkennt, dass alle definitiven Antworten wieder selbstlaufende Argument-Diskurse lostreten, die das zugrundeliegende Dilemma des Nichtwissens nur immerfort bestätigen. Möglich ist durchaus, dass die alteuropäische Metaphysik-Manie der transzendentalen W-Fragen insgesamt ein Symptom ist für den europäischen Geist, für seine Prozession, seine momentane Reife: Wenn der Mensch das Bild und die Wildheit, das Ungeheure des kosmischen Bildes aus seinem Weltbild verbannt hat, muss er sich ein Ersatz-Universum aus W-Fragen geben, um das uralte Erbe des unbewussten, magischen In-der-Welt-Seins nicht auszulöschen. Im Umkehrschluss wäre das performative Sein ein Versuch, dieses Erbe wieder zu aktivieren.

Performatives und reales Sein

Wir nennen eine erkenntnistheoretische Einsicht, nun ontologisch gewendet: Es ist vollkommen unentscheidbar, ‚wie das Sein ist', weil auch nicht entscheidbar ist, wie die Welt ist. Unentscheidbar, ob der Mensch sie so sieht, wie sie tatsächlich ist oder ob sich hinter dem Schein des Seins eine ontische Welt verbirgt, die wir nicht erkennen können (oder auch: gar keine). Die Evolution hat es so eingerichtet, dass der Mensch *in toto* auf das angewiesen ist, was er wahrnehmen kann und was – in dieser oder in abgewandelter Form – für alle Menschen im Prinzip gleich ist. Das gilt vollkommen unabhängig davon, ob sich einer theoretisch für die Erkennbarkeit des Seins entscheidet oder dagegen (s. Platos Höhlengleichnis; Kants Ding-an-sich), oder ob er diese Frage überhaupt offen lässt. Es ist deshalb vollkommen unnötig, die Illusion eines unmittelbaren, normalen, tagtäglichen Seins zu zerstören, weil die Evolution den Erkennbarkeitsmodus ihrer Klientel ja eben genau darauf eingerichtet hat. Sie ist weiser als jede ontologische Analyse. Und auch jene Illusion verschiedener *„Seine“* ist so real, wie sie realer nicht sein kann. Das naive Weltverständnis des Zeitgenossen ist ohnehin stärker als jede Theorie, und es ist schlicht viel wahrscheinlicher, dass Sein – auch ohne den Menschen – eben genau so ist, wie es allen erscheint (und falls nicht: Wen kümmerte es?). Performative Ontologie folgt hier dem „naiven Wissen“ des ‚Neuen Realismus‘, der die Welt und ihr Sein so, wie sie/es ist, als real akzeptiert, ohne noch tiefer in analytische Spitzfindigkeiten hineinzubohren. *Die Welt ist real* – und die Frage, was nun immer ‚real‘ genau heißen mag (wieder eine altmetaphysische Frage), wird mit Blick auf die Weisheit der Evolution ausgeblendet (der Regress gestoppt).

- Dieses reale Sein, mit allem, was der Fall ist (Wittgenstein), ist immer so wie es ist: Es ist *in diesem theoretischen Sinne* monothetisch, monofaktisch – unabhängig von der Historie oder dem Tagesgeschäft. Es ist aber, weiter, durch sein eigenes endloses Werden sowie im Innern des Individuums in unendlich vielen Varianten vorhanden, die sich stetig weiter vermehren.
- Beide genannten Perspektiven sind unaufhebbar, existieren gleichzeitig und sind beide wahr.

Diese Sätze sind für eine performative Ontologie ausreichend. Sie müssen nicht „bewiesen“ werden, sondern zeigen ihre Wahrheit durch unmittelbare Evidenz dessen, wovon sie sprechen. Sie sprechen in notwendig konstativen Sätzen von ihrer performativen Wahrheit und ignorieren für einen Moment den Widerspruch. Diese Evidenz wird in jedem Moment neu erzeugt, dadurch bestätigt und im nächsten Moment wieder neu erzeugt. Ein performativer Beweis *par excellence*. Eine Welt und ein Sein, das sich ständig selbst erzeugt, entzieht sich weitgehend der Bedeutung einer nur logisch-feststellenden Erkenntnis, was dann eine Beschreibung dieser Erkenntnis weitgehend obsolet macht.

Performative Ontologie (oder: Metaphysik) darf sich heute an den Grundtatsachen der Neuen Physik und ihren Botschaften orientieren, weil es genau der performative Grundzug ist, der beide miteinander verbindet. Das bedeutet, dass die Grundzüge der Komplementarität (Niels Bohr), ohne weiteres auch hier angewendet werden dürfen: Es ist der Grundzug eines universalen Denkens, das wahrscheinlich die Zukunft bestimmen wird. Diese Erkenntnis scheint uns so wichtig zu sein, dass wir die Grundlinien noch einmal kurz zusammenstellen:

- Alte, klassische, Newton'sche Physik ist im Prinzip konstativ-logisch gebaut.
- Neue Physik ist im Prinzip performativ-metalogisch gebaut, d. h. sie fußt auf einer Menge von Wahrscheinlichkeiten (Quantenmechanik) bzw. von Bezugssystemen (Relativitätstheorie).
- Beide Physiken werden zusammen gedacht und erzeugen ein komplementäres Denken, das noch nicht exakt beschrieben werden kann.
- Analog dazu die ontologische Projektion:
- Alte, klassische Metaphysik/Ontologie ist im Prinzip konstativ-systemisch gebaut.
- Performative Metaphysik/Ontologie ist im Prinzip performativ-metalogisch gebaut, d.h. sie fußt auf einer unendlichen Menge von Möglichkeiten.
- Beide Metaphysiken werden zusammen gedacht und erzeugen ein komplementäres philosophisches Denken, das noch nicht exakt oder vollständig beschrieben werden kann.

In performativer Perspektive präsentiert sich die Welt als eine unbegrenzbare Menge von möglichen Welten, deren Vielfalt zurückgeht – in Physik wie in Metaphysik – auf Singularität(en). In der Physik wird Singularität doppelt erzeugt: einmal durch die Natur selbst, die minimale Zonen selbst erzeugt, dann durch die Wissenschaft, die diese unbewusst erkennt und sie qua Beschreibung noch einmal – methodisch – nacherzeugt. In der Metaphysik/Ontologie wird Singularität nur einmal erzeugt, nämlich durch die wissenschaftliche Methode, die an die menschliche Natur der Wahrnehmung gebunden ist. Damit kann man sagen: Performative Metaphysik unterscheidet sich von der Physik im Grunde nur durch diesen Faktor. Performative Ontologie bietet eine Möglichkeit, sich aus dem Zwang der konstativen Behauptungsspiralen zu befreien, weil sie aus der Ebene der behauptenden Ontologien heraustritt.

Die Dinge, die in unsere bewusste Wahrnehmung treten, haben einen „Aufforderungscharakter" – so nennt die Psychologie den „Reiz, der von einer Sache oder einem Ereignis ausgeht und zu einer bestimmten Verhaltensweise oder Reaktion aufruft, verleitet." (Wikipedia). Dinge reden und fordern uns auf, zu hören, was sie sagen. Der Rauch redet vom Feuer, der Pfeil vom Ziel, der Sarg vom Tod. Alle Dinge tun das, mal stärker, mal schwächer, gleichgültig, in welcher Beziehung sie zu uns stehen. Man schaue sich nur die Stillleben der Malerei an: Van Goghs ‚Schuhe', die Vanitas-Stillleben des Mittelalters oder Salvador Dalís ‚Brotkorb'. Sie erzählen jeweils eine ganze Geschichte: von der Mühsal der Feldarbeit, vom Verfall der Seele, vom stillen Zauber eines Laibes Brot. Dies ist durchaus vergleichbar mit sprachlichen Äußerungen oder Sprechakten, die etwas Ähnliches auslösen („Illokution/Inaudition"): Sie üben auf den Hörer eine Wirkung aus, die in der Sprache lexikalisiert wird: z. B. ‚jmd. auffordern', ‚jmd. anlocken'. Dinge haben also in ihrem So-Sein einen Halo: Es ist nicht nötig, an dieser Stelle zu entscheiden, ob sie diesen Halo auch ohne einen Beobachter haben; die Neue Physik, die der Materie ja so etwas wie einen ‚Geist' zuschreibt, legt es jedenfalls nahe. Dinge sind, wie auch Wörter, dichte Kompressionen, nicht nur von Materie, sondern auch von ihrer Geschichte: Die Natur selber ist der gewaltigste Alchimist, der Wasserstoff in Helium und Kohlenstoff verwandelt, Savannen in Wüsten und Organismen zu Staub. Dinge sind also Zeichen, Wahrzeichen eines Entstehungs- und Auflösungsprozesses, der Sekunden, aber auch Jahrhunderte dauern kann: Steter Tropfen höhlt den Stein. Ihr unsichtbarer Halo strahlt in die Zukunft hinein, er ist immer da, und wenn Individuen beteiligt sind, liegt der performative Output der Dinge nur besonders klar auf der Hand. Hier zeigt sich die Performativität der Dinge, die in ihrem So-Sein nur zu einem bestimmten Augenblick eingefangen, gewissermaßen dokumentiert sind: durch sich selbst, durch ein Foto, durch ein Bild, eine Skulptur.

Performatives Sein ist Sein-im-Augenblick; alles Sein ist damit *eo ipso* performativ. Hier gilt Ernst Blochs herrlicher Satz: „Keiner von uns könnte nicht auch ein Anderer sein." Ebenso könnte SEIN – was immer es *sein* mag – auch ein anderes: sein. Jeder von uns kann ein Anderer im Augenblick sein – dies ist das Credo einer performativen Renaissance – nicht nur eines der Philosophie, sondern des Seins selbst: Die Welt ein Garten, in dem das Chamäleon sich wandeln und dadurch erst sein kann. Alle anderen philosophischen *essentials* ordnen sich um das Zentrum des performativen Seins herum an – wie Elektronen um den Atomkern – und ergeben sich aus ihm.

7. Performatives Erkennen

- „Wenn jemand glaubt, etwas zu wissen, der hat noch nichts so erkannt, wie man erkennen soll.“ (Paulus-Brief an die Korinther I, 8,2). Performatives Erkennen ist nicht-konstatives Erkennen: Es vollzieht Erkennen im Kontakt mit dem Anderen oder mit dem eigenen Selbst.

Performatives Erkennen (PE) erscheint, wie alles Performative, *im Idealfall* vor dem Hintergrund einer alles-überstrahlenden persönlichen Erfahrung. Dieser Idealfall kann von einem jeden Menschen realisiert werden, und diese Erkenntnis ist der wichtigste Horizont: Alles Weitere hat auch hier einen sekundären Charakter – und gestaltet sich etwa wie der lange Weg mit Nebenwegen anstelle der ruptiven Plosion. Das Wichtigste ist: Der Mensch hat in seiner apriorischen, streng impliziten Grundausstattung schon alles, um die Welt zu erkennen und Erfahrungen zu sammeln, die dann wieder den Gesamtapparat um ein μ verändern. Er ist, um es so auszudrücken, von seinem Apriori bereits vollkommen geprägt – noch ehe er in die Welt der Erfahrung startet. Hier ist am Startpunkt gar keine Erfahrung notwendig, um die Fähigkeiten des Sapiens in Gang zu setzen. Erfahrungen der vielfältigsten Art treiben dann natürlich das sich immer weiter entwickelnde *fine-tuning* des Organismus und der cerebralen Steuerung voran (dies ist durchaus ein trivialer Gesichtspunkt, der nicht weiter diskutiert werden muss).

Das Prior der *enlightenment*-Erfahrung, die alle Erfahrungen auf ein neues Gleis setzt, hat in der humanen, sozialen und kulturellen Praxis ein Pendant. Dieses Pendant soll verstanden werden als ein Analogon zur Ersten Erkenntnis. Das Kunststück des performativen Charakters besteht darin, die potenzielle Möglichkeit, ihre virtuelle Anwesenheit immer vorauszusetzen, ganz unabhängig davon, ob sie *tatsächlich* vorhanden ist oder sich irgendwann ereignet hat oder ereignen wird. Darauf kommt es nicht an. PE leitet im besten Fall ein Erstes Analogon in die menschliche Praxis über, verbindet die transzendentale Möglichkeit mit dem Tun, dem Ereignis *Hier&Jetzt.* PE ereignet sich immer *im Vollzug*, in der Gegenwart: Alle anderen Zeitbezüge in Vergangenheit oder Zukunft haben nur zuspielenden Charakter, indem sie die augenblickliche Erkenntnis, besser: ihren *Akt*, moderieren und abschatten können. PE ist nicht angewiesen auf Produkte und Resultate aus anderen, eigenen oder fremden Erkenntnisprozeduren, lehnt diese aber auch nicht kategorisch ab, sondern ist in der Lage, sich ad-hoc aus dem eigenen Erkenntnisschatz zu bedienen, sobald es notwendig scheint. PE ist in diesem Sinne autark, authentisch, autonom. PE befindet sich *über* den Erfahrungen, *über* den Bezügen, *über* allen etwa folgenden Diskursen.

PE entwickelt auf diese Art das Vermögen, immer wieder *neu zu sein*. Der Träger der PE ist schon *vor* dem Akt einer einzelnen Erkenntnis geprägt, durchdrungen von performativen *essentials*. Afrikanische oder südamerikanische Philosophien gehen wie selbstverständlich davon aus, dass echte Erkenntnis sich im Kontakt mit Anderen vollzieht, ganz unabhängig vom Erfahrungssockel der Individuen. Performative Erkenntnis ist ein Ereignis, ein Prozess in Bewegung. Er vollzieht sich ad-hoc in einer einmaligen Situation, die in der Regel von einmaligen Personen mit einer ebenfalls einmaligen Geschichte geprägt wird. PE besteht im Grunde darin, dies in einem ausgebildeten Automatismus zu gewärtigen. Die performative Erkenntnis-Situation ist das unhintergehbare Gamma, in dem sich eine Erkenntnis einstellen kann, die es bis dato noch nicht gab. Performative Individuen erzeugen so automatisch einen Modus der Erkenntnis, der in all seinen Ingredienzien performativ ist: *In jenem situativen Augenblick* kumulieren diese Ingredienzien, als könne es nicht anders sein: PE ist augenblicksgebunden, situativ, einmalig, emotional, empathisch, unberechenbar (kontingent); PE ist flüchtig oder verfestigend, körperlich, reziprok, dialogisch. PE ist flexibel: Sie ist geprägt von der Einsicht, dass es textgebundene, schriftlich niedergelegte, zitatwürdige, intrinsisch-konstative Erkenntnisse durchaus gibt und dass sie eine Rolle spielen können; sie sind aber nicht stetig im Scheinwerferlicht der aktuellen Erkenntnissituation. Sie bestimmen eine performative Erkenntnis nicht substanziell, sondern nur als unumgänglicher Hintergrund, als Erinnerungsspur, deren Einfluss relativ, d. h. *zurückgenommen*, ist. PE ist somit immer punktuell, ein Phänomen *sui generis* ohne textuelle, diskursive, mediale Ausdehnung oder Bindung. PE ist frei und spielt mit ihrer eigenen Revision – im Moment ihres Vollzuges. Sie ist der *modus cognitionis* des freien Menschen.

Eine reife performative Erkenntnis tritt zuletzt in eine dynamische Interaktion mit dem konstativ-rationalen Element und bewirkt hier eine Fusion, über deren Wesen, über deren Resultate kein Urteil mehr abgegeben wird (s. u. Kap. IV, 12 über ‚Komplementarität'). Eine performative Erkenntnis muss sich nicht extra als Opposition, als Gegenpol zu der tradierten konstativen, erfahrungsgebundenen Methode der Erkenntnis aufbauen. Dies wäre selbst nicht performativ, ja: kontraperformativ. PE existiert letztlich als eine zukünftige Methode des Erkennens, und eine plausible Intuition ist, dass sie letztlich nicht auf *illuminazione* angewiesen ist, sondern nur deren Aura, deren Sinn, deren Strahlkraft reproduziert, wenn man will: mit jedem Akt des Vollzuges. Es ist durchaus denkbar, dass sich mit jener Komplementarität zwischen performativem und nichtperformativem Erkennen, die sich im Usus mit den Zeitläufen (und am Horizont des Weltwandels) einstellt, einstellen muss, der performative Modus wie von selbst verstärkt – einfach deswegen, weil er den Bedingungen von Digitalität, Interkulturalität und neuer Schnelligkeit am besten angepasst ist. Auf diese Weise wird der uralte Pfad der evolutiven Anpassung aufs Neue beschritten – nicht über eine neue Spirale des konstativen, linearen Erkennens, sondern über den Quantensprung zu einer in nuce performativen Erkenntnis.

Seit Kant lebt die Neuzeit und mit ihr die Philosophie und die Philosophen mit der Einsicht, dass die Welt sich nach unserer Rezeption richtet und nicht umgekehrt. Sie existiere also nicht wirklich als das, was wir von ihr glauben, sondern als eine sinnliche, physiologisch bedingte Illusion, die es verdient, aus ihrem Kokon, ihrer mentalen Ummantelung befreit zu werden, um dann auch den denkenden Menschen zu befreien. Dann erst, so Kant, könne der Mensch hinaustreten in eine wahrhaft aufgeklärte Welt und sich in ihr auf eine humane, humanistische Art einrichten. Diese Wende hat philosophiegeschichtlich und ideengeschichtlich jeden Respekt verdient, zumal die dadurch ausgelöste Wende der Philosophie viele neue Wege gewiesen hat. Bis heute ist jenes „Mit-Kant" explizit oder verborgen in jeder Philosophie aufzuspüren (auch als „Gegen-Kant", „Zero-Kant" oder „Neo-Kant"), und darin zeigt sich zweifellos die Allmacht des philosophischen Genies Kants. Man hat sich durch die Zeiten daran gewöhnt, in Kant so etwas wie ein Zentralgestirn am Philosophenhimmel zu sehen und die weitere Philosophiegeschichte als eine subtile Anordnung von kreisenden Planeten. Alle Philosophie ist bis heute – Alfred Whitehead zu paraphrasieren – auch von Kant bestimmt.

Die Dinge sind so, wie wir sie subjektiv empfinden, nicht wie sie objektiv ‚sind': Sie richten sich nach unserer Wahrnehmung, nicht umgekehrt. Jeder weiß das, tief unbewusst, schon *vor* allem Denken, *vor* jedem Diskus; seit Kant haben wir es schriftlich. Es war seine ‚kopernikanische Wende'. Was Kant aber nicht wusste, jedenfalls nicht formulierte: Dass wir, nötiger als alles andere, die Illusion brauchen, verkleidet als unverrückbare Wahrheit; dass die Dinge auch objektiv so ‚sind', wie wir sie subjektiv sehen, also: den Spalt zwischen Objekt und Subjekt ausblenden, ganz jenseits von Diskurs, Wahrheit und Analyse. So tun, „als ob" (was wir ohnehin aus Gewohnheit ständig tun: ‚*Die Sonne geht auf*'). Kant konnte nicht ahnen, dass die beinharte analytische Wahrheit oft nichts hilft, ja sogar lebensuntauglich sein kann, und: dass man diese Illusion nicht ohne Not stören sollte, weil sie eine göttliche Einrichtung ist! (Man könnte auch sagen: Kants Aussage ist wohl eine Wahrheit, aber vorrangig eine – *für Philosophen*). Wir brauchen die kleine ontologische Lüge, den winzigen *gap* zwischen Wahrheit und Dasein zum Überleben, stärker vielleicht noch als Brot und Liebe; dies ist ein Produkt der Evolution. Wir brauchen dazu ein Vehikel, ein hartes Objekt, ein sichtbares Zeichen – als Lebensklammer, als Fahrzeug auf dem Weltenmeer. Das liefert der Sprachgebrauch. Wozu brauchen wir das so dringend? Damit unbewusst und unantastbar und unsichtbar und für alle absolut *gesichert* ist, dass wir die Dinge so *empfinden können*, wie sie für uns *sind*. Jenseits aller Scholastik und Haarspalterei. – *Zweite Kopernikanische Wende*, würde der Meister sagen. Oder: *Prolegomena zu einer Philosophie des Blinden Flecks.*

Die Sprache, in der Kants zutiefst europäische Einsicht abgefasst ist, bestätigt alles noch einmal auf eine ungewollte, dunkle Weise, sozusagen durch die Form. Die spätere Rede vom ‚Alleszermalmer' hat etwas Richtiges an sich, aber in einer anderen Lesart: Zermalmt wird mit der philosophischen Hoch-Erkenntnis der ‚Reinen Vernunft' auch eine dunkle Wahrheit, von der Menschen seit jeher leben: Diese wird im Namen der Philosophie einer hellen Wahrheits-Obsession geopfert. Bis heute ist dieser Irrtum in den Köpfen von Philosophen, Neurobiologen und Kognitionsexperten zuhause, verkleidet als ‚Letztbegründung' oder ultimative Erkenntnis – ein europäisches Menetekel. (Hier erweist es sich als Glück, dass die Philosophie seit jeher kein Volkssport war: Der Normalverbraucher lebt so jenseits der Diskurse und mag ruhig schlafen).

Der Alleszertrümmerer Kant hat die Illusion der Welt und des Lebens, die ja ein absolut notwendiges *Humanum* ist, auf den Seziertisch der Theorie gelegt und kaum etwas übriggelassen. Wie alle geniale Zerstörung hat es aber eine positive Seite: dass irgendwann aus den Trümmern ein neues Haus gebaut wird.

Biologische Evolution

„Mit der Ausweitung vom biologischen in den kosmischen Bereich gehört Evolution nun zu den grundlegenden Interpretationshorizonten unseres heutigen wissenschaftlichen Weltverständnisses." (Bernhard Irrgang). Aus heutiger Sicht weist Kants Erkenntnis-Wende hin auf einen kopernikanischen Fehler, auf ein, *sit verbo venia*, *copernican failure*, der natürlich kein Denkfehler ist, sondern in seiner frappanten, revolutionären „Richtigkeit" paradoxerweise gegen das Sein selbst und sein fluides, selbstverständliches, reibunglos-praktisches Funktionieren gerichtet ist. Kants Revolution erweist sich so *auch* als eine antiperformative Kehre. Hier liegt imgrunde ein subtiler Irrtum vor, ein Error in der *performativen Dimension des vitalen Vollzuges von Sein*: Der Mensch braucht, seit er denken, sprechen, fühlen und Gemeinschaften bilden kann, jene Illusion, dass die Welt objektiv ist, dass sie so ist, wie er sie wahrnimmt, dass er sich ohne Zögern und ohne Reflexion nach ihr richten kann und darf. (Dies versucht der „Neue Realismus", z. B. durch Marcus Gabriel, wiederherzustellen, mit großem Recht). Der Mensch des Durchschnitts braucht diese Illusion in einem jeden Schritt, den er tut, für alle soziale Aktion und Interaktion, und dass er sie so dringend braucht wie die Luft zum Atmen, das muss unbedingt dunkel, unkenntlich bleiben. Diese existenzielle Illusion, die Sehnsucht und Sucht nach ihr, ist wahrscheinlich bereits genetisch oder neurologisch fest verankert, sie gehört seit Urzeiten zur DNA des Sapiens – in metaphorischem wie originalem Sinn! Dabei spielt es überhaupt keine Rolle, ob dies rationalen Wahrheitsbegriffen oder logischen Theorien nun standhält oder nicht. Kein Mensch hätte seit jeher ohne die tiefeingegrabene Illusion des dunklen, nichtreflektierten *Existenzvollzuges* in einer bekannten Welt überleben können, und man könnte dem Menschengeschlecht nichts Übleres zufügen, als ihm diese seine Illusion ohne Grund zu nehmen. (Kein Tier, könnte es denken, käme auf die Idee, sich seiner Existenzgrundlage durch eine Wahrheit zu berauben, die diese seine Existenz letztlich in Frage stellt: „Um es grob, aber bildhaft auszudrücken: Der Affe, der keine realistische Wahrnehmung von dem Ast hatte, nach dem er sprang, war bald ein toter Affe und gehört daher nicht zu unseren Urahnen." (George G. Simpson)). Und diese Illusion hat selbst die Struktur einer Singularität: Ihr Inhalt, *substantia vitae*, führt selbst, weil hochtabuisiert, kein konstatives Prädikat mit sich, bleibt undefiniert und un-bewusst. Wenn man will, kann man hier von einer existenziellen Singularität sprechen, aus der sich dann die Performativität des täglichen Lebens frei entfalten kann. *Nota bene*: Dabei spielt jede Spekulation zur Höhlenverfasstheit des Menschen, alle philosophische Diskussion über Ding-an-sich-Welten und Verwandtes – überhaupt keine Rolle: Das gelehrte Land der analytischen Konstativität wird überspült, mitgerissen vom Tsunami einer vollkommen fraglosen – Performativität.

Der Mensch ist von Anfang an an die Welt angepasst – wie könnte es anders sein! Und dass die Wissenschaft zu dieser selbstverständlichen Erkenntnis erst spät gekommen ist, im Jahre 1973 mit Konrad Lorenz' *„Die Rückseite des Spiegels"*, ist so verwunderlich wie letztlich auch bezeichnend für das europäische Wissenschaftsgebaren, das hier lange einen Blinden Fleck gepflegt hat.

- „Unser Erkenntnisapparat ist ein Ergebnis der Evolution. Die subjektiven Erkenntnisstrukturen passen auf die Welt, weil sie sich im Laufe der Evolution in Anpassung an diese reale Welt herausgebildet haben. Und sie stimmen mit den realen Strukturen (teilweise) überein, weil nur eine solche Übereinstimmung das Überleben ermöglichte." (Gerhard Vollmer).

Performative Symbiose

Erkenntnis – jeder Erkenntnisakt in der realen Welt – lebt in einer *performativen Symbiose*, kommt in ihr zustande, in einer unauflöslichen reziproken Einheit. Dies gilt für Tier und Mensch gleichermaßen. (Afrikanische oder südamerikanische Philosophien hatten das schon immer vertreten, s. Kap. V). Genauer formuliert heißt dies: Wahrnehmungsapparat und Welt haben sich – wie Fisch und Wasser – im Laufe unendlicher Äonen perfekt einander angepasst. Sie sind in der Struktur gleich – auch wenn sich dieses Faktum gegen eine ausgreifende Analyse zu sträuben scheint. In einer unhintergehbaren, unaufhaltsamen Logik *kann* der Mensch die Welt nur wahrnehmen *wie-sie-ist*, die Welt *kann* nur so sein, wie sie *vom Menschen wahrgenommen wird*. Es ist: menschliche Logik, und die ist apriori performativ geerdet. Dies muss man nicht beweisen, weil es nicht anders sein kann. Alle weitere philosophisch daherkommende Analytik – ob die Welt real ist, ob sich dahinter eine *world* 2.0. oder 3.0. verbirgt, ob man die Welt – in einem rührenden Intellektualismus – auch *anders* wahrnehmen kann, ist für die Grundfrage vollkommen unerheblich. (Alle Sensationen durch irgendwelche Drogen beweisen nur die eherne, millionenalte Grundierung der Welt-Wahrnehmung, die, wenn sie mutwillig aufgelöst wird, apokalyptische Zustände heraufbeschwören muss; das wussten schon die Alten zu jeder Zeit). Die europäische Aufklärung und ihre Ratio hat diese synthetisch-ganzheitliche Wahrheit immer wieder aufgegraben und ihre Analytik, ihren Konstativismus gegen die performative Ganzheit gewendet – vielleicht ohne es zu wissen, vielleicht ohne die Konsequenzen bedenken zu können.

Performative Symbiose, performative Semiose: In jedem Augenblick ereignet sich ein Wahrnehmungsakt, der im Entstehen vollkommen performativ ist – er ist *da*, körperlich eingezeichnet, ohne Reflexion, prädikatlos. Er trifft auf eine Welt, die – *spiegelbildlich*, möchte man sagen – einfach *da* ist, gegenständlich eingezeichnet, ebenfalls ohne Reflexion, ohne Prädikat. Beide *performative essentials* treffen sich im-Moment, bestätigen sich sofort gegenseitig in einem oszillierenden Prozess – ganz unabhängig davon, wer wie was wahrnimmt, ganz unabhängig davon, ob es eine Hängebrücke in den Anden ist, die Abendnachrichten, der Markt, ein Metallkran, ein

Kuss oder eine Kanne Tee. Mensch projiziert sich auf die Welt, die als eine performative Augenblickswelt auf ihn zurückstrahlt und weitere reziproke Austausche provoziert – bis zum nächsten Wahrnehmungsakt, bis zum nächsten Teil der Welt. Immer bildet sich eine kleinste performative Basiseinheit aus, eine winzige performative Monade, im Leibniz'schen Sinne: das performative Atom tief innen in der performativ-wesenden Welt aus Subjekt und Objekt, die in einem kleinsten performativen *Ereignis* miteinander verschmelzen. Letztlich kann man nur, reichlich abgehoben, sagen: Die Welt ist so, weil der Mensch sie so wahrnimmt; der Mensch nimmt die Welt so wahr, weil sie so ist. Eine evolutiv-performative Tautologie, die nur als eine solche den Fortgang der Welt in die Welt setzt. Mensch und Welt (Tier und Welt) sind unauflöslich zusammengebunden in einem dichten performativen Zeichen, so wie auch das Sprachwort ein Zeichen aus zwei Größen ist: Eine kann ohne die andere nicht sein, jedenfalls nicht in einem vernünftigen, noch verstehbaren Sinne.

In dem beschriebenen Sinn bestimmt die performative Erkenntnis das Dasein und das Agieren des Menschen in der Welt und in der Gruppe. Performative Akte des Erkennens, die sich unaufhörlich, in einer jeden Zeiteinheit, vollziehen, zeigen das Erkennen als eine autopoietische intrinsische Maschine, die sich stetig selbst erzeugt, erneuert und bestätigt. Dieser Prozess läuft vollkommen automatisch ab und stützt sich auf die apriorisch-performative Grundausstattung des Menschen, die *zu ihrer Funktion* keiner Analyse, keiner Deskription, keiner Forderungen etc. bedarf. Es gibt hier keine pädagogischen, didaktischen oder sonstwie isolierenden oder anderweitig komplexen mentalen Konstruktionen: Sie sind schlicht nicht notwendig.

Die Evolutionäre Erkenntnistheorie (Konrad Lorenz, Bernhard Irrgang, Gerhard Vollmer und andere) ist jenes Versatzstück, mit dem es möglich ist, den kopernikanischen Irrtum der *explanatio ad infinitum et absurdum* aufzuheben und sich wieder einer realen, realistischen Weltsicht anzunähern. Diese redet von der natürlichen, über Jahrtausende gewachsenen Grundverfasstheit der Hominiden und damit: von ihrer ur-performativen Grundausstattung. Trotz dieser archaischen Perspektive hat sich bis heute nichts an ihrer Wahrheit geändert; sie nimmt nun mehr und mehr Einfluss auf jede mögliche Art von Anthropologie. Es ist dafür höchste Zeit. Natürlich, so recht hat Kant in jedem Fall, sind *synthetische Urteile apriori* nicht nur möglich, sie bilden sogar die Existenzgrundlage des menschlichen Organismus, ohne die er in seiner Welt nicht überleben könnte. Es geht nicht nur um die Möglichkeit synthetischer Urteile apriori: Es geht darum, zu verstehen, dass der Mensch auf einem Tiefen-Bassin synthetischer Essenzen sitzt, die ihm sein Leben ermöglichen (und natürlich, falls unbedingt nötig, auch versprachlicht werden können). Es geht auch darum, zu verstehen, dass apriori-synthetische Urteile keine „Urteile" im konstativ-formalen Sinne sind, sondern als Essenziale zur performativen DNA des Menschen gehören. Obenauf, wie die Spitze auf dem sagenhaften Eisberg, sitzen die verzweigenden kortikalen Fähigkeiten, aus denen dann die Diskurse, Argumentationen und logischen Dialektiken hervorsprudeln. Der Begründer des *Impliziten Wissens*, Michel Polanyi, würde es so sagen: Der Mensch sei ein Wesen jenes Impliziten Wissens, das nicht versprachlicht werden muss, weil es eben *modo implicito* am sichersten seine Aufgaben und Funktionen erfüllen kann.

Man kann und muss heute den kopernikanischen Irrtum des Alles-Erklärens (eine performative Todsünde) übertragen: von der Philosophie und dem Kant-Problem auf die europäische Wissenschaftlichkeit überhaupt (im Weiteren: auf den Alltag der Leute). Eine begründete und längst überfällige *Kritik der Konstativen Vernunft* erkennt, dass das Prinzip der unbegrenzten Bewusst-Machung einen fatalen Webfehler enthält. Peter Sloterdijk sprach einst von der „Diktatur des Expliziten". Bleibt dieser Fehler unaufgedeckt, kann sich im alltäglichen Leben das Performative nicht entfalten. Auch in den Wissenschaften wird durch die 1:1-Identifizierung von Objekt und Theorie oft eine Aporie erzeugt, eine schiefe Lage, die den Erkenntnisprozess selbst auf eine subtile, perfide Weise behindert, wenn nicht: blockiert.

Zur performativen Dynamik der Wissenschaften

Wissenschaften und ihre Erkenntnisse entwickeln sich nicht logisch, linear und aufwärtsmobil, sie haben kein analytisches Ziel, und wenn sie ein solches errichten und starr anvisieren, wird es von einer subtilen Eigendynamik der beteiligten Prozesse unterlaufen. Wissenschaften folgen einer anderen, verborgenen Logik, die zu einem großen Teil unberechenbar bleibt und eher in Zirkeln oder Spiralen verläuft (Thomas S. Kuhn). Auch hier könnte man von einer Singularität sprechen, einer szientistischen: Der Wissenschafts-Verlauf als Ganzer führt kein definierendes Prädikat mit sich: So bleibt er offen; er bildet eine Unbestimmtheits-Relation eigener Art aus. Durch eine solche Kontingenz wird die Performativität der Wissenschaft im Prinzip gesichert. Kuhn wusste, dass das Bild einer Wissenschaft niemals übereinstimmt mit dem Objekt, das sie untersucht. Immer gibt es einen Spalt, einen Riss zwischen der Realität und ihrer Erforschung. Die Praxis läuft der Theorie zu einer jeden Zeit davon. Hierfür einige markante Beispiele aus den sogenannten aposteriorischen Wissenschaften. In ihnen begegnet das Phänomen, dass konstativer Text und das Vital-Performative besonders weit auseinandertreten.

- Die Forschungspraxis mit ihren Theorien und Experimenten zeigt dem Linguisten, dass er vielleicht noch die Hochgrammatik des Armenischen, Griechischen, Irischen in eine Art Systemform bannen kann; niemals aber bekommt er durch dieses System den tatsächlichen Sprachgebrauch in den Griff: denn der ist immer schon woanders. Das Performative läuft dem Konstativen auf der Rennbahn der Sprache davon.
- Der Historiker kann sich bemühen, zu beschreiben, was sich hier und da in Kriegen und Konflikten abgespielt hat und kann dies auf seine Art interpretieren. Niemals aber kann er sich dem wirklich annähern, „wie es wirklich war".
- Die Psychologie ist hier in der schwierigsten Position, fast unabwendbar festgehalten in einer Situation, die nur auf einen *loser's point* hinauslaufen kann. Trotz aller Erklärungen von der Superposition des Therapeuten, vom Theorie-Hochsitz der Klinischen Psychiatrie aus bleibt die Psyche eine *black box*, die über ihre hundert Grauschattierungen und dunklen Kommunikationswege nur neue Fährten in das Labyrinth des Psychischen legt.
- All das gilt in einem hohen Ausmaß für die Kritik- und Interpretationsbranche von Literatur, Musik, Malerei und Kunst allgemein, ob auf akademischer Ebene oder in den Galerien, Zirkeln und bei den Runden Tischen. Man lese die Klappentexte auf den Bücherrücken, die Kritiken

in den Feuilletons, man höre die ausgesuchten *statements* in den Kulturforen in TV, Radio und den Neuen Medien. Wir geben hier drei beliebig anzutreffende Beispiele (ohne Quellen): Sie sind zufällig ausgespäht und stehen für ungezählte andere.

***Interpretation 1*: Gemälde**

Rene Magritte: ‚Die durchbohrte Zeit'. „Magritte ist ein nüchterner Ingenieur des Unmöglichen: Er will die Grenze zwischen Fantasie und Wirklichkeit sprengen. Magritte will kein Künstler sein; er will das Denken malen. Denn um die Ordnung der Dinge auf den Kopf stellen zu können, hilft nur: noch mehr Ordnung. Er führt die Alltäglichkeit des Wunders vor. Er will die Verwandtschaft aller Dinge zeigen. ‚Ich bin kein Surrealist. Ich bin noch nicht einmal ein Künstler.'" (René Magritte)

***Interpretation 2*: Roman**

Franz Kafka: ‚Der Prozess'. „Der Gerichtsprozess steht für die komplizierten Vorgänge in Kafkas Psyche. Er versucht, seinem Frust über seine Krankheiten und die vertrackten Gedanken Luft zu machen. Kafka versucht, seine Neurosen und Phobien in den Griff zu bekommen. Er will nicht bestraft werden für etwas, das er nicht getan hat."

***Interpretation 3*: Gedicht**

Gottfried Benn: ‚Astern': „Astern, lila und im Herbst blühend, stehen als erstes Wort des Gedichts für ‚Verzweiflung'. Das lyrische Ich denkt nach: an den zurückliegenden schönen Sommer und den dort geträumten Sehnsüchten von „goldenen Herden der Himmel", „Licht", „Rausch", „der Rosen Du". Zukunftsängste mischen sich mit Hoffnung. Das nahende Ende ist gewiss. Angst und Verzweiflung haben die schönen Erinnerungen des Sommers besiegt. Hoffnung und Sehnsucht sind begraben und kündigen den Tod an."

Natürlich gibt es nicht nur *eine* Interpretation; jedes Kunstwerk hat viele Lesarten. Kunstwerke wie der Roman „Das Parfüm" von Patrick Süßkind, Leonardos Mona Lisa oder Strawinskys Musik erzeugen wahrscheinlich so viel Interpretationen, wie sie Kritiker bzw. Aufführungen haben. Kafkas Texte scheinen darauf zu warten, „wieder zusammengesetzt zu werden. Es gibt soviele Kafkas, wie es Leser gibt."[16] Es ist sogar möglich, z. B. in James Joyce's ‚Finnegans Wake', dass überhaupt keine Interpretation mehr möglich ist, weil es kein Sujet, keinen Helden, keine traditionellen „Abweichungen" gibt (oder eben: tausend Interpretationen). Ist der Betrachter intelligent genug, wird er eine treffsichere Interpretation gar nicht erst versuchen, allenfalls etwas andeuten. Denn er weiß, das *eine* Interpretation

16 Xaver von Cranach: Die Verwandlung des Franz K. In: DER SPIEGEL Nr. 23 v. 1.6.2024, 101–110.

alle anderen Interpretationen einfach ausblendet. Er weiß, dass das Eis dünn ist und man sich immer schnell vergaloppieren kann. Oft gibt es nach einem vorschnellen, zumal bemüht-intellektuellen Wurf kein geordnetes Zurück mehr.

Und trotzdem: *Jede* Interpretation, ganz unabhängig von Sachverstand, Einsichten, Intuition oder Kompetenz des Interpreten, bewirkt erst einmal eine performative Blockade, und zwar sowohl beim Verfasser (wenn er mit ihr konfrontiert wird), als auch beim Leser oder Hörer. Wie geht das? Jede Interpretation, sobald sie sprachlich formuliert und sozusagen veröffentlicht ist, löst sich aus dem dunklen Fundus all jener Interpretationen, die *auch* noch möglich sind. Sie ist dann für eine Zeit die *Eine*. Sie ist *aktiviert* und nimmt erst einmal den ersten Platz ein: Als Einzige leuchtet sie im Augenblicks-Scheinwerferlicht des Bewussten (Bernard Baars), während alle anderen (ebenso möglichen) Deutungen im Schatten und damit vorbewusst bleiben. Die Person, ob Autor oder Empfänger, ist nicht mehr wirklich frei, aus der eigenen Intuition eine eigene Deutung aufzubauen (die gar nicht einmal geäußert werden müsste). Er ist bereits durch ein Prädikat X blockiert – und damit ist auch schon die Gesamtheit aller möglichen Interpretationen verändert. Schon die pure Äußerung, die sprachliche Ausformulierung erzeugt dieses Dilemma, das, extrem ausgedrückt, etwas von einer Erpressung, von einer schiefen Ebene an sich hat. (Picasso pflegte den Atelierraum, *fatigué*, zu verlassen, wenn Besucher anfingen, seine Bilder zu interpretieren). Die konstativ-sprachliche Formel der Interpretation löscht den freien intuitiven, dann: performativen *impact* des Betrachters; sie verwandelt den *flow* der ersten Wahrnehmung in ein sekundäres, schon bewusstes System. In jedem Fall wird das authentische Gefühl der spontanen, tiefen Wahrnehmung des Werks korrumpiert, sprachlich überformt und überfordert. Und nicht zuletzt: Jene Interpretation, die das Privileg hatte, genannt zu werden, wird auch selbst beschädigt: Sichtbar von ihr ist erstmal nur das Wort, der Begriff, die Hülle. Zu leiden hat das spontane, innere Bild vom Werk. *Nota bene*: Der Kunst- und Kulturbetrieb lebt jedoch in eben solchem Milieu: Er liebt es und ist auf dieses Milieu angewiesen, und es ist möglich, dass dies noch nicht einmal etwas Schlechtes ist; es stabilisiert zumindest den Markt. Jede Interpretation erzeugt einen neuen Graben zwischen dem Kunstwerk und seiner Wahrnehmung. Niemals ist es möglich, über eine Interpretation, die immer etwas Sekundäres beibehält, sich dem Kunstwerk zu nähern – ja es scheint oft so, als ob das Werk sich *qua interpretatione* von seinem Betrachter sogar entfernt. Wenn man sich aber unbedingt auf eine, die eigene, Interpretation festlegen will, dann sollte man eine Richtlinie bedenken, die man in einen *Interpretatorischen Imperativ* kleiden kann, den der Philosoph Wolfram Hogrebe so formuliert: „Interpretiere so, dass die Maxime deiner Interpretationen jederzeit abweichenden Interpretationen Raum läßt. [...] Jede Option für geschlossene Interpretationen ist eine Option für Gewalt ...“[17] Jede geschlossene Interpretation tut dem performativen Potenzial des Kunstwerks Gewalt an.

Irrgang, Bernhard (2001): Lehrbuch der evolutionären Erkenntnistheorie. Thesen, Konzeptionen und Kritik. 2. überarb. Aufl.; München, Basel.

17 Zitiert bei Nennen, Hans-Ulrich: Philosophie in Jetztzeit. Würzburg 2003, 50.

8. Performative Ethik

- Performative Ethik ist die Ethik des performativen Menschen, die aus dem Bewusstsein seines performativen Seins hervorgeht und sich in der performativen Situation bewährt.

Es kann nicht falsch sein, dem Abschnitt über Performative Ethik einen Kanon voranzustellen, der sich für das 21. Jahrhundert abzeichnet. Alles spielt sich im Strahlkreis dieser Essenziale ab. Dieser Kanon kann gesehen werden als das Fundament einer Performativen Ethik (PE).

Kanon ethisch-performativer Essenziale

PE 1: Alle Menschen sind in ihren Menschenrechten gleich, in ihren Eigenschaften, Fähigkeiten und Erscheinungsformen aber ungleich. Beides sind sie – zugleich.

PE 2: Alleinstellungsmerkmal eines jeden Menschen ist seine potenzielle *Andersheit.* Diese Andersheit ist von vornherein nicht zu werten, sondern als solche zur Kenntnis zu nehmen.

PE 3: Es sind keine Hierarchien im konstativ-expliziten Sinne zu konstruieren. Performative Rankings erzeugen sich selbst auf eigene, implizite Weise. Stelle durch Besserwissen und Rechtbehalten keine kommunikativen Augenblicks-Hierarchien auf. Werden dir von Anderen solche Hierarchien entgegengebracht, betrachte sie als performatives Strohfeuer.

PE 4: Es sind insbesondere keine expliziten, formalen Vergleiche zwischen den Geschlechtern zu konstruieren. Insbesondere das biologische und das soziale Geschlecht werden nicht gegeneinandergestellt. Qualitative oder phänomenologische Unterschiede bilden sich im Einzelnen performativ-implizit und intuitiv aus und werden auch so kommuniziert.

PE 5: Für den Einzelnen ist das Fremde erst einmal fremd, wie das Eigene auch nur das Eigene ist. Dies gilt für den Einen wie für den Anderen, unabhängig von Herkunft, Sprache, Kultur und äußerer Erscheinung. Hinter jedem Individuum erstreckt sich eine zunächst uneinsehbare *Geschichte.*

PE 6: Es gibt viele Perspektiven, Identitäten, Rollen, Urteile und Prozesse. Die geführten Diskurse sind ein performativer Modus ohne Anspruch auf eine allgemeine Wahrheit.

PE 7: Widerstehe allen ideologischen, weltanschaulichen, sozialen, zeitgeistgebundenen Imperativen!

PE 8: Demütige niemals einen Anderen willentlich oder wissentlich, weil du dich damit selber demütigst. Demütige niemals ein Kind.

PE 9: Unterstelle allen Anderen performativ-ethische Fähigkeiten, unabhängig davon, ob eine solche sich zeigt oder nicht. Erwarte, dass auch Andere dir dasselbe unterstellen.

PE 10: Vertraue darauf, dass in jedem Menschen performativ-ethische Grundeigenschaften angelegt sind.

Der performative Mensch ist sich seines eigenen performativen Wesens sicher, ob nun bewusst oder eher unbewusst; am besten ist hier eine oszillierende *Möglichkeit*, und der unbewusste Untergrund ist die tiefste Wahl. Er hat zu irgendeinem Zeitpunkt das Wesen der Performativität erkannt, oder sie hat sich ihm auf einem speziellen Weg zu erkennen gegeben. Der wahrhaft performative Mensch erinnert sich in all seinen Zellen an Ereignis und Erlebnis; er hat es darüber hinaus bereits beschrieben, konstativ gefasst, kognitiv markiert, wenn man so will, und er kennt den himmelhohen Unterschied zwischen den Modi des Erfassens. Immer ist er ohne jeden Zweifel bereit, seinem Gegenüber, dem Anderen, *impromptu* das Gleiche zuzutrauen, das Gleiche zuzugestehen, ohne dass hier ein Beweis oder ein Wort oder eine Bedingung notwendig wäre. Ja: Der Andere kann ohne Weiteres in dieser Hinsicht kurz zu einem Alter Ego aufleuchten, und denkbar ist im Einzelfall, dass der Andere dies erkennt, aufnimmt und zurückgibt – und sei es in Nuancen, an einem Silberstreif der Begegnung.

Erkenne in jedem Menschen – ob virtuell, fiktiv, imaginiert oder konkret – den potenziell-performativen Menschen: Erkenne damit die Unvollständigkeit, die uneinholbare Andersheit, die Emergenz, den Zufall, die Möglichkeit der Koinzidenz, die unverhandelbare Gleichwertigkeit der Person – unabhängig von allen persönlichen, sozialen oder intellektuellen etc.etc. Akzidenzien, sie spielen hier keine substanzielle Rolle: In diesem Sinne sind sie sekundär, nachgeordnet (aber nicht unwichtig).

So ergeben sich wie-von-selbst die Grundzüge einer Ethik, die von Performativität geprägt ist und hier keine Alternative zulässt. Es ist die starke, unbeschreibbare, unberechenbare Kontingenz der performativen Situation, die den Menschen direkt auf seine Verantwortung im Augenblick zurückwirft. Alles, was sich in einer Situation ereignet, ist neu-erzeugt und damit einmalig: So muss das ethische Verhalten stetig neu erprobt und erwiesen werden, mit allen Risiken, auch mit dem Risiko des Scheiterns, auch mit dem Risiko einer plötzlichen fremden Wendung, einem Missverständnis, dem Vorblitzen eines Ressentiments, einer frappanten ungewollten Wertung. *Nobody is perfect.* Denn immer wird ja auch die Welt besprochen, immer wird sie in einem einmaligen Zustand auch analysiert, und immer sind Urteile, Meinungen, dritte Personen und Erinnerungen mit im Raum. So ist der Mensch qua Kommunikation zu keinem Augenblick vollkommen von seiner performativen Verantwortung entbunden, also ethisch immer in einer unhintergehbaren Weise präsent. Ethische Qualitäten sind keine konstativ-abgeschlossenen Bildungserrungenschaften, sondern bewähren sich in der Anwendung und in der täglichen Kommunikation stetig aufs Neue. So wird performative Nachhaltigkeit erzeugt, die sich von ihrem konstativen Zwilling durch die stetig-spontane Erzeugung unterscheidet, durch eine nie abreißende Verantwortung. Hier bewährt sich der ideale Grundzug der performativen Persönlichkeit: die prinzipielle Offenheit für alles, was die Situation ausmacht – eine Offenheit, die von einer substanzlosen Beliebigkeit Lichtjahre entfernt ist. Performative Ethik gründet immer auf der Erfahrung, dass performatives Sein *in-actu* erzeugt wird, ohne dass sich die Kommunikanten dessen unbedingt immer bewusst sein müssen. Der wichtigste ethische Grundzug ist der Verzicht auf die schnelle, vorschnelle Bewertung der Realität, nicht aus konstativen oder objektiven Sachgründen heraus, sondern um die spontane Entfaltung ethischer Eigenschaften nicht zu behindern.

Der performative Mensch folgt nicht einer vorformulierten Ethik A oder Ethik B oder E, keiner überlieferten Morallehre – schon gar nicht deswegen, weil andere sie vertreten: Er lebt bereits ganz in dem, was er, würde man ihn extra fragen, als eine „performative Ethik" bezeichnen würde (oder: als eine Selbstverständlichkeit). Er lebt in seinem performativen Sein oder: Dieses Sein lebt unteilbar in ihm. Tiefinnen weiß er von dem Eigenen und dem Fremden in sich und auch von den Ambivalenzen, die entstehen können, wenn beide in einem Moment nicht vollkommen kompatibel sind. Er hat gelernt, das Fremde nicht abzuwehren, in dem Wissen, dass es zu etwas Eigenem werden kann, genau so, wie das vermeintlich Eigene plötzlich eine fremde Maske aufsetzen kann und eine Fremdheit zweiter Ordnung produziert. ‚Fremd' und ‚eigen' sind für ihn keine konstativen Gegenpole, die sich auf harte Definitionen stützen müssen, sondern flexible Marken auf einer Skala, einem langen, immer in Bewegung befindlichen Kontinuum des So-Seins. Dies aber ist keine Errungenschaft eines Individuums, sondern im Sapiens in langen Zeiten der Evolution angelegt. Es ist altes Erbe, das sich in der Lebensspanne immer wieder geriert.

Jeder Akt, jede Tat, jeder Gedanke, jeder Augenblick, jedes „Verhalten" ist bereits ethisch, ethisch *relevant* – weil es sich performativ ereignet. (Wahrscheinlich kann man noch nicht einmal Hallo sagen, ohne sich ethisch irgendwie zu verhalten.) Für den performativen Menschen und seine Art Ethik (für die ein solch separater Begriff kaum noch passen will) ist dies – die Normalität, gewissermaßen längst in Fleisch und Blut übergegangen.

Performative Ethik apriori

Performativität als ein menschlicher Wesenszug – ob nun angeboren oder erworben – hat bereits ein tiefes *ethisches Apriori* in sich. Mit hoher Wahrscheinlichkeit hat der überwiegende Teil jener vielen Apriori, die die Evolution einem jeden Menschenkind vor aller irdischen Erfahrung eingepflanzt hat, ethischen Charakter oder ist für ethisch relevantes Verhalten später geeignet bzw. direkt verantwortlich. Dazu zählen mit Sicherheit: das Ausgerichtetsein *auf den Anderen* und seine Gegenwart, später: auf das Miteinander der Vielen; auf das, was man hören, fühlen, sehen kann; schließlich auf das schiere Sich-Zeigen der Welt, d. h. auf die phänomenale Evidenz, auf das *SO* alles Irdischen: auf alles, *was der Fall ist.* Insofern ist performative Ethik eine Tautologie; sie steht *qua existentia et vita* über allen anderen Ethiken.

Ludwig Wittgenstein hat in seinem ersten Hauptwerk, dem ‚*Tractatus logico-philosophicus*' von 1921, nicht nur einmal, oft wie beschwörend, darauf hingewiesen, dass die Welt zu einem großen Teil daraus besteht, was man nur *zeigen* kann, was man nicht auch gleichzeitig *sagen* kann, worüber man ad-hoc zu schweigen genötigt ist. *Nur-Zeigen-Können* ist ein phänomenologisches Essenzial: Es ist ein fundamentales Performativum, weil es selbst lebt von der vitalen Abwesenheit eines Prädikats, von dem *Nicht* einer Reflexion, vom Negativum eines wie immer gearteten Konstativums. Jedoch: wie wird es zu einem fundamentalen *Ethicum*?

Performative Ethik ist kein Umsetzen eines moralsystematischen Katalogs von Gut und Böse: Es ist das Gegenteil davon. „Das Konzept der Performativität kann nicht ethisch neutral sein. [...] Schon das Zeigen markiert die ethische Tat." (Fabian Goppelsröder). Wenn Performativität andauernd Realität neu schafft, dann liegt alles in der Verantwortung des Handelnden. Umso besser, wenn er selbst nicht nur übt, sondern selbst schon durch das Unsagbar-Unaussprechliche hindurchgegangen ist und so gewissermaßen von-selbst über ein performativ-ethisches Gamma verfügt. Denn das Sein selbst ist etwas Ethisches, sobald es als solches wirklich erkannt wird. „Performativität als wirklichkeitskonstitutive Kraft ist Ethos, ist Lebensform." (Goppelsröder). Hierhin gelangt kein System, keine Theologie, keine Morallehre der Tugend.

Performative Ethik geht, soweit zu sehen, als philosophisches *highlight* auf Petrarca und das 14. Jahrhundert zurück (Jeschke 2017). Sie entstand offenbar aus dem (bis heute bestehenden) Standardkonflikt zwischen konstativer Ethik und einer performativen Wende: Aristoteles' ‚Nikomachische Ethik' ist in Petrarcas Augen ein von antiker Ratio durchzogenes dogmatisch-systemisches Tugendprogramm – eine Art Text-Anweisung zum glücklichen Leben. Petrarcas Dialoge in seinem ‚*De remediis utriusque fortunae*' propagieren dagegen performative Flexibilität und Vielheit: Sie stellen das menschliche, das individuelle *ingenium* über alle Rationalität und beziehen das *ingenium* des Lesers mit ein, indem sie seine Motivation, seine *Imitation* provozieren. Denn dieser liest und *handelt*. Die Dialoge rufen eben das hervor, was sie beschreiben: Dies ist ein stark-performativer

Grundzug. Ethik wird so zu einem Werk auch des Lesers: Er setzt sie ins Werk, in *sein* Werk – ein wahrer performativer Geniestreich, würdig der am Horizont stehenden Renaissance.

Performative Ethik '21

Sieben Jahrhunderte später. Ethische Singularität, wie alle anderen Singularitäten, konzentriert sich auf den Augenblick, sie ergibt sich aus ihm. In philosophischer Sicht ergibt sich ethische Singularität aus dem minimalen Spalt, der sich auftut zwischen zwei ethischen Komplexen:

- Dem Universum der potenziell möglichen menschlichen Verhaltensweisen, sagen wir, von Gleichgültigkeit und Leichtsinn über Neid und Zorn bis in den Abgrund;
- Dem Universum der individuellen Verantwortung, das Kantische moralische Gesetz, mächtig und gewaltig wie „der bestirnte Himmel über mir".

Der Mensch erkennt beide Welten, im besten Falle *kennt* er sie auch aus eigener Erfahrung. Zwischen beiden ergibt sich für ihn, den Menschen einer performativen ethischen Vernunft, ein unüberbrückbares Loch, aus dem ihm seine eigene Verantwortung als Mensch des 21. Jahrhunderts entgegenkommt.

Wenn der Mensch eine solche ethische Verantwortung trägt, dann kann er sie nicht einmal einsetzen und dann wieder für irgendein Intervall aussetzen. Sie ist in jedem Augenblick vorhanden, ob bewusst oder unbewusst oder nur vorbewusst. Wer einmal in jedem Menschen – wie in sich selbst – das performative Feuer, den performativen Menschen erkannt hat, erkennt damit zugleich die prinzipielle Gleichwertigkeit aller nur-möglichen Situationen an – dies ist ja der performative Urgrund. Der ethische Gipfelpunkt leuchtet unverwechselbar, untilgbar auf im Zen-Buddhismus, im *post-satori* der performativen Paarung aus Schüler und Meister: Deren ethische Freiheit ist individuell, unabsehbar und doch für das Leben selbst und damit: sozial bindend.

Die starke Kontingenz, die scheinbare Zufälligkeit alles Performativen ist auch für den Bereich Ethik und das Paar *Gut* : *Böse* nicht ausgesetzt, sondern erhöht eben dadurch die Verantwortung des Einzelnen. Sie ist kein Widerspruch, denn gerade dieses Moment weist auf den unhintergehbaren Augenblick zurück – gleichgültig, wie er sich in einem *Hier&Jetzt* zeigen mag. Ethische Qualitäten zeigen sich vor allem in einer beliebigen Situation und müssen, sollen, wollen somit stetig neu erprobt und erwiesen werden. Werden sie es nicht, begibt sich der performative Mensch aus der performativen Oase hinaus nach außerhalb in die konstative Savanne, wo viele sind und wo er selber auch früher irgendwann einmal war. So ist der Mensch qua Kommunikation, qua Interaktion, ja: qua Sein niemals von seiner ethischen Verantwortung entbunden – so wie der Jünger niemals von seiner Zugehörigkeit, seinem Nachfolgen entbunden sein kann. Hier erscheint ein wichtiger Grundzug der performativ-ethischen Persönlichkeit: Das ist die fraglose Offenheit für alles, was die Situation ausmacht – eben weil die Verantwortung immer gefordert sein *könnte*. Ethische Qualitäten werden so in jeder Interaktion, ja eventuell zu einer jeden Zeit, immer wieder neu erzeugt und in einer unvorhersagbaren Weise realisiert: in einer ethisch relevanten Autopoiesis. Dies führt durch die performative Praxis dazu, dass diese Grundhaltung mit der Zeit in Fleisch und Blut übergeht und so notwendigerweise zu einem Muster für Andere wird. Indem das einzelne Individuum diese Qualitäten immer wieder zeigt und vorzeigt, trägt es – wie durch eine Unsichtbare Hand – dazu bei, dass sich dieses Muster in der Gruppe verbreitet und mit der Zeit einen pragmatischen Status erhält. Ethische Performativität ist somit gebunden an das *Vorbild*. Ihr Status bleibt dunkel, muss nicht beschrieben werden, es muss kein Diskurs angestrebt werden: Er ist *einfach da*. *Anwendung*, nicht Analyse oder Beschreibung, ist der Modus einer performativen Ethik. Sie gründet auf der Erfahrung, dass sie *in-actu* immer wieder neu erzeugt wird, ohne dass sich die Beteiligten dessen unbedingt immer bewusst sein müssen. Allzu deutliche Bewusstheit mindert nur den Wert der Anwendung, weil es sie in ihrem Werden behindert. (Das hat Heinrich von Kleist in seiner unsterblichen Erzählung ‚Über das Marionettentheater' aufgespießt).

Einer der wichtigsten ethischen Züge ist der Verzicht auf jede schnelle, quasi automatische Bewertung von Handeln und Verhalten – von dem eigenen wie von dem aller Anderen. Obwohl es natürlich Standards gibt, ist es grundlegend, dass auf eine vorschnelle Bewertung verzichtet wird. Es werden in der Lebenspraxis keine neuen Hierarchien erstellt; performative Ethik ist nicht auf Profit oder Konkurrenz aus. Das eigene Verhalten wird ohnehin oft schon automatisch als Bewertung aufgefasst und muss nicht noch getoppt werden durch Kritik, Tadel, Schmeichelei oder Lob. Wenn jedoch in einem bestimmten Fall bewertet wird oder bewertet werden soll, dann ist eine Ansicht, eine Meinung, ein Standpunkt, eine *Sache* im Fokus der beiderseitigen Aufmerksamkeit – nicht aber: *die Person*! Ressentiments und Vorurteile lassen sich vielleicht nicht auslöschen, weil sie eben seit langem da sind, sie werden aber im Prinzip lose zur Disposition gestellt, geändert, ergänzt oder abgeglichen, vielleicht auch ausgeblendet. Dies umso mehr, als Vorurteile mit größter Sicherheit auf beiden Seiten immer vorhanden sind: Sie sollten (nach Gadamers Vorgaben) nicht geleugnet, sondern zugelassen werden, möglichst erkannt und beobachtet, nicht aber eifrig bekämpft werden. Das tut schon die Zeit allein für sich. Realität muss nicht sofort bewertet werden, und zwar gar nicht einmal aus objektiven sachlichen Gründen heraus, sondern um der Entfaltung performativ-ethischer Eigenschaften ad-hoc eine Chance zu geben. Der Verzicht auf Gewalt zeigt sich nicht nur im wörtlichen Sinn, sondern hat selber keine Grenzen. Menschen mit einer performativen Ethik wissen, dass jede Interaktion, jede Äußerung, jedes Gespräch ohnehin immer ein Gefälle auslöst, ob man das nun beabsichtigt oder nicht: ein Gefälle der Fakten und Behauptungen, ein Gefälle im weiten Spektrum der Emotionen, Erwartungen und Konsequenzen. *Nota bene*: Dies ist der *Normalfall* in allen Kulturen, in allen Sprachen (Mersch 2015). Er hält die Gruppen beieinander. Eine performative Ethik besteht lediglich darin, dieses Gefälle nicht zu fixieren, schon gar nicht: auszunutzen, sondern: es als solches *sein zu lassen*; unberührt. Hier zu manipulieren, gar noch: strategisch, wäre *unethisch*.

Performative Ethik ist nicht lehrbar

Eine performative Ethik ist kein Lehrgegenstand und erst recht kein Paradigma, das sich nur auf Zeit einstellt und dann wieder irgendwann hinter dem Zeitgeist verschwindet. Zu Beginn des 21. Jahrhunderts ist sie eine existenzielle Notwendigkeit, weil die Verhältnisse in der Welt sich drehen und sich offenbar zwischen zwei Weltaltern befinden. Hierüber gibt es keinen vernünftigen Zweifel. Es geht nicht nur um ethische Inhalte, sondern auch um die Methode. In einer performativen Ethik sind beide Seins- und Werdensweisen untrennbar miteinander verbunden. Menschen, Sprachen, Kulturen und Ansichten begegnen sich in jedem Augenblick auf eine unabsehbare Weise, und die Zukunft der Medien wird diesen Faktor exponenziell weiter erhöhen und vielleicht Standards einführen, von denen der Zeitgenosse heute noch keine Vorstellung hat. Das Internet selber fordert und fördert eine performative Haltung und die Bereitschaft für *performances* mit jedem Mausklick, jeder Information, jedem Chat, jedem *like*. Jeder Mensch kann in jedem Augenblick mit einem jeden Anderen in einen Kontakt geraten und es unterliegt keinem Zweifel, dass sich solche kontingenten Kontakte nur händeln lassen, wenn die ethischen Standards nicht in den Tsunamis von *facts&fakes* mit untergehen. Es braucht keinen Konsens um jeden Preis, keine Diskurse, die die sachlichen Inhalte endlos diskutieren, es braucht in der Zukunft noch nicht einmal eine gemeinsame Sprache, weil Maschinen der Künstlichen Intelligenz auch diese Barriere bereits heute in Echtzeit beseitigen. Es braucht in der Praxis auch keine Spezial-Kenntnisse über Interkulturalität etc.; es reicht vollkommen, wenn es eine Art dunklen performativen Grundkonsens gibt, der beiden Seiten zwanglos unterstellt wird, ohne hier auf die Einhaltung irgendwelcher Maßgaben zu pochen. Natürlich muss man nicht noch groß betonen, dass eine performative Ethik letztlich den Frieden befördert – nicht über die große bedeutsame Geste, sondern durch das Tun und einen Konsens, der nicht lauthals beschworen, sondern nur – *gezeigt* werden soll.

Was soll man tun? – die alte Kantische Frage. Es gibt keinen Katalog darüber, was man tun oder lassen soll, so wie es auch kein Protokoll eines Gespräches oder einer Interaktion gibt. Wenn man Kant unbedingt paraphrasieren will, muss man einen Quantensprung nach jenseits der konstativen oder moralischen Sachlichkeit machen. Wir formulieren, in Anlehnung an Immanuel Kant und den Kybernetik-Philosophen Heinz von Foerster, einen *performativen Imperativ* (der besser ein Indikativ oder ein Konditional wäre):

- „Unterstelle deinem Gegenüber zwanglos dieselbe performative Grundhaltung, Erkenntnis und jene performativen Fähigkeiten, die du selber hast, unabhängig davon, ob solche bei ihm vorhanden sind oder nicht. Verhalte dich so, als wäre dein Gegenüber ein erwachter performativer Mensch, der dir dasselbe unterstellt."

Ein solcher „Imperativ" verwandelt sich in der alltäglichen Praxis mit Sicherheit in eine existenzielle, performative Antwort – je nachdem, wie stark die Bereitschaft auf beiden Seiten ausfällt. Oft erhöht sich diese Bereitschaft wie von selbst erst im Verlauf einer Interaktion und erzeugt ein positives Ergebnis. An diesem Punkt beginnt die performative Ethik, sich zu entfalten. Sie kann hervorbringen, was von vornherein gar nicht beabsichtigt war, sie kann Vorurteile beseitigen, sie vermag, das Hörensagen aus der Vergangenheit zu löschen, sie kann Wege in die Zukunft weisen, von denen beide bis dato noch keine Ahnung gehabt haben. Sie kann die Zukunft erzeugen.

Dies sind die Grundfesten einer performativen Sprechsituation. Die aber ist keine *Ideale Sprechsituation* im Habermas'schen Sinne (Kap. V), weil nicht die Argumente, die Sachverhältnisse, die Informationen im Vordergrund stehen, sondern eine gewachsene Haltung, die erst dann, in einem sekundären Schritt, auf die Sachen zugreift und mit ihnen handelt und verhandelt. Sie kann auch nicht „ideal" sein, weil sie stetig-veränderlich ist, augenblicksgebunden, persönlich tief verankert und nicht abhängig von irgendeiner Art von normativen Verhaltensregeln. Sie ist so, wie sie ist, konkret undefinierbar, aber performativ eindeutig. Eine performativ-ideale Sprechsituation kann nur annäherungsweise bzw. unbestimmt entstehen: wenn der performative Faktor in ihr zwanglos anwächst und etwas Neues erzeugt.

Performative Ethik ist unter den Umständen des 21. Jahrhunderts, unter den Bedingungen des zivilisatorischen Umbruchs (wenn nicht: *des Bruchs*; s. Kap. I) die einzig mögliche Ethik. Sie setzt zu einer jeden Zeit, an jedem Ort die Essenziale einer performativen Ethik um (s.o.). Performative Ethik legt nicht fest, was Gut und Böse sei, sondern überstellt dies in den Appell an jeden Einzelnen der Großen Acht Milliarden, Verantwortung zu übernehmen. Wenn zu jedem beliebigen Zeitpunkt jeder beliebige Mensch mit jedem Anderen in Kontakt treten kann, dann gibt es keine Kultur, keinen Kontinent, keinen Machtblock, keine Ökonomie, keine Institution, keine Allianz, die einen Maßstab aufstellte, der für alle gelte. Die Weltgemeinschaft, die sich in der Zukunft ausbilden mag, kann keinen absoluten Kanon haben, sondern wird sich zusammensetzen aus den Formen einer performativen Ethik der Individuen. Die sind, zumindest theoretisch, kompatibel, weil sie tiefinnen performativ gespeist sind. So dienen sie dem Frieden. Die politischen Prozesse, die zusammen mit den technischen, wissenschaftlichen und kulturellen Prozessen auf dem Globus laufen, werden eine performative Ethik bitter nötig haben. Dies alles mag eine performative Utopie sein, aber für jede Utopie gibt es eine Zeit.

9. Performatives Wissen

- Performatives Wissen gründet sich auf den unabschließbaren Prozess der ambivalenten Bewegung zwischen relativem konstativen Wissen-auf-Zeit und dem Grund eines sicheren Nichtwissens: Als solches wird es durch das performative Subjekt angewandt.

‚*Performatives Wissen*' – das klingt beim ersten Hören wie ein Oxymoron, etwa wie *Hassliebe* oder *bittersüß*, wie ein Widerspruch-in-sich. Es klingt so, weil es zwei Größen zusammenspannt, die der europäische Geist normalerweise trennt, zumal im Rahmen der Wissenschaft: den Prozess des Werdens und die Reflexion auf IST-Bestände.

Zu einer performativen Renaissance der Weltbilder gehört, dass der aufgeklärte, erwachte Mensch sich der allgegenwärtigen Möglichkeit des Nichtwissens bewusst ist und von hier aus alles Wissen betrachten lernt. So sollte es in der intuitiven Verankerung sein, aber auch in der Möglichkeit der bewussten Reflexion und erst recht in der performativen Aktion. Der performative Mensch weiß – ganz unabhängig vom Grad seiner Bildung – dass das Wissen um das Nichtwissen zur existenziellen Grundausrüstung gehört. Und er weiß, dass diese potenzielle Leerstelle nicht nur der Antrieb für die Neugier der Forscher ist, sondern ein performatives Grundprinzip bleiben wird, ein Essenzial aller Natur. „Uns treibt der Drang nach Erkenntnis, und lernend stoßen wir an die Grenzen. In den tiefsten Tiefen des Raumgewebes, im Ursprung des Kosmos, im Wesen der Zeit, im Schicksal der Schwarzen Löcher und im Funktionieren unseres eigenen Denkens. Hier, an den Grenzen unseres Wissens, wo sich das Meer des Nichtwissens vor uns auftut, leuchtet das Geheimnis der Welt." (Carlo Rovelli).

Die Natur zeigt ihre Geheimnisse nicht nur auf den Spielfeldern der Neuen Physik und der Astronomie, sondern auf mannigfache Art, und es gibt sie nicht vollkommen preis. Sie führt sie nur vor, in der Gesamtheit präsentiert sie ein kosmisches Kaleidoskop, ein Millionenpuzzle, selber in der Rolle eines Chamäleons, das ständig Gestalt, Farbe und Logik wechselt. Dies ist das erste große Paradoxon, eine Art grundständiges Geheimnis, auf dem auch die nächsten Geheimnisse wachsen.

Zu Anfang des 21. Jahrhunderts, an einem kritischen Punkt, einem speziellen *peak* des Anthropozäns, sind wir endgültig an den Grenzen der Erkenntnis angekommen. Am Horizont erscheinen nicht nur die Grenzen des Wissens und der Wissenschaften, sondern auch die des alltäglichen Lebens auf dem Globus. Immer deutlicher wird, dass die Grenzen des Mach- und Erkennbaren in den großen Dimensionen des Universums und in den kleinsten Dimensionen des Materieaufbaus jenen Grenzen, die der Mensch sich selber macht, überhaupt nicht nachstehen. Ohne Zweifel befinden wir uns heute am Rande der Erkenntnis, der Erkennbarkeit der Welt und überall leuchten warnend die apokalyptischen Konsequenzen auf, die drohen, wenn diese Grenzen – aus notorischem Hochmut, in neuen Ausbuchtungen der menschlichen Hybris – nicht beachtet werden.

Wissen ist überall und es ist kaum eindeutig markiert. In den Neuen Medien kann man sich nach zwei-drei Mausklicks alle Dimensionen des Weltaufbaus vorführen und erklären lassen, im Schnelldurchlauf, in Normalzeit, in *slow motion*, vom Atom und dem Körperinneren bis an den Rand des Alls. Der Bilder-Zoom fährt im Sekunden- und Minutentakt durch alle Dimensionen, die die Natur bereithält und sagt uns so immer wieder, dass es unnötig, ja: töricht wäre, die großen und kleinen Dimensionen des Kosmos immer wieder aufs Neue sorgfältig auseinanderzuhalten und voreinander zu isolieren – so wie es die Wissenschaften im Abendland immer gehalten haben und auch heute noch tun. Immer deutlicher wird, dass es viele Perspektiven auf eine Sache gibt, und dass es einzig vom Blickwinkel und vom Bewusstsein des Betrachters abhängt, die Gemeinsamkeiten zu sehen und zu interpretieren oder eben auch nicht. Dies gilt auch für die Philosophie: So gut wie alle Philosophen oder Philosophien können aufgerufen, nebeneinandergestellt und interpretiert werden – für alles gibt es einen Modus, einen Ort, einen Umfang, einen Stil, eine Präsentation.

Wissenschaftler und Laien sind heute gleichermaßen aufgefordert, diese Dimensionen zusammen zu sehen und zweitens, den Blick von der Einzeldisziplin, z. B. der Astronomie, zu richten auf viele andere Wissenschaften. Dabei käme es darauf an, die Scheuklappen der Angst abzulegen und wahrhaftiges Neuland zu betreten. Diese Terra Nova besteht heute nicht mehr allein und nicht vorrangig im Detailwissen der Spezialisten, sondern in einem 360-Grad-Rundum des interessierten, neugierigen und staunenden Menschen, der plötzlich Zusammenhänge entdeckt, die ihm in den letzten beiden Millennien noch verschlossen waren. Es mag, unter anderem, eine Frage der persönlichen Courage sein.

Wenn wir heute wissen, dass es kein Wissen ohne die Instanz des Subjekts gibt, dass die Beobachtung (die „Aufmerksamkeit") selbst das Wissen mitprägt und mitwertet, ist der Weg zu einer Umkehr in Sicht, zu einer Kehre des Nichtwissens in sein Pendant, das performative Wissen (PW). Der Mensch selber ist imstande und willens, die Myriaden an Informationen nach seinem Willen, in seiner Freiheit zu gestalten und dafür die Verantwortung zu übernehmen. Eine persönliche, ungesicherte Verantwortung, die er jeden Tag trainieren kann.

In den letzten Jahrhunderten hat der Mensch sein Forschungs-Ideal der Objektivität, der puren Analyse, des Experiments, der Kausalität, der Logik und der puren Fakten und Details immer weiter auf die Spitze getrieben. Er hat sich selbst, seine ganze Subjektivität als etwas „Unwissenschaftliches" aus der Wissenschaft eliminiert oder das „Subjektive" allenfalls für Spezialdisziplinen (wie z. B. die Psychologie) an der Peripherie eben noch zugelassen. Die entpersonalisierte Intellektualität hat in der Wissenschaft, aber auch in weiten Teilen des Kulturbetriebes, einen Höhepunkt erreicht und viel Schaden angerichtet. Davon nimmt der Mensch nun, am Beginn des 21. Jahrhunderts, langsam Abschied, weil das Zeitalter der konstativen Objektivität vorbei ist und es keine Alternative zur performativen Grundierung allen Wissens gibt. Die performative Kehre holt ihn, man möchte sagen: mit aller Brutalität, mit aller Konsequenz, wieder in die Natur zurück.

Der Zeitgenosse wird gleichzeitig von Extremen beherrscht, wie in einer medialen Ellipse: ein bipolares Syndrom ganz eigener Art, ein wahrlich abstruses, gefährliches Tandem. Ohne je eine Bibliothek von innen gesehen zu haben, kann der User in einem Augenblick viele Millionen Informationen zu jedem Thema aufrufen, und hier ist bereits eine neue Art von diffusem Nichtwissen verborgen: Zwischen Reklame, Doppelinformationen und Null-Infos findet sich ein Gebirge an Trash, das eine neue Art des

Nichtwissens erzeugt: Desinformation, die sich als Information verkleidet: *Information is the best disguise of not-knowing.* Das absolut Neue an der Gegenwart ist, dass die Menschheit in einer Weltgemeinschaft lebt, die gleichzeitig von explodierendem Wissen und einer bedrohlichen neuen Art des Nicht-Wissens gekennzeichnet ist. Der Homo Performans verfügt über beides, und es wird seine abenteuerliche Aufgabe sein, beides zusammenzudenken und daraus eine neue Art Meta-Wissen zu rekrutieren, das im Prinzip nicht mehr direkt fakten-abhängig ist.

"What we know is a drop, what we don't know is an ocean." So sagte es Isaac Newton und bis heute hat sich an diesem Befund nichts geändert: „Ich glaube, was wir nicht wissen, ist weit mehr als das, was wir wissen." (Carlo Rovelli). Vielleicht ist der Ozean noch tiefer geworden. Heute gibt es einen Riesen-Unterschied zu Newton: dass immer mehr Leute davon *wissen*, dass sie wenig wissen und zweitens: dies existenziell nutzen können. Und sie kennen das typische Szenario des Nicht-Wissens: Das vermeintlich feste, harte Wissen wächst immer schneller, wird immer schneller ersetzt, weicht auf, bildet Schlieren, erzeugt unüberschaubare Diskurse und einen neuen dunklen Kosmos an Nichtwissen. Vielleicht muss erst das Bewusstsein des Nichtwissens in der Welt einen bestimmten Punkt erreicht haben, an dem ein mentaler *rebounce*-Effekt erzeugt werden kann (der auch Genies wie Isaac Newton oder Albert Einstein hervorgebracht hat). An dem sich die Singularitäten des Wissens umkehren können in eine niegeahnte Art des performativen, vorwärtsschießenden Wissens. Der Mensch der Zukunft (der Gegenwart?) ist aufgerufen, sich auf seine Kapazität, seine Fähigkeiten, letztlich: sein Gehirn zu berufen und aus dem Tropfen einen Ozean zu machen, ein Meer an Phantasie, an Ideen, das ihm nicht das WorldWideWeb bietet, sondern das er in sich selber vorfinden kann. Denn auch ein neuentdeckter Ozean wird sich eines Tages entpuppen als ein weiterer Tropfen im Meer der Welten.

Wissen bedeutet im europäischen Wissens-Standard vor allem Anderen: Textwissen, gespeichertes Wissen, schriftliches Wissen, lineares Wissen, zitierbares Wissen, logisches Wissen, geordnetes Wissen, geprüftes Wissen. Dies ist der Prototyp des Wissens, der aus der europäischen Wissenschaftlichkeit nicht wegzudenken ist. Alle Erziehung in Schule und Hochschule pflegt diesen Typus. Alles richtet sich an ihm aus. An ihm haften Rechthaben, Argumentation, Diskurslogik, Reflexion und die Verpflichtung zur kausalen Begründbarkeit. Alle Wissenschaft, alle Kultur ist von ihm durchdrungen. Dieses Wissen ist zutiefst *konstativ*: Es prägt die DNA des abendländischen Menschen.

‚Performativ' versammelt in seiner Bedeutung Vieles, was hiervon abweicht. *Performativ* umfasst eine ganze Reihe von Eigenschaften, die nicht zum konstativen Kanon gehören: z. B. *mündlich, nichtgespeichert, spontan, situativ, personell gebunden, ungeplant, ad-hoc vollziehend, körperlich, situativ, analog, akausal, momentan, flüchtig, nichtreflexiv.* Schon das Faktum, dass performatives Wissen hier relativ ausführlich beschrieben, ja: analysiert wird, widerspricht eigentlich seinem innersten Wesen. Dies erzeugt ein performatives Paradox, das offenbar mit dazugehört und in seinem unlösbaren konstativ-performativen Widerspruch nicht auflösbar ist. Man muss es hinnehmen, bleibt aber aufgefordert, dieses Faktum, wenn man dies will, zu reflektieren. Performatives Wissen ist ein *anderes Wissen*, ein Wissen, das sich eigentlich gegen Analyse und Exegese sträubt. Die hier jedoch erfolgende analytische Abspaltung des PW vom konstativen Wissen dient vor allem heuristischen Zwecken: denn es ist durchaus klar, dass auch performatives Wissen nicht ohne seinen konstativen Bruder auskommen kann: In der Praxis erscheint immer eine Fusion, ein Amalgam, ein Hybrid, mit stetig wechselnden Anteilen.

Aus dem Antagonismus ergibt sich gleich der innere Wesenskern, das Alleinstellungsmerkmal alles performativen Wissens. Die Weitergabe *jeder* Art von Information – Kinotermin, Englischvokabel, Flirt, $e = m \cdot c^2$ – ist ein Akt, der eine neue Situation erzeugt, ist ein performatives Ereignis mit einer Vor- und einer Nachgeschichte, die selber wieder performative Größen waren oder sein werden. Wer will, kann das einen „epistemischen Akt" nennen. PW erscheint nicht als Zitat, nicht als Textblock, nicht als Schriftformel, sondern in einem Akt, der dieses Wissen im-Moment *erzeugt* – ganz unabhängig davon, ob das Faktum X bekannt, neu, zweifelhaft, erstaunlich oder was-noch-immer sei. Wissen wird so noch einmal *erschaffen* und ist doch einzigartig; und auch seine Wirkungen, seine Folgen, seine Missverständnisse und Verständnisse sind dies – immer abhängig von der Situation, die selber ständig wechselt. Der einzelne Wissens-Akt befindet sich in einer weiter-oszillierenden Schleife, einer performativ-konstativen Endlos-Schleife, die sich mit Fortgang der Interaktionen ständig neu erzeugt: ein *perpetuum mobile*, ein autopoietisches System, das letztlich mit dem Wissen spielt, ihm damit etwas von seiner rationalen Schärfe fortnimmt, von seinen empathischen Wirkungen aber: etwas hinzufügt.

PW bedeutet, auf das Einfachste heruntergebrochen: *Wissen zeigen, nicht davon reden*. Hier verbirgt sich der *gap*, der alles folgende Performative erst ermöglicht. PW heißt, dass einer sagen könnte: ‚Jener hat Wissen, aber er wuchert damit nicht.' Hier lehnen sich viele Weisheiten aus allen Weltgegenden an, die davon sprechen, dass wahres Wissen sich eher verbirgt, als mit den Fakten hausieren geht. PW wird auch dadurch gesichert, dass konstative Diskurse umgangen oder ausgesetzt werden: Was ungesagt ist und bleibt, wird nicht zum Gegenstand von Diskussionen.

Am Anfang des performativen Wissens steht eine Art negatives Wissen: akademisch formuliert, eine ‚negative Epistemologie': das tiefe Bewusstsein davon, dass wir vieles nicht wissen, vieles niemals wissen können, und dass mit den anschwellenden Wissensbergen auch immer das Nichtwissen im Dunklen mitwächst: „Je mehr wir ausleuchten, umso mehr wächst auch das Dunkle." So formulierte es Marvin L. Minsky vom ‚MIT' in Cambridge/USA. Und nicht zuletzt: Nichtwissen ist eine Konstante, die alle Menschen miteinander verbindet. Dieses Negative Wissen ist, so paradox es anmuten mag, das Fundament allen performativen Wissens, im Weiteren allen „wahren Wissens", und noch weiter gedacht: auch von einer existenziellen Demut, die der Schlüssel ist zu allen Gewichtungen eigenen und fremden Wissens.

Auf dem Hintergrund des Allgemeinen Nichtwissens (und seines Umfangs, seiner Macht) ergibt sich: Die freiwillige, instinktive Beschränkung von Wissen überhaupt ist eine erste Quelle performativer Freiheit. Hinzu tritt die Überzeugung, dass man keinen Augenblick, keine Situation, keinen Gegenüber, keinen Plan und keinen Tag vollkommen kontrollieren kann, weil schon die Kontrolle selbst alles verändert: Also verzichtet man besser darauf. Es erweist sich oft als nicht unklug, auf Wissen auch *verzichten* zu können: nicht aus Koketterie, sondern z.B. deshalb, weil man nicht alles in Worte fassen kann oder: in Worte fassen sollte.

Implizites Wissen

PW weiß genau, dass es Implizites Wissen gibt, das man nicht ohne Not ins Helle ziehen soll. PW weiß, dass das nicht ohne Gefahren abgeht: Wenn man sich bis auf den Grund mit dem Begriff ‚Zeit' befasst, wird man zu vielem anderen zu spät oder gar nicht kommen. Der Begründer des Impliziten Wissens, Michel Polanyi sagte, wir wissen viel mehr als wir sagen, als wir sagen sollten, als wir sagen können. Und das, *was* wir sagen, ist nur die hellglänzende Spitze des Eisbergs. *Was* wir sagen, kann aber ein Symptom sein für das Wissen, das sich in den unteren dunklen Neunzehnteln des Eisbergs, unter der Oberfläche des ad-hoc-Bewussten befindet. PW ist sich immer latent bewusst, dass es ein gewaltiges Unbewusstes gibt, ein Individuelles und ein Kollektives Unbewusstes (C.G. Jung), und selbst ein Meister des PW kann niemals zu 100 % sagen, wie dies genau aussieht. Er weiß aber um das DASS, nicht unbedingt auch um das WAS.

Performatives Wissen ist, von hier aus, intuitives, instinktiv gefestigtes Wissen; es tritt eher synthetisch-ganzheitlich auf, als sich in analytischen Details zu verlieren. Es weiß, wann welcher Modus angezeigt ist und vertraut hier mehr und mehr auf die eigene Erfahrung: Es hält mit dem klar-deklarativen Bescheidwissen in der Gesellschaft Kontakt, überbewertet es aber nicht, ja: Es neigt gern dazu, mit dem Faktenwissen eher zu spielen, als auf seiner Seriosität oder Stimmigkeit unbedingt zu bestehen. PW ist nicht kategorisch, sondern eher flexibel, hier aber beileibe nicht instabil. Oft erweist sich ohnehin, dass auch Faktenwissen relativ ist, sich oft ändert, heute gilt und morgen ignoriert wird, heute als nützlich eingeschätzt wird, morgen aber schon als überflüssig. Diese konstative Schleife hat wahrscheinlich einen *spin* von 5–10 Jahren, in denen das Spezialwissen ausgetauscht oder umgewertet wird.

Das performative Individuum weiß, dass es im Rahmen des Impliziten Wissens verschiedene Modi des Wissens gibt, die beide ihr Recht haben, miteinander aber im Prinzip *inkompatibel* sind. Der britische Philosoph Gilbert Ryle trennte hier das ‚knowing what' vom ‚knowing how': Vom Englischen zu reden und es spontan zu sprechen, sind zwei Paar Stiefel; wer eine Partitur kennt, kann sie noch lange nicht umsetzen; wer als Trainer zuviel am Reißbrett des Fußballfeldes theoretisiert, wird seine

Mannschaft ab einem gewissen Punkt eher verunsichern. Von Kultur oder Literatur zu reden heißt noch lange nicht, Kultur auch zu leben, Literatur auch zu verstehen. ‚*Knowing what*' ist im Wesen konstativ; es beschreibt; ‚*Knowing how*' ist im Wesen performativ: es gestaltet, zeigt, inszeniert.

Wichtig ist nicht nur, den Unterschied zwischen den Modi zu kennen. Genauso bedeutsam ist, im Einzelfall zu wissen: Ein zu sehr sezierendes *Knowing-what* kann die Ausführung des *Knowing-how* behindern, das *performing* empfindlich stören. Der Schach-Champion mag die Regeln des Spiels perfekt beherrschen, mag etliche Muster-Partien studiert haben: Ohne Intuition und ein freiflottierendes *how* macht er Fehler, wird vielleicht sogar verlieren. Und ist er schwach, wird er vor allem das *what* aktivieren, ein weiterer Schritt in Richtung Niederlage. Reifes performatives Wissen weiß das, zielt aber mitnichten auf eine absolute Vorrangstellung, womöglich eine Vergötterung alles Performativen. Es weiß viel mehr, wie das Verhältnis zwischen den Modi des *Knowing* sind und wie dies selbst zu händeln ist. Es läuft also letztlich auf eine Fusion hinaus, deren Wesen vollkommen flexibel, nicht festzulegen ist. Reifes PW wechselt mit der Zeit auf ein höheres Niveau und umfasst beide Modi: „Performative Expertise zu erlangen, verträgt sich schlecht mit linearisierten Eingabemasken und Aufführungsformaten. Das liegt jedoch nicht an der körperlichen Dimension des Performativen. Performative Expertise darf nicht einfach als eine Frage von sog. Körperwissen missverstanden werden, sondern meint ein komplexes Zusammenspiel aus Ursachen und Gründen, aus der Interaktion von Aktivität und Passivität, von Planung und Emergenz. Performative Expertise bedeutet, implizites und explizites Wissen in ein kohärentes Verhältnis zu bringen." (Suchard 2022)

Die Singularität des Nichtwissens begründet noch eine weitere Seite des aktiv-performativen Wissens: dass die *Inszenierung* wichtiger sein kann als das konkrete Detailwissen über Fakten. Am Paradefall des Gerichtsverfahrens kann man zeigen, dass die Inszenierung von Ritualen nicht nur unabdingbar für die Gesellschaft ist, sondern als ein unkippbares Performativum die Rechtsnorm immer wieder neu erzeugt. Selbst die Urteilsfindung kann hierdurch gesteuert werden, wie der Berliner Erziehungswissenschaftler Christoph Wulf gezeigt hat.

Ryle's *Knowing-how* betrifft nicht nur technische Fähigkeiten, nicht nur handwerkliche *skills* und ihr automatisches Ausführen, sondern zielt auch auf die uralte Erfahrung, dass die *Aufführung* – als der performative Modus schlechthin – oft die Fakten dominiert. Im (negativen) Extremfall hat die Weltöffentlichkeit dies während der Regierungszeit von Donald Trump (2017–2021) erlebt. Inszenierung, Populismus, *fake-news*, ja: Offensichtliche Lügen und Halbwahrheiten konnten die Atmosphäre bestimmen, und negativ-performative Modi wie Relativieren, Schönreden, Aufhetzen oder Provokationen („*hate speech*") wurden oft als mächtiger wahrgenommen als die schieren Fakten. Ja, die Realität schien sich zuweilen selbst in eine *reality 2.0* zu verwandeln („*alternative facts*"), die sich anschickte, *reality 1.0* aus den Angeln zu heben. Auf der Ebene einer vernünftigen Normalität weiß das PW, dass die *player* und ihr präsentiertes Wissen durchaus ein Eigenleben führen können. Das Konstativ-faktische fungiert dann als Instrument der Interaktion, eher im Rahmen von *doing* statt *being*, was nicht immer vollkommen falsch ist, wie die Praxis beweist. Der Gießener Anglist Wolfgang Hallet sieht hier eine „performative Kompetenz" am Werk, die den reinen Inhalt von Etwas immens beeinflussen und lenken, ihn manipulieren oder retten kann. Szenische oder performative Kompetenz sollen „vorläufig definiert werden als ein Bündel von Fähigkeiten des Individuums, die Inszeniertheit allen sozialen Handelns zu verstehen, selbst soziale Interaktionssituationen zu initiieren, diese selbstbestimmt mitzugestalten und die eigene Rolle darin kritisch zu reflektieren." (Hallet). Im sogenannten Experiment- und Regietheater wird der Zuschauer mit seinem Textwissen zuweilen als eine Art Mitspieler in die *performance* des Stücks mit hineingezogen, was direkten Einfluss auf den konkreten Text der ablaufenden Inszenierung hat.

Eine wichtige Größe für aktuell angewandtes PW ist Wissen vom aktuell-Ungesagten. Dieses Wissen ist im Grunde ein soziales Gut, es wird nicht pädagogisch gelehrt, sondern in Gestalt von Vorbildern und Beispielen spontan erlernt: *by doing*. Es ist gleichermaßen eine Variante Impliziten Wissens, die besser heißen sollte: Wissen vom Vorbewussten, vom Noch-nicht-Bewussten. Dies kann man als ein „auratisches Wissen" bezeichnen: das Gespür für die Aura des wörtlich-Gesagten oder des konkreten nichtsprachlichen Verhaltens. Dieses Wissen weiß instinktiv, dass alles Kommunikative, alles Interaktive nicht nur einen Vorlauf, sondern auch ein Nachspiel hat: Beide bleiben in der Regel stumm. Es gehört zu einer Performativen Kompetenz dazu, dass man dies akzeptiert und die auratischen Größen nicht ständig in die Kommunikation hineinholt. Westliche Gesellschaften neigen dazu, diese „performativ-auratische Kompetenz" eher dem weiblichen Geschlecht zuzuschreiben.

Hiermit verbunden ist die Erfahrung, dass Sprache zwar wichtig ist, aber nur einen kleinen Teil aller Kommunikation ausmacht und auch ausmachen sollte – obwohl Sprache das ultimative Mittel interaktiver Kommunikation bleibt. Auch Schweigen spielt hier – an der richtigen Stelle – eine wichtige performative Rolle. Performative Erfahrung lehrt auch, dass man nicht alle Erfahrung in Worte fassen kann und hier auf heftige Anstrengungen ebenfalls verzichten sollte. Tut man es nicht, liefert man sich dem konstativen Dogma aus, das einen unweigerlich auf ‚statisch' festlegt und alles Performative unterdrückt. Performatives Wissen ist in diesem Sinn fluid, veränderbar, nicht festgelegt, unstet und verändert sich durch vielerlei Faktoren, oft in kurzer Zeit, ja in Augenblicken, splittert auf in Facetten, in Perspektiven. Fakten und Details sind wichtig, verändern sich aber rasend schnell. Man soll deshalb Wissen nicht festhalten, sondern bereit sein, es in Gesprächen neu auszuhandeln: Dies muss nicht explizit geschehen, es *vollzieht* sich, zu einem Teil unkontrollierbar. Performatives Wissen stützt sich eher auf den *Umgang* mit Faktenwissen als auf die Fakten selbst, es verfügt über eine dunkle Intuition, die die Auswahl an Informationen und ihren Einsatz, ihre effektive Navigation erleichtert. Die latente Fähigkeit, die aktuelle Bereitschaft dazu ist der ideale Grundzug der performativen Persönlichkeit.

Zusammengefasst: Performatives Wissen ist insgesamt aufzufassen als ein komplexes Modul, jenseits des konstativen Bescheidwissens. Es hat viele Facetten, seine Phänomenologie ist flexibel. Stichwörter sind: das Unbewusste, die Illokution, Konnotation, Assoziation – um nur vier Größen aus dem Pool zu nennen. PW reicht ohne jeden Zweifel wesentlich weiter, exponenziell weiter in die Evolution zurück als sein konstatives Pendant.

10. Performative Kunst

- Der performative Künstler arbeitet an jener Welt, die er selbst schafft – ohne sich dessen zu jeder Zeit und exakt bewusst zu sein.

> „*Wenn ich wüsste, was Kunst ist – würde ich es nicht sagen.*" (Pablo Picasso)
> „*Die Kunst ist eine Vermittlerin des Unaussprechlichen.*" (Johann Wolfgang von Goethe)
> „*Jede Kunst zeichnet sich durch eine bestimmte Art der Organisation um die Leere herum aus.*" (Jaques Lacan)

Picasso, Goethe und Lacan fassen in Worte und Sätze, was man eine Analogie zum Schwarzen Loch im Bereich ‚Kunst' nennen könnte – sie umkreisen jene Singularität, die schon auf anderen Feldern der Kultur begegnete. Picasso sagt, dass die Definition von Kunst, also: die konstative Zwangsjacke, die Kunst selbst zerstört. Goethe sagt, dass Kunst substanziell kein Prädikat, kein Etikett haben kann. Lacan sagt, dass das Tiefst-Sublimierte keinen Ausdruck hat; Kunst verhält sich nach Lacan singulär, ohne Ort, wie auch sein Sinthom, das stumme Zentrum der individuellen Psyche. Alle drei sagen, dass jeder Kunst ein performativer Archetypus zugrundeliegt, der sich der Interpretation entzieht.

Seltsam, dass Kunst als ein Spielfeld der Philosophie seit der Neuzeit, besonders seit dem deutschen Idealismus, immer weiter an den Rand der Philosophie gedrängt wurde. Sie war schon in der Antike, bei Plato, also am Beginn der europäischen Philosophie, fast ein Synonym für Philosophie überhaupt (‚das Schöne'). In jedem Fall hat Kunst jenen großen, überwölbenden, fast schon transzendenten Horizont, der alles andere zu überspannen scheint – hier direkt der Metaphysik verwandt. Und es liegt dem Ästhetischen offenbar jenes Geheimnis zugrunde, das auch in der Philosophie auftaucht, bei Sokrates, bei Nikolaus von Kues und anderen. Und immer stechen jene *beiden* Punkte, man möchte sagen: *gemeinsam* hervor, die wir Singularität und Performativität nennen: das Schwarze Loch und der produktive Jet. „Kunst ist nicht ein Spiegel, den man der Wirklichkeit vorhält, sondern ein Hammer, mit dem man sie *gestaltet*."

So sagte es Karl Marx. Die performative Seite muss man natürlich nicht belegen: Es sind die Kunstwerke selbst und ihre Kreation, in neuerer Zeit ihre Erzeugung vor den Augen des Betrachters und dessen unmittelbar-spontane Mitarbeit („*performances*"). Typisch für Europas Kultur-Szenerie ist, dass die performative oder *performance*-Seite von Kunst einen wie verdienten Hype genießt, einen selbstverständlichen Prior der Aktionen und des Aktionismus, der die andere Seite, die Singularität, die ja allem Performativen zugrundeliegt, unberechtigterweise in den Schatten rückt.

Die Singularitäts-Seite kommt vor allem in der Einsicht zum Ausdruck, dass man Kunst nicht definieren kann oder durch die Überzeugung, dass überhaupt niemand eindeutig wissen könne, was Kunst sei. Dies klingt nach einer modischen Redefigur; sie gestattet aber vielen Zeitgenossen, dem Geheimnis von Kunst gar nicht erst auf den Grund gehen zu müssen. Die Philosophie der Ästhetik seit Hegel und Schelling rollt dagegen einen riesigen Begriffs- und Perspektivenapparat auf, der die analytische Exegese von allem, was mit Kunst zu tun hat, in allen Details durchführt. Eine seltsame Aporie will sich für manchen Betrachter einstellen: Es könnte sein, dass man eben über die ausführliche Analyse der Kunst als eines mentalen, vielleicht spirituellen Phänomens eben dieser Kunst *nicht wirklich* näherkommen kann; ein selbstinduzierendes Paradox *sui generis*. Jeder Galeriebesucher kennt das Phänomen, dass sich nach einem detaillierten Vortrag über ein Kunstwerk und seine möglichen Interpretationen auf Seiten der Zuhörer oft eine seltsame Leere einstellen will, eine Art neues akutes Unwissen, das sich stumm von Person zu Person weiter fortzubewegen scheint.

Das ästhetische Wirkungsquantum

Viel zu wenig ist bis jetzt gewürdigt worden, dass der deutsche Philosoph und Psychologe Theodor Lipps schon vor 100 Jahren einen Grundsatz entdeckte, der direkt auf eine spezielle Art ästhetischer Singularität hinweist: Er stellte fest, dass „in der bildenden Kunst und in der Musik minimale Abweichungen von den exakten Proportionen notwendig sind, damit diese besonders schön und reizvoll wirken." (zitiert bei Joachim Ernst

Behrendt). Leonardo da Vinci schaffte es, über minimale Abweichungen der allgemeinen Sehgewohnheiten zwischen ihm und einem Betrachter, das Antlitz der Mona Lisa *in Bewegung zu versetzen* und dadurch ein Moment der performativen Begegnung mit dem Betrachter zu erzeugen (sie schauen sich an).

Das Lächeln der Mona Lisa soll sich mit der Dauer des Anschauens *verstärken* – sie steuert das Anschauen: „Sie lebt!" (Stefan Klein). Mona Lisa – das bekannteste Gemälde der Welt: ein performatives Werk! (Das konstative „unbewegte" Pendant dazu malte Raffael mit „Die Dame mit dem Einhorn"). Manche Kritiker behaupten, dass das Wasser in Claude Manets Bildern, z. B. in „San Giorgio Maggiore in der Dämmerung", beginne, sich zu bewegen, wenn es vom Betrachter angeschaut wird.

Diese Phänomene dulden kein festes Prädikat, sondern können nur performativ erfahren werden. Will man sie deskriptiv festlegen, verschwinden sie; ja: Durch die Beschreibung, *durch den Akt der Beschreibung* entziehen sie sich und stellen sich nicht wieder ein. Wieder fühlt man sich an Quantenlogik erinnert, an den unmessbaren *gap* zwischen quantischen Vorgängen. Lipps war ein früher Vorläufer einer performativen Wahrnehmungstheorie, die postulierte, dass der Mensch seine Vorstellungen über die Wirklichkeit nicht wie ein fertiges Paket transportiere, sondern über seine gesamte emotionale Empathie immer wieder selbst *erzeuge*. Dies ist: *performativité par excellence.*

Als Quelle einer solchen Erzeugung verstand Lipps eine minimale Abweichung zwischen dem individuellen, relativen Selbst und einem transzendenten absoluten, „fremden" (Lipps) Selbst – wenn man will: einer minimalen Abweichung zwischen zwei Facetten des Selbst. Möglich ist, dass diese Abweichungstheorie anwendbar ist nicht nur auf die Wahrnehmung im Allgemeinen, sondern im Besonderen auf die Wahrnehmung von Kunst. Und vielleicht noch weit darüber hinaus: Nach dem französischen Philosophen Michael Serres „ließe sich das Leben im Allgemeinen als ein Ensemble von Gleichgewichtsabweichungen definieren." (Eines Tages wird man vielleicht alles Zivilisatorische, alle Kultur, alles Soziale, alle Kunst, alle Psychologie, alle Wissenschaft einer Revision unterziehen müssen – unter dem Aspekt der minimalen Abweichung.) Über diese Art Abweichung lässt sich Kunst erkennen auch nur als ein Erlebnis-Fall einer *Vita contemplativa*, der sich überall auskristallisieren kann.

Die von Lipps postulierte minimale Abweichung ist so etwas wie ein allgemeines ‚*ästhetisches Wirkungsquantum*' – analog zu revolutionären Erkenntnissen in der Physik der Zeit (Lipps war Zeitgenosse von Max Planck und Albert Einstein). Plancks Wirkungsquantum *h* war eine Singularität, eine Naturkonstante, und begründete die Quantenphysik. Ästhetische Singularität beruht auf einem minimalen Verhältnis der Abweichung: zwischen dem gespeicherten Abbild der realen Welt und dem wahrgenommenen Abbild der Kunst, dem *Kunstwerk*. Es spielt im Prinzip keine Rolle, ob dieses Kunstwerk ein Musikstück, ein Gedicht, ein gemaltes Bild oder eine Skulptur ist.

Wichtig ist, zuerst zu erkennen, dass die minimale Abweichung nicht etwas ist, was sich nur in und um das Kunstwerk herum ereignet: Sie ist eine humane Konstante, die im Bereich Kunst nur eine spezielle Existenz hat, eine spezielle Wirkung entfaltet. Minimale Abweichung hat im Mesokosmos keine Begrenzung und ist in der menschlichen Lebens- und Wahrnehmungswelt bereits eine Konstante. Man kann hier, in einem großen Rundblick, so etwas wie ein *Kaleidoskop der minimalen Abweichungen* vorführen, die überall wirken (s. Kap III, 1. unter dem Zwischentitel ‚Blinde Flecke, Abweichungen, *gaps*, leere Stellen').

Eine Liste der Phänomene ist beliebig und natürlich unvollständig: Sie könnte schnell auf viele weitere Sektoren des Kulturlebens ausgedehnt werden. Die sich überall ergebende minimale Abweichung weist ein typisches Merkmal des Mesokosmos auf: Sie kann in keinem Einzelfall auf einen konkreten Messwert festgelegt werden; dieser wechselt von Beispiel zu Beispiel. Ein quantitativer Wert wechselt auch noch von Betrachter zu Betrachter, ist also auch individuell verschieden. *Ad zwei*: Natürlich kann man den *Versuch* machen, irgendeine Abweichung konkret auszumessen. Damit unterwirft man etwas, das eine ausschließlich performative Funktion erfüllt, der konstativen Explikation und gefährdet dadurch die automatische Funktion. Abgesehen davon, dass eine solche Beschreibung keinen experimentellen Nutzen bringt, wird der Mechanismus der Abweichung in seiner Wirksamkeit beschädigt. Der *gap* selbst gehört nicht mit zum Vergleich zweier *items*, er gehört nicht mit zum Experiment, sondern befindet sich auf einer übergeordneten Ebene. (In der Quantenmechanik ist es überhaupt unmöglich, zum Zustand des Systems zwischen zwei Anwendungen etwas zu sagen.) Der *gap* ist so etwas wie ein ausgeschlossener Dritter, der aber erst dadurch seine Superfunktion für das System ausfüllen kann. Er funktioniert in aller Kunst als ein ästhetisches Wirkungsquantum.

The performative *take of art*

Jedes Kunstwerk – ob Sonate, Gemälde, Roman oder Skulptur – macht eine materielle Form zu einem performativen Ereignis, einem Spielball des Performativen zwischen Künstler und Betrachter. Dies ist der Grundstein einer „Ästhetik des Performativen" (Erika Fischer-Lichte).

Das Kunstwerk: Es entfaltet nur dann seine ganze Schönheit, wenn es aufseiten des Künstlers aus einem dunklen Punkt kommt, den er selber nicht kennt. Ist er ein echter Künstler, wird er nicht versuchen, hier Worte zu verschwenden. Wenn er den Punkt kennen und nennen würde, würde er kaum mehr seine Kunst so schaffen können, wie sie es verdient. Picasso sagte, die *Konversation über* ein Bild ermüde ihn, das Arbeiten dagegen erfrische ihn. Das Kunstwerk kann nur dann seine ganze Schönheit entfalten, wenn es zugleich auf ein Gramm Unverständnis *beim Betrachter* trifft. Diese Fremdheit entsteht in der namenlosen Lücke zwischen Weltkenntnis und Werk, ist also individuell geprägt. Diese Lücke kann sehr klein sein (Partitur und Ausführung), sie kann mittelgroß sein (van Gogh's Selbstbildnisse) oder sehr groß (Welt und Traumbild), sagen wir: in Dalís Bildern.

Die singulatorische Lücke, die durch das Kunstwerk entsteht, hat selber gar nichts von Kunst, nichts Ästhetisches an sich. Sie ist, weil sie jenseits des binären Systems liegt, „keine singuläre Abweichung, kein isoliert bleibendes Ereignis ohne weitere Folgen, [...] aber auch kein Ereignis, das zur völligen Ordnungsauflösung und Zerstörung eines Systems führt – sondern eine transformierende Abweichung, welche die Ordnung des Systems verändert." (Wolfgang Ludwig Schneider) Sie ist bloß ein Mechanismus, ein Ort, eine Quelle. Dieser Ort, der etwas von einem Schwarzen Loch an sich hat, verweist den Betrachter auf etwas in ihm selbst, von dem er nicht wusste, nicht weiß, dass er es in sich hat. Es ist ein dunkler, formloser Punkt. Auch dieses Etwas entzieht sich jeder Definition. Möglicherweise ist es etwas aus dem tiefsten Unbewussten – sei es individuell oder kollektiv, sei es ontologisch verankert oder in den Tiefen der Phylogenese versteckt. Man darf nicht vergessen, dass jeder Mensch ein Produkt der letzten, sagen wir, 300.000 Jahre ist, einschließlich jener unbewussten Anteile, die sich als Spuren in den archaischen Hirnteilen abgelagert haben. Das Individuum wird also – im besten Fall – durch den Schock des Kunstwerks auf *das Werk in ihm selbst* hingewiesen, was Schuld, Angst, Scham, Schrecken, Erstaunen und vieles andere auslösen kann. Oft ist es der Schrecken angesichts *des* eigenen unbekannten Wesens, gemischt mit dem Staunen über die aufspringenden inneren Räume. Dieses Werk selbst hat keine Form, ist aber in seinem Affekt dem Kunstwerk verwandt, ohne davon zu wissen. Im kollektiven Unbewussten sind Inhalte gespeichert, die vielleicht nicht bewusst werden *dürfen*, die seinen Träger gefährden, die ihn entsetzen, die ihn erleuchten können etc. Deshalb ist er an das Kunstwerk *gefesselt*. Das Wichtigste: Durch das Kunstwerk kann er die Chance erhalten – wenn Sensibilität, Empathie, performative Intelligenz und Offenheit plus einschlägige Erfahrung da ist – selber zu einem virtuellen Künstler zu werden, und sei es nur für einen Moment, der ja auch unbewusst bleiben *darf*. Dieser Moment kann aber dunkel *gesehen* werden. Das Individuum kann ahnen, nur für einen Augenblick, wer Leonardo, van Gogh, Caravaggio, Nabokov, Bach oder Auguste Rodin *waren*, was ihre Werke sind – und wenn sie noch so weit entfernt schienen (und es im nächsten Moment wieder sein können). Sie können in einem singulär-performativen Akt aus ihrer historischen Existenz heraustreten und das Individuum erreichen, mit welchen Funken auch immer: Deshalb wurden die Werke ja geschaffen.

Der singulative Punkt hat sein Pendant im performativen *take of art*: So bezeichnen wir hier das ganze unbegrenzbare performative Potenzial, das dem Zero-Punkt zwischen Kunstwerk und Individuum (Künstler; Betrachter) entströmt. Es ist jener Strom an Assoziationen, Bildern, Gefühlen etc.etc., den das Kunstwerk in einem Betrachter auslöst. Ein *weißes Loch*. Allgemein kann man nur sagen, dass dieser *take* aus einem unaufhörlich fließenden *stream of unconsciousness* besteht, der sich speisen mag aus dem Kollektiven Unbewussten und seinen Archetypen (C. G. Jung), dem Individuellen Unbewussten (S. Freud) sowie dem evolutiven *bounce* einer unendlichen Kette von Inhalten („infinite sets"), die weit, sehr weit zurückführen in die Vergangenheit der Gattung, weit hinausführen können in eine sich vage abzeichnende Zukunft (I. Matte Blanco). Der performative Blick, eine Art Drittes Kunst-Auge, wird der Form des Kunstwerks ansichtig, blickt durch es hindurch und schafft dann in einem schöpferisch-performativen Akt sein *eigenes* Kunstwerk, das zu der vorliegenden Form in einem undefinierbaren Verhältnis steht. (Jede analytische, konstative „Interpretation" seiner Details – das Tagesgeschäft der Galerien und Ateliers – sieht hier alt aus, hilflos, gar: verfälschend.) *Nota bene*:

- Die konstative Sicht und die performative Vision auf das Kunstwerk sind streng-synchron miteinander nicht kompatibel.

Es mag sich lohnen, einen Schritt *in medias res* zu gehen, ohne sich unnötig an zu viele Werk-Details zu klammern.

Musik

Es gibt eine flexible Singularität zwischen der Notenpartitur und ihrer Ausführung. Am deutlichsten zu erfassen von Experten oder Dirigenten, die die Partitur genau kennen. Dabei kann die Ausführung wenig, mittel oder weit abweichen: So ist die Lücke flexibel. Man nehme die Ausführung von Bachs *Toccata und Fuge d-moll* durch einen guten Kirchenorganisten, durch Glenn Gould, durch Sergej Prokovjev oder durch Karl Richter. Das Beispiel Gould zeigt, wie weit man abweichen kann: Er spielte schneller als schnell; langsamer als langsam, brummte leise dazu. Durch seine Abweichungen schaffte er eine Transparenz, die einen Weg zur Zwölftonmusik zu zeigen schien: Dadurch schuf er ohne Übertreibung *impromptu* so etwas wie ein neues Stück: *Bach-Gould*.

Eine musikalische Kadenz klingt dann umso wirkungsvoller, wenn ihre Töne nicht in einem exakt-mathematisch-symmetrischen Verhältnis stehen. Dies widerspricht zwar Pythagoras, und es liegt auch nicht perfekt auf der Linie der Harmonielehre. Funktional heißt das, dass es in Hinsicht auf die Regeln der klassischen Achttonmusik eine Vielzahl von minimalen Abweichungen gibt, die im Kontrast zu den Normalkadenzen Nuancen, kurze disharmonische Übergänge erzeugen, die als „Parasiten" die klassische Harmonie aufmischen, aber einen neuen Ton aufmachen. Paradebeispiel dafür sind die „*blue notes*" im klassischen Jazz, die zum primären Reiz des *New Orleans Style* avanciert sind. Minimale Abweichungen finden sich überall in den Genres, bis hinauf zur spontanen, „stolpernden" *Arhythmie*, z. B. im portugiesischen *Fado* oder in bulgarischen Volksliedern. Ja, die momentane Dissonanz kann in ihrem Abstand zur gespeicherten Sonanz eine Abweichung eigener Ordnung schaffen, die erst den Reiz einer Sequenz, ja eines ganzen Werkes *ausmachen* kann.

Die Abweichung ist, neben dem exakten, schriftlich fixierten Notenwerk, in der Lage, im Hörer jenen Strom an Bildern freizusetzen, den die kanonische Ausführung nicht unbedingt bewirkt, ja: oft gar nicht imstande ist, freizusetzen. Die Abweichung ist ja bereits ein genuin performativer Akt und erzeugt im Hörer im Prinzip eine eigene Welt, wenn man will: eine Kunstwelt 2.0.

Malerei

Gemalte Bilder zeigen die Kunst-Singularität am deutlichsten, am intimsten. Sie rufen selber Bilder auf, die tiefinnen gespeichert sind und sicher vollkommen unbewusst sind. Das kollektive Unbewusste ist ja selbst ein unendlicher Strom an Bildern. Ein kluger Kopf sagte, diese Art bildender Kunst vermag es, dem Betrachter die Welt so zu zeigen, wie sie wirklich ist, unabhängig von dem, was er sonst sehen mag, was er sonst erfahren haben mag. Weisen Bilder gar auf die Welt-hinter-der-Welt, von der die Philosophen (Plato; Kant) seit jeher sprechen? Vielleicht weisen sie, indem sie *world 2.0.* zeigen, über ihren speziellen Mechanismus auf die Welt, die das Auge nicht sehen kann, weil es für sie nicht ausgerüstet ist. Dann ist bildende Kunst jener Schlüssel, der über Komplexe wie Traum, Halluzination, Vision, Trance etc. eine *via recta* zeigt, die dem Menschen von seinen Möglichkeiten berichtet, die nicht erkannt, nicht ausgeschöpft, nicht realisiert worden sind. Kunst ist dazu da, die Welt zu zeigen, wie sie in Wahrheit ist und nicht, wie sie uns erscheint. Sie weist auf das Reale hinter dem Realen (vgl. „das Surreale“). Insofern wirken alle Aperçus nicht wirklich exakt, auch deswegen, weil man die Wahrheit nicht exakt ausdrücken kann; man kann sie aber quer andeuten: „Kunst ist eine Lüge, die uns die Wahrheit begreifen lehrt, wenigstens die Wahrheit, die wir als Menschen begreifen können. Der Künstler muss wissen, auf welche Art er die anderen von der Wahrhaftigkeit seiner Lügen überzeugen kann.“ (Picasso). Dies tut er, indem er die Singularität zwischen Normbild und gemaltem Bild nutzt, sie steuert. Die Lücke kann sehr klein sein, wie in jedem Naturalismus, sie kann mittelgroß sein, wie im Gros der Bilder (hier gibt es ungezählte Gradabstufungen), und sie kann unendlich groß sein wie in Dalís Gemälden.

Nehmen wir Dalís ‚Brennende Giraffe‘ – und lassen alle vordergründige Rede von „Verfremdungseffekten“ etc. zunächst beiseite (das Spielfeld der Rezeptionsgeschichte). Giraffe im Hintergrund und Mensch im Vordergrund erzeugen jeweils eine scharfe Lücke zwischen Normalwelt und Bildwelt, die nicht geschlossen werden kann und deshalb alle Emotionen aktiviert, die mit einer Verkennung der Wirklichkeit zu tun haben und deren Schreckensbilder im Traumreservoir versammelt sind. Aktiviert wird im Betrachter das, was er nicht kennt: und das ist nicht die *brennende* Giraffe und auch nicht der *Schubladen-Mensch*, sondern das, was sie symbolisieren können. Sie können Ungeheuer aus der eigenen Tiefe beschwören, Monster des Irrsinns, Dämonen aufscheuchen aus der Hölle des kollektiven Unbewussten. Und sie können gleichzeitig ganze Kontexte mitaufrufen: Savanne und Beutejagd, Afrika und Gefahrennacht; den unnatürlich verbauten Menschen, der sich von seinem Denken nicht befreien kann und an die künstliche Unnatur gefesselt ist usw. In einem zweiten Schritt können dann Verstand, Ratio und Vernunft zugeschaltet werden, die die „Fiktion“ erkennen und der Psyche Entwarnung geben (was nicht heißt, dass die Chimären nicht im Traum der nächsten Nacht unter anderen Vorzeichen wieder auftauchen können). Dies alles mag sich aus *einer*, vielleicht der ersten Begegnung mit dem Bild ergeben, wobei sich die erste Faszination bei Wiederholungen abschwächt oder abändert. In jedem Fall jedoch werden Irrationales und Ratio in die Arena des Menschseins gerufen und liefern sich nun offen (wie sonst nur im Unbewussten) einen Kampf zwischen dem Ich und der Welt, mit ungewissem Ausgang.

Literatur

Wort-Kunstwerke erstellen einen Vergleich: Auf der einen Seite ist da die Einzelsprache, z. B. Deutsch, seine Grammatik, das metasprachliche Begleitwissen und das sprachlich gespeicherte Weltwissen; auf der anderen Seite: die ‚Blechtrommel', ‚Blaue Stunde' von Gottfried Benn, ‚Drei Schwestern' von Anton Tschechow. Auch hier entsteht eine Lücke, die klein sein kann (‚Die Buddenbrooks' von Thomas-Mann), mittelgroß (‚Warten auf Godot' von Samuel Beckett) oder relativ groß (‚Todesfuge' von Paul Celan). In einem jeden Fall wird auch hier ein Vergleich installiert zwischen Normalwelt und Kunstwelt, der *immer* eine Lücke aufreißt. In dieser Lücke wird das Subjekt des Lesers vom Subjekt des Autors angeblickt, und das heißt, dass es auf beiden Seiten dunkle Zonen gibt („der dunkle Autor"; „der implizite Leser"), die kaum jemals ausgeleuchtet werden können, aber: *wirken*. Dies ist dann der Spielraum für Interpretationen (die die dunklen Zonen aufbleichen können). In der Lücke selbst aber scheint dem Leser das auf, was an Weltwissen, an Einsicht, an Erfahrung, an eigenen Visionen *möglich* ist, aber bis dato nicht Wirklichkeit wurde. Dies ist der magische Punkt des Wort-Kunstwerks, der sich beim Lesen weiter verändert und in einem performativen Prozess weitere mentale Bilder erzeugen mag. Die Singularität des Werks erzeugt recht eigentlich erst das Kunstwerk, wenn man will: seine Performativität, die sich dann zwischen Künstler und Betrachter unendlich auskristallisieren kann.

Das literarische Werk *zeigt* eine Wahrheit, sie *beschreibt* sie aber nicht. In eben diesem einfachen Faktum besteht ihr performatives Geheimnis. Ludwig Wittgenstein hat diesem Faktum dadurch Rechnung getragen, dass sein Text nicht bei einer nur-feststellenden Philosophie bleibt, sondern in die Nähe einer lyrischen Gestaltung rückt (Goppelsröder 2015). Durch seinen Stil, durch die Form seiner Sprache zeigt er den geheimen Sinn an, der nur performativ zu erfassen wäre. In einem Roman ist die sprachliche Form imstande, eine Vielzahl, eine Unzahl an „Impliziten Autoren", an

„Impliziten Lesern“ (Wolfgang Iser) zu erzeugen, die in ihrem undefinierbaren Zusammenspiel erst „den Roman“ im Auge der beteiligten Personen erzeugen. Sie sind die Protagonisten, die den performativen *take* des belletristischen Kunstwerks in die Welt setzen.

Fischer-Lichte, Erika (2004): Ästhetik des Performativen. Frankfurt am Main.

11. Performative Weisheit

- Performative Weisheit verzichtet auf alle Weisheit, die als konstative, ausformulierte Tradition oder als Textblock oder als Dogma erscheint. Indem sie dies tut, setzt sie sich in die Lage, eine andere Weisheit *qua existentia* zu vollziehen.

Rationale Vernunft baut oft Barrieren und Barrikaden auf, Dinge zu verstehen. Dies ist der Sinn einer Kritik der Konstativen Vernunft, die bereits in vielen Dimensionen und Stadien vor sich geht. Nicht unbedingt notwendig ist, diesen Prozess in allen Details zu beschreiben (es ist aber – *möglich*). Es ist heute höchste Zeit, sich von konstativen Definitionen von ‚Weisheit' zu befreien. Ihre Zeit ist vorbei. Weisheit ist vielmehr ein Wissen, das dem Menschen zufällt ohne Empirie und ohne Schlüsse, ohne Argumentation und ohne Diskurs. Weisheit geht unendlich über alles hinaus, was sich eine Kultur an Sapientismus und Scientismus ausdenkt. Indische und chinesische Traditionen wussten das schon immer. In Europa befindet man sich nun endlich auf einem Pfad, der Weisheit von allen konstativen, expliziten und modischen Formeln befreit. Und wenn man sich daran wagt: dann nimmt Weisheit immer mehr Züge an, die eigentlich unphilosophisch sind: Sie strömt aus tiefsten Quellen, erscheint in Facetten, kennt keine Denkzwänge, löst Oppositionen (Ich-Welt; Subjekt-Objekt) auf, übersteigt die Logik; sie zeigt sich, sie geschieht, sie wird; sie entzieht sich zuletzt allen Definitionen (Lauxmann). Man könnte auch sagen: *Weisheit in ihrem tiefsten Wesen, ihrer wahren Bedeutung: ist performativ*. Blicken wir zurück:

Neue Philosophien haben sich in Europa immer von traditionellen Traditionen der Weisheit losgesagt, oft in der ruptiv-revolutionären Weise einer *tabula rasa*, wie z. B. Bacon, Kant, Schopenhauer oder Nietzsche. Da mag es eine neue, zeitgeistunterstützte Weisheit sein, das Thema ‚Weisheit' nach einer langen Durststrecke wieder auf die Tagesordnung der öffentlichen Diskurse zu bringen. Ein großer Schritt besteht hier darin, sich von dem Dinosaurier der Antiphilosophie nicht irre machen zu lassen und mutig auf die großen Traditionen in der Welt zuzugreifen. Es ist offenbar an der Zeit, dem Nihilismus sein Nihil zu entreißen und zu zeigen, dass das Gegenteil viel eher zutrifft: eine Art Neuer *Omnismus*, der wieder in der Welt ist. Dieser aber ist ein verwandelter: Er ist historisch durch den Abgrund der Spekulation, der Metaphysiken wie des universalen NON gegangen, ist gezeichnet von einer schmerzhaften Reflexion, die zusammen mit Neuem Wissen und Nichtwissen ein neues Fundament des Philosophierens erzeugt. Zu Beginn des 21. Jahrhunderts gibt es neue und neueste Initiativen in Europa, den Weisheitsbegriff neu zu beleben, mit zwei großen Zielen: die Weisheitstraditionen in den Weltkulturen zusammenzuführen und ein Gespräch zwischen den Disziplinen in Gang zu setzen (A. Assmann 2023). Es leuchtet also ein gewaltiges INTER auf – *Interkulturalität* vs. *Interdisziplinarität* – was man als ein Langzeit-Programm für das laufende Jahrhundert nehmen kann. In Zeiten der Globalisierung wird Absolute Weisheit als eine Chimäre entlarvt, die historisch nur vielen (ideologischen sowie eurozentrischen) -ismen gedient hat und heute: ausgedient hat.

Weisheit ist kein Block an abrufbaren Erkenntnissen, Weisheit ist nicht irgendwo im Wissens-Lager des ‚Großen Anderen' (Lacan) zu finden. Es gibt sicher so viele Weisheiten wie es denkende Individuen und Schicksale gibt; es gibt politisch-juridische, ethische, esoterisch-magische und die Weisheiten der Hofnarren; es gibt Weisheiten, die an das Geschlecht delegiert wurden und nunmehr endlich rehabilitiert werden sollten – ‚männliche' genauso wie ‚weibliche Weisheit'. Die Weisheit der Zukunft ist geschlechtsneutral. Es gibt eine Weisheit der Weisheit und es gibt viele Modi, Weisheit auszudrücken, von denen der sprachlich-explizite Modus wohl einer der letzten ist. Das *Kaleidoskop der Weisheit* beherbergt viele Typen und viele Arten von Weisheit, die sich immer neu zusammenschütteln können zu jener Weisheit, die im-Augenblick gilt: zu einer *sapientia performativa.* Abseits aller Weisheits-Listen wird eine performative Vernunft ausgemacht, die nicht auf spezielle Substanzen oder Ingredienzien zielt, sondern selbst ein autopoietisches System ist: Performative Weisheit erzeugt sich selbst: die Taten und Akte weiser Leute, auch ihre Sprech- und Hörakte – *sind* selbst ihre eigene Weisheit und (re)produzieren sich *in actu* selbst.

Performative Weisheit (PW) hat nichts von Esoterik, Magie, Rätselhaftigkeit oder Extremismus an sich. Ihr tiefster Kern gründet sich auf den Antagonismus, auf die verborgene Parallelität von Wissen und Nichtwissen – auf ihr paradoxes Tandem, das sich durch die gesamte Geschichte von Wissen, Ideen und Kultur zieht. PW ist imstande, die Geschichte und die Konkurrenz der historischen Philosophien in performativer Perspektive zu sehen und lässt sich in dieser Sicht nicht von Intellektualismus, Rezeptionsgeschichten und vertikalen Tiefenforschungen (‚Kant-Forschung') etc. beeinträchtigen. Dieser Kern ist ebenfalls persönlich erfahren, ganz unabhängig davon, dass er seit Sokrates ohnehin allenthalben in der Geschichte der Philosophie auftaucht, ja: ein Essenzial aller Philosophie geworden ist. Die persönliche, tief-eingeschriebene Erfahrung ist die Quelle von PW (und nicht das konstativ-schriftlich eingegrabene Schulwissen der überlieferten Textmengen). PW weiß, dass performative und konstative Weisheit nicht vollkommen getrennt werden können: weil PW auch ausformuliert wird und weil konstative Weisheit zuweilen auch auf performative Ereignisse zurückgehen mag. Reife PW weiß davon und erreicht mit der Zeit einen Punkt, der in eine komplementäre Vision mündet. Und auch diese Vision ist in einer persönlichen Erfahrung, in einem persönlichen Ereignis geerdet, deren Energie durch den performativen Mechanismus der stetigen Erzeugung nicht zum Stillstand kommt. PW und Komplementäres Denken bilden letztlich ein rotierendes Tandem, wobei sich beide Pole stetig gegenseitig befruchten und erzeugen.

Die undeutliche Vision einer performativ zu verstehenden Weisheit tauchte zuerst auf dem Horizont der Neuen Physik auf. In Quantenmechanik und Relativitätstheorie wird das Komplementäre, das *tertium datur*, das Un-beschreibbare selbst im Tun des Physikers erfahren (Kap. II, 2–4). In der Wahrscheinlichkeitswolke der Quanten, im leeren Zwischenraum zwischen zwei sehr weit entfernten und sehr schnell bewegten Bezugssystemen tritt *das Weise* direkt hervor: als Unbestimmbares, als etwas, das sich der Messung entzieht und doch durch sie zustandekommt. Der Beobachter kann dieser Weisheit teilhaftig werden, nicht nur durch sein Experiment, sondern auch dadurch, dass er erkennt, dass er selber Teil dieser Weisheit ist, dass er ebenso strukturiert ist und eben *deshalb* natürlich nicht exakt-konstativ beschreiben kann, was vor sich geht. Wenn er sich irgendwann vom Status des Physikers und des Beobachters löst, kann er sich der Philosophie und einer neuen Art von Weisheit annähern, die nicht mehr die Weisheit der Philosophiegeschichte ist, sondern auf diese nur interessiert zurückblickt. Dann kann er sehen, dass das von ihm beobachtete und immer wieder beobachtbare Prinzip ein Naturprinzip ist, etwas, das sich überall wiederfindet – und ganz besonders in die Weiten des menschlich-allzumenschlichen Mesokosmos hineinstrahlt. Er wäre imstande, das Wirkungsquantum, das er in der Welt der Quanten am Werke sieht, auch auf alles andere zu projizieren, ohne gleich in Allmachts-Phantasien oder wissenschaftlichen Größenwahn zu verfallen. In einem weiteren großen Schritt mag er irgendwann erkennen, dass seine Physik oder Astrophysik nur ein spezieller Anwendungsfall jenes Prinzips ist, das wir versucht haben, unter dem Bild des Schwarzen Lochs zu versammeln. Dieses Bild zeichnet eine neue Weisheit, die dabei ist, sich das 21. Jahrhundert als seine Zeit und seinen Raum zu erobern.

Weisheit und Wahrheit

Durch eine rationale Beschreibung erfährt ‚Weisheit' das gleiche Schicksal wie sein philosophischer Zwilling ‚Wahrheit'. Mittlerweile hat sich die Erkenntnis durchgesetzt, dass das, was die Philosophen seit je mit ‚Wahrheit' umschreiben, gar nicht beschrieben werden *kann*: Allein durch den Akt der Beschreibung ziehen sich Wahrheit/Weisheit selbst zurück, weil sie sich sehenden Auges in die Mühle der Diskurse begeben. Letztbegründungen widerlegen sich durch ihren dunklen, diffusen Wahrheitsanspruch gleich selbst. Dies ist die *Bias* aller Wahrheitstheorien, die seit der Antike in den Philosophien rotieren. Paradox genug, dass mit der schieren Quantität der Wahrheitstheorien und -Begriffe (und der Rezeptionen) die Wahrheit selbst am meisten leidet. Es gibt also realiter nur eine Meta-Wahrheit: dass es keine absolute Wahrheit gibt.

Eine performative Philosophie umgeht diesen *constative failure*. Sie weiß nicht nur, dass es kein gesichertes (Wahrheits-)Wissen gibt. Sie weiß, dass das Ereignis des Nichtfindens jeden vorschnellen Fund übersteigen kann. „Die absolute Wahrheit, die nicht gefunden werden kann, mag einflussreicher sein und einflussreicher werden, als je irgendeine geglaubte Wahrheit einflussreich gewesen ist." (Ludwig Marcuse). Das performative Auge ist aber imstande, hinter den historischen Wahrheits-Blöcken eine performative Wahrheit auszumachen: Sie besteht in der gewaltigen Macht, aus historischen Fiktionen (Moses; Exodus aus Ägypten; Wüstenaufenthalt Israels) eine kulturelle Identität zu begründen (Assmann 2015).

Performative Weisheit besteht zum Einen darin, aus dem Skelett der Historie und der Imagination etwas Drittes zu formen, dessen Wahrheitsgehalt *in der Erzeugung selbst* besteht sowie in einer szenischen Macht, für die die exakte Korrektheit der Fakten nicht dominant ist. Dies ist die aktive, proaktive, gewissermaßen *gerichtete* Version der PW. Daneben steht aber noch eine Version von performativer Weisheit ohne das Aktions- oder Richtungsmerkmal. Es ist das plötzliche Aufscheinen einer Augenblicks-Weisheit, die sich aus unbekannten oder nicht nennbaren Quellen speist, strikt an das Individuum gebunden ist und ganz ohne konkrete Substanz auskommt.

12. Performatives Denken

- Performatives Denken ist Komplementäres Denken (KD). Das Denken ist komplementär, wenn es die Alternativen sieht; es ist performativ, wenn es zwischen Alternativen hindurchdenkt. Es denkt in Richtung auf ein ungesetztes, undefiniertes tertium.

> „*Die fruchtbarsten Entwicklungen haben sich überall dort ergeben, wo zwei unterschiedliche Arten des Denkens zusammentrafen.*" (Werner Heisenberg)
> „*Zusammen zu denken, was so disparat scheint ...*" (Hans-Georg Gadamer).
> „*Eine neue Art von Denken ist notwendig, wenn die Menschheit weiterleben will.*" (Albert Einstein)

Komplementär denkende Menschen verzichten in der Lebenspraxis ausdrücklich auf die alleinige Vorherrschaft eines Denkens, das vorrangig von Logik, Ratio und strikter Kausalität diktiert wird. Ohne Zweifel ist dieses alte Denken ein typisch europäisches Denken, das in vielen Weltgegenden oft von einer anderen Kommunikationspraxis überformt wird.

KD nimmt in der Praxis nicht automatisch Bezug auf angesammeltes Wissen, das meist in Büchern, allgemeinen Meinungen oder fertigen Textblöcken kursiert. Schon gar nicht macht es sich von grassierenden Formen der *correctness* abhängig, die ohnehin alle paar Monate wechseln. KD schätzt die Wissenschaft, macht sich aber nicht von ihr abhängig; KD hat eine gewisse Achtung vor Technologie (es geht nicht ohne), bewertet sie aber nicht über; es ist sich der Vergangenheit, besonders der des eigenen Landes, bewusst, ist aber auch von ihr nicht abhängig. KD vertritt nicht automatisch herrschende Meinungen, sondern sieht sich zuerst selbst in der Verantwortung, eine Meinung zu entwickeln, ohne absolut sein zu wollen. KD verlässt sich nicht automatisch auf althergebrachte Kausalitäten, auf politische Ansprüche oder auf jene Art Logik, die an Schulen und Hochschulen oft wie zementiert gelehrt und gelernt wird.

KD ist ein Denken zwischen den Alternativen, es liest zwischen den Zeilen, es denkt selbst und empfindet dies nicht als eine Last, sondern als ein Privileg, auch: als ein Vorrecht, für das es einzutreten gilt. Ein Vorrecht, das eine eigene Verantwortung erfordert. Um diese Art einer neuen Aufklärung voranzubringen, ist KD nicht mehr auf das Gegeneinander von Oppositionen, nicht auf den Widerspruch der Argumente, nicht auf die Ausschließlichkeit von Argumentationen und Sachverhalten eingestellt. Die andere Meinung wird erst einmal als solche akzeptiert, ohne sie vorschnell zu werten. Immer rechnet KD damit, dass der Andere nicht ohne Grund eine andere Meinung vertritt, dass es immer einen Pfad hin zu einer speziellen Meinung gegeben haben muss, welche Windungen dieser Pfad auch ausgeführt haben mag. Sie rechnet damit, dass der Andere recht haben könnte (Gadamer), und wertet eine solche Position nicht. Es könnte auch das Gegenteil wahr sein oder etwas in den vielen Grauzonen zwischen rigorosem Schwarz&Weiß.

Auf welchem Wege kommt man in der Theorie zu einer anderen Art zu denken? KD ist eher eine Haltung als ein System von Argumenten, es setzt sicher eine gewisse Art von sachlicher und persönlicher Bildung voraus, besteht aber nicht auf Rankings, Hierarchien und Bildungsabschlüssen. Jederman, jedefrau ist imstande, neu zu denken; dies aber ist auch eine Sache der persönlichen Anlage: Man muss auch anders denken *wollen*. Hier ist jeder gefordert, und es geht nicht an, sich hinter Identitäten zu verstecken, nicht hinter kulturellen, psychologischen, professionellen, nicht hinter überlieferten Identitäten überhaupt. Es tut sich hier jener Freiraum auf, auf dem viele zunächst mit Worten bestehen: Nun können sie dies auch in ihren Handlungen, in ihrer Denkweise vollziehen. Leicht gesagt – schwerer getan.

KD hat kein Prädikat, kein Etikett, keine *konkrete* Definition; es gibt keine Rezeptur von Richtlinien, es gibt keinen Trampelpfad, dem man einfach folgen könnte. Wie kommt man aber zum komplementären Denken, jetzt: in der Methode? KD ist performatives Denken, und es kommt zustande auf den Pfaden jenseits der breiten Alleen und Avenues. Die Methode ist eine typisch performative: Sie stützt sich auf einen bereits überall aufgefundenen Mechanismus, der seinen Weg zwischen den Oppositionen sucht und findet.

KD geht davon aus, dass zwei Ansichten, zwei Meinungen, zwei Sachverhalte, zwei Theorien, die auf den ersten Blick nicht zusammengehen können, jede für sich erst einmal: *gelten.* Diese Geltung ist immer abhängig von der Situation, vom Gegenüber, von den Umständen, von den Motiven und Intentionen; von den *Eigenarten.* Es ist das, was Einstein schon vor 100 Jahren so formulierte: „Wir stehen vor einer neuen Art von Schwierigkeit. Wir haben zwei widersprüchliche Bilder der Realität; getrennt erklärt keines von beiden die Phänomene [...] vollständig, aber zusammen tun sie es." Was für die Physik gilt, gilt auch für viele andere Realitäten.

Die Zeitenwende, in der wir uns befinden, ist von Migrationen, neuen Kriegen, geopolitischen Verschiebungen und gesellschaftlichen Verwerfungen ungekannten Ausmaßes geprägt (Kap. I). Im Internet stehen wir täglich mit Hunderten Kulturen, Sprachen, Denkweisen, Meinungen und Kommunikationen in Kontakt und dies – in Echtzeit und Echt-Raum. Es ist vollkommen unmöglich, sich hier von vornherein auf eine einzige Alternative zu versteifen und tut man es: wird man nicht mehr verstanden. Es findet überall eine „Verschmelzung der Horizonte" (Hans-Georg Gadamer) statt, die jede einseitig-kausale Argumentation *ad absurdum* führt. Wer eingleisig denkt, manövriert sich schnell aufs Abstellgleis. Dies wird sich, *nota bene,* in absehbarer Zeit nicht ändern, und das heißt, dass es hohe Zeit ist für eine Art zu denken, die dieser Lage Rechnung trägt und mit ihr zurechtkommt.

Polyperspektiven

Deshalb ist Komplementäres Denken polyperspektivisches Denken: Es überblickt einige, viele, vielleicht alle Perspektiven, unter der man eine Sache betrachten kann und tut dies mit einer gewissen neutralen Kälte, die auch die Ressentiments, Vorurteile und Stereotypen kennt – die eigenen und die der Anderen. Es ist polyperspektivisch, weil auch das ICH viele Facetten, Identitäten, Masken und Seiten hat, die alle zusammen niemals vorausberechnet werden können. KD entspricht damit im tiefsten Grunde der natürlichen Verfasstheit des Individuums, die sich in langen Perioden der Evolution ausgebildet hat. Der Sinologe Fabian Heubel drückt es so aus: „ ... Möglichkeiten transpositionellen Denkens zu erkunden: ein freies Denken, das sich durch zueinander gehörende und doch einander ausschließende Positionen hindurch zu bewegen und zu verwandeln vermag." Vielfalt des Denkens ist nur in einer eng-abendländischen Sichtweise etwas wirklich Neues auf dem Erdball; in anderen Zeiten und Weltgegenden finden wir viele Wege eines komplementären Denkens (Kap. V), die dort seit langen Zeiträumen zur Kultur gehören. Diese können den Europäern heute als Beispiel dienen, zumal auch die globale Begegnung der Denkwege heute bereits etwas Normales ist: Die Begriffe dafür lauten längst: ‚Interkulturelle Kommunikation', ‚Interkulturelle Philosophie', ‚transkulturelle Kompetenz' und dergleichen, und viele Kulturleute um die Dreißig sind längst vielsprachig überall auf diesen Wegen unterwegs.

Zunächst ist es der schiere Gegensatz von Oppositions-Partnern, der in den Blick genommen wird. Überall trifft man auf Systeme von scheinbaren (oder: echten) Gegensätzen, die die Debatten bestimmen. Beispiele sind:

- Vernünftige Förderung vs. Begrenzung von Migration
- Wirtschaftliche Vernunft vs. Soziale Gerechtigkeit
- Militärische Unterstützung vs. Verhandlungs-Diplomatie
- Psychoanalyse vs. Gesprächstherapie
- Reduzierter Fleischkonsum vs. Veganismus
- Üppige Flugreise vs. Heimaturlaub
- Politisch Links oder Rechts

  usw.usw

Gesellschaften, politische Parteien und viele *correctnesses* des Zeitgeistes leben von solchen Gegensätzen und ihrer Diskussion in schier unübersehbaren Diskursen. Dies ist wahrscheinlich deshalb so, weil das Tandem zweier offensichtlicher Gegensätze die einfachste Version darstellt, für *irgendetwas* Partei zu nehmen. Die Alternative ist natürlich, selbst zu denken, jenseits des reinen Gegensatzes zwischen Blöcken und Stereotypen. (Ohnehin liegen intelligente Lösungen immer jenseits des Konkurrenzdenkens).

Das 21. Jahrhundert ist die erste Epoche, in der die Welt sowohl einpolig, bipolar, mannigfach und vollkommen plural verstanden wird, ja: verstanden werden *muss*. Und dies alles: gleichzeitig. Es ist eine Frage der Perspektive. Das zweite Kuriosum ist, dass diese Situation weder als ein Widerspruch auftritt, noch lange als ein solcher interpretiert wird.

Zuweilen wird er nur: *festgestellt* – ohne schnelle Konsequenzen. Fast scheint es so, als sei die neue Rede von der Polyperspektivität schon selbstverständlich, und ganz und gar erstaunlich ist, dass eine solche Wendung in der Weltsicht noch nicht einmal, obwohl zweifellos ein Novum, das Große Staunen hervorruft – so wie es die Zeitläufe schon mehr als einmal durchlebt haben. Möglich ist, dass hier alte, z. T. sehr alte philosophische Inhalte im kollektiven Unbewussten aufsteigen: In außereuropäischen Philosophien sind polythetische Sichtweisen seit jeher bekannt, so im indischen Jainismus, im Zen-Buddhismus oder in afrikanischen Philosophien. Möglich scheint gar, dass es sich um eine humane, mundiale Konstante handelt, die nur in Europa fremd (geworden) ist und nun, im Zuge einer neuen Zeit, ihre vitalen Rechte wieder einfordert.

Hier einige *allgemeine* Perspektiven, die gleichzeitig auftauchen, untereinander gleichberechtigt sind und auf eine neue, fast seltsame Weise zu koexistieren beginnen. Jedenfalls rufen sie, pauschal betrachtet, nicht mehr sofort unüberwindliche oder aggressive Widersprüche hervor (lokale Ausnahmen bestätigen die Regel). Die Zeiten von konträren Ideologien scheinen jedenfalls, wenn sie auch noch nicht vollkommen vorbei sind, ihre Schärfen abzubauen und eine Art neuer mentaler Balance vorzubereiten. Die Oppositions-Zeiten gehen ihrem Ende entgegen, zusammen mit einem Weltalter, das solche Ideologien (und ihre Widersprüche) immer wieder aufgelegt und verteidigt hat.

- *Die Welt ist einpolig*, weil sie sich zum ersten Mal als eine Einheit sieht, von Innen, wie auch von Außen aus der Perspektive des Alls. Die Metapher vom globalen Dorf sagt, dass sie eine Kugel ist, die mit all ihren Teilen in Echtzeit und Echtraum zu jeder Zeit und überall in Kontakt steht. Sie ist ein riesiges *Hier&Jetzt*, ein ewiger Augenblicks-Automatismus, und tauscht darüber in Sekunden unzählige Nachrichten aus – gleichgültig, ob diese wahr sind oder nicht.
- *Die Welt ist zweipolig*: Sie ist zugleich selbstverständlich und gänzlich unverstehbar in ihren Motiven und Konsequenzen – und zwar beides in ihrem schieren So-Sein. Die Wurzeln dieser Zweipoligkeit der inneren Wahrnehmung mögen länger zurückreichen: Heute aber erzeugt sie synchron auch einen Blinden Fleck, der die Differenz zwischen beiden Polen zuverlässig abdunkelt – einen *gap*, der durchaus quantenmecha-

nische Züge trägt. (Vielleicht hatte Kant diese Art Apriori ebenfalls im Blick, konnte dies aber nicht wirklich substanziell miteinbeziehen.) Dem korrespondieren die Entitäten ‚Zeit' und ‚Raum', als Musterbeispiele eines allgemeingültigen Prinzips: Beide im Wesen unerkennbar, beide ineinander verkettet, sind sie doch auch vollkommen selbstverständlich im menschlichen Wissen verankert, werden lebenspraktisch niemals wirklich hinterfragt. Auch die Lücke zwischen tiefer Philosophie und Lebenspraxis tut sich hier am Ende auf, und beide können nur in einem tätigen Pragmatismus aufgehen. Dies ist dessen ontologischer Sinn. Dieses Zweiwelten-Verhältnis scheint jenes Weltmodell zu sein, das im Kollektiven Unbewussten noch am tiefsten verankert und in der gelebten Praxis weltweit am weitesten verbreitet ist. (Es ist die einfachste Methode der Welterklärung).
- *Die Welt ist multipolar*, wenn man beide Weltsicht-Modi kombiniert und auf weitere projiziert. Sie kumuliert in einer unendlichen Anzahl von Perspektiven, die von unzähligen Personen, Kulturen und Zivilisationen erzeugt und heute zusammen wahrgenommen werden. Diese bilden ein Chaos aus zentrifugalen und zentripetalen Kräften und Linien, deren performatives Potenzial aposteriori eine dunkle Ordnung erzeugt, die sich einer analytischen Beschreibung entzieht.

Diese Trinitas der modernen Welt-Phänomenologie erzeugt im Großen ein neues Denken, für das sich Niels Bohrs Terminus ‚Komplementarität' eingebürgert hat. (Im Gefolge von Bohr und unter populistischem Druck hat sich der *diapason* von ‚komplementär' – ähnlich Einsteins *‚relativ'*-Begriff – mittlerweile breit ausgeweitet, z. B. in Biologie, Neuropsychologie, Wirtschaft, Psychoanalyse und weiteren Wissenschaften).

Große Tandems

Im jetzigen Stadium und um zu zeigen, wie Komplementäres Denken im-Großen heraufkommt, ist es ratsam, zunächst von einem grundständigen Modell von *zwei* Größen auszugehen, die sich nach altem orthodoxen

Denken streng wiedersprechen und logisch ausschließen. Man kann das an ausgewählten Musterbeispielen und im Schema so darstellen:

Bereich	Größe 1	Größe 2	Singularität
Physik	Klassische Physik	Neue Physik	x
Quantenmechanik	Welle	Teilchen	x
Relativitätstheorie	Bezugssystem 1	Bezugssystem X	x
Linguistik	Kodierte Sprachnorm	spontane Anwendung	x
Spiritualität	Common Sense	*Enlightenment*	x
Kognition	Gelernte Norm	Geistesblitz	x
Religion	Vernunft	Glaube	x
Psychoanalyse	Bewusstes	Nichtbewusstes	x
Ökonomie	Unsichtbare Hand	Sichtbare Hände	x
Philosophie	Behauptungsphilosophie	Performative Philosophie	x
Philosophie	Wissenschaftl. Vernunft	Mythos	x
……			

Natürlich kann die Liste beliebig erweitert werden, die Tandems sind unabschließbar, in Frage kommen hier alle Oppositionen, Meinungen, Argumentationen, Thesen, Theorien etc. Dies sind nur Beispiele, die vielleicht besonders ins Auge fallen, weil sie sich scharf zu widersprechen scheinen. Viel wichtiger ist aber der quantologische Mechanismus, der das Komplementäre Denken begleitet: Wird der eine Partner überbetont, verliert der andere an Konturen – eine alltägliche Unbestimmtheitsrelation im Heisenberg'schen Sinne. Auch dann, wenn beide tatsächlich definitiv-scharf ausformuliert werden *sollten*, sind sie doch ad-hoc, also gleichzeitig, nicht kompatibel: Sie erzeugen *immer* eine Zone der Unbestimmtheit, die nicht ausgemessen werden kann.

Singularitäten

Singularität (x) erscheint zwischen Größe 1 und 2 und erzeugt erst einmal ein Paradoxon: In orthodoxem Denken, das immer noch auf der zweiwertigen Logik des Aristoteles fußt, können beide Größen nicht zusammengehen; sie schließen sich aus. In der gängigen Wissenschaftssprache können die Größen 1 und 2 zwar getrennt beschrieben werden, jedoch nicht auch *zusammen gelten*. Es ist logisch nicht möglich, oder anders: Es gibt noch keine Sprache dafür. Dies gilt für jeden einzelnen Bereich aus der Liste. Für alle Paarungen gilt der in Stein gemeißelte Satz des Erfinders der Komplementarität *grosso modo* und analogisch: *„Die Begriffe Teilchen und Welle ergänzen sich, indem sie sich widersprechen; sie sind komplementäre Bilder des Geschehens."* (Niels Bohr)

Zwischen beiden Bereichen eines Tandems liegt eine undefinierbare Zone. Und auch hier kommt es nicht auf die Dimension an. Es kann sich um zwei Paradigmen der Wissenschaft handeln; es kann sich um Kommunikation und Metakommunikation handeln; es kann sich um den Wellen- oder Partikelcharakter von Quanten handeln, es kann sich um das Kunstwerk und seine Interpretation handeln oder um zwei Philosophien; um zwei Paradigmen, die füreinander „inkommensurabel" (Thomas Kuhn) sind. Zwischen beiden Zuständen liegt eine leere Zone, die kein Prädikat hat, nicht beschrieben werden kann. Diese Zone ist jener Ort, an dem Komplementäres Denken beginnt, *sich zu vollziehen*. Im Kern fokussiert KD auf die uneinholbare Lücke zwischen zwei (oder mehreren) Tandems – auf ein Dazwischen, das sich der Analyse entzieht, weil es zum Prozess dazugehört: auf das *Tertium*. Dieses Tertium bleibt dunkel, individuell, kontingent. Es ist wie in der Quantenmechanik: „Es ist ganz allgemein unmöglich, anschaulich zu beschreiben, was zwischen zwei aufeinander folgenden Beobachtungen [sc. hic: *zwischen zwei Denkweisen*] geschieht." (Werner Heisenberg). Der Quantensprung selbst hat keinen Inhalt.

Das zentrale Axiom der Komplementarität lautet demnach:

- Zwischen zwei Zuständen von Geist oder Materie, die synchron nicht kompatibel erscheinen, liegt immer eine leere Zone. In dieser Zone bildet sich durch Komplementäres Denken ein Tertium Datur aus. Dieses Tertium hat kein Zeichen.

Es ist eine Sache der Zukunft, vielleicht des ganzen laufenden Jahrhunderts, die Voraussetzungen für die globale Ausbreitung eines Komplementären Denkens zu schaffen, das beide Größen einbezieht und dadurch etwas Drittes an den Horizont malt: *ein tertium datur*, für das es noch keine Bezeichnungen gibt (und das ohnehin uneinholbar flexibel ist). Zentral aber ist: beide Größen im Blick zu haben, ohne gleich dieses Dritte unbedingt dingfest machen zu wollen: Hier kann es keine Eile, keine Spekulation, keine wohlfeilen „Lösungen", kein Rezept, keinen Algorithmus geben. Niemand sollte sich der Illusion hingeben, eine Revolution des Denkens würde sich auf den eingefahrenen linearen Gleisen ereignen: Dies ist unmöglich.

Komplementäres Denken (KD) scheint sich allenthalben zu formieren; das laufende Jahrhundert wird es zeigen. Dies sind Spuren des Prozesses, weltweit eingesammelt:

- Der Zen-Buddhismus hat, so scheint es, als einziger Bereich des Weltlichen über das *satori* die Vision eines Komplementären Denkens bereits verwirklicht. Zen-Denken ist eine starke Analogie zum KD: Es ist nicht nur komplementär, sondern begrifflich überhaupt nicht eindeutig festzulegen und es spielt auch noch mit dem Modus ‚Denken'. Von hier könnte alles Weitere ausgehen, auf allen Feldern der Kultur. KD und performative Vernunft kommen hier tatsächlich einmal in praxi zusammen. Zen-Meister würden überall auf der Welt bestätigen, dass man KD (vieldimensionales Denken, Zen-Sein etc.) nicht versprachlichen kann, ohne es zu beschädigen oder zu zerstören. Es verweigert sich, wie die Quantenmechanik, einer konstativen Definition. Spiritualität hat inzwischen in all ihren Varianten die westliche Welt durchpflügt. Zu hoffen ist, dass der *Homo Mundanus* der Zukunft (Wolfgang Welsch) imstande sein wird, die alte Substanz des Ostens von den neuen, oft nur modischen Konstruktionen des Westens zu unterscheiden und hier zwischen Skylla und Charybdis zu manövrieren.
- Beide *Physiken* sind bereits auf dem Wege zu einem vereinheitlichenden Denken – mit speziellen Utopien, von denen die ‚Grand Unified Theory' (‚GUT') die bekannteste ist. Quantenmechanik und Relativitätstheorie stellen im Großen wie im Kleinen Verhältnisse zur Verfügung, die eine polyperspektivische Sicht auf die Dinge und die Welt im Ganzen

erfordern. Es scheint hier eine Frage der Zeit zu sein oder: eine Frage der Sprache.

- Die Linguistik ist seit einiger Zeit dabei, die starre Welt der Theorien zu relativieren und Sprache als ein paradoxes Gesamtphänomen zu sehen, das andere Wissenschaften wie Philosophie, Religion, Psychoanalyse und weitere selbst mitprägt, wenn nicht: miterzeugt. Eine „dunkle" Linguistik (die es noch nicht gibt) ist hier eine unabdingbare Voraussetzung für einen wirklichen Quantensprung im Denken.
- Kognition ist zu sehen als eine apriori-gesteuerte, evolutive, sozial-angelernte Größe und zweitens als ein Ereignis, das ausschließlich im Hier&Jetzt, in unendlicher Wiederholung, stattfindet.
- Die Wissenschaftstheorie der Psychologie ist dabei, KD als ein neues Denk- und Arbeitsmodell in ihrer Methodik anzunehmen (Walach 2012). In der Psychoanalyse (der psychoanalytischen Therapie) geht es darum, Bewusstes und Nichtbewusstes, soweit es geht, zusammenzuspannen und daraus, im Zuge wachsender Erfahrung, eine Intuition zu destillieren, die weder nur-bewusst noch nur-unbewusst ist.
- In der Ökonomie: den „Egoismus" des Händlers und der *player* nicht vorschnell zu bewerten, sondern die Sichtbaren Hände (und die eigene Rolle dabei) zu sehen, ohne auch diese vorschnell zu bewerten. Es ergibt sich eine dritte ‚Hand', die zwischen den Polen oszilliert und eine neue ökonomische Einstellung erzeugt.
- Dass das *Tertium* mächtig heraufdrängt, kann man daran sehen, dass sogar die Geschlechter-Polarität sich heute ansatzweise in Auflösung befindet – jedenfalls in westlichen Gesellschaften, in gewissen Milieus. Rigoroses KD erzeugt inzwischen eine Vielzahl an Geschlechtern, die den Individuen zur Wahl stehen. Die Konturen von MANN und FRAU verschwimmen und befreien das Individuum vom Zwang der Geschlechter-Identität. Möglich ist, dass dieser Fall als ein starkes soziales Muster inszeniert wird, in Richtung auf einen sozialen *shift*, der immer mehr Sektoren der Gesellschaft erfassen wird.
- Im Alltag erscheint die Aporie der Gegensätze in ungezählten Phänomenen. So kann man nicht gleichzeitig eine Ausrede benutzen und sie gleichzeitig auch: *erklären*; man kann nicht lügen und dies gleichzeitig auch: *zugeben* etc. (Dies widerspräche jedem sozialen *common sense.*)

Zusammendenken was nicht zusammengehört: *tertium datur*

‚Komplementarität' heißt: 1 und 2, im Weiteren: viele, *zusammen* zu denken. Dazu muss man zuerst beide separat denken, womöglich: zu Ende denken. Und beide *vertreten* können, mit einer gewissen Verve an Wahrhaftigkeit, an *smartness*. Ein schauspielerisches Talent kommt dabei gut zu Hilfe. Man muss beide prinzipiell für *möglich* halten, für *wahr* (wenn auch zeitgebunden), für *aussagekräftig*, ohne zu werten, ohne Hierarchien aufzubauen. Dies ist ein erster Schritt. In einem zweiten Schritt kann man jede Variante als einen berechtigten Output sehen einer im Prinzip unbekannten Instanz, ob Person oder Institution oder Theorie oder Epoche oder Kontinent, die nicht etwas besser weiß, sondern: etwas weiß. Die Zeit und die Welt der einander folgenden „Paradigmen" ist vernünftigerweise abgelaufen, weil sich kein beweglicher Geist mehr auf *ein* Paradigma versteifen will oder: kann, ohne am Ende sich selbst zu schaden. Es herrscht Augenhöhe und Gleichberechtigung, aber trotzdem nicht: Gleichheit. *Post quem* ist es dem Individuum unbenommen, 1 oder 2 oder X einen Vorzug zu geben oder: in einer speziellen Anwendung sich für eine Variante zu entscheiden, ohne die anderen zu stigmatisieren oder abzuwerten – und sei es auf Zeit. 1 und 2 werden idealerweise und zeitgebunden zu einem intrinsischen Ereignis im Individuum selber; das Ich ist nicht vollkommen getrennt von jener Variante, die es vertritt. Das performative Ich (Kap. IV, 3) ist prädestiniert, seine Art von Vernunft auch in den Wissenschaften walten zu lassen.

Nota bene: Die angeführten Größen sind nur ein Teil einer *möglichen* Liste. Es kommt nicht darauf an, möglichst viele Disziplinen aufzuzählen – entscheidend ist, dass sich die Zeichen, die Symptome eines komplementären Denkens überall finden lassen. Letztlich löst sich das KD-Denken von Oppositionen dieser Art und macht einem allgemeinen performativen Denken Platz, einer performativen Vernunft, die alles in der Welt mit einem neuen Blick anblickt. Wichtig ist, zu verstehen, dass der entscheidende Kick, die wirklich verändernde Wendung ausgeht von der Vision eines Dritten, eines *Tertium*, das zwar von *Primum* und *Secundum* herkommt, aber niemals mit ihnen identisch ist, ja noch nicht einmal: mit ihnen *verwandt* sein muss.

Dieser entscheidende dritte Schritt, *tertium*, setzt in der Praxis 1 und 2 oder X voraus. Er ist aber transzendental, eine Ebene höher, auch: jenseits der konkreten Perspektiven in 1 oder 2. Was dieses *tertium* im Einzelfall heißt, ist individuell verschieden und vollkommen unbestimmt. Es ist eine Sache des weißen Wissens, einer Art undefinierter Intuition: im Ergebnis nicht mit Worten zu erfassen, nicht zu präjudizieren, nicht in einen Diskurs zu spannen, auch nicht: zu kritisieren. Es gibt keine festen, womöglich konstativen Marken, sondern nur Symptome, Indizien. *Tertium* ist kein Kompromiss, keine Fusion, keine Erfindung, sondern: etwas Neues. *Tertium* ist, nach Quantenart, latent und potenziell vorhanden, wenn man will: in einer Wahrscheinlichkeitswolke, die auf einen konkreten Impuls hin „kollabiert" und etwas Konkretes auswirft. Sein Status geht eher auf Oszillation als auf Alternativität, ist also im Prinzip: prozessualer Art. Es ginge nicht nur, wie Robert Musil meinte, um eine Geisteshaltung, die „zwischen den beiden Polen dieses Weder-Noch" pendelt und „ein Ding von vielen Seiten nimmt": Es ginge um ein Sein, das weit über die beiden Pole hinausgeht, sie hinter sich lässt und dadurch etwas Neues, Anderes erst *erschafft*.

Komplementäres Denken ist performatives Denken. Das erste Tandem, in dem zwei Bereiche sich gegenüberstehen, liefert die Natur selbst, in „Zusammenarbeit" mit der sie untersuchenden Naturwissenschaft. Dieses Doppel ist universal und liegt aller wissenschaftlichen Aktivität zugrunde; es erzeugt eine universale Singularität: Alle naturwissenschaftliche Erkenntnis fußt ja auf einer Illusion: dass der Forscher die Natur so beschreibt, wie sie „ist", und dass sie nach jenen Gesetzen funktioniert, die er dann formuliert. Zwischen dem wahren „Sein" der Natur und ihrer menschlich-wissenschaftlichen Beschreibung liegt aber immer eine unmessbare Lücke, die selber nicht ausformuliert werden kann: Sie formt eine letzte Singularität, in die kein Forscher einen Einblick hat. Sie liegt allen Wissenschaften zugrunde. Daraus folgt, in einer Logik *post factum*: Die Gesetze passen nie ganz genau – auch wenn die Lücke nur minimal sein kann.

- Die Naturgesetze haben die Tendenz, nie ganz genau auf die Natur zu passen. Das liegt daran, dass sie in ihrem Wesen starr-konstativ sind.

Deshalb können sie das performative Gamma, das der Natur immer schon innewohnt, nicht miterfassen.

Brechen wir die Theorie des Komplementären Denkens auf den Alltag herunter, dann ergibt sich ein Strauß von Lesarten, ein Rhizom von Anwendungen: Komplementäres Denken ist eher eine Haltung, ein Bündel an Eigenschaften, ein ganzheitliches Denkhandeln. So etwa sieht eine Liste der Eigenschaften aus:

Was heißt ‚komplementär denken'?

- Komplementär denkt, wer sich von alten Oppositionen und Denkverboten, von allen -ismen verabschiedet und selbst denkt.
- Komplementär denkt, wer sieht, dass die Welt viele Dimensionen hat und der Mensch viele Perspektiven einnehmen kann.
- Komplementär denkt einer, der sieht, dass er Verantwortung für sein Denken übernehmen muss und eine Art Respekt für das Denken Anderer hat.
- Komplementär denkt, wer eigene und fremde Ressentiments und Vorurteile erkennt und ihnen nicht blind folgt.
- Komplementär denkt, wer damit rechnet, dass auch der Andere Recht haben könnte.
- Komplementär denkt, wer Sachargumente schätzt, aber zugleich die performative Aura jeder Kommunikation erkennt.
- Letztlich ist gar nicht unklug, was das Netz sagt: „Zwei Alternativen werden für sich alleine betrachtet. Werden beide Alternativen gewählt, geschieht dies ohne Begründung." (Wikipedia).

Komplementäres, performatives Denken ist, da es polyperspektivisch ist, global, universal ausgerichtet. Es verlässt das fokussierte Identitäts-Denken der alten Welt und kommt damit jenem neuen „Radikalen Universalismus" nahe, den der deutsch-israelische Philosoph Omri Boehm (New York) vertritt.

Komplementäres Denken in der Philosophie

In der Philosophie geht Komplementäres Denken davon aus, dass eine jede Philosophie wahr ist und nicht wahr oder etwas dazwischen ist – je nach Perspektive und nach geistigem Raum: Für eine jede Philosophie kann eine eigene Art zu denken, zu argumentieren, zu schließen, zu spekulieren angenommen werden. Philosophien, die ja meist ganzheitliche Systeme sind, sind im Wesen ganze *Inertialsysteme*, die immer ein eigenes Recht, ein Eigenleben, einen eigenen Sinn haben. Dies darf man ruhig im Sinne der Einstein'schen Relativitätstheorie verstehen. Sie haben eine je eigene Existenz-Sphäre. Nur dann, wenn man glaubt, zwei gestandene Philosophien unbedingt miteinander vergleichen zu müssen, geht man das Risiko von Aporien und schiefen Ebenen ein. Natürlich kann man ebenso jede beliebige Philosophie billigen, widerlegen, falsifizieren, anzweifeln, kritisieren, verwerfen, priorisieren etc. Alles ist möglich – von der Ignorierung bis hin zur Vergöttlichung. Und dies geht ja auch in den Rezeptionsgeschichten vor sich: Dies ist der Beitrag der Kritiker, die keine Philosophen sind, zur Philosophie und ihrem: *Progress.*

Es ist sogar vorstellbar, dass ein einziger Kopf für beliebige Philosophien zugleich Wortführer, Exeget, *advocatus diaboli*, scharfer Gegner oder Nachfolger/Adept/Jünger und vieles mehr sein kann – vielleicht jeweils durch ein Zeitintervall getrennt. (So wie Leonardo ein Kunstgenie war, was ihn nicht hinderte, brutale Waffensysteme zu erfinden). Man kann nicht nur seine Meinung, sondern auch die Perspektive ändern – nicht nur im Laufe des Lebens, sondern auch: ad-hoc. Und wenn Fichte sagt, dass, sinngemäß, jeder, aktiv wie passiv, die *eine* Philosophie wählt oder selbst vertritt, die seinem *Wesen* entspricht – so kann ein flexibles menschliches Leben nicht nur jede Philosophie glaubhaft vertreten oder verwerfen. Der Mensch kann, mit Talent, aus eben dieser Fähigkeit auch den Rohstoff schmieden für eine neue, andere Philosophie, ein neues, anderes Philosophieren als eine Tätigkeit-in-Progress. Im Prinzip gibt es so viele Philosophien, wie es Menschen gibt – ob diese nun schriftlich ausgearbeitet vorliegen oder nicht.

Komplementäres Denken in der Philosophie hat viele Varianten. Im Grundschnitt besteht es darin, zwei oder mehrere von vielen Philosophien zusammenzudenken (nicht: sie zu vermischen oder gegeneinander auszuspielen), sagen wir: die von Spinoza und Heraklit, was im klassisch-logischen Denken ausgeschlossen ist. In der Methode bedeutet philosophisches KD eine Art flaches Denken, das nicht mehr nur vertikal in die Einzelphilosophie des Einzelphilosophen („Nietzsche-Forschung") hinabsteigt, sondern in einer neuen Perspektive horizontal durch die Philosophiegeschichte surft: dort neue Gemeinsamkeiten, neue Unterschiede zwischen Richtungen, Philosophen und Werken entdeckt oder erzeugt („laterales Denken").

In der Zukunft erfordern nicht nur ganze Epochen, ganze Philosophien oder philosophische Methoden ein komplementäres Denken. Auch zwischen sich scheinbar widersprechenden philosophischen *essentials* wird komplementär gedacht und über sie hinaus gedacht: z. B. zwischen den Ideen Platos und der Realwelt, zwischen Kants Ding-an-sich und den Dingen im Schein der Wahrnehmung, zwischen dem IST der Welt und der menschlichen Illusion darüber – oder religiös-theologisch gewendet: Zwischen *Absconditus* und *Sconditus*. Komplementäres Denken entfaltet sich in ein polyperspektivisches Denken hinein, für das keine strikte Definition bereitsteht.

Die wichtigste Variante des KD im Bereich Philosophie wird aber ohne Zweifel dies sein: Performative Philosophie und Behauptungsphilosophien zusammenzudenken, die auf den ersten Blick nicht miteinander kompatibel sein können, ja: sich widersprechen. Kann man – ein scharfrandiges Beispiel – die scholastisch-eindimensionale Verstehenslehre mit Gadamers mehrdimensionaler performativer Hermeneutik zusammen-denken? Ein Hermeneutiker der Zukunft würde zeigen können, wie dies aussähe. Voraussetzung für Komplementäres Denken ist ohne Zweifel eine besondere Begabung des Denkenden, also eines Individuums, für das die Polytonie des Denkens – selbst ein Bedürfnis ist.

Es ist eine Sache der Zukunft, vielleicht des ganzen laufenden Jahrhunderts, die Voraussetzungen für eine globale Entstehung eines Komplementären Denkens zu schaffen. Vielleicht sind weltweite Vernetzung, Migrationen, Klimakatastrophen die Symptome, die Begleiterscheinungen, ja: die *groundings* für ein KD, das sich dunkel ausbildet und heute bereits in Ansätzen beobachtet werden kann: In den Wissenschaften generell zusammenzudenken, was die Einzel-Disziplin in ihrer notwendig-begrenzten Sicht beschreibt und das, was tatsächlich, was in Wahrheit, was wahrhaftig – *ist.* Hier das Fakultätendenken zu überwinden und aus neuem Zusammendenken etwas zu destillieren, das sich vorerst einer Einordnung entzieht, jedoch einer allgemeinen Relativität zuarbeitet. Wenn man will: eine Quantenmechanik der Philosophie, eine relative Mechanik aller *möglichen* Philosophien.

‚*Komplementäres Denken*' ist letztlich eine Formel, die über die Zweiheit hinausgeht und im Prinzip eine jede Art zu denken, einen jeden Modus der Argumentation betrifft – solange sich diese Denk-Arten nicht durch irgendeine Art von Falschheit selbst diskreditieren. Komplementäres Denken jenseits der syllogistischen Logik: Das ist die unabdingbare Vision eines neuen wissenschaftlichen Tuns und seiner Präsentation. Komplementarität als ein *modus cogitandi et operandi*, in vielen Versionen, wird das Denken der Zukunft prägen, nicht nur in der Philosophie. KD trifft sich hier mit dem Zukunftsentwurf einer performativen Vernunft, die sich optimal auf die multiplen Herausforderungen der Zukunft einstellen kann.

Es ist vor allem Anderen die dunkle Zone um das Prinzip des *Tertium Datur* herum, die erst noch verstanden werden will: durch performative Erfahrung. Performatives Denken heißt: den oppositionellen Kern überwinden, der immer noch im Gedanken der Komplementarität steckt und eine persönliche Vision davon entwickeln, was sich *nach* der Kontroverse abzeichnet.

Imgrunde ist der substanzielle Algorithmus immer derselbe: Nehmen wir das „einfachste" Beispiel:

- Newtons Zeit und Raum sind absolute, *konstative* Größen
- Einsteins Zeit und Raum sind relative, *performative* Größen

Was Zeit und Raum „sind", lässt sich durch dieses Tandem nicht beantworten. Dieses Prinzip gilt auch für alle anderen Tandems. Über beide Partner wölbt sich aber ein *Tertium*, das eines Tages auch über sprachliche Zeichen sagen kann, was Raum und Zeit „sind" – und warum dies nicht schon viel früher klar wurde. Dass dies jetzt noch nicht möglich ist, soll genommen werden als ein Hinweis, eine Vision von dem, was das menschliche Denken einmal vermögen wird. Beides ist ja menschliches Erbe: Deshalb wird sich das *Tertium* irgendwann auch einer kommunizierbaren Form fügen: einer performativen Vernunft.

Komplementäres Denken bestünde in der Wissenschaft darin, die unausfüllbare Lücke zwischen Theorie und Realität, zwischen konstativen Sätzen und ihrem performativen *impact*, zwischen Experiment und der Natur selbst, zwischen Sagen und Sein – zu erkennen und in ihrem unergründlichen spiraligen Wirken immer schon mit im Prozess des wissenschaftlichen Tuns zu berücksichtigen. Komplementäres Denken bestünde generell und allgemein darin, die Lücke zwischen der Welt, ihren Deutungen und der eigenen Intuition zu sehen und diese Lücke nicht gleich wieder zuzuschütten. – *Wirkungsquantum des wissenschaftlichen Erkennens.*

Vitalismus

Im 21. Jahrhundert und darüber hinaus kann die Welt wieder das werden, was sie vor Beginn des Philosophen-Zeitalters immer schon war: ein wildes, performatives, natürliches, mystisches, reales und irreales Wunder. Nur: Diesmal ist die *Reflexion* beteiligt und die philosophische Durchdringung – und das gibt der Situation den entscheidenden Kick. Hierin besteht die eigentliche geistige Zeitenwende: Performative Erkenntnis ist zum ersten Mal in der Lage, sich von dem atlas-schweren konstativen Überbau der Traditionen zu befreien. *Qua Philosophie* wird die Welt eben das, was sie auch ohne Philosophie ist, immer war und bis an ihr Ende sein wird: ein *Mysterium*, das von jeder konstativen Beschreibung unabhängig ist, weil sie nicht auf sie *angewiesen* ist. Wenn Komplementäres Denken mit der Zeit sich an komplementäres Sein annähert – ja: irgendwann zu einem Sein wird, das man mit Recht komplementär nennen kann (sollte eine solche Benennung dann noch nötig sein!), dann bedeutet das: Eine neue Vitalität kommt herauf, die nicht mehr nur philosophisch ist, eine Vitalität, die an hochvitale Phasen der Menschheitsgeschichte wieder anschließt. Eine Vitalität, die imstande ist, das alteuropäische Erbe anzuerkennen, es aber auch zu sehen als ein Interim-auf-Zeit, als ein Äon, in dem die Ratio triumphieren musste, als eine Zeit, die sich ihrer eigenen Vernunft allzu sicher war. Es ist nicht auszuschließen, dass radikale Performative Philosophie anschließen will an vorphilosophische Stadien des In-der-Welt-Seins, in dem kosmische Bilder, Götter, Kosmogonien, Magie, das wilde Staunen und die reale Existenz des Menschen noch nicht voneinander getrennt waren.

> „Wenn der Vitalismus nach dem Zeitalter der Mechanik und Technologie wieder zurückkehren kann, wird es ein viel strengerer und stärkerer Vitalismus sein, der die Lektionen der Physik und Chemie dazu verwenden wird, um die Harmonie des Menschen auf der Erde wiederherzustellen." (Richard Grossinger).

Walach, Harald (2012): Komplementarität: Rahmen für eine Wissenschaftstheorie der Psychologie. In: Günter Gödde, Michael B. Buchholz (Hg.): Der Besen, mit dem die Hexe fliegt. Band 1. Psychologie als Wissenschaft und Komplementarität. Gießen, 301–326.

13. Performatives Handeln

- ‚Improvisation' ist ein neuer Begriff für performatives Handeln, das in allen sozialen und kulturellen Bereichen wirkt. Das performative Subjekt handelt improvisierend, indem es Standards des rationalen Handelns mit den Bedingungen der aktuellen Situation spontan fusioniert.

Die mesokosmische Welt der menschlichen Zivilisationen war schon immer performativ – von Anfang an. Neu ist, dass mit der Jahrhundertwende und dem Start des 21. Jahrhunderts ihre Performativität eine neue Qualität annimmt – äußerlich und formal angezeigt durch den Trend zur expliziten Herausstellung: Die Performativität des Mesokosmos steigt in diesen Zeiten unübersehbar an, man möchte sagen: exponenziell – und diese Steigerung erfasst alle Bereiche von Kultur und Wissenschaft. Es etabliert sich – unter dem ebenfalls ansteigenden Einfluss des Internets und der Sozialen Medien – immer deutlicher der Umriss eines neuen, tief-performativen Handelns, eines subtiles Denkhandelns, das wahrscheinlich alle tradierten Formen des Denkhandelns mit der Zeit ersetzen wird. Es gibt ein Muster ab für viele weitere Gesellschaften, weil es universell anwendbar ist und an keine politischen, ideologischen, religiösen, psychologischen etc. Vorgaben gebunden ist. Es ist davon frei.

Der performative Mensch, *homo performans, animal performativum*, ist durch und durch geprägt von performativem Handeln. Dieses Handeln wird seit einiger Zeit immer öfter gefasst unter der Bezeichnung *‚Improvisation'* (IMP). *„Improvisieren ist ein Modus des Handelns."* (Christoph Bertram). *„Jeder Mensch ist ein Improvisator."* (Joseph Beuys). Improvisation liegt in der Logik der vitalen und evolutiv aufbereiteten Grundausstattung eines jeden Menschen. Performative Improvisation ist das umfassende Wesen des sozialen und individuellen Alltagshandelns. Seltsam nur, dass ‚Improvisation' sowohl alltagssprachlich als auch wissenschaftlich etwa bis zum Jahr 2000 lediglich die Rolle eines „Geisterfahrers" (Christian Kaden) spielte: abgeschoben in die Ecke des Modern Jazz, in der Umgangssprache eher mit dem negativen Beigeschmack des Mangelhaften versehen. Mehr und mehr beginnt man, in Zeiten einer wachsenden Ungewissheit, einer marodierenden neuen Übersichtlichkeit, überall zu erkennen, dass Improvisation für ein umfassendes Apriori des menschlichen Denkhandelns unbedingt notwendig ist: für performatives Handeln mit einer *improvisatorischen Kompetenz.* Dahinter mag noch die Ahnung stecken, dass Improvisation als die performative Art zu handeln immer schon weitgehend unerkannt das rationale Handeln überwölbt hat, und zweitens, dass improvisierendes Handeln in vielen Weltgegenden schon seit jeher das Normale ist. Es rückt jetzt erneut in den Fokus.

Da ist es kein Zufall, dass auch die Improvisationsforschung seit kurzem mächtig Fahrt aufnimmt (Bormann et al. 2010). Sie nimmt mit großem Schwung eine Korrektur des landläufigen Begriffs ‚Improvisation' vor und formuliert ihn vollkommen neu (ohne jedoch den Stammbereich ‚Jazz' zu vernachlässigen). Was im Jazz gilt, gilt nun im Prinzip ebenso für das gesamte Alltagshandeln. Hier wird endlich mit einschlägigen Mythen aufgeräumt; man muss diese kennen, sonst kann man den performativen Kern der IMP nicht klar erfassen.

Mythos 1: Improvisation sei nur eine Spezialität des Jazz und für den Normalbürger eher von marginaler Bedeutung. Diese populäre Verengung versperrt die wahre Bedeutung, nämlich die universale Reichweite der Größe ‚Improvisation'. IMP wirkt im gesamten Betrieb der mesokosmischen Dimension; sie ist seit uralten Zeiten ein Apriori des sozialen Miteinanders, tief verankert in der DNA des archaischen wie des modernen Menschen.

Mythos 2: Improvisation sei etwas Mangelhaftes, Unfertiges oder Missglücktes, was durch Normen, Regeln und eine feste Ordnung erst wieder begradigt werden müsste. IMP hat aber eine eigene Ordnung, die durch performatives Handeln erst ins Werk gesetzt wird: „Normativität ohne Normen" (Bertram).

Mythos 3: Improvisation sei eine quasi-zufällige Art des Handelns, ein spezieller, von Außen nur hinzugefügter Aspekt des Handelns. Dieser Mythos verdeckt auf eine perfekte Weise eine Wahrheit, die sozial als solche implizit, verdeckt, ja: tabuisiert bleiben soll: dass der allgemeine Charakter des Alltagshandelns ohnehin von tief-improvisatorischer Natur ist, und dass das normative Regelwerk, das offiziell in den Vordergrund gestellt wird, nur eine Art Hilfsmittel ist für eine Art *Common Sense* des

Handelns – auf dass dieser selbst nicht explizit-bewusst werde (im Sinne des sozialen Blinden Flecks bei Ervin Goffman). Die so erzeugte Illusion besagt, dass der Mensch nach Plan, Regeln, Normen, kausal einsichtig und nach einer festen Ordnung handele. Diese Illusion mag, wie viele andere Illusionen, ihren sozialen Wert haben; sie ändert aber nichts an der tiefen Performativität dieses sozialen Handelns selbst – mag es nun bewusst oder unbewusst erfolgen. Performative Improvisation ist wahrscheinlich jener Zug, der sich in der Zukunft immer weiter ausbreiten wird, in einer Zeit, in der Ungewissheit, Kontingenz, abrupte Wandlungen und Unsicherheiten vielfältigster Art weiter ansteigen werden. Umso wichtiger wird die Fähigkeit, flexibel und intuitiv zu handeln: Das meint der neue Begriff der Improvisation, der nicht nur in den Künsten zuhause ist, sondern das ganze soziale Leben durchzieht. Insgesamt schält sich immer deutlicher heraus:

- Es gibt ein regelgeleitetes, sachorientiertes Handeln, das plant, begründet, abwägt, vergleicht und sich bewusst und rational für eine Handlungsoption entscheidet. Dies ist jenes Handeln, das pädagogisch vermittelt und durch Sanktionen gesichert wird. Dies ist *konstatives Handeln.*
- Es gibt ein Handeln, das von Intuition, Aufmerksamkeit und einem höheren sozialen Wissen geleitet ist und eine logische Begründung nicht in die erste Linie stellt. Es mobilisiert eine Art Entscheidung, die viel von einem *flow*, von Intuition an sich hat. Dies ist *performatives Handeln.* Es ereignet sich vorzugsweise *all'improviso*: im Modus der Improvisation.

Beide Handlungsformen mögen im Einzelfall ineinandergreifen, mit wechselndem Schwergewicht, je nach Person, Situation, Motivation und Intention. Es sind Idealtypen, die nur in analytischem Interesse getrennt werden.

Performatives Handeln heißt ‚Improvisation'. Die neueste, gewandelte Literatur dazu gebraucht den Begriff *performativ* nur selten, und wenn, dann in dem engen Austin'schen Sinn von *Sprechakt.* Jedoch argumentiert sie durchweg genau im Geist einer *allgemeinen* Performativität. Sieht man die Studien durch, dann trifft man auf eine Überfülle an Schlüsselwörtern, die sowohl für *performativ* gelten als auch für *Improvisation*: *Handeln; Vollzug; Situation; Spontaneität; Unbegrenztheit; Kontingenz; Unvorherseh-*

barkeit; Unbestimmtheit; implizites Wissen; unmittelbares Erfassen; Prozess; ex nihilo performare; Interaktion; Kairos; Subjekt; HIER&JETZT; auf die Zukunft gerichtet; vage Grenze zwischen Produktion und Rezeption; Koinzidenz; Emergenz; Indeterminiertheit; Ereignis. Der performative Grundcharakter des IMP wird ab und an geradezu beschworen, explizit wie implizit – oft in Form geschlossener, sich selbst fort-erzeugender Kreisläufe, als autarkes *performativum mobile*:

- „Vor diesem Hintergrund stellt das Improvisieren im geschützten Bereich von Musik und Kultur vielleicht ein Laboratorium für das Erproben neuartiger sozialer und kultureller Praktiken und Handlungsweisen dar — ein Spielraum für ein gleichermaßen enges und flexibles Zusammenwirken von Menschen." (Martin Pfleiderer)
- „Wenn man Improvisieren will, dann muss man es können. So einfach ist das." (Christopher Dell)
- „Improvisation ist keine Strategie zur Lösung organisatorischer Probleme, sondern bringt diese allererst hervor und zur Entfaltung." (Hans-Friedrich Bormann et al.).
- „Ungewissheit ist keine gegebene Voraussetzung des IMP-Prozesses, sondern wird von ihm selbst immer weiter fort-erzeugt." (Christoph Bertram)
- Viele Künstler beantworten die Frage nach der Quelle ihrer IMP-Fähigkeiten spontan mit einer performativ funktionalen Leerstelle: Sie wüssten es nicht, sie täten es einfach. Ungezählt sind die direkt-performativen Metaphern vom Typ *vorbereitete Unvorbereitetheit, gewisse Ungewissheit, kontrollierter Kontrollverlust.*

Die maßgebende Forschungsstudie „Improvisieren" (Bormann et al. 2010) ist denn auch vom DFG-Sonderforschungsbereich „Kulturen des *Performativen*" (!) gefördert worden. Improvisieren gilt heute *sine expressis verbis* als performativ, ob im Jazz, in der Küche oder im Gerichtssaal.

Performativ und *Improvisation* sind ein quasi-synonymes Paar. Wie erscheint dieses Improvisieren in der Praxis? IMP ist beileibe nicht regellos; es geht mit Regeln nur anders um, man möchte sagen: leichter. Es kombiniert vorhandenes Wissen und Technik jeweils neu, abhängig von den aktuellen Umständen und der Situation. IMP ist nicht zufällig, sondern greift im Hintergrund immer auf einen genauen, lang-gelernten *set* an Fertigkeiten, Techniken und Anwendungen zu: Die treten bloß nicht explizit hervor. IMP erzeugt sein eigenes Gesetz, das Gesetz des improvisierenden Subjekts.

Improvisieren hat mit Sicherheit eine lange evolutive Vorgeschichte – jedenfalls eine unschätzbar längere als das moderne konstativ-rationale Handeln. Auch in diesem Punkt gehen *performativ* und *IMP* Hand in Hand. Die Forschung ist noch nicht so weit, zu klären, wie genau Improvisieren in den Rahmen der Evolution eingepasst werden kann. In Frage kommen hier vor allem die Darwin'schen Bereiche *Variation*, *Anpassung* und *Selektion*. Vermutet werden kann, dass Improvisieren zu allen Zeiten ein hochwichtiger Modus des Alltagslebens war – zumal dann, wenn Ressourcen und Produktionsmittel rar waren oder viele Kinder zu versorgen waren. Muss man Improvisieren gar in der Tierwelt verankern? Bertram spricht von „Abermillionen Jahren in Flora und Fauna". Man denke hier an den Werkzeuggebrauch bei Krähen und Affen, an die Jagdtechniken von Löwen und Adlern usw. Und auch über die neuronalen Substrate, die beim Zusammengehen verschiedener Hirnteile beim Improvisierenden entstehen, ist noch wenig bekannt. Entstanden ist sicher ein universal einsetzbares Programm, dass außerhalb der harten Fakten und Bedingungen spontan neue Strukturen erzeugt. Man denke an die Lebensweise der Jäger&Sammler, die Probleme der Sesshaftwerdung etc., an Wetterschäden, Missernten, Kinderkrankheiten, Tierangriffe u. v. m. Die Evolution selber hat wohl kaum improvisiert, weil ihr eine autonome Steuerungsinstanz fehlt, sehr wohl hat sie aber Menschen hervorgebracht, die besser als andere improvisieren konnten und dadurch einen Vorteil hatten. Vielleicht kann man pauschal sagen, dass ein Überleben von Stammes- und Siedlergesellschaften ohne Improvisieren nicht möglich war.

Wer improvisiert, handelt und verhandelt ja, bringt selbst *eo ipso* etwas hervor. *Improvisation is doing*. Dieses improvisatorische Tun ist nicht an einen Bereich gebunden. Für den bürgerlichen Geschmack sind die Konnotationen von Improvisation aber immer noch meist negativ und bedienen das bequeme Vorurteil des Mangelhaften, Unvollständigen. Mit einigen Ausnahmen: (noch) Negativ besetzt ist IMP in Medizin, Recht, Schule, Politik, Filmwirtschaft; allgemein positiv dagegen im Bereich Kochen, Jazz und Erziehung. Neuerdings positiv gewendet ist IMP bereits in den Bereichen Theater, Hochschule, Wirtschaft und Kunst, die alle einen reiferen Begriff IMP entwickeln und das kreative Potenzial einer engeren tradierten Regelordnung gegenüberstellen (Bertram; Rüsenberg 2022).

Für jeden sozialen oder kulturellen Bereich muss unterschieden werden zwischen einem konstativen Standard, der weithin allgemeinverbindlich und anerkannt ist und einem performativen Superstandard des neuen Improvisierens. Herausgegriffen werden vier repräsentative Bereiche, über die das Prinzip ‚Improvisieren' projiziert werden kann auf alle soziale und künstlerische Kultur: Sport (Fußball), Medizin, Politik, Theater. (Zum performativen Handeln und zur Improvisation in den Bereichen Jazz, Recht, Sprache & Kommunikation, Wirtschaft und Geschichtsschreibung s.a. Hinrichs 2018a).

Sport (Fußball)

Konstativer Standard: Zum Fußball gehört eine genaue Kenntnis des Regelwerks, Spielerfahrung, Kenntnis des eigenen Körpers, ein Bewusstsein der eigenen wie der fremden Fähigkeiten, ein Gefühl für die Dynamik der chronologischen Zeit der 90 Minuten, eine stetige Bereitschaft der Kooperation mit den Mitspielern. Darüber hinaus ein „Organ", eine Antenne für das stetig anwachsende *set* an Spielaufnahmen der Konkurrenzvereine und deren Lehren. Es gehört dazu die Gesamtheit der Theorie der Spielpraxis, die der Trainer auf dem Reißbrett vorführt und immer wieder durchexerziert. Für alle sind weiter wichtig: Kaderplanung, Nachwuchsstrategien, Taktikschulung (Bertram) und vieles mehr. An der Schnittstelle zum Improvisieren erzeugt der Spieler eine Art Relativierung: Er kennt die Theorie, nimmt sie aber nicht allzu ernst; er mag ihren Geist verinnerlichen, aber nicht ihre wörtliche Explikation. Er lernt nichts auswendig. So ist er gerüstet für das, was ihn auf dem Platz erwartet – auch für alles Unerwartete.

Superstandard der Improvisation: Natürlich ist jede Art von Sport ein Tummelplatz für den improvisatorischen Instinkt. Besonders trifft dies zu auf jede Art von Mannschaftssport, wo das Verhalten des Einzelnen das Verhalten aller anderen mitsteuert. Nehmen wir das Lieblingskind der populären Kultur, den Fußball. Fußball und Jazz scheinen gar nicht so weit auseinanderzuliegen. Der kürzlich verstorbene Franz Beckenbauer war ein begnadeter Improvisator auf dem Platz, geprägt von einer performativen Intelligenz für Spielverlauf, Möglichkeiten, Konstellationen etc. Er verfügte über Disziplin, Resilienz, Ausdauer (in Maßen), über den geheimen Blick (im Übermaß); im *flow* des Spiels mochte er über einen geheimen Apparat verfügen, der ihm andeutete, was als Nächstes passiert. „Sein Spiel hatte etwas Unsicheres und Genialisches. Er spielte nicht Fußball; er tanzte ihn." (Thomas Hüetlin in DER SPIEGEL). Beckenbauer brauchte nicht nachzudenken, er *handelte* einfach, folgte einer untrüglichen, unbestechlichen Intuition: Er improvisierte. Und dass sein Spiel federleicht wirkte, wie selbstverständlich, wie *nicht anders möglich*, das gehörte zu seinem improvisatorischen Genius dazu und vergrößerte seinen Nimbus nur noch mehr. Für den Ausnahme-Improvisator gelten offenbar andere Zeit- und Raumbegriffe: Für ihn „ist der Raum durchdrungen von Möglichkeiten, ein Feld der zu antizipierenden Optionen. Für die anderen Spieler ist der Raum ein objektives Raumgefüge ... Improvisation ... das Überführen erlernter Regeln und Praxen in ein antizipatorisches Konzept." (Christopher Dell über den Bundesligaprofi Juri Djorkaeff, den er mit einem Jazzmusiker vergleicht, zit. bei Bormann et al., 231). Dies mag auch für die Zeit zutreffen: In der improvisatorischen Zeit ist weder reaktive Schnelligkeit noch überblickende Langsamkeit von Entscheidungen ausgeschlossen.

Medizin

In der Medizin hat alles, was irgendwie mit Improvisieren zusammenhängt, einen notorisch schlechten Ruf. Der Arzt ist an seinen konstativen Standard gebunden, er hat sein Handwerk nach Lehrbuch zu beherrschen, die medizinischen Disziplinen von der Anatomie bis hin zur Pathologie. Da gibt es den Lungenfacharzt, den HNO-Arzt, den Psychiater. Den jeweiligen Standard hat er nicht nur in der Ausbildung, sondern auch im Abschluss und in der Praxis unter Beweis zu stellen. Gleichgültig, ob er niedergelassener Selbständiger ist, ob Hausarzt, Krankenhausarzt oder

Amtsarzt. Dies garantieren der hippokratische Eid und die Sanktionen des Entzuges der Approbation. Und so mancher Arzt hat sich mit den Jahrzehnten auf seine Routine und die fossilierten Standards der ärztlichen Versorgung zurückgezogen. Und es ist nicht einmal von der Hand zu weisen: 80–90 % der erwartbaren Fälle erfordern nur die korrekte Anwendung der Lehrbuchmethode: ‚*Magenresektion: Billroth-II mit unphysiologischer Rekonstruktion der Nahrungspassage*!' *Business as usual.*

Improvisation auf einem höheren Niveau ist vor allem in Kriegszeiten (Lazarett-Dienst) gefragt, bei unerwarteten Symptomen, bei Medikamentenmangel, bei unerwarteten Komplikationen im Laufe von Operationen und bei Fällen von Erster Hilfe, wo Leben und Tod von der Fähigkeit zur Improvisation abhängen können, jenseits allen Schulwissens. Fachärztliche Improvisationen können ein *sine-qua-non* sein, wichtiger als alles Schulwissen; oft retten sie Leben. Ohne Improvisation und Kooperation würde die medizinische Versorgung in Regionen der Ukraine und jetzt – vor aller Augen – in Teilen des Gazastreifens im Israel-Hamas-Krieg viel früher und vollständig zusammenbrechen. Nur durch fachärztliche und assistenzielle Improvisationen, die Tag für Tag neu anlaufen und stetig neue Situationen schaffen, lässt sich die Katastrophe hinauszögern, die durch Blockaden von Lieferungen und durch zynische Politik ausgelöst und verstärkt werden.

Ein Extrembeispiel für große *ex-tempore*-Improvisationen liefert „*The Good Doctor*" – eine US-amerikanische Krankenhausserie über einen jungen *autistischen* Chirurgen, der aufgrund seiner genialen diagnostischen Fähigkeiten vielen Patienten durch Improvisation das Leben rettet (und dabei sein Team oft genug in den Schatten stellt.) Dr. Shaun Murphy, dargestellt von Freddie Highmore, verfügt zwar nicht über Empathie und ärztliche Diplomatie, kombiniert aber oft in einer genialen Weise chirurgische Spezialkenntnisse mit schnellen, ganz unorthodoxen Anwendungen – auch während der OP selbst – ohne dass er viel darüber sagen könnte (oder wollte), wie sich alles genau verhält.

Politik

Zum konstativen Standard gehört neben Erfahrungen und Fähigkeiten die ganze Palette des politischen, geographischen, historischen, fachlichen und kulturellen Grundwissens, ohne das man eigentlich nicht Politiker sein oder werden sollte. In die zweite Reihe gehört das Fachwissen der politischen Subdisziplinen dazu: Geopolitik, Außenpolitik, Gesundheitspolitik, Finanzpolitik und viele Weitere. Auch sollte der Politiker mit den parlamentarischen, demokratischen, legislativen etc. Verfahren im Einzelnen vertraut sein. Heute, in performativen Zeiten, kann man sehen, wie sehr diese Standards sich wandeln, unterlaufen werden oder die Macht an *fakes* und die schiere Image-Arbeit abgeben.

Improvisieren gehört seit jeher auf allen Ebenen zur Politik dazu; IMP prägt die Lokalpolitik genauso wie die internationale Diplomatie. Improvisation auf einer „normalen", d. h. weitgehend unauffälligen Stufe meistert den kleinen wie großen politischen Alltag; sie ist das Salz in der Suppe des Tagesgeschäfts – auch deswegen, weil Politik überall implizit grundiert ist und explizit immer ein anderes Gesicht zeigt. Hier auszugleichen – muss oft improvisiert werden, um das Gleichgewicht (und die Parteidisziplin) zu wahren.

Der US-amerikanische Journalist James G. Wilson hat 2014 in der FAZ beschrieben („*The Triumph of Improvisation*"), wie der sogenannte Kalte Krieg („*cold war*") zuende ging: Eine ganz unerwartete Anpassungsleistung ("*adaptability*") des damaligen US-Präsidenten Ronald Reagan traf auf ein ebenfalls ganz unerwartbares Engagement des UdSSR-Präsidenten Michail Gorbačov. Abseits der offiziösen Positionen reagierten zwei Improvisationen höherer Ordnung miteinander und erzeugten auf beiden Seiten einen neuen, ebenfalls gänzlich unerwartbaren *output*, der die Welt veränderte und eine neue Politik (und womöglich die deutsche Wiedervereinigung) ermöglichte. Denkbar ist auch, dass durch das improvisatorische Management der sogenannten Kubakrise aus dem Jahr 1962 ein Atomkrieg verhindert wurde. Der russische Präsident Nikita Chruščev hatte auf Kuba ein Atomwaffenszenario aufgebaut, das der amerikanische Präsident John F. Kennedy (in einer Kooperation höherer Ordnung) mit der Drohung eines Atomschlages beantwortete. Beider Handlungen waren unerwartet, lagen jenseits des politischen Kanons. Niemand weiß, was ohne dieses interaktive, wahrscheinlich fingierte Atomwaffen-Theater tatsächlich passiert wäre.

Jede Improvisation höherer Ordnung lebt von der sicheren Intuition für den richtigen Moment: Das performative Handeln, auf seltsame Weise alternativlos, ist geprägt von dem Gefühl für den *Kairós*, der dann unverhoffte Lösungen ermöglicht, die ohne diese Improvisation nicht erreicht worden wären. „Große" Staatsmänner und -frauen haben – wie auch große Jazzmusiker oder große Regisseure – eine solche Kairos-Antenne. Die Geschichte ist geprägt von einer ganzen Kette solcher *Kairos*-Momente (Neupert-Doppler 2019) – und dass die Welt sich noch dreht, hat sie vielleicht dem performativen Handeln begabter Improvisateure zu verdanken.

Theater

Konstativer Standard: Die Quantitäten und Qualitäten des Standards wiederholen sich in allen Bereichen auf analoge Weise: Sie repräsentieren das Normalwissen und die Normalvorstellungen des Bürgers. Jeder kennt diesen Durchschnitts-Standard für den Theaterschauspieler. Stichworte sind dezidierte Ausbildung, Kenntnis der Theatergeschichte, der Regisseure und der Regiekonzepte, breite rezeptorische Kenntnis der Stücke und der Prominenz, Fähigkeiten und Textgedächtnis, Stimme und Körper, Rollenerfahrung, Grundkenntnisse der Theatertheorien, das Repertoire, Bewerbung und Engagements.

Performativer Superstandard: Nirgendwo sind Performatives Handeln und Improvisation so eng, so subtil verflochten wie in der Welt des Theaters und der Schauspielkunst. Die deutsche Theaterwissenschaftlerin Erika Fischer-Lichte hat das in allen Einzelheiten ausbuchstabiert. Nirgendwo agieren und reagieren konstatives Textregelwerk, Proben, Aufführung und Publikum so intensiv miteinander. Auffällig ist die Fülle von Improvisations-Konzepten in der Geschichte des Theaters. Sie erfahren die verschiedensten Wertungen, jedoch kommt kein europäisches Theater ohne irgend*ein* Konzept der Improvisation aus (nach Bormann et al. 2010).

Improvisation ist in der Theaterlandschaft ein wahres Chamäleon, das auf jedem Terrain auftauchen kann, ohne dass es der Zuschauer sofort identifizieren kann. IMP ist sowohl alt (*commedia dell' arte*) als auch hochaktuell (z. B. im sogenannten „Regietheater“), wirkt in allen europäischen Ländern und gehört genuin zum Wesen *jeden* Theaters dazu – unabhängig von Theorie, Konzeption oder Nation. IMP ist ein theatralisches Apriori; es gibt kein Theater ohne IMP. Hier geht es um eine sehr beschränkte Phänomenologie, die das Performative der IMP in einigen Abstufungen zeigen mag:

Grosso modo kann IMP im Theater dreifach eingesetzt werden (Lösel 2013, 23f.): als „warm-up“ in der Probe, vor dem Beginn der eigentlichen Aufführung auf der Bühne (performatives *feed-back* mit dem Publikum) – oder IMP erzeugt selbst *qua performatione directa* ad-hoc das Stück selbst; dies ist die performative Urform des sogenannten „Improtheaters“, (das auf den englischen Dramaturgen Keith Johnstone zurückgeht). Improtheater ist Theater mit maximalem performativen Gehalt – der Gegenpol zum werkgetreuen (konstativen) Texttheater mit minimalem performativen Gehalt. Es avisiert den „utopischen Schauspieler“, der ganz ins „Spiel mit dem Unvorhersehbaren“ (Bormann et al.) eintaucht. Eberhard Scheiffele unterscheidet zwischen MIN und MAX auf der Improvisations-Skala sieben Stufen (zit. bei Lösel 2013, 26).

Außerhalb der offen improvisierten, als solche proklamierten *performance* (ein modischer Megatrend nicht nur im Theater) hat IMP jedoch noch eine mentale, psychologische, individuelle, quasi verdeckte Seite, die direkt die Arbeit des orthodoxen Schauspielers betrifft. Sie ist viel interessanter und subtiler und zeichnet den großen Schauspieler aus, der an der Rolle arbeitet. Kurzgefasst: Zwischen dem imgrunde konstativen Prinzip der werkgetreuen Darstellung der textfixierten Rolle und dem performativen Prinzip der Improvisation auf der Bühne herrscht so etwas wie ein Paradox: Der Schauspieler gerät zwischen Textlernen, Proben, Interaktion, Wiederholungen, seinem Selbst, dem Publikum und der letztlichen Ausführung in eine Ambivalenz, die oszilliert und durch nichts aus der Welt geschafft werden kann. Der Schauspieler steht in dem Paradox, dass Zitat und Improvisation sich ständig (in ihm selbst) kreuzen und dann das letztliche Endprodukt auf der Bühne, die *Szene*, erzeugen.

IMP ist zu charakterisieren als eine besondere Fusion von explizitem, konstativem Wissen und implizitem, performativem Wissen. Das Theater ist dann so etwas wie eine explizite Vorführform der impliziten Lebenspraxis *aller* Beteiligten. Die Ausführung geschieht dann immer in einem performativen Spezialmodus. Dies ist dem guten Schauspieler *intuitiv bewusst* (!) und wurde von großen Regisseuren wie Konstantin Stanislawski, Peter Brook oder Eugenio Barba strategisch ausgenutzt: als dunkler Modus, als Trick, als implizite Steuerung des Bühnengeschehens: als eine Art genialer Regie (Bormann et al. 2010). Das Ziel wird erreicht oder nicht erreicht: Aus der immer wieder neu aufgelegten Ambivalenz aus Fremddarstellung und Eigenausführung mag sich letztlich eine aktuell-finale *Improvisation* ergeben, die wie eine *Alltagsdarstellung* aussieht – in Wahrheit vielleicht keines von beiden ist, sondern ein geheimnisvolles, undefinierbares Tertium, das im Glücksfall beide, Schauspieler wie Regisseur, *an diesem Abend* registrieren mögen. Der große deutsche Schauspieler Gustaf Gründgens sagte einmal, es gäbe ein letztes Quäntchen Unklarheit, ein letztes Dunkel, das der Schauspieler vor sich selber verberge, warum er letzten Endes auf die Bühne gehe und eine Rolle spiele.

14. Performative Metaphilosophie

Performative Philosophie (PP) ist *in ihren archaischen Spuren*, in ihrer Grundierung uralt – sicher die älteste Philosophie überhaupt, wie die Oralen Philosophien, die ja historisch meist nicht datierbar sind, belegen. Deshalb ist die PP weder auf einen Kontinent noch auf einen Kulturkreis angewiesen: Überall auf der Welt finden sich *Spuren*, die nur erkannt, verfolgt und zusammengefügt werden müssen (Kap. V). Performative Philosophie ist aber zugleich auch, soweit zu sehen, neuen, ja sogar neuesten Datums; in diesem Sinne ist ihr Erscheinen als Phänomen sicher nicht zufällig. *Es ist Zeit*; es ist die Zeit selbst, die eine solche Philosophie begünstigt, erfordert, ja: *erzeugt*.

Performative Philosophie kann nicht einfach an die Tradition anschließen; sie kann auch nicht Epochen, Strömungen oder Schulen einfach fortsetzen, weil das nur eine falsche Fährte legt – ähnlich jener falschen Fährte, die die These des sogenannten „Paradigmenwandels" in den Kulturwissenschaften legt: Was sich hinter dem Paradigmenwechsel verbirgt, ist jedoch die Ahnung einer geistigen Zeitenwende, die aber als solche nicht in ihrem Wesen erkannt, nicht eindeutig benannt wird. Trotzdem steht Performative Philosophie bestimmten traditionellen Philosophien näher und manchen ferner. Näher steht sie existenzialistischen Philosophien (Sartre, Heidegger, Nietzsche), der Lebensphilosophie (Bergson, Berdjaev); ferner steht sie dem Positivismus, der syllogistischen Logik, der analytischen Philosophie und allen systemischen Philosophien à la Kant oder Hegel. Sie ist aber weder die Fortsetzung von etwas, noch eine Opposition gegen etwas, noch steht sie irgendeiner philosophischen Subdisziplin in *besonderem* Maße nahe. *Nota bene*: Performative Philosophie in dem hier vertretenen Sinne steht noch den Oralen Philosophien *around the world* am nächsten, dann den antiken Philosophien der östlichen und südlichen Hemisphäre, z. B. in China, in Afrika oder Südamerika, weil dort das performative Gamma seit je die Philosophie prägt.

PP weiß, dass es am Anfang des 21. Jahrhunderts nicht nur eine kulturelle, politische und kommunikative Zeitenwende gibt, sondern auch, dass aktuell keine philosophische Tradition benannt werden kann, die diesen einzigartigen Punkt prägt, ihn begleitet, ihn mitverfolgt und ihn deutet. Am ehesten noch ist es die *Krise* der Philosophie, die diesen Punkt prägt – was einer gewissen Logik nicht entbehrt. Die Weltzivilisation entwickelt sich zu einer riesigen Maschine der Autopoiesis und kann positiv nur von einer Philosophie geprägt sein, die selber ein autopoietisches System (bzw. ein Non-System) ist. Die Philosophie des Anthropozäns hat selber etwas Anthropozänisches an sich – und dies ist kein esoterisches Wunder, sondern das Natürlichste von der Welt: ein *sine-qua-non*. PP weiß, aus einer speziellen Art der persönlichen Erfahrung heraus, dass es im 21. Jahrhundert keinen letzten Punkt einer Welterklärung geben kann, nicht in den Naturwissenschaften, nicht in den Geisteswissenschaften. Immer mehr Forscher nähern sich dieser Wahrheit an, z. B. der Physiker Alexander Unzicker oder der Philosoph Gerhard Gamm, mit jenem Mut, den es braucht, um sich gegenüber dem wissenschaftlichen Establishment zu positionieren. Eine *generalized unified theory* (‚GUT') kann es nicht geben, weil jede Letzterkenntnis wieder Wege erzeugt, sich selbst (und die *community*!) aufs Neue zu hintergehen. Sie ist immer das Zeichen der Ohnmacht des allzu forschen Geistes. Immer mehr scheint auch der *Common Sense* der Zeitgenossen und der Intellektuellen sich hinter vorgehaltener Hand zu mokieren über eine hochfliegende Arroganz, die sich immer öfter selber in Frage stellt.

Performative Philosophie befindet sich in einem anderen Modus als konstative Philosophien, auf einer anderen logischen Stufe, und kann *auch deshalb* hier nicht einfach irgendwo ansetzen oder irgendetwas weiter fortentwickeln. Außerdem ist die Implementierung eines radikal-performativen Elementes in der Philosophie durchaus etwas Neues. Zwischen traditionellen Philosophien und Performativer Philosophie befindet sich ein Quantensprung, der keine Überbrückungslinien hat, sondern als ein *gap* eine neue Ebene anzeigt. Vielleicht kann man sagen, dass sich Performative Philosophie auf einer anderen Bahn befindet, die dadurch erreicht worden ist, dass das Performativum, die Autopoiesis einfach als ihr Nucleus, ihr Gamma angenommen wurde. Deshalb wäre es im Moment zu früh, direkte Bezüge zu Philosophien, die ein größeres performatives Potenzial haben können, z.B. bei Jacques Derrida oder Ernst Bloch oder Ludwig Wittgenstein, wirklich ausführlich zu diskutieren.

Viele der typisch *philosophischen* Probleme, z. B. solche der Metaphysik oder der Ontologie, verschwinden in einer Performativen Philosophie, weil das Performative keine spekulativen Linien fortführt. Oder diese Probleme stellen sich gar nicht erst: Performative Philosophie verlässt die akademische Isolation der Fakultäten, weil sie über ihr Kernmerkmal der Performativität mit einer Vielzahl von anderen Disziplinen und der Lebenspraxis direkt verbunden ist, ja auf diese angewiesen ist – oder andersherum: Das Performative ist überall auf eine je eigene Weise verankert: in Sprache und Wirtschaft, im Schulalltag und auf der Theaterbühne, in Ethnologie und Geographie, in der religiösen Praxis und der populären Kultur (Hinrichs 1918a) (oft nicht mehr als einem modischen Hype geschuldet). Es ist jedoch ein Standard-Merkmal aller Kultur, überall, zu allen Zeiten und es ist gut, dass die Kulturwissenschaften dies breit herausstellen. Die Philosophie kommt in der Welt, die sie so aufwendig analysiert und interpretiert, selbst an. Sie verlässt den Elfenbeinturm der Theorien, die Esoterik der metaphysischen Spekulation, die negative Spirale der Existenzphilosophien und die Gegenwelt der Antiphilosophien. Bereits erwähnte Grundsatzfragen wie die, ob es die Welt gibt und ob sie überhaupt (und auf welche Art!) vom Menschen erkannt werden kann oder: wie sie denn *ist*, fallen dann fort: Eine Welt, die ad-hoc und immer wieder neu vollzogen wird, entzieht sich der Frage nach ihrer ‚Realität'. Die Welt beweist sich unhintergehbar selbst, indem sie vollzogen wird: *Mundus performatur – ergo est.* Philosophie muss nicht mehr auf experimentelle, nihilistische, ethizistische oder pragmatistische Schauplätze ausweichen und auf immer neue philosophische (oder anti-philosophische) Spielarten aus sein, weil eine performative Philosophie mit diesen Spielfeldern ohnehin zu tun hat und sie automatisch einbezieht.

Für eine philosophische Würdigung der Performativen Philosophie weltweit ist kein Dogma der interkulturellen Gleichstellung notwendig, weil die einzelnen, lokalen oder kontinentalen, Varianten einer globalen performativen Philosophie ja gerade solche *eigener Art* sein sollten, um alle konstruktivistischen Klippen zu umschiffen. Performative Philosophie ist deshalb sowohl auf Autonomie angelegt wie auch, aus einer anderen Perspektive, auf Integration. Performative Philosophie erdet das Merkmal ‚Performativität' in einer radikalen Weise, um alle konstruktivistischen

Fallen zu umgehen. Überall in der materiellen, geistigen, kulturellen und sozialen Welt stoßen Wissenschaftler auf winzige singuläre, unreduzierbare Quanten, die sich der formalen, experimentellen und kausallogischen Analyse verweigern, sich in kein Kategoriensystem fügen. Sie liegen jedoch sowohl dem erforschten Objekt wie auch der Wissenschafts-Logik zugrunde, und sie ermöglichen eine universale performative Kehre. Die strikte Abwesenheit, ja methodische Unmöglichkeit letzter konstativer Prädikate signalisiert eine leere Stelle vor allen Entitäten und Phänomenen, einen finalen Punkt ohne Reflexion, eine letzte Unbestimmtheit vor der Bestimmtheit der Welt – dies ist der theoretische Ausgangspunkt Performativer Philosophie, von dem aus sie ihren Vollzug begründet und ihre Phänomenologie entfaltet. Er ist ihr gestaltloses Fundament, das durch Fakten belegbar sein muss, innerhalb wie außerhalb der Philosophie.

Eine echte, höchste Performative Philosophie, die schriftlich verfasst vorliegen will, befindet sich immer in einem Dilemma. In letzter Konsequenz wäre sie Musik oder Dichtung oder ein Gemälde – also: Kunst. Nur kann man ja nicht Philosophie durch einen Zauber in eine Symphonie oder in Jazz verwandeln. Denn wenn sie zugleich auch *zeigen* will, zeigen *kann*, was sie sagen will, erzeugt sie in sich selbst ein Paradox. Dieses Paradox letztlich *qua forma* aufzulösen, wäre eine ihrer Meta-Aufgaben: den gordischen Knoten zwischen Inhalt und Form zu durchschlagen. Damit ist sie prinzipiell in dem gleichen Dilemma wie jene Wissenschaften, von denen sie ausgeht, der Astronomie im Großen und der Quantenmechanik im Kleinen: Wie etwas ausdrücken, was nach dem Common Sense eigentlich unverständlich ist, ja: unverständlich bleiben *muss*? Performative Philosophie ist hier noch ärger dran als z. B. Soziologie oder Psychologie. Denn sie will, sie muss ja im *Geschriebenwerden* ihr Anliegen, das performative *Gamma*, auch *zeigen* (und nicht nur davon reden) – eine Zwickmühle, von der andere Geisteswissenschaften – vorerst noch – befreit sind. Die Sprache einer PP ist deshalb ein Amalgam, eine Fusion aus akademischer und alltagssprachlicher Sprache: Nur diese Mischung garantiert einen Mikro-Erfolg in der Form, der einer möglichen Plausibilität im Inhalt nicht allzu sehr nachsteht. Da wir noch keine Extrasprache haben, müssen wir es in der Sprache der klassischen Wissenschaften und ihrer Syntax versuchen (denn poetisch oder musikalisch geht es ja nicht; nicht *hier*). Es ist eine

Art Gratwanderung, zweifellos ein letztlich unauflösbares Dilemma, das sich aber nicht auflösen lässt, will man noch einigermaßen verständlich bleiben. Dieses Dilemma, diese Ambivalenz, ist allem inhärent, der Substanz wie der Form, der Anlage des Textes wie auch seiner Rezeption. Da es für diese Dinge kaum aussagekräftige Vorläufer gibt, ist es auch eine Art Experiment. Das größte Hindernis ist das, was auch die oft kritisierte Vorherrschaft alles Konstativen auszeichnet: eine Art linguistische Singularität, die sich unbemerkt einschleicht. Dass die geheime Syntax der Aussagesätze dunkel gegen die Rezeption dessen arbeitet, was sie gerade erst mitteilen wollen: ein spezielles performatives Paradox. Die Hoffnung, hier nicht zu scheitern, liegt darin, zu zeigen, dass sich ein Prinzip finden lässt, das die Spielfelder lose miteinander verbindet.

In den Kapiteln „Vordergrund" (Kap. I) und „Hintergrund" (Kap. VI) wird im Buch umrissen, in welcher Lage sich die Philosophie nach Ansicht vieler Philosophen heute befindet – auch wenn es selten radikal ausgesprochen wird. In einem Satz: „Es gibt keine großen Leitfiguren mehr in der Philosophie, keine überragenden philosophischen Intellektuellen, und ich glaube, dass das ein Riesenproblem ist, dass wir nicht wissen, wohin die Philosophie sich entwickelt. Und dann fragt man nach der Zukunft, versucht sich anhand dieser Frage selbst zu vergewissern, wohin der Weg führt." (Christoph Asmuth, Berlin). Offenbar ist die Zeit vorbei, wo überlebensgroße Meister der Philosophie aus einsamen Denkhöhen ihren Weg weisen, so wie es Sokrates, Descartes, Kant und Hegel taten. Dieses alte, typisch europäische Prinzip hat offenbar ausgedient, es passt nicht mehr in die Zeit (was nicht heißen darf, dass die Zeiten sich nicht auch wieder ändern).

Es liegt nahe, in dem, was oft „Quantenphilosophie" genannt wurde und immer noch wird, eine Nähe zur Performativen Philosophie zumindest zu unterstellen, weil diese ja von Grundgedanken und Resultaten der Neuen Physik ausgeht. Der große Physiker und Philosoph Carl Friedrich von Weizsäcker schrieb schon früh zu einer „Philosophie der Quantentheorie" und stellte fest, dass man die Quantentheorie auch auf seelische und Bewusstheitsvorgänge anwenden könne. Seltsamerweise haben solche Gedanken aber nie wirklich die Philosophie erreicht, nämlich zu fragen, wie denn eine Philosophie aussähe, die *selber* quantologische Züge hätte? Es gibt drei Hindernisse, die sich auf diesem Weg als schier unüberwindlich erwiesen haben:

- Die notorische, offenbar unabwendbare Nähe zu esoterischen Interpretationen macht eine echte Quantenphilosophie unmöglich, weil es sie dem intellektuellen *mainstream* und etlichen Zeitgeist-Moden aussetzt; der entstehende Schaden ist erst einmal irreversibel.
- Der Grundansatz, eine Quantenphilosophie zu formulieren, geht notorisch nur in eine Richtung: Die Resultate aus der Quantenphysik und ihre Paradoxien werden philosophisch interpretiert („Quantentheorie für Philosophen"; „philosophische Bedeutung physikalischer Forschungen" etc.). Quantenphilosophie wird nicht in der *umgekehrten* Richtung konzipiert, nämlich als eine Philosophie, die selber Züge der Neuen Physik aufwiese. Hauptgrund dafür ist sicher eine weitgehend fehlende Interdisziplinarität in der Wissenschaftslandschaft und die Bremsen der Isolation, die in ihr wirken.
- Ein letztes Hindernis liegt darin, dass neben der Quantenmechanik nicht auch die (Spezielle) Relativitätstheorie Einsteins in die Konfrontation mit der Philosophie hineingenommen wird (so wie es in der ‚Weltformel-Physik' ja üblich ist).

V

PERFORMATIVE SPUREN IN DER GESCHICHTE DER PHILOSOPHIE

Spuren von Philosophie, die man weitläufig „performativ" nennen könnte, gibt es seit ihrer Entstehung, sowohl in Europa als auch anderswo. Man kann die Hypothese wagen, dass eine weite Performativität ein starkes Bindeglied in der Welt der Philosophien ist, ja von Anfang an *war*. Das könnte bedeuten, dass die europäische Art, Philosophie zu betreiben, an Durchschlagskraft einbüßen wird, zumindest im Rahmen einer künftigen ‚Interkulturellen Philosophie'. Manchmal scheint es geradezu hergeholt oder unverhältnismäßig, vor allem in den Philosophien Afrikas oder des Amerind, überhaupt dezidiert und explizit von der Performativität einer Philosophie zu sprechen, weil diese oft schon von vornherein so angelegt ist, dass sie kaum etwas Konstatives, Logisches, Rationales an sich hat: Diese Philosophien sind ohnehin und *sine definitione* emphatisch und empathisch, auf das Miteinander angelegt, mündlich, emotional, vollzugsorientiert, kontingent, nicht sprachfixiert, nicht logisch zentriert – sodass sie bereits von vornherein viele performative Bedingungen erfüllen. In Europa dagegen kann man pauschal von einem zweitausendjährigen Kampf sprechen zwischen, *grosso modo* ausgedrückt, einer konstativen Behauptungsphilosophie (z. B. Aristoteles) und einer expressiven, oft performativ gefärbten Vollzugsphilosophie (z. B. Friedrich Nietzsche) am anderen Ende der Skala (Details in Kap. VI). Dieser Kampf ist bis heute nicht ausgestanden und die Zukunft wird zeigen, inwieweit die europäische orthodoxe Philosophie bereit ist, willens ist, ja letztlich: fähig ist, sich auf die Philosophien der Welt wirklich einzulassen.

Es ist eine Sache der Zukunft, eine performative Geschichte der Philosophie zu schreiben, eine Art Revision, und hier die Dinge zurechtzurücken, ja sie manchmal vom Kopf auf die Füße zu stellen. Die wichtigste Aufgabe wäre, eine Balance herzustellen zwischen Europa und den anderen Weltregionen: Dies erfordert die globale Zukunft, an deren Anfang wir gerade stehen. Nur eine solche ausbalancierte Geschichte kann die Grundlage bilden für eine neue, globale Art von *philosophia perennis*. Die seit dem Jahr 2000 Fahrt aufnehmende Interkulturelle Philosophie ist hier der Vorreiter. Die Zeit scheint reif dafür zu sein, und sie darf weder die europäischen Traditionen geringschätzen, noch darf sie, im Schatten einer politischen *correctness*, nichteuropäische Traditionen verherrlichen: Es darf und soll überhaupt kein Ranking aufgemacht werden, um nicht wieder in Fallen eines alten Kulturalismus' zu tappen. Dessen Zeit ist ein für alle Mal vorbei.

Will man das performative Gamma in der Welt umreißen und zeigen, wie es sich in den Philosophien auskristallisiert hat, gibt es einen Dreischritt, den man einhalten sollte: Beginnen muss man mit Phänomenen der Oralen Philosophie; ein zweiter Schritt spürt performativen Spuren in großen, archaischen Philosophien der Südhalbkugel nach; in einem dritten Schritt wird nach performativen Spuren in Europa bzw. der abendländischen Philosophie gesucht: Die jedoch sind noch kaum erforscht, jedenfalls nicht in ihrem Zusammenhang. Diese Methode will keine neuen Hierarchien aufstellen; sie hält aber eine grobe Chronologie formal ein.

1. Orale Philosophie

- Orale Philosophien (im Weiteren: Kosmogonien, Mythologien etc.) sind im tiefsten Grunde antikonstative, mit anderen Worten, schon in der ersten Anlage performative Philosophien: Sie umkreisen mit Mythen, Allegorien und gewaltigen Bildern jene Singularität, die sie niemals konkret erreichen (hierin durchaus alten asiatischen Philosophien verwandt).

Wenn indigene Völker auf den ersten Blick von Physik, Rationalismus und Astronomie wie unberührt erscheinen, sollte niemand glauben, dass sie jene kosmische und irdische Weisheit, die im Westen so breit und oft umständlich beschrieben wird, nicht längst selbst in ihrem Innern erfahren haben. Und ein Zweites: Wer immer noch glaubt, eine kurze Sentenz müsse in jedem Fall weniger Philosophie enthalten als eine lange Satzperiode – der hat von Philosophie nicht viel verstanden. Die implizite Dimension wird notorisch unterschätzt, die explizite entsprechend überschätzt. Oft enthalten Aphorismen oder Sprüche in komprimierter und kontextsensitiver Form das, was lange Exegesen mühsam erst ausbreiten müssen (und: schlechter kommunizieren).

„Der Mythos ist die Philosophie der vorphilosophischen Zeit." (Heinz Krumpel). „Eine neue Kulturanthropologie weiß, [...] dass es in den geistigen Welten der kleinen Kulturen tatsächlich existierende Beziehungen und Erscheinungen gibt, die sich einer wissenschaftlichen Analyse verschließen." (Karl H. Schlesier; zitiert bei Gollner-Marin Echeverri 1). Indigene Traditionen der Philosophie sind zu allen Zeiten verdrängt worden; bis vor Kurzem waren sie noch fast gänzlich unsichtbar. Die Perspektiven drehen sich jetzt. Die Philosophien der vorphilosophischen Zeit sind zeitlich um ein Vielfaches, ja sicher exponenziell umfangreicher als die Philosophien der philosophisch-schriftlichen Zeit; sie dehnen sich viel weiter in Zeit und Vorzeit aus als die traditionell festgesetzte abendländische Philosophie, die man bis heute immer noch abrupt bei den Griechen beginnen lässt: So will es die akademische Orthodoxie. Aber auch dann, wenn man die asiatischen und ägyptischen Philosophien – also den Beginn der verschrifteten Philosophie – als eine erste Richtschnur setzt: Orale Philosophie geht weit in alle vorhistorische Geschichte hinein und verliert sich im Dunkel der Menschwerdung, in den Kosmogonien und Mythologien auf den fünf Kontinenten, ja letztlich in der Evolution der hominiden Rassentypen. Ihre Spuren lassen sich aber auch heute noch erkennen, wenn man den Firnis der Europäisierung der Kulturen entfernt und sich die Manifestationen der Philosophien der Inkas und Azteken, die überlieferten Weltdeutungen der australischen Aborigines, der subsaharischen Afrikaner, die Welt der nordamerikanischen *native americans*, der arktischen Inuit und von wahrscheinlich noch vielen weiteren auf dem Globus verstreuten indigenen Kulturen ansieht. Niemals darf man außer Acht lassen, dass alle großen Philosophien des Erdkreises mündlich gestartet sind, so in Indien, in China, ja: sogar in Europa (Sokrates). Alle großen Epen der Welt, wie die hebräische Bibel, die Odyssee oder das indische Mahabharata, begannen alle mündlich (Harari 2024, 161). Das Schriftliche kam erst später.

Dieses Wissen dringt langsam auch in die Akademien ein. Da ist es vielleicht kein Zufall, dass seit einiger Zeit auch die Erforschung alter Mythologien wieder aufblüht – ja, man könnte sogar von einer Renaissance der Mythologie als einer wissenschaftlichen Disziplin am Beginn des 21. Jahrhunderts sprechen. In irgendeiner Wendung scheinen viele Wissenschaftler zu ahnen, dass

- die Vernachlässigung oder Geringschätzung von Mythologie und Kosmogonie gerade den europäischen Wissenschaften nicht nur einen Schaden zugefügt, sondern sie oft auf eine schiefe Ebene geführt hat;
- in den Mythologien der Welt Weisheiten verborgen sind, die für die Weltkulturen in der Zukunft eine wachsende Bedeutung haben werden;
- der moderne Mensch offenbar eine uralte Sehnsucht beibehalten hat, seine mythischen Wurzeln nicht aus den Augen und aus dem Geist zu verlieren – trotz aller immer weiter ausufernden Wissenschaften und Technologien. Diese Sehnsucht meldet sich jetzt immer lauter, zu einem Zeitpunkt, an dem das *a*mythische Zeitalter zu Ende zu gehen scheint.

In diesem Buch können die archaischen Mythologien und Kosmogonien der Völker der Welt natürlich nicht aufgerollt werden. Sie sind in vielen

Formaten für jeden Geschmack und Anspruch, auf dem Büchermarkt und im Internet, aktuell aufbereitet: Mythologie ist zur Zeit überall. Pauschal kann man aber sagen: Alte Mythologien sind im Kern *antikonstativ* – so muss man es formulieren, wenn man vom modernen Standort der europäischen Wissenschaftlichkeit aus zurückblickt. Dahinter scheint in vielen Kulturen das auf, was heute unter dem weitläufigen Stichwort ‚*performativ*' reformuliert wird und von der abendländischen Wissenschaftlichkeit wieder erfahren werden will. Nach diesen Spuren lohnt es sich zu suchen, weil sie heute Fingerzeige für eine wiedererstehende Philosophie geben können, die zum ersten Mal in der Geschichte eine globale Vernunft entwirft und zugleich von den diversen Herkünften auf allen Kontinenten profitiert.

Die vorurteilsfreie Rückbesinnung auf den Mythos ist ein wichtiger Schritt, ja: ein Symptom für die Phase der Relativierung alles Nur-Rationalen, die im 21. Jahrhundert Europa bzw. die abendländischen Kulturen mehr und mehr erfasst. Das ist nur logisch: Durch die europäische Expansion der letzten 500 Jahre hat sich eine gewaltige Schieflage ergeben, die im Bereich der Philosophie darin gipfelt, die europäisch-akademische Universitätsphilosophie zum maßgebenden Richtwert der Weltphilosophie gemacht zu haben. Die Wahrheit ist, im Gegenteil, dass die Philosophien des Erdkreises über Dimensionen verfügen, die die westliche „Aufklärung" noch nicht einmal adäquat abschätzen kann; damit wird es noch dauern, ist aber unausweichlich. Die oralen Philosophien stehen für ein riesiges, mächtiges, genuin performatives Prinzip: Das geistige Bild der Welt und des Menschen in ihr – ein urphilosophisches Anliegen – wird bildlich, metaphorisch, symbolisch ausgedrückt; man kann auch sagen: Es wird implizit-performativ *gezeigt* und nicht explizit-konstativ erklärt. Dies gilt weltweit. Buddha, Lao Tse, die griechischen Kyniker, Sokrates, noch nicht zu reden von den Mystikern oder den sogenannten Wüstenvätern des frühen Christentums: Sie waren alle, jeder für sich, eine *species* oraler Philosophie – wohl wissend oder ahnend, dass es einen gewaltigen *shift* von der Oralität zur Schriftlichkeit gibt, wobei das Performative immer an Substanz verliert. Niemals darf man vergessen, dass *oral traditions* von exponenziell sehr viel längeren Zeitströmen geprägt sind und zweitens, dass sie historisch gar nicht in explizit-diskursiver Form erscheinen *können*.

Damit erreicht die orale Philosophie etwas, was in der westlich-abendländischen Philosophie seit langem verloren scheint: Philosophische Essenz wird in den Mythologien dunkel ausgedrückt, ist oft noch sozial durch Tabus gesichert, erscheint oft über Rituale, ist logisch-rational nicht angreifbar, und damit: kognitiv von einer alten *Sicherheit* eingehüllt. Genau diese Qualitäten zeichnen eine performative Philosophie des 21. Jahrhunderts aus, die Mythos und Philosophie wieder einander annähert. Wir wählen eine Handvoll Beispiele für orale Philosophie (für viele andere) aus, die das, was dann in den Kapiteln über afrikanische und südamerikanische Traditionen gesagt wird, vorbereiten.

Schaef, Anne Wilson (2007): Weisheit der Urvölker für westliche Köpfe: Betrachtungen für jeden Tag, angeregt von Stammesvölkern unserer Welt. Adelberg.

Aborigines: *Dreamtime*

- „The Australian Aborigines have developed specific ideas about world order that are accumulated in tjurkurrpa. This is a philosophy of how to reconcile the interests of human ecology with the eternal life cycle of nature. [...] the teaching of tjurkurrpa can be compared with the wisdom of Platonic thought ..." (Haarmann 2020, 2).

‚Dreamtime' (*tjukurrpa*) ist auf dem australischen Kontinent seit Urzeiten ein Symbolwort für ein spirituelles, ein philosophisches Gewebe: für den kosmischen Prozess der sich-selbst-erhaltenden Welterzeugung. Englisch ‚*dreamtime*' oder ‚dreaming', deutsch ‚*Traumzeit*', sind offenbar bemühte Übersetzungen der australischen Originalbegriffe wie z. B. ‚*alcheringa*' oder ‚*tjukurrpa*' in europäische Sprachen, die den wahren Gehalt letztlich nicht wiedergeben können. Insofern ist ‚*dreamtime*' zwar irreführend; wir behalten den Begriff hier jedoch bei, weil sich der Terminus überall eingebürgert hat und nicht von heute auf morgen ersetzt werden kann. ‚*Dreamtime*' hat, *nota bene*, mit dem westlichen *Traum*-Begriff so gut wie nichts zu tun: Er bezeichnet eine einzigartige spirituelle Philosophie der

Aborigines, die sich wohl in Zehntausenden von Jahren entwickelt hat und im gesamten Kontinent verbreitet ist. *Dreamtime* ist das Schlüsselwort für ein uneingrenzbares Schöpfungsgeschehen (eventuell: ‚Schöpferzeit') in einer Raumzeit ohne Anfang und Ende (hier dem modernen *steady-state*-Universum des Fred Hoyle verwandt). Aus ihr geht die aktuelle Tagesschöpfung der Gegenwart in einem unaufhörlichen Prozess hervor: Dieser Prozess erzeugt sich selbst und erhält sich selbst: Er ist ein autonomes performatives System, das eine Rückkopplung hat mit der allumfassenden *dreamtime*, die dann wieder in die Gegenwart zurückkoppelt und so immer weiter fort. Dieses sich-selbst-erfüllende Geschehen ist die Grundlage, die frühaustralische Bühne, auf der sich alles irdische Geschehen abspielt.

Dreamtime wird irdisch-manifest im Land selbst mit seinen realen Marken wie Felsen, Bergen, Flüssen, Tieren, Pflanzen, Ebenen etc. – der Welt, in der die Aborigines leben bzw. lebten. Diese Dinge weisen als materialisierte Zeichen auf das Innere der Lebenswelt der Aborigines. *Dreamtime* oder *alcheringa* usw. sind die Symbolwörter für die spirituelle, göttliche, humane Ordnung im All und damit durchaus dem griechischen *kósmos*, der ägyptischen *ma'at* oder dem südamerikanischen *pacha* verwandt: Auch *dreamtime* ist jene Lebenskraft, die über das kultische Ritual sich in den Stand setzt, verstehend an diesem Kosmos teilzuhaben und ihn auf der Erde zu verwirklichen (auch mit Hilfe auserwählter heiliger Männer). Diese performativ sich-selbst-erzeugende Schöpfungsgegenwart ist identisch mit dem, was der Westen mit ‚Realität' bezeichnen würde. Im *Aborigin*-Geist gibt es hier keine scharfen Trennungen: Beides, *dreamtime* und Jetztzeit, befruchten sich unablässig gegenseitig und garantieren so den Bestand der Welt. Sie bilden eine sich-selbst-erhaltende Einheit.

Cowan, James (2004): Offenbarungen aus der Traumzeit. Das spirituelle Wissen der Aborigines. München.

Native Americans: *Íkče wichášа*

> Sowohl in den erforschten Philosophien der Native Americans als auch in den überlieferten philosophischen Sentenzen finden sich starke performative Spuren.

„Die Menschen, die zu den Lakota (oder anderen indianischen Gruppen) gehören, sind nicht unbedingt weiser als die Menschen der westlichen Zivilisation. Aber die Weltanschauungen und das ihnen entsprechende Verhalten, die ihre traditionelle Kultur hervorgebracht haben, sind in der Tat weiser, wie sich heute herausstellt. [...] Ich nenne sie [sc. die indianische Weisheit, U. H.] *woksape*, da sie sich, im Gegensatz zum betont rationalen Denken, intuitiv, schöpferisch, mit dem Herzen der unmittelbaren Fülle des Lebens zuwendet und in Bezug auf den Sinn und Wert des Lebens zu Antworten von großer geistig-ethischer Tiefe gelangt, eine Lebensphilosophie." (Martin Gollner-Marin Echeverri)

Eine performative, alles-durchdringende Kraft ist der Philosophie der Sioux immer schon zueigen: „Laut einem alten Sioux-Indianer besteht der Sinn des Lebens darin, dass wir uns allen Dingen die uns begegnen, mit einem Gesang zuwenden." (zitiert bei Rovelli 2023, 143). Übersetzt als: die Dinge singen, sie singend-sagend wieder und wieder neu hervorbringen und dadurch die Welt konstituieren: eine performative Vision des Lebens und eine intuitive Weisheit.

Wer sich der Weisheit der *native americans* (*vulgo*: „Indianer", seit Kolumbus) nähern will mit der Absicht, etwas von ihr zu verstehen, muss sich zuerst durch ein Labyrinth, durch ein ganzes Bergwerk an Hindernissen hindurcharbeiten. Ein westlicher Ethnologe, Anthropologe oder Philosoph muss zunächst sein mitgebrachtes Wissen, seine Begriffe und Termini verlassen oder zumindest: weit zurückstellen. „Nordamerikaner haben keine westliche Philosophie." (Ute Gazzoni) – eigentlich eine Selbstverständlichkeit, denn wozu sollten sie diese auch verwenden? Sie haben aber eine Philosophie – natürlich ohne diesen Namen zu verwenden – die eine andere Welt widerspiegelt, eine geistige Welt, die sehr viel älter ist als jene der westlichen Beobachter. Das zweite große Hindernis besteht darin, dass man durch eine Wasserwand der Verschleierung und Verdunkelung hindurchgehen muss, die die Kolonisierung und die Mission des Weißen Mannes in der indianischen Welt selbst aufgebaut haben. Indianische Völker, Kulturen, Weltanschauungen und Philosophien wurden als minderwertig, nicht existent oder marginal diskriminiert, um sie nicht verstehen zu müssen; z. B. sank die Zahl der indigenen gesprochenen Sprachen von 500 auf 150. Unter konkretem Bezug auf die Lakota-Sioux lauten die einschlägigen Stichworte der historischen Katastrophe des 19. Jahrhunderts *Genozid, Landraub, Wounded Knee, Little Big Horn, Black Hills, Reservathaltung, logistischer Wirrwarr*; im Weiteren ruinierten Krankheiten, Alkoholismus, soziale Kastration und ein Niedergang der Identitäten die indianische Welt bis auf einen marginalen Rest, der heute irgendwo hinter dem kapitalistischen US-Amerikanismus verschwindet.

Die Philosophie der *Lakota*-Sioux (sprich: *Ssú*) steht hier beispielhaft auch für die weniger erforschten Philosophien vieler anderer *Natives* (es existierten ca. 500 verschiedene Stämme). Wie in vielen indigenen Kulturen auf dem Globus ist die Philosophie der *Native Americans* sehr alt, mündlich tradiert, holistisch, intuitiv, narrativ, empathisch, interaktiv, human, im Wesen antikonstativ, im aktiven Kern: stark performativ. Die Grenzen zu Religiosität, Totemismus und animistischen Vorstellungen lassen sich nicht immer klar ziehen. Leben und Philosophie sind im Prinzip eine Einheit – jedoch nicht fundamentalistisch oder missionierend (wie im Christentum oder in Spielarten des Islam), sondern einfach: vital. Die typisch europäische *Spaltung der Sphären*, z. B. *weltlich* vs. *spirituell*, bezeichnen die Natives als Verwirrung oder Krankheit, als Irrweg. Für sie *ist* die Welt: spirituell; und sie ist spirituell, weil sie *ist*. Das indianische Leben ist so immer philosophisch geerdet, Philosophie *ist* Leben (und nicht der statische Bezug auf Texte oder Weisheiten). Damit erhält alle Philosophie, alles Philosophieren bei den *natives* eine performative Aura.

Der Komplex ‚*Lakota Thought and Philosophy*' meint, „daß die Lakota ihre auf das Ganze, Universale gehende Weltanschauung als philosophisch auffassen." (Ute Gazzoni). Damit ist die indianische Weltanschauung offen performativ. Der „ursprünglich wahre Mensch" (lakota: *ikčé wičháša*) soll sich mit seinem ganzen Sein als Teil des Kosmos begreifen und seine irdische Aufgabe in Würde und in einer gewissen Demut *vollziehen*. Wie die Natur sich auf den Menschen hin vollzieht, vollzieht dieser sich in der Natur und: ihr angemessen. Er befindet sich in einer performativen Ganzheit eingeschlossen, in der er *durch sein Sein* bereits handelt.

Die Natur ist heilig, wer sie verletzt, beschädigt sich selbst. Durch den ständigen Vollzug seines Daseins erlangt der Mensch *woksape* (Weisheit), *woohitika* (Tapferkeit), *wowacintanka* (Seelenstärke) und *wacantognaka* (Großzügigkeit), im Weiteren Gelassenheit und eine spezielle Art indianischen Humors – eine typische Waffe gegen alles Negative sowie ein mächtiges Instrument im sozialen Leben (nach Martin Gollner-Marin Echeverri). Der Lakota-Mensch erfasst das Sein nicht analytisch, sondern intuitiv, im Zusammengehen mit den Anderen, im Handeln, im Sein. Der *native*-Mensch ist nur Mensch *mit Anderen* (hierin mit dem afrikanischen *ubuntu* verwandt); die Sichtweise der Anderen ist von vornherein nicht richtiger, nicht falscher als seine eigene. Deshalb wird sie im Gespräch rituell erst einmal als solche bestätigt – ganz unabhängig von der reinen Sachinformation: Jede Kommunikation ist somit erst einmal – performativ relevant. Der Mensch fühlt sich als Teil der Natur und nimmt ihr nicht mehr, als er ihr gibt. Sein Verhältnis zu Land, Flora und Fauna ist von einer gewissen Ehrfurcht geprägt: Die umfassende Lebenskraft (*orenda* bei den Irokesen) hat auch in Tieren, in Grizzly oder Adler, Gestalt angenommen. Der *native american* wohnt in der Sprache, die ihm so etwas ist wie das ‚Haus des Seins' (Heidegger). Seine Existenz sieht er als gott-gegeben: *Ikčé wičháša* hat sie mit jedem Augenblick, mit jedem Schritt *zu vollziehen*. So etwa lautet die indianische Seinslehre. Die Ontologie der *Native Americans* ist in ihrem Wesen transzendental-performativ.

Drei Musterbeispiele indianischer performativ-philosophischer Sentenzen, die für ungezählte andere stehen:

- „So vielfältig sind die Wunder der Schöpfung, dass diese Schönheit niemals enden wird. Die Schöpfung ist hier. Sie ist genau jetzt in Dir, ist es immer schon gewesen. Die Welt ist ein Wunder. Die Welt ist Magie. Die Welt ist Liebe. *Und sie ist hier, jetzt*." (Irokesen)

- „Die Menschheit hat das Netz des Lebens nicht gewebt. Wir sind nur ein Faden darin. Was auch immer wir mit dem Netz machen, wir machen uns selbst. Alle Dinge sind miteinander verbunden. Alle Dinge verbinden sich." (Chief Seattle, Duwamish)
- „Das Wort ist an sich und in sich mächtig. Es befähigt den Menschen zum *Vollzug in der Welt.* Es verleiht den Dingen ihren Ursprung. Das Wort ist heilig." (Kiowa)

Gollner-Marin Echeverri, Martin (1994): *IKCE WICASA.*[18] Der Überlebenskampf der Lakota und die Liebe zur Weisheit. Unv. Diss.; Freiburg.

18 Sic! Die korrekte Schreibung und auch Aussprache ist *ikčé wičháša.*

2. Ägypten: *Ma'at*

- In altägyptischen Texten findet sich eine archaische Philosophie, die von Ägyptologen als eine performative Erkenntnistheorie des Hörens und Erzeugens der *ma'at* interpretiert wird.

Mittlerweile gilt es als ausgemacht, dass es viele Geburtsorte der Philosophie gibt, die sich über die ganze Welt verteilen. Ein gewichtiger ist das alte Ägypten. Altägyptische Philosophie wird sogar in eine Reihe gestellt mit Werken und Gestalten der griechischen antiken Philosophie, z. B. von Sokrates und Aristoteles. In ägyptischen (Papyrus-)Texten findet man die älteste Weisheitssammlung der Region, wenn nicht überhaupt die älteste: Dies seien die berühmten „37 Maximen“ des Ptahhotep (Beiname „der Weise“), der Staatsbeamter unter Pharao Isesi in der 13. Dynastie war, d. h. im 2. Jahrtausend v. u. Z. lebte (Graneß 2017). Diese älteste Philosophie des mediterranen Raumes wird heute interpretiert als eine „Erkenntnistheorie des Hörens“ (Friedrich Junge), die die ägyptische Ethik des *Ma'at* begründet. Aktives Hören/Zuhören gilt heute als ein performativer Akt, als „Hörhandeln“: Auch nach weiteren starken Merkmalen würde diese Philosophie heute ohne Zweifel als performativ bezeichnet werden, genauer: als eine performativ-auditive, ethisch ausgerichtete Ontologie. (Es ist vielleicht kein Zufall, dass dem Hören in letzter Zeit eine neue Aufmerksamkeit geschenkt wird, sowohl von philosophischer Seite (Mettin), als auch von Seiten der Linguistik (Hinrichs 1991)).

Ma'at ist das ägyptische Wort für die allumfassende Ordnung des Kosmos und der menschlichen Gesellschaft, die nicht getrennt voneinander, sondern zusammen, ganzheitlich existieren. Es bedeutet im Wortkern ‚lenken, leiten, erzeugen‘. Nach Jan Assmann übersteigt *ma'at* orthodoxe Religionen bei Weitem und steht holistisch für das ägyptische Lebensgefühl, die ägyptische Weltsicht. *Ma'at* sei die „zentrale Organisationsform des kulturellen Gedächtnisses in Ägypten“ (Jan Assmann). Die Grundbedeutung ist ‚lenken‘, ‚Richtung‘, ‚(Lebens-)Kraft‘ (was gleich an das afrikanische *ubuntu* erinnert, s. u.). *Ma'at* erscheint als eine Art „konnektiver

Gerechtigkeit", die die Menschen über ein Gefühl von Verantwortung und Vertrauen miteinander verbinde (Graneß 2017 zitiert Assmann).

Nach Assmann war die *ma'at* eine streng-präsentisch wirkende ad-hoc-Entität, die die Ordnung des Staates aufrechterhielt, indem sie sie fortlaufend performativ erzeugte. „Einen kontrapräsentischen Charakter gewinnt die Ma'at-Konzeption erst in der Spätzeit." (Assmann 2007, 82). „Ma'at ist der Welt nicht eingeschrieben wie ein Programm, nach dem diese nun abläuft und funktioniert. Sie muss vielmehr immer wieder hergestellt, verwirklicht, durchgesetzt werden." (Assmann 2011). In vielen Inschriften taucht die Wendung *ma'at tun* auf, durch Sagen oder Hören oder Handeln. Übersetzt heißt das: *Ma'at* ist nicht konstativer Natur, sondern wird in einem performativen Prozess *erzeugt* und durch Handeln platziert: Sie wird erzeugt von einem jeden Menschen, jeden Tag, an jedem Ort. *Ma'at* ist durch und durch performativ.

Sagen, Hören und Tun der *ma'at*

Wie geschieht das performative Momentum genau? Es geschieht in einer alles überwölbenden performativen Form: durch Hören und Sagen. Das altägyptische Hören „wird nicht als ein passives Verhalten verstanden, sondern als ein offener Prozess, der mit Entscheidungen verbunden ist." (Anke Graneß). Erst heute ist auch die moderne Sprechakttheorie zu der Einsicht gelangt, dass Hören, d. i. der auditive Akt des Hörens und Zuhörens, selbst eine Handlung ist: ein performativer auditiver Akt. Das Hören im Ägyptischen wird, noch weit darüber hinaus, verstanden als ein umfassender Akt der Erkenntnis, des Wissens und der Anwendung. *Ma'at* ist ins Werk gesetzte Philosophie. Gehört, gehandelt, implementiert werden soll die alles-umfassende *ma'at* als ethische Grundlage des pharaonischen Staates und des Zusammenlebens der Menschen in ihm. Deshalb macht Ptahhotep dieses Hören zu einer auditiven Ontologie, einer ägyptischen auditiven Metaphysik, die den ganzen ägyptischen Kosmos umfasst. „Hören ist der Weisheit Anfang" (Jan Assmann), weil es sich nicht im rezeptiven Hören erschöpft, sondern zugleich einen Akt der Bindung zum Anderen bewirkt. Hören *erzeugt* diese Bindung selbst: in einem performativen Prozess. Assmann zu übersetzen: „‚Performativ/auditiv handeln' ist der Weisheit Anfang". Es ist der Garant des ägyptischen Lebens.

Am Schluss von Ptahhoteps Lehre wird dieses Hören in 100 (!) Versen besungen: Für einen jeden / eine jede soll es möglich sein, *ma'at* zu hören und dies bedeutet: durch ihre tägliche Aneignung die Gesellschaft stetig neu zu erzeugen und so zu erhalten. Dies ist: Staatserhaltung qua gelebte Performativität. Rechtes Hören nach der *ma'at* bildet die Grundlage jeder Erkenntnis und jeder gerechten Entscheidung. *Ma'at* ist die Schöpferin und Erhalterin des Lebens überhaupt, und der Mensch hat an diesem Prozess teil, indem er durch *ma'at* die Welt und das Leben fort-erzeugt, damit sie nicht vergehen. „*Sage die ma'at, tue* [eben dadurch] *die ma'at*!" So etwa lautet das performative Mantra der alten Ägypter. Es ist offensichtlich, dass von der Metaphysik des *ma'at* weitere Disziplinen einer ägyptischen Philosophie ausgehen können: eine von der *ma'at* geprägte Anthropologie, Ethik, Ästhetik usw.

Graneß, Anke (2017): Der Kampf um den Anfang: Beginnt die Philosophie im Alten Ägypten? Polylog. Zeitschrift für interkulturelles Philosophieren 38, 41–62.

Assmann, Jan (2020): *Ma'at.* Gerechtigkeit und Unsterblichkeit im Alten Ägypten. München.

3. Afrika: *Ubuntu*

- In afrikanischen Philosophien findet sich ein performatives Potenzial, das seit jeher viel stärker ausgeprägt ist als in Europa: In einem weiten Sinne ist die *Bantu-Philosophie* eine performativ angelegte Philosophie.

„Schwarzafrika verfügt über ein Denksystem, das in sich schlüssig und gut begründet, stringent und logisch ist, selbst wenn es sich westlichen Denkstrukturen nicht sofort erschließt." (Cheikh Moctar Ba) Zu bestimmen, was „Afrikanische Philosophie" ist oder sein kann, ist genauso schwierig wie zu definieren, was unter „Afrika" als jenem Raum zu verstehen ist, in dem sich eine eigene Philosophie entwickelt. Wir haben ein Kaleidoskop der Regionen und Religionen – dazu etwa 1 Mrd. Menschen, die ca. 2.000 Sprachen sprechen; und eine tragisch interpunktierte Geschichte, die die afrikanische Identität überrollt und blockiert hat. Der Raum: Hier geht es nur um ‚Schwarzafrika' ohne das arabisch-islamische Gebiet im Norden und ohne Äthiopien – alles andere würde nur schiefe Bilder erzeugen. In Zentral- und Südafrika sprechen 200 Millionen Menschen bantoïde Sprachen – dies ist der Kernraum für „afrikanische Philosophie". (Schwarze Philosophen in den USA und Europa sprechen hier mit – sie haben den autochthonen Blick von Außen).

Die Skala der möglichen afrikanischen Philosophien ist umfangreich; so umfangreich wie der heftige metaphilosophische Diskurs, der seit den neuen Anfängen die Entwicklung und die Reflexionen begleitet. Der Begriff ‚Afrikanische Philosophie' umfasst zum Einen Quellen, Themen und Begriffe, die typisch afrikanisch sind sowie, zweitens, Philosophien, die von afrikanischen Philosophen formuliert werden. Allgemein herrscht ein Konsens darüber, dass der Startschuss der neuesten Entwicklung hier im Jahre 1945 fiel mit Placide Tempels' berühmter ‚*Bantu-Philosophy*'. Hier beginnt die aktuelle philosophische Diskussion, die dann in der Nachkolonialzeit, etwa seit 1960, immer intensiver Fahrt aufnimmt. Eine neue Etappe der Dokumentation beginnt gerade: die weitausgreifende Einordnung von ‚Philosophie in Afrika' vor dem Hintergrund der Philosophiegeschichte und im Horizont einer künftigen Interkulturellen Philosophie (Graneß 2023).

Vier Komplexe der afrikanischen Philosophie kann man aus der Vogelperspektive grob unterscheiden, die auch eine ungefähre Chronologie des Materials nachzeichnen; es sind natürlich idealtypische Varianten; sie können sich auch überlappen. Nach dem kenianischen Vorreiter-Philosophen Oreda Oruka werden sie meist so benannt: Ethnophilosophie, *Sage*-Philosophie, Bantu-Ontologie und moderne akademische Philosophie („*Schools of African Philosophy*"). Überall finden sich performative Spuren – in jeweils wechselnden Ausprägungen. Man kann vier potenziell-performative Merkmale unterscheiden:

- *Oralität*: Sicher weit über 90 % des Materials, das in afrikanische Philosophien mit eingehen kann, findet sich in der mündlichen Form der *oral philosophy*. (Hier wird oft auf Sokrates als dem oralen Beginn aller Philosophie in Europa hingewiesen). Es werden ethnische Quellen der *Volkskunde* ausgeschöpft: der ganze archaisch-urafrikanische Reichtum aus Volksglauben und Göttern, aus Ritualen, Liedern, Mythen, Legenden, Rätseln, Sprichwörtern, Spruchweisheiten etc. bis hinunter zu Animismus, Magie, Stammesriten und Schamanismus. Der Fundus ist unendlich und jede Philosophie-Variante muss entscheiden, was davon für sie relevant sein soll und inwieweit. Ziel der Feldforschungen ist es, so etwas wie ein Muster, eine afrikanische Weltsicht, ein *schwarzafrikanisches Denken* (‚*négritude*'; Léopold Senghor) zu destillieren. Dieses Denken ist nicht das Denken Einzelner, sondern das eines Kollektivs – vielleicht sogar das „der Afrikaner". Hier müsste das riesige Material gesammelt und in Sprache „übersetzt" werden. Angeschlossen ist hier die Hypothese, dass sich Strukturen einer solchen Philosophie sogar in den Strukturen der (*Bantu*)-*Sprachen* Afrikas widerspiegeln könnten (Alexis Kagame).

Verwandt damit ist die sogenannte ‚*Sage*-Philosophie' – das große Spielfeld für afrikanische Philosophien (Odera Oruka): Die „Weisheitslehre" ist eine Art Zwischenstufe auf der Leiter zwischen diffusem Volksglauben und akademisch-systemischer Philosophie nach westlichem Vorbild. Wie geht diese Forschung? Der ethnologisch und philosophisch ausgebildete Feldforscher begibt sich in Stammesgemeinschaften hinein und konzentriert sich auf Personen, die als „alte Weise" gelten: Lokalfürsten, Lehrer, Führer, als weise anerkannte Männer etc. Letztlich unterscheidet der Forscher zwischen Persönlichkeiten mit philosophisch-diskursiven Fähigkeiten („*philosophic sage*") und solchen, die lediglich Experten ihrer lokalen Volkskultur sind („*folk sage*"). Zwei Perspektiven, Vogel und Frosch, die sich unauflösbar ergänzen. Danach gebe es, so die Vision, in Afrika einen Fundus an Weisheits-Entitäten, die eine Reihe unterschiedlicher Philosophien erzeugten.

Ethnophilosophie(n) und *Sage* sind unerschöpfliche Quellen für orale Philosophie und später auch für schriftliche Philosophien. Oralität ist seit jeher ein starkes Merkmal für Performativität – auch deshalb, weil die Inhalte stetig neu formuliert werden und sich dadurch jedesmal verändern. In diesem Sinne sind hier implizite bewegliche Philosophien verborgen, die durch das Material an die Oberfläche treten.

Eine zweite performative Säule ist das *Ritual*: Nach dem irischen Ethnologen Victor Turner beschreibt das Ritual nicht etwas, sondern *vollzieht* es. Damit weist es auf die tiefste, noch vorsprachliche performative Schicht von Mensch und Gruppe. Das Ritual schafft durch den Vollzug eine neue Wirklichkeit, die es vorher noch nicht gab (Initiation, Opfer, Beschwörung etc.). Dies ist bereits performativ *par excellence*. Die afrikanische Variante der oralen Philosophie hat ihre Pendants weltweit: Schamanimus, Totemkulte, Opferrituale etc. Afrika ist offenbar jener Komplex, der in besonderem Maße dazu auffordert, die oralen *highlights* der Ethnoforschung ganz direkt mit akademischer Philosophie in Verbindung zu bringen.

Die Performativität der Bantu-Philosophie

Seit dem Pionierwerk von Placide Tempels aus dem Jahre 1945 ist die Bantu-Ontologie (oder: Bantu-Metaphysik) ein bedeutender, vielleicht der wichtigste Fokus der sich entwickelnden afrikanischen Philosophie und ihrer Rezeptionen. Der kenianische Philosoph Kwasi Wiredu entwickelt von hier aus eine Philosophie der typisch-afrikanischen Performativität, eine philosophische Ontologie, die sowohl afrikanisch als auch universal ist: ein Pionier philosophischer Komplementarität. Wem man auch die Bantu-Philosophie präsentieren würde: Die Urteile über den Grad ihrer Performativität würden verschieden ausfallen – je nachdem, ob ein Afrikaner, ein Diaspora-Philosoph oder ein westlicher Experte gefragt würde. Der Begriff *performativ* ist aber auch selbst flexibel, und man darf dies als einen zusätzlichen Beleg nehmen für die innere Performativität afrikanischer Philosophien.

Im Zentrum jedenfalls steht eine allumfassende Kraft, die von vielen mit SEIN gleichgesetzt wird. Schon Tempels vermutete, dass dies für das Lebensgefühl aller Afrikaner gelte: "*L'être est force, la force est être*". ‚*Sein ist Kraft*.' Seit John Austin, dem Begründer der Sprechakttheorie, ist *force* der Zentralbegriff der performativen Praxis und wird in der Nachfolge (John Searle; Laurence Cohen; Dieter Wunderlich) übernommen und kontrovers diskutiert. In der Bantu-Philosophie werden *insintu* ‚force' und SEIN identifiziert: Nach Tempels und vielen anderen prägt *isintu* das Lebensgefühl, ja: die „Sehnsucht" vieler Afrikaner. *Isintu* wird definiert als eine performative Kraft, eine afrikanische fluide Weltsicht, die auf Person, Kommunikation, Kooperation, Interaktion und verwandten zwischenmenschlichen Werten basiert (*ubuntu*). Es ist eine Art panafrikanischer Konsens, dass die *ubuntu*-Philosophie alle Sphären des Irdischen durchzieht.

Das Performative ist Teil des *ubuntu*. Der südafrikanische Philosoph Paul Tembe (Pretoria) nennt *isintu „the performative turn of Ubuntu"*. Es ist die afrikanische Art des Übertragens, Implementierens und Umsetzens von Lebenskraft und sozialer Wirklichkeit durch kommunikative, und das heißt vor allem: sprachliche Interaktion zwischen Personen. *Ubuntu* ist das Symbolwort für das afrikanische Lebensgefühl schlechthin, die afrikanische *Lebenskraft-durch-Sein, Lebenskraft-durch-Tun*, vergleichbar mit dem chinesischen *Qi*, dem indischen *prāṇa*. Als Nelson Mandela 2006 um eine Definition von *ubuntu* gebeten wurde, erzählte er zuerst eine Geschichte von spontaner afrikanischer Gastfreundschaft: *Hier sehe jeder selbst*! Erst dann sprach er von abstrakten Werten wie *universal truth, way of life, open society, helpfulness, sharing, trust, empathy, unselfishness.*

"Isintu performes ubuntu" – so könnte man es kurz sagen. "It is only with the inclusion of the analysis and discussion of *isintu* that *ubuntu* may be understood and reveal *its performative process in the production of identities* and a variety of capitals meant to sustain the societies of sub-Saharan Africa." (Paul Tembe; letztes Kursiv U. H.). *Isintu* ist die afrikanische Methode (das Ideal) des *embodiment* alles Sozialen – ein unaufhörlicher interaktiver performativer Prozess.

Die Erkenntnistheorie des *ubuntu*

Dem kenianischen Philosophen Kwasi Wiredu kommt das Verdienst zu, die *african performativity* auf eine universal-philosophische Grundlage gestellt zu haben. Wo beginnt Wiredu? Er zeiht die westliche Philosophie, jedenfalls in ihren zementierten Grundlinien, eines *psychological failure.* Diesen Fehler kann man auch den „konstativen Fehlschluss" nennen oder, um Heidegger zu folgen, eine typische Art von „Vergessenheit": In Europa wurde und wird vergessen – nicht erst seit Kant und Descartes – dass das Individuum kein isoliertes System von getrennten biologischen und kognitiven Fähigkeiten ist, das der Einzelne bei Bedarf nur abzurufen brauchte. Denn eine kontextlose, starre Objektivität kann es nicht geben; das wäre typisch konstative Hybris. In afrikanischer Sicht ist das Gegenteil richtig: Der Einzelne wird das, was er gerade ist, nur *im* Kontakt zum Anderen, mit dem Anderen, nur in der Vernetzung – was durch die modernen digitalen Technologien noch einmal auf zugespitzte Weise bestätigt wird und die afrikanische Sicht wie von selbst beweist. Alles dreht sich um *Ubuntu*: *Ubuntu* betrifft das soziale Ganze, aber dann auch zugleich: die Person, die Kommunikation, die Wahrheit, das Bewusstsein, das Verhalten, das Tun, die Ethik und viele weitere *essentials*: Für alle gibt es ein Bantu-Wort auf *-ntu* (‚Sein'; ‚Kraft'). „'Ubuntu ngubuntu ngabantu' 'a person is a person through other people' strikes an affirmation of one's humanity through recognition of an "other" in his or her uniqueness and difference." (Zulu; Michael Onyebuchi Eze). Und dieses performative Axiom bezieht sich sowohl auf die langen Sozialisationen als auch auf den aktuellen Moment des Tages. *Ubuntu* hat ein komplementäres, multiples Gesicht.

Wiredu macht diese allafrikanische Weisheit zu einer performativ unterlegten Bewusstseinsphilosophie modernen Zuschnitts: Nach Wiredu sind alle Menschen, egal welcher Kultur und Sprache, biologisch „verdrahtet", d.h. sie verfügen alle über das gleiche biologische Apriori, das an der Oberfläche (der Kulturen; der Individuen) nur verschieden erscheint. Bedeutungen, die kommuniziert werden, sind, zweitens, niemals mit ihrem Referenzobjekt genau identisch. Sie produzieren im Prozess ihrer Kommunikation immer einen kontextbedingten Überschuss, der leer ist und letztlich die Freiheit des Verstehens auf beiden Seiten sichert. Es gibt nie ein exaktes 1:1, sondern vielleicht ein 1:1 + – X, wobei das X eine Sache des Augenblicks ist und unbestimmt bleibt. Hier zeigt sich ein starkes hermeneutisches Wirkungsquantum, in dem eine Art sozialer Weisheit gespeichert ist. Es ergibt sich eine typische kommunikativ-soziale leere Singularität – eine deutliche Parallele zu Derridas *différence* und zum sprachlichen Wirkungsquantum (Kap. III). Wiredu unterstellt ganz zu Recht ein humanes Apriori, das sich evolutiv entwickelt hat und allen Sapientes eigen ist; alle Menschen haben den gleichen Generator für Kommunikation, der am ersten Lebenstag anspringt und im Normalfall ein Leben lang anhält. Das Bewusstsein wird so immer neu, immer weiter in und durch Kommunikation erzeugt. Es ist dies ein tiefes Apriori, und es ist kein Grund in Sicht, dieses Apriori nicht ‚performativ' zu nennen (Wiredu gebraucht diesen Terminus nicht). Sein „Beitrag besteht in der Theorie, dass Bedeutung nicht nur in rein logischen Termini verstanden werden kann, ohne das Fundament der kollektiven und sozialen Beziehungen einzubeziehen, die die Idee von Bedeutung aller erst möglich machen." (Dismas Masolo). Bedeutungen existieren also nicht im luftleeren Raum, sondern sind selber gebunden an kommunikative Prozesse der Erzeugung, der Wahrnehmung und der Verteidigung von Wissen durch die Personen. M. a. W.: Auch Bedeutungen sind im Wesen, in der stetigen Genese: performativ geerdet.

Fazit: Afrikanische Philosophie ist, mit ihrem großen performativen Potenzial, das, was man pauschal eine ‚*antikonstative Philosophie*' nennen könnte. Hierfür ist sie ein Muster-Beispiel. Sie ist in ihrem Wesen: implizit, interpersonal, synthetisch, ganzheitlich, intuitiv, emotional, empathisch und kommunikativ-orientiert (wobei selbst diese Epitheta vor allem ‚afrikanisch' zu verstehen sind). Diese Philosophie lenkt die Perspektive vom Individuum fort (ohne es auszublenden) und vernetzt es horizontal mit den Anderen, mit der Gruppe, mit dem Kollektiv und dessen Wohlergehen (*ubuntu*). Geometrisch formuliert, ist sie horizontal angelegt und nicht vertikal. Klar, dass Afrikanische Philosophie damit ein ganzes Stück von Europa entfernt liegt; alles andere wäre ja auch seltsam. Sie ist aber nicht einfach ein Gegenentwurf zum europäischen Logozentrismus: Eine Aufgabe der Zukunft bestünde darin, ihr performativ-ethisches Potenzial in einer neuen afrikanischen Philosophie zu realisieren, die weder für noch gegen andere Philosophien steht, sondern nur für sich selbst, in einer ‚*Rückkehr des afrikanischen Subjekts*' (Paulin J. Hountondji).

> „*The great powers of the world may have done wonders in giving the world an industrial and military look, but the great still has to come from Africa – giving the world a more human face.*" (Stephen Bantu Biko).

Graneß, Anke (2023): Philosophie in Afrika. Herausforderungen einer globalen Philosophiegeschichte. Berlin.

4. Südamerika: *Pacha*

Ähnlich wie in Afrika konstruiert die neuere Geschichtsschreibung der Philosophie auch in Südamerika zwei Epochen: Sie trennt die Zeit vor der spanischen Invasion von der Zeit danach (Smart; Betancourt). Auch das Individuum des „Berufsphilosophen" nach abendländischem Muster ist eine späte Erscheinung. Hintergründe dafür sind: die Vernachlässigung der alten indigenen Philosophien; der Einfluss von Kirche und Theologie; eine mächtige Anschlussbewegung an den Kanon der bekannten abendländischen Philosophie insgesamt. Gleichzeitig gibt es die Vision einer zukünftigen südamerikanischen, noch unbestimmten autochthonen Identität, denn: „Weder das europäische noch das Buch der Yankees waren in der Lage, das Rätsel Spanisch-Amerikas zu lösen." (José Marti)

Es gibt auch hier einen langen Vorlauf von *oral philosophy* bei den indigenen Völkern: der Inkas, der Mayas und der Azteken (um nur die drei bekanntesten zu nennen), von denen die Philosophie der Inkas am stärksten ist und am ehesten den Titel ‚andine Philosophie' vertritt. Im Unterschied zu Afrika wird der Einfluss der europäischen Philosophien bald nach dem 16. Jahrhundert stark. Festhalten muss man gleich hier: Von Bemühungen um eine Renaissance der indigenen Philosophien in Richtung auf die Neubestimmung einer südamerikanischen Identität (wie z. B. in Afrika), die die reichen Quellen der südamerikanischen alten *oral philosophies* substanziell miteinbezöge, kann nicht wirklich die Rede sein. Seit dem Übergang vom 18. zum 19. Jahrhundert sind auf der akademischen Ebene vielfältige Einflüsse der europäischen Philosophie und Theologie, der amerikanischen und europäischen Aufklärungen festzustellen. Der Akzent liegt heute zweifellos auf dem Komplex ‚*latein*amerikanische Philosophien' – ein ganzer Strauß von Strömungen, die wiederum in der Gemengelage nationaler Bewegungen ein buntes Bild abgeben. Es lohnt sich, von heute aus einen Blick zurück auf das 20. Jahrhundert zu werfen, um wenigstens ein begrenztes, aber kontingentes Bild der laufenden Diskurse festzuhalten (nach Betancourt).

Der moderne ‚Philosophietypus' (Betancourt) Lateinamerikas ist vor allem um *Kontextualisierung* bemüht, d. h.: Er nimmt die kulturellen und historisch-politischen Bedingungen programmatisch mit in seine Substanz auf. Eine eng-historisierende „*filosofia latinoamericana*" breitet sich so über den ganzen Kontinent aus: Die südamerikanischen Traumata wie Kolonialisierung und Marginalisierung kommen hier auf den Tisch. Sie bringt schließlich die sogenannte ‚Befreiungsphilosophie' (von sozial Benachteiligten) und eine dezidiert Politische Philosophie hervor. Seit der letzten Jahrhundertwende entwickelt sich der regionale Ableger einer ‚Interkulturellen Philosophie', der vor allem die Kulturen des südamerikanischen Kontinents selbst im Blick behält.

Es ist nicht sehr wahrscheinlich, dass es in der Zukunft eine originalsüdamerikanische Philosophie jenseits der Philosophien des Weißen Mannes wird geben können, ohne dass die alte andine Philosophie in ihrer ganzen Tragweite, in ihren vielen Facetten erkannt ist. Es gibt keine Zukunft ohne ein authentisches Bild der Vergangenheit. Dies gilt auch hier. Möglich ist aber auch, dass eine solche holistische, panchronische Vision akademisch gar nicht angestrebt wird; vielleicht wird sie von den Bevölkerungen auch nicht wirklich bewusst gewollt: Es gibt im 21. Jahrhundert angesichts der Verschiebungen in der Welt andere Sorgen. Festzuhalten ist aber trotzdem, dass die *oral traditions* in den Philosophien der *Abya Yala*[19] historisch einen exponenziell immens langen Vorlauf haben. Und das bedeutet: Sie haben eine ‚südamerikanische Mentalität' mit Sicherheit viel stärker geprägt, als es die vielen neuen Strömungen nachkolonialer Philosophien erkennen lassen.

Die andine Philosophie der Inkas

- Die andine Philosophie der Inkas ist die stärkste Philosophie Südamerikas vor dem 16. Jahrhundert. Sie ist eine Philosophie holistisch-performativer Prägung.

Die andinen Hochkulturen des Mittelalters erstreckten sich über 8.000 km über die westliche Seite des Kontinents. Im 15. Jahrhundert gab es hier den

19 Indigene Eigenbezeichnung für „Südamerika", vor allem in Panama und Kolumbien.

Länderbund *Tiwantisuyu* – wörtlich: „vier Länder" – Großregionen, die zusammen eine staatliche Einheit bildeten. Diese bestand aus (dem heutigen) Ecuador (N), Chile (S), Peru (W) und Bolivien (O). Hauptstadt war Cusco („Nabel der Welt"), die Sprache Quechua mit der Funktion einer *lingua franca*. Der andine Geist, der hier gebunden war, erstreckte sich jedoch über den ganzen Kontinent: die Basis der andinen Philosophie.

Die Inka-Kultur hatte sich aus vielen Vorgängerkulturen heraus entwickelt: Ihre Vorgeschichte kann bis um 5.000 Jahre zurückgehen – eine ähnliche Spanne wie in Asien, Ägypten und Afrika. Die Inkas unterwarfen regelhaft andere Völker; zur Zeit der größten Ausdehnung lebten viele hundert Völkerschaften und ca. 9 Mio. Menschen unter der Oberherrschaft der Inkas. Magische Rituale und Animismus hatten durch die Zeiten überall eine Vielzahl von Religionen und Göttern erzeugt. Um das Völkergemisch auf dem Kontinent der Berge und Schluchten unter Kontrolle zu halten, erzeugten die Inkas ein noch mächtigeres Instrument: einen Mythos eigener Art. Die Inkas stammen nach diesem Mega-Mythos von der Sonne ab, einem allmächtigen Sonnengott mit Namen *Inti* (‚der Herrscher'), der, wie die Sonne selbst, alles aus dem Nichts erschaffen hatte. Die direkte Abstammung von ihm machte die Inkas damit selber zu allmächtigen irdischen Herrschern, die nun in der Lage waren, die göttliche kosmische Ordnung *pacha* auf Erden zu verwirklichen. Dies gelang ihnen in der Tat in einem besonderen Geist: Es entstand ein einzigartiges Tempel- und Bauwesen, ein riesiges Straßennetz, Bewässerungssysteme, Maisanbau, eine Art Verwaltung und eine umfassende Logistik der stets präsenten staatlichen Ordnung. Auf der Basis einer solchen andinen Kosmologie entwickelte sich schließlich das, was heute als andine Anthropologie, andine Ethik, andine Metaphysik und: andine Philosophie bezeichnet wird. Es handelt sich, wie in Afrika auch, um *oral philosophy*; Detail-Kenntnisse stützen sich auf Berichte von Einheimischen, auf Legenden, auf Chroniken der Spanier, auf Aufzeichnungen missionierender Priester etc. Möglich ist, dass sich in der Kultur der *kippus*, einer Art codierter Knotenschnüre, eine schriftliche Aufzeichnungstradition, eventuell auch vereinzelt mit philosophischen Inhalten, verbirgt; die Wissenschaft hat die Sprache der *kippus* noch nicht endgültig entschlüsselt.

Die beiden Zentralbegriffe der andinen Philosophie lauten *pacha* und *chakana*. Beide sind Wörter aus dem *Quechua*, der Sprache der Inkas, sind aber in ganz Südamerika verbreitet, also sehr alt (Arriagada Peters 2011; passim).

Pacha ist, ähnlich wie griechisch *lógos* oder afrikanisch *ubuntu*, ein Chamäleon der Bedeutungen: *Kosmos, Weltordnung, Kraft, Natur; Wirklichkeit, Wesen, Einheit, ‚Nichtzweiheit', Zentrum, Lebensmitte* usw. Wie auch im Westen gibt es für letzte Begriffe oft keine genauen Definitionen: *Pacha* geht aber über metaphysische Spekulation hinaus und erzeugt das typisch „Inkaische" an der Substanz, das der Wesenskern der andinen Philosophie (und ihrer diversen Anwendungen!) ist. Dieses Inkaische löst die traditionellen (man möchte fast sagen: newton'schen) Konzepte von Raum und Zeit auf und schafft einen anderen Begriff von (an Einstein erinnernder) irdischer *Raumzeit*: Dieses *‚spacetime'* genannte Prinzip trägt latent in sich die Möglichkeit einer ‚Dreiheit', eines *tertium datur*. So erzeugen die vermeintlichen Gegensätze *Zeit* und *Raum* im Prozess etwas Drittes, Neues, das zwar an westliche Dialektik erinnern mag, im Wesen aber vor allem das relativistische Prinzip konsequent verkörpert: Jedes Ding, jedes Ereignis hat seinen eigenen Raum, seine eigene Zeit, (wieder möchte man astrophysikalisch sagen: *sein eigenes Bezugssystem*), die einmalig sind. Sie bringen dynamisch, d. h.: im immer fortlaufenden *Hier&Jetzt, durch sich selbst* etwas Drittes, noch Unbekanntes hervor, das jenseits der Ausgangsgrößen liegt. Es ist dies eine Art fortlaufender Selbsterzeugung, eine andine Art der ‚Autopoiesis', die ohne Zweifel performativen Charakter trägt. In der Fein-Analyse ergibt sich eine Art magische Dreiheit: (1) *Ganzheit als Einheit*, (2) *Dualität Zeit/Raum* und (3) *Zeit-Wandel-Zeit* (Arriagada Peters 2011, 79f.).

Pacha „Raum-[Materie] und Zeit-[Geist]" zielt auf zwei konträre Sichtweisen, die die *pacha*-Substanz ausmachen; sie verknüpfen alles im andinen Leben in einer dialektisch-performativen Weise. Der Prozess ist so nicht mehr nur astrophysikalisch, nicht aber auch nur metaphysisch-philosophisch, sondern zugleich: sehr irdisch. Er sagt nur, dass jedes Ding über ein unhintergehbares *relativistisches setting* verfügt, nach dem sich alles andere zu richten hat: So gehen Natur und Menschenwerk zusammen. *Pacha* ist etwas im besten Wort-Sinne Archaisches, hinter das kein Schritt mehr zurückgeht: Jeder Mensch befindet sich bereits *durch Geburt* unhintergehbar in einem ihn ganz umfassenden *pacha*-Raum: Er hat hier keine Wahl. Er muss also den archaisch-performativen Raum des *pacha* gar nicht erst erzeugen (wie z. B. die *ma'at* in Ägypten, das *ubuntu* in Afrika), sondern ist allenfalls verpflichtet, ihn dynamisch zu erhalten: wieder durch Sein und Tun im Einklang mit der Natur. *Pacha* ist: das ureigenste, performativ geerdete Bezugssystem eines jeden Menschen.

Pacha wird ergänzt durch *chakana*: das Quechua-Wort bedeutet ‚Kreuz', dann: ‚als Brücke fungieren'. *Chakana* zeigt, nach welchem Mechanismus der *Sinn* in der Inka-Welt sich im Einzelnen vollzieht. Oberstes Gebot der Anden-Philosophie ist „Gegensätze gerecht zusammenfügen", „Brücken der Ordnung, der Wahrheit ... zwischen Gegensätze schlagen". *Chaka-na* heißt wörtlich ‚*chaka* (Kreuz) durch Handeln umsetzen (*na*)'. Kosmisches Symbol für *chakana* ist die Sternenkonstellation des ‚Kreuz des Südens', die das kosmisch-philosophische Prinzip der Zusammenfügung der Gegensätze unwiderruflich in den Himmel über der Südhalbkugel schreibt: "*La ley común está escrita en los cielos.*" Gegensätze werden nicht als Widersprüche aufgefasst, sondern als naturgegeben, als Chance, sie zu verbinden und dadurch etwas zu erzeugen.

Auch dieses Prinzip wird sehr irdisch angewandt: im Tempelbau, im Betrieb der Bewässerungsanlagen, im Brückenbau über der Schlucht usw. Die sakralen Bauten, z. B. in (der Hauptstadt) Cusco oder in (der Ruinenstadt; der zweiten Inka-Residenz) *Machu Picchu*, zeigen, wie die Prinzipien funktionierten. Der Mensch passt sich und seine Werke in die Natur ein, nicht umgekehrt. Das Mauerwerk von Tempelanlagen besteht z. B. aus Steinen, die ohne Mörtel perfekt aneinandergefügt sind. In der untersten Schicht sind sie kleiner, funktionieren wie kleine Rollsysteme, auf denen die ganze Wand des Fundaments bei Erschütterung schwingt. So stürzt sie nicht ein, die Bewegung hält das ganze Bauwerk: Es ist erdbebensicher (viel sicherer als die starren, zementgestützten Hochbauten im Westen). Die Brücke wird geschlagen zwischen Natur und Bauwerk, so wie es der Raum (Berg), das Material und die Zeit (vielleicht 14. Jh.) erfordern. *Chakana makes Pacha.*

Das Großprinzip des Relationalen zeigt sich überall. Der Schweizer Philosoph Josef Estermann hat in langjähriger Erfahrung vor Ort fünf Prinzipien erkennen können, die die andine Philosophie des *pacha* und des *chakana* weiter illustrieren (Estermann 1999). Sie bauen aufeinander auf.

- *Komplementarität*: Jedes Ding hat seine Ergänzung, ohne die es nicht vollständig sein kann. Es gibt kein isoliertes Individuum. (Man denke an den Hype um die Komplementarität im Westen!)
- *Reziprozität*: Jede Handlung, jedes Verhalten braucht ein intersubjektives Gegenstück. Einseitiger Aktionismus zerstört das Gleichgewicht.
- *Korrespondenz*: Gegensätze entsprechen sich – ob Mann und Frau, Groß und Klein, Mikro- und Makrokosmos, irdisch und göttlich. Durch ihre Paarigkeit kommt die kosmische Ordnung (*pacha*) zum Ausdruck.
- *Holismus*: Alles hängt mit allem zusammen, nichts ist isoliert; das Universum ist die erste und letzte Gesamtheit der Erscheinungen.
- *Zirkulation*: Zeit und Raum wiederholen sich zyklisch. Die Zeit wird nicht als linear und teleologisch aufgefasst, sondern als in Spiralen und Schleifen unendlich wiederkehrend (man denke an indische, afrikanische, asiatische Kosmologien).

Es herrscht in der Forschung (Arriagada Peters; Estermann) ein gewisser Konsens darüber, dass die andine Welt nicht logisch, rational und vernunftbetont erfahren wird, sondern in einer anderen Sphäre: magisch, emotional, ganzheitlich, empathisch, synthetisch, man möchte sagen: sympathetisch. Andine Philosophie schließt in dieser anti-konstativen Haltung an Afrika, Australien und überhaupt an die Orale Philosophie an. Alle fünf Essenziale passen in eine performative Beschreibung dieser Philosophie. Das SEIN ist nicht eine Menge von Daten, auch nicht die Reflexion dieser Daten, sondern eine unendliche Menge an *Ereignissen*, ein Meer an Prozessen und Veränderungen, die ständig, jede Stunde, vor sich gehen. In der indigenen Sprache Quechua heißt *yachay* nicht nur ‚wissen', sondern auch: ‚erleben': Wissen ist – *ein Akt*, ist aktives Erleben. Die Erfahrungen werden immer wieder neu erlebt und weitervermittelt – nur so, in diesem vielfältigen *pacha*-Prozess, wurde der andine Kosmos, m. a. W. das tägliche Leben der Inkas, gesichert: Es erhielt sich dadurch in einem autopoietischen Prozess der Kommunikation selbst. Dabei stand nicht das Individuum im Vordergrund, sondern die Beziehungen, die es eingeht. Allenfalls hatte das Individuum die Verpflichtung der Gewärtigung des *In-pacha-Seins*, des Gehorsams gegenüber Herrscher, Kosmos und Gott. So käme die Weisheit des *pacha* („*Pachasophie*")[20] zu ihrem täglichen Ausdruck. Alle diese Details decken immer eine Facette des Performativen ab; insgesamt stehen sie für das ganze Rhizom des Performativen, hier jedoch: in der südamerikanischen Auslegung.

Diese Daten und Strukturen machen, mit vielem anderen, das „*Andenwissenssystem*" (Leonora Arriagada Peters) aus. Dieses System ist die epistemische, die konstative, die deskriptive Seite der Andenphilosophie. Ihre Herkunft aus dem Mythos aber – das ist ihre spirituelle Dimension. Arriagada Peters und Estermann lassen sich so interpretieren, als ob die performative Seite, das aktive Erhalten von *pacha*, gewissermaßen seine *Versorgung* mit Energie, immer schon in der Darstellung des *pacha* und seiner Prinzipien, quasi ungenannt, enthalten ist. Denn alle Prinzipien müssen ja, da sie auf Dualität, auf Interaktion, auf das Gegenüber ausgerichtet sind, vom einzelnen Inka-*runa* (‚Inka-Mensch') *realisiert* werden – sie müssen *getan* werden, um dem Mythos zu genügen. *Pacha* muss, wenn es sein und wirken soll, immer wieder performativ *geladen* werden und wenn dies nur hieße: in seiner Performativität erkannt und gelebt werden. Der Weltengrund ist nichts Statisch-Konstatives, sondern etwas Dynamisches. Der *Runa* ist „Mitschöpfer im kosmischen Haus". Dies geht nur durch Ritual, durch Verhalten, durch Sprechen und Sein: Es geht nur über und durch eine immerwährende performative Aktivität des Menschen, die niemals abreißt, ja im Mythos selbst schon verankert ist. Schon die einschlägigen Merkmale der andinen Philosophie (*synthetisch, ganzheitlich, interaktiv, relational* usw.) weisen schon für sich auf diese starke performative Komponente hin.

Die ersten drei der genannten fünf Prinzipien (Komplementarität, Reziprozität, Gegensatz-Korrespondenz), die noch unterhalb der abstrakten Höhe des *Holismus* und der *Zirkulation* liegen, setzen zwingend ein performatives Verhalten aller voraus. Möglich ist also, dass alle fünf Prinzipien hinter sich ein dunkles sechstes Prinzip verbergen: das der performativen Umsetzung, noch enger gefasst: das Prinzip der *Performativierung*.

20 ‚*Pachasofía*' ‚Philosophie des *pacha*', seit 1983 wissenschaftlicher Terminus in der lateinamerikanischen Philosophie. „Un neologismo grecoquetchua", Information von Leonora Arriagada Peters.

Dieses wird nicht extra genannt, weil es sich von selbst versteht. Es schlösse die *pacha*-Philosophie an Afrika an (*ubuntu*), an Asien (*zen*), an Ägypten (*ma'at*), letztlich auch an den europäischen platonischen *logos*. Es ist ganz und gar unwahrscheinlich, dass gerade Südamerika hier die große Ausnahme bildete. Die *pacha*-Prinzipien können ja nur durch Performanz ins Werk gesetzt werden: Als ein rein konstatives Block-Wissen kann die Realität niemals der magischen Kraft des *pacha* gerecht werden. Die Inka-Menschen mussten die *pacha*-Strukturen zweifellos selbst und unter-sich verkörpern. (Möglich ist, dass gewisse Opfer-Rituale dies unterstützten und auch interpunktierten). Möglich ist letztlich auch, dass die Inka-*pacha*-Welt immer schon dunkel *per se* begriffen wurde als ein kleines performatives Universum, eine tägliche Verwirklichung des Mythos, für dessen wörtliche Explikation gar kein Anlass bestand. Man könnte auch sagen: Alles ist performativ, weil es *ist*.

Nach allen Daten der Forschung kann man resümieren: Andine Philosophie ist die südamerikanische Variante einer archaischen performativen Philosophie, die ihren Ursinn mit Sicherheit bis heute behalten hat.

Wenn die andine Philosophie des *pacha-/chakana*-Typus in der Zukunft eingepasst werden wird in eine globale *philosophia mundi* (oder: deren südamerikanische Variante), hat hier zumindest noch eine weitere Philosophie mitzureden: die vorspanische Philosophie der aztekischen Náhuatl im Gebiet des heutigen Mexiko (Leon-Portilla 1970, 30f.; 47f.). Ihre zahlreichen Texte warten noch auf ihre ganzheitliche Erforschung, das Denken selbst auf seine endgültige philosophische Einordnung. Vorläufig hat man sich zufriedenzugeben mit undeutlichen Spuren einer möglichen Performativität, die ihr speziell-tekisches Wesen noch hinter Philosophie und Kosmogonie verbirgt:

- Der Mensch soll sich der Erzeugung, der Schöpfung der toltekischen Kunst („*toltecóyotl*") widmen, sie in sich nachahmen (Prinzip „*ometéotl*"). Dies ist der Startpunkt des toltekischen Weltbildes im Denken des Philosophen Quetzalcóatl;
- In der aztekischen Philosophie ist die Weisheit, die Philosophie der *tlamatinime*, der „weisen Menschen, die etwas wissen" zu studieren,

z. B. im Denken Nezahualcóyotl's: „der sich qua Sein selbst erfindet" – zweifellos eine Umschreibung für performatives Sein.

Arriagada Peters, Leonora (2011): Andenwissenssystem. Grundlagenkenntnisse und Zusammenhänge der Andenhochkultur. Berlin.

5. Asien: *Zen*

Philosophie im südlich-östlichen asiatischen Raum umfasst oft ganze Universen, die jeweils wieder Tausende von Jahren abdecken können. Ein Muster für viele ist Ram Adhar Mall: ‚Indische Philosophie'. Auch chinesische, japanische, islamische Philosophien haben eine geradezu kontinentale Reichweite, sind selber ganze Philosophie-Geschichten für sich, unabsehbarer Stoff für Spezialforschungen und Enzyklopädien. Sie können natürlich hier nicht dargestellt, allenfalls grob umrissen werden. In den historischen Vorläufen, in den langen Zeiträumen bereiten sich jene Varianten vor, die die stärksten performativen Spuren aufweisen. Nach diesen Spuren kann gezielt, in einer berechtigten Intuition gesucht werden, und sie können in einer zukünftigen Welt-Philosophie ausgebaut und in den Details ausgeführt werden. Diese Spuren werden gesehen als bedeutende Linien, die im Rahmen einer reiferen Interkulturellen Philosophie zusammengeführt werden können.

Performative Spuren in der chinesischen Philosophie

Die chinesische Philosophie hat für den Fernen Osten ungefähr jene hohe Bedeutung, die die antike griechische Philosophie für den abendländischen Westen hat. Sie besteht seit 3.000 Jahren und verfügt bis heute über erheblichen Einfluss in Südostasien. Unabhängig von politischen Konstellationen hat sie ihren wertetradierenden Charakter bis heute nicht verloren. In einem kompakten Blick kann man einige Perioden unterscheiden. Besonders exponiert sind die Klassische Zeit vom 6.-3. Jh. v. u. Z. („Achsenzeit"), in der Konfuzianismus, Taoismus und die *Yin-Yang*-Philosophie entstehen sowie die Tang-Zeit (6.-10. Jh. n. u. Z.), in der der Buddhismus nach China kommt. In beiden Perioden gibt es starke performative Spuren. In der Nachkolonialzeit kommt die chinesische Philosophie mit westlicher Philosophie in Kontakt (Martin Heidegger; John Dewey) und gerät unter den Einfluss politischer Entwicklungen (Marxismus, Maoismus). Auch angesichts der wachsenden Rolle Chinas in der Welt hat die klassische chinesische Philosophie auch heute nichts von ihrer Bedeutung verloren.

Chinesische Philosophie ist von Beginn an (6. Jh. v. u. Z.) pragmatisch und auf das Wohlergehen der staatlichen Gruppen gerichtet – angefangen von der Dyade über die Familie bis hinauf zum Staatsganzen (und darüber hinaus: in Richtung auf das Weltganze). Die überragende Bedeutung der Person, von Ethik und Erziehung, von Lehren und Lernen bildet den Hintergrund für die Heranbildung des Performativen in der chinesischen Philosophie.

Performativität bei Kong Fu Zi[21]

Schon das ‚I Ging', die „Bibel" der chinesischen Philosophie von 1.000 v. u. Z. (wenn nicht noch bis 3.000 v. u. Z. zurückdatierend!), betont sofort die *Hier&Jetzt*-Situation des jeweils aktuell Fragenden vor allen konstativen Ratschlägen (Schleichert; Roetz) – und setzt damit ein performatives Prior an den Anfang der chinesischen Philosophie. Das alte Orakel- und Weisheitsbuch zeigt in seinen vielen Übersetzungen, dass es selbst wandelbar ist: „eher ein Prozess als ein Buch" (Elmar Schenkel) – wir sagen: eher ein fließendes Performativum als ein konstativer Text-Block. Es wird – wie auch das viel spätere ‚*Tao te King*' des Lao Tse (Kap. III) – erst durch den Menschen immer wieder *erzeugt*: ein performatives Perpetuum. Die klassische Zeit beginnt ebenfalls gleich mit einem starken *impact*, der Vision einer performativen Grundströmung für alles Soziale, die der chinesischen Mentalität offenbar besonders nahekommt. Nach dem US-Philosophen Ninian Smart ist die Philosophie des Kong Fu Zi eine performative Philosophie. Für Kong ist „Kultur nicht etwas mechanisch Gemachtes, sondern eine schöpferische Tat." (Wilhelm 35). Nichts Konstatives also, sondern etwas durch-und-durch Performatives. Der Westen habe in Kong gewisser-

21 Wenn in einem sehr allgemeinen Sinn von chinesischer Philosophie der Rede ist, schreibe ich ‚Kong Fu Tse', wie in den Feuilletons üblich. Wenn es dezidiert um seine Philosophie geht, schreibe ich ‚Kong Fu Zi', wie in der Sinologie üblich.

maßen die analytische Philosophie der performativen Sprechhandlungen wiederentdeckt, die John L. Austin in den 1960er Jahren in Oxford/UK vertrat, und die bis heute in den Kulturwissenschaften als der Startpunkt alles Performativen gilt (Smart 101).

Smart sieht dies so: Chinesisch *li* 力 ist das Zentrum der Kong-Philosophie. Übersetzt wird es meist mit ‚Sittlichkeit', u. zw. die einer Person. „Der Begriff der Person ist ein performativer Begriff oder *li*." (Smart). *Li* heißt im Chinesischen ‚Kraft', ‚Lebenskraft' (hier denke man an das afrikanische *isintu/ubuntu*, an das indische *prāṇa*) und geht wahrscheinlich auf alte kultische Rituale zurück – also auf performative Urmuster. Kong erzeugt eine Transformation: Er vollzieht nach alten Ritualen das Performativum des aktuellen Augenblicks. Und wenn das performative *li* das Zentrum der Kong'schen Philosophie ist, wie Smart sagt, und auf alles andere ausstrahlt bzw. es mitumfasst (Smart 101), dann gilt mit Notwendigkeit, dass die *gesamte* Philosophie des Kong Fu Zi von impliziter Performativität geprägt ist. Denn die Weltsicht des *li* affiziert die Politik, den Staat, die Familie, die Kunst, die Erziehung, die Bildung usw. *Li* und *ren* (‚Menschlichkeit') werden beide auf die handelnde *Person* zurückgeführt; in chinesischer Sicht existieren solche Werte nicht als konstativer Block oder schriftlich abrufbarer Regelkodex: Die *Person* erschafft durch ihre performative Aktivität das soziale Miteinander immer wieder neu: ein performativer Grundmechanismus. Kong hat *li* (wie auch *ren, shu, junzi*) auf die Politik, auf die Staatsführung projiziert. Der Herrscher soll nicht durch Gewalt und Gehorsam herrschen, sondern „*durch die Autorität seines performativen Sprechens*." (Smart 104).

Diese Person, die *li* und *ren* in eigener Verantwortung erzeugt und ausstrahlt (ein Ideal), nennt Kong ‚*Jun Zi*' 君子 (wobei die Übersetzung der Sinologen als ‚der Edle' im Deutschen irgendwie unglücklich klingt). *Jun Zi* ist jene Persönlichkeit, die *li* und *ren* selbst erzeugt, darstellt, weitergibt und andere lehrt. Dabei ist *Jun Zi* selber Mitlernender: „Denn der Prozess des Lernens ist nicht mechanische Aneignung, sondern aktives Sichhineinleben in das Ideal." (Wilhelm 35). Der Prozess ist, so kann man auch sagen, nicht konstativer Natur, sondern: *übend-performatives Tun*. Die Rede ist von chinesisch *dé* 德 (‚Tugend') – einer Art performativer Magie, die durch das Medium der Lebensordnungen das *li* in die Gesellschaft hineinstrahlt.

Jun Zi ist von dieser Magie, die er selber erzeugt, u. zw. mittels seiner schieren Präsenz: „Kong opferte den Ahnen, als stünden sie vor ihm. Er opferte den Geistern, als wären sie gegenwärtig. Kong sprach: ‚Nehme ich nicht selbst an der Opferung teil, so ist es, als hätte ich kein Opfer gebracht.'" (Kong Fu Zi: Gespräche, Nr. III, 12). Es ist ein performatives *Muss.*

Der erste große Meister der chinesischen Philosophie hat seine Wirkung, seine Vorbildfunktion für die Chinesen bis heute behalten. Kong Zi hat mit der typisch chinesischen Variante einer performativen Weltsicht die gesamte Geschichte der chinesischen Philosophie vorgeformt.

Die „energiewandelnde Subjektivität" im Buch ‚Zhuāngzǐ'

Chinesische Philosophie tritt immer stärker in Kontakt mit der anwachsenden Interkulturellen Philosophie und dem europäischen Denken. Der alte chinesische Begriff *Qi* ‚Lebensenergie' wird neu interpretiert und erhält dadurch – fast zwangsläufig – einen performativen Grundzug (der Begriff *performativ* selbst wird nicht gebraucht). In einem Satz: Das „energiewandelnde Subjekt" das aus Atem(-Energie), Körper und Geist besteht, sei in der Lage, aus seinem Energiezusammenhang herauszutreten. Es vermag, zwischen Nichtsubjektivität und Subjekt (zwischen Leere und Welt) zu oszillieren, durch diese Bewegung die Kraft des Augenblicks zu schöpfen und ihn in der Welt zu gestalten (Heubel 2021, 269–300). Und wenn der Sinologe Jean François Billeter hier gar von einem „Denken des kreativen Auftauchens" spricht und weiter von „des actes inspirés qui sont des évenéments", dann wäre es nicht verkehrt, hier einen (womöglich: urchinesischen) Begriff von ‚performativ' einzusetzen.

Zen: die performative Lebensform

Nach seiner indischen Vor-Geschichte (die oft unterschätzt wird) kam der Buddhismus im 6. Jahrhundert u. Z. durch einen Mönch namens

Bodhidharma nach China. Schon in seinen Anfängen wandte sich der Zen-Buddhismus (chinesisch *chan* 陈) von einer durch die Zeit erstarrten formalen Schriftlichkeit ab und wurde mündlich. Das war eine Art Renaissance. Das *chan* setzte dem konstativen Kodex eine neue Oralität entgegen: eine performative Kehre *sui generis.* Zen wurde zu einer Inszenierung, ja: zu einer *Kunst.* Zugleich wurde Zen zu einer Angelegenheit zwischen Lehrer und Schüler und ihrer *Interaktion,* ihrer *Kommunikation*; auch dies: eine Art Quantensprung. Die Zen-Bildung vollzog sich von nun an – wenn überhaupt über Sprache! – *in den Sprechakten selbst* (Schweigen eingeschlossen). Ohne Zweifel ist dies ein performativer Schritt – genauso, wie es der moderne Kanon des Performativitätsdiskurses beschreibt (Fischer-Lichte). Wenn es also so ist, dass Zen keine Religion ist, sondern eine (Art) Philosophie, dann ist es fast sicher:

- Der Zen-Buddhismus im China des 6.-10. Jahrhunderts ist eine performative Philosophie und nach Kong Fu Zi ein zweiter performativer Höhepunkt.

Das lässt sich durch eine Fülle von Eigenschaften belegen: Viele der Zen-Eigenschaften bekommen nur dann ihren vitalen Sinn, wenn sie in einer performativen Perspektive gesehen werden: als unmittelbarer, unhintergehbarer Vollzug dessen, *was ist.* Seltsam ist nur: Soweit zu sehen, gibt es in der einschlägigen Forschung fast gar keine Berührungen zwischen Zen und Performativität. Ausnahmen sind sehr selten und bleiben selbst marginal (Hans H. Diebner).

Zen ist für die Einen Philosophie, für die Anderen Religion, für wieder Andere ein Weisheits-Pool. Für noch Andere ist Zen eine Lebensform, die im Großen speziell asiatisch ist, im Besonderen aber typisch chinesisch und später auch: japanisch. Chinesisch ist die Ausrichtung auf das praktische Leben des Alltags, auf Charakterstärke und Menschlichkeit und Harmonie mit einer kosmischen Ordnung. Typisch chinesisch ist auch, dass es keine exakt-konstative Definition (und keinen Streit) gibt: Man lässt es im Prinzip offen und offen ist man auch gegenüber einer jeden Auslegung. Ein starker Konsens auf allen Seiten ist letztlich das Ziel der Zen-Schulung, das der Verwirklichung der Zen-Lebensform vorausgeht: Das ist das *enlightenment*, chinesisch *wu*, japanisch *satori* (Kap. III, 2). Ist dieses Ziel einmal erreicht, muss es vom Meister bestätigt werden. Damit einher geht eine Art Gelübde, über *wu* nicht diskursiv oder logisch-rational zu reden – dies gilt als eine konstative Todsünde, die das Zen irreparabel beschädigt. Es gilt: Nichtsagen, Nicht-Analysieren, Nicht-Zeichen – die letzte, nichthintergehbare Wahrheit, die in *wu* eingeschlossen ist, ist nicht ausdrückbar. Was zählt, ist die persönliche Erfahrung, die Schulung, der Augenblick des „Erwachens", die Vision des eigenen Selbst in einer Dimension, die noch ganz unbekannt war. Dies bedeutet nicht, dass Sprache durch Schweigen ersetzt würde, nur hat Sprache hier keine semiotische Führerschaft. *Zen* wird *gezeigt*, in welcher Art auch immer; Martin Heidegger würde sagen: Zen *ist*. Ohne Zweifel bricht hier eine Seins-Erfahrung durch, die ihr Wesen in der ihr eigenen, eigentümlichen Kraft, ja: Gewalt hat. Dieses Wesen besteht im performativen Zeigen, das nicht auf eine semiotische Codierung angewiesen ist: „Es gilt, nicht eine Reihe von Aussagesätzen anzuhören, sondern dem Zeigen zu folgen." (Martin Heidegger).

Es gibt für Zen kein substanzielles Zeichen. Hier zeigt sich Singularität gleich in doppelter Form: Über die Substanz *Zen* kann und darf nicht gesprochen werden; *Zen* hat kein linguistisches Zeichen, das sein Wesen definieren könnte (die unabsehbare *Zen*-Literatur ist nur die konstative Exegese). *Zen* steht strukturell für eine spezielle spirituelle Leere: Es ist wie ein Schwarzes Loch, in das niemand von Außen hineinsehen kann, und das wahrscheinlich bei jedem Individuum anders aussieht – eine Art universaler Schutz. *Zen* soll *sich zeigen*, soll ohne Worte *auf das Sein zeigen*. Falls aber Sprache zum Einsatz kommt, erscheinen sprachliche Strategien, die das Zeigen auf eine verfremdete Art leisten: paradoxe Sprache, Allegorien, semantisch weit entfernte Sternschnuppen, vulgäre Frechheit, Schweigen (Árokay 2014, 52). All das zeigt auf das existenzielle Loch, aus dem heraus *Zen* quillt.

Die Singularität des *Zen* ist das performative Minimum, wo das fehlende Prädikat hinüberführt in eine unbegrenzte Performativität: !*ZEN! Die kommt zum Ausdruck in einer veränderten Weltsicht, einer veränderten Haltung, einer veränderten Sprache, einem anderen Leben, das nun auf einem neuen Gleis fährt. So jedenfalls klingen die Metaphern der *Zen*-Forscher. Dies wird während der gesamten Schulung vorbereitet: die hat sich in der Haltung des Sitzens (*zazen*) und im *koan* zwei „mächtige performative Instrumente“ (Inken Prohl) gegeben. Ein drittes scharfes Instrument wären die logischen Paradoxa, die nicht nur in den Koans, sondern auch in vielen populären *Zen*-Geschichten vorherrschen. Sie sind dazu da, wie es heißt, beim Schüler das eingefahrene logisch-rationale Weltverständnis zu brechen und den Geist irgendwann in eine entscheidende Wendung zu bringen. Sie sind, weiter, dazu da, die Leere, die Nullstelle eines Prädikats zu verwandeln in den singulären Einbruch, in den Ausbruch von archaischer Performativität. „Eine Sekunde nach der Geburt, eine Sekunde vor dem Tod. Was siehst du?” (Tao-Hsin). So lautet ein Koan. Alles Weitere, z. B. die Erklärungen der *teishos*, die Erkenntnis der Leere von Ereignissen und Dingen, das Lebensgefühl, die Macht des Buddha-Herzens, der neue Sinn des Mitleidens, das Lehren, die Missionen im Westen etc.etc., sind Folgen, Symptome, sekundäre Dinge und Prozesse: Sie werden in der *Zen*-Literatur erschöpfend beschrieben. Sie alle bilden das Universum der Akkretion um den zentralen Kern herum.

Japanisches *Zen*

Im 12. Jahrhundert kam Zen nach Japan und wandelte sich dort in ein Zeichen des japanischen Lebens und Lebensgefühls. „Zen“ ist auch die eigentliche japanische Lautform des Namens, die sich heute überall auf der Welt durchgesetzt hat. Das japanische *Zen* 禅 unterscheidet sich sowohl vom pragmatisch-usuellen chinesischen, als auch vom alten metaphysisch-transzendentalen indischen Zen – er mag aber Elemente von beiden durchaus mitaufnehmen. In Japan kommt Zen vor allem durch Arrangements in der objektiven Welt zum Ausdruck, die dann wieder auf den Menschen zurückscheinen: in der Anlage und Pflege des Gartens, in der Tee-Zeremonie, im Interieur des Hauses, in der Kunst des Blumensteckens, des Bogenschießens oder des Schwertkampfes, in der Lyrik der Haikus u. v. m. Japanisches *Zen* ist somit „minimalistische Ordnung“, wodurch jedoch stumm maximales *Zen* ausgedrückt werden kann. Die typisch japanische Singularität erscheint in jenem minimalen *gap* zwischen dem bewussten Setzen und der unbewussten Ausführung, die wie-von-selbst vor sich geht. Dieser *gap* verweist auf die leeren Quellen des *Zen*.

Es gab zwei große Schulen des Zen in Japan. Die ‚*Rinzai*-Schule' (1191; Meister Eisai) verwendet Koans für das geistige Training und strebt die plötzlich-eruptive Erleuchtungserfahrung an. Die ‚*Sōtō*-Schule' (13. Jh.; Meister Dōgen) steht dagegen für allmähliche Schulung mit ausgedehntem Sitzen *zazen* und strebt eine langsam ansteigende, gewissermaßen lineare Entwicklung in Richtung *satori* an. *Sōtō* steht für stetige, nachhaltige Arbeit, disziplinierte Konzentration und ein langes aber sicheres Ankommen am Ziel.

Heubel, Fabian (2021): Was ist chinesische Philosophie? Kritische Perspektiven. Hamburg.

6. Indien: *Karma*

- In der indischen Philosophie gibt es, seit den Anfängen bis hinüber in unsere Zeit, überall Wesenszüge, die im heutigen Sinn klar als performativ gelten würden.

„Indian Philosophy aims beyond logic ... Philosophy thereby becomes a way of life, not merely a way of thought." (Mysore Hiriyanna). Indische Philosophie (INP) ist wie ein riesiges Kaleidoskop, ein driftender Kontinent, ein Ozean der Geistigkeit, auf dem eine Navigation nicht eben einfach ist, zumal für Europäer. Jede Einteilung in Perioden und Strömungen, jede Historisierung nach europäischem Gusto kann es nicht treffen, wirkt immer willkürlich. INP ist wahrscheinlich die älteste Philosophie auf dem Planeten, mit einer 4.000-jährigen Geschichte (Veden) und einem sicher noch einmal tausendjährigen Vorlauf, der mit der Ankunft der Indoarier auf dem Subkontinent beginnt. Eine „historische" Periodisierung startet mit der indischen „Bibel" der großen vedischen Literatur um 1.500 v. u. Z. Diese erste Phase endet mit den metaphysisch-philosophischen Upanischaden, den Sutras, den großen Epen („Mahabharata") sowie der Heraufkunft von Buddhismus und Janaismus zur „Achsenzeit" um 500. Dies ist auch die Blütezeit der sechs großen orthodoxen Philosophie-Systeme (‚Yoga-System'; ‚Vedanta-System' u.a.). Die islamische Eroberung sowie die britische Herrschaft blockieren dann die indische Philosophie über Jahrhunderte. Eine Renaissance der INP zeichnet sich im 20. Jahrhundert durch überragende Philosophen wie Jiddu Krishnamurti oder Shri Aurobindo ab. Indische Philosophie ist heute dabei, im Rahmen einer globalen interkulturellen Neu-Orientierung der Philosophie eine Perspektive zu weisen „vom Denkweg zum Lebensweg", mit anderen Worten: weg vom konstativen Denkgebäude hin zu einer performativen Ethik, die nicht auf Kulturen oder Persönlichkeiten begrenzt ist (Ram Adhar Mall).

Bis heute verbreitete Stereotypen gehen so: Die indische Philosophie sei zu religiös und verwechsele Philosophie mit Religion; der christlich-westliche Theologe dagegen ist der Ansicht, indische Religion sei zu philosophisch und verwechsele Religion mit Philosophie (s. Ram 2015, 58). Ein bequemes zweiseitiges Vorurteil Orient-Okzident, das perfekt reziprok ist und niemanden zwingt, seine ererbte Haltung zu ändern.

Die eigentliche Aufgabe der Philosophie ist in indischer Sicht nicht das Vertreten einer These. Nach Nagarjuna soll „Philosophie [...] uns helfen, uns von allen Theorien und Positionen zu befreien, um uns so in die Lage zu versetzen, die unsagbare Erleuchtungserfahrung machen zu können." Wie auch im Zen-Buddhismus ergibt sich hier das visionäre Ziel einer radikal performativen Lebensform. „Daher sind die verschiedenen Systeme der indischen Philosophie nicht nur philosophische Schulen im westlichen Sinne, sondern zugleich geistig-seelisch realisierbare *Lebenswege*. Philosophie ist für Inder nicht nur eine Lösung; sie ist *erlösende Tat*." (130). Indische Philosophie hat somit eine tiefe transzendental-performative Grundader. Deshalb liegt das *Unverwechselbare* der indischen Philosophie für Ram in der *Transformation des Philosophierenden.* Das bedeutet übersetzt: Philosophie wird qua Denksystem durch den Philosophierenden und durch sein Tun zu einem immer-schon *performativen Ereignis*, eben einer Lebensform. Dieses Tun transformiert den Philosophen zu einem performativ-philosophierenden Wesen, das durch sein *Sein*, durch seine Kommunikation in der Welt wirkt. Dies ist eine *performative Transformation* (54).

Schon der urindische Ausdruck für ‚Philosophie', *darshana*, bedeutet nichts Passives, nichts nur-Rezeptives, sondern bezeichnet einen aktiven Akt des Sehens: aktives, gestaltendes, veränderndes Sehen und Gesehenwerden, dann auch *zeigen, erleben* usw. Nach Ram ende dies nicht mit einer intellektuellen, diskursiven Tätigkeit, sondern schließe das Realisieren, das Handeln-durch-Sehen, das Sich-zu-eigen-Machen durch Sehen ein (58). Moderne westliche Kulturforscher, z. B. Erika Fischer-Lichte, würden hier den Ausdruck ‚performatives Sehen' (analog zu performativem Sprechen und Hören) verwenden.

Ergiebiger als alle nachgeholten Historisierungen ist der geistig-spirituelle Kern, der so gut wie überall zu erkennen ist. Dazu zählt der absolute *Primat der Intuition* für alle Welterkenntnis, einer Intuition, die viele spirituelle Dimensionen annehmen kann. Dies ist so etwas wie ein performativ-empraktischer gestaltloser Archetyp, der nicht nur in Indien, sondern auch in Afrika und Südamerika verbreitet ist. Statt eine Geschichte zu konstruieren oder sich in Einzel-Philosophien zu versenken, ist es ergiebiger, auf das Mosaik der hinduistischen Philosophie zu schauen, ohne sich in Details oder auf Nebenwegen zu verlieren. Schon immer existieren hier die Essenzen einer hohen indischen Geistigkeit, die philosophisch gedeutet werden und das gesamte Leben der Hindus bestimmen, nicht nur Facetten oder Aspekte. Jenseits aller Wissenschaftlichkeit erscheinen *Brahman* und *Atman*: Brahman ist das umfassende Prinzip des Universums, das zugleich als Atman im Selbst des Menschen erscheint. Die intuitive, transzendentale Erkenntnis beider umfasst zugleich ein geschautes Weltwissen, das nicht mehr von Details und der Umtriebigkeit der Welt abhängig ist. Die nämlich ist der *maya*, einer typisch menschlichen Art der Illusion, ausgeliefert, die Unwissen und Wissen, Bildung und Einbildung unentwirrbar vermengt und letztlich für das Leiden *dukha* in der Welt verantwortlich ist (und heute so lebendig ist wie je).

Performativ interpretierbare Spuren prägen die indische Philosophie seit den Anfängen. In der alten Hindu-Philosophie der Kausalität gibt es in der ‚Vaisheshika'-Schule eine Kausalität, die von der europäischen vollkommen abweicht. Sie zeichnet sich durch ein performatives Potenzial aus. „Wirkung stellt etwas Neues dar. Sie weist Merkmale auf, die in der Ursache nicht zu finden sind." (*asat-karya-vada*: Ram 2015, 153f.): Damit ist alle Wirkung „neuer Anfang" (*arambhvada*). Dieser neue Anfang wird vom Menschen durch sein Verhalten, seine individuelle Kommunikation, gesetzt, d. h. augenblicklich-performativ in die Welt hineintransformiert (vgl. *ubuntu/isintu* in Afrika). „So entwirft Bhagavadgita eine Philosophie auf der Grundlage eines Menschenbildes, in dem weder Inaktivität (*a-karma*) noch unrechte Handlungen (*vikarma*) bejaht, sondern Taten gefordert sind ...", d. h.: Der Mensch soll durch stetig-performative Akte die Wiederherstellung der Ur-Ordnung der Dinge und des Kosmos realisieren (292f) (vgl. *ma'at* in Ägypten). „So finden wir in den Epen Ramayana und Mahabharata eine Philosophie der Tat (*karmayoga*), die zum Ziel führt, indem sie das Gedachte und das Getane Hand in Hand gehen lässt." (291)

Karma

Die drei Säulen der hindu-indischen Metaphysik sind das Selbst *atman*, die Taten *karma* und die Erlösung *mokṣa*. Der Impetus, der Impuls der augenblicklichen *Veränderung* der Dinge durch Philosophie *in actu* bezieht sich auf alle drei (Ram 2015, 54). Alle drei werden dynamisch aufgefasst als *Vorgänge*, als *Taten*, die durch das beständige *Tun* des Philosophen verwirklicht werden. Alle drei können *in diesem Sinne* als performativ gelten: Sie setzen philosophische Werte direkt ins Leben, setzen sie durch Leben um. Dies bewirkt der Philosoph nicht in erster Linie durch eine Lehre A oder B, sondern *durch sein Sein*. Wir greifen hier *karma* heraus, weil dieses Sanskrit-Wort in aller Welt bekannt ist. Gerade im Westen wird viel falsches Spiel mit dem indischen *karma* getrieben. *Karma* ist nicht gut oder schlecht, sondern die Delegation einer transzendentalen göttlichen *Verantwortung* an das handelnde (nichthandelnde) Individuum (Jaggi Vasudev). Was also *ist karma*?

Menschliche Existenzen sind geprägt von dem Gesetz von Ursache und Wirkung, dem *karma* (‚Tat'; ‚Handlung'; ‚Rad'), Hindi कर्म, das aus vorausgehenden Leben stammen kann und in den nächsten Leben fortgesetzt werden kann. Alles, was der Mensch tut, hat Folgen, ob er es will oder nicht; nichts ist ohne Wirkung. Gutes Karma erzeugt gute Existenz, schlechtes Karma schlechte. Der Einzelne kann seinem Karma nicht entrinnen; er kann sein Karma aber abbauen und es am Ende auch tilgen. *Dies* ist das eigentliche Ziel (und nicht: die Anhäufung „guten" Karmas). Auf diesem Wege kann er aus dem Kreislauf der Wiedergeburten, der Seelenwanderungen *saṃsāra* austreten: d. h. er muss nicht wieder und wieder als etwas Anderes geboren werden, um seinen *karma*-Weg irgendwann endlich zu Ende zu bringen. Dadurch ist er zugleich von diesen Kreisläufen (und ihren Leiden) erlöst und befindet sich zuletzt in einem Zustand der Freiheit, der Un-gebundenheit an die Welt (hindi *mokṣa*; buddhistisch *nirvāṇa*), der sich jeder beschreibenden Begrifflichkeit entzieht. Er ist nicht länger der Unwissenheit *avidyā* über seine Existenz und die der Welt ausgeliefert.

Karma ist ein Schlüsselbegriff der indischen philosophischen Geistigkeit, der genuin indisch und in allen Spielarten zentral ist: Er gehört bis heute zum Kernwesen indischer Philosophie und Spiritualität. *Karma* ist im Lebensvollzug allgegenwärtig, er ist zeitlich und räumlich nicht eingrenzbar. *Karma* ist durch *Vollzug* definiert: Dadurch ist *karma* eine genuin performative Größe; es wirft das Individuum auf seinen Augenblick zurück. *Karma* ist die wichtigste Erscheinungsform indischer Performativität. Sie ist im Indischen transzendentaler Natur.

Karma heißt wörtlich nur ‚Tat', ‚Handlung'; westliche Beimischungen von ‚gut' oder ‚böse' gibt es im Begriff selbst nicht; sie sind sekundär. *Karma* bezeichnet ein universales Gesetz von Ursache und Wirkung: Alles, was man tut (oder nicht tut), kommt aus einer Motivation und hat Konsequenzen. Was man tut, ist gewissermaßen in der Mitte vergangener und zukünftiger Vollzüge gelegen („Sandwich-Performativität"). Bereits ein Drittel der hinduistischen *karma*-Gesetze hat explizit generativen, d. h. performativen Charakter, vgl.

- das Gesetz des Hier&Jetzt: Um in der Gegenwart präsent zu sein, soll man nicht an die Vergangenheit und die Zukunft denken;
- das Gesetz der Schöpfung: Man ist für Veränderungen im eigenen Leben selbst zuständig;
- das Gesetz des Wachstums: Um sein Umfeld zu ändern, muss man zuerst sich selbst ändern; schließlich
- das Gesetz der Veränderung: Damit die Zukunft nicht der Vergangenheit gleicht, muss man aus seinen Fehlern lernen.

In der hinduistischen und buddhistischen Weltsicht gibt es keine statischen Größen. Alle Welt, alles Sein ist, wie die Zeit auch, ein Strom aus Augenblicken und Ereignissen, der unablässig strömt und sich ständig verändert. Auch das menschliche Bewusstsein und das menschliche Handeln entstehen in jedem Augenblick neu: ein performatives *perpetuum mobile*, das durch die Welt und ihre Bewohner stetig bewegt wird. Nur der Augenblick selbst ist wirklich, nur das Hier&Jetzt, so lange jedenfalls, bis er vergangen ist und von einem neuen Augenblick abgelöst wird.

Verschiedene Arten von *karma*

Im Buddhismus wird unterschieden zwischen verschiedenen Arten von *karma*: Es kann erzeugt werden durch Rede, durch Handlung, durch Körperaktion, durch Gedanken. In einer radikalen hinduistischen Sicht bedeutet das, dass *alles*, was ein Mensch sagt, tut oder zeigt, von *karma* erzeugt ist und selbst wieder *karma* erzeugt. Alles *vollzieht karma*, alles *ist karma*, alles *löst* wieder *karma aus*. Somit ist die gesamte Existenz des Menschen, ob ihm dies nun bewusst ist oder nicht, von *karma* eingefasst. Jeder Akt, jeder Sprechakt, jedes Hörverstehen, jeder Gedanke, jede Handlung, jeder Plan ist ein durch und durch performatives Ereignis, das an die hinduistische Weltsicht, also philosophisch bzw. spirituell, rückgebunden ist. Und trotzdem, oder: damit und deswegen, bestimmt es – bewusst oder unbewusst, klar oder diffus – das Leben des indischen Menschen. Folgerichtig gibt es

- ein *karma*, das *in diesem Augenblick* erzeugt wird und wirkt (*Agami karma*). Es ist stark performativ.
- ein *karma*, das aus einem vorigen Leben in dieses hinüber- und hineinwirkt (*Prarabdha karma*). Es ist schwächer performativ.
- ein *karma*, das als eine Art überzeitlicher Speicher von *karma* gesehen wird, das sich erst in späteren Leben zeigen wird (*Sanchita karma*). Es ist schwach bis sehr schwach performativ.

Agami karma ist immer: Es war Augenblicks-*karma* in der Vergangenheit, es wird sich in irgendeiner Zukunft als Augenblicks-*karma* verwirklichen, es ist unhintergehbar jetzt, *in diesem Augenblick*. Es wird auch *jetzt*, am 7.6.2024, um 17 Uhr 17 erzeugt.

Mit jedem Wort, jedem Schritt, jeder Tat erzeugt der Mensch ein bestimmtes *karma*; es kommt auf unmittelbar-spontanem Weg zustande, es wird ad-hoc erzeugt. Deshalb ist es selbst ein tiefes, unabwendbares Performatikum: Selbst wenn man nichts tut, nichts sagt, nicht hört – kann man ein erhebliches *karma* erzeugen, je nach Situation und Perspektive.

Um nicht in dem karmischen Strom unterzugehen, kann sich der Mensch durch ethisches Verhalten um gutes *karma* bemühen, indem er z. B. von Herzen wahrhaftig, gewaltlos, ohne Zorn, freigebig, kontrolliert, mitfühlend ist („*Sadharana dharmas*"). Auf dem weiteren Weg möge hinzutreten Einsicht in die Vergänglichkeit der Welt: durch Meditation und Weisheit und Bemühung um Fortschritte auf dem spirituellen Weg.

Eine wichtige Erkenntnis ist, dass *karma* nicht irgendein Rest aus einer vergangenen spirituellen Welt ist, kein moralisches Programm für die Zukunft, sondern vor allem Anderen: *Hier&Jetzt*. *Karma* ist tief performativ geerdet. Gerade in der Zeit des beginnenden 21. Jahrhunderts kann man weltweit die Macht des *karma*, die Übermacht aus Ursache und Wirkungen, beobachten. Aktuelle kriegerische Verwerfungen können in der letzten (oder: ersten) Motivation tausend Jahre zurückreichen, wie die Beispiele aus der Ukraine, aus Nahost oder dem Kosovo beweisen. Auch Deutschland ist immer noch befangen in den vibrierenden Ausläufern eines generationen-übergreifenden, Generationen lähmenden Monster-*karmas*, das sich seit 80 Jahren wie ein Krake entfaltet und so schnell nicht abgebaut werden kann.

Die indische Performativität ist in einer uralten hinduistischen, ja: vorhinduistischen transzendentalen Welt verankert, tritt aber durch die Hinduisierung ins praktische Leben ein. Sie geht parallel mit der Ausbildung des Kastenwesens und prägt bis heute die indische sozial organisierte Lebenswelt. Eine dereinstige performative Revision der indischen Philosophie diskutiert in der Moderne z. B. das Integrale Yoga Shri Aurobindos oder die radikal-performative Freiheits-Philosophie Jiddu Krishnamurtis mit inzwischen weltweitem Echo: „Wahre Freiheit liegt darin, jeden einzelnen Tag, sich selbst und die Umwelt als etwas Neues, Unbekanntes und Vollkommenes zu erleben."

Ist es gewagt, eine Verbindung von *karma* und dem performativ seienden und handelnden Menschen von heute zu ziehen? Natürlich ist auch er in die allumfängliche Gesetzmäßigkeit von *karma* voll eingeschlossen. Wir gehen soweit zu behaupten, dass der performativ vollentwickelte Mensch (der Zukunft) immer weniger „gutes" oder „schlechtes" Karma ansammelt. Er sammelt *karma* an wie jedes andere Individuum auch, und es ergibt sich die Vision, dass sein *karma* gewissermaßen unmarkiert ist oder es mit der Zeit wird: Es ist nicht mehr (immer weniger) markiert auf der Werteskala von *gut* und *schlecht*. Das jedenfalls ist das Ideal, und es bleibt vorläufig eine Vision.

Mall, Ram Adhar (2015): Indische Philosophie. Von der Denkform zur Lebensform: eine interkulturelle Perspektive. Freiburg.

7. Islamische Philosophie: *Al-ishrāq*

Der Titel dieses Kapitels könnte auch lauten: ‚Arabische Philosophie', ‚Philosophie der islamischen Welt', ‚nahöstliche Philosophie' oder ‚islamisch-persische Philosophen' – je nach dem, was herausgestellt werden soll: z. B., dass die meisten Autoren arabisch schreiben, viele aber in Persien geboren wurden und zuweilen auch turkstämmige Autoren beteiligt sind. Wir folgen hier Hamid Yousefi und meinen *grosso modo* den arabisch dominierten Bereich mit vielen Verzweigungen in die historische Region Nahost. ‚Islamische Philosophie' (IP) arabisch *al falsafa-l-islamiya* الفلسفة الإسلامية ist historisch wie philosophisch ein Bereich *sui generis* mit einer Handvoll typischer Merkmale, die zusammen ein komplexes Alleinstellungsmerkmal bilden. Im Stichwort (nach Yousefi 2016):

- Viele islamische Philosophen sind breit aufgestellte *Universalgelehrte*, die auch in Astronomie, Mathematik, Medizin, Sprachwissenschaft, Geschichte, Musiktheorie oder Pharmazie zuhause sind (und damit den griechischen Philosophen der Achsenzeit gleichkommen). Herausragend sind hier Ibn Muza Kharazmi, Al-Kindi, Zakariya Razi, Ibn Sina, Abu Nasr Farabi und Abu Hamid Ghazali.[22]
- Nach Yousefi ist die IP eine eigenständige, autonome Mega-Philosophie mit einer langen Kontinuität und vielen herausragenden Philosophen. Wie andere Philosophien in Afrika oder Südamerika ist die IP in Europa bis heute unterbelichtet, ja oft kaum bekannt. Ihre Rehabilitierung bzw. Renaissance ist eine Sache der Zukunft.
- Islamische Philosophie erlebt ab 810 u. Z. eine Hochphase, die etwa um 1400 mit Ibn Khaldun endet. In großen philosophischen Zentren (‚*bayt al-ḥikma*', gegründet von Al-Mamun in Bagdad) wird griechische Philosophie übersetzt (Al-Kindi), neu interpretiert, ergänzt, später rückübersetzt und erreicht schließlich Europa.
- Das Projekt der Renaissance der IP gipfelt am Beginn einer Interkulturellen Philosophie in der Moderne in den radikalen Thesen einer voris-

22 Die Schreibweise folgt überall Yousefi (2016).

lamischen Philosophie einerseits, und, zweitens, in der „Umgestaltung der griechischen Philosophie durch die islamische Denkweise" – (die hinter ihrer Radikalität ein gehöriges Pfund Wahrheit enthalten mögen) (Abdoldjavad Falaturi; Karam Khella; Reza Davari Ardekani).

- Philosophie und Metaphysik, Philosophie und Spiritualität sind eher Geschwister als Rivalen (‚*manawiyyat*' etwa: ‚umfassende Geistigkeit'); dies gilt im Großen und Ganzen für alle Epochen der IP (und nicht nur für das Mittelalter wie im Westen).
- IP ist direkt oder indirekt angelegt auf die Vision der *Einheit* (wie auch fernöstliche Philosophien) und nicht auf Zwei- oder Vielheit. (Dahinter mag die alte Vision der islamischen Welt-Einheit stehen).
- Gewürdigt (und: erforscht!) werden müssen die Entdeckungen im Umfeld der IP, die den Entwicklungen im Westen oft um Jahrhunderte voraus waren; um nur die wichtigsten Stichwörter zu nennen: das heliozentrische Weltbild (Abu Reyan Biruni; Ikhwan as-Safa); die Lichtgeschwindigkeit (Alhazen), die Zahl Null *sifr* (Al-Khvarizmi).
- IP weist teils starke, teils schwächere Spuren von Performativität auf. Sie gehen in das Projekt einer zukünftigen performativen Interphilosophie ein.

Yousefi teilt die IP in drei Phasen ein: Einer Blütephase (8.-14. Jh.) folgen eine Übergangsphase (14.-19. Jh.) und eine ‚Kritische Gegenwartsphase' (19.-21. Jh.). Es kommen Philosophen und Philosophien zu Wort, die eine markante und zukünftig verwertbare performative Substanz haben.

Über allem wirkt eine durchgängig anzutreffende *antikonstative* Haltung (z. B. bei al-Khvarizmi; al-Ghazali, Ibn Khaldun), die sich aus drei Quellen speist: aus dem latenten Vorwurf des Eurozentrismus an die europäische Philosophie; aus den – insbesondere persischen – Wurzeln in Zoroastrismus und Sufismus; aus der allgegenwärtigen Überzeugung, dass Wahrheit nur über eine rotierende Intuition erkannt werden kann und sich der Verbalisierung entzieht.

Sohrewardi: Philosophie der Erleuchtung

Die „Philosophie der Erleuchtung", arabisch *ḥikma al-ishrāq* حكمة الإشراق, im Westen auch latinisiert „Illuminationsphilosophie" oder deutsch „Philosophie des Lichts" genannt, entstand im 12. Jahrhundert in Persien. Als ihr Begründer gilt Schahabeddin Sohrewardi; in späteren Phasen der IP vertreten auch die (gebürtigen) Perser Al-Ghazali, Mir Damad und Molla Sadra diese Philosophie, in heutigen Zeiten Allameh Tabatabai. *Ḥikma al-ishrāq* (persisch auch *hekmat ol eshragh*) ist, obwohl mit zoroastrischen und sufischen Wurzeln, in der Praxis klar dem fernöstlichen Zen-Buddhismus verwandt, der in China und Japan (und jetzt auch im Westen) als eine radikal performative Lebensform praktiziert wird. Sie geht davon aus, dass

- echte Weisheit nur durch Erleuchtung, durch göttliches Licht (*an-nur anwar*) erfahren werden könne (und nicht durch metaphysische Spekulation und rationale Argumentation).
- Intuition und Vernunft sich in einer neuen, unbeschreibbaren Einheit verbinden können, die beiden Dimensionen zugutekommt.
- der Mensch selber Strukturen des Makrokosmos und Mikrokosmos abbilden und sie im Sein vollziehen könne.

All das sind Axiome, die eine besondere Art des Antikonstativen zeigen, eine Art orientalischer performativer Grundierung von Philosophie/Weisheit, die persische, arabische und griechische Wurzeln und Seiten hat. Danach ist *ḥikma* keine Wissenschaft und kein Denkgebäude, sondern eine gelebte Existenzform und der *ḥakim* (der Weise) kein Buch-Philosoph, sondern einer, der mit seiner Philosophie eins geworden ist und sie selber durch sein Leben *verkörpert*.

Das *Licht* ist der Vernunft nicht nur überlegen, sondern es meint: Eine tiefe philosophische Erkenntnis ist ohne dieses Licht nicht nur nicht möglich, sondern in einer subtilen Weise sinnlos, substanzlos. Heute würde man sagen: Sie ist ohne Intuition nur grob-konstativer Natur und hat allenfalls dokumentarisch-pädagogischen Charakter. Sie *ist* nicht selbst das, was sie beschreiben will: Dies wird sie nur *durch eine handelnde Person*.

Für Sohrewardi gibt es nur intuitive Erkenntnis. Eine Person, ein Ding könne nur ganzheitlich und ad-hoc wahrgenommen, d. i.: geschaut werden, nicht aber über System und Kategorie. Die Einzigartigkeit des Objekts zeige sich nur im „Erkennen durch Gegenwart", einem Ereignis, in dem sich Subjekt und Objekt mindestens berühren, wenn nicht überschneiden. Dieser „Vorgang der Illumination" manifestiere sich *impromptu* im vollziehenden Bewusstsein: Dies würde man heute eine performative Erkenntnis nennen. Der Grundzug der *ḥikma al-ishrāq* ist ohne Zweifel performativ.

Viele, auch moderne Philosophen und Kulturwissenschaftler bringen die persisch-islamische *ḥikma al-ishrāq* immer wieder mit orientalischer Mystik in eine kausale Verbindung: Das schmälert und verfälscht den Wert der *ḥikma*, den sie gerade heute wiedererlangen kann. Dadurch wird die aktuelle Bedeutung von *ishrāq* womöglich wieder verschattet und eine mögliche Renaissance von islamischer Philosophie unnötig blockiert. IP ist keine mystische Esoterik, keine Sufi-Vision, keine *unio mystica*, sondern eine philosophische Wahrheit, die in den westlichen Philosophie-Traditionen vergessen oder verdrängt wurde (von wenigen, wie z. B. Martin Heidegger, aber angesprochen wurde). Wahrheit kann nur intuitiv erkannt werden: dadurch wird sie zugleich vollzogen. *Ishrāq*: die erste Quelle wahrhaftiger Erkenntnis, die vom *Licht der Lichte* angestrahlt und ausgestrahlt wird: Erst dann kommt eine Gestaltung durch Worte. Dies ist umso wichtiger, als viele islamische Philosophen heute von einer Neuausgestaltung der islamischen Philosophie sprechen, die sich im 21. Jahrhundert abzeichne – besonders wohl innerhalb eines neuen globalen Austausches zwischen Ost und West. „Neue Philosophie" („*al-djadíd*", Herei Yazdi) ereignet sich da zuallererst und ausdrücklich nicht im konstativ-dokumentarischen Modus, sondern durch Vollzug: durch Personen, die immer in emotionalen und kulturellen Welten rückgebunden seien (so Ibn Khaldun), d. h. innerhalb performativer Interaktionen der Beteiligten, letztlich im Dialog zwischen Ost und West. Islamische Philosophie muss darüber hinaus aus ihrer mystischen Zwangsjacke befreit werden, um ihr eine neue authentische Rolle in einer Weltphilosophie der Zukunft zu ermöglichen.

Ḥikmat al-ishrāq ist in ihrer Anlage, in ihrer performativen Dimension, in ihrer Teleologie, in ihrem Wesen verwandt mit Buddhismus und fernöstlichem Zen. Spuren finden sich auch in der griechisch-antiken Philosophie, so bei Emphedokles, bei Pythagoras, Anaxagoras und sogar bei Plato. (Manche behaupten, die griechische Philosophie habe selbst begonnen mit einem *beam of enlightenment*, der sich dann Menschen und Wörter gesucht habe. Offen bleibt auch, ob nicht in der Oralen Philosophie auch hiervon etliche Reflexe zu finden sein werden; es ist nur zu wahrscheinlich). Als genuin performativ-islamische Philosophie kann *ishrāq* ein wichtiger Baustein in einer zukünftigen globalen interkulturellen Philosophie sein. Heute führen bekannte IP-Philosophen dies auch *in der Methode* fort, so z. B. Allameh Tabatabai, der seine Neue Philosophie in einer performativ zu nennenden Weise selbst kreïert und nach ihrer Maxime lebt: „*falsafeye djadid*" (etwa: ‚Philosoph des Neuen'). Dies ist performativ getönte islamische Philosophie.

Die Ethik der islamischen Philosophie des *enlightenment* berührt andere Philosophien, die an sie anschließen, z. B. die Philosophie der Ikhvan as-Safa („Brüder der Reinheit"), die auf letzte Tiefenerkenntnisse des Selbst verzichten zugunsten einer universell wirksamen „dialogischen Mitmenschlichkeit", arabisch *inssaniyyat*, oder die Ethik der *assabiyyat* ‚Gruppensolidarität' (Ibn Khaldun). „Der Mensch erschafft sich und seine Welt stets von Neuem." (nach Quintern 2007) – so lautet die ethisch-performative Grundlinie.

Yousefi, Hamid R. (2016): Einführung in die islamische Philosophie. Die Geschichte des Denkens von den Anfängen bis zur Gegenwart. Darmstadt.

8. ‚Old Europe': *Kairós*

- In vielen Quellen von *Old Europe*, der sogenannten „Donauzivilisation", lässt sich immer deutlicher eine archaische Philosophie erkennen, die performative Züge aufweist.

Ein einheitliches, ganze Staaten oder Kontinente prägendes Prinzip der philosophischen Welt-Interpretation kann an vielen Orten auf dem Globus aufgefunden werden. Um hier einen ganzheitlichen Blick zu behalten, verlässt man besser zu enge Richtlinien von Zeiten und Räumen. Die letzten dunklen Wurzeln von *ubuntu* (Afrika), *pacha* (Südamerika) oder *ma'at* (Ägypten) reichen z. B. viel weiter zurück, als ihre diversen Feststellungen in jüngster Zeit im Rahmen der Interkulturellen Philosophie vermuten lassen. Zukünftige Forschungen zur Oralen Philosophie werden hier noch viele Überraschungen zutage fördern; möglich ist, dass die allmähliche Aufhellung des vorhistorischen philosophischen Hintergrundes auch eine universelle Philosophie der Zukunft beeinflussen, wenn nicht gar: formen wird. Die performative Perspektive hat sich dabei bis jetzt als fruchtbar erwiesen. Sie ist in vielen außereuropäischen Philosophien vorherrschend und ohne jeden Zweifel evident. Es ist ganz und gar unwahrscheinlich, dass ausgerechnet Europa, der altehrwürdige Hort der Philosophie, hier abseits stehen sollte.

Der alte Balkan, das archaische Südosteuropa, „Old Europe", erstreckte sich mutmaßlich im Vieleck des heutigen Serbien, Bosnien, Kosovo, Rumänien, Bulgarien und Teilen Griechenlands, also über den ganzen heutigen Balkan bis hinauf in die heutige Ukraine: Die „Donauzivilisation" ist vielleicht die älteste Hochkultur Europas und existierte ca. 6.000 – 3.000 v. u. Z., also lange vor der mesopotamischen, sumerischen und griechischen Epoche. Den Geist, der die materielle und geistige Kultur von *Old Europe* beherrschte, nennt sein langjähriger Erforscher Harald Haarmann „*kairós*" (Haarmann 2023). Was ist *kairós*? "The most significant connotation of *kairos* is experienced time as social construct and the energy flow released within the Self that makes *kairos* a navigator for an individual's self-identification. This self-identification reflects the synergetic interaction of the body, the senses and the mind and, in the search of the Self for social interconnectivity, *kairos* becomes a measure for the relationship in the sphere of the between-us." Die immer mitschwingende Vision in Haarmanns weitausgreifender *kairós*-Exegese ist, dass die spätere altgriechisch-antike Zivilisation ihre Werte nicht *ex machina* erfunden habe, sondern selbst gesehen werden müsse als eine dynamische Transfer-Station (er nennt sie „*turntable*"), in der alteuropäische mit autochthonen griechischen Impulsen fusionierten und etwas Neues erzeugten – eben das, was in Europa bis heute als Beginn von Wissenschaft und Philosophie tradiert wird.

Die Griechen meinten mit *kairós* ‚den rechten Augenblick', ‚das rechte Maß' im Sinne eines *γίγνωσκε καιρόν* oder des lateinischen *carpe diem*. Ihre Spuren findet Haarmann in allen Bereichen des individuellen und sozialen Lebens von *Old Europe*. Dort bezeichnete *kairós* eine archaische, humane, tief-ethische Lebensphilosophie, eine *Lebensform* – eine magische Größe, die in der gesamten Kultur zum Ausdruck kam. Das Wort ‚*kairós*' ist eines von Dutzenden, ja vielleicht Hunderten von Lehnwörtern, die das Griechische aus alteuropäischen Sprachen übernommen hat, wie z. B. auch so bedeutende wie *sophía, psychē, mýthos*. Übernommen wurden aber nicht nur Wörter, sondern auch ihre Bedeutungen und ihr Kulturwert; und das spricht für das Vorliegen von etwas, das wir heute „Philosophie" nennen würden. Keine Gesellschaft, keine Staatsform, auch kein Verbund von Siedlungen kann ohne einen verbindlichen Werte-Kanon auskommen.

Vor dem Hintergrund der seit dem Jahr 2000 aufblühenden Interkulturellen Philosophie (Ram Adhar Mall) und der voranschreitenden Rehabilitation der Oralen Philosophie ist dieser *kairós* ein *philosophischer* Begriff (und nicht nur ein Lexem für Chronologisches). Wenn die Wertigkeiten und die Eigenschaften des Prinzips *kairós* episch-explizit ausformuliert werden und in Begriffe gefasst würden, entstünde mit Sicherheit eine Philosophie *sui generis*, eine Philosophie des *kairós*, eine Ethik, eine Anthropologie des *kairós*. Mit anderen Worten: Es liegt hier eine Philosophie des implizit-oralen Typs vor. Zu Ende gedacht bedeutet das: Es ist nicht ausgeschlossen, dass *Old Europe*, der Entstehungs- und Wirkort von *kairós*, ein weiterer Geburtsort der Philosophie war – so wie es China, Indien oder Ägypten auch waren.

Haarmann (2023) identifiziert 15 Kulturbereiche (*kairós* 1 – *kairós* 15), die den *kairós*-Geist (und die Einzigartigkeit von *Old Europe*) widerspiegeln sollen. 5 befassen sich mit Philosophie (d.h. Naturphilosophie), 2 mit materieller Kultur und 8 mit einer weitausgreifenden geistigen Kultur. *Kairós* steht als übergreifendes Lebensprinzip für alle Werte; *kairós* ist das Symbolwort für deren transzendentale Quelle. Haarmann nennt passim diese Werte, im Stichwort: *egalitarian spirit, interconnectivity, balanced community life, common market, fair trade, gender equality, cooperation, participation, migration conditions, diversity of art, spiritual transcendence, self-awareness, mindfulness.* Erstaunlich, wie aktuell, wie zukunftsträchtig diese Liste angesichts der Welt-Situation im Jahre 2024 anmutet; erstaunlich, wieviel performatives Potenzial sich hier zeigt; und erstaunlich erst, wieviel Parallelen zu Philosophien anderer Kontinente sich hier auftun. *Kairós* steht nicht nur für einzelne Werte, sondern für ein ganzes Fundament, für eine tiefe ethisch-spirituelle Grundierung des ganzen sozialen Lebens.

Kairós also: eine *Philosophie*, auch wenn es bis heute keine explizite „Philosophie des Kairós“ zu geben scheint; eine Philosophie, die nicht nur die metaphysische Weltdeutung im Sinn hat, sondern auf die gesamte *Lebensform* ausstrahlt. *Kairós*-Philosophie ist, wie die Anfänge aller Philosophie, im Kern Naturphilosophie – insofern ist sie ganz und gar aktuell. Ihr verantwortlicher Repräsentant ist das Individuum, *jedes* Individuum – und dies ist eine *persona*-bezogene Anlage, die sich auch in afrikanischen und südamerikanischen Philosophien findet. Der Mensch schwingt im Rhythmus der Natur und strahlt das in alle Bereiche des Zivilisatorischen aus.

Es ist bis jetzt noch nicht überall zum Standard historischen Wissens geworden, dass die traditionell als antik-griechisch geltenden Komplexe Olympia, das Bühnen-Theater, das Versmaß des Hexameters und viele Dinge der materiellen Kultur ihre letzten Wurzeln höchstwahrscheinlich in Alteuropa haben. Es liegt jedoch nahe und sollte heute zum historischen Grundwissen Europas gehören: Die Fülle der Lehnwörter im Altgriechischen und das, was sie bezeichnen, sprechen eine überaus deutliche

Sprache. Hier haben die Archäologen und Paläokulturologen das letzte Wort, über eine Revision des Diskurses und letztlich über die Wurzeln der europäischen Wissenschaftlichkeit zu entscheiden. Die Zeit dafür scheint reif.

Kairós hat aber immer schon eine, wenn auch lose, Verbindung zur Philosophie. Man kann sie von der Antike bis heute verfolgen. Zu nennen sind Plato, Aristoteles, Pythagoras, die Sophisten. Inzwischen gibt es eine *politische* Philosophie des Kairos (Neupert-Doppler 2020), die die Geschichte nach Kairos-Momenten absucht. Und Hegel, Heidegger, Giorgio Agamben oder Antonio Negri und andere verwendeten *kairós* klar in einem philosophischen, z. T. sogar rein-ontologischen Sinn. Auch haben sich Walter Benjamin, Paul Tillich, Ernst Bloch und andere um eine philosophische Fundierung des *kairós* verdient gemacht (Neupert-Doppler 2020, 7–22). Es ist heute möglich, diese archaische Form von Philosophie noch weiter zu spezifizieren: Viele Indizien sprechen dafür, dass *kairós* – in antiken Zeiten wie auch heute – eine semantisch-pragmatische Komponente von Performativität aufweist (und hier an archaische Philosophien auf anderen Kontinenten anschließt).

Kairós – eine performative Größe?

Kairós scheint über seine rein-philosophische Affinität hinaus ein Begriff mit einem starken *performativen* Anwendungspotenzial zu sein. (Einen *kairós* kann man ohnehin nur realisieren durch einen performativen *Akt.*)

- *Chrónos* ist die objektive, messbare, festlegbare Zeit: Es ist eine konstative Größe. *Kairós* ist die subjektive, empathische, erlebte Zeit der Handlung-im-Augenblick, des Seins im *Hier&Jetzt*: Es ist eine performative Größe.

Dies ist u. E. der eigentliche Unterschied und die innere Substanz des *kairós*. *Chrónos* ist horizontal und seriell, *kairós* dagegen vertikal und auf-dem-Punkt. *Kairós* ist ohne Zweifel viel älter und sicher mythisch grundiert. *Kairós* konnten die Alteuropäer nur erkennen und ins Werk setzen, in Realität verwandeln, wenn sie es – wo und wie auch immer – durch Akte des Sprechens und Handelns taten.

Wenn *kairós* eine Philosophie ist, dann ist es eine Philosophie, die das verantwortliche *Handeln* des Einzelnen in die erste Linie stellt, und zwar nicht irgendein Handeln, sondern eines, das in einer allgemeinen Ethik verankert war und dann performativ zu seinem alltäglichen Ausdruck kam. Es liegen genügend Hinweise auf starke Grundzüge vor, die *kairós* mit Performativität verbinden, auf verschiedenen Ebenen: vom starken performativen ad-hoc-Vollzug bis hin zu schwächeren Pragmatica:

- „Wer einen Kairos verkündigt, hilft, ihn zu erschaffen." (Paul Tillich)
- In der Apartheidsbewegung bezeichnete *kairós* jenen Augenblick, an dem ein Dokument *gesprochen* und in Kraft gesetzt wurde. Nach J. L. Austin: der performative *kairós.*
- für Carl-Gustav Jung ist *kairós* der unhintergehbare Moment der Synchronizität, ein Punkt der Verschränkung, ohne Ausdehnung und ohne Erklärung – ein performatives Mysterium.
- In der Religion ist *kairós* der Zeitpunkt, an dem Gott unwiderruflich handelt oder
- das Individuum zwingt, zu entscheiden und zu handeln (*HIER&JETZT*).
- *Kairós* ist eine messianische Erfüllung, die die Reihe der *chrónos*-Stationen unterbricht (Giorgio Agamben).
- Karl Marx, der „Philosoph des Kairos" (Neupert-Doppler), pflegte die Vision des *kairotischen Zeitpunktes*, die Welt zu verändern.
- für den US-Philosophen Richard Dewey zählen auch die prälokutiven Umstände und die perlokutiven Folgen des (Sprech-)Handelns zum *kairós* – also performative Essenziale.
- Oft finden sich in Umschreibungen des *kairós* Synonyme für *Kraft, Energie, Aktion,* engl. *force*, die in der Performativitätsforschung seit Austin und Searle ein stetiges Phänomen sind.

Kairós – eine philosophische Größe – hieran besteht eigentlich kein vernünftiger Zweifel. Wenn sich die These einer *Old-Europe*-Philosophie weiter entwickelt und expliziert werden wird, muss eine zukünftige Geschichtsschreibung der Philosophie dies berücksichtigen.

In der Rückschau ist *kairós* in *Old Europe* ein übergreifendes philosophisches Konzept für eine ethisch gute Lebensführung. Durch das stetige *performing*, das stetige In-Kraft-Setzen des *kairós* mit der Energie jedes Einzelnen wird das Überleben, das gute Leben der Gemeinschaft gesichert. Griechisch *to agathón* ‚das Gute‘ in Platos staatsphilosophischem Sinn – auch dies ist ein vorgriechisches Lehnwort aus Alteuropa. Sehr ähnliche Konzepte sind ja bereits, s.o., für archaische Philosophien in Ägypten (*ma'at*), in Schwarzafrika (*ubuntu*) oder in Südamerika (*pacha*; *chakana*) identifiziert worden – ohne dass hier Verbindungen bestanden hätten: eine „Achse“ eigener Art, quer durch die Raumzeit. Alle diese sind Urwörter für eine Lebensform, die vom performativ wirksamen Handeln verantwortlicher Individuen lebt, aber transzendental verankert ist. Auffällig ist im Übrigen, dass sich diese frühen Ethiken geographisch im Umfeld großer Flussläufe ausgebildet haben: Donau, Nil, Kongo, Amazonas (s.a. Mesopotamien) – und sich so unter günstigen ökologischen Bedingungen entwickeln konnten.

Haarmann, Harald (2023): Kairos. Human Responses to the Flow of Time in the Dynamic Formation Process of Western Civilization. Hildesheim.

9. Spuren performativer Philosophie in Europa

In der klassischen Philosophie Europas gibt es mehr performative Spuren, als man nach einem ersten Überblick hatte vermuten können. Dies ist ohne Zweifel das erste Resultat, das sich ergibt, wenn man mit einem neuen unbestechlichen Blick auf die Philosophen blickt und ihre Werke aus einem anderen Blickwinkel sieht. Dass es in der europäischen Tradition bislang keine dezidierte, explizite Performative Philosophie in dem hier verwendeten Sinn gibt, hat vor allem diese Gründe:

- Konstative Behauptungsphilosophie hat in Europa historisch einen gewaltigen Überhang, der nicht in kurzer Zeit ausgeglichen werden kann.
- Die etablierte Philosophie in den Akademien, an den Universitäten und in ihren Standard-Ausprägungen ist auf eine Umwertung, eine Neuwertung der Philosophie nicht eingerichtet.
- Der Begriff ‚performativ' im Leitbegriff ‚Performative Philosophie' hat eine rhizom-artige Ausdehnung, die sich einer konventionellen Systematisierung widersetzt. So lassen sich dialogische, phänomenologische, stilistisch-explosive, pragmatisch-kommunikative, prozessuale und metaphilosophische Versionen (die Liste ist nicht begrenzt) feststellen, die auch verschiedene Gradabstufungen der performativen Stärke zeigen.

Ein Leitbegriff ‚performativ' taucht – wie auch außerhalb Europas – in einschlägigen Philosophie-Titeln und bedeutenden Primärtexten so gut wie nicht auf. Es sind eher Miszellen. John L. Austins Behandlung von ‚performativ' bleibt rein linguistisch und auch eine Verbindung von ‚performativ' mit ‚Philosophie' im Titel verbleibt noch ganz im linguistischen Umfeld (Villers 2011). Antonio Cimino spricht aber bereits von „Heideggers performative[r] Philosophie des faktischen Lebens" (Untertitel), Federico Celestini von Nietzsches „performativem Denken". Eine aktuelle, didaktisch und künstlerisch motivierte Bewegung hat sich die populistische *performance einzelner Philosophen* auf die Fahnen geschrieben: *„philosophy on stage"* (Rainer Totzke, Christoph Müller, Arno Böhler). Dies ist keine performative Philosophie *stricto sensu*, sondern ein künstlerisches Produkt aus *performance*, *events* und Experiment. Insgesamt bezeichnen ‚performativ' und ‚Philosophie' kein philosophisches Projekt: Ihre Assoziation bleibt immer noch sporadisch, zufällig, einseitig und ist oft zeitgeistverhaftet.

‚Performativ' ist also keine Bezeichnung für irgendeine nachhaltige *philosophische* Version von Philosophie. ‚Performativ' ist streng-philosophisch so gut wie unbekannt, wird nicht substanziell oder systematisch verwendet. Trotz dieser im Grunde defizitären Lage ist es eine große Aufgabe zukünftiger Philosophie und Philosophie-Geschichtsschreibung, die offenbar noch weitgehend unterirdische Ader der Performativität europäischer Philosophie ans Licht der Zeitläufe zu holen und die losen Enden zu einem starken Geflecht zusammenzuführen.

Bei großen Philosophen – Plato, Kant, Nietzsche, Hegel, Heidegger, Gadamer, Habermas – wird deutlicher als anderswo, dass der *Vollzugssinn* des Philosophierens eine immer größere Macht gewinnt gegenüber dem schieren *Inhalt* der Argumentationen. In der *Wirkung* kann er ohne Weiteres an diesen anschließen und zu ihm aufschließen (noch gar nicht abzusehen, was das für die Rezeptionsgeschichten bedeutet!). Hier tut sich ein weites Spielfeld für eine performative Geschichte der Philosophie auf. Durchaus denkbar ist, dass die Übermacht des Vollzugssinns von Philosophie – also eines hochangesiedelten performativen Horizonts – die philosophisch-propositionalen Inhalte – also das Konstative – auf eine stetig sich verändernde Weise neu erzeugt und gewichtet. *Die Macht des Lesers wächst.* Es geht dabei um eine dreifache Sicht: das Vollziehen der philosophischen Inhalte, das Sich-selbst-Vollziehen des Philosophen und, quasi im Jenseits der Texte, das Vollziehen des Lesers von Text, Autor und von sich selbst.

Noch einmal: Sokrates und Plato

Über die dialogische Singularität hinaus (Kap. III, 9) steht Plato ebenso für die andere Seite: für eine weit ausgreifende kommunikative Performativität, ausgestaltet in seinen berühmten 34 Dialogen. Es ist kein geringes Paradox, dass die klassische europäische Philosophie, der ja pauschal ein idealistisch-metaphysischer Beginn (und über lange Zeiten ein ebensolcher Verlauf!) unterstellt wird, gleich mit performativen Paukenschlägen beginnt. Sokrates entwickelt (nach Platos schriftlichen Zeugnissen) seine Philosophie über seine spezielle Methode, durch Kommunikation, also mündlich, in dynamisch und unvorhersagbar fortschreitenden Dialogen. Schon diese Merkmale umreißen eine ganz und gar performative Methode: Sie besteht aus Rede und Gegenrede, entwickelt sich über den performativen *impact* der Äußerungen fort, erzeugt ein augenblickliches Spontan-Verstehen und verfolgt damit ein von beiden Partnern unbewusst anvisiertes „Ziel". Die Methode ist ein Gewächs des Marktplatzes, des Außen, der Gemeinschaft, des hellen Tages, der Praxis, der unmittelbaren Kommunikation. Sokrates' Dialektik nutzt dabei geschickt jene *différence* (Derrida), die allen Texten sukzessive eigen ist und die man nicht explizit einholen kann: Sie treibt den Dialog voran. Sokrates versucht, in jeder Replik eben jene aufscheinende Leerstelle der semantischen Differenz zwischen den Repliken zu erwischen, füllt sie dann mit einer Behauptung auf, was wieder eine nächste Leerstelle erzeugt usw.usw. Die Rezeption hat dies eine „maieutische Methode", die „Hebammen-Methode", genannt, weil sie zuletzt zutage fördert: die Erkenntnis des eigenen wie des fremden Nichtwissens, aus der dann in einer performativen Kehre eine neue Erkenntnis darüber erwachsen kann, was *Tugend* ist, was *Freiheit*, was *Zeit* etc. *‚Ich weiß dass ich nicht weiß'* heißt übersetzt auch: *‚Ich weiß nicht, was als nächstes kommt'*. Will man Sokrates als den Startpunkt der griechischen Philosophie stehen lassen, dann muss man sagen:

- Der Beginn der europäischen Philosophie vollzieht sich in reiner Performativität im heutigen Sinne.

Schaut man genau hin, dann haben sich bereits in der Vorbereitungsphase um 500 v. u. Z. Spuren verfestigt, die in heutiger Sicht ohne jeden Zweifel als performativ bezeichnet werden könnten. Heraklit von Ephesos vertritt klar eine antikonstative Sicht auf eine Welt, in der Fließen, Werden, Veränderungen und Tun alles Konstative dominieren, wenn nicht: ausschalten. In diese Linie gehören im Gefolge von Sokrates auch Kyniker wie z. B. Diogenes von Sinopē: Sie zelebrieren ihre Existenz, indem sie Lebensform und Philosophie gleichsam *zusammen* vollziehen, sie im direkten Wortsinn: *verkörpern.*

Plato war der erste, der die Praxis der mündlichen Philosophie in seinen berühmten Dialogen festhielt (mit Sokrates als Hauptfigur, Kap. III, 9). Platos konsequente – wenn auch fiktive – Mündlichkeit trägt dazu bei, das performative *Defizit* des schriftlichen Modus zu zeigen und so zugleich seinen eigenen performativen Modus als Philosoph ins Werk zu setzen. Wie macht er das? Er lässt seine Protagonisten – wie in einer inszenierten Theateraufführung – auf der Textbühne auftreten und sich Schritt für Schritt in das Gespräch verstricken, sodass er jenseits davon oder oben drüber die Fäden seiner Philosophie ziehen kann. Plato lässt seinen Helden Sokrates mit dem impliziten Wissen seiner Partner spielen, indem er sie mit expliziten Repliken beschießt, die vordergründig erst einmal logisch und rational daherkommen. Er erzeugt damit – vielleicht mit Absicht – ein stetiges konstativ-performatives Paradox, eine unauflösbare dynamische Verflechtung der Sprech-Modi, die den Gesprächsfluss vorantreibt und die kleine Welt des Dialoges fortwährend verändert. (Dass die Gesprächspartner dies durchgängig mit sich machen lassen, ist ein Kunstgriff des platonischen Drehbuchs, den wir hinzunehmen haben). So ist es möglich, ja wahrscheinlich, dass philosophische Aussagen bei Plato nur dann im Letzten wirklich authentisch sind, wenn sie im performativ-mündlichen Modus daherkommen.

Ein weiterer performativer Grundzug der platonischen Philosophie ist eine durchwaltende *Unbestimmtheit* der Ansichten und Thesen, die nicht unbedingt auf Platos persönliche Ansichten reduziert werden können. Die offiziöse Philosophie Europas beginnt also gleich mit der Übermacht einer performativen Methode. Und wenn Alfred N. Whiteheads unsterbliches Bonmot („*die ganze europäische Philosophie eine Fußnote zu Plato*") stimmen sollte, dann betrifft das auch die Methode (wie und warum es dann später zu einer so rigorosen Verdrängung des Performativen kommen konnte, steht auf einem anderen Blatt). Die performative Methode erzeugt bei Plato eine ebenso mächtige konstative Kehrseite: Über diese wird ein konkretes Substanzwissen über Begriffe und Werte, über Welt, Kognition, Staat und Menschenwesen erzeugt, das die Grundlage ist für jene in Europa maßgebliche *Behauptungsphilosophie* (die heute offensichtlich dabei ist, überwunden zu werden). Stichwörter sind die Ideenlehre, die Ethik, die politische Philosophie und anderes. Die Methode also ist performativ, die

Inhalte sind es *nicht*. Und auch die Begriffe sind – natürlich – nicht *selbst* performativ.

Neuere Forschungen zeigen, dass Plato sich selbst einige Zeit in (dem heutigen) Libyen, in Ägypten und Süditalien aufgehalten und hier vielfältige Einflüsse, künstlerische wie philosophische, mitgenommen haben muss. Mit Sicherheit hatte er eine starke lyrische, dramatische Ader, verwendete dichterische und mystische Mittel; er hätte auch ein Dichter werden können. Wahrscheinlich ist, dass er vor allem die Form der konstativen Lehrschriften seiner Zeit überwinden wollte; deshalb hielt er den Dialog für die effektivste Form, Philosophie zu vermitteln. Dass über die Dialogform dann eine ganze konstativ-philosophische Welt erzeugt worden ist, ist durchaus ein performatives Paradoxon. Es gehört zur Dialektik der Entstehung philosophischen Wissens.

Platon (2013): Die großen Dialoge. Aus dem Griechischen von Friedrich Schleiermacher. Köln.

Immanuel Kant

Kant steht bislang nicht im Verdacht eines performativ denkenden Philosophen. Viele halten ihn, im Gegenteil, für ein Musterbeispiel an spekulativer, weitausgreifender, ja: maximaler Konstativität. (Dies belegt der immer noch anhaltende, weltweite Hype um Ethik und Vernunft anlässlich seines 300. Geburtstages im April 2024). Wie Aristoteles gilt er in Europa als der Schöpfer einer himmelhohen konstativ-systemischen Kathedrale aus Begriffen und Kategorien. Und doch lässt sich in Kants riesenhaftem Textgebäude ein performativer Grundzug identifizieren, der wahrscheinlich eine logische Frucht der Kantischen philosophischen Aktionen insgesamt darstellt und sich gewissermaßen im Verlauf des ausgedehnten Philosophierens (auch des schriftlichen) wie von selbst eingestellt haben mag: Ausläufer einer allgemeinen performativen Konstante. Nach Cimino verweist Kants philosophisches Denken denn auch nicht ausschließlich auf ein abstraktes System von philosophischen Lehren (dies ist die Illusion des naiven Lesers), sondern ist zugleich gekoppelt an den impliziten Austin'schen ‚performativen Hypersatz' „*Ich vollziehe* [*philosophierend*] *hiermit* ..." und an seine Implikationen, d. h. vor allem: an das Sich-Verhalten zur Sache selbst – also zu dem, was man als Philosoph *tut*: an den *Vollzug* des eigenen Philosophierens. Eine künftig mögliche performative Revision Kants müsste sich zuerst mit der Frage befassen, ob der Kern der ‚Reinen Vernunft', also die Möglichkeit erfahrungsunabhängiger synthetischer Urteile, als ein Performativum im Menschlichen von vornherein implementiert ist, und ob nicht der agierende Mensch solche synthetischen Urteile stetig selbst erzeugt und in der Lebenspraxis *anwendet*. (Malter 12 entdeckt in Schopenhauers Werk „den *unmittelbaren Vollzug* präsenten Erfahrens von Lust und Schmerz" als Grundzug Schopenhauerscher Metaphysik: also einen klar performativen Zug). Hier mag man bereits angedeutet sehen, dass das riesige Werk deutscher Philosophie noch auf seine detaillierte performative Analyse wartet: Es ist eine Sache der Zukunft.

Georg Wilhelm Friedrich Hegel

Es überrascht nun nicht mehr, dass in eben solch spezieller Perspektive (s. Cimino 2013) auch bei Hegel performative Spuren entdeckt wurden: dezidiert in seiner frühen „Phänomenologie des Geistes", allgemeiner und hochgerechnet wohl auch im Gesamtwerk. Denn es geht gleich um den berühmten Hegelschen Prozess der Dialektik, der der Erfahrung zugrunde liegt. Wir brechen die performativen *essentials*, die Cimino bei Hegel ausmacht, auf einen kompakten Vierer-Korb der Kernaussagen herunter (weil es – angesichts des Hegelschen Monumental-Werks – im Rahmen dieses Buches (noch) nicht anders möglich ist). Wenn es stimmt (was nur die fortgeschrittene Hegel-Forschung bestätigen kann), dass

- Hegel theoretisch trennt zwischen den konstativ-sachlichen Philosophemen auf der einen Seite – und ihrem *Vollzug* qua Philosophieren auf der anderen Seite;
- Hegel sich in der Praxis des Philosophierens abwendet von der Erfahrung als eines konstativ-festgestellten Blocks und die Vision einer

Erfahrung hat, die sich in einem Prozess und zusammen mit ihrem Gegenstand dynamisch und offen fortentwickelt;
- Hegel die Negation – die ein zentraler Teil seines dialektischen Welt- und Geschichtsbildes ist – als eine performative Methode sieht, sich vom konstativen Sachstatus einer Erfahrung zu entfernen und dadurch neue Erfahrung zu erzeugen;

dann „ist [Hegels] phänomenologische Erfahrung imstande, den performativen Grundsinn der faktischen Lebensvollzüge wiederzugewinnen." (Cimino 42). Letztlich ist Hegels Dialektik des weltgeschichtlichen Prozesses jenes zentrale Spielfeld, das eine performative Hegel-Interpretation in Zukunft beschäftigen muss. Möglich ist, dass der Geist, der auch im Menschen zu sich selber kommt, dies nur in performativen Akten tun kann.

Friedrich Nietzsche

Nietzsche ist einer der Väter einer Performativen Philosophie *avant la lettre*, ganz ohne Zweifel, ein Leuchtturm an explosiver Performativität. Obwohl die Nietzsche-Forschung ganze Bibliotheken füllt, ist das tief-performative Wesen seiner Philosophie als solches bis heute in seinem ganzen Umfang nicht wirklich erkannt. Die Musikalität seiner Sprache, Paradoxa, Explosivität, Flexibilität, Antiintellektualismus und Antikonstativität orchestrieren geradezu die Performativität des Werkes. Der Innsbrucker Philosoph Federico Celestino, der Nietzsches ‚Musikphilosophie' (!) untersucht, stellt bei ihm in Inhalt, Form, Stil und Leserbezug des Werks eine ganze Phalanx performativer Züge fest. Und Nietzsche war darüber hinaus, mit Augustinus, Kierkegaard, Rousseau oder Novalis, einer, der seine Philosophie selbst *gelebt* hat: eine urperformative Großtat.

Dass Philosophie Kunst ist, Dichtung, tiefer Vollzug, Körper, Expression, Ereignis, Mündlichkeit, magisch und archaisch und aus vorsprachlichen Quellen schöpfend, dass sie in ihrem heißen Kern vital sein muss, will sie nicht nur Hülle und Satzskelett und Sache sein – wer hätte das eindringlicher gezeigt, ja: verkörpert, wenn nicht Nietzsche. Das äußere Zeichen dieser performativen Aura ist die Sprache, genauer: der Stil. Überall stoßen wir im Werk Nietzsches auf diesen seinen Stil, der mitnichten konstativ beschreibt, sondern immer: explosiv vollzieht, „ein Verführer“ (Linda Simonis). Nietzsche verführt seinen Leser, mit ihm mitzufühlen, mitzuschreien, die existenziellen Windungen und Wendungen immer gleich mitzuvollziehen. *Urtümliche Expressivität* bildet von Anfang an ein Amalgam mit der performativen Wellennatur von Nietzsches Stil, inhaltlich fundiert in der ‚Geburt der Tragödie‘: Der Kampf zwischen dem Apollinischen und dem Dionysischen – eine Art Grundierung der europäischen Psyche – bestimmt auch den Fortgang von Nietzsches Werk. Bei ihm erhält das Performative eine extreme, extraordinäre, expressionistische Lesart, die ganz mit der Person und dem Stil verbunden ist: Dieser Stil, unverwechselbar und unnachahmlich, ist das äußere Zeichen für Nietzsches Sprachmacht, deren Gewalt in Deutschland nicht ihresgleichen hat – in der überschießenden Dimension vielleicht an Homer oder James Joyce erinnert. Sein Stil ist das formale Zeichen seiner performativen Macht.

Dieser sein Stil sei, so Simonis, gekennzeichnet durch „Verkörperung“, „Mündlichkeit“, Einbeziehung des Lesers, Situation, Theatralik, Gestik, Rhythmus, Emotion und Sinnlichkeit und ein unhintergehbares *ad-hoc*, einen Überschuss an Kontingenz. Performativ auch die *Form* der Philosophie: Nietzsche verlässt überall das konstativ-statische Satz- und Textgebäude, bricht den alteuropäisch-philosophischen komplexen Aussagesatz auf seine Quellen herunter, schießt mit Aphorismen, kurzen Sentenzen, Fragmenten, Facetten und reißt durch seinen „rhapsodischen Stil“ (Michael Tanner) dunkle Brüche auf, mit denen er den Leser mithineinzieht in den Sturm seiner Wortflut. Jeder Satz ein Wurfgeschoss – diesen Eindruck hat der Leser oft. Nietzsche macht ihn dadurch zum Mitwisser, zum Komplizen, zum Mitverschwörer, der sich mit ihm gegen den Konstativismus, d. i.: den Konservativismus der traditionellen Philosophie, gegen das Christentum, gegen die bürgerliche Moral, für die Umwertung alles Kulturellen verbündet und alles mit dieser Umwertung aufsprengen will. Den Anderen direkt miteinbeziehen – ein performativer Grundzug.

Nietzsches Gesamtwerk ist eine Fundgrube, ein sprudelndes Füllhorn für alles Performative. Die australische Philosophin und Nietzsche-Expertin Fiona Jenkins (Canberra) sieht z. B. im *Ecce Homo* die Vision einer

„performativen Identität" aufleuchten. Und eine plausible Hypothese sagt, dass Facetten, Varianten einer solchen neuen (multiplen?) Identität noch an vielen Stellen seines Werks gefunden werden können. Aus diesem greifen wir nur den „Willen zur Macht" heraus, auch weil hier ebenfalls das Wort vom Performativen auftaucht: Das dritte Buch, überschrieben mit „Prinzip einer neuen Wertsetzung", wartet geradezu auf seine performative Analyse. Auch ist dieses Werk ja sein Nachlass, in dem, so kann man vermuten, das Performative noch einmal final reformuliert wird, in einem letzten vitalen Ausdruck gewissermaßen. Gerade am Werk nach dem Werk lässt sich vielleicht noch einmal umso deutlicher belegen, „dass Nietzsches Schreib-Denk-Praxis sich durch einen Prozess der performativen Durchdringung der eigenen Ideen charakterisiert." (Axel Pichler). Dies scheint gegen Ende seines Schaffens zu kumulieren: „Die spätere Lehre des Willens zur Macht lässt sich als Entwurf einer Philosophie des Performativen deuten." (Celestini). Der ‚Wille zur Macht' – eine unaufhörliche Kaskade, ein Katarakt, der nicht nur eine Philosophie des Performativen *sui generis* sein kann, sondern dies auch über die Form ausdrückt – bis heute eine Seltenheit und ein *performativum specificum*. Nirgendwo überwölbt das Performative seinen konstativen Horizont so übermächtig wie in Nietzsches Werk.

Martin Heidegger

Heidegger ist ein Musterbeispiel dafür, dass das Performative über lange Zeit im Bergwerk einer Philosophie verborgen liegen kann, so lange, bis es durch einen mutigen und inspirierten Menschen entdeckt wird. Heideggers Werk, besonders die frühen Vorlesungen um 1900 und später ‚Sein und Zeit' von 1927, sind ein Musterbeispiel dafür, dass das performative Potenzial von philosophischen Werken in der Forschung weder als solches anformuliert, noch von ihr überhaupt recht erkannt wird. (Womöglich ist dies eine Art ‚Normalfall' in der Philosophie-Rezeption, ein standardisierter *performative failure*, der in seiner wahren Ausdehnung noch nicht erkannt ist).

Ob Heideggers Philosophie, genauer: seine Ontologie, performativ genannt werden kann (und wenn ja: in welchem exakten Sinne), entscheidet sich anhand einiger Fragen. Sie klingen bei Cimino an, werden aber durch seine abstrakt-akademische Sprache oft eher verdunkelt als erhellt. Heidegger selbst verfügte über eine untrügliche „hermeneutische Intuition", deren performatives Wesen ihm implizit klar war, und die in seiner Begrifflichkeit zum Ausdruck drängte. Die fünf wichtigsten Fragen sind:

- Geht es bei Heidegger um den unmittelbaren Vollzugssinn, die „Vollzugshaftigkeit" des faktischen Lebens, die nicht nur existenzialistisch gefärbt ist, sondern auf einer klaren, dekonstruierten Phänomenologie (in Husserls Nachfolge) aufbaut?
- Sendet Heidegger eine stumme performative Analyse in Austin'schem Sinne – so, dass über seinem Werk ein *performativer Imperativ* liegt, der den Leser auffordert, ja: zwingt, die philosophische Aussage in der ersten Person Singular („*Ich vollziehe hiermit* ...") mitzuvollziehen, ja: mitzuleben?
- Vollzieht Heidegger, z. B. über seine verfremdete Terminologie, diesen *performative turn* in der Philosophie selbst? Und wenn ja: mit welchem *impact*? War ihm das in dieser paradigmatischen Schärfe bewusst oder bewegte sich alles eher unbewusst-dunkel, d. h. als ein *stummer Vollzug*? Soll seine Sprache vielleicht in archaischer Diktion jene „praktischen Lebensbewältigungsprozesse widerspiegeln" (Bettina Kremberg), in die Menschen verwickelt sind und die performativ ausdeutbar sind? Oder ist seine Fremd-Sprache ein adäquates Mittel, das über entfremdete *signifiants* – und nur auf diesem Wege – ein neues, ein (noch dunkles) performatives *signifié* bezeichnet?
- Gestaltet Heidegger seine Philosophie *in actu scribendi* selbst erst fortlaufend inhaltlich aus? Ist sein Schreiben *als solches* und damit seine Philosophie – *prozess-performativ*?
- Gibt es auf der faktisch-konstativen Ebene der Heidegger-Texte tatsächlich um den noch stummen Entwurf einer performativen Philosophie (oder lediglich um Fundamentalontologie)? Falls ersteres zutrifft: Warum hat Heidegger dann in seinen letzten Jahrzehnten den Ausdruck ‚performativ' *nicht* benutzt? Er müsste ihn aus der englischen Analyti-

schen Sprachphilosophie gekannt haben; vielleicht war ihm der Ausdruck zu „unphilosophisch", zu anglophon oder eben: nur linguistisch.

Eine plausible und begründete Intuition sagt dies: Heidegger selbst mag den eigenen revolutionären Impetus seiner philosophischen Sicht gespürt haben – deutlicher jedenfalls als die Heidegger-Rezeption dies tat – konnte jedoch nicht über die linguistischen Spezialkenntnisse (im Gefolge von Austins ‚How to do things with words') verfügen, die in diesem Fall unabdingbar scheinen. Und zum Zweiten: Vermutlich hat Heidegger als Philosoph und Ontologe des 20. Jahrhunderts eine Art implizit-performativer Philosophie betrieben – gewissermaßen als Vorstufe zu einer Philosophie, die in einer explizit-analytischen Version die Philosophie dann selbst als Ganze auf eine neue performative Ebene hebt (und dies in ihrer Sprache anzeigt). Diese Fragen wird eine performative Revision (Metarevision) der Heidegger'schen Philosophie zu klären haben.

Jürgen Habermas

Die kommunikative Philosophie von Habermas aus dem letzten Drittel des 20. Jahrhunderts nur unter einem Etikett ‚performativ' zu verbuchen, wäre reichlich verwegen und wahrscheinlich eher irreführend als zielführend. Und doch: Habermas' philosophischer Entwurf der ‚Kommunikativen Kompetenz' hat eine starke performative Seite und ist über sie sozial hochrelevant. Habermas ist auch einer der wenigen großen Philosophen, die die Quelle aller Performativität, Austins analytisches Werk der *performative utterances*, in einer Philosophie ausgeschöpft und substanziell in sie eingebaut haben.

Nota bene: Diese starke performative Komponente ist in ein konstatives Rahmenwerk eingepasst – und dies ist das Besondere, wenn man will: das Alleinstellungsmerkmal von Habermas' kommunikativer Philosophie. In dieser Hinsicht ist sie in der deutschsprachigen Philosophie eine große Ausnahme. Habermas' Ziel war es, das Funktionieren der Gesellschaft sprechakttheoretisch zu begründen. Klassisches Fundament war die (damals noch junge) Sprechakttheorie von Austin und Searle und die Doppelstruktur des Sprechakts, dessen illokutiv-performative Seite den Verwendungssinn der sachdarstellenden Proposition festlegt: *„Ich empfehle dir Island im Herbst.“* Dieser Verwendungssinn kann kognitiv, emotional oder sozial oder noch anders sein. Dreh- und Angelpunkt der performativen Komponente ist die ‚Ideale Sprechsituation‘ (Habermas). In ihr können die wechselseitig als vernünftig unterstellten Geltungsansprüche der Kommunikation (*Verständlichkeit, Wahrheit, Richtigkeit, Wahrhaftigkeit*) diskursiv und über die entsprechenden Sprechakte (z. B. *etwas anzweifeln*) überprüft werden, um die ‚Chancengleichheit‘ der Kommunikanten zu gewährleisten. Habermas benutzt die linguistische Wende der Sprechakttheorie um 1962, um im Namen der Performativität die Gebundenheit der Gesellschaft an ihre Normen und Regeln zu beschreiben. Die Gesellschaftstheorie wird auf die Ebene der *Kommunikation* gehoben und erhält dadurch eine metakommunikative Note: Diese Art der „Performativierung“ bezieht sich ausschließlich auf das kommunikative Potenzial der Individuen und passt den performativen Faktor *systemisch* in eine Theorie ein, mit der dann gleich das Ganze der sozialen Kommunikation rational begründet wird. Man kann dies eine performativ akzentuierte Gesellschaftstheorie nennen, eine performative Soziologie, die mit jener „Idealen Sprechsituation“ eine performative Utopie entwirft, aber auch das Risiko einer Verzerrung der realen Alltags-Praxis eingeht. Diese von Habermas so genannte ‚Universalpragmatik‘ (Habermas 1981) ist wohl eine performative Theorie des Sozialen, aber noch *keine* performative Philosophie *stricto sensu.*

Die beschreibende *Darstellung* des Philosophischen bleibt bei Habermas immer streng konstativ-rational; sie vermeidet auch im Stil alles Figurative. Es ergibt sich so im Textfortgang notwendig ein Widerspruch: zwischen performativ-kommunikativem Inhalt und konstativer Form – ein Paradox, das typisch sein mag für alle frühen Versionen einer sich performativ gebenden Philosophie. Der sogenannte *Stil* bleibt dabei ein Symptom für den (noch unauslotbaren) *gap* zwischen *performativeness* und *constativeness*: nicht nur von Sätzen, sondern auch von ganzen Philosophien. Der performative Faktor in der Habermas'schen Philosophie der 1970er Jahre ist somit nicht stark, sondern, von heute aus gesehen, eher mittel bis schwach (dies ist keine Wertung, sondern eine reine Gradabstufung). Habermas hat jedoch die explizit-performative Note in die deutsche Philosophie gebracht; es ist sein *Verdienst.* Eine zukünftige performative Revision der Philosophiegeschichte wird hier ordentlich zuzugreifen haben.

Von den lebenden Philosophen ist (nach Jürgen Habermas) vor allem Peter Sloterdijk zu nennen, dessen Philosophie auf ganz eigene Weise in die Nähe einer performativen Lebensform kommt. Seine Kritik des zynischen europäischen Denkgeistes um 1984 mündet heute – fast logisch – in eine „Maieutik der Eksistenz" (sic!), deren performative Dimension („Zur-Welt-kommen") gerade erst erahnt wird, aber noch nicht vollständig beschrieben ist (Jongen 2009).

Nikolaj A. Berdjaev

Eine letzte Spur führt nach Kiew, dann weiter nach Paris und Berlin zu Nikolaj Aleksandrovič Berdjaev. Durch ihn erhält die russische Philosophie (Goerdt 1984) eine scharfe, performativ interpretierbare Wendung, die es nahelegt, seine spezielle *Philosophie der Lebensform* in den hier präsentierten Kanon an prominenter Stelle einzuschließen. Berdjaevs Philosophie enthält eine Fülle von Elementen, von fundamentalen Kriterien, die performativ sind, und hätte die einschlägige Rezeption diese Bezeichnung verwendet – dann hätte das, auch heute, niemanden verwundert. Sie wird von der Rezeption platziert und charakterisiert als eine spezielle, eben Berdjaev'sche, *Philosophie der Lebensform.* Er gehört mit an die Spitze einer ganzen Phalanx von Philosophen, von denen Ähnliches gesagt wird: Sokrates, Friedrich Nietzsche, Henri Bergson, Wilhelm Dilthey, Georg Simmel, Friedrich H. Jacobi. Mit etwas Phantasie kann man von Phänomenen einer „Kritik der konstativen Vernunft" sprechen, die es dringend verdiente, eines Tages geschrieben zu werden. Diese Philosophen stehen nicht für eine Richtung oder Schule, sondern verhalten sich quer zur Orthodoxie, quer zur Chronologie; sie zeichnen sich aber aus durch einen gemeinsamen Korb an Merkmalen, die gegen das Konstative gerichtet sind. Die wichtigsten sind:

- *Negativ*: Von Außen kann man „Lebensphilosophie" (eine andere Bezeichnung) sehen als eine antikonstative Gegenbewegung gegen Metaphysik, gegen spekulative Behauptungsphilosophie, gegen die Verwissenschaftlichung der Philosophie, gegen die großen Struktur- und Denkgebäude aus System und Kategorie, gegen aufklärerische Moral etc. – alles Positionen, die bei Berdjaev durchweg mit der Konnotation einer europäischen *malaise* behandelt werden, d.h. eines inneren Mangels.

- *Positiv*: Philosophie heißt auch: Trieb, Wille, Unbewusstes. Philosophische Erkenntnis gründe sich auf Intuition, ohne sie sei keine Weisheit, keine Wahrheit möglich, so Henri Bergson. Alles Leben wird gesehen als eine Folge von wirbelnden Ereignissen und Augenblicken, die sich keiner letzten Vernunft fügen wollen. *Das Leben*: Es überschreitet sich in seiner archaischen Unberechenbarkeit, seiner urwüchsigen Kraft (*élan vital*, Bergson) immer neu um ein Stück, das über alle Logik hinausschwingt, durch kein Prädikat einzufangen ist. Leben erzeugt sich selbst und erhält sich in diesem Prozess selbst – ein selbsterzeugendes System im Sinne Maturanas. „Die denkerische Aktion ist etwas, was im *Lebensvollzug* stattfindet, also *im Lebensprozess Lebensform ausdrückt*." (Elenore Jain; *kursiv* U. H.). In Berdjaevs Sicht ist der beste Fall die Koinzidenz aus Leben und Philosophie, die Koinzidenz aus Leben und Philosophieren – und zwar nicht nur *qua vita*, sondern auch beim mündlichen oder schriftlichen Philosophieren. Dies wäre bereits eine performative Definition. Also: die Philosophie Nietzsches oder Ciorans oder Blochs nicht nur am Text lehren, sondern gleichzeitig etwas von ihr *zeigen*. Der Philosoph als Schauspieler, Künstler, Trickster.
- Jede unmittelbare „jetzige Lebensgegenwart ist bereits die Form, in der das ganze Leben des Subjektes wirklich ist." (Simmel). Leben ist also sowohl kleinste Einheit, wie auch holistisches Ganzes, den Vorlauf einschließend. Es braucht vitale Energie, viel performative Intelligenz, diesen scheinbaren Widerspruch *nicht* aufzulösen – ja: ihn zu nutzen für den Horizont eines *Tertium datur*, der fast immer angerührt, aber nicht *beschrieben* wird.
- „Leben" ist, weiter, das Wort sowohl für das individuelle Leben als auch für das Leben als planetarisches Phänomen vor dem dunkel-unbewussten Hintergrund, aus dem es offenbar hervorkommt. Dieser dunkle Hintergrund ist *unphilosophisch*, ist lange *vor* aller Philosophie da und kann niemals von ihr erreicht werden: Leben ist umgeben von Horizon-

ten der „*Unphilosophie*“ (Friedrich Jacobi), die von keinem Diskurs, von keiner Metaphysik definiert werden können. Es reicht zurück ins vorhistorische Dunkel der Evolution.

Berdjaev entspricht im Kern diesem Kanon, geht aber noch über ihn hinaus. Er wendet sich mit ungeheurer Energie gegen den konstativen Block der Schulphilosophie und ihrer Art von scholastischer Wissenschaftlichkeit. Sein antikonstativer Rundumschlag reicht von der Kategorienlehre des Aristoteles bis zu Kant, Hegel, Husserl. „Die Philosophie ist urtümlicher, uranfänglicher als die Wissenschaft, sie steht der Sophia näher; sie war bereits da, als es noch keine Wissenschaft gab, sie hat die Wissenschaft aus sich ausgesondert.“ (Berdjaev). Philosophie und Philosophieren gehen für Berdjaev deshalb über die alteuropäische Statik hinaus: Der Philosoph vollzieht einen schöpferischen *Akt*, wenn er philosophiert, seine Wahrheit ist ein von ihm *erzeugtes Produkt*. Der Philosoph entdeckt nicht, beschreibt nicht das Sein: Er ist immer schon, so Berdjaev, vom Sein umfangen und jeder Lebensakt erzeugt dieses Sein neu (man denke an *ma'at* in Ägypten, an *pacha* in Südamerika). *This is performativeness.* Philosophie sei Schöpfung (Berdjaev 1927, 11–51) – Musik oder Malerei vergleichbar – sie sei Kunst, *die Kunst des Erkennens*. Der echte Philosoph: ein Künstler. Letztlich schreibt er der Philosophie eine hochwallende erotische Energie zu (auf Plato verweisend): „Philosophische Erkenntnis ohne Eros ist unmöglich. Das Pathos der Philosophie ist ein erotisches Pathos.“ (Berdjaev). Berdjaevs performative Philosophie des schöpferischen Aktes ist eingepasst in eine mächtige, ganze Weltalter umfassende, fast mystisch daherkommende Philosophie der Epochen des Christentums (Berdjaev 1927).

Ohne Zweifel erinnert Berdjaev stark an den Deutschen Johann Georg Hamann (1730–1788), der kein Philosoph im strengen Sinne war, kein Theologe im kirchlich-religiösen Sinne, kein Autor im schriftstellerischen *mainstream*-Sinne der Aufklärung, sondern etwas von allem, ein Ausnahme-Mann, ein Mann der *Lebensform*, der ohne Weiteres in einem starken performativen Sinn interpretierbar ist: „Hamann selbst stellt […] einen starken Bezug seines Schreibens auf die zufälligen Situationen, die ‚wirklichen Lagen‘ seines Lebens her, ‚auf Augenblicke […] die ich mir nicht zu erneuern imstande bin.‘ Hamanns Schriften wären demnach Dokumente eines radikalen Okkasionalismus, eines Denkens, das sich nur an konkreten Objekten und Situationen entzündet und entfaltet. […] „ … der in bestimmten Situationen bestimmte Texte für bestimmte Augen und Ohren geschrieben hat, die bestenfalls (!) *in dieser Situation* selbst transparent waren." (Kinzel 2019, 15f., 49f.; letztes Kursiv U. H.). Johann Georg Hamann – ein „dialogisch-okkasioneller Denker", der der performativen Gemeinschaft aus Autor und miteinbezogenem Leser mehr Wert beimaß als einer anonymen intellektuellen Leserschaft.

Die performative Revision der Weltphilosophie ist ein Zukunftsprojekt. Dieses Projekt ist ein speziell akzentuierter Teil einer Interkulturellen Philosophie. Es muss die performativen Linien, die es auf allen Kontinenten gibt, zusammenführen und zeigen, wie sie sich verhalten zu Philosophien, die nicht performativ sind – wie auch sonst immer. Die wahrscheinlich umfangreichste, die schwierigste Aufgabe wird darin bestehen, den alten performativen Untergrund der europäischen Philosophie zu rehabilitieren und diesen in Verbindung zu setzen mit den Linien in China, Afrika, Südamerika etc. Nur aus diesen Puzzleteilen wird sich eine universalistische Philosophie herausbilden können – eine Philosophie, die das 21. Jahrhundert prägen wird.

Vielleicht wird die Performative Philosophie ein Bindeglied zwischen den Philosophien der Kontinente sein, als der flexible Kern einer Interkulturellen Philosophie. Dies wäre der enger-philosophische Aspekt, das Philosophie-Interne. In der Lebenspraxis, den Lebensformen kann die Performative Vernunft dazu beitragen, überall ein Bewusstsein zu befördern, das eine andere Welt erzeugt, die nicht mehr auf Gewalt, Konkurrenz und Konsum angewiesen ist, sondern die Natur der Schöpfung und die menschliche Natur einander annähert.

VI

HINTERGRUND

1. Die Situation der Philosophie am Beginn des 21. Jahrhunderts

Vision

Um die letzte Jahrhundertwende herum sind einige Weltgeschichten der globalen Philosophie erschienen. Sie wollen das philosophische Denken aller Kontinente, aller Zeiten zusammenstellen, unter dem Baldachin der Interkulturalität. Die bekanntesten stammen von Ram Adhar Mall, Ninian Smart, David E. Cooper und Anton Grabner-Haider. Dies ist sicher ein Phänomen des Millennium-Wechsels, auf der anderen Seite aber auch dem Zeitgeist und der noch im Entstehen begriffenen globalen, interkulturellen Perspektive in der Philosophie verpflichtet. Man zieht große zusammenfassende Bilanzen, um den Tisch zu bereiten für zukünftige Entwicklungen; man ahnt, dass die globale Perspektive jene ist, die die Zukunft der Philosophie dominieren wird, dominieren muss. Denn dies ist, im 21. Jahrhundert, eine Art Königsweg, zu dem es keine Alternative gibt. Es scheint so, als befänden wir uns gerade jetzt in einer Phase des Übergangs, die sich über sich selbst noch nicht recht im Klaren ist.

Einigermaßen seltsam ist, dass es in der offiziösen Philosophie kein hörbares Raunen gab, kein Erstaunen, kein Wellenschlagen ob der doch offensichtlich weitausgreifenden Herkules-Projekte, die sicher mit einem ungeheuren Arbeitsaufwand verbunden waren, zumal von offenbar einzeln arbeitenden oder verantwortlichen Autoren. Die offiziöse und die Universitätsphilosophie haben die Projekte zwar zur Kenntnis genommen, aber nicht ohne eine gehörige Portion Relativierung. Auf der anderen Seite war aber auch *in* den Weltgeschichten selbst kein wirklich neues Achsen-Bewusstsein zu erkennen, das die Umrisse eines neuen, alle verbindenden *philosophicum perenne* hätte erkennen lassen. Vielleicht liegt das an der Methode, die von einer Art methodischem Kompromiss gekennzeichnet ist: Man will die einzelnen Philosophien (chinesische, indische, europäische etc.) möglichst genau und ganzheitlich darstellen: Darüber verliert man leicht jene noch verborgenen Achsen-Phänomene aus den Augen, die sich jenseits der tiefen Vertikalbohrungen zeigen könnten. Die orthodoxe Methodik ist jedoch mit einer neuen horizontalen, notwendig-flachen Perspektive nicht übereinzubringen. Am Beispiel: Es ist nicht möglich, etwa die indische Philosophie in all ihren Einzelheiten darzustellen und gleichzeitig den relativen Platz ihrer Erkenntnisse in einer Phalanx der Weltphilosophien zu bestimmen. Das ist wieder ein Dilemma, das auch eine künftige Philosophie immer nur asymptotisch wird lösen können. Es stellt sich hier notwendig eine Art Unbestimmtheits-Relation ein: Je genauer man das Eine bestimmen will, umso mehr verschwimmt der andere Pol.

Bemerkenswert ist, dass zur selben Zeit, in den 1990er Jahren, auch das Projekt einer „Interkulturellen Philosophie" intensivere Formen annahm – ein wirkliches, ja vielleicht revolutionäres Novum, an der Spitze wohl mit Ram Adhar Mall (Mall 1995) (s. a. Zeitschrift ‚Polylog' 1998f.). Es taucht aber auch hier eine neue Gefahr auf: Man konzentriert sich in der Regel (was allzu berechtigt, ja zunächst vollkommen notwendig ist) auf gewissermaßen „kontinentale" Komplexe wie ‚Afrikanische Philosophie', ‚Andine Philosophie' usw. Dies ist zu sehen als eine erste, fundamentale Phase einer Weltphilosophie, und mit Recht: Man kann natürlicherweise nicht den zweiten oder dritten Schritt vor dem ersten tun. ‚Interkulturelle Philosophie' ist der vorläufige und eingängige Startpunkt für die Vision einer zukünftigen *globalen* Philosophie, für einen komplizierten Prozess des Komplementären Denkens und Arbeitens, dessen Resultate noch vollkommen offen sind. Wir lassen diesen neuen Stern am Philosophie-Himmel leuchten und gehen zunächst in einer kritischen Retrospektive zurück in die irdischen Niederungen der Philosophie und der Geschichte ihrer Ideen und Merkmale. Denn es ist wahrscheinlich, dass die interkulturelle Perspektive *auch* aus einer Krise der Philosophie hervorgegangen ist.

Retrospektiven

Die Philosophie befindet sich am Beginn des 21. Jahrhunderts in einer prekären Lage, die zu einer großen paradigmatischen Wende einlädt, ja zu einer Revision geradezu auffordert. Denn: „Die alteuropäische Denk- und Lebensform Philosophie ist unleugbar erschöpft." [...] „Seit einem

Jahrhundert liegt die Philosophie im Sterben und kann es nicht, weil ihre Aufgabe nicht erfüllt ist." (Peter Sloterdijk). Sie wird nur dann von den Toten wieder auferstehen, „wenn der zukünftige Gedanke Ausdruck eines bis dahin nicht gekannten Impulses ist, eines Lebenselixiers, offenbar etwas autobiographisch Verbürgtes." (Karl Heinz Bohrer).

Um die diagnostizierte Erschöpfung zu verstehen, müssen wir uns den Patienten genauer ansehen, d. h. die aktuelle Situation der Philosophie, ohne aber gleich die ganze Geschichte umzukrempeln (dies kann nur ein zukünftiges Projekt leisten). Ihre jetzige Situation kann nur dann richtig – und das heißt: ohne falsche Fährten zu legen – erkannt werden, wenn drei Bedingungen, ohne die es nicht geht, erfüllt sind. Diese drei *conditiones sine quibus non* sind:

- Die Traditionen der Europäisch-Abendländischen Philosophie sind überaus wertvoll, und ohne ihre Wertschätzung ist jeder Versuch einer Neuen Philosophie aussichtslos. Aber: Diese Traditionen können nicht einfach – quasi linear – so fortgeführt werden, als wäre dieses Unternehmen einfach die Frage eines neuen Paradigmas, einer neuen-alten Sicht der Dinge oder eines neuen „Denkgebäudes". Die Großstadt dieser philosophischen Denkgebäude ist als Ganze zu verlassen; hinter ihren Grenzen liegt ein verheißungsvolles Land, ob nun in der globalen Megapolis oder in den Regionen von Peru, Persien oder des Panjab. Europäische Traditionen müssen adaptiert werden an eine neue Globalität.
- Der Schwung, der dazu nötig ist, kann nur von Außen kommen. Dies soll heißen: von außerhalb der Philosophie, so wie sie sich in Europa auskristallisiert hat. Es ist eine Art innerer Logik. Von außen heißt: aus allen-möglichen Regionen, die traditionell *außerhalb* der Philosophie liegen. Nach guter alter Tradition ist dieses *Außerhalb* heute die Naturwissenschaft des Makro- und Mikrobereiches, genauer: Astronomie und Quantenmechanik: Ihre Fortschritte sind von jener revolutionären Verve, die die Philosophie heute benötigt wie die Luft zum Atmen.
- Philosophie muss den Typus der europäischen Behauptungsphilosophie überwinden: Dies kommt zum Ausdruck in Stil, in neuen Begriffen, durch die geänderte Erdung der Inhalte, auch durch neue Inhalte; durch neue Dimensionen der Erkenntnis. Sie weiß noch nicht, was es heißt, Philosophie *zu vollziehen, indem man sie schreibt.* Sie hat dieses Mo-

mentum – vielleicht seit Plato – 2.500 Jahre lang verdrängt, ausgeblendet, schrifttot gemacht. Aber für alles kommt eine Zeit.

Der Vorlauf zu dieser neuen Philosophie ist bereits 100 Jahre alt: Die großen Leuchttürme sind die Quantentheorie Werner Heisenbergs und die Relativitätstheorie Albert Einsteins: höchste Zeit, ihr Versprechen in die Tat umzusetzen. ‚Performative Philosophie' – so nennen wir sie auch in *diesem* Sinne – ist die Anwendung dieses Erbes auf die Philosophie. Welche sind die größten Defizite der europäischen Philosophie, die gewichtigsten Erblasten, einmal von unten aus der (fiktiven) Froschperspektive, einmal aus der – nichtfiktiven – akademischen Vogelperspektive betrachtet?

2. Die Situation der Philosophie '21: aus der Froschperspektive

Zu Beginn des 21. Jahrhunderts, genauer: Im September 2020, fand in New York, einem On-dit zufolge, ein außerordentlicher Philosophie-Kongress statt zum Thema ‚*Hat Philosophie im 21. Jahrhundert noch eine Chance*?'. Gemietet hatte man, wegen des weltweiten Zulaufs und hunderter Anmeldungen, *last minute*, den Tagungssaal der Vereinten Nationen, für drei Tage – auch um sich eine weltweite *publicity* zu sichern. Es sollte Vorträge, ein Plenum, Runde Tische, *workshops* geben. Der Kongress warf seine Schatten wie seine Lichtblicke voraus.

Als Sonderredner hatte man, auf Druck der mächtigen Königlichen Schwedischen Akademie, einen Jungaktivisten und Jungphilosophen aus Skandinavien eingeladen, einen blutjungen, noch ziemlich unbekannten Gunnar O. Th. (der seinen Namen nicht ausgeschrieben sehen möchte). Dieser Gunnar Th. nun hatte bereits in Norwegen und Finnland zwei ähnliche Kongresse besucht und war dort mit einer seltenen, äußerst gewagten Philosophie-Kritik aufgeschlagen, die sich hauptsächlich auf Namen wie Edmund Husserl, Martin Heidegger, Werner Heisenberg, François Lyotard und einige neue Philosophen russischer Herkunft berief. Er hatte mit der Furchtlosigkeit der Jugend die Granden der Zunft attackiert, eine Renaissance der Philosophie gefordert, jeden Eurozentrismus angeprangert und war selber bereits mit einer großen, Kontinente und Epochen verbindenden Grundlinie aufgefallen. Sein Name war inzwischen bekannt, man beobachtete oder ignorierte ihn (was den gleichen level an Respekt bedeutete, im Land zwischen *enfant terrible* und *un philosophe du futur*.) (Fast in Parenthese wies er immer wieder darauf hin, dass die Welt sich offenbar in einer Zeit der Umbrüche, einer Art Epochenwechsel, an der Schwelle einer Großen Wende befände: Klimawechsel, Migrationen, Digitalisierung, Globalisierung und Neue Weltordnung waren die Stichwörter, mit denen er seinen philosophischen Impetus vortrug. Niemand konnte, niemand wollte dem etwas entgegensetzen.)

Bislang und vor großem Publikum hatte er noch wohlweislich darauf verzichtet, hier zur Unzeit mit einem akademischen, noch unausgefüllten großen Wurf aufzuwarten, wie um das Kind nicht mit dem Bade auszuschütten. Ungesagt blieb das Folgende (und in seinem gelehrten Hinterkopf rumorte bereits ein unausdenklicher Gedanke, der ihm selber nicht geheuer war): dass die Philosophie als ein europäisches Langzeitphänomen an ihrem Ende angekommen sei; dass sie aus heutiger Sicht von falschen Prämissen geleitet war, unabhängig von Epochen, Schulen oder Einzelpersönlichkeiten; dass sie bis heute falsche Konsequenzen provoziert; dass sie eine ganze Reihe von *magic failures* erzeugt hatte und immer noch erzeugte, die die Wissenschaftsszenerie subtil verhexten; dass dies schon seit sehr langer Zeit vor sich gehe und so ein wirklicher Fortschritt notorisch behindert würde; dass sie nicht eingerichtet sei auf die unerhörten Aufgaben des Anthropozäns: es als ein Epochen-Zeichen widerzuspiegeln. Dadurch, so meldete ihm ein allwissender innerer *homunculus philosophiae* noch, seien – *worst case* – die hauptsächlichen Denkwege zementiert worden – auch und gerade dann, wenn sie sich als neue Denkbahnen inszenierten. Er selbst spürte hinter allem, dass eine wie immer geartete Philosophie der Zukunft nur gespeist sein könne aus einer anderen Quelle: der tiefen, einmaligen Erfahrung eines Individuums, eine Art kognitiver Singularität, die ihren sprühenden Geist weit hinausstrahlen konnte.

Gunnar Th. hatte sich gehütet, dies alles *vor der Zeit* in einen großen Entwurf zu kleiden, wohl ahnend, nein: wissend – dass sich das als ein fataler Holzweg entpuppen könnte, als ein vorschneller Schuss, geeignet, nach hinten loszugehen und seiner Wissenschaftlichkeit den Garaus zu machen, ehe sie noch recht begonnen hatte. Wohlwollende Beobachter wie *fans&freaks* ahnten aber durchaus, dass es hier keine vorschnellen Vergleiche geben konnte, keine Kontinuität von Lehrern und Schülern, keine *-ismen*, keine Kompromisse und keine plausiblen Anschlusstheorien. G. Th. war offenbar ein Wunderkind, ein Naturtalent, *un petit maitre de l'imagination*, ein kleiner Genius, der ebenso wenig zu erklären war wie der Urknall oder ein Schwarzes Loch. Selbst philosophieferne Journalisten spürten es mit einem sechsten, siebten Sinn: Hier war etwas Neues, das in die Zukunft hineinragte.

Der Jungphilosoph Gunnar Th. war großgewachsen, von einer eher bleichen Gesichtsfarbe, mit einer geschwungenen Tolle aus weichem Kastanien-Braunhaar, von einem Nicht-Ausdruck in den wasserhellen Augen gezeichnet. Er konnte an den jungen genialen *Q* aus den James-Bond-Filmen erinnern, oder an das junge Mathe-Genie Nathan aus „X+Y". Ein Journalist verglich ihn mit dem Mathematiker John Nash, ein anderer mit dem Physiker Paul Dirac. Seine Bewegungen waren manchmal starr, manchmal Gazelle, mal in-sich-ruhend, dann wieder von einer leuchtenden, rhythmischen Unruhe. Er war ohne Furcht und manchmal schien es, als würde er aus einer unbekannten Quelle schöpfen, die seinen Zeitgenossen verschlossen blieb. Er kannte sich gut aus, auch in Geschichte, Physik oder Musiktheorie – im Grunde war ihm kein Kulturfeld, keine Wissenschaft unzugänglich: Er fasste in ihnen einfach Fuß, als wäre es das Selbstverständlichste auf der Welt. *Beautiful mind.* Er war ein Universalist, obwohl er solche Begriffe instinktiv scheute. Seit längerer Zeit galt er, auch unter *Seinesgleichen*, als ein seltenes Talent mit Zukunft – was er jedoch auf keinen Fall auf sich selbst angewendet wissen wollte. Dass er zwei Jahre in der Universitätsmedizin in ambulanter Behandlung gewesen war, aufgrund einiger Episoden aus dem schizothymen Formenkreis – das wussten nur die wenigsten und es wäre ihm selbst auch vollkommen gleichgültig gewesen: Er brauchte kein *outing*. Ihm ging es nur um die Sache. Er saß auf einer bescheidenen blaubezogenen Stuhlreihe vor den versammelten Denkergrößen der Gegenwart, den Leuchttürmen der zeitgenössischen Philosophie aus Deutschland und Frankreich, aus Slowenien und Griechenland, aus Chile, Indien, Japan und vielen anderen Ländern. Wir geben hier sein Intro in gekürzter Form wieder, übersetzt aus dem Englischen, konzentriert auf das Wesentliche. Gunnar Th. ließ die Anrede, die erlesenen Begrüßungen, die *honneurs* etc. gleich weg (als ob sie ganz fehl am Platze wären). Er blieb auf seinem Stuhl sitzen und kam ohne Umschweife zur Sache. Er warf seine braune Tolle zurück und schleuderte einen bronzenen Speer weit hinaus in das Auditorium.

„2500 Jahre", begann er leise, mit leicht zitternder Stimme, atemholend, „zweieinhalb Millennien sind das, und niemand, niemand ist da, der dieses Fenster sieht als das, was es ist: ein Zwischenstück, ein Interim, eine Aberration, eine Abweichung von dem, was Philosophie auf lange, auf sehr lange Sicht sein kann, ja heute sein muss, was sie *sein wird*; eine Fensterfront an einem Wolkenkratzer. Weit davor liegt die Unendlichkeit der Mythen, der Geister und Götter, weit dahinter etwas noch ganz Unbekanntes, ein Land, wo noch niemand war, unsere Zukunft. Dieses Fenster, Philosophen und Philosophinnen, muss man weit aufreißen und die frische Luft einer gewandelten Gegenwart hereinlassen, ihren Windstoß, ihren Sturm, den geistigen Hurrikan, der ausbricht, der die Arche der Philosophie aufs höchste gefährdet und sie doch retten kann. Wir sitzen hier gemeinsam vor dem gewaltigen Block, der von den Naturphilosophen aus Milet, Sizilien und Griechenland über das tiefreligiöse Mittelalter hinausreicht, in Richtung auf eine Neuzeit, die Körper und Geist und Seele voneinander getrennt und damit das Ganze aus den Augen verloren hat, *das Sein vergessen* hat: vergessen über die Moderne mit ihren Existenzphilosophien, ihrer seltsamen Vision eines nach-metaphysischen Denkens, bis hin zur Non-Philosophie und etlichen modischen Schnurren. Nachmetaphysik: *ja*, aber artistisch, unter der Kuppel eines uns wieder möglichen Seins. Wir stehen heute fassungslos – um nicht zu sagen: *staunend* – vor dem lauten Menetekel des „Endes der Philosophie" – wie die vorschnellen wie törichten Aperçus auf den Buchtiteln lauthals lauten. Man besingt das Ende der Philosophie, weil man ihren Anfang und ihr Ende noch nicht zusammenbinden kann, weil man noch weit entfernt ist von einem *neuen Anfang*. Es klingt wie ein Menetekel, ein verabredeter Chor, ein finaler Code. „*No, no! How dare you*!" So rufen wir in die Zeit hinein; so tönt das Echo zurück.

Wir rufen weiter: „Wie könnt Ihr einmütig (als wäre dies eine Errungenschaft!) den Tod der Philosophie verkünden, ohne ihr neues Leben eingehaucht zu haben? Wie könnt ihr das Ende verkünden, ohne doch überhaupt den *Anfang* ganz aufgeklärt zu haben! Wie konntet ihr das Ableben der Philosophie verkünden, gleichzeitig aber – auch hier ein sich windendes Paradox – einen bunten Strauß an alternativen, exotischen, esoterischen, großen und kleinen Neo-Philosophien und Non-Philosophien zu verfassen? Wenn man den Fluss umlenken will, muss man wissen, wo genau seine Quellen sind. Habt Ihr schon über Milet hinausgedacht, weit vor Milet in die Dunkelheit *hineingedacht*, habt Ihr die Spuren in Sumer, Babylon und Ägypten verfolgt, habt ihr die Assyrer zum Leben erweckt, die Etrusker, Phönizier, Pelasger? Schweigen wir hier noch von voreuropäischer, von vorkolumbianischer Weisheit, von Lao-Tse und von Buddha: Sie sind aber Weltbürger wie Du und Ich, und es ist keine Frage der Zeit mehr, sondern: ein Anliegen der Zeit."

„Wie könnt Ihr es wagen, dem Zeitgeist zu dienen, die Krone der Wissenschaften in den Abgrund zu schicken und zu vergessen, dass ihr damit auch die Quelle einer neuen Schöpfung zum Versiegen bringt! Ich sage Euch: Erst jetzt, erst jetzt, am Beginn eines Jahrhunderts, das die ganze Welt auf den Kopf stellt, ist der Zeitpunkt gekommen, den Traum von einer *philosophia perennis* in einer Vision wahrzumachen, der Globalisierung ihr Zeichen aufzubrennen, eine vereinheitlichende Philosophie zu schaffen, die ihren Namen wirklich auch verdient. Es geht um eine über den Planeten hinausstrahlende neue Vernunft, die wir mit einem Kunstwort benennen könnten, für die es noch keinen Namen gibt. Geeignet wäre *‚performative Vernunft‘* – wären nicht beide Bestandteile schon bis zur Unkenntlichkeit abgenutzt, würden sie nicht falsche Fährten legen und vielleicht mehr schaden als nützen. Hiervon kündet DER SCHREI DER GEGENWART, er ertönt jetzt und hier: *NOW*! Dieser Schrei schreit nach einem Bruch, einer dunklen Zone, einer ganz anderen Philosophie, als sie hier auf dieser Tagung verhandelt werden wird, nach einer Philosophie, die aus dem Herzen des Volkskörpers, der Weltzivilisationen heraufdringt, einer Philosophie, die lebenspraktisch verbürgt ist, nach einer Philosophie, die nach einem anderen Namen ruft, nach einem, der noch nicht genannt ist. Wie lange, frage ich, wie lange habt Ihr dies übersehen, verdrängt, verleugnet, mit oder ohne bewusste Absicht? War es vielleicht so, dass Ihr nicht wahrnehmen – *wolltet*? Das Menetekel an der Wand einfach nicht wahrzunehmen, es zu übersehen, zu übergehen? Ich frage, wir fragen noch hundertmal: *„HOW DARE YOU …?“* und verbleiben doch zwischen gespieltem Ernst, ernster Rhetorik und philosophischem Appell.

How dare You?

Wie konntet Ihr es wagen, wie könnt Ihr es immer noch wagen,
von einer *Chance* zu sprechen und im selben Atemzug den Zweifel an ihr zu säen: Ihr redet von der Chance, an die ihr durch eure Formulierungen schon selbst nicht mehr glaubt?! Schon im Titel dieser Veranstaltung zelebriert Ihr eine Art Verzagtheit, eine Mutlosigkeit: Ihr sprecht von der Zukunft wie von einem ungeliebten aber notwendigen Felsblock auf dem langen Weg dorthin

– und habt vergessen, dass Ihr diese Zukunft hier selbst schaffen könnt, heute, an diesem Tag, in dieser Stunde, in diesen Gedanken!
Wie konntet Ihr es wagen,
eine jahrtausendealte Metaphysik, eine unendliche Spekulation über die letzten Ideen und Substanzen als Krone der Philosophie zu verkünden, obwohl Ihr wisst, dass hier nur ein großes Als-Ob über allem waltet! *Wie konntet Ihr es wagen*,
das Leben von der Philosophie abzutrennen, eine Art starrer Logik vorzuschicken, wo doch das Leben nicht starr, nicht logisch, ja noch nicht einmal – *philosophisch* ist!
Wie konntet Ihr das SEIN vergessen, es zu einem Ding, einem Objekt machen, ohne noch überhaupt zu ahnen, was sich hinter und unter diesem alten Wort verbirgt! Ihr bringt Euch selbst um die Möglichkeit, das Sein nicht zu gewärtigen, so wie es Indien und China und Ägypten es vor Urzeiten Euch bereits vorgemacht haben? War denn Heideggers dringlicher Appell umsonst? Hat er vielleicht von diesem SEYN eine Ahnung gehabt, jedoch letztlich nicht mehr im Stande, diese Ahnung als lebendig zu reformulieren, dies zu *zeigen*, es in die Philosophie zu introduzieren? Hatte er Angst, vielleicht vor der Macht dieser seiner Ahnung?
Unfassbar lange hat die große abendländische Philosophie die Philosophien auf den anderen Kontinenten übersehen, übergangen, überblendet! In Asien, in Amerika, in Afrika lag und liegt womöglich das bereit, wonach Ihr im Abendland jahrhundertelang gesucht habt und immer noch sucht! Und dabei ist Europa und die abendländische Philosophie selber kein *dëus-ex-machina*, sondern ein Hybrid, ein Amalgam, ein zentripetaler Zusammenlauf aus allen Himmelsrichtungen! Selbst die hehre griechische Philosophie startete nicht bei Zero! Wir haben ein Amalgam aus Orient und Okzident und einem großen X, und von dem Ausmaß dieses alten Alchemismus' wissen wir noch wenig. Aber das kontinentale Unbewusste weiß insgeheim seit Langem davon und drängt nach oben.
Wie konntet Ihr die anderen Philosophien, falls Ihr sie überhaupt wahrgenommen habt, immer separat, isoliert für sich nur als ein quasi regionales, oft exotisches Gewächs behandeln, das mit dem Glorienschein eines gewissen Interesses umgeben wurde? Das mit dem Europäischen im Grunde gar nichts zu tun hatte? Heidegger, Nietzsche, Schlegel und andere waren hier tatsächlich nur Ausnahmen von der Regel, die dann gleich wieder einrastete. Man kann es nicht oft genug, nicht oft genug wiederholen: Brahma, Taoismus, Andenphilosophie oder Empirismus sind nur Zweige an einem einzigen Weltenbaum …
How dare You …
Wie konntet Ihr es wagen, Euch auf ewig in Konkurrenz, in Vergleich, in Flügelkämpfen, in den vielen Theorien zu verlieren, die doch alle gleich wert oder unwert sind wie die vielen Schulen und Strömungen und Tendenzen? Seht die Hybris, die hier aufbricht und ausbricht, den Blinden Fleck, eine subtile Art von Nichtwissen, die mit jeder Tagung, jeder Konferenz, immer wieder aufs Neue verschattet wird. Philosophie ist nicht Fragment, sondern immer das ganze Bild. Es ist Zeit, sich aus dem Plato-Aristotelisch-Kantischen Hochsicherheitstrakt der hehren Philosophie zu befreien und sie selber hinauszuschicken in die sich gerade um-und-umwandelnde Welt.
Wie konntet Ihr es wagen, Naturwissenschaften und Geisteswissenschaften in Eurem neuzeitlichen Kanon säuberlich voneinander zu trennen und dadurch eine heillose Verwirrung zu stiften, unter Laien wie unter Experten? Den langen Schatten von Descartes und der Aufklärung nicht aufzuhellen? Konntet Ihr Euch nicht an die Anfänge in Kleinasien erinnern, als Natur und Philosophie noch nicht gespalten waren? Oder wolltest Ihr es nicht? Wie konntet Ihr nur die neue große Chance, die die Neue Physik Euch vor bereits einhundert Jahren auf den Präsentierteller legte und die sich nur einmal in 500 Jahren bietet, nicht entschieden genug wahrgenommen, nicht gleich verwirklicht zu haben? Wie konntet Ihr die Jahrhundert-Botschaft von Einstein und Heisenberg ignorieren, die ein neues Riesentor auch für die Philosophie hätte aufstoßen können?

Wie konntet Ihr die kosmische Neue Botschaft von Zeit und Raum einfach überhören, ohne sie zuerst *in ihrem Wesen* erkannt zu haben? Wo war die Demut geblieben, die vor dem Mut kommt? Wie konntet Ihr Euch, später, hier-und-da, sporadisch, auf den Geist der Neuen Physik berufen, ohne sie wirklich verstanden zu haben? War das nur Koketterie? Wie konntet Ihr diese neue Welt von den Füßen auf den Kopf stellen und die Quanten nur in alter philosophischer Manier durchinterpretieren? Wieso konntet Ihr den kostbaren Diamanten der Raumzeit einfach der Naturwissenschaft überlassen? Wieso ist keiner von Euch Großen Alten auf die Idee gekommen, hier eine neue Philosophie abzuleiten? Hattet Ihr Angst vor der Physik oder hat Euch eine versteckte Philosophie-Phobie irregeführt? Wart Ihr vielleicht neidisch auf das aufleuchtende Genie, auf eine echte Supernova in der Wissenschaft? Der Schrei der Gegenwart hallte schon damals durch Europa und verhallte in den Wirren von Krieg und Nachkrieg. So mischt sich heute sein Echo mit dem Schrei einer neuen Gegenwart und mit einem leisen Echo aus der Gruft des letzten Jahrhunderts, das Versprechen endlich wahr zu machen."

„Nicht, dass der geniale *shift* von Einstein und Heisenberg vollmundig philosophisch interpretiert werden sollte, o nein! Das wurde ja schon hundertmal versucht, nicht gerade mit durchschlagendem Echo. Ihr hättet diesen *shift*, in einem genauso genialen Dreh, auf die Philosophie selbst anwenden können und sie von ihrem ewigen Paradoxon erlösen können. ‚*Quantenphilosophie*'; ‚*Relativitätsphilosophie*' – welch eine Vision! Und dabei ist das Quantentum, ist die Relativität ganz direkt in der unbelebten und belebten Natur verborgen; man muss nur *ablauschen*! Es war Euch durchaus gegeben, eine Neue Philosophie aus der Taufe zu heben – ja Ihr hättet Euch selbst vom Sisyphos der ständigen Weisheitssuche erlösen können. Es sollte nicht sein.

How dared You?

Warum habt Ihr es Euch zur ungeschriebenen Regel gemacht, dass man sich in der Wissenschaft vor allem auf *einzelne Philosophen* zu konzentrieren habe, so, als ob es um eine Geschichte von individuellen Persönlichkeiten ginge? Wie konntet Ihr es wagen, den Planeten der atmenden Philosophie in eine riesige Bohrlandschaft von azerbajdschanischen Ausmaßen zu verwandeln und Bohrloch neben Bohrloch zu setzen, immer tiefer nach der end-gültigen Weisheit zu bohren und das schwarze Gold der Philosophie meistbietend zu vermarkten? Da ist das Bohrloch der Nietzsche-Forschung neben Plato und Aristoteles, Scholastik neben dem Empirismus, die Renaissance-Forschung gegenüber der Moderne und wieder: das Kant-Bohrloch neben dem von Fichte und Schelling gegenüber Camus und Sartre. Da sind die Bohrlöcher der Theorien und Strömungen und Disziplinen und Denkgebäude. *Summa summarum*: Wie konntet Ihr nur vertikal und tief ins Mark des Planeten bohrend denken und dabei das leichte, flache, Horizontale einfach ausblenden? Die Welt aber wird flach ... *How dared You ...*

Davon einmal abgesehen: Wie konntet Ihr jemals eine trockene, logisch-kausal daherkommende, eine im Wesen durch-und-durch konstative Behauptungsphilosophie vor alle anderen stellen und damit ihr unausgesprochen ein vollkommen unbewiesenes Vorrecht unterstellen? Hat Euch das griechische *en archē ēn o lógos* verwirrt? Aber *logos* heißt vor allem: ‚Leben'. Um das aufrecht zu erhalten, musstet Ihr den Mythos der Einzelwissenschaft schaffen – immer dunkel ahnend, dass genau dadurch die Verbindungslinien zwischen den „Disziplinen" (dieses Wort!) im Dunkel verschwinden.

Genauso wenig überzeugend klingt das neue Mantra der ‚Interdisziplinarität'. Sie wird notorisch, ja rituell beschworen, aber nie wirklich eingelöst, weil es vom Planen bis zum Vollstrecken ein zu weiter Weg ist. Der Kanon der Wissenschaften im Abendland ist zu zersplittert, zu isoliert, zu divers, zu betoniert. Hier mag es Ausnahmen geben, zaghafte Ansätze, die für sich nur beweisen, dass der Mainstream sich anders bewegt.

Jede große Epoche hat dabei ihr eigenes Sündenregister. Die Antike hat mit einer spekulativen Metaphysik, mit einem allesverschlingenden Kategoriensystem den Epochen-Bruch mit einem vitalen-mythischen Urgrund vollzogen. Ihre riesige Hypothek besteht darin, die europäische Philosophie mit dem Virus der Weltabgewandtheit infiziert zu haben: So hat sie das SEIN vergessen, so kann sie bis heute das SEIN nicht gewärtigen! *Ad zwo*: Das sogenannte Mittelalter hat seinem Dunkel alle Ehre gemacht und, ohne es zu wissen, eine zweite Blasphemie begangen: GOTT selbst zu einem Teil des philosophischen Systems zu machen, unterstellend, es wäre an GOTT, durch den Menschen überhaupt etwas zu erkennen. Die vokale, lokale, analytische Exegese der Theodizee vermengt letzten Endes Religion und Philosophie und beide ziehen in entgegengesetzte Richtungen. *Drei*: Wie konntet Ihr die cartesische Trennung von Körper, Geist und Seele akzeptieren und so eine zweite, kaum noch abtragbare Hypothek für Europa neu schaffen – was umso fataler ist, als alle anderen Weltgegenden immer schon das Gegenteil, nämlich die naturgegebene Einheit, beschwören? *Ad vier*: Heute droht eine weitere Erbsünde: die ewige Wiederkehr der gleichen Sünde: ein neues Weltalter nicht mit einer passenden Philosophie zu begleiten, zu erklären, zu wandeln. Ergo: es nicht *willkommen zu heißen.*

How dared You! Ihr habt die sexuelle, psychoanalytische, psychopathologische Dimension von großen Philosophen und Philosophien vernachlässigt, aus Gründen der Pietät und einer schier unübersteigbaren, akademisch daherkommenden Korrektheit. Als müsse es so sein! Damit habt Ihr den Schlüssel zur Wissenschaft vor Euch selbst versteckt; er wird dann unauffindbar. Wir wollen und dürfen hier nichts pathologisieren und das Werk steht immer auch für sich allein, d. h. außerhalb der persönlichen Ökologie. Aber Fichtes Diktum gilt hier mehr denn je: *Was für eine Philosophie einer wähle, hängt davon ab, was er für ein Mensch ist.* Es ist jenes Außergewöhnliche der Philosophen, das sein Gegenstück in der engeren Psychologie hat. Und von hier aus geht es weiter:

Sehr Ihr denn nicht – seht Euch nur gerade um – dass die Philosophie vom Männlichen geprägt ist, es immer war, aus welchen Gründen auch immer. Wie konntet Ihr Frauen es wagen, der offensichtlichen maskulinen Schlagseite nicht eine weibliche Philosophie an die Seite zu stellen, um dann letzten Endes eine Vereinigung, etwas Neues, Unerhörtes, Noch-Nie-Dagewesenes zu erzeugen, ja: zu *gebären*? Ein *Kind*, Euer Kind! Philosophie ist doch ganz in Eurem Sinne: *Genesis*! Gebären! *How dare You*! Heute müsst ihr die Hypothek dieser Erbsünde abtragen, unter dem Baldachin eines veralteten Feminismus: müsst eine Historie der Philosophinnen erschreiben, die die Schlagseite des geistigen Schiffs beseitigen soll, und zweitens: müsst Euch im Dschungel der Meinungen, Philosophen und Sprachen auf die Suche begeben nach einer anderen Philosophie, die den Männern nicht nur in nichts nachsteht, sondern einen eigenen, femininen Weg geht, der sich eines fernen Tages in ein sexuelles *tertium datur* verwandeln möge! Denn: Es reicht nicht, es kann nicht reichen, aus den mythischen Erlösungsgestalten vom Typus Hildegard einen Gegenentwurf mystisch-spiritueller Erleuchtungen gegen die Philosophie der Männer hinzustellen. Hier aber droht ein neues Menetekel: den Kampf mit einer alt-feministischen Philosophie zu kämpfen!

Linguistic turn and burn out: Die Philosophen verwenden in aller Regel und nolens-volens – und vielleicht unbewusst – eine Sprache, die sich selber im Weg steht, die das, was sie ausdrücken will, im selben Atemzug gleich wieder untergräbt und verschattet (ohne dass sie wirklich etwas dafür könnte). Wir nennen das die konstative Rache der Philosophensprache. Hier gibt es ein unbegrenztes Anschauungsmaterial, und es trifft niemanden eine Schuld, weil die Sprache eben irreversibel so ist wie sie ist: Sie leidet apriori an dem Wittgenstein'schen Syndrom, d. h. sie kann das, was sie sagen will, nicht übereinbringen mit dem, was sie *tatsächlich* sagt. Sie erzeugt ja selber schon jene Verhexung der Welt, die sie selbst so intelligent beklagt. Und trotzdem: Es muss eine neue Sprache her, koste es was es wolle. Eine neue Sprache, die die alte Sprache nicht unter den Tisch fegt, sondern sich mit ihr vereinigt. Denn jede Philosophie, das ist klar und wahr, kommt wieder unhintergehbar durch ihre Sprache zum Ausdruck! Der *Stil* also zeigt die verborgene Seite der Weisheit des Nichtausdrückbaren!

An den Universitäten ist, weiter, durch *empty words* ein mentaler Wildwuchs der Theorien, Termini und Methoden entstanden – jede ausgestattet mit dem Nimbus, der Illusion, mit dem Mythos der Richtigkeit, Stimmigkeit, der scholastischen Unangreifbarkeit. Diesen Irrtum jedoch müssen die nachwachsenden Generationen ausbaden, vor allem jene subtilen Fehlinformationen, die durch eine *falsche Art der Vermittlung* zum Ausdruck kommen.

Wie konntet Ihr gleichzeitig zulassen, dass sich die Inflation der schieren DIN-A-4-Seiten immer weiter und weiter ausbreiten konnte? Dadurch wurde eine weitere Illusion erzeugt: die implizite Botschaft, dass Qualität sich auch quantitativ ausdrücke. O arme Rezensenten: Ich sehe Euch ermüdet das Konvolut auf den ächzenden Tisch legen und Euch sehnen nach Frische, nach Kürze, nach Würze, nach Weniger. Auf weniger Seiten lässt es sich nicht nur effektiver argumentieren, sondern oft auch besser. Es ist ja keine besondere Kunst, aus einer trivialen Folge von Gründen, von Argumentationen und Details einen fünfhundert-Seiten-Stapel zu erzeugen.

Wurde denn jemals ernsthaft gefragt, ob und wie dies möglich ist: ohne eine ausreichende, einschlägige Lebenserfahrung überhaupt Philosophie zu betreiben? Philosophie darf man nicht als Text verkaufen, man muss zeigen, dass hier das Leben ist. Und hier komme ich auf das Gesagte zurück: So mancher Philosoph hat ja aus dem *Mangel* an Lebenserfahrung seine Philosophie erst richtig ausgebacken. In einem Wort: Ohne Lebenserfahrung darf man gerade noch die Geschichte der Philosophie herunterbeten; man sollte aber nicht – *philosophieren*!

Ihr habt die Philosophie, ob willentlich oder nicht, abgetrennt von der Astronomie, der Physik, der Psychoanalyse, der Linguistik, der Digitalisierung und vielen anderen Wissenschaften. Es verbirgt sich hier eine weitere europäische Ursünde, denn gerade die Väter der griechischen Philosophie sahen hier noch eine Einheit, die jetzt erst wieder mühsam zusammengesucht werden muss. Im Grunde sind es auch nicht die diversen ‚Disziplinen' oder deren akademische Namen, die hier alleine stehen: Es ist eine weitere Ursünde der abendländischen Gelehrsamkeit, die Felder des Lebens, des Erlebens, des Erkennens und des Beschreibens voneinander getrennt zu haben – ganz so, als *müsste* es so sein, als wäre Erkenntnis anders nicht möglich. Die Folge davon ist eine Art Gottesstrafe: Die Gemeinsamkeiten des Wissens geraten aus dem Blick und verschwinden im Dunkel, und dies führt – wieder typisch Europa – dazu, dass diese dunkle Materie dann irgendwann gesucht werden muss, sich selbständig macht oder, *worst case*, fremde und gefährliche Dämonen heraufbeschwört. Wir können heute nicht ausschließen, dass dies bereits geschehen ist, auch wenn wir noch nicht genau beziffern können, was und wo und wie. Die negativen Stichwörter heißen *Non-Philosophie*, *Antiphilosophie*, *Unphilosophie*, *Annullierung der Philosophie*.

Im Rausch des technologischen und anthropozentrischen Zeitalters habt Ihr die Botschaft, die Mahnung, die Weisheit von Sokrates, von Augustinus und Thomas, des Nikolaus von Kues, von Ernst Bloch, Jaques Derrida und vielen anderen, die *Weisheit des Nichtwissens*, sträflich vernachlässigt, ihr dunkles Potenzial nicht gewürdigt. Eine philosophische Todsünde! Wie könnt Ihr es wagen, die Welt glauben zu machen, etwas zu wissen, wenn Ihr doch Tag-für-Tag das Gegenteil vor Euren Augen selbst erlebt! *How dare You*!

Wie könnt ihr es wagen, einer staunenden und studierenden anonymen Nachwelt die Vision zu hinterlassen, dass man über eine immer genauere Analyse der Natur, des Geistes, der Theorien und der Methoden, durch eine sich ständig weiter verfeinernde Technologie dieser wunderbaren Welt auch nur einen einzigen Schritt näherkommen könne? Das Gegenteil ist leider wahr! Je heller der Wissenschaftler die Höhle ausleuchtet, umso mehr wächst auch das Dunkle, ohne dass er dies bemerken könnte. Warum in aller Welt jagt Ihr, Weltphilosophen, ganz nach dem Vorbild

von Astronauten und Astrophysikern, einer finalen Weltformel, einer letzten Welt-Erkenntnis hinterher, was immense materielle und geistige Kosten verursacht, nur um herauszufinden, dass es so etwas bei Gott nicht geben kann, nicht geben darf! Und es geht ins eigene Fleisch: Wer sich *die letzte Erkenntnis* auf die analytischen Fahnen geschrieben hat, bewirkt letzten Endes nur, dass ihm diese Erkenntnis – verwehrt bleibt.
Durch rastloses Forschen, durch finale Letzt-Analysen habt ihr den Zauber der Welt zerstört und kein Rezept mitgeliefert, sie wieder zu verzaubern. *Shame and blame on You*! Ihr habt uns, der Jugend, das Staunen geraubt, mit dem jede Philosophie beginnen will, unsere ungetrübte Naivität, habt einer strahlenden Kindheit bereits das Siegel der Vergeblichkeit aufgedrückt! Wir aber wollen *alles* neu sehen, nicht nur die zwei Jahrtausende! Das All gehört uns, die ganze Welt, das Rätsel Mensch, das Wunder der Materie!
Last but not least: Ihr riskiert durch Eure Paradigmen und Paralysen, dass die Philosophie heute, wieder einmal, ihrer Aufgabe nicht nachkommen kann. Diese Aufgabe besteht heute hierin: das laufende Zeitalter widerzuspiegeln, seine Verwerfungen abzubilden und auf eine eigene Art zu begleiten. Mit der Maßgabe, Entwürfe zu machen darüber, wie der unbekannte Lauf der Welt philosophisch neu erscheinen kann, ohne in die alten Fallen zu tappen. Stattdessen steht die Philosophie heute in der akuten Gefahr, wieder zu spät zu kommen. Eine Katastrophe wäre das, nicht wieder gutzumachen, eine Sünde an den Kindern und Enkeln! Und an der Philosophie selber! Man könnte, Ihr könntet durchaus in Panik geraten, und das wäre nicht das Schlechteste für die Sache, um die es geht. *Wer zu spät kommt …*
Last words: Wir stehen gemeinsam auf einem *peak* des Anthropozäns und blicken auf die schrumpfende Welt. Wo aber ist die Philosophie? Die Heraufkunft eines Zeitalters der Digitalisierung, der Globalisierung und der Migrationen erzeugt eine Wiedergeburt der Philosophie oder ihren Tod. Was wollen wir? Gibt es noch ein ‚Wir'? Deshalb: Hier und Jetzt, auf dieser Tagung legt den Grundstein zu einer Kehre, und wenn es der erste Schritt ist! Strahlt ab einen *Jet des Jetzt*! Hört Ihr nicht den Schrei, der Euch im Gehörgang echoen und widerklingen soll: Sie liegt doch vor Euch, zum Greifen nahe, eine *philosophia perennis*, die Zauberlampe im Bergwerk des Seins, die das Staunen wieder zum Leben erwecken kann. Man muss nur hinsehen! *Ladies and gentlemen, madames et messieurs, dámy i gospodá! Now, You can dare*: Hört auf den Schrei der Gegenwart! Jetzt! *Now*!"

Im Auditorium wurde geraunt, gelächelt, geschmunzelt, gegrummelt, geschwiegen, geflüstert, gehüstelt. Dann zögernder, anschwellender Applaus. Es verbreitete sich eine allgemeine Unsicherheit, die durch eine Fassade der Sicherheit kaschiert werden musste, ein *gap* wurde sichtbar, fühlbar zwischen den ewig-Gestrigen und denen, denen etwas schwante, ein Element der Wahrheit aufleuchtete. Gunnar Th. war noch eine Nuance bleicher geworden, natürlich hatte es ihn mitgenommen. Seine Gefühle liefen Achterbahn. Er fühlte, dass er einen Nerv getroffen hatte, etwas, das diesen Kongress prägen würde, in den Geschichtsbüchern markiert werden würde oder vielleicht noch viel mehr, ob nun offensichtlich oder im Hintergrund. Dass er der Welt endlich gesagt hatte, was zu tun war, wie die Lage aus seiner Sicht war. Und niemand konnte diese Rede ungeschehen, ungesehen, ungehört machen. Sie würde aufgezeichnet, notiert, dokumentiert, gespeichert, geteilt, zitiert, kritisiert und zu den elektronischen Akten genommen werden. Die Echtzeit war bereits unterwegs im gekrümmten Raume der globalen Sensationen. Er sah schon die Gegner, die Sympathisanten, die Mitläufer, die Neutralen – alle auf einen Blick. Man würde ihn prüfen, herumreichen, fragen, bewundern, anfeinden, man würde liebedienern, schmeicheln und Intrigen spinnen; er selber hoffte auf die Medien, die alles um die Welt tragen würden. Nicht dass er eitel gewesen wäre: Es ging ihm um *sein Kind*, um die Philosophie. Das war es. Er hoffte, dass all die Vorträge über Plato und Nietzsche, über Antike und Moderne, über Vergangenheit und Zukunft, nun von einem *Gamma* geprägt sein würden, einer Strahlung aus der Gegenwart; er selbst hatte den Kompass umgestellt, die Magnetnadel justiert, und sei es nur um ein Grad; er hatte ein kleines Erdbeben verursacht und hatte fest vor, selber mit einer seismographischen Antenne umherzuschweifen. Und noch lange hörte er danach in sich hinein und hörte ihn deutlich: *den Schrei der Gegenwart.*

3. Die Situation der Philosophie '21: aus der Vogelperspektive

Es geht um das *ganze Bild.* Die Froschperspektive des radikalen *How-Dare-You* muss nun vervollständigt werden durch die Vogelperspektive, durch die Sicht der Akademie und der offiziösen Philosophie: Nur so kann sich im Bewusstsein des Lesers ein Eindruck herauskristallisieren, der der Wahrheit möglichst nahe kommt (zur Gänze wird sie niemand erfassen können). Diese gedrehte Perspektive bringt es mit sich, dass ihre Diktion strenggenommen diesem Ziel widerspricht: Es wird akademisch, rational, dialektisch, hoffentlich nicht: intellektualistisch argumentiert werden müssen – und sei es auch nur, um die Tradition und ihre überkommenen Grundierungen nicht schon wieder auf die Seite zu drängen. Zum Zweiten werden auf diese Weise die intrinsischen Probleme besser sichtbar, die letztlich zum Entwurf einer Performativen Philosophie führen. Die Mängel und Konflikte, die der europäischen Philosophie seit 2.500 Jahren eigen sind, lassen selber keine andere Wahl zu. Wenn sich die Perspektive dreht, kommen, sozusagen von außerhalb beleuchtet, die strukturellen, formalen und inhaltlichen Fehlhaltungen ans Licht, die dann eine weitere Drehung der aktuellen Philosophie anzeigen.[23]

Jenseits aller Diskussionen um Weltalter, Epochen und ideengeschichtliche Ären, ehe Paradigmen, Philosophen und Thesen gegeneinander (oder miteinander) in Stellung gebracht werden, muss ein Ziel benannt werden, das sich bereits chimärenhaft am Horizont zeigt und niemals aus den Augen gelassen werden darf. Dieses Ziel ist nicht mehr das Resultat eines inhaltlichen, rationalen oder dialektischen Diskurses – getreu der Einstein'schen Einsicht, dass Probleme niemals über Methoden gelöst werden können, mit denen zusammen sie entstanden sind. Hier kommen Diskurs, Rezeption und Kritik, Kongresse und Konvolute bereits *als solche* immer schon zu spät und widerlegen sich am Ende selbst, und zwar durch eine wie unvermeidliche Sprachlichkeit, man möchte sagen: durch

23 Die folgenden Ausführungen knüpfen an das ‚Manifest der Performativen Philosophie' (Hinrichs 2018) an und ergänzen sie.

ihre *selbstlaufenden Gedankenfolgen.* Dass auch der Philosoph der Sprache und den Sprachen nicht entrinnen kann: Dieses unhintergehbare, Wittgenstein'sche Faktum ist zwar oft erkannt, nie aber wirklich umgesetzt worden: Es muss als *Ingrediens* in eine Philosophie *selbst mit eingehen.*

Eine Vision

Am Beginn einer Performativen Philosophie steht eine Vision: Sie besagt, dass die Philosophie im 21. Jahrhundert *grosso modo* den Übergang von einer konstativen Behauptungskultur hin zu einer performativen Vollzugskultur zu beschreiben und auch *selbst zu vollziehen* hat, wenn sie sich erneuern will. In dieser Feststellung verbirgt sich ein neues Apriori vom unhintergehbaren Wesen einer Philosophie: Hermeneutisch besagt es, dass es selbst auf eine performative Weise *verstanden* werden muss; praktisch besagt es, dass es selbst auf eine performative Weise *vollzogen und angewandt* werden muss; theoretisch bedeutet es am wenigsten, auch deshalb, weil es aus den philosophischen Theorien selbst nicht direkt, nicht linear, nicht rational hergeleitet werden kann. (Das Merkmal ‚*performativ*' bezeichnet in seinem Grunde den Vorrang von Vollzugssinn, Inszenierung und Texthandlungen vor Sachdarstellung, Aussagen und konkreten Behauptungen).

Dieses neue Apriori wirkt sich intensiv aus auf die Begründung einer Performativen Philosophie, ihren systematischen Aufbau, ihre Begrifflichkeit, auf ihre neue Extension in andere Wissenschaften hinein, ihre Rezeption, letztlich auf ihren sprachlichen Stil. Es wirkt sich auf all das aus, was eine Philosophie zu einer Philosophie in einem noch verstehbaren oder vertretbaren Sinne macht. Denn: Wollte man darüber hinausgehen, kann man eine Philosophie nicht mehr über Sprache und Schrift, nicht über Kategorien und Begriffe darstellen – dann müsste man auch die Form verlassen: Philosophie auf der Theaterbühne *performen*, Belletristik und Poetik betreiben. Denn alle Welt weiß inzwischen, dass ein Gedicht oder eine Symphonie auch Philosophie sind, der Buchstaben-Philosophie überlegen, weil sie nicht mehr von dem analytischen Logos der Argumentationen abhängen. Effekt, Innerlichkeit und Wahrheit der Philosophie hängen also zu einem guten Teil von ihrer *Form* ab. (Was in der Welt des

Theaters, der Poesie seit je selbstverständlich ist, muss in der Philosophie erst wieder reformuliert werden). Deshalb, *nota bene*, ist die Präsentation, der Stil, die Form, wenn man will: die *Inszenierung* einer Philosophie ein semantischer, ein intrinsischer Bestandteil ihrer selbst. Sie stellt sich selbst dar, von innen her. Im 21. Jahrhundert kann keine Philosophie hierüber hinwegsehen, will sie nicht ihre Möglichkeiten ohne Not verschenken oder sich schlichtweg lächerlich machen: als *old fashioned*, als *out-of-time*, als Luftschloss, in dem *Old White Men* sich gerade noch eingerichtet haben. Und genau an dieser Stelle hat sich ein Widerspruch gebildet und aufgeschaukelt, aus dem sich die soziale Aufgabe einer Philosophie ergibt. Die globale Situation in der Welt des beginnenden 21. Jahrhunderts verlangt gerade von der Philosophie, dass sie eben diese Situation mit einer Vision begleitet, die sie selbst auf eine subtile, auf eine einleuchtende Weise widerspiegelt: Digitalisierung, die Revolution der Buch- und Schriftkultur, weltweite Migrationen, Globalisierung, politische und ökonomische Verschiebungen, schon seit längerem anhaltende Krisen des logozentrischen Weltbildes und eine allgemeine Kontingenz, eine neue Unabsehbarkeit der Entwicklungen erfordern eine große Wendung der Philosophie. Oder sie riskiert den Kontakt mit dieser Welt, büßt weiter an Legitimation ein und überlässt das Feld außereuropäischen Philosophien, die nur auf ihre Renaissance zu warten scheinen oder darauf, die abendländische Philosophie von Außen zu erneuern oder sie zu kontaminieren. Es sind die großen Traditionen, die die Philosophie an diese Verpflichtungen binden; ihr theoretisches Potenzial, ihre schieren Dimensionen sind es, die sie dafür längst ausgerüstet haben. Es fehlt nur der Dreh. Die antike Philosophie, der mittelalterliche christliche Kosmos, Renaissance und Humanismus, der deutsche Idealismus, der französische Existenzialismus, die postmetaphysischen Philosophien des 20. Jahrhunderts, ja: negative (Non-)Philosophie – das sind nur einige Spielfelder, aus denen heraus Philosophie für das 21. Jahrhundert entstehen kann. Sie kulminieren unter einer neuen Logik der Zeitläufe in der *Vision einer Performativen Philosophie*, die die Potenziale und Verwerfungen der europäischen Philosophiegeschichte transzendiert und damit prospektiv aufhebt.

Die Geschichte der Philosophie stellt trotz all ihrer vorherrschenden rational-konstativen Ausprägung ein riesiges Potenzial bereit, einen weitläufigen Steinbruch, aus dem eine Geschichte des Performativen *für die Philosophie* gebaut werden kann. Diese zeichnet nicht mehr die Linien der öffiziösen Historiographie nach – auch nicht in einer populär daherkommenden Version – sondern entwirft eine Geschichte *sui generis*, die das performative Potenzial des Philosophierens in sein Recht setzt. Springen wir mit Siebenmeilenstiefeln über den Parcours einer möglichen, *anderen* Philosophiegeschichte und sammeln im Stichwort die weit verstreuten Spuren der Performativität. Man soll jedoch die Archäologie nicht übertreiben; hier liegt immer eine Gefahr der Spekulation, die nur durch eine vernünftige Beschränkung des Erklärungsanspruches in Schach gehalten werden kann. Die Wissenschaft stößt hier an vorhistorische Grenzen und tut am besten daran, sich vorerst an einige *essentials* aus Paläoanthropologie, Archäologie und den Kulturwissenschaften zu halten.

- Es ist fast trivial und schon angedeutet: Die letzten, die ersten Quellen alles Performativen liegen im Dunkel der Evolution der Primaten, der Menschenähnlichen, der Vorfahren des Menschen und letztlich des Homo Sapiens und seiner Biologie verborgen. Alle Philosophie hat tiefinnen ein vorsprachliches, ein vor-intellektuelles Gamma. Und, kurios genug, diese Quellen sind gar nicht so verborgen, wie es die unendlichen Zeiträume der Jahrmillionen nahelegen. Die ersten 59 Minuten auf der Stundenuhr der Welt verbrachte unsere Spezies ohne Sprache, ohne Schrift, ohne Analyse, dafür aber in Ritualen, eine *vita pura*, gesichert durch Magie, Mythen und Tabus – eine Welt des Hörens, Sehens, Zeigens, Staunens und Fürchtens. (Die Welt der hominiden Ahnen zeigt es überdeutlich). Wir müssen es so sagen: eine Welt der reinen Vollzüge, des reinen Seins, ohne eine Spur von Reflexion, ohne sprachliche Überformung: reine Performativität qua Handeln, Sein und Vollzug. Mehr muss man nicht wissen, um von der Magie, der Unmittelbarkeit, der Spontaneität alles Performativen – *zu wissen*. So gut wie alles im sozialen Verkehr spielte sich – in einem ganz vorpsychologischen Sinne – *unbewusst*, besser: *nichtbewusst* – ab und das hieß: Es war für alle Menschen selbstverständlich und nicht anzweifelbar. Es kann nicht anders gewesen sein und der Schluss aus all dem ist: Die Grundierung des modernen Homo Sapiens von heute ist zu 90 % performativ – so sehr, dass alles Konstativ-Rationale immer gleich auch seinen performativen Hintergrund durchscheinen lässt. (Vladimir Nabokov meinte gar, man könne noch nicht einmal seine Telefonnummer mitteilen, ohne dass die performative Aura des Gesagten mit auf dem Tisch sei). Die Psychologie drückt es meist so aus: Zu eben diesem Prozentsatz wird unsere Existenz, unser Seinsgefühl auch heute noch von den Vollzügen des Nicht-Bewussten gesteuert.

Historische Baumringe

- Fassen wir die vermuteten historischen Schichten, die ersten Baumringe des performativen Mammutbaumes, an dieser Stelle noch einmal in Stichworten zusammen (Kap. V): Unstrittig, jedoch bislang undokumentiert ist der performative Grundzug in den antiken Philosophien und Kulturregionen der Welt: in China, Indien, Peru oder Mesoamerika. Es ist eine Sache der Zukunft, hier eine tiefliegende Achse genauer auszumachen und zu beschreiben. Mit gleicher Sicherheit gilt dies für die orientalischen Frühkulturen: Sumer, Babylon, Ägypten, aber auch für das vorindogermanische *Old Europe.* Hier nur ein Fingerzeig: Thales von Milet, notorisch als „der erste Philosoph" gerühmt, war bereits von den babylonischen Wissenschaften beeinflusst, zumindest in seinen astronomischen Grundkenntnissen. Die Philosophie Platos hatte eine tiefe orientalische Quelle, Ägypten, von ihm selbst entdeckt. Die orientalische Vorvergangenheit mündet dann in die ‚Achsenzeit' (Jan Assmann), in der sich das Erbe in Hohe Philosophie verwandelt (Details in Kap. V).
- In Europa liegt der Fokus in Kleinasien und auf der griechischen Polis. Vieles spricht dafür, Platon als den ersten Performativen Philosophen zu sehen – was der Plato-Experte und Linguist Harald Haarmann in innovativen Studien bereits eindrucksvoll umrissen hat (Haarmann 2017). Platon führte das *Zeigen* von Philosophie ein, über einen Protagonisten aus Fleisch und Blut (Sokrates) und über lebendige Dialoge – eine urperformative Methode. Plato beschrieb seine Ideenwelt nicht in konstativer Beschreibung, sondern verwandelte sie in den Dialogen in gelebtes Handeln und Sprechhandeln.

- Die Spuren von Performativität in der Philosophie des Mittelalters sind noch undeutlich und unter einem starken religiös-theologischen Überbau verborgen; sie erfordern einen besonderen Zugang (Marenbon 2011). Der performative Grundzug hat sich im Mittelalter, besonders bei Augustinus und später bei Thomas von Aquin, in eine Theodizee verwandelt: GOTT der unnennbare, unbeschreibbare, unverstehbare Hintergrund des Seins-Geschehens. In anderen Worten: GOTT ist nur näherzukommen (nicht: *nahe zu kommen*), wenn das konstative Prädikat ausgeschaltet ist und dadurch reines Sein erscheint. Die Singularität heißt hier: GOTT, ein reiner Name ohne einsehbare Substanz, allenfalls über seine Satelliten erahnbar.
- Nikolaus von Kues und René Descartes erschaffen vor der Morgenröte der Renaissance einen Nullpunkt des Philosophierens; sie arbeiten damit an den philosophischen und existenziellen Voraussetzungen für Performativität. So auch Francis Bacon oder William von Ockham, die auf ihre Weise reinen Tisch machen mit dem Unwesen von Behauptungen, Vorurteilen und Prägungen.
- Philosophen wie Arthur Schopenhauer (*Wille*), Friedrich Nietzsche (*Wille zur Macht*), Sigmund Freud (*das Unbewusste*) sorgen später dafür, dass der dionysische, vitale Untergrund nicht unter der Diktatur des Rationalismus, unter dem Überbau der Aufklärungen versinkt. Wir verdanken ihnen die Spur des Performativen neben dem Mainstream der Behauptungsphilosophie. Martin Heideggers ‚*Sein und Zeit*' ist bereits performativ gedeutet worden (Cimino 2013). Ernst Bloch („*Das Dunkel des gelebten Augenblicks*") ist so etwas wie der Vater einer performativen Philosophie in der Moderne. Französische Existenzphilosophen wie Lacan, Derrida, Foucault oder Sartre sind wahrscheinlich Philosophen einer eigenwilligen, „französischen" Version von *performativité.* Jürgen Habermas' nachmetaphysische Philosophie der Kommunikation ist eine Variante einer performativen Philosophie, die jedoch rational-konstativ inspiriert ist. Hans-Georg Gadamer propagiert eine performative Hermeneutik: Theorie und Praxis des performativen Verstehens, das den *gap* eines möglichen Nichtverstehens als ein *Apriori des Verstehens-Vorgangs* miteinschließt.

Bis jetzt gibt es noch keine Philosophie, die man ohne weiteres „performativ" nennen könnte – auch wenn man andere Ansichten finden kann, am deutlichsten in der selbsternannten *performance philosophy.* Dies ist eigentlich seltsam, da die Idee von der Performativität ja in vielen Wissenschaften bereits ausgebreitet worden ist (Überblick in Hinrichs 1918a). Es hat ein ausgreifendes, zehn Jahre währendes Riesen-Projekt zu ‚Kulturen des Performativen' gegeben, die Kulturwissenschaften haben einen ‚*performative turn*' ausgemacht und die aktuelle Szene der *performances* hat bereits unübersehbare, modische, oft genug törichte Ausmaße angenommen. Die Welt des nie ruhenden Kulturbetriebes wartet wahrscheinlich, so muss man annehmen, auf den nächsten *turn*, das nächste Paradigma, den nächsten *hype.*

Wir interpretieren diese Lage auf die einzig vernünftige und vollkommen plausible Weise: In Bezug auf die Performativität herrscht, vor allem in Europa, eine besondere Art der Vergessenheit, die an Heideggers Seinsvergessenheit erinnert. Performativität scheint aber in der orthodoxen Philosophiegeschichte von unten durch den konstativ-metaphysischen Überbau hindurch, ist im Wesen sporadisch, an Intervalle gebunden, wird umgedeutet, bleibt jedoch in ihrer ganzen Wucht noch unerkannt, weitgehend unsichtbar. Ein Ketzer der Philosophie könnte sich durchaus mit der These stark machen, dass eine *weibliche Philosophie* hier hätte groß aufschlagen können, wären die Bedingungen in einer ausladenden, männlich dominierten Patriarchalität in der Geschichte andere gewesen. Vielleicht ändert sich dies in der Zukunft.

Die Erschöpfung der Philosophie

Die Vision einer Performativen Vernunft wird notwendig begleitet von dem überfälligen Projekt einer *Kritik der konstativen Vernunft*: Dies ist die radikale Kritik einer Ratio, die die europäische Philosophie über zweieinhalb Jahrtausende dominiert hat. Diese Revision beschreibt die Verwerfungen, die Irrwege und die inneren Aporien, die die Behauptungskultur mit ihrem kausallogischen Weltbild im Laufe der Jahrhunderte überall in der Geschichte der Philosophie ausgelöst hat. Sie zeigt, wie Konstativität als das Super-Paradigma aller Wissenschaften das latente performative Potenzial der Philosophie über Jahrhunderte behindert und blockiert hat. Sie muss zeigen, wie die alteuropäische Behauptungssprache – der innere Code der Konstativität – die Philosophie semiotisch an sich selbst gefesselt hat: wie es möglich war, dass die Aufklärungen selber oft in einer Sprache formuliert worden sind, deren Aura etwas Unaufgeklärtes mitschleppt. Die Hauptthese ist, dass die Philosophie nicht nur ihre Inhalte neu formulieren muss, sondern dies in einer Sprache tun muss, die sich nicht mehr selbst im Wege steht. Sie weiß nun, dass die *Perzeption* von Philosophie in einem nie gekannten Maße abhängt von ihrer Kommunikation, *dem Modus der Vermittlung* – und, weiter, dass eben diese Kommunikation direkt auf die philosophischen Inhalte zurückwirkt und diese sogar mitbestimmt. Ein performativer Kreislauf (nicht unähnlich der Rolle des Beobachters in der Neuen Physik).

Dies mündet möglicherweise, ein Stockwerk höher, in die Revision der europäischen Philosophiegeschichte unter einem veränderten Blickwinkel – ein Herkules-Projekt der Zukunft. Geschrieben wird irgendwann eine *Performative Geschichte der Philosophie*, die die europäische Philosophie *sub specie performativitatis* von den Vorsokratikern bis zum Ende des 20. Jahrhunderts in der performativen Perspektive neu erzählt und sie mit Philosophien außerhalb Europas verbindet. Diese Perspektive stellt die Geschichte der Philosophie gewissermaßen vom konstativen Kopf auf die performativen Füße; sie korrigiert einen intrinsischen *constative failure*, der in dieser Zeit offenbar an sein logisches Ende kommen will. Damit korrigiert sie den „Geburtsfehler" in der Geschichte, der nie wirklich korrigiert worden ist und durch die Zeiten eine grandiose konstative Überwertigkeit ausgelöst hat. Nietzsche, Heidegger, Camus, Bloch, Derrida, Bourdieu haben das gefühlt, haben dagegen an-gedacht. Es ist diese jahrhundertlange Überwertigkeit, die heute in die Notwendigkeit einer performativen Revision mündet. In Heideggers Worten ist es jetzt an der Zeit, die konstative Seinsvergessenheit der Europäer zu verwandeln in eine performative *Seins-Gewärtigung*, die weit über Europa und seinen konstativen Horizont hinausgeht. Und dies gilt nicht nur für den präsentierten Inhalt einer Philosophie, sondern auch für ihre Präsentation, wenn man will: ihre durch sich selbst vollzogene Erzeugung.

Niemand wird heute ernsthaft mehr bestreiten, dass es in den Wissenschaften des Abendlandes im Laufe der Neuzeit zu einer Vorherrschaft alles Konstativen, einer technischen Vernunft und zur Verdrängung des Performativen gekommen ist – was sich heute als Hindernis erweist, sowohl für die Wissenschaften, als auch für die Lebenspraxis des Alltags. Husserl, Heidegger, Sloterdijk und andere haben davon gesprochen und immer wieder gewarnt. Konstative Vernunft dominiert seit jeher alle Wissenschaft: ein immanentes Ideal, ein europäisches Idol; exotische oder erratische Ausnahmen bestätigen immer wieder diese Regel. Oft hat man den Eindruck, als solle, ja als *müsse* jede Philosophie unbedingt in einem konstativ-kausalen Modus formuliert werden. Eine *Kritik der Konstativen Vernunft* kritisiert diesen grundständigen, immanenten Vernunftbegriff der europäischen Wissenschaften. Sie zeigt, wie schwer die Hypothek der Konstativität (d. i. die notorische *Aufblendung* des Logozentrismus und die notorische *Ausblendung* von Performativität) wiegt und wie sie den europäischen Blickwinkel auf die Welt verzerrt hat. Der zentrale Gedanke der Kritik ist in seiner radikalen Form dieser:

- Jede philosophische Erkenntnis, sobald sie mit Worten, Begriffen und Sätzen und in einem konstativen, nur logisch argumentierenden Modus ausformuliert ist und kommuniziert wird, neigt dazu, ihren Eigen-Sinn zu verlieren. Performative Philosophie arbeitet dieses *antikonstative Axiom* aus (und bleibt dabei selber immer der Gefahr eines performativen Paradoxons ausgesetzt).

Eine Kritik der Konstativen Vernunft zeigt zweierlei:

- Wie der konstative (kausale, argumentierende, logisch-rationale, wahrheitsbehauptende) *Sprachmodus* philosophische Inhalte und deren Kommunikation verzerrt, indem er seine kontextfreie Begriffswelt als Abbild der Wirklichkeit ausgibt („Scholastische Vernunft"; Bourdieu 2017, 18f.);
- Wie die konstativen „Sünden" der abendländischen Wissenschaften (Theorieversessenheit, strenge Objektivität, Linearität, Wahrheitsfetischismus, Solipsismus und reflexive Identität von Argumenten und Interpretationen) implizit gegen eine Performative Philosophie (und gegen die Wahrheit) arbeiten und beide blockieren.

Immer mehr dringt ins öffentliche Bewusstsein, dass eine 1:1-Beschreibung der Welt (im Detail: von Emotionen, Werten, Kulturen, Erlebnissen, Ereignissen, politischen Strömungen, Kunstwerken etc.etc.) nicht nur einseitig ist, sondern den Objekten niemals gerecht wird. Dies hat viele Gründe, wir nennen die drei wichtigsten:

- Zu allem gibt es viele Perspektiven, die vertreten werden können;
- Jedes Prädikat, jede Zuschreibung übt eine gewisse Art von Herrschaft aus, die alle anderen möglichen Prädikate beiseiteschiebt;
- Jede konstativ-behauptende Äußerung wird immer durch ein absolut kontingentes Quantum abgelenkt, gewissermaßen durch ein Wirkungsquantum der Propositionen selbst.

Dominante konstative Vernunft erzeugt diese Sünden notwendig durch einen sachlichen, nur-feststellenden, logisch-kausalen Sprachmodus, der oft seiner eigenen Logik davonläuft und sich eben deshalb vom Odium der Fiktionalität nie vollkommen befreien kann (Vaihinger 2007). Vielleicht liegt hier das Dilemma aller groß-ausgreifenden, vor allem: philosophischen Texte, die *aufgrund ihrer Form* nicht das aussagen können, was sie aussagen wollen. Die konstative Gewalt der Mammut-Sätze reduziert ihre eigene Kommunikation im Rahmen des Lesens und Interpretierens.

Der latent-starre Wahrheits-Anspruch reiner Konstativität blockiert *eo ipso* seine performative Dimension und schlägt dadurch letztlich wieder auf sich selbst zurück. Dieser Gefahr ist die Philosophie in erhöhtem Maße dann ausgesetzt, wenn sie ihren eigenen Sprach- und Begriffsgebrauch zusätzlich noch sprachlich erläutern will und dabei zwangsläufig ein selbstlaufendes konstativ-performatives Paradoxon erzeugt – wie etwa Ludwig Wittgenstein wiederholt schmerzlich erfahren musste. (Die langen Rezeptionsgeschichten klassischer Philosophien liefern genug Anschauungsmaterial).

Von der Vorherrschaft der Konstativen Vernunft

Sie beginnt gleich mit der klassischen griechischen Philosophie (Aristoteles), hat ihre Höhepunkte bei Kant und im deutschen Idealismus (Hegel). Sie wird im 20. und 21. Jahrhundert mehr und mehr dekonstruiert – ohne allerdings auch ihre Sprache mit in Frage zu stellen: Auf den Tisch muss endlich jener Mega-Konflikt kommen, der entsteht, wenn die alteuropäische Metaphysik zwar dekonstruiert wird, sich aber weiter eines überkommenen konstativen, eines sich selber aufwindenden Sprachmodus' bedient: Der sich so vertiefende Graben zwischen neuen Inhalten und alter Form wird im Laufe der Zeit unüberbrückbar. Eine Performative Vernunft als eine Vernunft der Zukunft wird ihre Existenzberechtigung nur dann durchsetzen können, wenn es ihr gelingt, ihre wichtigsten Wesensmerkmale, die Orientierungen auf den Vollzug, auf Universalität und Polyperspektivität nicht nur philosophisch zu begründen, sondern dies auch in ihrer Sprache zu zeigen. Der konstative Sprachmodus, der ein riesiges Merkmal der europäischen Philosophie ist – geradezu ihr Erkennungszeichen, in globaler Sicht eher ein *Alleinstellungsmerkmal* – erzeugt an einem gewissen Punkt der Entwicklung eine Art Erschöpfung, wahrscheinlich deswegen, weil Formulierung und Rezeptionen des konstativen Diktums immer weiter auseinandertreten, sodass das Verstehen immer weiter ausgehöhlt wird. Es ergibt sich ein selbstlaufendes, sich selbst verstärkendes hermeneutisches Dilemma.

Die aktuelle Erschöpfung zeigt sich in diesen Symptomen und Tendenzen:

- Der latente Zustand eines uneinholbaren Nichtwissens tritt in den Natur- und Geisteswissenschaften immer deutlicher zutage (Hetzel 2009; Honerkamp 2013; s. Kap. III, 17). Nichtwissen ist eine Metapher dafür, dass der Mensch sich heute an einem Punkt befindet, an dem er zweierlei scharf erkennt, ja erkennen muss, will er nicht in einen Abgrund einer drohenden existenziellen Desorientierung fallen: Wenn er seine Erkenntnisse aus Digitalisierung, Genforschung, Atomphysik, Klimatologie, Astronomie und Anthropologie wirklich ernst nimmt, *kann* er nicht wissen, *kann* er nicht sagen, WO er sich derzeit befindet, WER er ist oder sein kann, WIE sich das Rad des Planetenschicksals weiter entwickelt und WAS sein wird. Dazu kommt obendrein – was sich eventuell noch schlimmer, gefährlicher ausnimmt – dass er zur Zeit (noch) nicht weiß, wie er mit seinem vermeintlichen Wissen und dem sich dahinter höher und höher aufwölbenden Nichtwissen *umgehen* soll.

Damit direkt verbunden ist die Gefahr, dass er weiter unbeirrt an alten Illusionen, Blinden Flecken und einer quasi-dementen Wachstumsgläubigkeit festhält, ohne wieder zu wissen, was damit erneut ausgelöst wird.

Die Philosophie ist jedoch in der komfortablen Lage, das Nichtwissen *als solches* zu erkennen und es als ein Symptom zu beschreiben, zu deuten und zu kommunizieren (zumindest innerhalb der Disziplin). Dabei kann sie sich an die Anfänge der griechischen Philosophie (Sokrates), auf das Mittelalter (Nikolaus von Kues) oder auf den Relativismus der Postmoderne halten und deren Wahrheiten neu formulieren.

In Zeiten der Globalisierung aller Wertsysteme weiß man ohnehin immer weniger, was Philosophie eigentlich genau ist, was sie sein oder bewirken soll. Es gibt noch keine Vision davon, wie Philosophie in der Zukunft des 21. Jahrhunderts aussehen soll. Leibniz’ Frage „Warum ist überhaupt etwas und nicht nichts?“ und die diese Frage umgebende Aura des Nichtwissens ist heute aktueller, brennender denn je (Schubbe et al. 2013). (Sie erscheint auch in vielen weiteren resignativen Buchtiteln). Gängige Metaphern wie das Ende der Philosophie, Titel wie ‚Warum noch Philosophie?‘, Bilder von der Aufhebung der Philosophie strahlen, so werden viele befürchten, Desorientierung, Resignation und Krise aus. Aber: Auch wenn die philosophischen Inhalte kaum die Bevölkerung erreichen werden, bleiben die Titel doch so etwas wie dunkle Symptome, die von vielen Menschen subkutan durchaus aufgenommen werden und wirken – und sei es über das Feuilleton einschlägiger Magazine.

- Das Große Staunen, das aus diesem Nichtwissen heraus erfolgen müsste und am Anfang aller Philosophie steht, ereignet sich heute weder außerhalb noch innerhalb der Philosophie: Es erscheint eher – auf seltsame Weise verdreht – in weltweiten Symptomen der vitalen, politischen, wirtschaftlichen und existenziellen Unsicherheit, ja der Desorientierung, sowie in einer allgemeinen Zersplitterung und Diversität – also *negativ*. Dazu kommt passend ein latenter, subtil verborgener allgemeiner Zynismus in den Medien und in den intellektuellen Oberschichten.
- Dass die neuzeitlichen Wissenschaften alle Disziplinen aus der Philosophie herausgelöst und sie dadurch immer weiter an den Rand gedrängt

haben, kommt heute wie ein Bumerang zurück: Angesichts neuer Entwicklungen in den Konkurrenzwissenschaften kämpft die Philosophie heute um ihre Daseinsberechtigung (Ackeren et al. 2011): Kognitionspsychologie, Linguistik, Neurobiologie, Chaostheorie und eine umfassende Digitalisierung geben ihr Algorithmen und Denkwege vor, denen sie nicht, noch nicht gewachsen ist, ja: gar nicht gewachsen sein *kann*, da sie sich lange Jahrhunderte auf metaphysischen Nebengleisen bewegen musste. So hat sie, nolens-volens, ihre heutige Situation selbst mitverschuldet. Sie befindet sich heute irgendwo zwischen den Natur- und Geisteswissenschaften, mehr noch, sie oszilliert zwischen der „Skylla neurophilosophischer Vereinfachungen" und der „Charybdis mentalistischer Dogmatik". Nicht auszudenken, wenn man ihr zumuten wollte, ihre finale Position, ihr ungeklärtes Grundlagenverhältnis zu den anderen Wissenschaften auch noch exakt zu definieren (Bennet et al. 2010; Sturma 2006).

- Die deutsche Philosophie leidet, was besonders im Ausland oft beklagt wird, an einer Obsession, ja einer verblendenden *„Infatuation"*[24] ihrer Sprache (Ludwig Marcuse), die das, was Philosophie sagen will, nicht (mehr) wirklich ausdrücken, nicht kommunizieren kann. (Eine Folge ist die ebenfalls oft beklagte Unübersetzbarkeit deutscher Philosophen in andere Sprachen). Es ist die hochspezialisierte Sprache der kausalen Behauptungskultur, die das, wovon sie spricht, auf Grund ihrer sprachlichen Fesseln nicht gleichzeitig auch *zeigen* kann – ja sie blendet das, was sie zeigen will, was sie zeigen müsste, sogar auf eine subtile Weise aus. Wir haben hier ein Dilemma vorliegen: Die sprachlichen Mittel selbst scheinen dem, was sie ausdrücken wollen, entgegenzustehen.
- Die Disziplin ‚Philosophie' sieht sich einer aggressiven neuen Vermarktung gegenüber, die unter dem Baldachin der Popularisierung eine Art *Philosophie light* und eine laue Trivialisierung erzeugt. Die Motivation, der Philosophie ein modernes Image der *Inklusionsfähigkeit* zu verschaffen, beschädigt unweigerlich die Strahlkraft dessen, was sie sein könnte. ‚Philosophie für jederman' schlägt allzuleicht in eine Philosophie um, die für niemanden wirklich ernstzunehmen ist.

---

24 ‚Eine Art blinder Selbstverliebtheit mit dem Zwang, sich nicht lösen zu können'.

- Immer mehr Zeitgenossen wird bewusst, dass akademische Philosophie und praktisches Leben in dieser Zeit nicht nur nicht zur Deckung kommen, sondern immer weiter auseinanderdriften. Philosophieren ist nicht Leben. Es kann aber dazu führen, dass sich ‚*leben*' lichtet und in ein lebenswerteres Leben einmündet.
- Moderne und modernste Philosophie verzweigt sich in einen Korb von Alternativ- und Anti-Philosophien, die zentrifugale Fliehkräfte erzeugen, eine ganzheitliche Disziplin Philosophie von innen aushöhlen und nach außen auseinanderzureißen drohen. ‚Non-Philosophie' erweist sich letztlich – analog zum Atheismus oder zur Agnostik – als eine Abhängige vom Gegenteil (engl. *counterdependence*).
- Die „Philosophie im Zeitalter der Extreme" (Gerhard Gamm) ist geprägt von einer typisch postmodernen diffusen Diversifizierung. Sie kämpft damit, große auseinanderstrebende Tendenzen unter Kontrolle zu halten, um ihnen nicht unabsehbar ausgeliefert zu sein: Akademisierung, Psychologisierung, Popularisierung, Pragmatisierung, Relativierung und Marginalisierung.
- Europäisch-abendländische Philosophie steht Philosophien in anderen Kulturkreisen noch nicht wirklich offen gegenüber. Auch dies ist ein Projekt der Zukunft: Über die Unterschiede die unverhofften Ähnlichkeiten und Parallelen zu finden, die miteingehen können in eine einstige global wirkende *philosophia perennis.* Alle Kontinente sind hier relevant, vom Taoismus im Alten Han-China bis hin zur peruanischen Andenphilosophie.

Insgesamt sind solche Symptome und Tendenzen ein sich selbst beweisendes Zeichen dafür, dass die Grundfragen der Philosophie nicht rational und nicht argumentativ, d. h. nicht *konstativ* lösbar sind und oft einen selbstlaufenden Sisyphos erzeugen. Der erste Schritt ist, eben dieses festzuhalten: Sie sind der Output eines Erbes, das sich aus der Geschichte der europäischen Philosophie und ihres *immanenten Logos*' ergibt.

Das Erbe der Philosophie

Es wurde schon gesagt, dass es zwei Symptome gibt, die in diesen Zeiten einen wirklich großen *Cut* signalisieren, zwei Zeichen an der Wand, eine verzweigende Gabel, die aber insgeheim dasselbe meinen: einerseits das verbreitete Geraune über das Ende der Philosophie, andererseits noch undeutliche Visionen von einer *anderen* Philosophie im 21. Jahrhundert, die erst noch Kontur annehmen müsse und sicher nicht jedermanns Sache sein könne. Sie bildet sich offenbar erst. Die Philosophie befindet sich also heute ganz offenbar in einer *liminalen Phase* (Victor Turner), einer Art Übergang, dessen deutlichstes Merkmal eine dunkle Art von Kontingenz ist, die irgendwie mit der Weltsituation zu tun haben wird. Es ist noch dunkel im philosophischen Tunnel. Sehen wir jetzt genauer drauf:

Das kontroverse Erbe der europäischen Philosophie ist in seinem Grund, seinem Grundwiderspruch unaufgelöst geblieben, und genau dadurch wird heute eine Renaissance der Philosophie blockiert. Es ist also höchste Zeit, dieses Erbe und sein Konflikt-Potenzial in den Grundlinien zu benennen (sie im Detail und vergleichend auszuarbeiten ist, wie anders, ebenfalls ein Projekt für die Zukunft).

- Mit dem Ende des 20. Jahrhunderts sind die beiden großen überwölbenden Bewegungen in der europäischen Philosophie, die ältere Metaphysik und die neuzeitlichen Dekonstruktionen dieser Metaphysik, beide an ein vorläufiges Ende gekommen. Die Zeit der großen Systementwürfe, der ausladenden Existenzphilosophien, ja auch der Anti-Philosophie ist vorbei, denn es ist sehr fraglich, ob neue große Weltentwürfe heute noch jene Kraft und Leidenschaft auslösen können, die in ihnen gebunden sein muss. Es regt sich allenthalben das untrügliche Gefühl, dass auch gewisse Phänomene der akademischen Philosophie nicht mehr zeitgemäß sind und überwunden werden müssen: Da ist zum ersten die Einzelforschung (Nietzscheforschung, Heideggerforschung, Husserlforschung etc.) mit ihren unabsehbaren Querverbindungen, ihren streitenden Rezeptionsgeschichten: Dies ist das Spielfeld einer, man möchte sagen, *dokumentarischen* Philosophie; zum zweiten ist da die Bevorzugung einer bestimmten Spezies von Philosophie mit einem meist nicht mitgenannten Prior-Anspruch: Ontologie vs. Ethik vs. Ich-Philosophie vs. Politische Philosophie etc. Dies kann man eine disziplinarische Philosophie nennen. Beide konstativen Spielarten müssen relativiert, wenn nicht: überwunden werden.

Die beiden großen Galaxien ‚Metaphysik' und ‚Antimetaphysik' bilden in der Retrospektive ein Mega-System von Oppositionen, das als Ganzes verlassen werden muss: Niemand kann heute mehr wagen, ein statisches philosophisches System oder eine postmoderne Anti-Philosophie als Alternative neu zu entwerfen, ohne der Disziplin zu schaden oder sich der Gefahr auszusetzen, nicht mehr verstanden zu werden. Geniale Durchbrüche und neue Weltentwürfe, wie z. B. Peter Sloterdijks gewaltige ‚*Sphären*'-Trilogie aus den 1990er Jahren, haben darüber hinaus mit schwierigen außerphilosophischen Bedingungen der Vermarktung, der Rezeption und der Konkurrenz zu kämpfen.

- Die großen klassischen Fragen sind nicht nur nicht gelöst, sondern müssen anders gestellt und anders beantwortet werden. Sie befinden sich seit langem in einer Theorie-Spirale, die sich mit jeder weiteren Drehung dem Absurden weiter annähert. Hierfür ein Musterbeispiel: „Ist der Mensch ein Fremdling in der Welt und von objektiver Erkenntnis der Natur ausgeschlossen oder ist er ein Welt-Eingeborener mit der evolutiv entwickelten Fähigkeit, seine Welt zu erkennen, wie sie ist?" (Welsch 2012). Dahinter schwelt ein neuer, noch unabsehbarer Konflikt zwischen Neurowissenschaften und nachmetaphysischer Philosophie, zwischen Alt-Kantianern und Neuen Realisten (Sturma 2006). In einer Performativen Philosophie hat eine konstative Antwort auf solche Fragen keinen Sinn, denn wenn der Mensch seine Welt erzeugt und dies beobachtet, vollzieht er unhintergehbar eine Art, ja viele Arten von *Erkenntnis* und ist von einer rationalen, finalen, sagen wir nun: *konstativen* Antwort entbunden.
- Unversöhnlich stehen sich die beiden großen Arten, Philosophie zu betreiben, in Konkurrenz gegenüber: Ungelöst ist der seit 2.500 Jahren anhaltende Konflikt zwischen einer konstativen (deklarativen, doktrinären, logisch-rationalen, argumentativen, pädagogischen etc.) Vernunft und einer anti-konstativen, (vollziehenden, expressiven, irrationalen, ironischen, sokratischen etc.), d. h. performativen Sicht auf die Welt

– eine uralte europäische Spaltung, die mit den Griechen begann, in Neuzeit und Aufklärung zementiert wurde und in der Moderne in die Opposition von Metaphysik und Antimetaphysik mündet. Beide Modi überlappen und unterlaufen sich auch gegenseitig (Hampe 2014). Möglich ist, dass sie nach Art eines kommunizierenden Röhrensystems großräumig *verbunden* sind, diese Verbindung aber (notwendigerweise?) ausblenden. Möglich wäre sicher, den jeweiligen Anteil der Oppositionen an oder in einer Philosophie X zu bestimmen; unentschieden bleibt dann aber die Frage, was sich ergeben könnte, wenn die Opposition als solche *aufgegeben* werden kann und welcher Art dieses *Tertium philosophicum* denn wohl sein könnte.

- Es scheint, als ob mit diesen allgemeinen Tendenzen auch die jahrtausendealte, typisch europäische Behauptungskultur mit ihren eingefahrenen Argumentationsfiguren an ein natürliches Ende gerät: jetzt jedoch nicht mehr mit dem Vorwurf bloßer Fiktionalität (so schon Hans Vaihinger im Jahre 1911), sondern weil immer deutlicher wird, dass Tatsachenbehauptung und sprachliche Konstativität der Welt nicht gerecht werden können – nicht ihrem So-Sein, nicht ihrer Erkenntnis, nicht ihrer weiteren Kommunikation. *Konstative Vernunft* kann die Welt niemals erfassen, weil sie monologisch daherkommt, logisch-rational auftritt, lineare Ketten erzeugt, *nolens-volens* pädagogisch wirkt, auf das Schriftliche fixiert ist und das performative Potenzial von Philosophie und Werkvermittlung nicht ausschöpfen kann.
- Hinter allen *philosophischen* Problemen lauert ein weiteres, vielleicht das entscheidende Problem – nämlich das der Sprache (was hier schon wiederholt festgestellt wurde): Philosophie und Leben sind seit Fichtes Diktum „*Philosophie ist nicht Leben*" dissoziiert, sie fallen seit jeher auseinander. Hat die Philosophie, um *dies* darzustellen und zu überwinden, die richtige Sprache? Verstärkt ihr formaler *Stil*, (ja vielleicht: ihr schierer *Umfang*) womöglich jenes Dilemma, das sie *inhaltlich* lösen will? Ist sie in einem konstativen Sprachduktus befangen, löst die *Sprachform* vielleicht viele Probleme erst aus (bzw.: lässt Probleme ungelöst) – wie bereits Ludwig Wittgenstein hellsichtig festgestellt hat? Oft stellt sich gerade bei der Lektüre klassischer philosophischer Texte der Eindruck ein, dass sich Sprache, Intention und Effekt gegenseitig behindern. Gro-

ße Philosophen wie Nietzsche, Heidegger, Bloch oder Sloterdijk haben immerhin den Versuch gemacht, diesem Dilemma durch eine neue Sprache zu entkommen (und sind hier immer einer speziellen Kritik ausgesetzt). Denn hier liegt die *crux philosophiae*: In einer konstativen Behauptungssprache beißt sich oft der propositionale Gehalt der großen Sätze an der Oberfläche mit dem dunklen Subtext darunter, mit der Aura des Textes und mit seinen vielfachen Implikationen. Dies ist ein konstativ-performatives Paradoxon – eine schier unüberwindliche Hypothek aus der Philosophiegeschichte. Um dieses Dilemma wirklich aufzulösen, muss eine philosophische Aussage, die kognitiv sicher verstanden sein will, nicht nur formuliert, sondern auch *gezeigt* werden. Die Formulierung, die eine Sache darstellt, darf nicht mit ihrer performativ-kommunikativen Steuerung kollidieren. Ich nenne dies die *„absolute performative Sprachbedingung"* und formuliere sie so aus:

- Philosophische Aussagen brauchen, um sicher verstanden zu werden, eine Sprache, die einen philosophischen Inhalt nicht nur über Wörter, Begriffe und logisches Argumentieren ausdrückt, sondern auch über das Ungesagte, die Illokutionen und die Aura des Textes, über den Subtext – vulgo: *zwischen den Zeilen.* Das größte Hindernis ist das falsche Ideal der Exaktheit: der sprachlichen, syntaktischen und semantischen Exaktheit. Diese ist unerreichbar und arbeitet implizit gegen das, was sie selbst ausdrücken will. Eine neue Sprache für die Philosophie muss diese Bereiche revidieren, ja revolutionieren:
- Ihre operationale Dimension, d. h. die syntaktische Verkettung von Satzteilen zu Sätzen, von Sätzen und Absätzen zu Texten. Denn diese Syntax vor allem markiert das Ungesagte, die Botschaft, die Aura, die wahre, unterliegende Bedeutung der Aussagen. Ihr aber ist nur schwer zu entkommen.
- Ihre semantische und pragmatische Dimension, d. h. das Netz der gestreuten Bedeutungen und Wirkungen muss schon *vor seiner schriftlichen Fixierung* immer rechnen mit der Verschiebung von Signifikanten und Signifikaten: im Autor selbst, zwischen den Sprachzeichen und zwischen Autor und Leser. Eine kognitive oder rezeptive Sicherheit ist nur annäherungsweise zu erhalten; sie ergibt sich vor allem aus semantisch dunklen Stellen und aus der semiotischen Differenz. Dies erscheint

dann *post quem* als Stil, der unhintergehbar und nichtreflexiv, also durch pure Anwendung, festlegt, was jetzt gilt und wie es gilt.

- Eine noch nirgendwo wirklich beschriebene Rolle spielt hier ein Kommunikationsmodus, der sich durch alle Varietäten von Sprache ziehen kann: *Metakommunikation* – also sprachliche Zeichen, die sich unmittelbar auf ihre direkte Umgebung beziehen, d. h. auf das, was gerade gesagt wird – spielt für eine Philosophiesprache eine herausragende Rolle. Ja, es hieße nicht zu weit zu gehen, wenn man annähme: dass die metakommunikative Graduierung (durch Halbsätze, Formeln, Partikeln usw.) der Sätze und Texte ein Maßstab, ein Gradmesser ist für sein performatives Potenzial wie auch für die *Verständlichkeit der substanziellen Inhalte.*
- Es geht nicht darum, immer neue Begriffe zu erfinden: Auch sie wären wieder nur der Uneindeutigkeit und einer zersetzenden Kritik ausgesetzt. Also keine exotischen philosophischen Privatsprachen mehr! Neue Sprache muss von dem Fundus, der immer schon da ist, nur einen neuen *Gebrauch* machen. Ernst Bloch hat gezeigt, welche phantastische Wirkung ein noch niegehörter *Stil* entfalten kann: eine Musik des Schreibens.
- Große Bedeutung hat nun auch der schiere Werkumfang, die formale Gliederung, das *Design* des philosophischen Werkes bis hin zu Schriftgröße und Zeilenabstand: Es muss Harmonie herrschen zwischen äußerer Form, Inhalt und Intention. In Zeiten, die immer performativer werden, muss auch große Philosophie (*leider*?) entsprechend inszeniert werden, um sich auf einem zerstrahlenden Markt zu behaupten.

Für dies alles gibt es keine Anweisungen, keine Regeln; entweder es ereignet sich oder nicht. Kann sich eine philosophische Sprache darauf nicht einrichten, bleibt sie in einem operationalen Korsett gefangen und riskiert, von einem konstativ-performativen Paradoxon erfasst zu werden, was statt Erkenntnis oft genug Verwirrung und Ambivalenz auslöst. (Dies kann an vielen Texten der Klassischen Philosophie studiert werden). Große, neue Bedeutung bekommt hier, s. o., das Ungesagte: Es ist jene Instanz, durch die das was man sagen will, *implizit* zum Ausdruck kommt. Ungesagtes und Subtext vermitteln Erkenntnis dunkel, nichtdiskursiv, synthetisch und deshalb immer *eindeutig* – ganz im Gegensatz zum schriftlichen Oberflächentext der Behauptungen, der immer diskursiv und analytisch und *eo ipso* mehrdeutig bleibt. Gerade performative Philosophie braucht eine Sprache, die den Vollzugssinn von Philosophie *zwischen den Zeilen* zwanglos vermittelt. Eine Performative Philosophie begründet diesen Mechanismus neurologisch, kognitionspsychologisch und kommunikativ – und führt ihn selbst praktisch aus. (Dass dies eine Gratwanderung ist, versteht sich von selbst.)

Wir sagten es: keine Renaissance ohne eine Renaissance der Sprache. Neue philosophische Sprache wäre weder rein akademisch, noch gleich umgangssprachlich und wird immer vom individuellen Autor geprägt. Es gibt also keine starren Regeln. Die Sprache einer Performativen Philosophie umgeht dabei das Problem stilistischer Oppositionen und Hierarchien, sie neutralisiert die hohe Syntax der Aussagesätze und der exakten Semantik: Dafür *drückt sie das Performative selbst wieder aus* und lebt aus der Intuition, dass die *Kommunikation* von Philosophie ein konstitutiver Teil ihrer selbst ist. Eine Autopoiesis eigener Art. Damit bleibt *jede* Philosophie zu einem unbestimmbaren Teil fluid und emergent und weist dadurch wieder auf sich selbst zurück: Dies ist bereits reine performative Dialektik, und nur in einer Art *paradoxer Krümmung* zwischen der *performativen* und der *konstativen Dimension* eines Textes wird eine Performative Philosophie ihr Anliegen erfolgreich vermitteln können.

Dies alles sind Probleme, deren Lösung noch nicht wirklich in Sicht ist. Aber keine weitere Windung der Metaphysik, keine postmoderne Ausbuchtung von Anti-Philosophie, keine noch so gut getarnte Populärphilosophie kann die Disziplin, so scheint es, in diesen Zeiten wirklich erneuern (oder: den Leser wirklich erreichen). Dies klingt nach einem Menetekel – weil sich nämlich herausstellen könnte, dass gerade das 21. Jahrhundert Philosophie dringender denn je brauchen wird: Weltweite Entwicklungen ziehen sich erstmalig in einer zentripetalen Schleife zusammen und deshalb wäre eine neue Philosophie, die etwas noch Un-fassbares erfassen und ontologisch erden kann, nie dringlicher als heute. Deshalb fragen wir: Welche Anhaltspunkte gibt es für entsprechende Bewegungen?

Neue Philosophien

Schon seit längerem greift – innerhalb wie außerhalb der Philosophie – ein neues, prä-performatives Denken um sich, dessen Spuren oft sogar weiter zurückreichen. Für dieses Denken stehen vor allem Namen aus der französischen Philosophie wie Derrida, Lacan, Lyotard, Bourdieu, Bataille. Dieses Denken ist schon im Wesen anti-konstativ: Es entfernt sich von den klassischen europäischen Leitlinien wie Identität, System, Ratio, Linearität, Kausalität und typischen Behauptungs-Kategorien. Es eröffnet eine Sicht, die die Differenz würdigt, polyperspektivisch ist und strenge Axiome genauso wie letzte Begründungen vermeidet. Dieses „anti-aristotelische" Denken steht dem Humanismus und der Aufklärung überhaupt skeptisch gegenüber, wofür musterhaft Werke wie z. B. die des englischen Philosophen John Gray stehen. Dieses Denken erkennt die lange Vorherrschaft einer doktrinär-pädagogischen Philosophie-Tradition und folgt, abseits von ihr, zuallerst den oft dunklen Spuren einer nichtdoktrinären Weltsicht. Diese Spuren, die alle ins 21. Jahrhundert gehören, nehmen bereits vereinzelt Positionen einer Performativen Philosophie vorweg oder weisen deutlich auf sie voraus. ‚Neue Philosophie'

- zweifelt – radikal wie einst Martin Heidegger („*Seinsvergessenheit*") – die impliziten Voraussetzungen allen abendländischen Philosophierens an, wie z. B. die sogenannte „*non-philosophie*" des französischen Philosophen François Laruelle oder die rezenten Studien des deutschen Philosophen Marcus Gabriel.[25] Zu diesen Voraussetzungen gehört z. B. das traditionell unhinterfragte Apriori einer dominanten Konstativität im Sprachduktus;
- will eben jene Seinsvergessenheit und die Beliebigkeiten der Postmoderne überwinden, in der die Lebenswirklichkeit im Strudel aus Medieninszenierung, Neurobiologie, Ökonomie und Gentechnik immer unkenntlicher und unerkennbarer wird. Maurizio Ferraris und Marcus Gabriel kehren deshalb zu einer *neuen Objektivität* zurück, die in einer neuen Weise wieder darauf vertraut, was ist, was real ist und was man

25 Z. B. zuletzt „Falsch: alle Philosophien der letzten 2000 Jahre": https://www.youtube.com/watch?v=YW61JdUXySw (14.2.2024).

überhaupt darüber wissen kann – jenseits logischer oder ontologischer „Beweise" dessen, was man und warum „real" nennen will („Neuer Realismus"; Gabriel 2013; Ferraris 2014);
- betreibt – um alle apriorischen Intuitionen der Klassischen Philosophie zu durchleuchten oder zu unterlaufen – Philosophie mit den Mitteln der experimentellen Psychologie, wie bei Joshua Knobe und Shaun Nichols („*Experimentalphilosophie*");
- beschränkt sich auf radikale *Angewandtheit* und praktisches, solidarisches Handeln in einer philosophisch-pragmatischen Ethik, wie z. B. bei Richard Rorty („Neopragmatismus");
- sieht Natur, Welt, Realität und Philosophie als einen nichtabreißenden Strom von Prozessen in der Zeit, so heute bei Nicholas Rescher („Prozessphilosophie");
- mündet letztlich in modische, populistische Trends, die vorgeben, Philosophie(n) und einzelne Philosophen über einschlägige *events* und theatralische Inszenierungen medienwirksam aktualisieren zu können: *„philosophy of performance"*.

Aus der Vogelperspektive ergibt sich insgesamt ein diffuses Bild der aktuellen Philosophie: Es zeigt zentrifugale Fluchtbewegungen, die vor dem fiktiven Gebirge der klassischen Metaphysik genauso fliehen wie vor dem Nihilismus der Existenzphilosophien und den relativistischen Windungen der Postmoderne. Eine Performative Philosophie führt diese Tendenzen *nicht* weiter, aber sie *ergibt* sich aus ihnen mit einer gewissen paradox anmutenden Logik. Sie entwirft kein neues alternatives Denkgebäude, sondern vertraut zunächst darauf, dass performative Spuren überall auch in der Klassischen Philosophie verborgen liegen und nur ans Licht gehoben werden müssen (s.o.). In *diesem* Sinne ist Performative Philosophie durchaus *konservativ*.

Eine Philosophie der Zukunft ist auf konstative Prinzipien der Welt-Darstellung, auf rationale Behauptungs-Logik, auf ein argumentativ-stimmiges Begründungsgebäude nicht mehr angewiesen – auch deshalb, weil Denkgebäude, wie auch die Gebäude einer Stadt, prinzipiell austauschbar sind. Performative Philosophie beschreibt die Welt nicht, errichtet kein statisches System und deutet nicht final, sondern zeigt, dass und wie sich die Welt *vollzieht*, d. h. ständig neu *erzeugt* wird – ohne dies zu werten oder gleich in Kategorien einzuordnen. Ihre „Bedeutung", ihre Erkenntnisleistung ergibt sich dann zwanglos *post quem*, weil sie nicht-intentional, nicht-teleologisch, nicht-pädagogisch zustandekommt und daher flexibel ist. Die *Erzeugung der Welt* als ihr unhintergehbarer Vollzug geschieht ganz außerhalb von Argumentationslogik, Wahrheitssemantik und Theorieversessenheit, jenseits von Schulen und Strömungen, weitab von Hierarchien und Wertungen.

In einem Satz: *Die Erzeugung der Welt geschieht ohne Reflexion.* Erst daraus ergeben sich sekundär Fakten und Konstellationen, über die dann reflektiert werden kann, aber nicht in jedem Falle muss. Dies ist so etwas wie das phänomenologische Credo der Performativen Philosophie. Sie vermeidet Metaphysik wie Antimetaphysik, Konstruktion wie Dekonstruktion, Pragmatismus wie Pragmatismus-Kritik, relativiert *classical philosophy* wie auch postmoderne *non-philosophy.* Sie umgeht zunächst absichtlich große argumentative Diskurse, weil Blöcke dieser Art – bewusst oder verdeckt – letztlich immer der Logik der konstativen Konkurrenz ausgeliefert bleiben und mit der Zeit versteinern. Sie vermeidet dies auch prospektiv: im Interesse einer künftigen *philosophia perennis*, die auch von Philosophien anderer Kulturkreise gespeist wird und mit ihnen in einem Austausch steht. Denn um eine solche wird es in der Zukunft gehen, nicht nur in Europa.

4. Der Schrei der Philosophie

Die Gegenwart schreit nach einer neuen Philosophie, die diesen ihren Schrei hören und erhören kann, die ihn in einem großen Echo wiedergibt, ja: die selbst dieser Schrei *ist*. Dieser Schrei ist kein Schrei in die Vergangenheit hinein, es ist kein Schrei von der Zukunft her. Es ist ein Schrei *im Hier und Jetzt*, in dem viele Jahrhunderte kulminieren, in dem sich Staunen, Angst und Sehnsucht einen explosiven Ausdruck verschaffen, dessen Echo von kommenden Generationen noch gehört und dann erst: ausgedeutet werden mag. Es ist ein Schrei, der sich selbst ausschreit: nach einer Philosophie, die auf vielfache Weise ganz in der Gegenwart ist, dabei aber die Vergangenheit der Disziplin und die Zukunft nicht außer Acht lässt – wie könnte sie das! Der Schrei der Gegenwart kommt aus der Tiefe, aus dem Grund der Philosophie, wie er sich heute ohne jeden Zweifel zeigt.

Der Schrei der Gegenwart, der letztlich aus der Vergangenheit und ihrem Innern kommt, kündet nun, am Beginn des 21. Jahrhunderts, von einer Entscheidung, die den modernen Homo Sapiens entweder vernichtet oder hinein in eine Neugeburt führt, von der er noch keine Ahnung hat. Er muss ein Wort verkünden, das er noch nicht kennt, das über sein Leben und Sterben entscheidet. Die Begleiter sind Verwirrung, Angst, Menetekel und apokalyptisches Ahnen, wie meist am Beginn eines Jahrhunderts oder eines Epochenumbruchs. Seine Hoffnung leckt an einer Utopie: eine Zukunft zu erschaffen, die die Vergangenheit nicht mehr kennt und doch von ihr herkommt; seine Gegenwart zu erkennen, ein noch namenloses Präsens, das von ihm fordert, alle Oppositionen aufzulösen, alle Werte umzuwerten, sich selbst am eigenen Schopf aus dem Sumpf der Zeitläufe herauszuziehen. Mit einer Zukunft zu rechnen, die er noch nicht, ja: niemals genau kennen kann. Deshalb schreit er aus der Gegenwart heraus und weiß doch nicht, wohin und an wen. Es ist Nietzsche-Zeit, es ist Kafka-Zeit: wieder einmal.

Seit einigen Jahrzehnten hallen vermehrt und immer lauter Stimmen durch die Kulturlandschaften, die das Ende der Philosophie beschwören – so als bräche ein Vulkan plötzlich aus, der aus tiefengeologischen Gründen über 2.000 Jahre lang geschwiegen hätte. Diese Schreie sind das Echo des Schreies der Gegenwart, der nicht nur über die Philosophie hinwegfegt, sondern das Ende einer ganzen Epoche beschwört – im Konzert mit dem Ende der Geschichte, der Epoche, der Erzählungen (Kap. I). Wird dieses Jahrhundert aus der Reihe seiner Vorläufer – *ausscheren*? Wird wahr werden, was Nietzsche, Berdjaev und viele andere vorauszuahnen schienen? Braucht man eine Prophetie, um anzudeuten, was die Philosophie in der Zukunft sein kann, sein wird? Jedenfalls ist ihr Schrei unüberhörbar. Wonach schreit sie? Sie schreit – laut und stumm – nach einer Neujustierung, die jenseits der alten Renaissancen liegt, aber auch jenseits des Traditionsabbruches, jenseits eines Zivilisationsabbruches. Die Worte von der *Seinsvergessenheit*, von einer *zynischen Vernunft*, von *Non-Philosophie* etc. malen seit Langem eine Wahrheit an die Wand des Jahrhunderts: Keine Erkenntnis, keine Wahrheit, keine letzte Weisheit, keine Sprache scheint mehr imstande, den Anderen *argumentativ* wirklich zu erreichen. Der Schrei schreit nach einem anderen Modus der Kommunikation, einer anderen Aura, einem anderen Stil, nach einer anderen Sprache. Er schreit nach einem neuen META, vielleicht nach einer neuen Metaphysik, die nicht mehr nur spekulativ sein muss. Deshalb wirken alle dargereichten Diskurse und Erkenntnisse so naiv, so langatmig, so mangelhaft, oft so ungenügend, ja: unglücklich. Der gordische Knoten ist noch geschürzt. Nur eines scheint klar: Das Zeitalter der schieren Deskription ist unwiderruflich vorbei und es wird eine ganze Generation dauern, bis sich die Umrisse einer neuen Philosophie-Kultur durchzusetzen beginnen.

Der Schrei der Philosophie kommt aus der Tiefe von 2.500 Jahren – zumindest hallt er durch das alte Europa. Der Schrei ist zugleich eine Implosion und eine Explosion, ein leerer und ein spuckender Vulkan: Implosion einer überlangen konstativen Verlegenheit und Vergeblichkeit; Explosion dessen, was sich noch verbirgt: Dies sind die noch unbekannten Quarks des spaltbaren Atoms ‚Philosophie'. Es ist der Schrei eines verdurstenden Wüstenläufers in der Wüste der Theorien und Axiome nach der Oase des authentischen Ausdrucks. Es ist der Schrei einer Disziplin nach der Verbindung, des fruchtbaren Austausches mit den anderen Wissenschaften, nach *Interdisziplinarität* (welch ein Wort!). Sie schreit nach Etwas, für das der alte Begriff der ‚Liebe zur Weisheit' nicht mehr recht passen will. Und sie wird selber angeschrien: „*Man kann nur etwas von der Welt verstehen, wenn man Mittel anwendet, die scheinbar nicht von dieser Welt sind*!“ Es ist der Schrei einer Philosophie, die nicht von ihrer Zeit überholt werden will, die nicht zwischen Philosophie und Nonphilosophie zerrieben werden will, die selber eine Spur ihres Zeitalters annimmt.

Zugleich darf eine solche Philosophie nicht die Tradition opfern, obwohl hier die Welt oft mit falschen Mitteln „verstanden“, d. i.: fehlverstanden wurde. Sie darf ihre Großen nicht verdammen, kann ihnen aber auch nicht länger nur – *dienen*. Sie muss flach und horizontal über die Philosophien, die Lebensformen, die Religionen der Welt surfen können, ohne in Europa, in China, in Südamerika allzulange hängenzubleiben. Und sie darf nicht noch einmal in die Fänge einer verfänglichen wie törichten Behauptungsphilosophie geraten, die ihren eigenen Aussagen bereits durch die Sprache im Wege steht. Die Philosophie schreit nach einer neuen Weisheit – einer Weisheit, die von den alten Weisheiten befreit und doch bis jetzt nur das vielfache Echo ihres Rufens hören mag. Sie muss selbst ein verkörpertes Beispiel sein für das, was sie sagen will.

Viel zu wenig wird bislang gewürdigt, dass es außerhalb der Schulphilosophie bereits viele leuchtende Beispiele für diese Gratwanderung gibt: für die Vereinbarkeit des Unvereinbaren, für ein anderes wissenschaftliches Denken. Und, kurios genug, die Wissenschaft hat in ihren dialektischen, langfristigen Verläufen diese Züge selbst hervorgebracht: nicht explizit-deskriptiv, sondern eher in ihrem eigenen dunklen, performativen Verlauf (den sie langsam beginnt, zu reflektieren). Dies ist ein kleines Wunder und doch wieder nicht: Der Wissenschaftsprozess hat, genau wie seine Revolutionen, seine eigene Logik. Und dieses Wunder ist bereits einhundert Jahre alt: In der Koinzidenz der Zeiträume liegt ein schöner, nicht unwichtiger Grund, diesem Wunder zu seinem Recht zu verhelfen.

5. Relativierungen der Philosophie

Vor jedem Versuch, die Philosophie zu relativieren, muss die Einsicht stehen, dass Philosophie und Philosophen immer im Kontext ihrer Zeit und ihrer eigenen Raumzeit stehen und so auch von den Zeitgenossen gesehen werden. Dies war immer schon so, und es gehört seltsamerweise zum Wesen der Philosophie dazu, dass dieser Aspekt der Ökologie, d. h. ihrer weltlichen, sozialen und subjektiven Vernetzung historisch oft ausgeblendet wurde. Umso vehementer kommt er nun in Zeiten einer neuen Aufklärung auf den Tisch der Zeitläufe. Eine zeitgemäße Relativierung der Philosophie zeichnet zuerst ein Bild des *Ökosystems Philosophie*. Dazu gehören – wie soziale Satelliten – „Studenten, universitäre Verwaltungsangestellte, Mitarbeiter verschiedener Verlage, Journalisten, die philosophische Publikationen rezensieren und philosophische Skandale kommentieren, aber auch Ministerialbeamte, Sponsoren und Drittmittelbeschaffer." Nach Groys (2009, 34f.) gehören zu diesem Ökosystem weiter auch Verwandte und Bekannte, sonstige Lektüre, Kunstbesuche, Freizeit, Fernsehen, Ernährungsgewohnheiten, Reisen und vieles mehr, bis hinauf zu der kulturellen Umwelt insgesamt. Wird das Ökosystem berücksichtigt, verschwindet zumindest eine gravierende Fehlhaltung.

Eine relativierende Sicht auf die Geschichte der Philosophie sagt *in einem enger-philosophischen Sinn* dies – vorerst im Stichwort und notwendig vergröbernd:

- Philosophie ist maskulin, psychopathologisch sensibel, konstativ, akademisch, volksfern, langatmig, trocken, logisch-rational.
- Philosophie war lange eine europäisch-abendländische Domäne: dynamisch, linear, hochmächtig, genial, extrem, schwankend, vergeistigt.

Beide Titel sind wahr *und* unwahr, sie haben ein Korn Wahrheit und verzerren zugleich, sind sowohl souverän als auch selbstkritisch. Und wenn man hier übertreiben muss: nun gut, wenn es der Wahrheitsfindung dient!

Am Beginn des 21. Jahrhunderts bricht sich in der Philosophie eine starke Tendenz Bahn: Es wird Bilanz gezogen – ganz so, als wäre nun etwas abgeschlossen. Angesichts der globalen Entwicklungen – Digitalisierung, Migration, Klimawandel, neue politische Mega-Blockbildungen, unabsehbare Technologien – ist das fast schon zu erwarten. Angesichts der Zeitenwende, die wir gerade durchleben, werden nun alle Wissenschaften in neuen Perspektiven gesehen, so wie die Welt im Ganzen auch. Wir befinden uns jetzt – 2024 – immer noch in einer Interimsphase, in der das Alte noch nicht zu Ende gegangen ist und das Neue noch nicht voll begonnen hat. In einer solchen Phase trifft es die Philosophie besonders hart, weil sie ja begleiten soll, was noch gar nicht zu übersehen ist. Das kann sie aber erst voll umgreifen, wenn die Entwicklung schon fortschreitet: ein Dilemma eigener Art. Sie kommt deshalb oft, aber nicht immer, zu spät. Sie ahnt jedoch, dass der konstative, oft spekulative Behauptungsmodus, der ihr immer noch durchweg eigen ist, zur vergangenen Epoche gehört. Ein neuer Modus, der auch wirklich philosophisch ist (und auch keine Bühnen-Performance) ist jedoch noch nicht wirklich in Sicht.

Der Formbruch trifft die Disziplin hart, weil er begleitet ist auch von einem *Inhaltsbruch*. Dieser Inhaltsbruch bezieht sich zuerst auf die Themen und das Ranking der philosophischen Subdisziplinen (Metaphysik, Ethik etc.). Dann auf den zwanglosen Zwang zu einer interdisziplinären Orientierung, die oft verkündet, aber noch kaum umgesetzt wird. Philosophie muss als neue Leitwissenschaft zeigen, was sie mit den anderen Geisteswissenschaften und den Naturwissenschaften verbindet, was sie ihnen im Kern zu sagen hat. Jedenfalls ist klar, dass die Zeiten isolierter Einzeldisziplinen ins letzte Jahrhundert gehören. Denn: „Das große Heilmittel gegen die Illusion der richtungweisenden oder zumindest synthetisierenden Rolle, die bestimmte Philosophien immer noch spielen möchten, erwächst in der Entwicklung der interdisziplinären Beziehungen zwischen den Einzelwissenschaften." (Piaget 1985, 283).

Die Philosophie muss sich, soweit zu sehen erstmals, ihren inneren Perspektiven öffnen und sich ihnen stellen: auf den Tisch kommen, immer stärker und unübersehbar, ihre verborgenen *Innenansichten*, die bis jetzt nicht zum Kanon der Rezeption gehörten. Wenn man sie ausspricht, bewirken sie eine Relativierung der Philosophie und es ist möglich, dass sie diesen Prozess nötig hat, um sich weiterzuentwickeln. Es werden Tabus geschleift. Die drei wichtigsten Innenansichten sind

- Die patriarchalische Prägung der Philosophie
- Die Psychologie der Philosophen
- Das Erbe eines inneren Eurozentrismus', der die Philosophien anderer Kontinente und anderer Zeiten noch nicht wirklich würdigen kann.

Die patriarchalische Prägung der Philosophie

Für jederman ist offensichtlich, dass die Philosophie seit jeher männlich geprägt ist. Schätzungsweise 90 % der registrierten Philosophen sind Männer, und es hat wenig Sinn, wenn man dies leugnet oder mit argumentativer Akrobatik unbedingt anders sehen will. Jede Einführung in die Philosophie zeigt das; es hat schon etwas ‚Selbstverständliches'. Die Unsichtbarkeit der Frauen, ihr Schattendasein auch im Bereich Philosophie, ist so etwas wie eine historische Konstante, die durch die männliche Sichtweise immer wieder betoniert wurde. Die Politologin Antje Schrupp bringt es auf den Punkt: „Philosophen haben zwar immer über Frauen gesprochen, aber die Stimmen der Frauen selbst sind so gut wie gar nicht überliefert. Frauen sind als Objekte, die betrachtet werden, präsent, aber als Subjekte, die von ihren eigenen weiblichen Erfahrungen ausgehen und mit Autorität darüber schreiben und sprechen, kommen sie im Kanon der Philosophiegeschichte kaum vor." (philosophie, 133).

Es ist wichtig, dieses Faktum als ein Symptom, als eine Konstante von allen Seiten zu beleuchten und zu erklären, mit dem Fernziel, die *misbalance* zwischen den Geschlechtern auf lange Sicht zu beseitigen. Hannah Arendt formulierte es schon 1964, eher burschikos: „Das braucht ja nicht eine männliche Beschäftigung zu bleiben!" Aber nicht nur das: Fernziel ist zugleich, einer weiblichen Philosophie einen Weg zu bereiten, der nicht mehr auf den männlichen Code angewiesen ist, aber auch nicht strikt gegen ihn arbeitet, also: von ihm unabhängig ist. Simone de Beauvoir, Luce Irigaray, Julia Kristeva, Hannah Arendt, Judith Butler und andere sind hier die Lichtgestalten, Vorboten einer *anderen* Philosophie, deren Anderssein aus der Substanz kommt und aus den Weiten einer *weiblichen Weltsicht*, falls es so etwas tatsächlich gibt. Und ein Drittes: Eine Philosophie der Zukunft, die dem 21. Jahrhundert und seinen Verwerfungen standhalten will, muss und wird geschlechterneutral sein, im Personal wie im Inhalt. Es geht nur nicht von heute auf morgen.

„Die Geschichte der Philosophie ist phallozentrisch." Das sagte der große Jaques Derrida. Meint er vielleicht, metonymisch gewendet: Die Philosophie sei *selbst* phallozentrisch, ohne dies offen auszusprechen? Jedenfalls scheint es fast so, als habe sich das weltweite Klischee von den ‚Old White Men' in der Philosophie besonders hartnäckig eingerichtet, als habe es hier sein ausgesuchtes Spielfeld, und das seit vielen Jahrhunderten. Das gewaltige Männergemälde vom abstrakt denkenden alternden Philosophen in Weisheitshaltung hat einen ganzen Korb produziert, voll von Klischees, Vorurteilen, Ressentiments, Projektionen, kleinen Lügen und kleinen Wahrheiten. Im Laufe der Zeiten haben sie so etwas geschaffen wie eine riesige dunkle maskuline Skulptur, die respektheischend im Land der Philosophie regiert. Auch die äußeren Gründe, *warum* dies so ist, liegen längst auf dem Tisch; besonders die feministische Philosophie hatte ein Interesse daran, hier Klarheit zu schaffen. Jede Philosophiestudentin weiß heute, dass es immer die politischen und sozialen Herrschaftsverhältnisse waren, die die Entstehung, die Sichtbarkeit, die Produktion, den Fortschritt weiblicher Philosophie und der Philosophinnen stark eingeschränkt, wenn nicht verhindert haben. Das war in der griechischen Polis so, das war im Mittelalter so, das war in sublimierter Form bis tief ins 20. Jahrhundert so. Weibliche Philosophie blieb im Schatten der männlichen Welt. Eine „Geschichte" der Wissenschaftlerinnen und Philosophinnen beginnt erst im 17. Jahrhundert – was nicht heißt, dass sie seitdem in den Kanon der Philosophen und Philosophien miteingegangen wäre.

Das Patriarchat indogermanischen Zuschnitts erzeugt seine Kinder und Kindeskinder und perpetuiert diese Verhältnisse solange, bis sie als solche nicht mehr identifiziert und auch nicht verändert werden können. Jedenfalls nicht sofort. Es *ist* eben so; es *war* schon immer so. Dies ist seit Beginn der europäischen Philosophie eine Konstante, mit jeweils typischen Abweichungen und Verwerfungen in den einzelnen Epochen.

Dass die Geschichte der Philosophie maskulin geprägt ist, braucht man nicht zu beweisen; die Autoren und ihre Werke, ja: Die gesamte Rezeptionsgeschichte stehen für sich. Was aber bei weitem nicht ausreichend klar ist, sind die Ingredienzen, die starken Merkmale; sie haben sich in den Jahrhunderten kaum verändert. Als erstes ist da, wieder einmal, die Sprache, sozusagen der Ausweis der Philosophie selber. Man braucht nur irgendein ein bekanntes philosophisches Werk in die Hand zu nehmen und stößt gleich auf Merkmale jenes *maskulinen Amtsphilosophisch*, das die Philosophie mit vielen anderen akademischen Codes in den Geisteswissenschaften gemein hat. Als Beispiel diene ein randomisiertes anonymes Beispiel ohne Quelle:

> „Selbst wenn das Programm einer kategorial-konstruktionistischen transzendentalen Sinnkritik an der Einsicht scheitert, dass kategoriale Strukturen eines möglichen Erfahrungs-Apriori zwangsläufig nur subtranszendentaler Stellenwert zukommen kann, enthält doch die Bifurkationsthese im Verein mit dem an XY gewonnenen 2-Ebenen-Modell transzendentaler Argumentation den systematischen Hinweis auf eine Form transzendentaler Sinnkritik, die kategorial-dekonstruierender Detranszendentalisierung nicht notwendig unterliegt und die die Dimension des Transzendentalen in den Bereich einer Sinngeltungs-Vorstruktur des sinnkohärenten Vollzugs von Rede überhaupt verlagert – eine Form transzendentaler Sinnkritik also, die keine Aporetik der Detranszendentalisierung erzeugt – eben weil sie ihr möglicherweise gar nicht ausgesetzt ist."

Hier wird zweifellos ein tiefgehender philosophischer Gedankengang präsentiert. Das ist ganz unbestritten. Die Passage ist aber auch ein Beispiel dafür, dass semantischer Inhalt, syntaktischer Ausdruck und pragmatische Intention nicht mehr hundertprozentig kompatibel sind: Die schwere Sprache behindert ein leichtes Verstehen. Hätte eine Philosophin sich so ausgedrückt? Eine Intuition sagt, sie hätte es sicher anders formuliert.

Hohe Diktion setzt immer eine lange Erfahrung mit dieser akademischen Form voraus. Die deutsche Fachsprache steht hier traditionell besonders kritisch im Vordergrund, vielleicht vergleichbar noch mit russischer oder bulgarischer Wissenschaftssprache, die oft byzantinisch verklausuliert daherkommen. US- oder UK-Texte sind da im Duktus deutlich entspannter. (Ein Kuriosum wäre im Beispiel, dass der Stil das Thema – ‚*Transzendenz*' – selbst wiederaufnimmt; ein performativer Zauber eigener Art).

Worum geht es formal genau? Da sind die sich windenden Schachtelsätze, im Extrem über eine halbe Seite. Oft sind sie gespickt mit akademischen Fremdwörtern, die oft nicht zwingend notwendig sind. Da ist der Nominalstil, der die Prozesse ausblendet und ‚Block' signalisiert statt ‚Handlungen'. Da fällt fast gar nicht mehr auf, dass die umständliche Syntax im Prinzip *gegen* das arbeitet, was inhaltlich oder substanziell ausgedrückt werden soll. Da sind die vielen abstrakten Prädikate, die oft die konkreten Dinge verbergen und den Leser überanstrengen. (Wir schweigen noch von den Fach-Begriffen und -Termini, deren Lesart oft auch dem Experten nicht immer klar ist). Geht man eine Ebene höher, dann wird man oft feststellen, dass die Sätze und Halbsätze unter sich nur schwer zusammengehen, dass ihre Kohärenz zweifelhaft oder unklar ist; dies umso mehr, als oft auch sinnstiftende Absätze fehlen und es über Seiten keine Pause gibt. Text und Subtext befinden sich nicht in Harmonie. Resultat ist dann oft, dass Dinge, die im Grunde einfach sind, kompliziert daherkommen; dabei sollte es umgekehrt sein. Die akademische Sprache hat sich im Universitäts- und Publikationsbetrieb seit langem verfestigt und fordert unbarmherzig ihre Einhaltung; sie ist unflexibel. Dies ist die Regel. Es gibt leuchtende Ausnahmen, die man erwähnen muss: Die Sprache Friedrich Nietzsches, Ernst Blochs oder Peter Sloterdijks künden davon, was eine Sprache in der Philosophie zu leisten vermag, wenn sie von ihrem Gegenstand tiefinnen inspiriert ist.

Die (Re-)naissance der Philosophinnen

Seitdem die Digitalisierung global Fahrt aufnimmt, scheint sich das Blatt endgültig zu wenden: Das Netz ist voll von links zu Themen wie ‚Philosophinnen', ‚weibliches Denken', ‚eine andere Geschichte der Philosophie' etc., der Büchermarkt zieht mit, weibliche Philosophie ist *en vogue*. Es wird auch Zeit. Immer mehr Frauen studieren Philosophie, es gibt immer mehr Professorinnen der Philosophie, es gibt neue, originelle Werke von jungen Philosophinnen. Frauen versuchen, die Geschichte der Philosophinnen zu rekonstruieren, sie aus der Unsichtbarkeit zu holen, sie dem Kanon der Philosophen an die Seite zu stellen, die Balance und Bilanz so gut zu richten, wie es eben geht. Einen herausragenden Platz nimmt hier aktuell der Bereich „Feministische Philosophie" ein, der die Philosophie an der Leitlinie der Geschlechtergleichheit neu ausbuchstabieren will (Überblick: Buchhammer 2023).

Insgesamt nähert sich die schiere *Anzahl* der Philosophinnen, die im Netz präsentiert wird, allmählich der der Männer: Wie es aufseiten der Philosophen auch Astronomen, Theologen, Physiker oder Literaten gab und gibt, so zählen nun auch Mystikerinnen, Mathematikerinnen, Feministinnen, Psychoanalytikerinnen und Dichterinnen zu einem lose erweiterten Kreis von Philosophinnen. Was den Männern recht war, ist den Frauen jetzt billig. Die „Listen" von Philosophen und Philosophinnen bewegen sich langsam aufeinander zu, was sich im 21. Jahrhundert immer weiter verstärkt. Der weibliche Anteil im Rahmen der wissenschaftlichen Öffentlichkeit bewegt sich in den USA nunmehr von 30 % aufwärts: So wird es auch in Europa sein und das Fernziel von 50:50 ist nicht mehr unerreichbar. Die Liste der großen Philosophinnen nennt z. B. Themistokleia (Lehrerin des Pythagoras), Gemina, eine Schülerin Plotins, Hypatia aus Alexandria (4. Jh. nach Chr.), die mystische Philosophin Hildegard von Bingen, die Physikerin und Universalgelehrte Émilie de Châtelet, die Metaphysikerin Anne Conway, die Leibniz zu den Monaden inspirierte, die frühe Feministin/Philosophin Gabrielle Suchon, schließlich die lange Liste der modernen, feministisch oder politisch inspirierten Frauen von Germaine de Staël über Simone de Beauvoir, Hannah Arendt und Ágnes Heller bis hin zu Luce Irigaray, Julia Kristeva und weiteren Psychoanalytikerinnen (philosophie magazin 2019).

Old white philosophers

Statistik ist das Eine. Das Andere, die substanzielle Relativierung der Philosophen und ihrer Bedeutung, ist schwieriger, liegt aber ebenfalls im Trend des *Old-White-Men-bashing*, das offenbar eine weltweite Erscheinung ist. Die Demontage großer Männer läuft im Zeitgeist mittlerweile unkritisch, ja wie automatisch und macht auch vor den Geistesgrößen der Philosophie nicht halt. Das Umfeld der Demontage ist die mächtige, im Grunde niederschwellige Popularisierung von Philosophen und ihrer Werke im Internet: So gut wie jeder Philosoph ist inzwischen mit seinem Werk in allen Versionen einsehbar, als *comedy* oder theatralische *performance*, als Hörbuch oder als seriöse Vorlesung im Hörsaal auf *YouTube*. Es ist eine frühe Phase der Emanzipation, die erstmal die Vaterfigur mordet, um dann sich selber „umso freier" fortzuentwickeln. Denn: Die Promotion alles Weiblich-Philosophischen in den Medien und auf dem Markt heißt noch nicht, dass es auch inhaltlich integriert und *gewertschätzt* wird. Bis zur Kanonisierung ist es ein weiter Weg.

Da gibt es den neuen Trend des *Understanding philosophers through jokes*: „Plato and a Pilatypus walk into a bar ..." – und selbst seriöse Autoren beteiligen sich hier, z. B. Umberto Eco: „Kant und das Schnabeltier". In diesem Umfeld, das alle hohen Barrieren abschleifen will, werden die Philosophen schon mal satirisch als eine Art Gesinnungstruppe pauschal vereinnahmt, die eine ganze Reihe von *Typen* hervorbringt. Philosophen-*bashing* ist Trend. In einer halb satirisch, halb comedyhaft daherkommenden Endlosliste stellt Jürgen Große ‚Charaktere' und ‚Portraits' von Philosophen-Typen zusammen (ohne Namen zu nennen). Hier wird jede Besonderheit, jedes Stilmittel, jede Marotte der *Gedankenmache* aufs Korn genommen und zu einem *Typus* hochgejazzt – als wenn es einen solchen in Reinkultur gäbe! Da gibt es den *Beweislastigen*, den *Ehrgeizplatonischen*, den *Selbstironischen*, den *Denkerdarsteller*, den *Metaphysikgestatter*, den *Übernietzsche*, den *Mit-Kant* – alles philosophische Blindgänger, die zusammen nur den fatalen Endzustand der Philosophie belegen sollen (Große 2007). Metaphysik und Ethik werden als allgemein-philosophisches *Bla-Bla* und *Chi-Chi* gehandelt, durch die der naive Leser angeblich in ein Märchenland geführt/verführt werde, in dem Humanismus, Tugend, Altruismus und Leidenschaftslosigkeit nur vorformulierte Nomina sind, die das, was sie beschreiben, nicht auch wirklich vermitteln können. Das Tun der Philosophen wird als großer ethischer Bluff hingestellt, als ein ethisches *Als-Ob* (Schiffter 2016).

Da finden sich geistige Käuze, verschrobene Besserwisser, blind fixierte Eigenbrötler, ethische Falschmünzer, Träumer und Spinner und jede Menge mentale Tiefflieger – die, man liest es zwischen den Zeilen, alles andere seien, nur keine wahren Philosophen. Oder anders: Wer heute unbedingt Philosoph sein will, riskiert als solcher gleich seine Reputation mit. Es sind alles Männer. Die Zeit, so raunt es, liebt gerade keine Philosophen.

Die Relativierung der Philosophen, in welcher Form auch immer, räumt den Tisch ab und schafft damit automatisch einen Extra-Raum für die Heraufkunft eines neuen Bewusstseins für die weibliche Seite der Philosophie. Und hier kann man ein erstes (Allein-)Stellungsmerkmal weiblicher Philosophie festhalten, das eine Phase signalisiert, eine neue Geschwindigkeit: Sie befasst sich, viel stärker als je alle männliche Philosophie, mit dem *setting* von Philosophie allgemein: Bevorzugte Themen sind das Geschlecht, die Rolle von Frauen allgemein („feministische Philosophie"), die Rolle des Maskulin-Partiarchalischen, schließlich der *impact* einer ganzen Philosophie X – also das, was der Autor mit seiner Philosophie *tut*, was er bewirkt und auslöst (eventuell ein strukturelles Analogon zur Alltagskommunikation zwischen den Geschlechtern). Genuines Spielfeld weiblicher Philosophie ist deshalb – im Gegensatz zur männlichen – das *performative Halo* einer Philosophie X, oft noch vor ihrem substanziellen Inhalt (dies mag eine frühe Phase von Emanzipation sein; die Zukunft wird es zeigen).

Klar, dass es hier – ausgesprochen oder unausgesprochen – bald auch um das Verhältnis der persönlichen Psychologie von Philosophen gehen wird: eine weitere Stufe ihrer Relativierung (d. h.: Entmachtung).

Zu einer Psychologie der Philosophen

Es gibt bis heute keine systematische Zusammenarbeit zwischen Vertretern der Psychiatrie und der Philosophie; die Datenlage ist entsprechend dünn.

Immer noch das Standardwerk zum Themenkreis ‚Genie, Irrsinn und Ruhm' ist Lange-Eichbaum; Kurth (1989). In elf Bänden wird auf der Grundlage von 200 psychopathologischen Studien ein Portrait von ungezählten Geistesgrößen des europäischen Kulturlebens gezeichnet, darunter von 32 Philosophen aus dem Kanon (Band 7). Um die letzte Jahrhundertwende herum wird das Thema immer mal forciert, oft allgemein gehalten oder mit satirischer oder *comedy*-Note, was man als eine verhaltene *correctness* ansehen kann: Der wirklich ernsthafte Zugriff ist es noch nicht (Kähler 1999). Insgesamt kann man sagen: Die Quellenlage zur Psychologie der Philosophen ist nicht ausreichend, um fundierte Urteile abzugeben; die Informationsqualität und -dichte schwankt sehr. Relativ am besten sind dokumentiert: Friedrich Nietzsche, Arthur Schopenhauer, Jean-Jaques Rousseau, Blaise Pascal, Immanuel Kant, Georg Wilhelm Hegel, René Descartes, Johann Gottlieb Fichte, Gottfried Wilhelm Leibniz, Karl Marx, Sokrates; etwa in dieser Reihenfolge. Es gibt einige Pauschaleindrücke:

- Hypothesen über ein latentes oder zeitweise akut durchbrechendes psychopathologisches Geschehen sind in der Gruppe der Philosophen, verglichen mit dem Bevölkerungsdurchschnitt, erhöht. Dies erklärt sich nicht aus der Prominenz oder der zielgerichteten Untersuchung, sondern zweifelsfrei aus Prädisposition und Biographie der jeweiligen Persönlichkeit. Inwieweit das Werk selbst hier progredient eine Rolle spielt, muss in den meisten Fällen offen bleiben, ist aber nicht auszuschließen.
- Philosophisches Genie (wie Genie überhaupt) und Drogen scheinen in einem Kausalverhältnis zu stehen. Mit anderen Worten: Die Gifte werden benutzt, um das schöpferische Talent zu steigern – von Alkohol und Nikotin bis hin zu Kokain und Morphium. Polytoxikomanie ist nicht selten.
- Alkohol, meist als Wein, scheint eine führende Rolle gespielt zu haben, von Cicero bis zu Karl Marx (Katapult o. J.).
- Im Einzelfall nicht vollkommen ausgeschlossen ist, dass organische oder psychische Leiden (Tuberkulose, Syphilis, Borderline) zusätzlich *euphorisierend* wirken.

Da die Datenlage nicht ausreichend ist, muss hier ein loser Streifzug durch den philosophischen Kanon auf der Basis von Lange-Eichbaum; Kurth (1989) genügen – nicht mit dem Ziel, einzelne Persönlichkeiten zu diskreditieren, sondern um eine Art Standard typischer oder verbreiteter Diagnosen zu zeigen. Vorauszuschicken ist nur, dass jedes philosophische Werk einen Status selbstverständlich auch für sich selbst hat, ganz unabhängig von allen möglichen psychopathologischen Perspektiven auf die Persönlichkeit seines Schöpfers.

Große Geister, die am Beginn einer neuen Epoche stehen, die aus sich selbst heraus neue Ideen und große Philosophie erschaffen und oft als Genies bezeichnet werden, *können* gar nicht den Normalitäts-Standards der Zeitgenossen entsprechen. Ja, eine gewisse ‚Abnormität' ist geradezu zu erwarten, denn extraordinäre Denkwege haben immer auch ein Korrelat auf der psychischen (oft auch körperlichen) Ebene. Offenbar ist eine außergewöhnliche, oft gefährdete, psychophysische Balance der Preis, der für die geistige Auszeichnung zu zahlen ist. Echte Philosophen haben sich diese Rechnung in der Regel nicht selbst ausgesucht: Sie *waren* eben immer so. Und oft tragen sie selbst in Gestalt einer Kehre oder einer Konversion ein Zeichen ihrer Berufung. Merkmale, die in den Psychogrammen immer wiederkehren, sind Einsamkeit, Melancholie, Schizothymie, Verschrobenheit, Verhaltensauffälligkeiten, Genussgift-Affinität, Homo- und Bisexualität oder Askese, Größenideen, Introversion, Depression, zuweilen Misanthropie und Misogynie, organische Krankheiten; oft auch Wunderkind-Zuschreibungen.

- Heraklit: der „erste Geniale unseres Kulturkreises". Einzelgänger, Einsiedler und Gegner der Demokratie und der Massen. Von zuweilen uneinsehbarem Tiefsinn; ein Selbstverbergen des Genius. Depressionen und eine Art von tragischem Ernst sind möglich.
- Sokrates, die große Ausnahmeerscheinung am Beginn der klassisch-europäischen Philosophie, war geistig nicht krank, ohne Zweifel aber im Wesen *extraordinär*. Wie später Hölderlin, Rilke, Nietzsche war er von einem „Dämon", einer „inneren Stimme", beherrscht – zweifellos ein schizoides Merkmal. Der *daimónios*: eine Art Tages-Halluzination, eine tiefe Intuition, dem Gewissen vergleichbar, das ihn vor falschen Entscheidungen warnte. In bezeugten langen stummen Versunkenheitszuständen mag er auf *die Stimme* gehört haben. Sokrates war von der göttlichen Abkunft seines *daimon* überzeugt und folgte seinem Rat bis in den Tod. Daher: gewaltige Selbstbeherrschung, abnorme Resilienz, die sich auch in der Dialogführung zeigte. Homo- oder bisexuell, trank zum Ausgleich gelegentlich. Psychopathie nicht ausgeschlossen.
- Kant: *der* deutsche Philosoph, mit ebenfalls exzentrischer Lebensführung. „Schizothymer Moralist" (Ernst Kretschmer), „schizoider Sonderling" (Walter von Holzhausen). In der Jugend Herzphantasien und Verstimmungen, möglicherweise lebenslange sexuelle Abstinenz. Möglich auch: Umlenkung der vital-erotischen Energien in das Werk; formale Sicherung durch neurotische Pünktlichkeit und mentale Ordnungssysteme. Genial seine kopernikanische Wende einer ‚apriorischen Vernunft',

der Angelpunkt der neuzeitlichen Philosophie. Labile Gesundheit, später Altersdemenz mit Halluzinationen. Melancholie.

- Das europäische Vorzeigebeispiel für den Komplex ‚Psychopathologie vs. Philosophie' ist klar Friedrich Nietzsche; Lange-Eichbaum; Kurth (1989) nennen 81 Sekundärquellen. Niemand ist so umfassend, so falsch, so tiefsinnig, so ehrfürchtig von der Rezeption erfasst (und verkannt) worden. „Nietzsche ist die nach Leben und Werk am stärksten verfälschte Erscheinung der neueren Literatur- und Geistesgeschichte." (Erich F. Podach; zitiert bei Lange-Eichbaum; Kurth 1989, 94). Das betrifft auch und gerade seine Krankheitsgeschichte, von der es Dutzende von Varianten gibt (der wir keine weitere hinzufügen). Was aber ist nun *sicher*? Sein Leiden hat sicher das Ausmaß, vielleicht auch: *die Größe* seines Werks, auch deswegen, weil im Fall Nietzsche Pathologie und Werk nicht mehr vollständig voneinander getrennt werden können (‚*Ecce Homo*'; ‚*Der Antichrist*'). Gesichert sind die Angaben über die stetigen Ausbrüche von quälendem Kopfschmerz, Augenleiden, Brechattacken und schlechtem Allgemeinbefinden; anzunehmen ist eine lebenslange, womöglich nur ihm selbst bekannte Extremform von Einsamkeit. Die *psychiatrischen* Diagnosen reichen von progressiver Paralyse (die vorherrschende Diagnose) bis zu paranoider Schizophrenie. In jedem Fall gibt es eine weitläufige ‚Schizoaffektivität' (Reimer Hinrichs). Bezeugt sind Episoden von Größenwahn, von paranoid-halluzinatorischen Ideen, von Hypereuphorie. Sicher ist, dass man von 1888 an von einer Geisteskrankheit in klinischem Sinne sprechen kann, die schließlich in einer Art seniler Demenz endete.

Die Liebe der Philosophen

Da wundert es fast nicht, dass viele der großen Philosophen des europäischen Kanons in komplizierte Partnerschaften verstrickt waren, die oft Jahre, ja Jahrzehnte andauern konnten; ihre Spuren finden sich natürlicherweise irgendwo *im Werk* wieder (Geier 2020). Oft bildeten sich wahre *folies à deux* oder *folies à trois* heraus, die quälend, beglückend und auch gefährlich sein konnten. Meistens wichen sie ein gehöriges Stück vom bürgerlichen Muster ab. Sokrates und seine Xanthippe sind als Extrempaar schon ein geflügeltes Zitierbeispiel: Er wählte den Marktplatz als zweites (oder: erstes) Zuhause. Søren Kierkegaard gestaltete sein Leben und sein Schaffen um die unglückliche Beziehung zu Regine Olsen herum. Beide galten schon für sich allein als hochkompliziert, zogen sich magnetisch an. Auf die überstürzte Verlobung folgte ein Jahr später die ebenso überstürzte Auflösung: Kierkegaard konnte seine Selbstzweifel und seine Angst, seine spirituelle Bestimmung in der Ehe nicht verwirklichen zu können, nur so abwehren. Forscher sind sich jedoch sicher, dass sein Werk ohne Regine Olsen nicht denkbar gewesen wäre. Sie überlebte Kierkegaard um fast ein halbes Jahrhundert.

Ebenso berühmt ist das Paar Jean-Paul Sartre und Simone de Beauvoir, die neben der Philosophie freie Partnerwahl praktizierten. Beide rühmten sich ihrer radikalen Freiheit und wollten nichts weniger, als den Menschen neu erschaffen. Forscher streiten sich bis heute darüber, wer in ihrer „osmotischen" Beziehung – die eher intellektuell als sexuell war – von wem abhängig war, und ob Beauvoir sich durch Sartre verwirklichen konnte oder selber die Einflüsterin seiner Existenzphilosophie war (oder: beides). Ebenso schicksalhaft wie die Liaison Sartre-Beauvoir scheint auch die Verbindung Martin Heideggers zu Hannah Arendt gewesen zu sein. Heidegger gestaltete sein Meisterwerk von 1927 (‚Sein und Zeit') und alles folgende im Rahmen von sich wiederholenden, weitausgreifenden *relations à trois*. Er war gesund und brauchte den platonischen Eros, um zu arbeiten und zu denken: „Ohne Leidenschaft verstummt die Stimme." Hannah Arendt hat ihn mit ihren existenziellen Schattenvisionen, mit ihrer Weltangst dazu inspiriert, selber das Wesen des Seins freizulegen. „In seinen Antworten [in ‚Sein und Zeit'] war die Stimme seiner Geliebten unüberhörbar, die ihn mit ihren Schatten zur intimen Aussprache und Problemlösung eingeladen hatte." (Geier 2020, 268f.). Heideggers Motor: Das war die unabschließbare Spannung zwischen Eros und philosophischer Arbeit – eine Spannung, die er zeitlebens aufrechterhalten musste, koste es was es wolle.

Auffällig bleibt bis heute das Fehlen ausführlicher, wissenschaftlich fundierter Psychogramme von Philosophen, mit Ausnahme vielleicht von Nietzsche oder Rousseau, weil dies besonders spektakuläre Einzelfälle sind. Es liegt hier ein echter Mangel vor. Ohne wirklich detaillierte Fallstudien, sagen wir: über Kant, Sartre oder Heidegger – um nur drei zu nennen – wäre jede zukünftige Revision der Philosophiegeschichte zumindest unvollständig: Die tiefste Basis großer Philosophien könnte so nicht hinreichend verstanden werden (obwohl man sich vor einer vorschnellen Identifikation hüten muss). Die Zeitläufe erfordern hier eine neue Offenheit, weil sich unnötige Tabus nur als störend erweisen. (Psychopathologie ist auch für alle Bevölkerungskreise gottlob mittlerweile ein offenes Thema, was überall viel zu einer Entdämonisierung auffälliger psychischer Phänomene beiträgt und die Heilungschancen verbessert.)

Eurozentrismus

Hat seine Wurzeln

- in der Ausbreitung des europäischen Kolonialismus seit der Neuzeit und, sekundär, im weltweiten Netz der internationalen Handelsbeziehungen;
- in der über zwei Jahrtausende tradierten Weltsicht der europäischen Wissenschaftlichkeit seit ihrem Start in der Achsenzeit, in der Antike, über den christlichen Feudalismus bis hin zu den kapitalistischen Systemen Europas (Amin 1986);
- In der Konstruktion eines besonderen Narrativs *Orient*, der dazu dient, die Definition der abendländischen Identität auf lange Sicht abzusichern: „Orientalismus" (Edward W. Said);
- in der rasanten Entwicklung der Technologie, von der Industrialisierung bis hin zu Atomphysik, Quantenmechanik und der neuen Kosmologie im 20. Jahrhundert;
- in der Philosophie die Megakonstruktion einer wie weltweit-isolierten *Europhilosophie*, von der griechischen Antike bis in die westeuropäische Post-Postmoderne (Amin 1986).

Da ist in der Philosophie die wie selbstverständliche Verortung „großer" Philosophie nach Ethnos, Nation oder Kontinent: zuerst im Südosten bei den Griechen und Römern, dann im Norden in England, Frankreich und Deutschland, wenn man will: immer in einem wie selbstverständlichen

Kerneuropa. Eurozentrismus ist eine Krankheit der europäischen Wissenschaftlichkeit überhaupt – eine Art Geburtsfehler, der sich in Zeiten einer anschwellenden Globalisierung langsam auflöst. In der Philosophie ist imgrunde keine Enttabuisierung mehr nötig, weil diese Tatsache offen auf der Hand liegt und quasi am historischen Material des Kanons fortlaufend verfolgt werden kann. Ausnahmen sind Philosophen wie Schopenhauer oder Heidegger, die zumindest ein Auge warfen auf indische oder japanische Philosophie. Hier muss ein Lernprozess ansetzen: Nur wer die „Fremdheit" ferner oder einfach nur: *anderer* Philosophien erst einmal akzeptiert, sie auch in sich selber sucht, hat eine Chance auf Emanzipation vom Eurozentrismus: „Und nur sofern wir uns unergründlich nehmen, geben wir die Suprematiestellung gegen andere Kulturen als Barbaren und bloße Fremde, geben wir auch die Stellung der Mission gegen die Fremde als die noch unerlöste unmündige Welt auf und entschränken [sic!] damit den Horizont der eigenen Vergangenheit und Gegenwart auf die zu den heterogensten Perspektiven aufgebrochene Geschichte." (Helmuth Plessner; zitiert bei Yousefi 2013, 61).

Eurozentrismus in der Philosophie ist eine allgemeine Begleiterscheinung, ein Satellit der europäisch-abendländischen Grundierung. Nach Malte Kleinschmidt (2013) hat der *philosophische* Eurozentrismus mehrere Varianten.

- *Egozentrismus* beträfe u. E. die Auswüchse, die Hypertrophie der Subjektsphilosophie, die seit Descartes (‚*res cogitans*') die europäische Philosophie prägt: So werden Philosophien vernachlässigt, die das Subjekt eher ausblenden (alte indische Philosophie; chinesisches Tao). In Europa werden immer noch „große" Philosophen-Repräsentanten verherrlicht und verabsolutiert, was ebenfalls als ein Phänomen des europäischen Egozentrismus gesehen werden muss.
- *Logozentrismus* ist eine Krankheit der europäischen Philosophie seit Aristoteles und der Aufklärung (sie scheint sich langsam aufzulösen): Vernachlässigt werden so alte Philosophien der Südhalbkugel, die das logische Merkmal nicht favorisieren (wenn sie es überhaupt zur Kenntnis nehmen).
- *Ethnozentrismus* ist wahrscheinlich die grundständigste Variante des Eurozentrismus: die offene oder verdeckte Ausblendung nichteuropäischer

Philosophien. Oft wird sogar den Philosophien des Alten China oder Indien das Merkmal ‚Philosophie' gleich ganz abgesprochen, zu schweigen noch von den Oralen Philosophien indigener Völker, die auch heute noch nur zögernd überhaupt zur Kenntnis genommen werden. Und Griechenland hat vor allem die Rolle zu spielen, als Widerpart des „Orients" zu fungieren, mit einer gehörigen Portion Überhöhung im Schlepptau. Das wirkt sich aus auf das Menschenbild der eurozentristischen Geisteswissenschaften: „Der Mensch – der ‚normale Mensch', versteht sich – ist der europäische Mensch der historischen Periode, d. h. seit dem griechischen Altertum." (Edward Said)

- Eine weitere Variante ist ein immer mitverstandener *Nationenzentrismus.* Er ergibt sich aus einer typisch europäischen *Konkurrenzmentalität.* In der Philosophie ist es üblich, philosophische Theorien, Epochen und Leistungen mit Nationen und Regionen zu verbinden: ihre Entstehung mit Griechentum und Polis; theologische Philosophie des Mittelalters mit Nordwesteuropa; analytische Philosophie mit England; pragmatische Philosophie mit den USA. Vor diesem Hintergrund und im Zuge weltweiter Migrationen und der Magie des Internets beginnt eine *interkulturelle Philosophie*, Gestalt anzunehmen (Ram Adhar Mall; Zeitschrift „Polylog"). Sie liefert nach und nach Bausteine zu einer weltweiten Philosophie der Zukunft.

6. Fehlhaltungen der Philosophie

Aus dem Erbe der europäischen Philosophie lassen sich eine Reihe von Fehlhaltungen, Erbsünden und Geburtsfehlern destillieren. Sie ergeben sich aus dem Alleinstellungs-Wesen der Philosophie in Europa und ihren tradierten Narrativen; diese münden oft in betonharte Illusionen, die dann das System – welches auch immer – prägen und nur schwer aufgelöst werden können. Symbolisch stehen sie nicht nur für den Anspruch der Überlegenheit über die Philosophien anderer Kulturen. Sie stehen, *vice versa*, genauso für ihre Isolierung, psychologisch ausgedrückt: für Vereinsamung. Wir benennen diese Fehlhaltungen; engl. oft ‚*failures*':

- Ökologische Abstinenz: Am auffälligsten für den außenstehenden Kulturologen ist vielleicht das Faktum, dass bis in die jüngste Vergangenheit Philosophien und Philosophen wie außerhalb ihres sozialen und kulturellen Bezuges gesehen wurden, also im Prinzip: *kontextfrei*. Diese Art Enthaltsamkeit, vordergründig im Dienst wissenschaftlicher „Objektivität", hat selber unabsehbare Folgen für Werk, Autoren und Rezeption.
- Physikalismus: Dieser Begriff bezeichnet eine philosophische Haltung, nach der einzig das, was messbar, experimentell nachweisbar und analytisch dokumentierbar ist, auch wahr und philosophisch relevant sei. Unter einem „Physikalismus zweiter Ordnung" wäre das implizite Dogma zu verstehen, wonach die Neue Physik, also Quantentheorie und Relativitätstheorien, eine rein-naturwissenschaftliche Angelegenheit sei und keine Analogien für die Mesowelt bereitstellte.
- Neurozentrismus: Denken, Geist, Bewusstsein, mentale Haltungen seien ihrem Wesen nach vor allem neurophysiologisch beschreibbare und erfassbare Aktionen und Reaktionen.
- Moralischer Nihilismus, besser: Relativismus: Danach gebe es keine global und human verbindlichen allgemeinen Maßstäbe für ethisches, moralisches, humanes Handeln und Verhalten, sondern lediglich epochen- und kulturabhängige willkürliche Setzungen, die lediglich auf Arbitrarität und Konsens angewiesen seien.

- Psychologismus: dass Lebenswege, Besonderheiten, Amouren, Altersstadien, Katastrophen, sexuelle Orientierungen etwa *keine* Auswirkungen auf das Werk hätten oder zumindest im Außen-vor gehalten werden müssen.
- Sexualismus, besser: Genderismus: die Annahme, dass das Geschlecht, im Weiteren: die Trennung der Welt in Männerwelt vs. Frauenwelt, dann die Sozialisierungen in eine maskulin-patriarchalische, akademische, soziale Nischenwelt etwa *keine* Auswirkungen auf das philosophische Werk haben.
- Ontologismus: Die Philosophie Europas hat, nach Martin Heidegger, in einer *Seinsvergessenheit sui generis* seit je das Sein selbst („SEYN") mit dem objektiv-sachlichen Dasein von etwas verwechselt, Sein als ein Objekt behandelt und damit die *Seinsfrage* noch nicht wirklich gestellt (Leugnung, Ausblendung der sogenannten *ontologischen Differenz*).
- Linguismus: Die europäische Philosophie hat – bis auf wenige Ausnahmen – immer darauf vertraut, dass das, was ausgedrückt werden will, sich auch sprachlich ohne Weiteres und adäquat ausdrücken *lässt*. Sie hat in einer Art *„Sprachvergessenheit"* nicht wirklich erkannt, dass die linguistische Formulierung eines philosophischen Sachverhalts *eo ipso* von diesem Sachverhalt ein charakteristisches Stück abweichen muss und so immer eine linguistische Differenz erzeugt. Dies erfuhr am intensivsten Ludwig Wittgenstein. Verbunden damit ist die notorische Ausblendung des Faktums, dass Sprache, Stil und Form immer auch die Philosophie selbst mitausdrücken, also substanziell relevant werden.
- Objektivismus: Das falsche Ideal einer „wissenschaftlichen" neutralen Objektwelt, die das Subjekt – in der Regel den schreibenden Autor – ausblendet und sich in die Illusion einer objektiven Sprachform begibt, die jedoch auch nur *eine* Textsorte unter Dutzenden anderen ist. Der Fehler führt direkt auf den Holzweg einer linguistischen Illusion und damit letzten Endes zu Konfusion.
- *Last but not least*: Existenzieller Nihilismus. Schon allein die Rezeptionsgeschichte großer Nihilisten und ihrer Thesen ist eine *contradictio in adiecto*: über ein Nichts streiten, mit tausend Etwas-en. Hinzu kommt, dass schon die Exegese des Nichts *eo ipso* sich selbst widerlegt: die Konsequenz des Menschen aus der An-Nahme nihilistischer Thesen ist,

sich mit solchen Entwürfen (und mit Philosophie generell) nicht zu befassen. (Eine ganz andere Sache ist es, auf dem Grund von Natur und Kultur eine universale leere Stelle auszumachen, auf der sich nichts befindet – so wie die Performative Philosophie ja verfährt).

Dies ist die Spitze des Eisbergs: die wichtigsten Fehlhaltungen der Philosophie. Die größte Fehlhaltung aktueller Philosophie bestünde heute vielleicht darin, die Wahrheit wieder – mit neuen oder neuesten Mitteln – totzusezieren und dies dann als eine neue *Erkenntnis* auszugeben. Alle *failures* werden aber zunehmend als solche erkannt; diese ihre Erkenntnis ist die erste Voraussetzung zu einem Wandel der Philosophie.

Philosophien, die es nicht gab

Aus den Fehlhaltungen in der Philosophie, die mit der Zeit von immer mehr Zeitgenossen vermerkt werden, ergeben sich fiktiv Entwicklungen, die hätten stattfinden *können*, die aber durch die Wissenschaft selber oder die Zeitläufe (Kriege z. B.) verhindert worden sind und durch ihr *Ausbleiben* die Philosophie mitgelenkt haben: Es sind Philosophien, die nicht stattgefunden haben. Im Stichwort:

- Die antike griechische Philosophie hat mit einem Schlag eine Hochebene geschaffen, das Weltganze, die Theorie und die Gesellschaft neu zu sehen, im Licht der beginnenden Metaphysik. *Gut.* Dienlich wäre es gewesen, sie hätte den langen, stadiengeprägten Übergang aus Mythos, Götterwelt und vorgriechischen Kulturen nicht nur abrupt vollzogen, sondern ihn auch *im Wesen* und *als Prozess gezeigt.*
- Kants Impetus hat eine kopernikanische *Hausse* bewirkt: Der epochale Standort des Menschen und der Philosophie wurde zum ersten Mal wirklich ausgeleuchtet, die anthropologische Wahrheit des Existierens in der Welt philosophisch, systematisch in allen Details der Analyse unterzogen. *Gut.* Die kopernikanische *Baisse* zeigte sich vor allem in der Rezeptionsgeschichte und in der ideologischen Spaltung der Kantianer und der philosophistischen Überhöhung des Kantianismus. Besser wäre es gewesen, die Philosophen hätten rechtzeitig erkannt, dass das

Apriori etwas Selbstverständliches ist und deshalb sein dunkler, impliziter Charakter unbedingt gewahrt werden muss. Menschen brauchen Illusion, den Schein, den Mythos des Alltäglichen wie die Luft zum Atmen – und dies ist *kein* Negativum. Denn das apriorische, stetige, reflexiv gewendete *Bewusstsein* davon beschädigt letztlich mit Sicherheit die selbstverständliche *Lebensform.*

- Die Neue Physik hat vor einhundert Jahren die Weltsichten revolutioniert. Dies hätte der Philosophie *stante pede* einen *direkten* Impuls verschaffen können, der sie mental auf das 21. Jahrhundert vorbereitet hätte.

Dies sind nur die herausragenden *highlights* der verpassten Entwicklungsstränge; in der Feinanalyse mögen sich noch viele weitere ergeben. Am Ende des Tages werden solche spät-erkannten virtuellen Möglichkeiten dann endlich erkannt – mit etlicher Zeit- und Geistverzögerung – und können dann neue Entwicklungen in der Philosophie miterzeugen. Ganz umsonst sind sie also nicht; sie mögen so etwas sein wie dunkle Korrektoren, Katalysatoren.

7. Der Motor der Kränkungen

- Im Fortgang der Wissenschaften seit der Neuzeit hat sich eine psychologische Chimäre etabliert, durch die das Alte abgeschlossen und das Neue vorbereitet wird: die sogenannte Kränkung. Die Philosophie durchlebt aktuell eine ihrer intensivsten Kränkungen: dass sie dem fortschreitenden Anthropozän hinterherläuft oder, schlimmer noch: ihm nicht gewachsen sein könnte.

In einem bewusst vergröbernden Sinn kann man jeden Übergang als einen Auslöser für „Kränkungen" sehen, der sich dann irgendwo in den Rauten des Zeitgeistes niederschlägt. Kränkungen markieren eine *Interpunktion*: An den jeweiligen Schwellen von Antike, Mittelalter, Renaissance, Neuzeit, Moderne etc. manifestieren sich immer Haltungen, die beim zurückgebliebenen „Vorgänger" dann als Kränkungen in einem sehr weiten Sinn interpretierbar sind. Der Vorgänger wird zurückgelassen und überlässt das Feld einem anderen Geist, zu dem er keinen Zutritt mehr hat: Der Vorgänger stirbt ab, der Nachfolger wird geboren.

Die Philosophie am Anfang des 21. Jahrhunderts, selber im Fokus einer globalen digitalen Welt und eines zivilisatorischen Bruchs, hat keine Wahl: Entweder sie macht einen Quantensprung – wie schon einige Male in ihrer Geschichte – oder sie wiederholt ein Schicksal, das sie im Mittelalter schon einmal hatte („*ancilla theologiae*"): Dann ist sie nur eine Magd für andere Wissenschaften, ein Satellit, ein Parallel-Phänomen, nicht der Atomkern selbst, sondern nur ein schwebendes Elektron; sie wäre dann jenseits ihrer Aufgaben. Dieser Quantensprung ist aber kein Sprung auf eine andere Umlaufbahn, sozusagen mit Rückkehr-Option, sondern etwas anderes: Gewechselt wird nicht die Umlaufbahn, sondern das ganze Atom. Ist sie nun im Fokus einer Kränkung, die größer als jemals zuvor sein könnte?

Es ist eine Art Narrativ in Europa, der weithin akzeptiert, dass es in den letzten fünfhundert Jahren für die sich entwickelnden (abendländischen) Wissenschaften eine Anzahl „Kränkungen" gab, die sie aus ihrer angestammten Welt warfen und sie an eine entscheidende Weggabel der

Zeitläufe gestellt haben. So will es das Standardmodell der Wissenschaftsentwicklung. Dies ist im Grunde nichts wirklich Neues: Wir haben hier wahrscheinlich eine historische Konstante der Kulturentwicklung, deren Ausbleiben mindestens so staunenswert wäre wie ihr gelegentliches abruptes Auftreten. Wahrscheinlich tragen die großen Übergänge, vom mythischen ins logische Zeitalter, vom Mittelalter in die Renaissance, von der Neuzeit in die aktuelle Postmoderne, von der Postmoderne hinein in eine noch unbeschriebene Zukunft, ähnliche Züge. Der größte Übergang von allen, der alle anderen überwölbt, ist der vom Holozän in die Vorformen und Formen des *Anthropozäns*, des vom Menschen erzeugten Zeitalters, das die Erde, das Wissen von ihr und vom Kosmos als *vom Menschen erz*eugt darstellt (Kap. I, 3): *Mundus ab homine performatur.* Soweit zu sehen, ist das Anthropozän das vorläufig letzte Äon in der Abfolge der Weltzeitalter. Oder anders formuliert: Anthropozän wird ab jetzt immer sein, solange es Menschen und Zivilisationen gibt.

Möglich ist, dass die Sammlung der Kränkungen eine speziell europäische Art ist, die Wissenschaftsgeschichte zu markieren, in diesem Fall: *ex negativo.* Im Grunde gibt es hier zwei Sichtweisen, die wir nebeneinanderstellen, ohne zu werten oder uns sofort für eine Variante zu entscheiden. Wahrscheinlich gelten beide, je nach Perspektive:

Alle Entwicklung enthält ein Potenzial für Kränkungen, weil der Prozess des Fortschritts zunächst immer durch eine Phase des Unverständnisses geht, und dies wirkt sich psychologisch dann als „Kränkung“ aus und wird als solche beschrieben. Auch solche Ideen wie Weltumseglung, Telefon, Raumzeit oder Atomspaltung waren zu ihrer Zeit Kränkungen des herrschenden Zeitgeistes. Alles, was an ein noch laufendes Paradigma kratzt, wird erst einmal als Kränkung empfunden: Dahinter steht die Furcht, das bekannte Terrain verlassen zu müssen. Neue Ideen sorgen immer für Verwirrung und brauchen eine dunkle Inkubationszeit, bis sie akzeptiert werden können. Die Geschichte zeigt, dass dies nicht ohne Gefahren, nicht ohne Desorientierung und heftige Kontroversen abgeht. Dies ist so, weil der *Common Sense* an einer bestimmten, oft empfindlichen Stelle kollabiert und erst einmal eine schmerzende Brandstelle hinterlässt.

Kränkungen als psychologische Reaktionen zeigen meistens nur an, dass der Strom der Erkenntnis in eine neue Richtung fließt (einschließlich seiner Kommunikation). Die Inhalte, um die es dabei geht (*die Erde dreht sich um die Sonne; der Mensch stammt vom Affen ab; der Weltraum ist in sich gekrümmt* etc.) sind oft im ‚Unendlichen Unbewussten' (Ignacio Matte Blanco) seit Urzeiten bereits latent, jedoch verdeckt enthalten und drängen zu einem bestimmten Zeitpunkt, nach Art eines Vulkanausbruchs, abrupt an die Oberfläche.

Allgemein kann man sagen: „Kränkungen" als ein typisch europäisches Phänomen blickt man besten an vor dem Hintergrund einer psycho-logischen Grundhaltung, die in Verbindung mit einem allgemeinen Eurozentrismus und einer gewissen Selbstsicherheit des Technik- und Kulturbetriebes steht. Kränken kann man nur jemanden, wenn die Vorüberzeugungen auf allzu „sicheren" Füßen stehen und nicht wirklich vorurteilsfrei und wissensneutral geerdet sind. Trotzdem lohnt es sich, hier eine Liste aufzumachen, weil die Kränkungen in ihrer Wiederholung zuguterletzt zu einer neuen Grundhaltung hinführen, die auf massive Veränderungen nicht mehr kollektiv-psychisch reagieren muss, sondern dem Lauf der Dinge mit einer gewissen Gelassenheit entgegensehen kann. Am Ende macht die Erkenntnis von Kränkungen und ihre radikale Relativierung den Weg frei für eine Lichtung des philosophischen Wissens, auf der sich das Performative endlich auskristallisieren kann. Performative Philosophie kennt die Kränkungen, setzt aber ihre Logik nicht fort. Kränkungen sind deshalb Wegmarken der Freiheit, wenn sie recht ausgelegt und verstanden werden. Und die Erkenntnis und Kenntnis aktueller Kränkungen können den Weg frei machen für Veränderungen, für Neues Denken, das für niemanden mehr kränkend sein muss.

Im historischen Rückblick sind die wichtigsten „Kränkungen", aus denen die Philosophie wie jede andere Wissenschaft lernen kann, diese:

Die Kränkungen

- Nikolaus Kopernikus katapultierte den mittelalterlichen Menschen aus einer naiven Mitte des Weltalls auf eine beiläufige Umlaufbahn: Seine kleine Erde und all die anderen Planeten-Satelliten drehen sich seitdem endgültig um die Sonne, unter dem nun starren Gewölbe der Fixsterne

(„Kopernikanische Wende"). Giordano Bruno konfrontierte die kleine Erdenwelt mit der unvorstellbaren Unendlichkeit des Kosmos, kränkte den Hochmut der Inquisition und musste das mit seinem Leben bezahlen.

- Immanuel Kant nahm dem Menschen die Welt, wie dieser sie in seiner evolutiven Einfalt sehen musste, er nahm ihm eine lebenswichtige Illusion. Der Mensch war nun gezwungen, mittels eines in Schrift gefassten Riesenwerkes einzusehen, dass die Welt nicht so war, wie er sie wahrnahm, sondern dass er nur an eine Kopie geraten war, die, von ihm selbst erzeugt, das Original auf eine kaum noch verstehbare Weise verbarg. Die Welt, wie sie in Wahrheit war, das „Ding an sich" – dazu gab es keinen Zutritt. Der Königsberger „Alleszertrümmerer" hatte damit nicht nur ein Weltbild zertrümmert, sondern auch gleich den gesunden Menschenverstand mit, für eine unabsehbare Zeit. Mit seiner ‚kopernikanischen Wende' nahm Kant dem Menschen eine tiefe fraglose Gewissheit, die die Evolution nicht ohne dunkle Absicht eingerichtet hatte: Er griff in den äußeren Dynamo der Evolution ein und drehte ihn ein Stück zurück. Kants *Apriori* jedoch ist auch ein blitzender Diamant: Er öffnet die Tür zum apriorischen Wesen des Menschen, d. h. den Blick auf viele weitere Apriori, darunter letztlich auch – vielleicht nolens-volens – den tief-eingelagerten, nicht mehr hintergehbaren Kern des performativen In-der-Welt-seins des Homo Sapiens.
- Charles Darwin vertrieb den Menschen aus dem Mittelpunkt des Universums der Schöpfung: Er war plötzlich nur noch der Output einer tierischen Evolution und steckte tief im Zoopark der äffischen Primaten; als hominides Zwischenwesen war er plötzlich in primitiven Frühformen seiner Art verwurzelt („anthropologische Wende"). Er war ein Tier unter Tieren, ein besonderes zwar, aber mit einem fast vollständig gleichen Gen-pool wie Schimpanse oder Gorilla. Darwin bestes Verdienst ist der Nachweis des animalischen Erbes, das sich in späteren Entwicklungsstadien entfalten kann als tiefe, ja: tiefste performative Grundierung des Homo.
- Sigmund Freud bescheinigte dem aufgeklärten, selbstbewussten Zeitgenossen, dass er nicht Herr im eigenen Haus sei: Trotz aller Bewusstheit, aller Reflexion und aller Analyse ist er ein Lakai des Unbewussten, das

die Marionette des Bewussten an unsichtbaren Fäden auf der Bühne der Existenz tanzen lässt („Psychologische Wende"). Der Mensch weiß seitdem, dass er zu über 90 % von dunklen Energien gesteuert wird (wie auch das All selbst), und die Kränkung besteht vor allem darin, dass er diese Lage nicht durch sein Bewusstsein kontrollieren kann. Alle Theorien und Aufweise des Unbewussten vor und nach Freud dienen als Nachweis einer unhintergehbaren, quasi absoluten Grundierung des Para-Rationalen, das eine starke Quelle ist für die performative Grundierung des Menschen in seiner Welt – ob ihm dies nun bewusst ist oder nicht.

- Karl Marx holte den aufgeklärten Menschen aus dem ideellen Wolkenkuckucksheim des reinen Bewusstseins heraus und bewies, in großer proletarischer Geste, dass dieses Bewusstsein von den Umständen des realen Seins und von nichts sonst abhängt („Soziale Wende"). Aus eigenem Verschulden hatte sich der Mensch in eine Entfremdung von der Natur begeben und muss dafür einen Preis an Gesundheit bezahlen. Die Welt musste nicht mehr erklärt werden, sondern schrie nach Veränderung – zweifellos eine Vorstufe zu einer performativen Revolution, ein Schritt in Richtung auf ein *performatives Bewusstsein.*
- Albert Einstein nahm dem Menschen das naive Selbstverständnis von Raum und Zeit, mit der natürlichen Folge, dass kaum jemand ihn verstand und versteht oder verstehen *wollte* („Relativistische Wende"). Dies kann man eine „kosmische Kränkung" nennen, von kosmischen Ausmaßen: dass Zeit und Raum miteinander zu einer Raumzeit verzahnt sind und sich gegenseitig (ver)formen – das zeige sich deutlich nur in extremsten Dimensionen, z.B. unter Lichtgeschwindigkeit, in Schwarzen Löchern oder im Inferno des Atomkerns: Wieder musste der Mensch etwas glauben, wofür es keine Evidenz gab oder wenn doch, dann war sie für ihn zu vernachlässigen, sollte er nicht seinen Geist gefährden wollen. Der *Common Sense* war ein weiteres Mal in seinen Grundfesten erschüttert worden und der Mensch traute seinen Sinnen nicht, traute sich nicht an die Revolution der Weltbilder, die die Neue Physik forderte. In der kleinsten Dimension, im Genom und im Quantenkessel des Atomkerns, gibt es hundertmal mehr, was wir *nicht wissen*; in der größten Dimension, in der kosmischen Ausdehnung, verbirgt sich das,

was wir nicht wissen, hinter einem Parallel-All von Dunkler Materie und Dunkler Energie. Und nichts bezeugt dieses Dilemma eindrucksvoller als der Streit der Wissenschaftler, als der schiere Modus ihrer endlos-verzweigten Argumentationen und kostspieligen Experimente. In diesem Buch wird belegt, dass die ganz kleinen und die ganz großen Dimensionen eine wichtige Einsicht bergen: Sie sind in ihren einschlägigsten Resultaten *performativ determiniert*; damit sind sie auf immer untereinander und dem Mesokosmos verwandt.

- Die Kränkung des Wissens: In der Postmoderne erkennen Wissenschaftler wie Laien, die Akademien wie das Volk – die einen bewusst, die anderen eher dunkel, beide aber gleichermaßen und zur gleichen Zeit – dass das Wissen trotz aller Forschung beschränkt ist, dass wir mehr *nicht* wissen als wir zu wissen meinen, dass das *Implizite Wissen* dem Expliziten Wissen überlegen ist (Michel Polanyi), und dass schließlich mit dem Wissen auch das Nichtwissen wächst – in Natur- und Geisteswissenschaften gleichermaßen: Die ‚dunkle Materie des Wissens' umgibt das helle Faktenwissen wie der diffuse Hof den kalten Mond. Wir leben bereits in einer Zeit des Nichtwissens, in einer „Nichtwissengesellschaft" (Claus Leggewie), die überwölbt wird von der gewaltigen Rauchwolke des *vermeintlichen* Wissens, die menetekelartig am Horizont wabert. Dies kann man die „epistemische Wende" nennen. Wissen und Nichtwissen haben in diesen Zeiten neue Dimension erreicht: Sie bilden ein neues Tandem mit noch nie für möglich gehaltenen Ausmaßen und noch ganz unabsehbaren Folgen. Am Beginn des 21. Jahrhunderts zeichnet sich damit eine neue universale Kränkung ab, die sich von Europa aus in andere Weltgegenden verbreiten mag, oft aber ignoriert, überblendet oder geleugnet wird: Dies ist die *Kränkung des Nichtwissens*, die dunkle Seite des Fortschritts. Hier zeigt sich besonders deutlich, besonders schroff eine typische Konstante im Bewusstsein des Menschengeschlechts – dass Erkenntnisse, für die die Zeit gekommen ist, sich über lange Zeit noch schwertun. Also *Nichtwissen*: Manch ein Zeitgenosse mag hier ungläubig den Kopf schütteln oder eine esoterische Denkfigur vermuten, eine Finte überlasteter Intellektueller, eine Blase des Feuilletons oder des Zeitgeistes. Aber mitnichten!

- Die philosophische Kränkung: Eine besondere Kränkung erfährt die Philosophie in diesen Zeiten, und mit ihr nicht der Kontinent oder die ganze Menschheit, sondern nur eine kleine intellektuelle Elite: die der Philosophen. Am Beginn des 21. Jahrhunderts – man kann es nicht oft genug wiederholen – findet sich die Philosophie in einer Situation der Erschöpfung wieder: Sie kann sich von den Erblasten ihrer Traditionen nicht lösen, und deshalb kann sie den Beginn einer neuen Epoche nicht begleiten, nicht erklären, nicht unterstützen, wie sie es müsste; sie hat keine Vision. Die europäische Art der Welterklärung sei irreversibel erschöpft – so sagte es sinngemäß der Philosoph Peter Sloterdijk. Diese Kränkung ist epochal: Am Horizont droht die Gefahr, dass sie hinter die Wissenschaften zurückfällt – so wie sie im Mittelalter hinter die Theologie zurückfallen musste. Es besteht die Gefahr, dass sie im Laufe des 21. Jahrhunderts endgültig den Anschluss an die Zeitläufe verliert, weil sie in Gestus, Inhalt und Präsentation nicht Schritt halten kann mit dem Tempo der neuen, digitalisierten Zeit. Die Gefahr besteht durchaus, dass sie sich durch ihre selbstverschuldete Stagnation selber marginalisiert. Die Kränkung im psychologischen Sinn besteht hierin: Die Philosophie droht einen möglichen exponierten Platz über den Wissenschaften ohne Not aufzugeben und verliert damit ihre Deutungshoheit; sie ist für eine neue Dynamik nicht ausgerüstet. – Die Medaille hat aber zwei Seiten – ein kleines Glück im Unglück: Die philosophische Kränkung bleibt in den Wirren einer spätkapitalistischen Spaßgesellschaft (die ohnehin mit vielen anderen Verwerfungen zu kämpfen hat) von der breiten Öffentlichkeit weitgehend unbemerkt. Sie zeigt sich nur unfreiwillig darin, dass es immer weniger verlässliche, verbindliche Substanz gibt.

Die europäische Philosophie könnte unter ihrer eigenen historischen Schwerkraft in ein selbst-erzeugtes Schwarzes Loch geraten, aus dem sie aus eigener Kraft, unter der Last ihres 2.500-jährigen Geschichtslaufes, angesichts der gleißenden Supernova der Neuen Zeit, nicht mehr herausfindet. Die „Kantische Epoche der Philosophie" könnte heute dem Ende entgegengehen und in etwas Neues eintauchen oder aber vergehen. Das äußere Zeichen dieser Kränkung ist eine weitausgreifende Popularisierung, ja mitunter eine schamlose Trivialisierung, ein hanebüchener Unernst, der sich immer mehr vor das eigentliche Erkenntnis-Interesse schiebt und es immer mehr verblassen lässt. Wie so vieles andere auch, wird auch die Philosophie nicht mehr ernstgenommen, ja am Ende sogar in Einzelfällen: verballhornisiert. Der verwöhnte Bürger wird so zugleich – vom Denken suspendiert.

- Die ultimative Kränkung aber erleidet der *europäische* Mensch just in dieser Zeit. Die Zeit der Vorherrschaft der Europäer, des abendländisch-westlichen Menschen in der Welt neigt sich unweigerlich – auf die eine oder andere Art. Fünfhundert Jahre europäische und einhundert Jahre US-amerikanische Vorherrschaft gehen zuende: Viele wissen das, viele spüren das, auch wenn sie es vielleicht anders ausdrücken würden. So formulierte es Bernd Ulrich, der Politik-Chef der Wochenzeitung ‚DIE ZEIT'. Dies trifft einen empfindlichen Nerv, der den Zeitläufen zugrundeliegt und ihre Dynamik ständig von unten oder von der Seite her beeinflusst. Für die Zukunft bedeutet das ganz allgemein einen Korb an neuen Entwicklungen, die zwar im Prinzip seit dem Ende des letzten Jahrhunderts absehbar waren, aber in ihrer plötzlichen, überwältigenden, man möchte fast sagen: in ihrer unmittelbaren performativen Wahrheit die Welt beunruhigen. Verglichen mit vergangenen Jahrhunderten und Epochen bleibt kein Stein mehr auf dem anderen – und diese Endzeit-Aura ist der Kern eines neuen Lebensgefühls, das in eine unbekannte Zukunft hineinstrahlt. Viele Bücher über Europa sind bereits in einem Endzeit-Jargon aufgemacht – und dies hat nicht nur Marketing-Ursachen, sondern auch einen Kern Wahrheit, der wohlweislich nicht auf der Agenda der Politik, der Medien und der Öffentlichkeit erscheint.

Wir haben allen Anlass, eine vorläufig letzte Kränkung nicht unerwähnt zu lassen, die die Corona-Jahre 2020f. prägte. Sie besteht darin, dass trotz immer weiter fortschreitender medizinischer und pharmakologischer Wissenschaft die Menschheit aufs Neue machtlos, orientierungslos, ja zuweilen hilflos einer Pandemie gegenübersteht, von der man noch nicht einmal weiß, ob sie natur- oder menschengemacht ist. Medien und digitale Formate lancieren eine wachsende Desorientierung, neue Arten von Obsession, Hysterie und Dummheit; Verschwörungstheorien verdunkeln den Himmel des Fortschritts: Möglich ist, dass sie einen relevanten, jedoch ungreifbaren Kern haben. Der Mensch kann offenbar Krebs oder Diabetes nicht nur nicht besiegen, sondern muss – wie zu allen Zeiten – vor einem mutierenden Virus die Waffen strecken. Das Virus zeigt aber, gleichsam in einer perversen Analogie, dass heute alles global sein kann, und dem hat auch die Philosophie Rechenschaft zu tragen, in welcher Version auch immer. Letztlich können Dinge wie Klimawandel, Virusdemien, Migrationsszenarien, Weltraumbedrohungen, Vulkanaktivitäten etc. ähnliche Hysterien, ähnliche Obsessionen erzeugen (exemplarisch dargestellt im Film ‚*Don't look up*' von Adam McKay aus dem Jahr 2021).

Dies sind bereits eine Menge Kränkungen und die Rede von den Kränkungen hat über lange Zeit den verborgenen Narzissmus des modernen Menschen bedient. Es ist Zeit, für die nähere Zukunft die psychologisch verräterische Metaphorik zu verlassen. Im Grunde kann man jede Neuerung in der Geschichte, die epochale Auswirkungen hatte, hier dazurechnen, weil etwas Neues immer etwas Altes vernichtet und immer irgendjemand gekränkt sein kann. So war es sicherlich auch mit dem Untergang heute vergessener Kulturen, dem Niedergang des Römischen Reiches, den Superkatastrophen von Titanic, Concorde oder der Twin Towers; so wird es mit den nächsten Umwälzungen sein, die Klimawandel, Migrationen und Ressourcenschwund in diesem Jahrhundert auslösen werden und die in ihrem Ausmaß noch vollkommen unbekannt sind (Khannah 2021).

Es ist also höchste Zeit, sich von der rückwärtsgerichteten Perspektive psychologischer *Kränkungen* abzuwenden, die nur den Geist fesselt und den Menschen als trotziges enttäuschtes Kind mit unerfüllt gebliebenen Wünschen zeichnet. Viel wahrscheinlicher ist, dass Neuerungen die logische Folge dessen sind, was der Geist selbst erzeugt und dann in eine neue Wirklichkeit umsetzt. Dies kann man daran erkennen, dass vor allem technische und wissenschaftliche Genietaten oft ohne logischen Hintergrund erfolgen, meist zufällig, auf Seitenwegen oder sich auf vermeintlichen Holzwegen plötzlich von selbst ergeben – wie z. B. die Entdeckung der Quantenmechanik durch Max Planck im Jahre 1900. Oft sind Umbrüche auch die Folge davon, dass sich hartnäckige Illusionen und Mythen überlebt haben, aus dem Hintergrund in einen noch ganz unklaren Vordergrund brechen und den Blick freimachen auf neue Wahrheiten. Und oft erleben wir den Effekt, dass der gesunde Menschenverstand, der über lange Zeiträume einwandfrei funktioniert hatte, plötzlich nicht mehr gilt und sich einfach umwendet. Und dies ist ein Grundzug der Wissenschaft in unseren Breiten: Die Illusionen über die Welt und des Seins in ihr, die oft lebenswichtig sind, werden gleich mitzerstört. Dies wäre die schlechte Nachricht. Die gute folgt aber gleichwohl auf dem Fuße: Alle kopernikanischen Wenden haben ja nur dann einen malheurösen, negativen oder zerstörerischen Beigeschmack, wenn man sie vor den Kulissen eines überkommenen Weltbildes, eines hybriden, hochmutgetränkten oder noch in sich verkapselten Menschenbildes sieht. Obwohl die Kränkungen den abendländischen Menschen in seinem Werdegang um-und-um-gedreht, beunruhigt und erschreckt haben mögen, sind sie im großen Zug der Zeit letztlich Mosaiksteinchen für ein neues Bild, für die Vision einer neuen Art von humaner Gesundheit, eines neuen Vitalismus. Dieser kann sich zeigen im Entstehen eines performativen Weltbildes, das sich auf ein performatives Bewusstsein gründet. Das will aber erst noch errungen, erfahren, erlebt werden. Es ist noch hin; wir sind gerade im Auge des Taifuns.

Lüttke, Mirko (2012): Die Kränkung des Menschen. Die Naturwissenschaften und das Ende des antik-mittelalterlichen Weltbildes. Würzburg.

Literaturverzeichnis

Ackeren v., Marcel; Kobusch, Theo; Müller, Jörn (Hg.) (2011): Warum noch Philosophie? Historische, systematische und gesellschaftliche Positionen. Berlin, Boston.

Amin, Samir (1986): Eurocentrism. New York.

Angehrn, Emil (2004): Hans-Georg-Gadamer – das Projekt einer philosophischen Hermeneutik. In: Beckermann, Ansgar; Perler, Dominik (Hg.): Klassiker der Philosophie heute. Stuttgart, 771–791.

Arriagada Peters, Leonora (2011): Andenwissenssystem. Grundlagenkenntnisse und Zusammenhänge der Andenhochkultur. Berlin.

Arriagada Peters, Leonora (2017): CHAKANA. A compass for troubled times. Pre-Columbian wisdom may show how to face global challenges. Berlin.

Árokay, Judit (2014): Wie wirkt dichterische Sprache? Überlegungen zur Performativität in der klassischen japanischen Dichtung. BURON 1, 51–78.

Assmann, Aleida (2023): Weisheit – ein Korrektiv für die Kultur der Moderne? Allgemeine Zeitschrift für Philosophie 48, 2, 299–309.

Assmann, Jan (2007): Das kulturelle Gedächtnis. Schrift, Erinnerung und politische Identität in frühen Hochkulturen. 6. Aufl.; München.

Assmann, Jan (2011): Altägyptische Weisheit. In: Schwier, Helmut (Hg.): Zwischen Torheit und Weisheit. Heidelberg, 221–235.

Assmann, Jan (2018): Achsenzeit. Eine Archäologie der Moderne. München.

Assmann, Jan (2020): *Ma'at.* Gerechtigkeit und Unsterblichkeit im Alten Ägypten. München.

Baars, Bernhard J. (1998): Das Schauspiel des Denkens. Naturwissenschaftliche Erkundungen. Stuttgart.

Bachir Diagne, Souleymane (2023): *Ubuntu* als Antwort auf den Konflikt der Kulturen. Rhinozeros 1: Europa im Übergang, 93–105.

Bachmann-Medick, Doris (2010): Cultural Turns. Neuorientierungen in den Kulturwissenschaften. 4. Aufl.; Reinbek.

Baggini, Julian (2017): Ich denke, also will ich. Eine Philosophie des freien Willens. München.

Bardé, Benjamin (2015): Performativität und psychoanalytischer Prozess. In: Picht, Johannes (Hg.): Musik und Psychoanalyse hören voneinander. Bd. 2, Gießen, 145–182.

Barrat, Barnaby B. (2013): What Is Psychoanalysis? 100 Years after Freud's "Secret Committee".
Hove (East Sussex), New York.

Barthes, Roland (2013): Mythen des Alltags. 2. Aufl.; Berlin.

Behrendt, Joachim Ernst (2014): Nada Brahma. Die Welt ist Klang. 4. Aufl., Frankfurt am Main.

Bennett, Maxwell R.; Hacker, Peter M.; Walter, Axel (2010): Die philosophischen Grundlagen der Neurowissenschaften. Darmstadt.

Berdiajew, Nikolaj [= Berdjaev, Nikolaj A.] (1927): Der Sinn des Schaffens. Versuch einer Rechtfertigung des Menschen. Tübingen.

Bertram, Georg W.; Rüsenberg, Michael (2021): Improvisieren! Lob der Ungewissheit. 2. Aufl., Ditzingen.

Betancourt, Raúl F. (2004): Lateinamerikanische Philosophie im 20. Jahrhundert. Polylog. Zeitschrift für Interkulturelles Philosophieren 10/11, 81–98.

Bhatt, A. [o.A.]. K. (2015): Indian and Western Philosophy. New Delhi.

Bhatt, Siddheshwar R. (2019): Quantum Reality and Theory of Śūnya [‚Leere' U.H.]. Berlin.

Boehm, Omri (2022): Radikaler Universalismus. Jenseits von Identität. Universalismus als rettende Alternative. Berlin.

Bormann, Hans-Friedrich; Brandstetter, Gabriele; Matzke, Annemarie (Hg.) (2010): IMPROVISIEREN. Paradoxien des Unvorhersehbaren. Bielefeld.

Bourdieu, Pierre (2017): Meditationen. Zur Kritik der scholastischen Vernunft. 4. Aufl.; Frankfurt am Main.

Braden, Gregg (2015): Tiefe Wahrheiten. Ursprung, Geschichte, Bestimmung und Schicksal der Menschheit. München.

Braun v., Christina; Stephan, Inge (2005): Gender@Wissen. In: Braun v., Christina; Stephan, Inge: Gender@Wissen. Ein Handbuch der Gender-Theorien. Köln usw., 7–45.

Brockmann, John (2008): Das Wissen von morgen. Was wir für wahr halten, aber nicht beweisen können: Die führenden Wissenschaftler unserer Zeit beschreiben ihre großen Ideen. Frankfurt am Main.

Buchhammer, Brigitte (2023): Feministische Philosophie – eine Bestandsaufnahme. Philosophische Rundschau 70, 1, 24–52.

Butler, Judith (2003): Das Unbehagen der Geschlechter. Frankfurt am Main.

Camejo, Silvia A. (2006): Skurrile Quantenwelt. Berlin, Heidelberg.

Capra, Fritjof (1985): Das Tao der Physik. 5. Aufl., Bern usw.

Caysa, Konstanze; Benkert, Harko (Hg.) (2016): Denken des Empraktischen. Frankfurt am Main usw.

Cäsarea, von, Basilius (1993): De Spiritu Sancto. Über den Heiligen Geist. Griechisch Deutsch. Freiburg usw.

Celestini, Federico (2016): Nietzsches Musikphilosophie. Zur Performativität des Denkens. Göttingen.

Chown, Marcus (2004): Die Suche nach dem Ursprung der Atome. Wie und von wem das Universum entziffert wurde. Wiesbaden.

Cimino, Antonio (2013): Phänomenologie und Vollzug. Heideggers performative Philosophie des faktischen Lebens. Frankfurt am Main.

Cooper, David E. (1996): World philosophies. An historical introduction. Oxford (UK), Cambridge.

Cowan, James (2004): Offenbarungen aus der Traumzeit. Das spirituelle Wissen der Aborigines. München.

Cox, Brian; Forshaw, Jack (2015): Warum ist E = mc^2? Einsteins berühmte Formel verständlich erklärt. Stuttgart.

Černigovskaja, Tat'jana (2011): The Whole Universe in Human Brain. https://www.youtube.com/watch?v=AE_QHLShLHY (26.2.2024)

Černigovskaja, Tat'jana (2017): Brain makes decisions before consciousness steps in. https://www.rt.com/shows/sophieco/372802-mind-theory-brain-work (*27.1.2022)

Černigovskaja, Tat'jana (2022): Как мозг нас обманывает, почему врут честные люди и как прокачать интеллект. (‚Wie das Gehirn uns täuscht, warum ehrliche Leute lügen und wie man den Intellekt aufpumpt'). https://www.youtube.com/watch?v=Zda7-SQMfEU (3.3.2024)

Deleuze, Gilles; Guattari, Félix (2000): Was ist Philosophie? Frankfurt am Main.

Derrida, Jaques (2004): Die *différence*. Ausgewählte Texte. Ditzingen.

Dobelli, Rolf (2014): Die Kunst des klaren Denkens. 52 Denkfehler, die Sie besser anderen überlassen. München.

Dürr, Detlev; Lazarovici, Dustin (2012): Quantenphysik ohne Quantenphilosophie. In: Esfeld, 110–134.

Eco, Umberto (1993): Platon im Striptease-Lokal. Parodien und Travestien. 3. Aufl.; München.

Einstein, Albert (2017): Mein Weltbild. 34. Aufl.; Zürich. Herausgegeben von Carl Seelig.

El Ouassil, Samira; Karig, Friedemann (2023): Erzählende Affen. Mythen, Lügen, Utopien – wie Geschichten unser Leben bestimmen. Berlin.

Elsner, Wolfram (2021): Die Zeitenwende: China, USA und Europa „nach Corona". Köln 2021.

Emter, Elisabeth (1995): Literatur und Quantentheorie. Die Rezeption der modernen Physik in Schriften zur Literatur und Philosophie deutschsprachiger Autoren (1925–1970). Berlin, New York.

Esfeld, Michael (Hg.) (2012): Philosophie der Physik. 2. Aufl.; Berlin.

Estermann, Josef (1999): Andine Philosophie. Eine interkulturelle Studie zur autochthonen andinen Weisheit. Frankfurt am Main.

Falcke, Heino; Römer, Jörg (2020): Licht im Dunkeln. Schwarze Löcher, das Universum und wir. Stuttgart.

Farmelo, Graham (2016): Der seltsamste Mensch: Das verborgene Leben des Quantengenies Paul Dirac. Berlin.

Ferraris, Maurizio (2014): Manifest des neuen Realismus. Frankfurt am Main.

Fingerhut, Joerg; Hufendieck, Rebecca; Wild, Marcus (Hg.) (2013): Philosophie der Verkörperung. Grundlagentexte zu einer aktuellen Debatte. Frankfurt am Main.

Fischer, Ernst Peter (2007): Der Physiker. Max Planck und das Zerfallen der Welt. München.

Fischer-Lichte, Erika (2000): Theater als Modell für eine performative Kultur: zum *performative turn* in der europäischen Kultur des 20. Jahrhunderts. Saarbrücken.

Fischer-Lichte, Erika (2004): Ästhetik des Performativen. Frankfurt am Main.

Fischer-Lichte, Erika (2013): Performativität. Eine Einführung. 2. unv. Aufl.; Bielefeld.

Fischer-Lichte, Erika; Kolesch, Doris (Hg.; 1998): Kulturen des Performativen. In: Panagrana. Internationale Zeitschrift für Historische Anthropologie 7 (1). https://www.geisteswissenschaften.fu-berlin.de/v/sfb-kulturen-des-performativen/teilprojekte/index.html (2.1.2024)

Flasch, Kurt (2008): Kampfplätze der Philosophie. Große Kontroversen von Augustin bis Voltaire. Frankfurt am Main.

Flasch, Kurt (2020): Das philosophische Denken im Mittelalter. Von Augustin bis Macchiavelli. Ditzingen.

Fölsing, Albrecht (2017): Albert Einstein. Eine Biographie. 7. Aufl.; Frankfurt am Main.

Friebe, Cord; Kuhlmann, Meinhard; Lyre, Holger; Näger, Paul; Passon, Oliver; Stöckler, Manfred (2018): Philosophie der Quantenphysik. Einführung und Diskussion der zentralen Begriffe und Problemstellungen der Quantentheorie für Physiker und Philosophen. Berlin, Heidelberg.

Gabriel, Marcus (2013): Warum es die Welt nicht gibt. Berlin.

Gadamer, Hans-Georg (1960): Wahrheit und Methode. Tübingen.

Gadamer, Hans-Georg (2019): On Heraclitus. https://www.youtube.com/watch?v=Vs05n0-prss (26.2.2024)

Gamm, Gerhard (1994): Flucht aus der Kategorie. Die Positivierung des Unbestimmten als Ausgang aus der Moderne. Frankfurt am Main.

Gamm, Gerhard (2000): Nicht Nichts. Zu einer Semantik des Unbestimmten. Frankfurt am Main.

Gamm, Gerhard (2009): Philosophie im Zeitalter der Extreme. Eine Geschichte des philosophischen Denkens im 20. Jahrhundert. Darmstadt.

Ganslandt, Rüdiger (1984): Der Augenblick der Erkenntnis in Zen-Buddhismus und Zen-Kunst. In: Thomsen; Holländer, 121–142.

Gantke, Wolfgang (2007): Aurobindos Philosophie interkulturell gelesen. Nordhausen.

Gardner, Howard (1999): Intelligence Reframed: Multiple Intelligences for the 21st Century. New York.

Geier, Manfred (2002): Die kleinen Dinge der großen Philosophen. München.

Geier, Manfred (2003): Geistesblitze. Eine *ANDERE GESCHICHTE* der Philosophie. Reinbek.

Geier, Manfred (2020): Die Liebe der Philosophen. Von Sokrates bis Foucault. Hamburg.

Goerdt, Wilhelm (1984): Russische Philosophie. Zugänge und Durchblicke. Freiburg und München.

Gollner-Marin Echeverri, Martin (1994): *IKCE WICASA* [sic]. Der Überlebenskampf der Lakota und die Liebe zur Weisheit. Freiburg.

Goppelsröder, Fabian (2015): Ethik der Performativität. In: Sternagel, Jörg; Mersch, Dieter; Stertz, Lisa (Hg.): Kraft der Alterität: Ethische und aisthetische Dimensionen des Performativen. Bielefeld, 51–66. https://doi.org/10.1515/9783839423554-003 (3.8.2023)

Grabner-Haider, Anton (2006): Philosophie der Weltkulturen. Wiesbaden.

Graneß, Anke (2017): Der Kampf um den Anfang: Beginnt die Philosophie im Alten Ägypten? Polylog. Zeitschrift für interkulturelles Philosophieren 38, 41–62.

Graneß, Anke (2023): Philosophie in Afrika. Herausforderungen einer globalen Philosophiegeschichte. Berlin.

Gray, John N. (2010): Von Menschen und anderen Tieren. Abschied vom Humanismus. Stuttgart.

Grejling, E. K. [= Antony Clifford Grayling] (2023): Istorija filozofije. Beograd.

Gripp-Hagelstange, Helga (1997): Niklas Luhmann. Eine Einführung. 2. Aufl.; München.

Grolle, Johann (2022): Das Geheimnis der Schöpfung. DER SPIEGEL 52, 94–101.

Grossinger, Richard (1988): Der Mensch, die Nacht und die Sterne. Die Kulturgeschichte der Menschen im Angesicht des Nachthimmels. München.

Große, Jürgen (2007): Die Philosophen. Stuttgart.

Groys, Boris (2009): Ökologie der Philosophie. In: Jongen, Marc; Tuinen v., Sjoerd; Hemelsoet, Koenraad (Hg.): Die Vermessung des Ungeheuren. Philosophie nach Peter Sloterdijk. München, 34–55.

Haarmann, Harald (2020): Advancement in Ancient Civilizations. Life, Culture, Science and Thought. Jefferson.

Haarmann, Harald (2021): Die seltsamsten Sprachen der Welt. Von Klicklauten und hundert Arten, *ich* zu sagen. München.

Haarmann, Harald (2023): Kairos. Human Responses to the Flow of Time in the Dynamic Formation Process of Western Civilization. Hildesheim.

Habermas, Jürgen (1971): Vorbereitende Bemerkungen zu einer Theorie der Kommunikativen Kompetenz. Frankfurt am Main.

Habermas, Jürgen (1981): Theorie des Kommunikativen Handelns. Bd. 1 und 2. Frankfurt am Main.

Hackenbroch, Veronika; Koch, Julia (2024): Was Babys denken. Hirnforscher entschlüsseln das Geheimnis der Intelligenz. DER SPIEGEL 12, 86–96.

Hallet, Wolfgang (2010): Performative Kompetenz und Fremdsprachenunterricht. http://research.ucc.ie/scenario/2010/01/hallet/02/de (6.3.2024)

Hampe, Michael (2014): Die Lehren der Philosophie. Eine Kritik. Berlin.

Harari, Yuval N. (2017): Homo Deus. Eine Geschichte von Morgen. München.

Harari, Yuval N. (2018): 21 Lektionen für das 21. Jahrhundert. 4. Aufl.; München.

Harari, Yuval N. (2024): SAPIENS. Eine kurze Geschichte der Menschheit. München.

Hartmann, Katrin (2008): Das artistische Denken von Gilles Deleuze. Unv. Dipl.-Arbeit. Wien.

Hathaway, Nancy (1998): Wie alt ist die Sonne und wie weit weg sind die Sterne? Ein Begleiter durch Raum, Zeit und die Wunder des Weltalls. München.

Hawkins, Jeff (2021): A Thousand Brains. A New Theory of Intelligence. New York.

Haynes, John-Dylan (2012): Is Free Will an Illusion? | Inside NOVA. https://www.pbs.org/wgbh/nova/insidenova/2012/02/science-of-free-will-you-may-not-have-it.html (26.2.2024)

Helferich, Christoph (2005): Geschichte der Philosophie. Von den Anfängen bis zur Gegenwart und Östliches Denken. 6. Aufl.; München.

Heidegger, Martin (1927): Sein und Zeit. Tübingen.

Heidegger, Martin (1962): Zeit und Sein. Vortrag. https://www.youtube.com/watch?v=cQ5Hvg620SU (16.2.2024)

Heidegger, Martin (1986): Der Ursprung des Kunstwerkes. Ditzingen.

Heisenberg, Werner (1967): Physik & Philosophie. Vortrag. https://www.youtube.com/watch?v=xhNS3cJX5EU (26.2.2024).

Heisenberg, Werner (1979): Quantentheorie und Philosophie. Stuttgart.

Hempfer, Klaus W.; Volbers, Jörg (Hg.) (2011): Theorien des Performativen. Sprache – Wissen – Praxis. Bielefeld.

Henckmann, Wolfhart (1984): ‚*Jedes Kunstwerk ist ein Augenblick*.' Versuch, eine These Adornos zu verstehen. In: Thomsen, Christian W.; Holländer, Hans (Hg.): Augenblick und Zeitpunkt. Studien zur Zeitstruktur und Zeitmetaphorik in Kunst und Wissenschaften. Darmstadt, 77–91.

Hermsen, Joke J. (2023): Kairos. Vom Leben im richtigen Augenblick – Für ein neues Zeitempfinden. Hamburg.

Hetzel, Andreas (2004): Das Rätsel des Performativen. Sprache, Kunst und Macht. Philosophische Rundschau 51, 132–159.

Hetzel, Andreas (Hg.) (2009): Negativität und Unbestimmtheit. Beiträge zu einer Philosophie des Nichtwissens. Bielefeld.

Heubel, Fabian (2021): Was ist chinesische Philosophie? Kritische Perspektiven. Hamburg.

Hickey, Thomas J. (1995): Werner Heisenberg and the Semantics of Quantum Mechanics. https://www.philsci.com/pdf/BOOK%20IV%20-%20Heisenberg.pdf (26.2.2024)

Hildesheimer, Arnold (1953): Die Welt der ungewohnten Dimensionen. Versuch einer gegenständlichen Darstellung der modernen Physik und ihrer philosophischen Folgerungen. Leiden.

Hinrichs, Uwe (1991): Linguistik des Hörens. Hörstehen und Metakommunikation im Russischen. Wiesbaden.

Hinrichs, Uwe (2018): Manifest der Performativen Philosophie. Berlin.

Hinrichs, Uwe (2018a): Die Verwandlung der Sophia. Vom Ausklang der Aufklärung ins performative Zeitalter. Zweiter Teil: Die Erzeugung der Welt. Ein Schritt ins performative Zeitalter. Berlin.

Hinrichs, Uwe (2024): Performative Philosophie, Zeitenwende und *Old Europe*. In: Zeitschrift für Balkanologie 60, 2, 25-36.

Höffe, Otfried (2005): Kleine Geschichte der Philosophie. München.

Hösle, Vittorio (2013): Eine kurze Geschichte der deutschen Philosophie. München.

Honerkamp, Josef (2013): Was können wir wissen? Mit Physik bis zur Grenze verlässlicher Erkenntnis. Berlin.

Hountondji, Paulin J. (1983): Afrikanische Philosophie. Mythos und Realität. Berlin.

Huber, Johannes (2017): Der holistische Mensch. Wien.

Hübner, Kurt (1985): Die Wahrheit des Mythos. München.

Hürter, Tobias (2022): Das Zeitalter der Unschärfe. Die glänzenden und die dunklen Jahre der Physik 1895–1945. Stuttgart.

Hutchinson, Katrina; Jenkins, Fiona (eds.) (2013): Women in Philosophy: What Needs to Change? Oxford 2013.

Irrgang, Bernhard (2001): Lehrbuch der evolutionären Erkenntnistheorie. Thesen, Konzeptionen und Kritik. 2. überarb. Aufl.; München, Basel.

Jacobs, Alan (Hg.) (2018): Du kannst den Fluss nicht anhalten – Weisheiten der Indianer. New York.

Janus, Ludwig (2011): Der Seelenraum des Ungeborenen. Pränatale Psychologie und Therapie. Ostfildern.

Janus, Ludwig (2018): Vom Kosmos zur Erde – vom Mythos zur Psychologie. Die Geschichte der Philosophie als Widerspiegelung der Evolution der Mentalitäten und Lebensbezüge. Heidelberg.

Jeschke, Thomas (2017): Petrarcas ‚performative' Ethik: Anmerkungen zu *De remediis utriusque fortunae* (ein Lektürevorschlag).

https://philosophia-bg.com/archive/philosophia-15-2017/petrarcas-performative-ethik-anmerkungen-zu-de-remediis-utriusque-fortunae-ein-lekturevorschlag/ (17.9.2023)

Jongen, Marc (2009): Wir sind Nie zuR Welt gekommen. Peter Sloterdijks Maieutik der Eksistenz [sic!]. In: Jongen, Marc; Tuinen v., Sjoerd; Hemelsoet, Koenraad (Hg.): Die Vermessung des Ungeheuren. Philosophie nach Peter Sloterdijk. München, 144–162.

Joyce, James (1989): Finnegans Wake. Deutsch. Hg. Von Klaus Reichert und Fritz Senn. Frankfurt am Main.

Jung, Werner (2016): Augenblick; Dunkel des gelebten Augenblicks. In: Dietschy, Beate; Zeilinger, Doris; Zimmermann, Rainer E. (Hg.): Bloch-Wörterbuch. Leitbegriffe der Philosophie Ernst Blochs. Berlin, Boston, 51–59.

Kähler, Wilfried (1999): Anregungen zur einer ‚Psychopathologie der Philosophie'. (Satyricon). Würzburg.

Kahnemann, Daniel (2012): Schnelles Denken, Langsames Denken. 2. Aufl.; München.

Katapult o.N. (Hg.) (2020): Die Säufer der Philosophie. Band 1. Greifswald.

Katapult o.N. (Hg.) (2020): Die Säuferinnen der Philosophie. Band 1. Greifswald.

Kaube, Jürgen (2019): Die Anfänge von allem. Reinbek.

Kerkhoff, Manfred (1964): Orientierung über die Philosophie der Nahua-Völker. Zeitschrift für philosophische Forschung 18, 2, 185–223.

https://www.jstor.org/stable/20481394 (15.3.2023)

Khannah, Parag (2021): MOVE: Das Zeitalter der Migration. Berlin.

Kinzel, Till (2019): Johann Georg Hamann. Zu Leben und Werk. Wien.

Klein, Stefan (2008): DA VINCIs Vermächtnis oder Wie Leonardo die Welt neu erfand. Frankfurt am Main.

Kleinschmidt, Malte (2013): Eurozentrismus in der Philosophie. Zur Machtwirkung ego-, logo- und ethnozentristischer Konzepte. Köln.

Kleist, Heinrich von (2013): Über das Marionettentheater. Köln.

https://www.projekt-gutenberg.org/kleist/marionet/marionet.html (8.8.2023)

König, Ekkehard (2011): Bausteine einer allgemeinen Theorie des Performativen aus linguistischer Perspektive. In: Hempfer, Volbers, 43–67.

König, Siegfried (2014): Philosophie der Gegenwart. Hauptwerke der letzten drei Jahrzehnte. Nürnberg.

Koselleck, Reinhart (2023): Geschichten der Philosophie in verschiedenen Sprachen. Hildesheim.

https://www.uni-hildesheim.de/histories-of-philosophy/philosophiegeschichten/ (22.7.2023)

Kratz, Reinhard Gregor; Spieckermann, Hermann (Hg.) (2006): Götterbilder, Gottesbilder, Weltbilder: Ägypten, Mesopotamien, Persien, Kleinasien, Syrien, Palästina. Tübingen.

Kresse, Kai (2000): Zur afrikanischen Philosophiedebatte. Ein Einstieg.

https://lit.polylog.org/2/ekk-de.htm (9.7.1923)

Krishnamurti, Jiddu (1980): What is enlightenment?

https://www.youtube.com/watch?v=WhVkmmlw6Nw (17.9.2023)

Lacan, Jaques (2017): Das Sinthom. Wien.

Laertius, Diogenes (1986): Das Lob der Bedürfnislosigkeit oder Leben und Meinungen der Kyniker. Berlin.

Laertius, Diogenes (2008): Von dem Leben und den Meinungen berühmter Philosophen. Wiesbaden.

Lange-Eichbaum, Wilhelm; Kurth, Wolfram (1989): Genie, Irrsinn und Ruhm. Bd. 7: Die Philosophen und Denker. München, Basel.

Laotse (2010): Das Buch vom Sinn und Leben. Tao Te-King. 4. Aufl., München.

Laruelle, François (1989): Philosophie et non-philosophie. Liège, Brussels.

Lauxmann, Frieder (2004): Die Philosophie der Weisheit. Die andere Art zu denken. 2. Aufl.; München.

Lemke, Bettina (2003): Nichtbewusste Informationsverarbeitungsprozesse und deren Bedeutung für das Lernen Erwachsener. Report: Zeitschrift für Weiterbildungsforschung 26, 3, 71–83.

Leon-Portilla, Miguel (1970): Das vorspanische Denken Mexikos. Die Nahuatl-Philosophie. Köln.

Lesch, Harald (2015): Spezielle Relativitätstheorie. https://www.youtube.com/watch?v =wznHwTT4uxg (26.2.2024)

Lösel, Günter (2013): Das Spiel mit dem Chaos: Zur Performativität des Improvisationstheaters. Bielefeld.

Lorenz, Konrad (1987): Die Rückseite des Spiegels. Versuch einer Naturgeschichte menschlichen Erkennens. München.

Luck, Georg (Hg.) (1997): Die Weisheit der Hunde. Texte der antiken Kyniker in deutscher Übersetzung mit Erläuterungen. Stuttgart.

Ludewig, Ralf (2015): Philosophie für Anfänger. Von Sokrates bis Sartre. München.

Lüttke, Mirko (2012): Die Kränkung des Menschen. Die Naturwissenschaften und das Ende des antik-mittelalterlichen Weltbildes. Würzburg.

Luhmann, Niklas (1985): Die Autopoiesis des Bewußtseins. Soziale Welt 36, 4, 402–446.

Macintyre, Alasdair (2006): The ends of life, the ends of philosophical writing. In: Macintyre, Alasdair: The Tasks of Philosophy. Selected Essays, Vol. 1, Cambridge, 125–178.

Maier, Bernhard (2008): Sternstunden der Religionen. Von Augustinus bis Zarathustra. Limit. Sonderausg., München.

Malibabo, Balimbaga (2006): Die Bantu-Philosophie von Tempels aus afrikanischer Perspektive.

https://www.afrikanistik-aegyptologie-online.de/archiv/2006/268 (8.3.2023)

Mall, Ram Adhar (1995): Philosophie im Vergleich der Kulturen. Interkulturelle Philosophie – eine neue Orientierung. Darmstadt.

Mall, Ram Adhar (2005): Hans-Georg Gadamers Hermeneutik interkulturell gelesen. Nordhausen.

Mall, Ram Adhar (2015): Indische Philosophie. Von der Denkform zur Lebensform: eine interkulturelle Perspektive. 2. Aufl.; Freiburg.

Mall, Ram Adhar (2017): Kulturelle Selbstvergewisserung und die Identitätsproblematik. Zur Konzeption einer im-Werden-begriffenen multiplen Identität.

https://www.degruyter.com/document/doi/10.14361/9783839434543-005/html (28.2.2024).

Malter, Rudolf (1996): Was ist heute an Schopenhauers Philosophie aktuell? In: Birnbacher, Dieter (Hg.): Schopenhauer in der Philosophie der Gegenwart. Würzburg, 9–17.

Marcuse, Ludwig (1981): Meine Geschichte der Philosophie. Aus den Papieren eines bejahrten Philosophiestudenten. Zürich.

Marenbon, John (2011): Why Study Medievial Philosophy? In: Ackeren et al., 65–78.

https://doi.org/10.1515/9783110223767.65 (14.2.2024)

Masolo, Dismas A. (2004): Die Konstruktion einer Tradition. Afrikanische Philosophie im neuen Jahrtausend. Polylog. Zeitschrift für interkulturelles Philosophieren 10/11, 122–145.

Maturana, Humberto R.; Varela, Francisco J. (1992): Der Baum der Erkenntnis. Die biologischen Wurzeln des menschlichen Erkennens. 4. Aufl.; Bern, München.

Meier, Heinrich (2023): Nietzsches Wille zur Macht. Idee. Zeitschrift für Ideengeschichte 27,1, 87–104.

Mersch, Dieter (2015): Performativität und Gewalt. Überlegungen zur ethischen Dimension des Performativen. In: Sternagel, Jörg; Mersch, Dieter; Stertz, Lisa (Hg.): Kraft der Alterität: Ethische und aisthetische Dimensionen des Performativen. Bielefeld. 67–92.

https://doi.org/10.1515/9783839423554-004 (9.8.2023)

Metzinger, Thomas (2011): Der Ego-Tunnel. Eine neue Philosophie des Selbst: Von der Hirnforschung zur Bewusstseinsethik. 3. Aufl.; Berlin.

Meyer, Karl-A. S. (2005): Improvisation als flüchtige Kunst. Berlin, Strasburg (Um.).

Meyer, Martin F. (Hg.) (2016): Zur Geschichte des Dialogs. Philosophische Positionen von Sokrates bis Habermas. Darmstadt.

Meyer, Ursula I. (Hg.) (2015f.): Die Welt der Philosophin. Bd. I-IV. Aachen.

Mojsisch, Burkhard; Summerell, Orrin F. (Hg.) (2002): Die Philosophie in ihren Disziplinen. Amsterdam.

Nestler, Ralf (2023): Startpunkt für ein neues Zeitalter. In: DER TAGESSPIEGEL v. 12.7.2023, 12.

Neupert-Doppler, Alexander (2019): Die Gelegenheit ergreifen – Eine politische Philosophie des Kairos. kritik&utopie. Wien, Berlin.

Neuser, Wolfgang (1996): Quantenphilosophie. Mit einem Nachwort von Carl Friedrich von Weizsäcker. Heidelberg.

Olson, Steve (2007): Herkunft und Geschichte des Menschen. Was die Gene über unsere Vergangenheit verraten. 2. Aufl.; Berlin.

Peters, Ulrike (2020): Philosophie der Azteken. Eroberung und Mission als Transkulturation. Nordhausen.

Petzold, Leander (2011): MAGIE. Weltbild Praktiken Rituale. München.

Pfleiderer, Martin (2018): Improvisieren als performative Musikpraxis. Zugänge und Forschungsperspektiven.

https://jlupub.ub.uni-giessen.de/handle/jlupub/3192 (4.1.2024)

Philosophie Magazin (2019): Philosophinnen. Eine andere Geschichte des Denkens. Sonderausgabe 13, Hamburg.

Piaget, Jean (1985): Weisheit und Illusionen der Philosophie. Frankfurt am Main.

Picasso, Pablo (1992): Über Kunst. Zürich.

Pichler, Axel (2015): Die Spuren von Nietzsches Schreiben. Arbeit mit der KGW IX.

https://www.degruyter.com/document/doi/10.1515/nietzstu-2015-0135/pdf

Platon (2013): Die großen Dialoge. Köln.

Polanyi, Michael (1985): Implizites Wissen. Frankfurt am Main.

Poller, Horst (2010): Die Philosophen und ihre Kerngedanken. Ein geschichtlicher Überblick. 5. Aufl.; München.

Precht, Richard D. (2015f.): ‚Erkenne die Welt'. Eine Geschichte der Philosophie. Band 1,2,3. München.

Prohl, Inken (2009): Die lebendige Seite des „Zen".

https://www.uni-heidelberg.de/presse/ruca/2009-1/die.html (19.3.2023)

Quintern, Detlev (2007): Über den Humanismus bei Ihvan as-Safa. Polylog. Zeitschrift für interkulturelles Philosophieren 18, 77–93.

Rapp, Christof (1997): Vorsokratiker. München.

Raster, Peter (2008): Grundpositionen interkultureller Linguistik. Nordhausen.

Reisch, Heiko (2017): Kleine Geschichte der Philosophie. Frankfurt am Main.

Reisch, Heiko (2017a): Philosophie im Mittelalter: Theologie beherrscht das ganze Denken. In: Reisch 2017, 51–108.

https://doi.org/10.1007/978-3-658-16237-5_3 (9.7.2023)

Rescher, Nicholas (2000): Process Philosophy: A Survey of Basic Issues. Pittsburg.

Rifkin, Jeremy (1988): Uhrwerk Universum. Die Zeit als Grundkonflikt des Menschen. München.

Rost, Detlef H. (2009): Intelligenz: Fakten und Mythen. Weinheim.

Röseberg, Ulrich (1985): Niels Bohr. Leben und Werk eines Atomphysikers. Stuttgart.

Rovelli, Carlo (2015): Sieben kurze Lektionen über Physik. Hamburg.

Rovelli, Carlo (2023): Weiße Löcher. Ein neues Bild des Universums. Hamburg.

Ryle, Gilbert (1969): Der Begriff des Geistes. Stuttgart.

Sagan, Carl (1989): Unser Kosmos. Eine Reise durch das Weltall. München.

Saint-Cyr, Vivian M. (2012): Creating a Void or Sublimation in Lacan. Recherches en Psychoanalyse 1, Nr. 13, 15–21.

Schaef, Anne Wilson (2007): Weisheit der Urvölker für westliche Köpfe: Betrachtungen für jeden Tag, angeregt von Stammesvölkern unserer Welt. Adelberg.

Schiffter, Frédéric (2016): Der ethische Bluff. Gegen die Händler der Weisheit. Wiesbaden.

Schleichert, Hubert; Roetz, Heiner (2021): Klassische chinesische Philosophie. 4. Aufl.; Frankfurt am Main.

Schmaus, Thomas (2013): Philosophie des Flow-Erlebens: ein Zugang zum Denken Heinrich Rombachs. Stuttgart.

Schmutzer, Ernst (1989): Relativitätsheorie – aktuell. Ein Beitrag zur Einheit der Physik. 4. Aufl.; Leipzig.

Schneider, Wolfgang L. (2015): Zur Relevanz der Figur des Parasiten für die Theorie sozialer Systeme.

https://www.google.com/search?client=firefox-d&q=keine+singul%C3%A4re+Abweichung%2C+kein+isoliert+bleibendes+Ereignis+ohne+weitere+Folgen (6.3.2024)

Schnepper, Marcus (2004): Robert K. Mertons Theorie der *self-fulfilling prophecy*. Frankfurt am Main.

Sheldrake, Rupert (2003): Das Gedächtnis der Natur. Das Geheimnis der Entstehung der Formen in der Natur. Sonderausg.; Bern usw.

Simonis, Linda (2008): Der Stil als Verführer: Nietzsche und die Sprache des Performativen. In: Nietzsche-Studien 31, 1, Berlin, 57–74.

Sloterdijk, Peter (1998f.): Sphären I., II., III. Frankfurt am Main.

Sloterdijk, Peter (2009): Philosophische Temperamente. Von Platon bis Foucault. 2. Aufl.; München.

Sloterdijk, Peter (2022): Wer noch kein Grau gedacht hat. Eine Farbenlehre. Berlin.

Sloterdijk, Peter (Hg.) (2007): Mystische Weltliteratur. Gesammelt von Martin Buber. Kreuzlingen, München.

Smart, Ninian (2002): Weltgeschichte des Denkens. Die geistigen Traditionen der Menschheit. Darmstadt.

Smolin, Lee (2015): Evolutionen. In: Hellmann, Brigitte (Hg.): Der kleine Taschenphilosoph. 9. Aufl.; München, 76–81.

Soames, Scott (2003): Philosophical Analysis in the Twentieth Century, Volume 2: The Age of Meaning. Princeton.

https://doi.org/10.1515/9781400825806 (16.8.2023)

Spierling, Volker (2008): Kleine Geschichte der Philosophie. Große Denker von der Antike bis zur Gegenwart. 4. Aufl., München.

Stampf, Olaf (2020): Hilfreiche Sternenfresser. In: DER SPIEGEL Nr. 41 v. 2.10.2020, 108–110.

Stekeler-Weithofer, Pirmin (2016): Empraktisches Denken. In: Caysa, Benkert Hg., 33 –42.

Störig, Hans Joachim (2016): Kleine Weltgeschichte der Philosophie. 18. Aufl., Frankfurt am Main.

Sturma, Dieter (Hg.) (2006): Philosophie und Neurowissenschaften. Frankfurt am Main.

Suchard, Anna (2022): Wie wir uns an der Universität aufführen: Zur performativen Wechselwirkung von Hochschule und Gesellschaft. Bielefeld.

https://doi.org/10.1515/9783839461945-007 (12.8.2023)

Talbot, Michael (1994): Das holographische Universum. Die Welt in neuer Dimension. München.

Tembe, Paul (2021): *Ubuntu* Beyond Identities. *Isintu* as a Performative Turn of *Ubuntu*. Johannesburg.

Tempels, Placide (2006 [*1945*]): Bantu Philosophy.

https://www.afrikanistik-aegyptologie-online.de/archiv/2006/268 (8.3.2023)

Thacker, Eugene (2020): Im Staub dieses Planeten. Horror der Philosophie. Berlin.

Thomsen, Christian W.; Holländer, Hans (Hg.) (1984): Augenblick und Zeitpunkt. Studien zur Zeitstruktur und Zeitmetaphorik in Kunst und Wissenschaften. Darmstadt.

Tiedemann, Markus; Totzke, Rainer (Hg.) (2019): Performatives Philosophieren. Zeitschrift für Didaktik der Philosophie und Ethik. Heft 2. Hannover.

Tipler, Frank J. (2001): Die Physik der Unsterblichkeit. Moderne Kosmologie, Gott und die Auferstehung der Toten. München.

Tomasello, Michael (2009): Die Ursprünge der menschlichen Kommunikation. Frankfurt am Main.

Trawny, Peter (2013): Gott und Sein. Einführung in die Philosophie des Mittelalters.

https://www.academia.edu/34148517/Trawny_Peter_Gott_und_Sein_Einf%C3%BChrung_in_die_Philosophie_des_Mittelalters (2.7.2024)

Turker, Sabrina; Kuhnke, Philipp et al. (2023): Cortical, Subcortical, and Cerebellar Contributions to Language Processing: A Meta-Analytic Review of 403 Neuroimaging Experiments. Psychological Bulletin. Advance online publication.

https://doi.org/10.1037/bul0000403 (17.10.2023)

Turner, Victor (2009): Vom Ritual zum Theater. Der Ernst des menschlichen Spiels. Frankfurt am Main.

Türcke, Christoph (2020): Natur und Gender. Kritik eines Machbarkeitswahns. München.

Umlauf, Václav (2007): Hermeneutik nach Gadamer. Freiburg.

Unzicker, Alexander (2010): Vom Urknall zum Durchknall. Die absurde Jagd nach der Weltformel. Berlin, Heidelberg.

Verhaeghe, Paul; Declercq, Frederic (2002): Lacan's analytical goal: "Le Sinthome" or the feminine way. In: Thurston, Luke (ed.), Essays on the final Lacan. Re-inventing the symptom. New York. 59–83.

Villers, Jürgen (2011): Die performative Wende – Austins Philosophie sprachlicher Medialität. Würzburg.

Vince, Gaia (2016): Am achten Tag. Eine Reise in das Zeitalter des Menschen. Darmstadt.

Vollmer, Gerhard (1975): Evolutionäre Erkenntnistheorie. Angeborene Erkenntnisstrukturen im Kontext von Biologie, Psychologie, Linguistik, Philosophie und Wissenschaftstheorie. Stuttgart. *Kurzfassung*: https://www2.vobs.at/bio/evolution/e-eet9.php (13.7.2023)

Walach, Harald (2012): Komplementarität: Rahmen für eine Wissenschaftstheorie der Psychologie. In: Gödde, Günter; Buchholz, Michael B. (Hg.): Der Besen, mit dem die Hexe fliegt. Band 1. Psychologie als Wissenschaft und Komplementarität. Gießen, 301–326.

Waldman, Mark R.; Newberg, Andrew (2016): How Enlightenment Changes Your Brain. The New Science of Transformation. New York.

Warnke, Ulrich (2017): Quantenphilosophie und Spiritualität. Wie unser Wille Gesundheit und Wohlbefinden steuert. München.

Wechsler, Dietmar (1999): Die Quantenphilosophie des Bewußtseins. Die Leib-Seele-Diskussion des 20. Jahrhunderts und die moderne Naturwissenschaft. Neuried.

Wehr, Gerhard (2010): Jakob Böhme. Ursprung. Wirkung. Textauswahl. Wiesbaden.

Weinberg, Steven (1980): Die ersten drei Minuten. Der Ursprung des Universums. München.

Weisheit der Völker (2000). Lesebuch aus drei Jahrtausenden. Ausgewählt von Ingrid Holzhausen. Sonderausgabe. München, Kreuzlingen.

Weisheiten der Zigeuner. Ausgewählt von Wilfried M. Bonsack. Weimar 1976.

Welsch, Wolfgang (2012): Homo Mundanus. Jenseits vom anthropischen Prinzip der Moderne. Weilerswist.

Welsch, Wolfgang (2012a): Mensch und Welt. Eine evolutionäre Perspektive der Philosophie. München.

Wiedmann, Franz (1982): Baruch de Spinoza. Würzburg.

Wilhelm, Richard (2012): Chinesische Philosophie. Eine Einführung. 2. Aufl.; Wiesbaden.

Wilkinson, Philip; Philip, Neil (2008): Mythologie. München.

Wiredu, Kwasi (1996): Cultural Universals and Particulars: an African Perspective. Bloomington (Ind.).

Witzel, E.J. Michael (2013): The origins of the world's mythologies. New York.

Wulf, Christoph (2021): Ritual und Recht. Performatives Handeln und mimetisches Wissen.

https://ssrn.com/abstract=3750765 or http://dx.doi.org/10.2139/ssrn.3750765 (10.8.2023)

Yousefi, Hamid R. (2013): Die Bühnen des Denkens. Neue Horizonte des Philosophierens. Münster usw.

Yousefi, Hamid R. (2016): Einführung in die islamische Philosophie. Die Geschichte des Denkens von den Anfängen bis zur Gegenwart. Darmstadt.

Zender, Hans (1996): Wir steigen niemals in denselben Fluß. Freiburg im Breisgau.

Zellini, Paolo (2010): Eine kurze Geschichte der Unendlichkeit. München.

Zingsem, Vera (2009): Die Weisheit der Schöpfungsmythen. Wie uralte Geschichten unser Denken prägen. Stuttgart.

Zweig, Stefan (1925): Der Kampf mit dem Dämon. Hölderlin, Kleist, Nietzsche. Leipzig.

Žižek, Slavoj (2011): Lacan. Eine Einführung. 3. Aufl.; Frankfurt am Main.

Anhang

Anhang 1: Lehrsätze und Kernthesen der Performativen Philosophie

Anhang 2: Shortcut Essay ‚Neue Physik und Neue Philosophie'

Anhang 3: Der performative Geist in Aphorismen

Anhang 1: Lehrsätze und Kernthesen der Performativen Philosophie

- Performative Philosophie befindet sich im Schnittpunkt einer welthistorischen Wende, die sich am Beginn des 21. Jahrhunderts zeigt.
- Physik und Astronomie sind die absoluten Leitwissenschaften für die Performative Philosophie. Genauer: Quantenmechanik und Relativitätstheorie (‚Neue Physik').
- Quantenmechanik und Relativitätstheorie zeigen, dass die Welt im Großen wie im Kleinen performativ fundiert ist. Deshalb bilden sie die natürliche Basis für eine neue Art von Philosophie: der ‚Performativen Philosophie'.
- Beide Theorien gelten nicht nur im Großen (Makrokosmos), nicht nur im Kleinen (Mikrokosmos), sondern auch in der Mitte (Mesokosmos): der Welt der menschlichen Zivilisationen und Kulturen – jeweils unter den besonderen Bedingungen, die von den Dimensionen erzeugt werden („*mutatis mutandis*").
- Quantenmechanik und Relativitätstheorie revolutionieren nicht nur die Physik, sondern auch andere Wissenschaften.
- Quantelung und Relativität sind universale Phänomene. Sie sind Konstanten der Natur, die sich überall finden.
- Die Welt ist performativ. Ihre Performativität ist geprägt von zwei Größen:
  - ‚Singularität': eine minimale, nicht mehr unterschreitbare Zone;
  - ‚Performativität': eine maximale Zone ohne Begrenzung

- ‚Schwarzes Loch‘ ist ein Symbol, eine Metapher für beide Größen. In seiner Mechanik gilt es gleichermaßen für den großen Bereich (Astrophysik), für den kleinen Bereich (Quantenmechanik) und für den mittleren Bereich (Kultur).
- Performative Spuren und Phänomene gibt es in allen Welt-Philosophien, zu allen Zeiten. Herausragend sind hier nichteuropäische Philosophien (China, Indien, Arabien und Persien; Afrika; Südamerika; orale Philosophie weltweit), die oft bereits tief performativ angelegt sind. In Europa zeigen die Philosophien von Sokrates und Plato, Friedrich Nietzsche, Martin Heidegger, Ernst Boch, Hans-Georg Gadamer oder Nikolaj Berdjaev performative Züge.
- Eine performative Philosophie ist global angelegt und interkulturell orientiert.
- Performative Philosophie entwirft ein Denken, das nicht mehr an Ideologien, Oppositionen und konstative Systeme gebunden ist: „Komplementäres Denken“
- Performative Philosophie entwirft ein neues Menschenbild mit einem flexiblen Bewusstsein, das den Herausforderungen und Umwälzungen der Zukunft gewachsen ist.

Anhang 2: Essay

‚Neue Physik und Neue Philosophie‘

Die „Neue Physik“, also Quantenmechanik und Relativitätstheorie, ist jetzt über 100 Jahre alt und noch immer kaum wirklich verstanden. Die genialen Arbeiten von Max Planck, Werner Heisenberg und Albert Einstein fielen in eine stürmische Zeit des Epochenwandels, mit Kriegen und Revolutionen, mit Hunger und Endemien, mit Inflation, politischen Wirren und geistigen Krisen. Eben dies kann man auch vom Beginn des 21. Jahrhunderts sagen, in noch viel größerem Ausmaß: Wir leben in einer Zeit des „Weltformbruchs“ (Peter Sloterdijk), in der die alte Welt des Buchdrucks, der politischen Blöcke und der Ideologien übergeht in eine neue Welt globaler Märkte, mit weltweiten Migrationen, Digitalisierung, Klimabedrohungen, Pandemien und neuen politischen Großblöcken. Die Welt steht an einer Weggabel und muss sich neu sortieren: Das Anthropozän befindet sich auf einem unumkehrbaren *peak*.

Eine Philosophie, die diese epochalen Umwälzungen begleitet, sie erklärt, sie spiegelt und eine Vision entwickelt, ist nicht in Sicht. Ja, böse Zungen behaupten, die Philosophie liege im Sterben und komme ihrer Aufgabe nicht nach. Vieles spricht heute tatsächlich dafür, dass das große Zeitalter der europäischen Philosophie, von den Alten Griechen über die Aufklärung bis zum Nihilismus der Postmoderne, zu Ende geht: Der ewige Wettstreit zwischen Metaphysik, Antiphilosophie und nachmetaphysischem Denken hat sich tiefinnen erschöpft.

Wie kann die Philosophie sich erneuern, ohne in selbstgestellte Fallen zu tappen? Drei Bedingungen muss sie erfüllen: Sie muss von sich selbst absehen, weil ihre Neubegründung nicht selber philosophisch sein kann; sie muss offen sein für andere Disziplinen, z. B. für Psychoanalyse, Kunst oder Linguistik. Und, das Wichtigste: Sie muss global sein, d. h. in einer neuen Weise zusammengehen können mit Philosophien aus anderen Weltgegenden, sei es aus China (z. B. *tao*), Indien (z. B. *karma*) oder Südamerika (z. B. *pacha*) – oder seien es die uralten oralen Philosophien in Afrika, Australien und dem Alten Amerika.

Bis heute glauben Experten wie Laien, Physiker wie Philosophen, dass sich „die Neue Physik von der lebensweltlichen Erfahrung entfernt", so apodiktisch der Philosoph Bertrand Russell. Philosophen trennen gern die Welt in separate Welten – auch wider besseres Wissen oder bessere Intuition. Wir nennen dies das ‚kosmische Missverständnis': Es ist dieser *cosmic failure*, der bis jetzt eine neue, ganzheitliche Sicht auf die Welt verhindert hat. Quantenmechanik und Relativitätstheorie sind beileibe nicht so weit vom Alltagsverständnis des Normalmenschen entfernt, wie der Common Sense meint, denn sie wirken überall, nur in einer jeweils anderen Weise. Sie sind im Grunde sogar einfach: So bizarr ihre Resultate auch im Einzelnen anmuten mögen – sie folgen einem einfachen Prinzip, das in allen Dimensionen gilt: Es will nur entdeckt werden. Welches Prinzip ist das? Wir nennen es „das performative Prinzip": Beide Theorien der Neuen Physik sind – wie auch alle menschliche Kultur – performativ fundiert, weil sie die Beobachtungssituation direkt und substanziell in ihre Resultate mit einbeziehen. Im Einzelnen:

- Quantenmechanik: Energie (Elektronen, Photonen) kann als Welle oder als Partikelquant erscheinen („Welle-Teilchen-Dualismus“); sie hat beide Eigenschaften. Was sie aber im Einzelfall „ist“, bestimmt der menschliche Beobachter, der aus einer Wahrscheinlichkeitswolke erst durch die Handlung des Messens ein Resultat auslöst (sog. ‚Kopenhagener Deutung‘). Beispiel 2: Nach Werner Heisenberg ist es unmöglich, gleichzeitig den Impuls und den Ort eines subatomaren Teilchens exakt zu messen: Wenn der Beobachter den Impuls misst, verschwimmt der Ort, *vice versa.* Diese ‚Unbestimmtheitsrelation‘ zwischen zwei Werten ist ein Werk des messenden Beobachters und des Objekts *zusammen.* Quanteneigenschaften sind nicht strikt-objektiv, sondern personengebunden, unbestimmt, kontingent, nicht vorhersagbar, situationsabhängig und in ständiger Bewegung: Was wir haben, sind performative Ereignisse, nicht konstative Dinge. Im Mikrokosmos der Quanten sind die Resultative performativ bedingt: Ihre Eigenschaften sind starke Merkmale von ‚Performativität‘.
- Gehen wir nun in die ganz großen Dimensionen: Die Phänomene aus der (Speziellen) Relativitätstheorie scheinen bizarr, auf den ersten Blick ganz rätselhaft. Dass die Zeit langsamer vergeht, dass Objekte räumlich gestaucht erscheinen: Das sind Phänomene, die sich unter den Bedingungen sehr großer Entfernungen und unter den Bedingungen der endlichen Lichtgeschwindigkeit zeigen. Sie hängen aber ebenfalls von der performativen Situation der Beobachtung ab: Der Beobachter vergleicht zwei weit entfernte und sehr schnelle Bezugssysteme, die beide ihre eigene Zeit, ihren eigenen Raum haben (und eigentlich, im irdischen Normalsinne, gar nicht „verglichen“ werden können). Denn die Geschwindigkeit des Informationsträgers Licht ist begrenzt: Also müssen die Phänomene von Zeit und Raum den Beobachtern (in beiden Bezugssystemen) verzerrt erscheinen. (Die physikalischen Details kann man sich inzwischen auf *Youtube* allgemeinverständlich erklären lassen.)

Die Neue Physik zeigt, dass die so „unverständlichen“ Eskapaden der Quanten und der Relativität im Scheinwerfer der Beobachtung zustande kommen, also über ihre performativen Bedingungen: Der Beobachter löst sie durch sein Tun selbst aus; er ist in sie involviert.

Wie ist es nun aber in der Welt des Alltags, der menschlichen Zivilisationen und Kulturen, dem sogenannten „Mesokosmos"? Die Kulturwissenschaften haben in den letzten Jahrzehnten die überragende Rolle der Performativität in allen Bereichen belegt, vom Theater über die Erziehung, die Ökonomie, bis zu Religion, Kunst und Sprache („Kulturen des Performativen"; 1999–2010). In der Menschenwelt ist offenbar nichts natürlicher als Performativität; sie ist überall, seit jeher. Kein Wunder: Der Mensch ist ja phylogenetisch wie ontogenetisch ein durch und durch performatives Wesen. Und trotzdem hat es die europäische Kultur fertiggebracht, ihr kostbares Erbe seit der Neuzeit einer überbordenden Konstativität (Ratio; Logik; Kausalität) unterzuordnen, ja, ihr zu opfern: Seit Plato und Aristoteles beherrschen Logik und Metaphysik, Aufklärung, Humanismus und Rationalismus den geistigen Horizont der Europäer. Damit hat sich Europa jedoch von seinen eigenen Möglichkeiten wie auch von den Lebenswelten anderer Weltregionen entfernt: Deshalb sprach Heidegger von der europäischen ‚Seinsvergessenheit', Camus von der ‚verlorenen Vitalität' der Europäer, Sloterdijk von der ‚Erschöpfung der Philosophie': Sie habe ihre vitale Potenz eingebüßt. Heute ist es angesichts der epochalen Umbrüche an der Zeit, dass sich Europa an sein uraltes Erbe erinnert und dies auch in der Philosophie berücksichtigt.

Die Grundthese lautet nun: Die Welt ist performativ: *‚mundus performatur ergo est'*. Die Welt wird fortwährend erzeugt, ist in ständiger Bewegung und durch keine konstative Akrobatik endgültig festzulegen. Die Zeit der Philosophie der Behauptungen, der Spekulation und der rationalen Denkgebäude geht unweigerlich ihrem Ende entgegen. Wo aber ist eine Philosophie, die dem performativ pulsenden Wesen der Welt gerecht wird? Die selber den Geist der Quantenwelt und der Relativität atmet (und diese nicht nur altbacken-philosophisch interpretiert). Es könnte sein, dass die sich abzeichnende neue Weltordnung eine Philosophie braucht, die selber performativ ist und so der Welt und der Natur gleichermaßen gerecht wird: Dazu braucht es neue Sprache, einen neuen Stil, einen vertretbaren Umfang, neue Formen, einen neuen Zugang zum Leser oder Hörer – wenn nicht: seiner „Mitarbeit".

Immer wenn die Philosophie in der Geschichte sich erneuern wollte, haben die Philosophen *tabula rasa* gemacht und auf diesem ‚*ground zero*' neue Philosophie erzeugt: Dies ist der performative Mechanismus im Großen. Sokrates räumte auf mit dem allzu sicheren Wissen, Francis Bacon mit allen Vor-Urteilen, Descartes mit allem Zweifel, Kant mit allen Gottesbeweisen, Heidegger mit der Verkennung des Seins, Ernst Bloch mit der Selbstverständlichkeit des Augenblicks. Und alle haben, auf je eigene Weise, daraus neue Ideen und Philosophien geschöpft, die oft ganze Jahrhunderte prägten: Das waren performative Eruptionen.

In der Geschichte der Philosophie hat es zu allen Zeiten weitere echt-performative Spuren gegeben; die wollen nur wiederentdeckt und zu einem neuen Pfad zusammengeführt werden. Dabei erweist sich ‚performativ' als ein neuer „umbrella-term", als ein Rhizom der Extensionen: Kyniker Diogenes lebte seine Philosophie in der Tonne, Plato kleidete seine Ideenlehre in lebendige Dialoge, Nietzsche entfesselte seinen dionysischen Willen zur Macht und Jürgen Habermas legte seiner frühen Philosophie eine „Ideale Sprechsituation" zugrunde. Und den Zen-Buddhismus in China und Japan kann man durchaus begreifen als Musterbeispiele für performativ gelebte Philosophie.

Wie kann eine zukünftige Performative Philosophie, die die Philosophie des Anthropozäns ist, aussehen? Physiker wie Ulrich Schnabel, Philosophen wie Hans Reichenbach, Astronomen wie Andrew Strominger haben bereits vermutet, dass Quantentheorie und Relativität die Philosophie der Zukunft bestimmen könnten. Deren Kernmerkmal muss, so ist zu fordern, Performativität sein – weil sie universal ist. Hier die Eckpunkte:

- Der Mensch ist ein durch-und-durch performatives Wesen, in der Evolution wie in seiner Lebenszeit (performative Anthropologie).
- Sein Ich ist keine konstativ-statische Identität, die gesucht und „gefunden" werden müsste. Es ist eine Möglichkeit, die sich jeden Tag neu bildet und auch zugreift auf die Identitäten anderer Individuen (performative Psychologie).
- Nur durch die Renaissance eines neuen, performativen Seins kann sich Europa seine Vitalität zurückholen und endlich bewahren. Dieses Sein ist vor allem ein vollziehendes Handeln, das kein festes Prädikat über sich hat (performative Ontologie).

- Performative Erkenntnis fußt auf der Hypothese, dass das menschliche Gehirn selbst performative Manöver anwendet und dadurch seine Funktionen sichert, wie es die Petersburger Hirnforscherin Tat'jana Černígovskaja im Blick hat (holistisch-performative Erkenntnistheorie): Das Gehirn liefert selbst ein performatives Muster für das, was es erkennen will.
- Menschen und Kulturen sind gleichwertig, aber nicht: gleich. Dies ist der Nucleus einer performativen Ethik, die global und nichtwertend ist.
- Performative Sprache steht über der Einzelsprache, zielt vor allem auf die Handlung des Sprechens und nicht bloß auf die Fakten; performatives Verstehen rechnet immer damit, dass auch „der Andere Recht haben könnte." (Hans-Georg Gadamer).
- Performative Ästhetik muss sich vom modischen *performance*-Image spontaner Inszenierungen emanzipieren und die performative Tiefendimension des Kunstwerks entdecken.
- Performatives Wissen ist sich der stetigen Bewegung zwischen den Polen ‚Faktenwissen' und ‚Inszenierung' bewusst und wendet dieses Wissen im Alltag an.
- Performatives Denken ist Komplementäres Denken (Niels Bohr). Es verlässt das Denken in starren Oppositionen und ist darauf gerichtet, Ideologien und Stereotypien zu überwinden.
- Performatives Handeln entwickelt eine neue Sichtweise auf Improvisation: Dieser Modus des Handelns verlässt den Bereich der Musik und geht ein in alle Bereiche der Alltagskultur.
- Irgendwann wird eine Geschichte der Philosophie unter performativen Perspektiven neu geschrieben werden.

Das Denken des 21. Jahrhunderts nähert sich dem Denken der Neuen Physik schon jetzt an. Der Philosoph der Zukunft lernt, komplementär und universalistisch zu denken, etwa wie ein Quantenphysiker: dadurch das noch-nicht-Vorstellbare zu denken. Denn: „Ich bin davon überzeugt, dass es Zusammenhänge zwischen der Art von Ideen gibt, über die wir in der Kosmologie nachdenken und den Ideen, die man heutzutage in der Philosophie, Kunst, Theologie, theoretischen Politologie und Soziologie hört." (Lee Smolin)

Anhang 3: Der performative Geist in Aphorismen[26]

Die Kommunikationskultur der Zukunft wird nicht mehr durch die Argumente bestimmt – sondern durch ihren Klang. – ***Performative*** *Quantenphysik des Verstehens.*

Die Welt wird jeden Tag neu inszeniert. – Nach aller menschlichen Logik muss es aber eine Instanz geben, die die tägliche Inszenierung – inszeniert. – *Göttliche* ***Performative*** *Komödie.*

Charles Baudelaire sagte, Quelle und Motor aller Kommunikation sei das Missverständnis. – Liegt hier nicht vielleicht – ein *Missverständnis* verborgen? – ***Performativity*** *ex negativo.*

Performative Philosophie gründet nicht notwendigerweise in logischen Schlüssen, kausaler Argumentation oder strenger Widerspruchsfreiheit. Sie vollzieht sich eher an dir selbst als dem Subjekt-Objekt der Prozesse.

Ein Wort zur **Performativen** Intelligenz: Sie hat so viele Identitäten oder Facetten oder Aspekte, wie es Situationen, Partner oder Perspektiven gibt. – *Endlich: Unendlich.*

Der ganze Hype um den ***performative*** *turn* in Wissenschaften und Kultur ist nur: die ganze Figur wieder vom Kopf auf die Füße stellen. Dann sieht man, was ist: Es steckt alles noch in den Kinderschuhen. – *Perfide performance.*

Was ist Leben? Ein sich ständig selbst-erzeugendes **performatives** Paradox.

Jedes Ding ist im Innersten performativ, nur die Menschen haben die Dinge – sozusagen von außen und willens – verwandelt in tote konstative Objekte, in Systeme und Kategorien. Die Dinge selbst sind es, die ihr Geheimnis bewahren. Die Dinge selbst sind es, die den Vollzug stumm in die Welt setzen. Die Dinge selbst zeigen, dass Sein, das wir überhaupt erfassen können, *Vollzug* ist. – *Prolegomena zu einer* ***Performativen*** *Phänomenologie der Zukunft.* (*Edmund Husserl ist es zufrieden.*)

---

26 Auszüge aus Hinrichs, Uwe: Abendröte. Aphorismen 1995–2024. Unv. Manuskript. Berlin.

Alles Konstative: Schaumkrönchen oben auf dem Meer des **Performativen**. Teilchen vs. Welle. – *Einstein schmunzelt.*

Ich bin so, wie es mein Gegenüber in diesem Augenblick ausstrahlt. Homo Chamaeleonis; Homo Performativus; Homo Novus. – *Trinitas **performativa**.*

Das **Performative** ist das, was die Welt vorantreibt – und durch diesen Satz schon wieder gestoppt wird. – *Stop-and-Go.*

Die Wahrheit ist zutiefst **performativ**. Du kannst sie nur erspüren, wenn sie in dir im-Augenblick aufbricht, sich in alle Zellen verteilt. Deshalb hat sie zunächst keinen Ausdruck, kein Prädikat, keine Reflexion. Wenn du sie dann in einen Satz packst und mitteilst, ist sie oder ein Teil von ihr – wieder fort. (Dies heißt nicht, dass sie nicht wiederkommt).

Inspiration und Intuition stellen sich ein, wenn du in einer Art **performativem** Urzustand bist.

Es gibt das erstaunliche Phänomen, dass man seltene oder tiefgründige Erkenntnisse in ausgeklügelten Worten formuliert – und dabei den eigentlichen Witz der Sache noch überhaupt nicht berührt hat. – *Prolegomena zu einer **Performativen** Phänomenologie.*

Reine **Performativität**. Ein Überbleibsel aus der vorsprachlichen Evolution: Geschossene Lachpartikeln bestätigen den großen Ernst der Sache. – *Performative impact.*

Das **Performative** und das Konstative werden in der Zukunft eine *liaison* eingehen, gewissermaßen eine geschlechtliche Verbindung, eine Fusion, die etwas Neues hervorbringt. – *Per-stativum.*

Faust 2050: Die hell-strahlende Seite der Dinge, die dunkel-zerstrahlende Seite der Dinge – im Moment – gegeneinander, miteinander übereinbringen und den aufstrahlenden Überschuss einfangen, die Materie und die Antimaterie des Lebens im-Nu neu erfinden: im Augenblick des Blicks. Das Sein – eine **performative** Supernova, ein Schwarzes-Weißes Loch im Gewebe der Welt, das seine ungehörte, unerhörte Information in diese Welt setzt. Dazu fährt Faust 2000 mit seinem Homunculus um die Welt und gewinnt ein ewiges Leben. – *Prolegomena zum Werk, zum Wirken des Jahrhunderts.*

Du blickst im Anderen immer die Gesellschaft als Ganze an, vielleicht sogar die ganze Menschheit. Der Andere blickt in dir ebenso genau dies an. Keiner weiß wirklich etwas davon. Dies ist eine tiefdunkle Wahrheit, ein **performatives** Atom, tief innen versteckt in der Kugel des Existierens, im Strom der Evolution. Wird es zu hell kommuniziert, zerstrahlt es in tausend, in aber-tausend Quanten und erzeugt dann nichts weiter als die Unschärfe der Welt. – *Quod est per hoc demonstrandum.*

Eine zukünftig-ausgreifende ‚Kritik der konstativen Vernunft' ergibt sich vor allem anderen aus dem **performativen** Halo des schieren Behauptungssatzes. Hieraus wieder ergibt sich alles andere, fast wie von selbst. – *Hallendes Halo.*

Die **performative** Revolution ist der logische, finale Fixpunkt der europäischen Geistesgeschichte. – *Performative Evolution.*

Performativer Blitz ins laufende Jahrhundert: Die exakte Beschreibung der Natur durch die Wissenschaften ist mit der Natur selbst oft – *inkompatibel.* (Oder einen Schritt weiter: Zwischen der Beschreibung der Natur und ihrer eigentlichen *Natur* klafft eine unüberbrückbare Lücke, die jedoch einen natürlichen Grundzug widerspiegelt.) – *Natura renata.*

‚***Performative*** *Vernunft*' heißt: die sich ständig auftuende Lücke, die oft bis aufs Blut schmerzende Kluft zwischen Erkenntnis, Trieb, physischer Leidenschaft und sozialem Handeln in jedem Augenblick wieder neu zu schließen und damit aus dem stürzenden Abgrund einen sicheren Grund zu machen. – *Perforatio performativa oder: der neue Satz vom Grunde.*

Der Mensch mit seinem alten verfestigten Bewusstsein geht in der neuen Vielfalt der Welt zugrunde, stirbt ab, stirbt aus. Das **performative** Bewusstsein ist aber imstande, die Vielfalt der Welt in eine neue Einfalt, eine neue multiple Einheit des Seins, in ein neues In-der-Welt-Sein zu verwandeln. – *Sprung der Quanten.*

Unfassliche Vision: **performative** Erziehung. – *Himmlische Pädagogik; topische Utopie.*

Jedes Paradoxon – und sollte es auf den ersten Blick auch noch so minimal, unbedeutend oder weithergeholt erscheinen – trägt den Keim zu einer uneinnehmbaren **performativen** Weltsicht der Zukunft in sich. – *Immunitas immortalis.*

Jede rationale Erkenntnis ist nur dann etwas wert, wenn sie – ein *Ereignis* ist. Die Erkenntnis als ein Ereignis ausdrücken – das ist die eigentliche Aufgabe einer **performativen** Philosophie. – *Eventus cognitivus.*

Das Prädikat, die Wertung, das Meta-über-etwas: Das ist die konstative Vernichtung des **performativen** *impacts* des gerade im-Augenblick-Erfolgten, um dadurch gerade einen neuen *impact* freizusetzen, der noch kein Prädikat wieder anzieht. Dies ist ein Essenzial von Natur und Kultur.

Die ganze Philosophie – am Ende nur ein **performatives** Missverständnis?

Performative Vernunft herrscht erkennbar dann, wenn Vernunft und Unvernunft, wenn Ratio und Irratio nicht mehr rasiermesserscharf getrennt einander gegenüberstehen.

‚**Performativität**' ist keine Weltanschauung, kein Paradigma, kein „Ansatz" und noch viel weniger eine Schule oder eine Strömung. Hier liegt ein grandioses Missverständnis vor: Das ‚Performative' ist ein behelfsmäßiger Name für die tiefste ontologische Basis des Seins, notwendigerweise in einen Begriff verpackt.

Unausdenklicher Verdacht, Ketzerei, Blasphemie der Zunft: Wäre es möglich, dass viele Werke der Philosophie gefesselt bleiben an ein **performatives** Paradoxon, das sie *qua scriptura* selber erzeugen? Genauer: dass das, was geschrieben wird, in unlösbarem Konflikt liegt mit dem, was durch den Text selber bewirkt, ausgelöst, vollzogen – erzeugt wird? Peter Sloterdijk hat das bei Nietzsche erkannt, Sybille Krämer bei Austin. Wenn man genauer hinguckt, wird man schnell fündig. Schon früher wurde das, in immer anderen Worten, ausgedrückt: Nietzsche selber zieh Sokrates der verbalen Falschmünzerei; Schopenhauer prangerte solchen Makel bei Hegel an; Adorno warf Heidegger Verdunkelung des Eigentlichen vor etc. Als ob durch die Sprache gerade das zerstört wird, wovon sie spricht! Was nun, um Himmels willen, wenn dies nur die Spitze des Eisbergs wäre? Havariert die Titanic bereits? – *Vorrede zu einer Kritik der konstativen Vernunft.*

Goethe sagte einmal, ein Regenbogen ist nach einer Viertelstunde nur noch: ein Regenbogen. Übersetzt als: Das allzu Konstative löscht schnell das **performative** Feuer aus.

Wieviel Achsenzeiten gibt es? So fragen wir Heinrich Jaspers und Jan Assmann allen Ernstes. Da ist die AZ des Animismus und der Weltenmythen, die AZ der Sesshaftigkeiten und der kultivierenden Landwirtschaft, die AZ der Schriftentstehung und der Hochbauten, die AZ der theistischen Religionen, die AZ des logisch-kausalen Metaphysizierens, die brandneue Achsenzeit des **performativen** Globalismus. Alle Achsenzeiten entstehen und stehen unabhängig voneinander auf den Kontinenten und Weltgegenden. Wo ist keine Achsenzeit? – Achse der Achsenzeiten. Oder, um mit Hegel zu sprechen: ‚in unserer Epoche kommen die Achsenzeiten endlich zu sich selber und schauen sich und die ganze Konstruktion an.'

Wer die Wahrheit erst lange mit vielen Worten beschreibt, sagt immer die Unwahrheit. – ***Performative*** *Wahrheit.*

Die aus der Historie endlich heraufgeholten, viel-gepriesenen, weiter-predigenden Philosophinnen haben durch ihre eigene epochale Unsichtbarkeit, ihre ewige Verstreutheit, ihr neues Selbstbewusstsein den tiefsten **performativen** Sinn einer zukünftigen Philosophie womöglich bereits ein- und vorgelebt? – *Philosophin wider Willen*; *Philosophin wider Wissen.*

Performativität und Konstativität – ein rotierendes Doppelsternsystem, das von Innen, von weit draußen die Welt beleuchtet. Lichtgeschwindigkeit eingerechnet. – *Mega Meta-Physik.*

Von der Quadratur der Zeit. Isaac Newton fasste das abendländische Lieblingsprojekt von der Zeit als einer absoluten Größe zusammen, eingebettet in die Schwerkraft einer streng konstativen Weltsicht. Immanuel Kant hat gezeigt, dass ‚Zeit' eine intrinsische Größe aller Menschen ist, die unabhängig von jeglicher Erfahrung immer schon *apriori* da ist. Albert Einstein bewies, dass Zeit eine relativistische Konstruktion ist und mit dem Standort, mit Bezugssystemen, mit dem Beobachter und dem Raum eng zusammenhängt. Im 21. Jahrhundert ist ‚Zeit' etwas, das dies alles mitumfasst: Sie wird ständig erzeugt und **performativ** kommuniziert, eine Art immerwährender Echt-Zeit. Dabei kann sie *post quem* eine konstative Form annehmen und dann wieder in einen performativen Prozess einmünden, *et vice versa.* Die so hin-und-her-oszillierende Zeit hinterlässt und produziert dabei stetig einen unauffüllbaren Rest. – Quadratur der Zeit; Quadratur des temporären Kreislaufs.

In jeder Philosophie ist eine tief-**performative** Botschaft ihres Schöpfers enthalten, die in der Philosophie selbst, von den Philosophen selbst, nicht formuliert werden kann. Dieses erstaunliche Faktum wiederum weist von Außen auf die tiefdunkle Grundierung einer jeden Philosophie und, zweitens, auf den unwiderlegbaren, irreduziblen Startpunkt der Singularität in einer Performativen Philosophie.

Die Bipolarität – ein universales Phänomen – kommt bei vielen großen Denkern sogar in ihrer persönlichen Prägung zum Ausdruck. Diogenes war Philosoph und Lebenskünstler, Heidegger war Philosoph und Zen-Mann; Nietzsche Philosoph und Dichter, Heisenberg Physiker und Philosoph; Leibniz Philosoph und Mathematiker; Ernst Bloch war Philosoph und Prosaist; Sokrates war streetworker und Philosoph, Plato Philosoph und Mystiker; Spinoza schließlich: Philosoph und Optiker – zu nennen wären noch viele andere. Was aber bedeutet das? Nur in der Ambi-Valenz, nur wenn der Mensch seinen Stern umkreist, von anderen Standorten aus den Fokus immer wieder neu justiert, nur wenn das Andere allegorisch auf dasselbe zurückweist, *vice versa*, ist eine fruchtbare Arbeit möglich, entsteht Neues. Dies ist ein **performatives** Gamma. – *Eloquente Ellipse.*

Ist nicht jeder Mensch, wie er so daherkommt in seiner Erscheinung, ein unwiderrufliches Zeichen dafür, dass alles so ist, wie es ist, und dass es absolut nicht *anders* sein kann? – *Vorrede zu einer* ***performativen*** *Phänomenologie.*

Niemals wird es eine echte neue, globale und strahlende Aufklärung '21 geben, ehe nicht die Macht des **Performativen** in ihrer ganzen Wucht befreit und gezeigt worden ist.

Am Anfang war nicht das Wort; *en archē den ēn o lógos.* Im Anfang war das, was den Logos auslöst, was der Logos wiederum selber auslöst. – *Auslösung und Lösung: Vorbemerkung zu einer* ***performativen*** *Eschatologie.*

In der Zukunft wird eine Geschichte der Philosophie eine Geschichte ihrer dreitausendjährigen **Performativitäts**-Linien sein. – *Auch eine Geschichte der Philosophie ...*

Alle dunkle, indirekte Kommunikation ist ein vorsichtiges leises Brennen des tiefen **performativen** Kerns. – „Skoteinos" Heraklitos, „der Dunkle", erfühlt endlich einen hellen Streif.

Kann es nicht sein, dass eine neue Philosophie nirgendwo ansetzt, sich auf keine Vorgänger stützt, keine Diskurse und Linien und Logiken weiterverfolgt. Ja, gehört dies nicht geradezu definitiv zu ihrem eigentlichen **performativen** Wesen dazu? – Philosophie ohne Philosophie; Philosophie der Philosophie. – *Und hiervon dann weiter zu schweigen wäre*!

Direkt hin zu einer **performativen** Philosophie führt das alte typisch maskuline Missverständnis, dass ein Ding, ein Ereignis, ein Zustand, wenn er möglichst genau beschrieben ist, dann auch sein Wesen zeigt. Dieser *constative/experimental/descriptive failure* durchwirkt die gesamte abendländische Wissenschaft und ist der eigentliche Grund für jene Vielzahl von Aporien, die sich heute immer stärker, immer deutlicher zeigen. Eine menschengemäße Wissenschaft wird erst jenseits dieses ersten Missverständnisses möglich. – *Scientia sciens.*

Kognitiv-implizit und kognitiv-explizit, dunkel und hell, unbewusst und bewusst, **performativ** und konstativ (und wie die Gegensatzpaare noch alle heißen mögen) – das sind zwei verschiedene Versionen von der Welt, die sich nicht decken, nicht kompatibel sind, sich sogar widersprechen und beißen. Zwei verschiedene Universen, die sich kommunikativ und sozial vollkommen anders auswirken, aber beide steuern letztlich zusammen die soziale Welt. Sie sind nicht kompatibel, können aber beide zu etwas Neuem, Dritten transzendiert werden. – *Dialectica dialogica.*

Hans-Georg Gadamer zu ergänzen: Verstehen ist nicht nur Horizontverschmelzung, nicht nur a priori einräumen, der Andere könnte Recht haben, nicht nur postpropositionales, szenisches etc. Verstehen, nicht nur Lücke und *gap*. Wahrscheinlich hat Gadamer gemeint, aber nicht mehr ausdrücklich formuliert: dass Verstehen etwas ist, was sich unvorhersehbar aus der laufenden Situation selbst immer wieder neu ergeben kann bzw. aura-gesteuert auch in einen virtuellen Schleier schlüpfen, sich im Augenblick verstecken kann. Quasi als ein Verstehen ohne konstatives Vorwissen. – ***Performatives*** *Verstehen oder: Femidable Hermeneutik.*

Ernst Bloch zu ergänzen: Sein berühmtes „Dunkel des gelebten Augenblicks" mag nicht nur ein Reflex *post quem* sein, nicht nur ein Mal für eine dann vielleicht folgende Utopie. Möglich ist, dass dieses dunkle Moment als ein explosives **performatives** Feuerwerk direkt in jeden Augenblick, sozusagen *apriori*, immer schon mit eingebaut ist. – *Monument momentum.*

Schrecklicher Gedanke: Sollten alle hohen philosophischen Sätze nichtig oder zweifelhaft sein, eben weil sie *geäußert* sind? Dies wäre der **performative** Supergau. Schon der Versuch, diese

These neurologisch, kognitiv, linguistisch zu untermauern, weist in Richtung auf eine Antwort. Das erste Indiz ist hier das Faktum des Explizit-Bewussten: Das sprachlich-Bewusste (einer jeden Aussage) ist mit seinem nichtsprachlich-unbewussten Zwilling niemals vollkommen kompatibel, ja sie widersprechen sich oft. – *Toxic Twin.*

Wittgenstein zu ergänzen: Man soll nicht etwas beschreiben wollen, wofür es keine Sprache gibt. Dies hat nichts Pathetisches oder Esoterisches oder gar Poetisches an sich; es ist eine Grundbedingung der Normalität. Nur wissen die Leute hiervon fast nichts. *By the way*, es ist auch das beste, tiefste Argument für eine **performative** Fundierung alles Seienden, aller Phänomenologie. – *Heisenberg bestätigt.*

Der Anfang von allem ist ein dunkler, unmessbarer Punkt ohne Ausdehnung. Möglich ist, dass auch das Ende so aussieht. Das Wichtigste aber: Exakt so ist auch der Wesenskern von allem, was dazwischen existiert und existierte, im Großen wie im Kleinen. – ***Performative** Perforation.*

Die **performative** Revolution alles Konstativen an einem einfachen Beispiel vorgeführt; ich nenne es das „John-Lennon-Dogma“: Wenn du dein Leben allzu akribisch planst, veränderst du es durch die Tätigkeit der Planung um ein unwiderrufliches, uneinholbares, unmessbares Quantum X, das sich vollkommen unberechenbar auswirkt. (Dies ist im Übrigen der beiläufige Beweis dafür, dass Konstativität und Performativität auf eine quantenlogische Weise zusammenhängen und zweitens, dass Quantenmechanik ein integraler Bestandteil auch der Menschenwelt ist.)

Die stetige Präsenz des performativen *gaps*, übergegangen in Fleisch und Blut, ist die Garantie, der Kern, der Zauberstab. – *Perpetuum mobile **performativum**.*

21. Jahrhundert: Wir haben einen neuen Trend, exakt 100 Jahre nach dem alten neuen Trend: das ist die *unio oppositorum*, die Fusion der Gegensätze. Ob Alte vs. Neue Physik, ob Welle vs. Partikel, ob konstativ vs. **performativ**, ob Philosophie vs. Leben, ob Quantenmechanik vs. Relativität, ob Unbewusstes vs. Bewusstsein. Die Fusion erzeugt im besten Fall ein kognitives Tertium Datur, i.e. eine neue Weltsicht, die sich dann in die Lebenspraxis umsetzt. Ein Herkules; das Jahrhundertprojekt; Weltbild X. – *Planck'sches Blanko.*

Nur jener Gedanke hat wahre **performative** Macht, der von seiner Quelle nicht sofort erkannt, nicht unmittelbar verstanden werden kann. Nach Adorno. Wir ergänzen: ... der von seiner Quelle nicht vollkommen exakt verstanden werden *will* ...

‚Frauen reden und denken eher vom **Performativum** her, Männer denken und reden eher vom Konstativum her.' – *Coitus cogitandi.*

Nur ein **performativer** Geist ist imstande, sich jeden Augenblick um ein Quantum x zu verändern. – *Spiritus spiritualis.*

Die griechische Philosophie war ein Quantensprung, vom mythischen zum logischen Denken. So jedenfalls will es die Überlieferung. Vielleicht war es so. Heute, nach 2.500 Jahren, steht ein Quantensprung von ähnlicher Dimension an. Die logisch-kausale Akropolis verwandelt sich heute in einen globalen **performativen** Kosmos.

Das rigorose Dogma der Fehlervermeidung führt zu neuen Fehlern. – *Rache des **Performativen**.*

Je intensiver man sich mit **performativer** Philosophie beschäftigt, desto weniger Lust hat man, sich darüber noch groß zu unterhalten ... *Intrinsischer Beweis* ...

Derrida zu ergänzen, zu komplettieren: Jedes Wort schleppt bei jeder Wiederholung schon einen neuen propositionalen, einen neuen **performativen** *impact* mit sich fort, der immer so etwas aufweist wie ein Wirkungsquantum, das die Differenz immer wieder, quasi automatisch, aufs Neue einrichtet. – *Indifferenz der différence.*

Die Schöpfung einer **performativen** Philosophie muss die Kröte der konstativen Gebundenheit des Ausdrückbaren schlucken. – *Die Schöne und das Biest.*

Das Wirkungsquantum, das Max Planck und Werner Heisenberg gefunden haben, ist kein Exotikum aus der Exklave der Physik, sondern eine universale **performative** Konstante in Natur und Kultur. – *Cum grano salis.*

Alles, was Philosophen wissen und sagen können, haben sie bereits gesagt, auf die eine Weise, auf die andere Weise, auf eine neue oder eine alte Art. Sie wiederholen es in immer anderer Form, mit anderen Wörtern, zu anderen Zeiten, in anderen Gesellschaften. Das wussten schon die Alten und die ganz Alten, von China und Indien bis Griechenland und ins hohe Abendland: Das heimliche Apriori der Philosophie. – Was hierunter aber nicht fällt, ganz-und-gar-nicht fällt, das ist dies: das was ist und wie es ist: das beschreiben und es gleichzeitig *zeigen*: *vollziehen*. Die *descriptio* gewähren lassen und sie gleichzeitig leugnen und verwandeln, ihr ihre Macht zu- und auch absprechen. Dies wiederum erzeugt *in actu* einen dunklen *gap*, ein **performatives** Wirkungsquantum, daraus einen hellen Regenbogen über aller Welt, der den großen Sinn stumm, unwiderlegbar zeigt, jenseits der Diskurse. Das unheimliche Aposteriori. – *Icon Philosophie.*

Jede neue spontane Einsicht kann sich in kurzer Zeit in ein Hindernis verwandeln, das das behindert, was hier eingesehen wurde. – *Legomena einer strikt* ***performativen*** *Welt-Einsicht.*

Das **performative** Wirkungsquantum qp kann sofort und überall aufgefunden werden – in einer Theaterszene, auf einem Waldspaziergang, in einem Telefongespräch, in der Wärmestrahlung, in einem Fußballspiel, einem Fado, einem Tram-Trip, *in actu sexuali*, am Fließband bei Chrysler, in einem Geistesblitz, in Gesundheit und Sprache. In Galaxie, Gala und Galerie, in Mathematik, Matrix und Materie X, oder einem beliebigen Aphorismus. – *Universales Unikum.*

Performative Vernunft schaut mit Chamäleon-Augen hinter alle Vernunft, hinter alle Unvernunft. – *Ratio irrationalis.*

Wir müssen noch den Mythos aufklären, der da sagt, dass der Mensch nur durch Sprache er selbst sei, die Sprache das Haus des Seins sei etc.etc. Eine Mystifizierung *sui generis*. Ad 1: Sprache ist ein Alleinstellungsmerkmal, aber erst eines der letzten Sekunde auf der Tagesuhr. Ad 2: Schon die Behauptung, der Mensch könne *Sein&Welt* durch Sprache ausdrücken, ist nicht richtig. Ad 3: Wir sagen wie es ist: Durch Sprache wird alles das aktiviert und angetriggert und neudefiniert, was durch sie immer erst *ausgelöst* wird: Haltung, Meinung, soziale Welt, Aura, Empathie, Antipathie, Präsenz etc.etc. – also alles, was nicht direkt ausgedrückt werden will. Und das kommt dem täglichen Werden schon ein Stück näher. Viel mehr ist nicht. – Sprache der Sprache; oder: *Einmaleins des* ***Performativen***.

Niemand kann heute mehr reinen Gewissens riskieren, irgendwelche philosophisch anmutenden Weisheiten zu verkünden oder zu vertreten. Nehmen wir solche Brocken wie das *Verstehen der Welt* oder das strapazierte ‚*Erkenne Dich Selbst!*' Oder: ‚*Was ist Zeit?*' Es ist, als ob gleich danach so etwas wie ein Asteroideneinschlag drohte. Trügerische Ruhe. Alle Philosophie hat heute zu gewärtigen, dass so gut wie nichts mehr sagbar ist – und wenn doch, dann muss das Gesagte auch seinen **performativen** Sinn widerspiegeln. Wer könnte das schon garantieren! Wer könnte das je stetig erzeugen! Traurig, ja tragisch ist, dass hierfür noch keine Sprache verfügbar ist.

.. der eigentümlich zwanghafte Zwang des „besseren" Argumentes ...

.. die eigentümlich zwanglose Freiheit des ad-hoc aufschießenden Einfalls ...

.. der eigentümliche Gegensatz zwischen konstativem und **performativem** Modus ...

Der sogenannte, vielgeschmähte und oft falschverstandene Fatalismus in orientalischen Kulturen ist nichts weiter als eine Maßnahme, geboren aus besserer Einsicht: Sie sichert die vitale, **performative** Aura von etwas und schützt sie vor der Beschädigung durch willkürliches Handeln und Reden. – *Fatum emphaticum.*

***Performatives** Privilegium*: Beim Gegenüber eine feste Identität nicht unbedingt voraussetzen, noch sie einfordern. Sie ad-hoc mitentwickeln. Die eigene anpassen. – *Progressio profunda.*

Das mystische Ereignis zu allen Zeiten ist das einfachste, das kleinste und größte, das erste und letzte Zeugnis für die Allherrschaft des **performativen** Prinzips. – *Donum Deï.*

Jeder Mensch, jedes Tier, jedes Ding, jedes Ereignis, jede Situation, jeder Satz (auch dieser!) erzeugt einen **performativen** Mehrwert, der durch nichts einzufangen ist. Dieser Mehrwert ist nicht nur eine Folge, sondern bereits der Urquell, die generative Basis von allem. – *Husserls Hausse.*

Warum ist Musik – Sufigesang, Choral, Fado, Elvis, Bach – der natürliche spätere Begleiter der gelebten *unio mystica*? Kein Sentiment, kein Pathos, kein Wagner-Effekt. Es ist einfacher, ja fast das schiere Gegenteil: Musik drückt perfekt den **performativen** Nullpunkt aus, der der Anfang von allem ist, der alles stumm beherrscht, alle Freiheit erzeugt, vielleicht auch das Ende markiert. – *Bachs Quelle; Bachs Strom.*

Ein Buch, ein Essay, ein beliebiger Text muss heutzutage jenen Geist selber atmen, der im Inhalt mit Worten nur dürr beschrieben ist (eine Art ‚*coincidence mystique*'). Sonst droht: *no chance; no way.* Dies ist durchaus ein **performatives** Axiom. – *Medium Medium.*

Von den Extremen. Der Extremtyp eines **performativen** Menschen ist einer, der in diesem Augenblick genau das ist, was die Welt ihm als Bild von sich selbst vorspiegelt, vorspielt. Der Extremtyp eines konstativen Menschen ist einer, der nur das ist, was er zu vielen Zeitpunkten in der Vergangenheit immer wieder, quasi unverrückbar, gewesen ist. Der Prototyp des zukünftigen Menschen ist jemand, der beide Extreme transzendiert und sie beide in diesem Augenblick, in allen Augenblicken, selber vorstellt, selbst darstellt. – *Extremer Extrakt. Diffuse Fusion.*

Der Kosmos ist eine perfekte, ewig laufende Schöpfung, in einer genialen Stimmung. Das tiefere Ziel einer **Performativen** Philosophie ist die Übereinstimmung des menschlichen inneren Kosmos mit seinem äußeren Bruder. (Hierfür steht die Metapher des Schwarzen Lochs.) – *Win Twin.*

À la mode ist es, zu verkünden, ‚*dass es die Welt nicht gibt*' und Ähnliches. Man übersieht dabei (geflissentlich, wider Willen, wider Gewissen, willentlich), dass genau *das* im selben Augenblick die Welt in ihrer übermannshohen Universalität grandios – *bestätigt.* Dies kann man ein **performatives** Paradox nennen, wieder übermenschenhoch. – *Volte Revolte.*

Eine starke **performative** Identität (ein Phänomen der Zukunft) bildet sich mit Notwendigkeit vor allem dann, wenn sie die einzige Möglichkeit einer wie immer gearteten Identität überhaupt ist. – *Esse necesse.*

Die schriftliche Exegese des **performativen** Weltbildes, die zu einem nicht-zu-vermeidenden Teil ja konstativer Natur sein muss, führt dann wie-von-selbst in die Poesie, in die Kunst, in die Musik – zuletzt aber ins pure, schweigende Sein.

Performative Philosophie ist der Versuch – ein mit vielen Mängeln und Verwerfungen behafteter Versuch – den Graben zwischen Philosophie und Leben zu schließen. – *Süßer Sisyphos.*

Nietzsche revisited: Die vielbeschworene, vielgescholtene Umwertung aller Werte bestünde heute nicht in der Umwertung der reinen Inhalte von Moral, Religion, Philosophie (konstativer Größen), sondern vor allem in der Umwertung ihrer Aura, ihrer Wirkungen, ihrer Illokutionen, ihres Klangs (d.h. **performativer** Größen). – *Friedrich Nietzsche nachträglich zum 175.sten.*

Wenn man das Monster, das Rhizom, das Encyklopaedicum ‚**Performativität**' wirklich ernst nimmt – dann muss die Geschichte der Philosophie neu geschrieben werden.

Der gesamte Kosmos ist **performativ**. Was er sonst noch ist oder sein mag, ist absolut unerkennbar. Dies ist die einzige Realität, die zur Verfügung steht.

Nimm' beliebig weise Aussprüche, letzte Wahrheiten und tiefe Einsichten: Eine radikal **performative** Sicht durchschlägt mit einem Schlag den gordischen Knoten ihrer behaupteten Geltung, der Lesart, der Wahrheit, der Bedeutung, der Sinnhaftigkeit dieser Aussprüche (die ja selber nur Extrakte sind), letztlich: der Spekulation und der vitalen Unsicherheit. Hier zeigt sich ein allgemeines, konstativ nicht weiter hintergehbares, argumentativ nicht fassbares performatives Gamma, das den Horizont öffnet in Richtung auf etwas noch-Unbekanntes.

Secreto aus der Werkstatt der Zukunft: Der beste ‚Stil' entsteht dann, wenn du das, was du sagst (oder schreibst), selbst ad-hoc, *in-momento* wieder vollziehst. Ein Erstes Prinzip: ein großes Geheimnis, ein Zauberstab des Hörens. Ein mystischer Koinzidenzfall. **Performatives** Schreiben. Noch niemals hat ein Autor das wirklich konsequent gekonnt. *Cum grano salis*: Nietzsche, Bloch, Nabokov – die großen Ausnahmen, performative Perfektionisten *sui generis.*

Unendlich kleine Singularität und unendlich große **Performativität** sind die beiden Pole einer endlichen Skala, auf der die Welt stattfindet.

Die geistige und seelische Gesundheit ist eine **performative** Größe: Sie muss jeden Tag neu erzeugt, neu aktiviert, neu gesehen werden. – *Performative Form.*

Wissenschaft bestände zuletzt hierin: die unausfüllbare Lücke zwischen Theorie und Realität, zwischen konstativen Behauptungssätzen und ihrem **performativen** *impact*, zwischen Experiment und der Natur selbst, zwischen Sagen und Sein – zu erkennen und sie in ihrem unergründlichen spiraligen Wirken immer schon im Prozess des wissenschaftlichen Tuns mit zu berücksichtigen.

Singularität und **Performativität** sind am Ende zwei Emanationen, zwei Erscheinungsformen eines ungenannten, gestaltlosen, allem vorausliegenden Dritten, das man benennen kann mit ‚*Apeiron*', dem Umgreifenden, dem Unnennbaren, so sagten Aristoteles, Jaspers, Thomas und viele andere: ein formloses Omega, gewaltig wie eine weltanspannende unsichtbare *Archethëuta.*

Die ‚**Performative** Philosophie' des Schwarzen Lochs ist so etwas wie eine neue *Theory of Everything*, die sich in einer notwendigen Weise selbst bestätigt und dadurch gleichzeitig widerlegt ... Sie zeigt so qua Methode, was sie selbst als Inhalt beschreibt (**performatives** Paradoxon).

Kopernikanische Wende *sui generis* oder *upside-down*: Es geht nicht um eine Philosophie des Performativen (wie hier und da zu lesen ist), sondern um eine **performative** Neuschöpfung der Philosophie selbst. – *Upside down oder: 180⁰.*

Des Pudels Kern alles **Performativen** besteht darin, dass dieser Kern nicht, durch nichts endgültig fixiert werden kann.

Der mit Abstand größte, folgenschwerste und nachhaltigste Fehler in der europäischen Wissenschaftlichkeit: Das ist die Ausblendung des **performativen** Faktors von wissenschaftlichen Aussagen. In den Naturwissenschaften noch relativ klein, in den Geisteswissenschaften jedoch fatal, unabsehbar, verheerend. – Dies ist der Kern für eine anstehende Renaissance des Wissens im 21. Jahrhundert. – *Commutatio communicationis.*

Es ist ein **performativer** Grundzug, der Sprache ein neues Gehör zu geben, dem Hören eine neue Sprache. – *Audire aude*!

Aus der ‚Einführung in die **performative** Philosophie': Das „Verstehen der Welt" wird durch lange Exegesen und abstrakte Theorien eher behindert als befördert.

Die meisten klugen Sätze und Erkenntnisse blenden nur ihren eigenen **performativen** Halo aus oder – fast noch schlimmer – beleidigen das, wovon sie so beredt reden.

Der Weg in ein neues **performatives** Universum führt über eine hohe-harte konstative Schwelle.

Ein Blick hinter den Vorhang der Zukunft: Alles Vernünftige hat **performativ** zu sein; alles Performative – vernünftig. – *Ratio-irritatio.*

Dein **performatives** Genie bestünde darin, dass du die verborgene Welt deines Gegenübers sofort: widerspiegelst. – *Speculum speciale.*

Auch dann, wenn es möglich wäre, Erfahrungen durch Worte wirklich wiederzugeben, tut sich ein **performativer** Abgrund auf zwischen der Erfahrung und ihrer: Formulierung. – *This really may be: an extraordinary experience.*

Das Christentum der Zukunft ist nicht Jammertal und Tröstung, nicht Leiden und *mores*, nicht Kirche und Ritual, nicht *Weihnachten&Osterfest*, nicht biblischer Blocksatz und fernes Israel. Das Christentum aller Zeit ist Erwachen und Allglanz, ist Kreuzigung und Auferstehung im-Augenblick, ist Forderung, Nach-Folgen und die reine **Performativität** von Gottes Allmacht und gestaltloser Gegenwart. – *Evangelium.*

Der Gedanke als solcher ist eigentlich schon genug. Sprichst du ihn aus, entfaltet er sofort einen unabsehbaren **performativen** *impact*, welcher ihn, den Gedanken, umlenken, gefährden, ja: auslöschen kann. – *Impatient impact.*

Das absolute **performative** Ich sieht in jedem möglichen Augenblick: was es ist, was es nicht ist, was es sein könnte, sein wird, sein soll etc. – *Fichtes pitch.*

Ganz unabhängig von ihrem Inhalt sind großartig geäußerte Weisheiten immer – eine kleine **performative** Sünde. – *Quod erat demonstrandum.*

Konstatives Erkennen ist ein intellektueller Marathon. **Performatives** Erkennen ein gelungener Stabhochsprung. – *World records.*

Die Welt '21 ist offen paradox – um eine Wahrheit dunkel zu sichern, die man (noch) nicht ausformulieren kann. – *Perforatio* ***performativa.***

Die einfache Essenz der **Performativen** Philosophie, gegründet auf allen drei Kosmien (Mikro, Makro, Meso), ist dies: das All, der Planet, das Gehirn, die Quanten und die soziale Existenz gehen zurück auf ein einfaches rhythmisches Prinzip. Man kann es das „universale Wirkungsquantum“ nennen oder einfach: „Singularität“.

Kleines Vademecum der **Performativität**

- Die reine Partitur des Stückes enthält immer eine falsche Note.
- Jede vollständige Beschreibung bleibt im Wesen immer unvollständig.
- Die reine Beschreibung der Wahrheit pflanzt ein Körnchen Unwahrheit in sie hinein.
- Jede Festlegung trägt ihren Counterpart in sich. Was nicht heißt, dass er auch ausbrechen muss.
- Jede Ausdehnung der Wahrheit über den zeitlosen Augenblick des JETZT hinaus trägt bereits das Samenkorn der Ablenkung, der Umlenkung in sich.
- Der Appetit kommt beim Essen; der Flow kommt beim Schreiben; die Seinsmelodie ertönt beim Musikhören.
- Um zu werden der man ist, muss man erkennen können, wer man jetzt gerade ist. Um zu werden der man ist, darf man nicht vollkommen erkennen, wer man überhaupt sein kann. Um schon mal der zu sein, der man noch werden kann, benötigt man eine Art absoluter Freiheit von Normen und Regeln und von Angst. – Um zu werden der man ist, darf man auf Sentenzen dieser Art nicht allzuviel geben …
- Martin Heidegger: ‚Denken lernt man erst, wenn man beginnt zu denken.‘
- Man kommt ins Sein, wenn man darüber nicht nachdenkt.
- Augustinus: ‚Ich weiß genau, was ZEIT ist. Wenn man mich aber fragt, weiß ich es nicht zu sagen.‘ – Die Verwünschung des impliziten Wissens durch das Explizitum.
- *Alternative facts*: die (politische) Perversion des Performativen. *Alternative facts*: die Perversion des Konstativen. – *Alternatives Faktum.*

Ein letztes Wort: Durch seine schiere *Beschreibung* wird alles Performative auf eine spezielle Weise entseelt, neutralisiert, aufgehoben. Dies ist ein unaufhebbares Dilemma. Dies aber auch: ein Beweis zweiter oder dritter Ordnung für die *erste Ordnung* alles Performativen. – *Deductio declarativa.*

„Die Wurzel der Philosophie ist die Metaphysik,
der Stamm ist die Physik,
die Zweige sind die anderen Wissenschaften."
(René Descartes)

*

„Die Wurzel der Performativen Philosophie ist die Neue Physik,
der Stamm ist das performative Denken,
die Krone ist die Performativität ohne Begrenzung."
(Anonym)